GRAETZ · GESCHICHTE DER JUDEN

Geschichte der Juden

Von den ältesten Zeiten bis auf die Gegenwart

Aus den Quellen neu bearbeitet von

Dr. H. Graetz

Vierter Band

Vierte vermehrte und verbesserte Auflage

Bearbeitet von Dr. S. Horovitz

Geschichte der Juden

vom Untergang des jüdischen Staates
bis zum Abschluss des Talmud

Von
Dr. H. Graetz

arani

Reprint der Ausgabe letzter Hand, Leipzig 1908

© arani-Verlag GmbH, Berlin 1998
Gesamtherstellung: Ebner Ulm
ISBN 3-7605-8673-2

Geschichte der Juden

von

den ältesten Zeiten bis auf die Gegenwart

Aus den Quellen neu bearbeitet

von

Dr. H. Graetz,
weil. Professor an der Universität und am jüdisch-theologischen Seminar zu Breslau.

Vierter Band.

Vierte vermehrte und verbesserte Auflage.

Leipzig,
Verlag von Oskar Leiner.
1908.

Geschichte der Juden

vom

Untergang des jüdischen Staates

bis zum

Abschluß des Talmud.

Von

Dr. H. Graetz,
weil. Professor an der Universität und am jüdisch-theologischen
Seminar zu Breslau.

Vierte vermehrte und verbesserte Auflage.

Bearbeitet
von
Dr. H. Horovitz
Doc. am jüdisch-theologischen Seminar zu Breslau.

Leipzig.
Verlag von Oskar Leiner.
1908.

Das Recht der Übersetzung in fremde Sprachen behält sich der Verfasser vor.

Vorwort zur zweiten Auflage.

Für meine Leser will ich mit diesem Vorworte nur eine erfreuliche Tatsache konstatieren. Als ich vor ungefähr einem Dezennium mit der Geschichte der talmudischen Zeitepoche vor das Publikum trat, mußte ich mein Beginnen, mit einem wenig beachteten und wenig beliebten Stoffe aufzutreten, so ziemlich erst entschuldigen. Seit dieser Zeit ist gerade diese Partie der jüdischen Geschichte, wenigstens ein Teil derselben, fast populär geworden; sie ist von geistvollen Fachmännern nicht bloß aus jüdischem, sondern — was eben erfreulich ist — auch aus christlichem Kreise, einer eingehenden kritischen Untersuchung unterworfen worden. Immer mehr bricht sich die Überzeugung Bahn, daß die Entstehung und der erste Verlauf des Christentums d. h. seine evangelische, epistolarische, apokalyptische und apostelväterliche Literatur, in der Agada der talmudischen Zeitepoche wurzelt und ohne gründliches Verständnis derselben nach allen Seiten hin ein unlösbares Rätsel bleibt. Das Unbefriedigende in den beiden jüngsten Biographien Jesu von Renan und Strauß — worüber unter kompetenten Forschern nur eine Stimme herrscht — liegt eben darin, daß diese beiden sonst genialen Schriftsteller die historische Atmosphäre, aus welcher die galiläische Abstinenzreligion ihre Säfte gesogen und überhaupt ihre Elemente genommen hat, daß sie, sage ich, dieses Medium nicht genügend erkannt oder gar verkannt haben. Ihre Mißachtung der sogenannten rabbinischen Literatur und der tannaitischen Geschichtsepoche hat sich an Renan und Strauß — von Schenkel gar nicht zu sprechen — auf eine empfindliche Weise gerächt, und ihre stilistisch so imposante Darstellung vermag den Mangel an historischer Treue und Tatsächlichkeit nicht zu verhüllen. Hoffentlich wird die Zeit bald kommen, daß derjenige, welcher die jüdisch-geschichtliche und agadische Literatur des ersten und zweiten Jahrhunderts nicht kennt, und nicht weiß, daß die Evangelien, die apostolischen Briefe, die Polemik und Apologetik der apostolischen Väter einen durchweg agadischen Zug und Schnitt haben, ebensowenig an die Urgeschichte des Christentums herangehen wird, so begabt er auch sonst sein mag, wie etwa ein Historiker an die Biographie Sokrates' und der Sokratiker, der das athenische Leben und die philosophische sowie die politische Bewegung innerhalb dieses Kreises nur oberflächlich kennt.

Eine zweite Auflage der Geschichte der talmudischen, d. h. der tannaitischen und amoräischen Geschichtsepoche, dürfte daher gegenwärtig um so mehr die Zeitgemäßheit für sich haben, als religionsgeschichtliche Fragen jetzt mehr denn seit langer Zeit im Vordergrund stehen. Manche Partien, so namentlich die trajanische und hadrianische Epoche, haben in dieser Auflage eine vollständige Umarbeitung und Umgestaltung erfahren mit Berücksichtigung der gediegenen Forschungen, welche im letzten Dezennium auf diesem Gebiete angestellt wurden und bleibende Resultate geliefert haben. Neu hinzugekommen ist die Auseinandersetzung der apokryphischen Schriften Judith und Tobit, welche als literarische Vorgänge dieser Epoche anzugehören scheinen und sie illustrieren. Eine volle Charakteristik der Mischna, als der Grundbasis für die ganze Entwickelung des Judentums in den folgenden Jahrhunderten, glaubte ich hineinziehen zu müssen. Ich bin mir bewußt, Eigenes und Fremdes einer strengen kritischen Prüfung unterworfen und nur das Haltbare aufgenommen zu haben.

Breslau, Juli 1865.

Graetz.

Vorwort zur dritten Auflage.

Die Bearbeitung dieser neuen Auflage wurde noch von dem Verfasser selbst in Angriff genommen, sein rascher Tod (am 7. September 1891) hinderte ihn leider an der vollen Ausführung. Meine Arbeit bei dieser neuen Ausgabe, der ich mich auf Wunsch der Familie gern unterzog, bestand hauptsächlich darin, daß ich das vom Verfasser zurückgelassene handschriftliche Material druckfertig machte und dem Texte entsprechend einverleibte. Sonstige wesentliche Änderungen, die mir nötig schienen, nahm ich nur dann vor, wenn ich dafür in des Verfassers „Volkstümlicher Geschichte der Juden" oder in seinen kurzen Notizen eine Stütze oder eine Andeutung gefunden hatte. Andere Änderungen im Texte sind zumeist formaler Natur oder Korrekturen. Die von mir selbständig hinzugefügten Noten und Anmerkungen habe ich mit eckigen Klammern [ ] gekennzeichnet. Für diese trage ich allein die Verantwortung.

Breslau, Juli 1893.

Rosenthal.

Vorwort zur vierten Auflage.

Auf Wunsch der Verlagsbuchhandlung, welche eine 4. Auflage des 4. Bandes beabsichtigt, habe ich diesen Band nach der letzten vom Rabb. Dr. Rosenthal besorgten Ausgabe einer Revision unterzogen. Stilistische Unebenheiten im Text, wie auch fehlerhafte Zitate und andere offenbare Versehen, habe ich stillschweigend beseitigt und berichtigt. Außerdem habe ich in den von mir hinzugefügten mit eckigen Klammern versehenen Anmerkungen Hinweise auf neuere Literatur und die hebräische Übersetzung des 4. Bandes von Rabinowitz, wie auch einzelne Berichtigungen gegeben. Die Anmerkungen des Herausgebers der dritten Auflage habe ich unverändert herübergenommen, ohne zu ihnen Stellung zu nehmen. Um meine Anmerkungen von denen meines Vorgängers zu unterscheiden, mache ich die meinigen im Folgenden namhaft: S. 13 A. 3, S. 14 A. 2, S. 18 A. 2, S. 21 A. 3, S. 23 A. 3, S. 30 A. 4, S. 31 A. 2, S. 36 A. 2, S. 43 A. 2, S. 44 A. 3, S. 47 A. 2 u. 3, S. 49 A. 3, S. 50 A. 1, S. 56 A. 3, S. 62 A. 3, S. 63 A. 1, S. 64 A. 1, S. 101 A. 6, S. 105 A. 3 u. 7, S. 110 A. 1, S. 132 A. 1, S. 170 A. 1 u. 4, S. 172 A. 2, S. 175 A. 3, S. 177 A. 3, S. 181 A. 1 u. 2 u. 3 u. 7, S. 182 A. 1 u. 4 u. 6, S. 183 A. 4, S. 195 A. 1, S. 212 A. 5, S. 224 A. 1, S. 228 A. 6, S. 234 A. 1, S. 235 A. 6, S. 236 A. 1, S. 238 A. 2 u. 3, S. 241 A. 6, S. 245 A. 1, S. 248 A. 1, S. 262 A. 4, S. 267 A. 2, S. 268 A. 1 u. 2 u. 5, S. 273 A. 1, S. 276 A. 2, S. 277 A. 1, S. 278 A. 2, S. 280 A. 1, S. 281 A. 4, S. 282 A. 2 u. 3, S. 383 A. 1, S. 286 A. 2, S. 287 A. 1, S. 294 A. 1 u. 4, S. 299 A. 3, S. 300 A. 1 u. 2, S. 329 A. 4, S. 332 A. 7, S. 333 A. 6, S. 334 A. 2, S. 336 A. 2, S. 350 A. 2, S. 353 A. 4, S. 371 A. 2, S. 375 A. 2, S. 382 A. 1 u. 2 u. 3, S. 387 A. 1, S. 393 A. 1, S. 395 A. 1, S. 396 A. 1, S. 397 A. 1, S. 414 A. 1, S. 424 Ende von Note 16, S. 429 A. 1, S. 430 A. 1, S. 441 A. 1, S. 445 A. 1, S. 446 Note 22 in der Mitte, S. 447 A. 1, S. 462 Ende Note 37. Bloß für diese Anmerkungen trage ich die Verantwortung, alle anderen mit eckigen Klammern versehenen Anmerkungen gehören dem Herausgeber der dritten Auflage.

Breslau, den 10. Januar 1908.   Dr. **Horovitz**.

Inhalt.

Erste Epoche.

Seite

Einleitung . . . . 1—8

Erstes Kapitel.

Erstes Tannaiten-Geschlecht. Gründung des Lehrhauses in Jabne; R. Jochanan ben Sakkaï. Das Flavianische Kaiserhaus. Die letzten Herodianer . . . . 9—26

Zweites Kapitel.

Zweites Tannaiten-Geschlecht; Wiederbesetzung des Patriarchats; Einheitsstreben R. Gamaliels; Bannstrenge, Absetzung und Wiedereinsetzung des Patriarchen; erster Anlauf zur Mischna-Sammlung 27—40

Drittes Kapitel.

R. Eliëser ben Hyrkanos, das starre System. Der Bann und seine Folgen. R. Josua ben Chananja, der Mann der goldenen Mitte 41—61

Viertes Kapitel.

Inneres Leben der Juden. Wirkungskreis des Synhedrions und des Patriarchen. Der Orden der Genossen und der sittliche Zustand des Landvolkes . . . . 62—70

Fünftes Kapitel.

Verhältnis des Christentums zum Judentume. Sektenwesen; Judenchristen, Heidenchristen, Ebioniten, Nazaräer. Trennung der Judenchristen von der jüdischen Gemeinde. Gnostiker. Maßregeln des Synhedrions gegen den Einfluß des Christentums. Proselyten. Akylas . . . . 71—105

Sechstes Kapitel.

Politische Lage der Juden unter Domitian. Verfolgung der Juden und Proselyten. Flavius Clemens und Domitilla. Nervas günstige Gesetze. Unglückliche Aufstände der Juden unter Trajan. Die jüdischen Feldherren Andreias in Kyrene, Artemion auf Cypern . . . . 106—119

Siebentes Kapitel.

Hadrianische Regierungszeit. Aufstand der Juden gegen Quietus. Trajanstag: Julianus und Pappos. Bewilligung zum Bau eines Tempels in Jerusalem und Zurücknahme derselben. R. Josuas Einfluß. R. Gamaliels Tod. Wanderung des Synhedrions nach Uscha. Beschlüsse desselben . . . . 120—134

Achtes Kapitel.

Aufstand unter Bar-Kochba. R. Akibas Anteil daran. Neue jüdische Münzen. Verfolgung der Judenchristen. Operationen des Krieges. Belagerung und Fall Betars . . . . 135—151

Neuntes Kapitel.

Das hadrianische Verfolgungssystem. Jerusalem in die Heidenstadt Älia Capitolina verwandelt. Rufus, der Blutrichter. Der lyddensische Beschluß. Der Angeber Acher. Die zehn Märtyrer. Veränderungen im Christentume durch die hadrianische Verfolgung 152—167

Zehntes Kapitel.

Das dritte Tannaitengeschlecht. Aufhebung der hadrianischen Edikte. Rückkehr der Flüchtlinge. Synode in Uscha. Patriarchat Rabban Simons III. R. Meïr und seine Lehrweise. Achers Tod. R. Simon ben Jochaï, der angebliche Schöpfer der Kabbala . . 168—184

Elftes Kapitel.

Tätigkeit des dritten Tannaitengeschlechtes. Gegensynhedrion in Babylonien. Spaltung im Synhedrion zu Uscha. Neue Verfolgungen unter den Kaisern Antoninus Pius und Lucius Verus. Die jüdische Gesandtschaft in Rom. Tod des Patriarchen R. Simon . . . . 185—191

Zwölftes Kapitel.

Letztes Tannaitengeschlecht. Patriarchat R. Juda I. und seines Sohnes in Sepphoris. Neue Einrichtungen. Abschluß der Mischna. Stellung der Juden unter den Kaisern Marc Aurel, Commodus,

Septimius Severus und Antoninus Caracalla. Severs Gesetze
in betreff der Juden. Unvollkommene Gleichstellung der Juden
im römischen Staate. Die letzten Ausläufer der Tannaiten . . 192—219

Dreizehntes Kapitel.

Erstes Amorageschlecht. Patriarch R. Juda II. Der judenfreundliche
Kaiser Alexander Severus (Antoninus). Günstige Verhältnisse
der Juden. Aufhebung früherer Bestimmungen. Hillel, Lehrer
des Kirchenvaters Origenes. Pflege der hebräischen Sprache
unter den Christen; Anlegung der Hexapla . . . . 220—230

Vierzehntes Kapitel.

Die palästinensischen Amoras. R. Chanina, R. Jochanan, R. Simon
ben Lakisch. R. Josua, der Held der Sage. R. Simlaï der
philosophische Agadist. Porphyrius, der heidnische Kommentator
des Buches Daniel . . . . 231—246

Fünfzehntes Kapitel.

Lage der Juden in Babylonien und den parthischen Ländern. Ein
jüdischer Vasallenstaat. Die Exilsfürsten. Die babylonischen
Amoräer. Abba Areka (Rab) und sein königlicher Freund
Artaban; Samuel und sein königlicher Freund Schabur (Sapor) 247—265

Sechzehntes Kapitel.

Tiefgreifende politische Veränderungen während des ersten Amora-
geschlechts. Sieg der Neuperser, Chebrin (Gueber), über die
Parther. Fanatismus des Sassaniden Ardaschir. Stellung der
Juden unter der neuen Dynastie. Anarchie in Rom. Die
Kaiserin Zenobia und die Juden. Zerstörung Naharbeas durch
Papá bar Nazar . . . . 266—274

Siebenzehntes Kapitel.

Zweites Amoräergeschlecht. Patriarchat R. Gamaliels IV. und
R. Judas III. Palästinensische Amoräer: R. Eleaser ben Padat,
R. Ami, R. Aßi; die Brüder R. Chija und R. Simon ben Abba
in Tiberias, R. Abbahu in Cäsarea. Kaiser Diokletian. Vollständige Absonderung von den Samaritanern. Polemik gegen
das Christentum. Allmähliches Sinken der judäischen Lehrhäuser 275—287

Achtzehntes Kapitel.

Babylonische Amoräer des zweiten Geschlechtes: R. Huna in Sura,
R. Juda in Pumbadita, R. Chasda in Kafri und Sura,
R. Nachman in Schekan-Zib. R. Seïra, das Verbindungsglied
zwischen Judäa und Babylonien . . . . 288—302

Neunzehntes Kapitel.

Drittes Amorageschlecht. Patriarchat Hillels II. Schulhäupter in Judäa: R. Jona, R. José, R. Jeremias. Das Verhältnis des mächtig gewordenen Christentums zu den Juden. Konstantins und Konstantius' judenfeindliche Gesetze. Der Abgabendruck. Untergang der judäischen Lehrhäuser. Hillels fester Kalender 303—318

Zwanzigstes Kapitel.

Exilarchat Mar-Ukban, Mar-Huna und Abba-Mari. Babylonische Amoräer: Rabba bar Nachmani, R. Joseph, Abaji in Pumbadita. Raba in Machuza. Verfall der suranischen Metibta. Höchste Entwicklung der talmudischen Dialektik. Die persische Königin Ifra und ihr Sohn Schabur II. R. Papa, Gründer einer neuen Metibta in Nares . . . . 319—337

Einundzwanzigstes Kapitel.

Kaiser Julian. Seine Gunst für die Juden. Sein Sendschreiben an die jüdischen Gemeinden. Wiederherstellung des Tempels. Unterbrechung des Baues. Schadenfreude der Christen über diese Vereitelung und Fabeln derselben. Julians Kriegszug nach Persien. Zerstörung Machuzas. Julians Tod. Toleranzedikt des Kaisers Valentinian I. . . . . 338—346

Zweiundzwanzigstes Kapitel.

Viertes Amora-Geschlecht. Exilarchen Mar-Kahana und Mar-Sutra. Schulhaupt R. Aschi. Erster Ansatz zum Abschluß des Talmuds. Der judenfreundliche König Jesbi'erd II. Der falsche Messias auf Kreta. Verhältnisse der Juden unter den Kaisern Theodosius I., Arcadius, Honorius und Theodosius II. Untergang des Patriarchats. Fanatismus der Geistlichkeit gegen die Juden. Vollständiges Erlöschen der talmudischen Tätigkeit in Judäa. Der Kirchenvater Hieronymus und seine jüdischen Lehrer . . . 347—367

Dreiundzwanzigstes Kapitel.

Fünftes Amora-Geschlecht. Exilarch Mar-Sutra. Schulhäupter Mar bar Aschi und R. Achi aus Difta. Sinken der babylonischen Lehrhäuser. Verfolgung der Juden unter Jesdigerd III. Sechstes und letztes Amora-Geschlecht. Exilarchen Huna Mari und R. Huna, Schulhäupter Rabina von Sura und R. José von Pumbadita. Verfolgung der Juden unter Firuz. Auswanderung jüdischer Kolonisten nach Indien. Jüdisches Vasallenreich in Cranganor. Abschluß des babylonischen Talmuds. Geist und Bedeutung desselben 368—379

Noten.

Seite

1. Die Chronologie in der tannaitischen und amoräischen Zeitepoche 381—386
2. Die mündliche Lehre und die Mischna . . . . 386—389
3. Das Sikarikongesetz . . . . 390—391
4. Rabban Gamaliel . . . . 391—392
5. Rabbi Elieser ben Hyrkanos . . . . 392—393
6. Rabbi Josua ben Chananja . . . . 393—394
7. Die Theorie R. Akibas und R. Ismaels . . . . 394—397
8. R. Akibas Mischna . . . . 397—398
9. Der Ehrentitel Rabbi 398
10. Die Einsetzung des Abendmahles . . . . 398—399
11. Ebioniten, Nazaräer, Minäer . . . . 400—402
12. Der Konsul-Proselyte Flavius Clemens . . . . 402—403
13. Akylas, Aquila, Onkelos . . . . 404—405
14. Die Aufstände in Palästina unter Trajan und Hadrian und das Apokryphon Judith . . . . 405—421
15. Die angeblichen Reden Jesu von der Parusie und Bar-Kochbas Verhalten zu den Judenchristen . . . . 421—424
16. Schauplätze des Bar-Kochba-Krieges . . . . 424—427
17. Die Nachwehen des Bar-Kochba-Krieges . . . . 427—432
18. R. Simon ben Gamaliel nach dem Betarschen Kriege . . 433
19. R. Meïr . . . . 433—436
20. Der Aufstand der Juden unter Antoninus Pius und R. Simon ben Jochaï . . . . 436—441
21. Die Sendboten und die Patriarchensteuer . . . . 441—414
22. Die Reihenfolge der Patriarchen aus dem Hillelschen Hause . 444—449
23. Patriarch Juda II. und Antoninus . . . . 450—451
24. Ausnahme zugunsten des Patriarchenhauses 452
25. Die Ordination 452
26. R. Jochanan . . . . 452—453
27. Mar-Ukba 453
28. Papa Bar-Nazar, Odenath; Zerstörung Nahardeas . . . 453—454
29. Auswanderung der Gesetzeslehrer von Palästina nach Babylonien 455
30. Verfolgung unter Konstantius und Gallus . . . . 455—456
31. Hillels fester Kalender 456
32. Rabba ben Nachmani . . . . 456—457
33. R. Papa 457
34. Julian Apostata und die Juden . . . . 457—459
35. Die Mischna, ob niedergeschrieben oder mündlich . . . . 459—460
36. Die Pesikta . . . . 460—461
37. Reihenfolge der Exilsfürsten . . . . 461—462
38. Die letzten Amoräer und die Halbamoräer . . . . . . 462—463
39. Rabs und Samuels Beiträge zur Gebetordnung . . . . . 463—473

Dritter Zeitraum der jüdischen Geschichte.

Vom Untergange des jüdischen Staates bis auf das Anbrechen der neuen Zeit, von 70 bis 1780 nach der üblichen Zeitrechnung.

Einleitung.

Der lange, fast siebzehnhundertjährige Zeitraum der Zerstreuung ist zugleich ein Zeitraum beispielloser Leiden, eines ununterbrochenen Märtyrertums, einer mit jedem Jahrhundert gesteigerten Erniedrigung und Demütigung, wie sie einzig in der Weltgeschichte vorkommt, aber auch der geistigen Regsamkeit, der rastlosen Gedankenarbeit, der unermüdlichen Forschung. Wollte man von diesem Zeitraume ein deutliches, entsprechendes Bild entwerfen, so könnte man ihn nur unter einem Doppelbilde darstellen. Von der einen Seite das geknechtete Juda mit dem Wanderstabe in der Hand, dem Pilgerbündel auf dem Rücken, mit verdüsterten, zum Himmel gerichteten Zügen, von Kerkerwänden, Marterwerkzeugen und dem glühenden Eisen der Brandmarkung umgeben; auf der anderen Seite dieselbe Figur mit dem Ernste des Denkers auf der lichten Stirn, mit der Forschermiene in den verklärten Gesichtszügen, in einem Lehrsaale, gefüllt mit einer Riesenbibliothek in allen Sprachen der Menschen und über alle Zweige des göttlichen und menschlichen Wissens sich erstreckend, — Knechtsgestalt mit Denkerstolz. — Die äußere Geschichte dieses Zeitraums, eine Geschichte von Leiden, wie sie kein Volk in diesem gesteigerten Grade, in dieser unübersehbaren Ausdehnung erduldet, die innere Geschichte eine umfassende **Geistesgeschichte**, wie sie wiederum nur Eigentum dieses einzigen Volkes ist, die, von der Gotteserkenntnis auslaufend, alle Kanäle aus dem Stromgebiet der Wissenschaften aufnimmt, mit sich vermischt und vereinigt. **Forschen und wandern, denken** und **dulden, lernen** und **leiden** füllen die lange Reihe dieses Zeitraums aus. Dreimal hat die Weltgeschichte in diesem Zeitraume ihr Kleid gewechselt. Das greise Römertum siechte und sank ins Grab; aus seinem Moder entwickelte sich die Puppe der europäischen und asiatischen Völker, diese entfalteten sich wiederum zu der glänzenden Schmetterlingsgestalt des christlichen und islamitischen Rittertums, und aus den eingeäscherten Burgen desselben schwang sich der Phönix der Gesittung empor. Dreimal wechselte die Weltgeschichte, aber die Juden blieben dieselben, höchstens wechselten sie die äußerliche Form. Dreimal wechselte aber auch der geistige Gehalt der Weltgeschichte. Aus dem ausgeprägten, aber hohlen Bildungszustande versank die Menschheit in Barbarei und finstere Unwissenheit; aus der Unwissenheit erhob sie sich wieder in die lichte Sphäre einer höheren Bildung; der geistige Inhalt des Judentums blieb derselbe, nur sättigte er sich mit neuen Gedankenstoffen und Gedankenformen. Hat das Judentum dieses Zeitraums die ruhmreichsten **Märtyrer** aufzuzählen, neben denen die gehetzten Dulder anderer Völker und Religionsbekenntnisse fast glücklich zu nennen sind, so hat es auch hochragende Denker erzeugt, die nicht bloß eine Zierde des **Judentums** geblieben sind. Es gibt wohl keine Wissenschaft, keine Kunst, keine Geistesrichtung, woran die Juden nicht mitgearbeitet, worin Juden nicht ihre Ebenbürtigkeit dargetan hätten. **Denken** ist ein eben so charakteristischer Grundzug der Juden geworden, wie **leiden**.

Infolge der größtenteils gezwungenen, selten freiwilligen Wanderungen der Juden, umfaßt die jüdische Geschichte dieses Zeitraums die ganze bewohnte Erde, sie dringt bis in die Schneeregion des Nordens, bis in die Sonnenglut des Südens, sie durchschifft alle Meere, siedelt sich in den entlegensten Erdwinkeln an. Sobald ein neuer Teil der Erde von einem neuen Volke in Angriff genommen wird, so finden sich sofort Zerstreute dieses Stammes ein, mit ihrer Eigentümlichkeit jedem Klima, jedem Ungemache trotzend. Wird ein neuer Weltteil entdeckt, so sieht dieser bald jüdische Gemeinden hier und da sich durch einen inneren Kristallisationstrieb gestalten und gruppieren, ohne weltliche Nachhilfe, ohne äußeren Zwang. Um den in seinem eingeäscherten Zustande noch heiligen Tempel stehen die in alle Weltgegenden Zerstreuten in einem großen unübersehbaren Kreise, dessen Peripherie zugleich die Enden der bewohnten Erde bilden. Durch diese Wanderungen sammelte das jüdische Volk neue Erfahrungen, und der Blick der Heimatlosen übte und schärfte sich; so trug selbst die Leidensfülle dazu bei, den Gesichtskreis der Denker im Judentume zu erweitern. Die überwältigenden Ereignisse der Weltgeschichte, von der Zeit an, da über das überfeinerte Römerreich sich der ganze Schrecken der Barbarei entlud, bis zur Zeit, da aus dem harten Kiesel der Barbarei wiederum der Funke der Gesittung geschlagen wurde, hat die jüdische Geschichte dieses Zeitraums miterlebt, miterlitten und teilweise mitgemacht. Jeder Sturm in dem weltgeschichtlichen Umkreise hat auch das Judentum bis in sein Innerstes tief bewegt, ohne es jedoch zu erschüttern. Die jüdische Geschichte der siebzehn Jahrhunderte stellt die Weltgeschichte im Kleinen dar, wie denn auch das jüdische Volk ein Universalvolk geworden ist, das, weil n i r g e n d s, darum ü b e r a l l zu Hause ist.

Was hat es bewirkt, daß dieses ewig wandernde Volk, dieser wahre ewige Jude, nicht zum vertierten Landstreicher, nicht zur vagabundierenden Zigeunerhorde herabgesunken ist? Die Antwort ergibt sich von selbst. Das jüdische Volk führte in seinem achtzehnhundertjährigen Wüstenleben die Bundeslade mit sich, die ein ideales Streben in sein Herz legte und selbst den Schandfleck an seinem Kleide mit einem apostolischen Glanze verklärte. Der geächtete, vogelfreie, über die ganze Erde gehetzte Jude fühlte einen erhabenen, edlen Stolz in dem Gedanken, Träger und Dulder für eine Lehre zu sein, in welcher sich die Ewigkeit abspiegelt, an welcher sich die Völker allmählich zur Gotteserkenntnis und zur Gesittung heranbildeten und von welcher das Heil und die Erlösung der Welt ausgehen soll. Das hohe Bewußtsein von seinem ruhmreichen Apostelamte erhielt den Leidenden aufrecht, ja stempelte die Leiden selbst zu einem Teile seiner erhabenen Sendung. Ein Volk, dem seine Gegenwart nichts, seine Zukunft hingegen alles gilt, das gleichsam von Hoffnung lebt, ist eben deswegen ewig wie die Hoffnung. Das Gesetz und die Hoffnung auf einen Messias waren zwei Schutz- und Trostengel an der Seite der Gebeugten und bewahrten sie vor Verzweiflung, vor Verdumpfung und Selbstaufgeben. Das Gesetz für die Gegenwart, die Messiashoffnung für die Zukunft, beide vermittelt durch die Forschung und der Dichtkunst überströmende Ergüsse, sie träufelten Balsam in die wunden Herzen des unglücklichsten Volkes. Weil die weite Welt für das geknechtete Volk zu einem düstern, schmutzigen Kerker zusammenschrumpfte, in dem es seinen Tatendrang nicht zu befriedigen vermochte, zogen sich die Begabteren dieses Volkes in die innere Gedankenwelt zurück, und diese erweiterte sich in dem Verhältnisse, je enger die Schranken der Außenwelt um sie gezogen wurden. Und so tauchte die gewiß seltene Erscheinung auf, daß der Verfolgte überlegen wurde seinem Dränger, der Gepeinigte fast Mitleid hatte mit dem Peiniger, der Geknechtete sich freier fühlte als der Kerkermeister. Den Abglanz dieses tiefsinnigsten Gedankenlebens bildet die jüdische Literatur, und sie mußte um so reicher ausfallen, als sie nicht nur ein Bedürfnis für die Begabteren, sondern eine Arznei für das ganze leidende Volk war; durch das Heimischwerden des jüdischen Volkes auf der ganzen bewohnbaren Erde wurde das jüdische Schrifttum eine wahrhafte Weltliteratur. Sie bildet den Kern der jüdischen Geschichte, den die Leidensgeschichte mit einer bitteren Schale umgeben hat. In dieser Riesenliteratur hat das ganze Volk seinen Gedankenschatz und sein innerstes Wesen niedergelegt. Die Lehren des Judentums liegen da veredelt, verklärt, dem blödesten Auge sichtbar ausgebreitet, nur dem geringfügig scheinend, der ein erhabenes, überwältigendes Weltwunder in den Dunstkreis alltäglicher Erscheinung herabzuziehen gewohnt ist. An dem Faden dieses Schrifttums müssen die aufeinanderfolgenden Tatsachen und Ereignisse aufgereiht werden, es gibt den pragmatischen Zusammenhang an und darf daher nicht so nebenher, als Anhang zur Hauptgeschichte behandelt werden. Die Erscheinung eines neuen, bedeutenden Schrifterzeugnisses galt in diesem Kreise nicht als interessante Einzelheit, sondern wurde hier eine Tat, welche folgenreiche Nachwirkungen hatte. Die jüdische Literatur, unter Schmerzen und Todeszuckungen geboren, mannigfaltig wie die Länder ihrer Entstehung, bunt wie die Trachten der Völker, unter denen sie erblühte, reich und vielgestaltig wie die Erinnerung tausendjähriger Erfahrungen, trägt die unverkennbaren Spuren eines einzigen Erzeugers, des Judentums, an sich; ein einheitlicher Charakterzug ist allen Gestalten aufgedrückt, und sie spiegeln in allen Flächen und Kanten das Ideal ab, dessen Strahlen sie aufgefangen. Sie ist also das Grundeigentum dieses Zeitraums, und man kann diesen daher mit Fug und Recht nach seiner tätigen Seite hin, nach seiner charakteristischen Eigentümlichkeit den theoretisch-religiösen Zeitraum nennen, im Gegensatz zum zweiten nacherilischen, der vielmehr politisch-religiöser Natur war, und zum ersten vorexilischen Zeitraum, der vorherrschend einen politischen Charakter hatte.

So mannigfaltig und umfangreich auch diese Literatur ist, so lassen sich doch drei Hauptrichtungen, drei eigene Strömungen in ihr unterscheiden, welche, wenn auch Zuflüsse aus andern Gebieten in sich aufnehmend, doch in ihrem Laufe nur unmerklich abgelenkt wurden. Jede dieser Hauptrichtungen kann als Hauptwissenschaft angesehen werden, zu denen sich die übrigen als Nebenfächer verhalten. Die vorherrschenden Tätigkeiten dieses langen Zeitraums waren zuerst das allmähliche Anwachsen des Talmuds, dann die philosophische Schriftauslegung und das selbständige Philosophieren und endlich die einseitig-rabbinische Tätigkeit mit vollständiger Hintansetzung der Bibelforschung und des selbständigen Denkens. Der Zeitraum zerfällt demnach in drei ausgedehnte Perioden, in die **rein-talmudische**, in die **wissenschaftlich-rabbinische** und in die **einseitig-rabbinische**. Es versteht sich von selbst, daß diese drei Hauptrichtungen keinen plötzlichen Anfang haben, sondern durch allmähliche Übergänge vorbereitet wurden. Die Entwicklung der reintalmudischen Richtung, welche bis in die **gaonäische Zeitepoche** hineinreicht, erleidet eine geringe Abbiegung erstens durch den Gegensatz des den Talmud verleugnenden Karäertums und zweitens durch die Bekämpfung desselben von Seiten rabbinischer Denker. Dadurch wurde das bibelexegetische und philosophische Interesse geweckt, drang aber erst gleichzeitig mit dem Untergange des Gaonats in vollen Strömen ein. Und auf der Mittagshöhe des von der Philosophie geläuterten Judentums sammeln sich schon die trüben Wolken der wissensfeindlichen Strömung, die sich als Dunst eines für Lichtstrahlen unzugänglichen Rabbinertums und einer wirren Mystik niederschlagen.

I. Die talmudische Periode durchläuft die Zeit von der Gründung des Synhedrions und des Lehrhauses in Jamnia bis zum Untergange des Gaonats und der babylonisch-talmudischen Hochschulen (70—1040).

II. Die rabbinisch-philosophische Periode erfüllt die Zeit von der festen Gründung der rabbinischen und wissenschaftlichen Schulen in Spanien bis zur Spaltung zwischen der Denkgläubigkeit und der Stockgläubigkeit (1040—1230).

III. Die einseitig-rabbinische Periode entwickelt sich in dem Kampf gegen das freie Forschen und hat ihr Ende erst mit dem Hereinbrechen der neuen Zeit unter Mendelssohn (1230—1780).

Erste Periode des dritten Zeitraumes,
die talmudische Zeit.

In dieser fast tausendjährigen Periode beschäftigt sich die jüdische Geistestätigkeit vorzüglich und fast ausschließlich mit dem theoretischen Ausbau des religiösen Lebens, mit der Feststellung der als Überlieferung überkommenen Lehrsätze nach allen Verzweigungen und Anwendungen. Im Anfang dieser Periode ist zwar das Streben sichtbar, noch einmal einen Versuch zu wagen, das verlorene politische Leben wieder zu erlangen. Dieses Streben erzeugt Reibungen, Aufstände, Kriege und neue Niederlagen. Aber bald tritt diese politische Bewegung zurück, um der rein geistigen Tätigkeit den ganzen Spielraum zu überlassen. Dann beginnt die bienenartige Emsigkeit, die Überlieferung zu sammeln, zu sichten, zu erläutern und anzuwenden, die neuhinzugekommenen Erläuterungen und Anwendungen zu ordnen und zu einem Ganzen abzuschließen, endlich aus diesem riesenhoch aufgeschichteten Material Auszüge für den Lebensgebrauch anzulegen. Diese Riesenarbeit des talmudischen Baues, woran mehr denn zwanzig Geschlechter, Lehrer und Schüler, Beamte und Handwerker, Palästinenser wie auswärtige Juden mit ihrer ganzen Geisteskraft, mit Aufopferung der Lebensfreuden gearbeitet haben, darf nicht als Geistesspiel müßiger Gelehrten oder als ein Kettenschmieden herrschsüchtiger Priester betrachtet werden, sondern es ist ein echtes Nationalwerk geistigen Strebens, woran, wie an dem Bau einer Volkssprache, nicht dieser und jener, sondern das ganze Volk Anteil hatte. Dies bekundet zugleich die veränderte Richtung in dem Entwicklungsgang der jüdischen Geschichte, nämlich das Hervortreten der Denktätigkeit und das Sichversenken in den Schacht der Forschung. **Überliefern, erklären, vergleichen und unterscheiden**, überhaupt theoretische Beschäftigung, bildet von jetzt an die Hauptrichtung für ein Jahrtausend, die sich durch nichts von dem eingeschlagenen Wege abbringen und stören läßt. Auf einen Augenblick zurückgedrängt, tritt dieser Trieb um so gewaltiger hervor, je größer der Druck war, der auf ihm lastete. Aber diese Tätigkeit war in ihrem ersten Anlaufe so überwiegend und ausschließlich talmudisch, daß keinerlei Wissenszweig, nicht einmal ein solcher, der ihr als Stütze zu dienen geeignet wäre, neben ihr Raum finden konnte. Selbst die Exegese, das richtige Verständnis des heiligen Textes aus dem Bewußtsein formaler Sprachkunde, wurde nur obenhin berührt. Eine jüdische Philosophie, das freie Forschen nach dem Grundwesen des Judentums, nach dem ewig Wahren und ewig Gültigen in dem Gesetze, konnte in einer Zeit, da es galt, sich nach dem Schiffbruch zu sammeln und vor neuen Stürmen zu schützen, gar nicht aufkommen, ungeachtet bereits die Alexandriner, mit Philo an der Spitze, einige Grundsteine zu dem Anbau einer solchen gelegt hatten. Um Exegese mit hebräischer Sprachkunde und Philosophie mit in den Kreis des Wissenswürdigen hineinzuziehen, dazu bedurfte es eines Anstoßes von einem neuen, der talmudischen Richtung feindlichen Elemente. Das Karäertum war dieses neue, gärende Element, das neue Gestaltungen und Lagen hervorbrachte. Mit Recht kann man daher die erste Periode dieses Zeitraums die **talmudische** nennen, weil die Hauptrichtung der Geschichte sich auf den Ausbau des talmudischen Lehrinhaltes und auf den Talmud, als auf das Grundbuch, bezieht. Erst am Ende dieser Periode erwachte, angeregt und gefördert durch die karäische Spaltung, auch der Sinn für Hilfswissenschaft, für Exegese, Grammatik und sogar für den Aufbau einer jüdischen Philosophie, aber ohne daß es darin zu einer gediegenen Reife gekommen wäre. Äußere und innere Störungen stellten sich inzwischen ein, welche den Strom der jüdischen Geschichte in ein anderes Bett leiteten, und sie änderte seitdem äußerlich wie innerlich ihre Gestalt. Judäa und Babylonien, die Städte am Jordan und Euphrat, bisher der einzige Schauplatz der Geschichte, verlieren ihre Bedeutung. Das jüdische Geistesstreben wandert von dem äußersten Osten nach dem äußersten Westen, von Babylonien nach Spanien, entfaltet dort neue Blüten und bringt neue Früchte zur Reife. Die erste Periode des Zeitraums der Zerstreuung (Diaspora) ist ihrem Inhalte nach **talmudisch**, der geographischen Lage nach **judäisch-babylonisch**.

Das talmudische Zeitalter zählt 970 Jahre und zerfällt in vier kleinere Abschnitte oder Epochen:

1. Die Tannaiten-Epoche, von dem Untergange des Staats und der Einführung des Synhedrions in Jamnia bis zum Abschlusse der Mischna (70—200).

2. Amoräer-Epoche, vom Abschlusse der Mischna und der Gründung der Amora-Akademien in Babylonien bis auf den Abschluß des ganzen Talmuds (200—500).

3. Die Saburäer-Epoche, vom Abschlusse des Talmuds bis zur Entwicklung des Gaonats unter der Herrschaft der Araber (500 bis 650).

4. Die Gaonen-Epoche, von dem Beginne des Gaonats bis zum Untergang desselben (650—1040).

Erste Epoche,

vier Tannaiten-Geschlechter umfassend.

Judäa bleibt größtenteils der Schauplatz der Begebenheiten.

Erstes Kapitel.

Erstes Tannaiten-Geschlecht. Gründung des Lehrhauses in Jabne; R. Jochanan ben Sakkaï. Das Flavianische Kaiserhaus. Die letzten Herodianer.

Der unglückliche Ausgang des so energisch geführten vierjährigen Krieges gegen die Römer, der Untergang des Staates, die Einäscherung des Tempels, die Verurteilung der Kriegsgefangenen zu den Bleiwerken Ägyptens, zum Verkauf auf den Sklavenmärkten oder zum Kampfe mit wilden Tieren, wirkten auf die übrig gebliebenen Juden mit so niederschlagender Betäubung, daß sie ratlos waren über das, was nun zu tun sei. Judäa war entvölkert; alle, welche die Waffen ergriffen hatten, im Norden und im Süden, diesseits und jenseits des Jordans, waren auf den Schlachtfeldern gefallen oder mit der Sklavenkette in die Verbannung geschickt. Der zornerfüllte Sieger hatte Frauen und Kinder nicht geschont. Die neue Gefangenschaft, das römische Exil (Galut Edom), durch Vespasian und Titus hatte mit weit größeren Schrecken und Grausamkeiten als die babylonische Gefangenschaft unter Nebuchadnezar begonnen. Verschont geblieben waren nur die wenigen, welche es offen oder heimlich mit den Römern gehalten hatten, die Römlige, welche von Anfang an kein Gefühl für die Nationalsache hatten, die Herodianer und ihr Anhang; die Friedensfreunde, welche im Judentume eine andere Aufgabe erblickten, als mit blutigen Waffen zu kämpfen; die Besonnenen und Bedächtigen, die einen Kampf mit den Römern als einen Selbstmord betrachteten, und endlich Ernüchterte, welche anfangs das Abwerfen des eisernen Jochs der Römer für eine heilige Sache gehalten hatten, aber durch die Schreckensherrschaft der Zeloten und die Parteikämpfe geängstigt, die Waffen gestreckt und ihren Sonderfrieden mit dem Feinde geschlossen hatten. Diese wenigen Überbleibsel im jüdischen Lande und die Gemeinden im benachbarten Syrien, welche immer noch gehofft hatten, Titus werde den Tempel, den Mittelpunkt des Kultus und der Religion, verschonen, waren von dessen Brand tieferschüttert und verzweifelt. Der Schmerz und die Betäubung über den Verlust des wie eine Pforte zum Himmel verehrten Tempels hatte noch größere Kreise ergriffen. Die Diaspora in Babylonien und in den griechisch redenden Ländern, Ägypten, Kleinasien und selbst in Griechenland hing mit dem tiefsten Empfinden des Herzens an dem Flecken Moria. Von hier aus hatten sie die Weisung über ihr religiöses Tun und Leben erhalten. Von Zion war für sie die Lehre ausgegangen und das Gotteswort vermittelst des in der Quaderhalle des Tempels tagenden Synhedrions von Jerusalem. Nun war das Synhedrion völlig aufgelöst, die Mitglieder entweder umgekommen oder zersprengt. Wie wird sich das Judentum als Lehre und religiöses Bekenntnis in dieser allgemeinen Auflösung erhalten können? Und wie wird die Judenheit, die bis dahin lediglich durch das Band der gemeinsamen Lehre und gewisser Institutionen zusammengehalten wurde, vor Zersplitterung und Zerfahrenheit geschützt werden können? Der Untergang des Judentums und damit zugleich der Gesamtjudenheit hätte damals viel sicherer vorausverkündet werden können, als zur Zeit der babylonischen Gefangenschaft.

Der Fortbestand beider gleicht allerdings einem Wunder; aber auch ein Wunder bedarf natürlicher Bedingungen, vermöge deren es sich in die Erscheinung ringt. Welche Bedingungen waren wirksam, daß ein neues einheitliches Band sich knüpfen konnte, die Gesamtjudenheit zu umschlingen und einen neuen Mittelpunkt zu schaffen?

Von Bedeutung war es, daß eine Bevölkerung, wie gering auch an Zahl, im Lande geblieben ist, bleiben durfte, daß die Sieger zwar dem von der Provinz Syrien getrennten Judäa zur größeren Bewachung eine entsprechende militärische Besatzung gaben, deren Befehlshaber zugleich Statthalter von Judäa war[1]), daß sie aber nicht eine durchgreifende Exportation verhängt haben. Glücklich war die Lage der Überbleibsel im Landesteil Judäa keineswegs. Sie mußten unter den feindlichen Blicken der römischen Beamten zittern. Da Vespasian das eroberte Land als sein Eigentum erklärt hatte, so mußten die zurückgebliebenen Ackerbauer und Winzer den Boden von der Fremdherrschaft pachten. Sie konnten mit den Worten des Klageliedes seufzen: „Unser Erbe ist Fremden zugewendet, unsere Häuser den Feinden". Allein sie hatten doch den Schein eines eigenen Vaterlandes, und dieses Vaterland galt als ein heiliges Land, als Erbe Gottes. Es war ein Trost im grenzenlosen Leiden.

---

[1]) S. Schürer, Gesch. d. jüd. V. usw. 1890. I, p. 539.

Wie ein Scheinvaterland bestand auch ein Scheinkönigtum. Agrippa II., welcher dem Siege der Römer soviel Vorschub geleistet hatte, war von Vespasian als König belassen worden. Sein Herrschergebiet war Galiläa, dessen judäische Bewohner sich unter seiner Herrschaft wohler gefühlt haben. Da er selbst in der Nähe des Kaisers und besonders des Cäsars Titus weilte, um die im tiefsten Innern gehegte Hoffnung, den Titularrang eines Königs von Judäa in den eines wirklichen Königs mit Herrschermacht verwandelt zu sehen, zu verwirklichen, so ließ er Galiläa von einem heidnischen Kriegsobersten und von einem judäischen Friedensbeamten verwalten. Agrippa scheint bei der judäischen Bevölkerung des Landes beliebt gewesen zu sein, so sehr ihn auch die kriegführenden Zeloten wegen seiner Anhänglichkeit an Rom ingrimmig haßten. Als er einst, wahrscheinlich von einer Romfahrt zurückgekehrt, in einem Hafenplatz landete, beeilten sich auch die Gesetzesstrengen, ihn von Angesicht zu Angesicht zu sehen, selbst die Aaroniden scheuten sich nicht, dabei mit Verletzung des levitischen Reinheitsgesetzes über Grabgewölbe zu schreiten. Nach dem Untergang alles Hohen wollten sie sich an dem Anblick eines judäischen Königs weiden. Vielleicht schmeichelten sich einige, durch diesen Titularkönig die Wiederherstellung des judäischen Gemeinwesens zu erlangen. Es war ein lautes Geheimnis, daß Titus leidenschaftlich in die Prinzessin oder Königin Berenice, des Königs Schwester, verliebt war, daß er sie zu heiraten gedachte und aus Eifersucht einen seiner Tafelgenossen umbringen ließ. Allerdings der prosaische Vater mißbilligte eine solche Mischehe mit einer Barbarin, noch dazu mit einer Judäerin. Aber wie, wenn nach dessen Tode Titus zur Regierung gelangte und Berenice zur Kaiserin machte? Es war auch bekannt, daß sie trotz ihres Leichtsinns immer die rituellen Gesetze des Judentums beobachtete. Würde sie nicht ihren Einfluß aufbieten, die Opferstätte in Jerusalem wieder aufzurichten? Es war nicht ganz und gar eine kindische Illusion, von welcher sich die Gesetzestreuen leiten ließen, wenn sie häufig geltend machten: Bald kann das Heiligtum erbaut werden.

An diesen Schein des fortbestehenden, von Rom bestätigten Königtums und an die Hoffnung einer Restauration klammerten sich auswärtige wie heimische Gemeinden, und sie dämpfte für den Augenblick die Verzweiflung und beruhigte die aufgeregten Gemüter. Zur größeren Beruhigung diente aber das Auftreten und die Wirksamkeit des R. Jachanan ben Sakkaï, der dem erschütterten Volke eine neue und belebende Richtung vorzeichnete. Und ihm gelang es auch in der Tat die gelockerten Bestandteile zu einem Ganzen zusammenzufügen.

Jochanan war ein Schüler Hillels und zwar, der Tradition nach, unter den achtzig Jüngern einer der jüngsten, dem sein großer Lehrer vorausverkündet haben soll, er werde der bedeutendste unter ihnen werden. Er soll vierzig Jahre lang Geschäfte getrieben haben[1]), wie überhaupt die Kraftgeister der jüdischen Geschichte die Lehre nicht zum Broterwerb oder zum Soldamte mißbrauchen mochten. Während des Staatslebens saß R. Jochanan im Synhedrion und lehrte im Schatten des Tempels; sein Lehrhaus in Jerusalem soll sehr bedeutend gewesen sein.[2]) Er war der erste, der die Sadduzäer mit Gründen siegreich bekämpfte und ihre grundlosen Theorieen mit scharfer Dialektik zu erschüttern verstand.[3]) In den Revolutionsstürmen gehörte er, infolge seines friedfertigen Charakters, zu der Friedenspartei; mehreremal hatte er Volk und Zeloten zur Übergabe der Stadt Jerusalem und zur Unterwürfigkeit unter die Römer nachdrücklich ermahnt. „Warum wollt ihr die Stadt zerstören und den Tempel dem Feuer preisgeben?" sprach er zu den Führern der Revolution. Trotz seines Ansehens verschmähten die Zeloten in ihrem Unabhängigkeitssinn seine treugemeinten Ermahnungen. Die Spione, welche der römische Feldherr im belagerten Jerusalem zu unterhalten wußte, um über alle Vorgänge Kunde zu erlangen, verfehlten nicht, ihm zu berichten, daß R. Jochanan zu den Römerfreunden gehöre und daß er die Häupter des Aufstandes zum Frieden ermahne. Die Nachrichten aus der Stadt wurden nämlich auf kleine Zettel geschrieben und vermittelst abgeschossener Pfeile ins römische Lager geschleudert. Furcht vor dem wütenden Fanatismus der Zelotenpartei oder weise Vorsicht, der Lehre im Voraus eine Zufluchtsstätte zu sichern, gaben R. Jochanan den Gedanken ein, ins römische Lager überzugehen. Aber die Entfernung aus der Stadt war bei dem lauernden Argwohn der Zeloten schwer ausführbar; R. Jochanan faßte daher den Entschluß, im Einverständnis mit einem Zelotenführer, Ben-Batiach, der sein Verwandter war, sich scheinbar als Leiche aus der Stadt bringen zu lassen. In einem Sarge trugen ihn seine Schüler Elieser und Josua in der Dämmerstunde bis zum Stadttore. Ein Stück faules Fleisch hatten sie noch dazu hineingelegt, um durch den Leichengeruch die Thorwache vollends zu täuschen. Diese trug jedoch Bedenken, den Sarg hindurch zu lassen, und machte schon Anstalt, ihn zu öffnen.

---

[1]) Sukka, p. 28 d. Baba Batra, p. 134 a. Vergl. Note 2. Sifri Ende. Genesis Rabba Ende.

[2]) Band III, 5. Auflage, S. 433. Jerus. Megilla, p. 73 d. Babli Pes. 26 a.

[3]) Jadaim IV, 6, 7. Tosifta Jadaim Ende; b. Menachot, p. 65 a. b. Baba Batra, p. 115 b. Megillat Taanit, c. 1, 5, 8.

Nur die dringende Warnung ihres Führers Ben-Batiach, sich nicht an der Hülle des hochverehrten Lehrers zu vergehen, brachte sie von ihrem Vorhaben ab. Der römische **Kriegsherr** nahm den Flüchtling freundlich auf und stellte ihm eine Bitte frei. R. Jochanan bat bescheiden nur um die Erlaubnis, in Jabne ein Lehrhaus eröffnen zu dürfen. Gegen diesen unverfänglichen Wunsch hatte jener nichts einzuwenden, da er nicht ahnen konnte, daß durch diesen geringfügigen Akt das schwache Judentum in den Stand gesetzt sein würde, das kraftstrotzende, eherne Römertum um Jahrtausende zu überleben. Von der jüdischen Quelle wird als dieser Feldherr nicht Titus, sondern Vespasian bezeichnet, dessen gnädiges Entgegenkommen dort noch damit begründet wird, daß R. Jochanan ihm seine Erhebung zur Kaiserwürde vorher verkündet habe. Bei R. Jochanan soll diese Voraussage nicht die Folge einer Prophetengabe, sondern eine, durch die Deutung eines Prophetenwortes gewonnene Überzeugung gewesen sein, daß „der Libanon (Tempel) nur durch einen Gekrönten fallen könne" (Jesaias 10. 35.).[1]) Dieser Nebenzug durfte in der Darstellung um so weniger übergangen werden, als auch der Geschichtsschreiber Josephus, der sich aus persönlichem Interesse den Römern ganz und gar verkauft hatte, dasselbe von sich erzählt.[2]) In seiner Art den römischen Machthabern zu schmeicheln und seine Eitelkeit zu befriedigen, rühmt sich Josephus mit nachdrücklicher Hinweisung auf den Besitz der ihm von Gott verliehenen Prophetengabe, er habe Vespasian seine Kaiserwürde prophezeit.

R. Jochanan ließ sich mit seinen Schülern in **Jabne** oder **Jamnia** nieder, einer Stadt unweit der Küste des Mittelländischen Meeres, zwischen der Hafenstadt Joppe und der ehemaligen Philisterstadt Asdod und auf römischem Gebiet gelegen. Es war eine alte und nicht unbedeutende Stadt, ein Stapelplatz für Aus- und Einfuhr von Weizen. Einige behaupten nach einer sagenhaften Quelle, daß in Jabne schon früher ein Lehrhaus bestanden; doch ist es vielmehr zweifellos, daß diese Wichtigkeit Jabnes erst nach der Zerstörung Jerusalems begonnen hat.[3]) Auch nach R. Jochanans Niederlassung war nicht an irgend eine Tätigkeit zu denken, so lange der erbitterte

---

[1]) Abot de R. Nathan, c. 4. Midrasch Kohelet edit. Frankf. 64. Gittin, p. 56 a. An letzter Stelle ist die einfache Tatsache sagenhaft erweitert und ausgeschmückt. Unwahrscheinlich wird diese Erzählung durch die Erwägung, daß Vespasian gar nicht Jerusalem belagert hat, sondern schon vorher Kaiser geworden war.

[2]) Josephus, jüdischer Krieg, III, 8.

[3]) Abot de R. Nathan, c. 4; b. Gittin, p. 56 b. [Aus den Worten der letztgenannten Stelle תן לי יבנה וחכמיה könnte man eher das Gegenteil folgern].

Kampf vor den Mauern Jerusalems, in seinen Straßen und um den Tempel wütete. — Als die Nachricht einlief, daß die Stadt gefallen und der Tempel in Flammen aufgelodert sei, zerrissen R. Jochanan und seine Jünger ihre Kleider, trauerten und jammerten, wie um den Tod eines Nahverwandten. Aber der Meister verzweifelte nicht, wie die Jünger; denn er erkannte, daß das Wesen des Judentums nicht unauflöslich an Tempel und Altar gebunden sei, um mit ihnen unterzugehen. Er tröstete vielmehr seine trauernden Schüler über den Verlust der Sühnestätte mit der Bemerkung, daß „Mildtätigkeit" das Opfer ersetze, wie es in der Schrift heißt: „denn ich habe an Mildtätigkeit Gefallen und nicht am Opfer".[1]) Diese freie Ansicht über den Wert der Opfer ließ ihn klar erkennen, daß es vor allem nötig sei, einen neuen Mittelpunkt anstatt des Tempels hinzustellen. Er ließ daher in Jabne ein Synhedrion zusammentreten, als dessen Präsident er um so eher anerkannt wurde, als er der einzig übriggebliebene Schüler Hillels gewesen sein mochte, und Gamaliel, der Sohn des in der Revolution tätigen Patriarchen Simon, ohne Zweifel noch unmündig war.[2]) Das neue zusammengeraffte Synhedrion war sicherlich nicht vollzählig mit siebzig Mitgliedern besetzt und sollte wohl einen ganz anderen Wirkungskreis haben, als das jerusalemische während der Revolution, dem die Gewalt der Verhältnisse die wichtigsten politischen Angelegenheiten zugewiesen hatte. Dem jamnensischen Synhedrion übertrug dessen Gründer vor allem die religiöse Machtvollkommenheit, die es in Jerusalem besessen hatte, mit der zugleich die richterlichen Funktionen eines Obertribunals verbunden waren. Nur die vollgültige Autorität R. Jochanans konnte ein solches Werk, wie die Schöpfung und Kräftigung eines Synhedrions, unter den ungünstigsten Umständen zustande bringen. Denn er mußte der herrschenden Ansicht entgegentreten, daß der Synhedrialkörper lediglich innerhalb der Tempelquaderhalle (Lischchat ha-Gazit) Befugnis habe, außerhalb dieser Stätte aber seinen gesetzgebenden und gesetzentscheidenden Charakter verliere und aufhöre, Vertretung der Nation zu sein. Das Synhedrion und seine Funktionen galten bis dahin selbst nur als ein wesentlicher Teil des Tempellebens und waren ohne dessen Bestand gar nicht denkbar. Indem also R. Jochanan die Synhedrialfunktionen von der Tempelstätte ablöste und sie auf Jabne übertrug, hatte

---

[1]) Abot de R. Nathan das.

[2]) [Diese Ansicht wurde auch von Früheren ausgesprochen, und bereits Jakob Emden, Gutachten I, 85 weist hin auf Mischnah Pesach. VII, 2 und wenn dieser dann diesen Beweis durch die Annahme zu entkräften glaubt, daß man auch nach der Zerstörung des Tempels das Passahlamm opferte, so bedarf diese Annahme heute keiner Widerlegung.]

er das Judentum überhaupt vom Opferkultus losgelöst und es selbständig hingestellt. Ohne daß dieser Akt irgendwo Widerspruch gefunden hätte, vertrat Jabne von nun an Jerusalem ganz und gar; es wurde der religiöse und nationale Mittelpunkt für die zerstörten Gemeinden. Die wichtigste Funktion des Synhedrions, wodurch es zunächst bestimmend und vereinigend auf die auswärtigen Gemeinden wirkte, nämlich die Anordnung des Neumondes und der Festzeiten, ging von Jabne aus. Es sollte die meisten religiösen Vorrechte der heiligen Stadt genießen; unter anderm sollte das Posaunenblasen am Neujahrstage, der auf einen Sabbat fiele, hier ebenso ausgeübt werden, wie früher in der heiligen Stadt.[1]) Das Synhedrialkollegium führte von jetzt an den Namen Bet-Din (Obergerichtshof), der Vorsitzende hieß Rosch-bet-din, wurde aber mit dem Titel Rabban, d. h. allgemeiner Lehrer, beehrt. Dem Gerichtshofe allein übertrug Rabban Jochanan das Kalenderwesen, das früher eine Ehrenfunktion des Präsidenten gewesen war, so daß die Zeugen, welche über das Sichtbarwerden des Neumondes auszusagen hatten, nicht mehr, wie früher, dem Präsidenten nachzugehen, sondern lediglich sich zur Sitzung des Obergerichtshofes zu begeben brauchten.[2]) Diese Neuerung war ein wichtiger Schritt, das Synhedrion selbständig hinzustellen und von der Person des Vorsitzenden unabhängig zu machen. — Die Überlieferung zählt im ganzen neun Einrichtungen auf, welche R. Jochanan eingeführt hat. Die meisten betrafen die Aufhebung solcher Bestimmungen, welche nach dem Untergange des Tempels bedeutungslos geworden waren. Doch behielt er manche religiöse Sitte, wie den Feststrauß für die ganzen sieben Festtage, den Priestersegen ohne Fußbekleidung[3]) zum Andenken an das Tempelleben bei.

Noch mehr förderte er nach einer andern Seite hin den Fortbestand und die Erhaltung des Judentums mit nicht geringerer Tatkraft. Indem er für die lebendige Fortpflanzung der Lehre sorgte, befestigte er um so dauerhafter die gelockerten Wurzeln des jüdischen Gesamtwesens. Im Lehrhause wirkte er zunächst auf seine Jünger, auf die er seinen Geist und sein Wissen übertrug. Fünf seiner ausgezeichneten Schüler werden namhaft gemacht, von denen aber nur drei einen bleibenden Namen erlangt haben, die schon genannten Elieser und Josua, die ihn im Sarge aus Jerusalem getragen hatten, und neben ihnen Eleasar ben Arach; auch der nachmalige Patriarch Gamaliel war sein Schüler.[4]) Der

---

[1]) Rosch ha-Schana, p. 29 b. [2]) Das., p. 31 b.
[3]) Sotah, p. 40 a. Rosch ha-Schana, das.
[4]) Baba batra, 10 b.

hervorragendste und bedeutendste unter ihnen war Eleasar ben Arach, von dem gesagt wurde, daß er, auf eine Wagschale gelegt, alle seine Mitjünger aufwiege. Ihr Meister liebte es, sie durch inhaltreiche Fragen zum Selbstdenken anzuleiten.[1]) So gab er ihnen einst das Thema zum Nachdenken auf: „Was soll sich der Mensch am liebsten aneignen?" Der eine erwiderte: „ein wohlwollendes Wesen"; ein Anderer: „einen edlen Freund"; ein Dritter: „einen edlen Nachbar; der Vierte endlich: „Die Gabe, die Folgen seiner Taten im Voraus zu berechnen". Eleasar bemerkte: „der Mensch soll sich ein edles Herz aneignen", und diese Bemerkung gefiel R. Jochanan und er erklärte sich ganz derselben Ansicht, weil darin alles enthalten sei.

R. Jochanan galt zu seiner Zeit als der volle Inbegriff und als lebendiger Träger der mündlichen Lehre, er umfaßte alle ihre Teile mit Meisterschaft. Hillel, sein Lehrer, hatte dem Judentume einen eigenen Schnitt und Wurf gegeben oder vielmehr den Gesetzescharakter, der ihm von Hause aus eigen ist, zuerst ausgebildet und begründet und damit eine eigene Theorie, eine Art jüdische Theologie, richtiger Nomologie (Lehre vom Religionsgesetze) geschaffen. Er war der erste Begründer der talmudischen Behandlungsweise der Lehre. Aus dem Getriebe der Parteien, welche einander zerfleischten, hatte Hillel die Lehre in das Stilleben des Lehrhauses gezogen, sie mit Sorgfalt umgeben und mit den ihr scheinbar feindlichen Denkgesetzen zu versöhnen versucht. Denn dem, was bisher nur als Brauch und Herkommen gegolten und darum von den Sadduzäern als Menschensatzung und als unberechtigte Neuerung verworfen worden war, hatte Hillel eine biblische oder sinaitische Unterlage gegeben. Seine sieben Deutungs- oder Auslegungsregeln hatten den Kreis der vorhandenen und durch die sopherischen und pharisäischen Lehrer eingeführten Gesetze einerseits gesichert und anderseits ihnen die Keimfähigkeit gegeben, sich zu erweitern. Die schriftliche (pentateuchische) und mündliche (sopherische) Lehre lagen seitdem nicht mehr wie zwei einander fremde Gebiete weit auseinander, sondern traten in innige Berührung zu einander, durchdrangen und befruchteten einander.

Von einer anderen Seite hatte sich noch zur Zeit des Tempelbestandes eine andere Art der Schriftauslegung ausgebildet. Seitdem der idumäische Herodes den einander bekämpfenden Parteien die Waffen aus den Händen gerungen, allen den Fuß auf den Nacken gesetzt und mit den Römern gemeinschaftliche Sache gemacht hatte, hatten die für die Freiheit und Nationalität glühenden,

---

[1]) Das. und Abot II, 13.

zelotischen Lehrer des Volkes geistige Waffen geschaffen, um die
verhaßte Fremdherrschaft zu bekämpfen. In die scheinbar harmlose
Auslegung des Bibel- und besonders des Prophetenwortes mischten
sie ironische Anspielungen und spitzige Andeutungen auf Edom,
den Bruder und doch Feind Jakobs. Diese Anspielungen, einmal
angebahnt, wurden häufiger, witziger und zugleich erbitterter gegen
Rom angewendet, als dieses ohne Fug und Recht Judäa in eine
Provinz verwandelt und ihm Blutsauger als Beherrscher vorgesetzt hatte. Jeder Vortrag in den Lehrhäusern, vielleicht auch
in den Synagogen, war eine mehr oder weniger versteckte politische
Polemik gegen die römische Tyrannei; die Stichworte waren
Edom, Esau, der biblische Träger für das Prinzip des blutigen
Schwertes, der Gottlosigkeit und der Verhöhnung des Gesetzes. So
hatte sich eine eigene Vortragsweise und Schriftauslegung gebildet,
beziehungs- und anspielungsreich, voller Stacheln und Spitzen,
welche in den Vorgängen und Zuständen der Vergangenheit die
Gegenwart herauskehrte und sich in ihnen abspiegeln ließ. Sie
wurde Agada (Homilie) genannt; sie gebrauchte jedes rednerische
Mittel, um auf das Gemüt der Zuhörer zu wirken, Fabeln,
Parabeln, nur nicht sinngemäße Exegese. Die Lehre zerfiel in
zwei Fächer oder Hauptteile; der eine mit Gesetzescharakter
führte den Namen Mischna (aramäisch Matnita) (δευτέρωσις), gleichsam die zweite Lehre neben der schriftlichen Lehre (Mikra), als
der ersten. Die Kenner und Überlieferer der Mischna hießen
Tannaim (Tannaiten), von denen dieses Zeitalter den
Namen erhalten hat. Der andere Teil der Lehre ohne Gesetzescharakter umfaßte die Agada oder die predigtartige,
zwanglose Auslegung der heiligen Schrift. —

Der Inhalt der Mischna wurde in dreifachen Lehrweisen vorgetragen, die jedoch in innigem Zusammenhange und ineinander-
greifender Wechselwirkung zueinander standen.

Die erste Art war, die überlieferten Gesetzesbestimmungen einfach im Namen einer älteren Autorität oder kraft eines Synhedrial-
beschlusses, ganz trocken ohne weitere Erläuterung, eigentlich nur
für das Gedächtnis berechnet, mitzuteilen, damit die Gesetze, beim
Mangel an schriftlichen Dokumenten, nicht der Vergessenheit verfallen sollten. Solche ganz bestimmte, kurz gefaßte Sätze nannte
man Halacha, das ebenso gut Herkommen, Brauch, wie Praxis
bedeutet. Halachische Sätze sollten zur Sicherheit der Überlieferung
mit denselben Worten mitgeteilt und weitergefördert werden, wie
sie aus dem Munde des Lehrers vernommen worden, um dadurch
jedem willkürlichen Zusatze vorzubeugen.[1]) So weit solche Halachas

[1]) Edujot I, 1.

aus älterer Zeit bereits ausgeprägt vorlagen, waren sie in dieser
Zeit durchaus nicht geordnet oder irgendwie klassifiziert, sondern
ohne Zusammenhang untereinander, nur an den Namen des Überlieferers gereiht. So lehrte man zum Beispiel: Hillel hat sechs
Halachas überliefert und zwar diese und diese. Die Halacha bildete
den Grundstock der mündlichen Lehre, deren treue Bewahrung und
gewissenhafte Überlieferung die Lebensaufgabe dieses Zeitraumes
war. — Die zweite Art war, den Stoff der Tradition aus dem
Schriftworte nach gewissen Regeln herzuleiten, entweder aus dem
Inhalte und Zusammenhange des Textes oder aus einer Andeutung,
aus einem eigenen Worte oder aus einer eigenen Silbe. Diese Art
der Herleitung aus der Schrift hieß Midrasch (Deutung); das
geschriebene Wort galt als Träger für den mündlichen Gesetzesstoff.[1])

Die dritte Art war, die Regeln der Schriftauslegung auf Grund
vorhandener Gesetzesbestimmungen unter gewissen Umständen auf
neue Fälle anzuwenden. Dieses Verfahren der Anwendung und
Folgerung hieß Talmud (im engeren Sinne). Die Herleitungs-
regeln waren aber zu der Zeit weder fest, noch allgemein giltig.
Die sieben Regeln, welche Hillel zuerst aufgestellt hatte, fanden bei
Schammaï und seiner Schule Widerspruch.[2]) — Die talmudische
Lehrweise erforderte vermöge ihrer Eigentümlichkeit, aus gegebenen
Gesetzen neue Resultate zu ermitteln, mehr Gedankenarbeit, sie er-
weckte die logischen Operationen des Geistes, schärfte den Verstand
und befähigte ihn, sich in neue Gedankenkreise leicht hineinzufinden.

Die Agada, welche unter der Hand der friedliebenden Hillelschen Schule, der übriggebliebenen Trägerin der Lehre, einen andern
Charakter hatte oder annahm, machte ein eigenes Fach aus. Sie
war in diesem Kreise nicht feindselig oder aufreizend, sondern harmlos erbaulich, versöhnlich. Die Erläuterung der Geschichte, des Prophetenwortes, das Vergegenwärtigen der Vergangenheit und Zukunft
des Judentums war ihr Geschäft. Sie zog in ihren Kreis die
Untersuchung über Sinn und Bedeutung der Gesetze, sie forschte
nach den allgemeinen sittlichen Wahrheiten des Judentums, sie ver-
knüpfte geschickt die Gegenwart mit der Vergangenheit und ließ aus
alten Erlebnissen gegenwärtige Lebenslagen widerspiegeln. Die
Halacha bildete den Grundstamm der Lehre, der Midrasch die Saug-
wurzeln, die aus dem Schriftworte das Lebenselement sogen, der
Talmud die weitverzweigten Äste, und die Agada war die Blüte,
welche den farblosen Stoff der Gesetze durchduftete und färbte.[3])

---

[1]) Siehe Note 2.
[2]) [Durch diese Begriffsbestimmung wird Talmud mit Midrasch vermengt.
Talmud ist Erläuterung der Mischna, hat aber mit den Auslegungsregeln nichts
zu schaffen]. [3]) Sachs, religiöse Poesie der Juden. S. 148.

Alle diese Teile der mündlichen Lehre: Halacha, Midrasch, Talmud und Agada handhabte R. Jonachan ben Sakkaï in seinem Vortrage und schuf daraus den Lebensodem, der den erstarrten Volkskörper neu belebte und zu neuer Kraftäußerung emporschnellte. Die Sage schreibt aber R. Jochanan noch viele andere Kenntnisse zu, die sich erst im späteren Verlaufe der Geschichte ausgebildet und ausgeprägt haben. Eigentümlich behandelte er die Agada, er erhob sie beinahe zur Höhe philosophischer Anschauung. Die Gesetzesbestimmungen suchte er vernunftgemäß zu beleuchten und an allmeine Wahrheiten zu knüpfen[1]), aber in ganz schlichter und nüchterner, nicht in der überschwenglichen Weise der alexandrinisch-jüdischen Philosophie, die den blendenden Schimmer der griechischen Gedankenwelt aus der heiligen Schrift herausdeutelte oder in sie hineintrug. Unter anderem deutete R. Jochanan das Verbot, beim Bau des Altars eiserne Werkzeuge zu gebrauchen, sehr sinnig: „Das Eisen ist Symbol des Krieges und der Zwietracht, der Altar hingegen das Symbol des Friedens und der Sühne; darum soll das Eisen vom Altar fern bleiben." Er folgerte daraus den hohen Wert des Friedens und der Friedensstiftung „zwischen Mann und Frau, einer Stadt und der andern, einer Familie und der andern, zwischen Volk und Volk." Es sind dieselben Grundsätze, die ihn bewogen hatten, es mit den Römern gegen die Revolution zu halten. Auf diese Weise deutete er mehrere Gesetze und machte das Auffallende und Seltsame an ihnen dem Geiste und dem Herzen verständlich und verwandt. Auch mit Heiden, welche durch Umgang mit Juden oder aus der griechischen Übersetzung der heiligen Schrift Kunde von der Lehre des Judentums hatten, pflegte Jochanan ben Sakkaï Unterredungen zu halten, indem er Widersprüche, die sie aufgeworfen hatten, widerlegte und ausglättete oder Seltsamkeiten an den religiösen Vorschriften durch passende Gleichnisse erläuterte.[2])

Neben R. Jochanan, welcher der Mittelpunkt und Hauptträger dieser Zeit war, bildeten sieben Tannaiten den Lehrerkreis. Sie standen sämtlich beim Untergang des Staates in hohem Alter, gehören demnach diesem Geschlechte an und waren ohne Zweifel Mitglieder des jamnensischen Synhedrin. Die meisten von ihnen sind bis auf geringe Züge nur dem Namen nach bekannt. Die sieben ältern Tannaiten waren: R. Chanina, Stellvertreter mehrerer Hohenpriester (Segan ha-Kohanim), welcher Traditionen aus dem

---

[1]) Mechilta, Ende des Abschnittes Jethro. Kiduschin 22 b. Baba Kama 79 b. Tosifta Baba Kama, c. 7, auch Jalkut zu Exodus Nr. 318.
[2]) Pesikta, c. 14. Jalkut zu Numeri, c. 19. Jerus. Synhedrin I, Ende. Numeri Rabba, c. 4. Bechorot, 5 a, wohl auch Chulin 27 b, siehe Tossafot das.

Tempelleben überlieferte. Er gehörte auch zu den Friedliebenden und ermahnte seine Zeitgenossen für das Wohlergehen der herrschenden Macht, der Römer, zu beten, weil, „wenn die Furcht vor ihr nicht vorhanden wäre, einer den andern lebendig verschlingen würde." Es gehörte ferner dazu R. Zadok, ein Schüler Schammaïs, der in der Ahnung von dem Untergange des Tempels vierzig Tage fastete, und seine Gesundheit dadurch so zerrüttete, daß sie später nicht mehr hergestellt werden konnte. Nachum der Medier, früher Mitglied eines eigenen Gerichtskollegiums in Jerusalem[1]); R. Dossa ben Harchinaß, ein konsequenter Schüler Hillels, der seine Gäste auf vergoldeten Sesseln sitzen lassen konnte. Er lebte noch bis tief in das nachfolgende Geschlecht hinein, stand in hohem Ansehen und war in zweifelhaften Fällen das Orakel für die Mitglieder desselben. Mit seinem Bruder Jonathan, einem scharfsinnigen und disputiersüchtigen Jünger Schammaïs, konnte sich R. Dossa nicht vertragen und warnte die Unerfahrenen vor dessen verfänglichen Erörterungen. Der fünfte dieses Kreises war Abba Saul ben Botnit, früher Weinhändler in Jerusalem. In seinem Geschäfte war er so außerordentlich gewissenhaft, daß er nicht einmal die Neige für sich behalten mochte, weil er glaubte, daß sie den Käufern gehörte. Er sammelte davon 300 Maß und brachte es den Tempelschatzmeistern in Jerusalem. Obwohl man ihm das Anrecht darauf zusprach, mochte er doch keinen Gebrauch davon machen. Auf seinem Totenbette konnte er seine Hand ausstrecken und von sich rühmen: „Diese Hand war gewissenhaft beim Messen."[2]) Abba Saul entwarf ein grelles Gemälde von den herrschenden hohenpriesterlichen Familien während des Zeitalters der Herodianer, wie sie an Ehrgeiz, Habgier, Eitelkeit und Intrigensucht einander überbietend, das weiße Kleid des Hohenpriestertums befleckten. Abba Sauls Worte lauten in ihrer scharfen einschneidenden Kürze: „Wehe mir um das „Haus Boëthos und um ihre Knüttel; wehe mir um das Haus „Anan und um ihre Einflüsterungen; wehe mir um das Haus „Katharas (Kantharas) und um ihre Schmähschriften; wehe mir „um das Haus Phabi und um ihre Fäuste; sie machen sich selbst zu „Hohenpriestern, ihre Söhne zu Schatzmeistern, ihre Schwiegersöhne „zu Aufsehern, und ihre Sklaven traktieren das Volk mit Knütteln."[3])

Unter diesen Tannaiten haben jedoch nur die zwei folgenden geschichtliche Bedeutsamkeit in der Entwicklung der Traditionslehre:

---

[1]) Die betreffenden Stellen sind lichtvoll zusammengestellt in Frankels דרכי המשנה oder Hodogetica in Mischnam, p. 59, 70, 71.

[2]) Traktat Jom-Tob 29 a, und besonders Jeruschalmi zur Stelle.

[3]) Pesachim 57 a. Tosifta Menachot, c. 13, 21.

Nachum aus Gimso und Nechunja ben Hakana; beide hatten eine eigene Schule und Lehrweise. Nachum aus Gimso, einer eine halbe geographische Meile von Lydda entfernten Stadt[1]), hat die Sage zum Helden vieler wunderlicher Abenteuer gemacht und selbst den Namen seines Geburtsortes Gimso hat sie agadisch gedeutet, um ihm die Worte in den Mund zu legen: „Auch dieses gereicht zum Guten" (Gam-su l'-toba). Er gilt in der Sagenwelt als Candide, dem viele widerwärtige Erlebnisse zustießen, die ihm aber sämtlich zum Guten umschlugen. Nur in seinem Alter traf ihn gehäuftes Unglück, seine Augen waren erblindet und seine Gliedmaßen gelähmt. Um die Gerechtigkeit des Himmels nicht anzuklagen, maß er in selbstquälerischer Weise sich selbst dieses Unglück als gerechte Strafe zu. Er erzählte denen, die ihn besuchten, daß ihn die Leiden mit Recht als Folgen seines Vergehens getroffen hätten. Als er einst seinem Schwiegervater reiche Geschenke, auf Eseln geladen, zugeführt, habe ihn ein Armer um eine Gabe angefleht, den er warten ließ, bis er das Gepäck werde abgeladen haben. Wie er sich dann nach dem Armen umgesehen, habe er ihn tot gefunden. Im Schmerze über den verschuldeten Tod eines Menschen habe er seinen Augen Blindheit, seinen Händen und Füßen Lähmung angewünscht, weil sie nicht mit mehr Rührigkeit für den Armen gesorgt hatten, und diese Verwünschung habe ihn bald darauf getroffen. Seine Schüler konnten sich beim Anblick seiner Leiden eines Schmerzensrufes nicht erwehren: „Wehe uns, dich in diesem Zustande zu sehen!" Nachum aus Gimso antwortete ihnen: „Wehe mir, wenn ihr mich nicht in diesem Zustande erblicktet!"[2]) Nachums eigene Lehrweise bestand darin, die mündliche Lehre aus dem heiligen Texte herauszudeuten auf Grund gewisser Partikeln, deren sich der Gesetzgeber bei der Fassung der Gesetze recht absichtlich zum Fingerzeig bedient hätte. Solche Partikeln sollen nach seiner Ansicht nicht nur zur syntaktischen Ordnung der Sätze dienen, sondern vielmehr als Andeutung für Erweiterungen und Einschränkungen des gegebenen Gesetzkreises niedergeschrieben sein.[3]) Dieses Herleitungsverfahren Nachums war ein neuer, fruchtbarer Zusatz zu den Hillelschen Deutungsregeln; es fand Aufnahme, Pflege und Weiterbildung und führte den Namen die Regel der

---

[1]) 2. Chronik, 28, 18. Robinson, Palästina, III, 271, jetzt Jimzu.
[2]) Taanit 4, 21 a. Synhedrin 108 b. Jerus. Peah Ende.
[3]) Schebuot 26 a. Chagiga 12 a. Genesis Rabba, c. 1. [Die erstere Stelle handelt von einer anderen Eigentümlichkeit des Nachum aus Gimso als die beiden letztern. Regel der Erweiterung und Ausschließung wird strenggenommen nur das an erster Stelle besprochene Verfahren genannt].

Erweiterung und Ausschließung (Ribbuj u-mi'ut); aber es hatte auch Gegner gefunden.

R. Nechunja ben Hakana wird besonders als Gegner dieser Nachumschen Lehrweise genannt. Es ist von ihm weiter nichts bekannt, als daß er sanften, nachgiebigen Charakters war. Er gehörte nicht zu dem Jüngerkreise R. Jochanans, sondern war sein ebenbürtiger Zeitgenosse.[1]) R. Nechunja verwarf die Regeln der Erweiterung und Ausschließung und behielt nur die Hillelschen Regeln bei.[2]) Eine sehr junge Sage stempelt ihn zum Kabbalisten und schreibt ihm oder seinem Vater Kanah die Abfassung mehrerer mystischer Schriften zu, die aber, wie alle den älteren Tannaiten beigelegten Kabbalawerke, ganz entschieden jüngeren Ursprungs sind.

R. Jochanan ben Sakkaï scheint auch nach der politischen Seite hin ein Schild für das junge Gemeindeleben, das er neu geschaffen, gewesen zu sein. Seinen freundlich milden Charakter, wodurch er seinem Lehrer Hillel so ähnlich war, bewährte er auch gegen Heiden. Es wird von ihm erzählt, daß er Heiden zuvorkommend grüßte.[3]) Solche Freundlichkeit bildet einen grellen Kontrast zu dem Hasse der Zeloten gegen die Heiden vor dem Aufstande und während desselben, der sich dann nach der Tempelzerstörung noch steigerte. Den Vers (Sprüche 14, 10): „Die Milde der Völker ist Sünde" deuteten die Zeitgenossen ganz buchstäblich, mit sichtbarer Gereiztheit gegen die Heidenwelt, zu deren Nachteil, indem sie es geradezu aussprachen: „Die Heiden mögen uns noch so viel Gutes und Mildes erweisen, so wird es ihnen als Sünde angerechnet; denn sie tun es nur, um uns zu verhöhnen." Nur R. Jochanan ben Sakkaï deutet diesen Vers im Sinne echter Menschenliebe: „Wie das Sündenopfer Israel sühnt, so sühnt Wohltätigkeit und Milde die Heidenvölker."[4]) Eben diese sich gleichbleibende Friedfertigkeit R. Jochanans mag dazu beigetragen haben, daß die zwei flavianischen Kaiser Vespasian und Titus trotz neuer Aufstände der Juden, die sie in Kyrene und Ägypten zu dämpfen hatten, ihre Strenge aufgaben und die judäischen Gemeinden keine außerordentliche Verfolgung mehr erdulden ließen. Ausdrücklich merken die ältesten Quellen an, daß die römischen Machthaber nach der Dämpfung des Krieges die Achtung, welche früher gegen jeden Juden verhängt war, der den Soldaten in die Hände fiel, aufhoben und sogar die Todesstrafe auf den Mord eines Juden setzten.[5]) R. Jochanans Persönlichkeit mochte ihnen Garantie für die friedliche Gesinnung des Mutterlandes geboten haben. Die flavianischen Kaiser waren

---

[1]) Baba Batra 10 b. [2]) Schebuot das.
[3]) Berachot 17 a. [4]) Baba Batra das. [5]) Siehe Note 3.

überhaupt nicht undankbar gegen diejenigen, welche es treu mit ihnen hielten. Josephus, dessen Machinationen sie allerdings einen Teil ihres Sieges zu verdanken hatten, stand bei ihnen in hoher Gunst, erlangte von ihnen Ländereien, Ehren, Vorrechte und sogar eine Wohnung in den kaiserlichen Gemächern.[1]) In der Tat erfährt man bis auf die Regierung des blutdürstigen Domitian von keiner besonderen politischen Bedrückung der judäischen Gemeinden. Nur die Tempelsteuer, die Vespasian in eine Zwangssteuer zur Zahlung an den Jupiter Capitolinus verhängt hatte, wurde nachdrücklich eingetrieben; sie betrug einen halben Sekel (ungefähr 1 Mark 12 Pf. auf den Kopf)[2]) und sie erhielt den Namen **jüdischer Fiskus** (Fiscus Judaicus). Daran hatte aber die sprichwörtlich gewordene Habgier Vespasians mehr Anteil als Verfolgungssucht. Außer dieser förmlichen Judensteuer, die hier zu allererst auftritt, scheinen auch ungesetzliche Eingriffe in das Vermögen der Juden häufig vorgekommen zu sein. Es ist aber aus den Quellen nicht zu ermitteln, ob sich nur einzelne Römer Erpressungen von Grundstücken durch Androhung des Todes erlaubt oder die römischen Behörden Güterkonfiskationen vorgenommen haben. Eine Quelle stellt diesen Raub der Römer an liegenden Gründen der Juden in unzweideutigen Worten dar: „Die Römer verhängten Verfolgung über die Juden, machten sie sich untertänig, nahmen ihre Felder weg, um sie andern zu verkaufen." Man nannte diese Gewalttätigkeit **Sicarikon**, von dem blutigen Handwerke der **Sicarier** (Banditen in der Maske politisch-nationaler Zeloten mit kurzen Dolchen), welche vor und während des letzten Krieges eine terroristische Rolle gespielt hatten. Fälle des Ackerraubes müssen so häufig vorgekommen sein, daß sich die jüdische Gesetzgebung mit der Frage beschäftigen mußte, inwiefern der Kauf eines solchen Gutes rechtskräftig sei. Das Synhedrin erließ ein Sicariergesetz (Din sicaricon), das den Kauf unter gewissen Beschränkungen anerkannt hat, damit der Boden des heiligen Landes nicht in den Händen der räuberischen Römer bleiben sollte, wenn Juden vom Kaufe abgeschreckt würden.[3])

Aus solchen Vorgängen mußte ein unbehaglicher Zustand hervorgehen, welcher den Verlust der Freiheit noch fühlbarer machte. Dieses Mißbehagen der Abhängigkeit schilderte R. Jochanan selbst

---

[1]) Josephus Leben, Ende.
[2]) Desf. jüdischer Krieg, VII, 6. Dio Cassius LXVI, 5.
[3]) Siehe Note 3. [Genau genommen, bedeutet Din sicaricon die Bestimmung, daß der Kauf ungiltig ist, was als selbstverständlich gilt, und einer besonderen Anordnung bedurfte es bloß für die Giltigkeitserklärung.]

mit treffenden Worten, welche seinen Zeitgenossen einen Spiegel ihrer Gesinnung entgegen hielten. Er sah einst eine Frau aus dem reichen und angesehenen Hause Nicodemos ben Gorion aus Jerusalem, wie sie in Maon unter Rosseshufen Gerstenkörner zu ihrer kärglichen Nahrung auflas. Diese Szene machte einen um so schmerzlicheren Eindruck auf ihn, als er Zeuge ihres ehemaligen Glückes und Glanzes war. „Unglückliches Volk," sprach er, „ihr wolltet nicht eurem Gotte dienen, so müßt ihr jetzt fremden Völkern dienstbar sein; ihr mochtet nicht einen halben Sekel für den Tempel steuern, so müßt ihr jetzt fünfzehn Sekel für den Staat eurer Feinde zahlen; ihr mochtet nicht die Wege und Straßen für die Festwaller in Ordnung halten, so müßt ihr jetzt die Wächterhäuser in den Weinbergen unterhalten, die sich die Römer angeeignet haben."[1]) Das war allerdings hart für diejenigen, denen die Freiheit und Selbständigkeit noch in frischem Andenken lebten; aber diese Lage war noch erträglich gegen den Leidensstand der unmittelbar nachfolgenden Zeiten. Zu dem leidlichen Verhältnisse zwischen den siegenden Kaisern Vespasian und Titus und den besiegten Juden mögen auch die übrig gebliebenen Glieder des herodianischen Königshauses, Agrippa und seine Schwester Berenice, beigetragen haben, die in ganz nahen Beziehungen zu den Machthabern standen. Die Fürstin Berenice, deren Schönheit der Zeit zu trotzen schien, hielt eine sehr lange Zeit den leidenschaftlichen Titus in ihren Reizen gefesselt, und es fehlte nur sehr wenig dazu, daß die jüdische Fürstin römische Kaiserin geworden wäre. Nur das Vorurteil des römischen Stolzes gegen ihre jüdische und barbarische Abstammung, wie die Römer es nannten, störte das Eingehen eines ehelichen Bündnisses zwischen Titus und Berenice; es legte dem Kaisersohne den Zwang auf, das jahrelang gepflogene Verhältnis mit gebrochenem Herzen aufzulösen. So hatte es wohl der kluge kaiserliche Vater verlangt; die jüdische Prinzessin mußte den Palast und Rom verlassen. Als Titus Kaiser geworden war, eilte Berenice nach Rom, in der Erwartung, von ihm mit offenen Armen und schlagendem Herzen empfangen zu werden. Sie wurde aber kalt abgewiesen; in der Brust des wiewohl noch jugendlichen Kaisers schlug nicht mehr das Herz des Jünglings, er hatte sich inzwischen unnatürlichen Gelüsten ergeben.[2]) Die Glieder des jüdischen Königshauses sind übrigens in der jüdischen Geschichte ganz und gar verschollen; nicht einmal die gefällige Sage hat sich ihrer angenommen, um ihrem Untergange einige elegische Klänge zu

---

[1]) Mechilta zu Abschnitt Jethro, c. 1. Ketubbot, p. 66 b.
[2]) Sueton in Titus, c. 7; Dio Cassius, 66, 18; vergl. Dio 67, 2.

weihen. Das herodianische Haus hatte in dem Herzen des Volkes
kein Plätzchen gewonnen, darum rächte sich das Volk an ihm durch
vollständiges Vergessen. Ohne Zweifel verloren sich Herodes'
Nachkommen durch Mischehen unter die Römer. Einige Glieder
derselben saßen auf dem Throne von Groß- und Klein-Armenien,
freilich als völlig dem Judentume entfremdet. Nur von einem
einzigen Gliede dieses Hauses ist der tragische Tod bekannt geworden:
Agrippa, ein Neffe des letzten jüdischen Königs Agrippa, ein
Sohn der leichtsinnigen Drusilla, fand mit seiner Frau den Tod
in den Flammen des Vesuvs[1]), als dieser bei seinem heftigen Ausbruche im Jahre 79 die Städte Herkulanum und Pompeji unter
einer Lavadecke begrub.

Wie lange R. Jochanan in dem neugeschaffenen Kreise gewirkt
hat, ist nicht mit Bestimmtheit anzugeben, indessen kann seine Wirksamkeit nicht über zehn Jahre gedauert haben, und er hat wohl
Domitians Regierung nicht erlebt.[2]) Von den auswärtigen jüdischen
Gemeinden in Rom, Griechenland, Ägypten und in den parthischen
Ländern ist in diesem Zeitalter durchaus nichts bekannt; sie haben
sich ohne Zweifel dem jamnensischen Synhedrion gefügt, zu dem
sie durch die Anordnung der Festzeit und wohl auch durch Anfragen
über zweifelhafte Gesetzesbestimmungen in Beziehung standen. Es
kann nicht genug hervorgehoben werden, daß eben diese Einmütigkeit des jüdischen Volkes in der Zerstreuung das Werk R. Jochanan
ben Sakkaïs war, der das Band, welches die entferntesten Gemeinden
miteinander zu einem Gesamtbewußtsein vereint hatte, und welches
durch die Kämpfe halb zerrissen war, wieder zusammenzuknüpfen
wußte. Er bereitete den Übergang vor aus dem geräuschvollen
verwickelten Staatsleben in das stille, aber nicht minder tatenreiche
Gemeinde- und Gedankenleben. R. Jochanan vereinigte in sich den
Propheten Jeremias und den aus dem Exil heimgekehrten Fürsten
Zerubabel. Wie Jeremias trauerte er auf den Trümmern Jerusalems, wie Zerubabel schuf er einen neuen Zustand. Beide,
R. Jochanan, wie Zerubabel, standen an der Schwelle zweier
Epochen, von der einen erbend, die andere vorbereitend; beide haben
den Grundstein gelegt zu einem Neubau des Judentums, an dessen
Vollendung und Überdachung die folgenden Geschlechter gearbeitet
haben.

R. Jochanan starb auf seinem Bette in den Armen seiner
Jünger. Vor dem Tode hatte er mit ihnen eine Unterredung geführt, welche einen Blick in sein Inneres gewährt. Seine Schüler

---

[1]) Josephus, Altertümer XX, 7.
[2]) Siehe Frankels Monatsschrift 1852, S. 201 ff.

waren erstaunt, ihren mutvollen Meister in der Todesstunde verzagt und kleinmütig zu finden. Er bemerkte ihnen gegenüber, daß er nicht den Tod fürchte, sondern das Erscheinen vor dem ewigen Richter, dessen Gerechtigkeit unbestechlich ist. Seine Schüler segnete er vor dem Tode mit den bedeutungsvollen Worten: „Möge die Gottesfurcht auf euer Tun ebenso wirksam sein, wie die Furcht vor Menschen." Das letzte Wort des Sterbenden war: „Räumet die Gefäße aus der Wohnung und bereitet den Thron für Hiskija den König von Juda, der da kommt."[1]) Die Peinlichkeit für die Beobachtung der levitischen Reinheitsgesetze und die messianische Erwartung beschäftigten also noch im letzten Augenblicke seine scheidende Seele. Darin aber spiegelt sich ein Zeichen der Zeit innerhalb des judäischen Kreises ab. Er starb nach einer nicht geradezu sagenhaften Nachricht in seinem hundertundzwanzigsten Lebensjahre; man sagte von ihm, nach seinem Tode sei der Glanz der Weisheit erloschen.[2]) R. Jochanan ben Sakkaï gehört zu denjenigen Erscheinungen in der Geschichte, deren Persönlichkeit allein das ganze Zeitalter ausfüllt und dessen gediegenster Inhalt ist. Bei solcher Persönlichkeit ist auch der geringste lebensgeschichtliche Zug von Interesse; aus diesem Grunde durften auch die geringfügigsten Nachrichten über ihn nicht unerwähnt bleiben.

[1]) b. Berachot 28 b.   [2]) Sota 49 a.

Zweites Kapitel.

Zweites Tannaiten-Geschlecht; Wiederbesetzung des Patriarchats; Einheitsstreben R. Gamaliels; Bannstrenge, Absetzung und Wiedereinsetzung des Patriarchen; erster Anlauf zur Mischna-Sammlung.

(80—118)

War das erste Geschlecht arm an hervorragenden Personen und Ereignissen, so erscheint das nachfolgende um so reicher und kann als die klassische Blütezeit dieser ganzen Epoche gelten. Die Führer des Volkes, — und das waren die Jünger R. Jochanans ben Sakkaï durch die Verhältnisse tatsächlich nicht bloß des kleinern Bruchteils in Judäa, sondern auch der Gemeinden in der Diaspora, in Babylonien, Syrien, Ägypten und aller Orten, wo Juden wohnten — sie hatten nichts Angelegentlicheres zu tun, als das begonnene Werk ihres Meisters fortzusetzen. Politische Gedanken, Pläne für Wiedereroberung der untergegangenen Freiheit, des untergegangenen Staatswesens, scheinen ihnen durchaus fern gelegen zu haben. Sie waren eben Hilleliten, friedfertige, friedliebende Männer, die sich in die Zeit schickten, die nichts so sehr verabscheuten als das Schwert, und auf nichts weiter bedacht waren, als auf die Erhaltung und Pflege der aus dem Schiffbruche geretteten Lehre. Gleich nach dem Tode ihres Meisters hielten seine Hauptjünger Beratung über den Ort, an welchem sie die Lehre fortsetzen sollten. Die meisten waren der Meinung, in Jabne zu bleiben, wo ein Kreis von traditionskundigen Männern lebte. Nur R. Eleasar ben Arach, der Lieblingsjünger Jochanans, bestand darauf, den Sitz des Lehrhauses nach Emmaus zu verlegen, einer wegen ihrer milden Luft und warmen Bäder gesunden und anmutigen Stadt, drei geographische Meilen von Jabne. In dem Wahne, daß er seinen Genossen unentbehrlich sein und sie ihn in kurzem aufsuchen würden, trennte sich Eleasar auf Zureden seiner Frau von ihnen und blieb in Emmaus. Vereinsamt und von dem lebendigen Gedankenaustausche abgeschnitten, soll er seine Kenntnisse so sehr vergessen haben, daß man sich komische Anekdoten von seiner späteren Unwissenheit erzählte. Man wendete auf den Arachs Ausgang den Spruch an: „Wandere nach dem Orte der Lehre und bilde dir nicht ein, daß deine Genossen dir nachziehen, daß sie die Lehre nur durch deine Vermittelung werden behaupten können; verlaß dich nicht allzusehr auf deine Einsicht."¹) Während ben Arach, der Hoffnungsvolle, derart in Vergessenheit geriet, setzten seine Genossen das Werk ihres Meisters fort und wurden der Ruhm der nachfolgenden Geschlechter. In den Vordergrund treten als hervorragende Persönlichkeiten R. Gamaliel, R. Josua, R. Elieser, später gesellte sich auch R. Akiba dazu. Sie haben insgesamt ihrer Zeit ihren Namen aufgedrückt, während die übrigen zahlreichen Tannaiten dieses Kreises nur gelegentlich und ohne tiefere Spuren in die jüdische Geschichte eingriffen.

Wiewohl die Synhedrialstadt Jabne bereits den Rang eines Vorortes hatte, so hinderte es die Glieder des neuen Kollegiums doch nicht, eigene Lehrhäuser außerhalb Jabnes, jedoch in der Nähe desselben, anzulegen. R. Elieser lehrte zu Lydda²), R. Josua in Bekiin, in der Ebene zwischen Jabne und Lydda³); nur R. Gamaliel wohnte und wirkte in Jabne. Die Lehre war also nach dem Tode des Synhedrialgründers nicht verwaist, sie hatte womöglich noch größere Pflege gefunden; allein die kaum befestigte Einheit drohte zu schwinden. Die Streitigkeiten zwischen der Hillelschen und Schammaitischen Schule, welche vor der Tempelzerstörung blutige Auftritte hervorgerufen hatten und nur durch den Revolutionskrieg zum Schweigen gebracht wurden, brachen neuerdings aus und hatten um so bedenklicheren Charakter, als der Vereinigungspunkt, der früher durch den Tempel bestand, jetzt nicht mehr vorhanden war. Der Gegensatz der Schulen, der sich auf manche streitige Halachas erstreckte, erzeugte eine weitgreifende Verschiedenheit in der Lehre und dem Leben. Mancher Lehrer hielt etwas für gestattet, was nach einem andern verboten, und an einem Orte galt etwas für erlaubt, was an einem andern verpönt war; das Judentum schien zweierlei Gesetze zu haben, oder mit den Worten der Quelle: „Die Eine Thora war zwei geworden".⁴) Wichtige Lebensverhältnisse und tiefeinschneidende Fragen mit weitgreifenden Folgen, wie in Ehesachen, waren von diesem Streit berührt. Von der Versöhnung, die früher zwischen den älteren Gliedern dieser zwei Schulen

---

¹) Midrasch Kohelet edit. Frankf., 101 b. Abot de R. Nathan, c. 14. Sabbat, 147 b.
²) Synhedrin 32 b und andere St. llen.
³) Das. Mechilta, Sect. Bo. 16.
⁴) Jeruschalmi Synhedrin 19 c. Tosifta Synhedrin VII, 7. Jebamot I, 9 ff.

durch gegenseitige Nachgiebigkeit zustande gekommen und vielleicht durch den letzten Krieg zur Notwendigkeit geworden war, mochten die jüngern Mitglieder nichts wissen, sondern warfen die Fragen in ihrer ganzen Schärfe noch einmal auf. Diese Streitigkeiten zu schlichten, die der Auflösung nahe Einheit zu behaupten und gegen fernere Angriffe zu schützen, war die Lebensaufgabe Rabban Gamaliels, wodurch er aber mit seinen Genossen und Freunden in Zerwürfnis und offene Fehde geriet.

Gamaliel II. stammte aus dem edlen, hochverehrten Hillelschen Hause, war der Sohn jenes Patriarchen Simon, der zur Partei der gemäßigten Zeloten gehörte und den Krieg gegen die Römer mit Nachdruck geleitet hatte. Bei dem Untergange des Staates war R. Gamaliel höchstwahrscheinlich noch zu jung und daher untauglich, das erledigte Patriarchat, das den Ernst und die Reife eines Mannes erforderte, zu übernehmen. Auch mochte er wegen der politischen Haltung seines Vaters bei den Machthabern mißliebig gewesen sein. Darum hatte R. Jochanan, eigentlich nur vorübergehend, das Präsidium im Synhedrion geführt; denn es verstand sich von selbst, daß diese Würde den Abkömmlingen Hillels gebühre, die sie durch drei Geschlechter geerbt hatten. Es wird nicht erzählt, wann und durch welchen Akt R. Gamaliel in dieses Amt eingesetzt wurde. Er wird zum Unterschiede vom Namen seines Großvaters, des ältern R. Gamaliel, mit dem Zunamen G a m a l i e l v o n J a b n e oder der Zweite genannt. Von seinen Privatverhältnissen ist nur wenig bekannt; doch dies Wenige zeugt von seinem hohen sittlichen Charakter und seinem reichen Gemüte. R. Gamaliel besaß Felder, die er an Freigärtner für einen Anteil an dem Ernteertrage zur Benutzung überließ. Diesen lieferte er auch Körner zur Aussaat, verfuhr aber bei deren Rückzahlung so gewissenhaft, daß er sie von ihnen nur unter den billigsten Preisen annahm, um auch den Schein von Zinsnahme zu vermeiden.[1]) Rührend ist seine Zärtlichkeit für seinen Lieblingssklaven Tabi, dem er so gern die Freiheit geschenkt hätte, wenn er das Gesetz hätte umgehen können, das die Freilassung der Sklaven mißbilligte.[2]) Beim Tode dieses Sklaven nahm er Beileidsbezeugungen entgegen, wie für einen Verwandten.[3]) — R. Gamaliel scheint auch einige mathematische Kenntnisse besessen zu haben; überhaupt stand die Mathematik bei einigen Tannaiten dieser Zeit unter dem Namen „G e o m e t r i a" hoch in Ehren[4]) und wurde bei der Festsetzung

---

[1]) Baba Mezia 74 b.
[2]) Baba Kama 74 b. Jer.: Ketubot III, Ende; Schebuot IV, Ende.
[3]) Berachot 16 b. [4]) Abot, c. III Ende. Horajot 10 a.

der Festzeiten unter dem Namen Tekufah angewendet. Der Patriarch bediente sich schon eines Fernrohres[1]) und hatte an der Wand seines Zimmers Abbildungen von Mondscheiben angebracht, um sie bei dem Verhöre der Zeugen über die Wahrnehmung des Neumondes zu gebrauchen und deren Aussagen darnach zu prüfen.[2]) Von Natur kränklich[3]), scheute er doch die größten Anstrengungen nicht, wenn es das Wohl seines Volkes galt.

R. Gamaliel führte wie seine Vorfahren den Titel Naßi (Fürst, bei den Römern Patriarch) und hatte wohl auch die politische Stellung, das jüdische Volk bei den römischen Behörden zu vertreten. Die Dauer seines Patriarchats läßt sich nicht bestimmen, nur annäherungsweise dürfte es über dreißig Jahre betragen haben (80—117). Sein Patriarchat war eines der bewegtesten nach innen und außen, und diese Zeitumstände verursachten, daß er seine Würde so unerbittlich streng handhabte, daß man dadurch seinen Charakter verkannt und ihm selbstische, herrschsüchtige Pläne untergeschoben hat. R. Gamaliel richtete sein Hauptstreben dahin, das Patriarchat zum Mittelpunkte des jüdischen Gemeinwesens hinzustellen, um die bedrohte Einheit der Lehre durch die Autorität desselben gegen alle Anfechtungen zu behaupten. In den Streitigkeiten zwischen den Anhängern der Schammaitischen und Hillelschen Schule sollte das Patriarchat gleichsam über den Parteien stehen, um die Einheit der Lehre zu erzielen. Der Plan scheint R. Gamaliel vorgeschwebt zu haben, die Verschiedenheit der Ansichten über streitige Gesetzesfälle derart zu vermitteln, daß jede Halacha, jedes Gesetz erst durch einen Beschluß des Synhedrions Vollgiltigkeit erlangen sollte[4]), über dessen Vollziehung und Ausführung der Patriarch zu wachen hätte. Das Bedürfnis nach Einheit scheint auch allgemein gefühlt worden zu sein, je mehr der Gegensatz der beiden Schulen sich bis zur Schroffheit steigerte und je mehr die beiderseitigen Anhänger auf den von ihren Lehrern empfangenen Halachas in starrer Konsequenz beharrten. Die Zeitgenossen verhehlten sich nicht, daß die Lehre durch die schroffe Verschiedenheit leicht in Verfall und Vergessenheit geraten könnte. Man sprach die Befürchtung aus, „es könnte bald eine Zeit kommen, in welcher man vergebens eine Entscheidung aus der Schrift oder mündlichen Überlieferung suchen und ein Bescheid dem andern widersprechen würde." Das jamnensische Synhedrion unterwarf daher die streitigen

---

[1]) Erubin 43 b. [2]) Rosch ha-Schanah II, 4. [3]) Berachot 16 b.
[4]) Vergl. Tosifta Berachot, c. IV, 12. [Was aus der zitierten Stelle sich ergeben soll, ist aus dem Texte nicht klar. Jedenfalls ergibt sich, daß die Majorität entscheidend war].

Punkte der nochmaligen Erörterung und fing mit den Lehrsätzen von Hillel und Schammaï an, um sie durch Abstimmung zu allgemein giltigen Gesetzen festzustellen.¹) Allein eine Vereinigung war nicht so leicht zu erzielen; drei und ein halb Jahr soll der Streit in dem Weinberge zu Jabne gedauert haben; die einen wie die andern behaupteten ihre Traditionen als ausschließlich richtig, besonders waren die Schammaiten, starr und unfügig, wie der Urheber ihrer Schule, nicht zum Nachgeben zu bewegen. Da soll eine von ungefähr vernommene Stimme (Bat-Kol), die man in zweifelhaften Fällen und in ratlosen Lagen als einen Wink des Himmels betrachtete, den Ausschlag gegeben haben; man will im Lehrhause zu Jabne eine Stimme vernommen haben, welche die Worte sprach: „Die Lehrsätze beider Schulen sind wohl Worte des lebendigen Gottes, aber in der Praxis sollen die Hillelschen Sätze allein Giltigkeit haben." Die meisten fügten sich dieser Entscheidung, obwohl sie ohne formellen Beschluß zustande gekommen war. Nur R. Josua, eine nüchterne Natur, äußerte sich gegen eine durch das Bat-Kol herbeigeführte Entscheidung: „Wir brauchen nicht in solchen Dingen auf das Bat-Kol zu hören," so sprach er, „denn die Lehre ist nicht für die Himmlischen, sondern für die Menschen gegeben, denen in streitigen Fällen nur das einzige Mittel des Mehrheitsbeschlusses zugewiesen ist; ein Wunder kann in solchen Fällen keinen Ausschlag geben."²) Doch hatte dieser Widerspruch, sowie ein anderer von seiten des Schammaïten R. Elieser, keine Folgen; Hillels Überlieferungen, Auslegungen, Folgerungen und Deutungsregeln, so lange zurückgewiesen, erlangten endlich allein berechtigte Autorität. Wenn die Schammaiten es mit der Zelotenpartei der Römerfeinde, die Hilleliten hingegen mit der Friedenspartei gehalten hatten, so war durch diesen Akt im jamnensischen Synhedrion die Revolution gewissermaßen geschlossen. Doch wollte man den Schammaiten keinen Zwang antun, sich ganz und gar zu fügen und ihre religiöse Lebensweise dem Beschlusse gemäß umzugestalten; man stellte ihnen vielmehr frei, ferner nach ihrer Überzeugung zu leben. „Wer da will, richte sich nach der Schule Hillels oder Schammaïs, nur bleiben

---

¹) Vergl. über alle diese Einzelheiten Note 4.
²) [Der Ausspruch R. Josuas geschah, wie der Verf. selbst Note 4 erwähnt, bei einer ganz anderen Gelegenheit, und die gelegentlich in Babli Erubin 6 b hingeworfene Bemerkung kommt umso weniger in Betracht, als diese bloß dienen soll, einen Widerspruch auszugleichen, der auf andere Weise viel einfacher zu beseitigen ist, wie ja der Verf. selbst in den Worten והרוצה לעשות כדברי ב״ש eine Konzession sieht. Im übrigen stellt der Talmud selbst die Sache nicht so dar, als ob R. Josua Widerspruch erhoben hätte, sondern sagt nur, daß die eben zitierten Worte im Sinne R. Josuas seien.]

die Aussprüche der Hillelschen Schule einzige Norm."¹) R. Gamaliel wachte über diese zustande gebrachte Vereinigung der Parteien, die höchstwahrscheinlich sein Werk war, mit der größten Sorgfalt und hielt jede Auflehnung gegen einen Synhedrialbeschluß auf das strengste nieder. Mit dieser Maßregel scheint eine andere in Verbindung gestanden zu haben, deren Bedeutung jedoch noch nicht klar ermittelt ist. Der Patriarch von Jabne traf die Anordnung, nur solche Personen zum Kreise des Lehrhauses zuzulassen, deren lautere Gesinnung erprobt war, und er stellte zu diesem Zwecke an dem öffentlichen Lehrhause einen Türhüter oder Pförtner auf mit dem Auftrage, die Unzuverlässigen fern zu halten.²) Es scheint, daß er damit der Unlauterkeit der Absichten bei dem Gesetzstudium entgegenarbeiten wollte. Es mochten sich manche aus Eitelkeit oder aus andern niedrigen Interessen zur Lehrhalle gedrängt haben, und solche wollte R. Gamaliel entfernt wissen. Zwei Warnungen, die eine von R. Jochanan ben Sakkäi und die andere von R. Zadok gegen unlautere Motive bei der Beteiligung an der Lehre, scheinen für diese Vermutung zu sprechen. Der erste hatte warnend ausgesprochen: „Wenn du dir vieles aus der Lehre angeeignet hast, so sei nicht stolz darauf, denn du bist ja eben nur dazu geschaffen."³) Der letztere ermahnte: „Gebrauche die Lehre weder als Krone, damit zu glänzen, noch als Spaten, damit zu graben."⁴) Solche niedrige Gesinnungen strebte R. Gamaliel aus dem Lehrkreise auszuschließen.

Beide Maßregeln, die Autorität des Patriarchats für die Aufrechterhaltung halachischer Beschlüsse und die Vorsicht bei der Aufnahme von Mitgliedern und Jüngern, fanden indessen im Kreise der Genossen Widerspruch, welcher jedoch anfangs sich nur heimlich äußerte. Das Mittel, dessen sich Gamaliel bediente, eine Auflehnung niederzuhalten, war nämlich der Bann, den er mit aller Energie und mit der ganzen Rücksichtslosigkeit tieferkannter Überzeugung handhabte. Der Bann (Niduj, Schamta) hatte damals allerdings noch nicht die düstere Strenge späterer Zeiten, sondern bestand in der milden Form, dem Gebannten vertrauten Umgang zu versagen, bis er sich reuig der Aufforderung gefügt hatte. Der Gebannte trug während der Bannzeit — mindestens 30 Tage — schwarze Trauerkleider und beobachtete manche Trauergebräuche⁵); starb er während dieser Zeit ohne Besserung und Unterwürfigkeit, so ließ

¹) Dieselbe Note 4.
²) Berachot 28 a.
³) Abot II, 9.
⁴) Daselbst IV, 7. Vergl. Matthäus-Evangelium, Kap. 23.
⁵) Moed Katan 15 b, ff.

der Gerichtshof einen Stein auf seinen Sarg legen.[1]) R. Gamaliel hatte den Mut, den Bann über die bedeutendsten Personen der Zeit zu verhängen, wodurch er sich freilich erbitterte Feinde zuzog. Er legte einen R. José ben Taddaï aus Tiberias in den Bann, weil derselbe die Schlußfolgerung vom Geringern zum Höhern (Kal wa-Chomer) für rituelle Anwendung durch einen sophistischen Trugschluß lächerlich gemacht hatte. Der Trugschluß des ben Taddaï lautete: „Wenn die Ehe mit der eigenen Tochter unstatthaft ist, wiewohl sie doch mit deren Mutter gestattet ist, um wie viel mehr müßte die Ehe mit der Tochter einer Ehefrau verboten sein, da sie doch mit dieser, als Ehefrau, verpönt ist."[2]) — Einen andern mit Namen Eleasar ben Chanoch traf der Bann, weil er an dem religiösen Brauche des Händewaschens vor dem Brotgenusse skeptisch rüttelte, und er starb im Banne.[3]) R. Gamaliel drohte dem im höchsten Ansehen stehenden R. Akiba mit dem Banne[4]) und nahm so wenig irgend eine Rücksicht, daß er ihn sogar über seinen eigenen Schwager, R. Elieser ben Hyrkanos, aussprach. Tief durchdrungen von den unheilvollen Folgen jeder Spaltung für das Judentum, an dem ohnehin so vielerlei halb jüdische und halb christliche Sekten rüttelten, scheute R. Gamaliel auch bei geringen Anlässen nicht, mit Strenge zu verfahren, um eine Lockerung der Einheit zu verhüten. Es handelte sich einst um einen Ofen von eigener Struktur (Achnai-Ofen), den ein Majoritätsbeschluß gleich Tongefäßen für verunreinigungsfähig erklärt hatte. R. Elieser, einer eigenen Tradition folgend, wollte sich diesem Beschlusse nicht fügen. Um einer solchen offenen Auflehnung entgegenzutreten, ließ das Kollegium alles, was in diesem Ofen zubereitet wurde, verbrennen und den Widersetzlichen in den Bann legen. Der Bann ist auf R. Gamaliels Antrag verhängt worden, und als einige sich über diese Härte gegen ein Synhedrialmitglied tadelnd äußerten und ihm Herrschsucht vorwarfen, äußerte er, sich der Lauterkeit seiner Absichten bewußt: „Dir, Gott, ist es offenbar, daß ich nicht um meiner und meiner Väter Ehre willen so gehandelt habe, sondern um deiner Ehre willen, damit die Uneinigkeit und Spaltung in Israel nicht überhand nehme."[5])

Schon glaubte R. Gamaliel die Lehrparteiungen geschlichtet und die Einheit wiederhergestellt zu haben, als seine Macht an einer Person zerschellte, von welcher er sich keines energischen Wider-

---

[1]) Edujot V, 6. Jerus. Moed Katan III, 81 d, das.
[2]) Derech Erez Rabba, c. 1.   [3]) Edujot das.
[4]) Jerus. Moed Katan das.
[5]) Baba Mezia 59 b. Jerus. das.

standes versah. R. Josua, der geschmeidige, nachgiebige, scheinbar ungefährlichste, wurde des strengen Patriarchen überlegenster Gegner. — R. Josua war, wie bereits angedeutet, mit manchen Maßregeln R. Gamaliels eben so unzufrieden, wie R. Elieser, nur wagte er es nicht, vielleicht wegen seiner ärmlichen, gedrückten Lage, seine Unzufriedenheit laut werden zu lassen, und pflegte, auf einer widersprechenden Ansicht ertappt, schnell wieder einzulenken. Einst hatte R. Gamaliel den Anfang des Monats Tischri, von welchem die Hauptfesttage und namentlich der Versöhnungstag abhing, nach der Aussage zweier verdächtig scheinender Zeugen festgestellt. R. Josua wies in diesem Akte dem Patriarchen einen Irrtum nach und forderte das Kollegium zur Abänderung des Festtages auf. R. Gamaliel, auf seiner Bestimmung beharrend, schickte R. Josua den Befehl zu, vor ihm ganz werktägig, mit Stab, Reisetasche und Geldbeutel an demselben Tage zu erscheinen, auf welchen nach R. Josuas Berechnung, der Versöhnungstag fallen müßte. Dieses diktatorische Verfahren war R. Josua zu hart, er beklagte sich darüber bei den angesehensten Kollegen und schien zum Widerstand geneigt. Allein diejenigen, welche von dem Bedürfnisse nach einer die Einheit vertretenden Autorität durchdrungen waren, rieten ihm zur Nachgiebigkeit. Der alte R. Dossa ben Harchinas bewies ihm, daß die Einrichtungen des religiösen Oberhauptes unangefochten bleiben müßten, selbst wenn sie aus dem Irrtum hervorgegangen wären, und jedermann sich ihnen fügen müsse. R. Josua ließ sich überreden und unterwarf sich der demütigenden Zumutung. Sein Erscheinen erfüllte R. Gamaliel mit Bewunderung, er empfing ihn aufs herzlichste und sagte zu ihm: „Willkommen du mein Lehrer und Schüler; mein Lehrer an Weisheit, mein Schüler an Gehorsam. Glücklich das Zeitalter, in welchem die Großen den Geringeren gehorchen."[1]) Aber diese Versöhnung war nicht von langer Dauer.

Die strenge Handhabung des Patriarchats hatte R. Gamaliel eine feindliche Partei geschaffen, die heimlich gegen ihn zu wirken schien. Er wußte von dieser Gegenpartei und nahm bei den öffentlichen Lehrverhandlungen darauf Rücksicht. Es wird von ihm erzählt: Seine Art, die Synhedrialsitzungen zu eröffnen, war verschieden. War unter den Mitgliedern der Versammlung keiner seiner Gegner anwesend, so forderte er sie auf, Fragen zu stellen; hatte er aber Gegner vor sich, so unterließ er diese Aufforderung.[2]) Die Gegenpartei scheint ihn also bei den Verhandlungen in feindseliger Weise in die Enge getrieben zu haben. R. Gamaliel mochte Grund haben, R. Josua als das Haupt dieser Partei anzusehen und ließ ihn öfter

---

[1]) Rosch ha-Schanah 25, a u. b.   [2]) Sifri debarim I, Nr. 16.

seine höhere Stellung durch verletzendes Anfahren und barsche Behandlung empfinden. Eines Tages führte die gegenseitige Spannung zum offenen Bruch und verursachte eine Umwälzung im Schoße des Synhedrions. — Der Patriarch hatte einst wiederum in harter Weise R. Josua verletzt und ihm seine heimliche Auflehnung gegen eine festgesetzte Halacha vorgeworfen. Als R. Josua die Tatsache anfangs in Abrede stellte, ließ sich R. Gamaliel hinreißen, ihm zuzurufen: „So stehe denn auf, daß Zeugen wider dich aussagen mögen." Es war dies die Form einer Anklage. Das Lehrhaus war gerade voll von Zuhörern, unter denen ein lärmender Tumult über diese schimpfliche Behandlung eines ehrwürdigen, beim Volke beliebten Mitgliedes entstand. Die Gegenpartei faßte Mut und sprach ihren Unwillen unumwunden aus. Man rief dem Patriarchen die Worte zu: „Wer hat nicht stets deine Härte empfunden!" Das Lehrhaus verwandelte sich in ein Tribunal, und das Kollegium entsetzte R. Gamaliel auf der Stelle der Patriarchenwürde. Mit ihm fielen sogleich die Einrichtungen, die er gegen den Willen vieler getroffen hatte; der Türsteher des Lehrhauses wurde entfernt und jedermann ohne weiteres zu den Lehrversammlungen zugelassen. Die Reihe der Schüler sollen sich sogleich nach einigen um 80, nach andern um 300 Glieder vermehrt haben.[1])

Die Stimmführer sahen sich sogleich nach einem anderen Patriarchen um, um das wichtigste Amt nicht unbesetzt zu lassen. Sie hatten so viel Takt, R. Josua, den Hauptgegner nicht zu wählen, um dem abgesetzten Patriarchen nicht eine Kränkung mehr zuzufügen. R. Elieser, der Anspruch auf die Würde hatte, lag im Bann und war dazu untauglich. R. Akiba schien wohl durch Geist und Charakter dafür würdig; allein seine Größe war von gestern, er konnte nicht die Ahnenprobe bestehen, die zur Behauptung der Patriarchenwürde nötig schien. Das Kollegium lenkte daher die Wahl auf ein sehr junges Mitglied, auf R. Eleasar ben Asariah, der damals erst im sechzehnten Jahre gestanden haben soll.[2]) Den Ausschlag gab bei dieser Wahl R. Eleasars edle Abstammung von einer langen Ahnenreihe, die bis auf Esra, den sopherischen Neubegründer des Judentums, hinaufreichte, ferner sein überschwenglicher Reichtum und sein Ansehen bei den römischen Behörden. R. Eleasar stand aber auch an Geist und Gemüt seinen Genossen keineswegs nach und wurde daher würdig befunden, an R. Gamaliels Stelle zu treten. Diese Absetzung und Neuwahl hatte folgenreiche Wirkungen, und der Tag, an dem diese Ereignisse vorgingen, war den spätern so denkwürdig,

---

[1]) Berachot 28 a. Jerus. das. IV, 7 c. d und Taanit IV, 67 d.
[2]) Jeruschalmi a. a. O.

daß er durch die einfache Bezeichnung „an jenem Tage" kenntlich geworden ist. — Es scheint, daß das Synhedrialkollegium, vielleicht auf Antrag R. Josuas, an demselben Tage diejenigen Gesetzbestimmungen einer nochmaligen Prüfung und Beratung unterworfen hat, welche durch die Autorität R. Gamaliels im Sinne der hillelschen Schule entschieden waren. R. Josua hatte, wie schon oben angegeben, das Mittel, wodurch den Überlieferungen der hillelschen Schule Gesetzeskraft beigelegt wurde, nämlich die Bestätigung durch das Bat-Kol, entschieden gemißbilligt; er mochte daher auf die im Gesetze vorgezeichnete Norm der Entscheidung nach Mehrheitsbeschlüssen gedrungen haben. Das Kollegium, damals aus der außergewöhnlichen Zahl von 72 Mitgliedern bestehend, nahm also zur Prüfung der einseitig angenommenen Lehrsätze ein Zeugenverhör auf von denjenigen, welche im Besitze von Traditionen waren. Über zwanzig Personen werden namhaft gemacht, die ihre Zeugnisse über überkommene Traditionen vor diesem Kollegium ablegten, darunter auch zwei Weber, die am Schuttore Jerusalems, in dem ärmlichsten Stadtteile, gewohnt hatten. In vielen Punkten schlug die Mehrheit des Kollegiums einen Mittelweg zwischen den entgegengesetzten Aussprüchen der schammaitischen und hillelschen Schule ein, sie entschied, „nicht wie diese und nicht wie jene". Bei andern streitigen Lehrsätzen stellte sich das Ergebnis heraus, daß Hillel selbst oder seine Schule von ihrer Ansicht abgegangen war und sich schon früher der schammaitischen zugeneigt hatte. Auch über andere Halachas wurden damals Zeugnisse vernommen. Dieses halachische Zeugenverhör scheint förmlich zu Protokoll genommen worden zu sein, wurde vielleicht gar niedergeschrieben, wie ja auch im älteren Synhedrion bei öffentlichen Verhandlungen die Abstimmungen der Bejahenden und Verneinenden von zwei eigens dazu bestellten Schriftführern aufgenommen wurden.[1]) Die Sammlung der Zeugnisse von diesem Tage führt den Namen „E d u j o t" (Zeugenaussagen), auch „B e c h i r t a" (Auswahl), und war ohne Zweifel die alleralteste Halachasammlung. Man erkennt in ihrem Inhalte noch die alte, kunstlose Form der Überlieferung; die Lehrsätze sind da noch ganz ungeordnet, ohne Zusammenhang untereinander hingestellt, und nur durch den Namen des Überlieferers zusammengefügt. Das Bindemittel für den verschiedenartigsten Stoff scheint die Zahl gewesen zu sein. Doch enthält die Sammlung Edujot auch Zusätze aus späterer Zeit.[2])

---

[1]) Synhedrin 36 b.
[2]) Siehe über alles die treffliche Abhandlung von Rappaport, Kerem Chemed, Jahrgang 1841, S. 176, ff. [Vergl. Lewy über einige Fragmente aus der Mischna des Abba Saul, S. 13 ff.]

Ein Zwischenfall bei dieser Verhandlung gewährt einen sichern Einblick in die Art, den Ernst und die Gewissenhaftigkeit der tannaitischen Bestrebungen. Akabia ben Mahalalel, ein Zeitgenosse dieses Geschlechts, hatte über vier Halachas Zeugnis abgelegt, über welche aber eine andere Tradition im Umlaufe war. Das Kollegium forderte ihn auf, von seiner Überlieferung abzustehen, und man versprach ihm dafür, ihn zum Ab-bet-din, zum Stellvertreter des Naßi, zu wählen. Würdevoll erwiderte Akabia: „Ich will lieber mein lebelang ein Narr genannt werden, ehe denn ich eine Stunde vor Gott als Übertreter stehen sollte." Bei einer Halacha berief man sich gegen ihn auf ein Beispiel von dem Präsidentenpaare Schemajah und Abtalion aus der vorherodianischen Zeit. Wegwerfend antwortete Akabia: „Was jene zwei getan haben, hatten sie nur zum Scheine (δοκήμα) getan." Entweder wegen dieser ehrenrührigen Äußerung gegen zwei hochverehrte Autoritäten oder wegen seiner Widersetzlichkeit überhaupt wurde über ihn der Bann ausgesprochen, den er nach einigen bis in seine Todesstunde geduldig über sich ergehen ließ, ohne von seiner Überzeugung abzugehen. Doch ermahnte Akabia seinen Sohn vor seinem Tode, sich nicht an seine Überlieferung zu halten. Verwundert fragte der Sohn, warum er sie denn nicht selbst aufgegeben habe. Da belehrte ihn der Vater des Rechten: „Siehst du, ich hatte meine Tradition von mehreren vernommen, darum mußte ich darauf bestehen; du aber hörst sie nur von einem einzelnen (nämlich von mir), so bist du verpflichtet, dich der Mehrheit zu fügen." Der Sohn verlangte noch, an seine Kollegen empfohlen zu sein, was ihm der Vater verweigerte: „Wozu dich empfehlen?" sprach Akabia, „deine eigenen Taten werden dich beliebt oder verhaßt machen."[1])

Der Tag der Zeugnissammlung ist auch wegen zweier Fragen von allgemeinem Interesse wichtig, die an demselben zur Sprache kamen. Ein Proselyte von ammonitischer Abstammung trat vor die Versammlung mit der Frage, ob er gesetzlich als Proselyte eine Ehe mit einer Israelitin eingehen könne. R. Gamaliel hatte ihn

---

[1]) Edujot V, 6 und Kerem Chemed das.] Ich halte noch immer Rapaports Ansicht fest, daß Akabia ben Mahalalel noch zur Zeit Gamaliels gelebt und zu dieser Zeit in den Bann getan wurde. Was Frankel (Darke Mischna, p. 56) dagegen angeführt hat, konnte mich nicht vom Gegenteil überzeugen, der Dialog Negaïm V, 3 kann im späteren Lebensalter R. Akibas vorgefallen sein, als die Amtsentsetzung Gamaliels bereits der Vergangenheit angehörte. Man erwäge, daß Akabias Sentenz in Abot III, nach denen von Jochanan ben Sakkai und seinen Jüngern aufgeführt worden. Er mag allerdings auch zur Zeit des Tempelstandes gelebt haben, aber gewiß auch später, wie Chananja Segan ha-Kohanim.

nach dem Wortlaut des schriftlichen Gesetzes abgewiesen: „Moabiter und Ammoniter dürfen nicht in die Gottesgemeinde aufgenommen werden, nicht einmal im zehnten Geschlechte." Der anwesende Lehrkreis verhandelte die Frage mit Wärme, und R. Gamaliel bemühte sich mit seiner Ansicht durchzudringen. R. Josua aber machte geltend, daß der Wortlaut des Gesetzes nicht mehr auf die damalige Zeitlage anwendbar sei, da es Ammoniter im alten Sinne nicht mehr gebe, weil durch die Einfälle vorderasiatischer Eroberer alle Völkerschaften vermischt und bis zur Unkenntlichkeit verwischt worden wären.[1] — Die zweite Frage betraf die Heiligkeit der zwei, dem König Salomo zugeschriebenen Schriften Kohelet und das Hohelied (Schir Haschirim). Die schammaitische Schule hatte namentlich das Buch Kohelet nicht als kanonisch anerkannt, weil sein Inhalt nicht vom heiligen Geist (Ruach ha-Kodesch) eingegeben und nicht aus dem tiefsten innersten Bewußtsein des Judentums entsprungen, sondern nur die persönliche Philosophie des Verfassers zu sein schien. Diesen alten Streit nahm das neue Synhedrion, das die hillelschen Halachas nicht durchgängig billigte, wieder auf; doch ergibt es sich nicht mit voller Klarheit, wie die Entscheidung ausgefallen ist.[2] Der klangreiche Name Salomos, dem die Überlieferung die Verfasserschaft dieser Schriften zuschrieb, trug wahrscheinlich den Sieg über Parteistreitigkeiten davon. R. Akiba nahm sich später des Hohenliedes an, in dessen liebestrunkenen Wechselgesprächen und sehnsuchtsvollen Monologen er allegorische Beziehungen zwischen Gott und dem Volke Israel erkannte. Die ganze Welt, so äußerte er sich, sei des Tages nicht würdig, an dem das Hohelied entstanden ist; wenn die inspirierten Schriften heilig sind, so ist das Hohelied allerheiligst zu nennen.

Es ist ein sehr schöner Charakterzug des R. Gamaliel und wird auch von den Zeitgenossen gebührend hervorgehoben, daß er trotz der vielen Kränkungen, die er an diesem Tage erfahren hatte, auch nicht e i n e n Augenblick einem kleinlichen Rachegefühl Raum gegeben und sich nicht von der Lehrverhandlung zurückzog; er beteiligte sich nach wie vor an ihr, wie wenig Aussicht er auch hatte, in der Mitte der gegen ihn eingenommenen Versammlung seine Meinung durchzusetzen. Doch mochte er sich durch die eifrige Verhandlung dieses Tages überzeugt haben, daß seine allzugroße Strenge ihm die Gemüter entfremdet und auch manche wahre Ansicht unterdrückt hatte; sein Mut war gebrochen und er entschloß sich nachzugeben. Er begab sich daher zu den angesehensten Stimmführern, wegen seines verletzenden Benehmens Abbitte zu tun. Den Hauptgegner

---

[1] Jadaim IV, 4.   [2] Jadaim III, 5. Edujot V, 3.

R. Josua traf er bei dieser Gelegenheit mit seinem Handwerke beschäftigt, er verfertigte Nadeln. R. Gamaliel, in Reichtum aufgewachsen, konnte sich nicht genug über den beschwerlichen Erwerb dieses Weisen verwundern und fragte ihn: „Also davon gewinnst du deinen Lebensunterhalt?" R. Josua nahm Veranlassung, ihm offenherzig den Fehler der Gleichgültigkeit gegen die sorgenvolle Lage einiger verdienstvoller Männer vorzuhalten. „Schlimm genug, daß du erst jetzt dies erfährst! Wehe dem Zeitalter, dessen Führer du bist, du kennst nicht die Sorgen der Weisen, und wie mühselig sie sich ernähren."[1]) Diesen Vorwurf hatte ihm R. Josua bei einer andern Gelegenheit gemacht, als R. Gamaliel seine astronomischen Kenntnisse bewunderte. Bescheiden lehnte R. Josua die Bewunderung ab und verwies auf zwei Jünger, welche bedeutende mathematische Kenntnisse besaßen und doch kaum Brot und Kleidung hatten.[2]) R. Gamaliel beschwor endlich den erzürnten Gegner die erlittene Beleidigung aus Rücksicht auf das hochverehrte hillelsche Haus zu vergessen; R. Josua zeigte sich hierauf versöhnt und versprach ihm sogar für seine Wiedereinsetzung in die Patriarchenwürde tätig zu sein. Jetzt galt es, den neugewählten Naßi zu bewegen, die kaum erlangte Würde seinem Vorgänger wieder abzutreten. Man fühlte aber eine gewisse Verlegenheit, demselben diese Zumutung zu machen. R. Akiba, der stets Bereitwillige, übernahm den zarten Auftrag, dessen Erledigung ihm jedoch nicht gar zu schwer wurde. Denn kaum erfuhr R. Eleasar, der jüngstgewählte Patriarch, die Versöhnung zwischen R. Gamaliel und seinem Hauptgegner, so war er gleich bereit, ins Privatleben zurückzukehren und erbot sich sogar, den nächsten Morgen mit dem ganzen Kollegium bei R. Gamaliel den Ehrenbesuch zu machen. Doch nahm man auf die einmal getroffene Wahl R. Eleasars insofern Rücksicht, als man ihm die Würde des Stellvertreters verlieh. Das Verhältnis zwischen dem Patriarchen und R. Eleasar wurde in der Weise geordnet, daß der erste immer je zwei Wochen den Vorsitz im Synhedrion führte und den Lehrvortrag eröffnete, der letztere aber immer je eine Woche.[3]) Auf diese Art wurde der lebhafte Streit beendet, der weder aus Ehrgeiz noch aus Hochmut, sondern lediglich aus einer irrigen Ansicht über die Handhabung des Patriarchats entstanden war. Die Mißhelligkeiten waren schnell verschwunden und von der Zeit an lebte R. Gamaliel in ungestörter Eintracht mit den Synhedrialmitgliedern. Vielleicht hat der Ernst der eingetretenen politischen Umstände unter dem Kaiser Domitian den Sinn von den inneren Verhältnissen ab-

---

[1]) Berachot 28 a. Jeruschalmi Berachot IV, 7 d und Parallelstellen.
[2]) Horajot 10 a. [3]) Berachot das.

gelenkt und allen die Notwendigkeit der Eintracht, um die äußeren Gefahren abzuwenden, fühlbar gemacht. Von der ferneren Wirksamkeit R. Gamaliels wird später erzählt werden; aus dem Leben seines Mitpräsidenten R. Eleasar ben Asariah hingegen sind im ganzen nur wenig Einzelheiten bekannt. Wiewohl hochgeachtet in seinem Kreise, so daß man von ihm sagte, das Zeitalter sei nicht verwaist, in welchem R. Eleasar lebt,[1]) verschwindet er doch unter der Masse der begabteren Personen seiner Zeit.

[1]) Mechilta Parascha, Nr. 16. Chagiga 3 b und andere Stellen.

Drittes Kapitel.

R. Elieser ben Hyrkanos, das starre System. Der Bann und seine Folgen.
R. Josua ben Chananja, der Mann der goldenen Mitte.

R. Gamaliel repräsentierte in diesem Lehrkreise den Drang nach einer Einheit und Autorität, welche das ganze religiöse und nationale Leben des Volkes aus einem festen, unverrückbaren Mittelpunkte regeln sollten. Sein Schwager R. Elieser vertrat die entgegengesetzte Richtung, indem er die eigene Überzeugung mit aller Entschiedenheit gegenüber der alles regelnden Gesetzgebung zu behaupten bestrebt war. Von R. Elieser, der ein wichtiges Glied in der Kette der Tannaiten war, sind einige Züge aus seinem Jugendleben aufbewahrt worden, welche die Sage jedoch durch ausschmückende Zusätze ein wenig verwischt hat. Er soll, als Sohn eines begüterten Landmannes Hyrkanos, bis zu seinem zweiundzwanzigsten (nach andern achtundzwanzigsten) Jahre den Acker seines Vaters gleich seinen Brüdern bestellt haben. Gekränkt durch eine erlittene Zurücksetzung von seinem Vater, der ihm die schwerere Arbeit zugeteilt und dessen Zorn fürchtend wegen eines Unfalls, der ihm mit dem Ackervieh zugestoßen war, soll er eines Tages dem Landleben und seinem väterlichen Hause entlaufen sein, um sich geradezu nach Jerusalem in das Lehrhaus des R. Jochanan ben Sakkaï zu begeben. Hier habe er durch eifriges Studium sich bald die Liebe und Bewunderung seines Meisters erworben. Sein Vater aber, der seinen Aufenthalt und seine Beschäftigung nicht kannte, sei eines Tages nach Jerusalem gekommen, um vor Gericht den entarteten Sohn zu enterben. R. Jochanan ben Sakkaï, von dem Vorhaben des erzürnten Hyrkanos unterrichtet, habe es veranstaltet, daß gerade an diesem Tage sein Lieblingsschüler Elieser einen Lehrvortrag in öffentlicher Versammlung, im Beisein vieler Großen und Angesehenen Jerusalems, halten sollte. Dieser Vortrag brachte R. Elieser soviel Beifall, daß ihn R. Jochanan öffentlich lobte. Wie erstaunt war nun der Vater, in diesem gefeierten Jüngling seinen Sohn wiederzuerkennen, den er zu enterben im Begriffe war!

In der Aufwallung seines Herzens habe er dann seinem Sohne, Elieser sein ganzes Vermögen, zum Nachteile seiner übrigen Söhne überlassen wollen; allein R. Elieser sei zu gewissenhaft gewesen, sich auf Kosten seiner Brüder zu bereichern, und habe das väterliche Geschenk zurückgewiesen.[1]) Sein Ansehen wurde so bedeutend, daß das Patriarchenhaus es nicht verschmähte, sich mit ihm zu verschwägern; R. Gamaliels Schwester, I m m a S ch a l o m genannt, wurde seine Frau.

Nach dem Tode seines Vaters eröffnete R. Elieser ein eigenes Lehrhaus in Lydda, das sich in Süd-Judäa mehrere Jahrhunderte hindurch als der einzige Sitz der Lehre behauptet hat. Das Lehrhaus R. Eliesers befand sich in einer Rennbahn (Stadium, Ris), die vielleicht noch aus der Zeit stammte, als Lydda von Griechen bewohnt war. Auf diesem, einst dem gedankenlosen Spiele geweihten Platze pflegte er, auf einem Steine sitzend, seine Lehrvorträge vor seinen Jüngern zu halten.[2]) R. Josua verglich aus hoher Verehrung für R. Elieser diesen Stein mit dem Berge Sinai und den darauf Sitzenden mit der Bundeslade. Obwohl R. Eliesers Geist durch R. Jochanan an der Hillelschen Schule genährt war, so neigte sich doch sein ganzes Wesen der Schule Schammaïs zu, wodurch seine Lehrweise einen eigenen Zug erhielt, welcher auch seine Lebensverhältnisse bestimmte. — Nach der Hillelschen Schule gab es zwei Quellen für die außerschriftliche Lehre; die eine — die w ö r t l i ch e Überlieferung, die von Mund zu Mund, von Geschlecht zu Geschlecht fortgepflanzt, durch die Glaubwürdigkeit und Treue der Überlieferer verbürgt war, die andere — gegebene Regeln, vermittelst derer man neue Bestimmungen in den Andeutungen des Schrifttextes finden könnte. Die erste Art lieferte einen fertigen Stoff, der in sich abgeschlossen und von jeder persönlichen Einwirkung unabhängig, aber eben deswegen keiner Erweiterung fähig und unzureichend für alle verwickelten Lebensfälle war. Die andere Art gab vielmehr nur Formen an die Hand, wodurch neue halachische Resultate ermittelt und gefolgert werden konnten; es war das fortbildende Element der Deutungs- und Folgerungsregeln, von denen schon öfter die Rede war. R. Elieser, in Übereinstimmung mit der Schule Schammaïs, hielt n u r die stoffliche, wörtliche Tradition, wie er sie aus dem Munde älterer Autoritäten vernommen, für echt und unbezweifelbar; hingegen hatte die ganze Klasse abgeleiteter oder gefolgerter Lehrsätze, möchte deren Folgerichtigkeit noch so einleuchtend sein, für ihn nicht die unbestreitbare Gewißheit mündlicher Überliefe-

---

[1]) Genesis Rabba c. 42. Abot de R. Nathan, c. 6. Pirke de R. Elieser c. 1. [2]) Schir-ha-Schirim Rabba edit. Frankf. 6, d zu Vers Lereach.

rung; er galt eben deswegen als Anhänger Schammais (Schammuti).¹)
Diese eigentümliche Seite behauptete er mit der eisernen Konsequenz
eines zähen, von Überzeugungen geleiteten Charakters durch sein ganzes
Leben unter den peinlichsten Verhältnissen. Seine ganze Lebensaufgabe setzte er gewissermaßen in die Erhaltung und Sicherung des
überlieferten Stoffes, ohne auf dessen notwendige Fortbildung unter
gegebenen Voraussetzungen Wert zu legen.²)

Von Jugend an hatte sich R. Elieser einzig darauf verlegt,
sich den bereits vorhandenen Vorrat von ausgeprägten Lehrsätzen
(Halachas) anzueignen und sie seinem Gedächtnis derart einzuprägen,
daß ihm auch nicht ein Stäubchen, wie er sich selbst darüber aussprach, verloren gehe. Sein Lehrer R. Jochanan nannte ihn daher
„die verkalkte Zisterne, welche keinen Tropfen durchläßt". In diesem
Sinne lehrte R. Elieser auch sein ganzes Leben. Auf Anfragen, die
an ihn gerichtet wurden, antwortete er entweder, wie er es von
seinen Lehrern überkommen hatte, oder er gestand geradezu: „Das
weiß ich nicht, weil ich es nicht vernommen habe". Bei seinem
einstmaligen Aufenthalte in dem obergaliläischen Cäsarea (C. Philippi)
legte man ihm dreißig Fragen zur Entscheidung vor, worauf er
erwiderte: „Auf zwölf von ihnen habe ich eine Entscheidung durch
Überlieferung, auf die übrigen achtzehn hingegen habe ich keine".
Die weitere Frage, ob er denn immer nur Überliefertes lehre, beantwortete er mit folgenden Worten: „Nun, ihr zwingt mich etwas
mitzuteilen, was ich nicht vernommen habe; so wisset denn, daß ich
in meinem ganzen Leben kein Wort gelehrt habe, welches mir nicht
von meinen Lehrern überliefert worden wäre."³) Um lästigen
Fragen, auf die er keinen Bescheid wußte, zu entgehen, pflegte er abweichende Querfragen entgegenzuhalten, woraus seine Abneigung
hervorgehen sollte, sich darauf einzulassen. Man fragte ihn unter
anderm einst, ob ein uneheliches Kind erbfähig sei; da fragte er da-
zwischen, ob denn überhaupt ein solches gesetzlich als Bruder gelten
könne. Die Frage, ob man nach der Katastrophe des Tempel-
untergangs sein Haus weiß anstreichen dürfe, wies er mit der
Gegenfrage zurück, ob man ein Grab übertünchen dürfe, immer an
seinen Lebensregeln festhaltend, keinen Satz auszusprechen, der ihm
nicht durch mündliche Mitteilung gesichert war. Den scharf-
sinnigsten Schlußfolgerungen setzte er gewöhnlich ein einfaches: „Das
habe ich nicht gehört" entgegen. Nicht einmal den logisch begrün-

---

¹) Sabbat 130, verglichen mit Jeruschalmi Terumot V, 43 c und an
mehreren Stellen; siehe Heilperin Seder ha-Dorot zum betreffenden Artikel.
²) [Vergl. Frankel, Hodegetica in Misch., S. 83].
³) Sukka 28 a.

beten und auf halachischem Gebiete anerkannten Schluß vom Geringern zum Höhern, vermittelst dessen R. Josua eine Halacha folgern wollte, mochte er gelten lassen. Aus dieser eigentümlichen Ansicht, sich gegen derartige Folgerungen zu verschließen, scheint die Warnung hervorgegangen zu sein, die er seinen Schülern einprägte: „Haltet eure Kinder fern vom Grübeln (Higajon), lasset sie lieber auf den Knien der Weisen erziehen.¹)

R. Elieser bildet also das erhaltende Element in diesem Kreise, er war das Organ des treuen Gedächtnisses für die Tradition, das die Halachas ohne die geringste Modifizierung rein wiedergibt, wie es sie aufgenommen; er war die „verkalkte Zisterne", die keinen Tropfen des hineingekommenen Wassers verrinnen, aber auch keinen neuen zubringen läßt. Zeitgenossen und Nachwelt gaben ihm den ehrenvollen Beinamen „Sinai", eine lebendige Gesetztafel unveränderlicher Vorschriften. — So groß aber auch sein Ansehen als treuer Bewahrer überkommener Lehren war, so stand er doch mit seinem einseitigen Beharren auf Traditionen ziemlich isoliert. Seine Genossen waren zu sehr in die von Hillel angebahnte Richtung hineingezogen, um nur Behältnis des Gesetzes und nicht auch dessen lebendige Ausleger und Fortbildner zu sein. Seine vereinzelte Richtung mußte mit der Hauptrichtung der Zeit einmal zusammenstoßen. Am schroffsten stand er seinem Schwager R. Gamaliel und dessen ausschließendem Einheitsstreben gegenüber. Auf der einen Seite die normierende Autorität, die ihre Berechtigung aus dem Bedürfnisse der Gegenwart schöpfte, mit dem kräftigsten Willen, jede Auflehnung gegen das irgendwie Angenommene niederzuhalten, auf der andern Seite das sichere Bewußtsein, welches sich auf die Sanktion der Vergangenheit berief. Solche Gegensätze sind nicht leicht zu vermitteln. Auch war R. Elieser nicht der Mann, seine Überzeugung aufzugeben. Man rügte an ihm eben diesen ungefügigen Charakter, der seine Ansicht andern nicht unterordnen mochte.²) Wie schon erwähnt war die Veranlassung zur Entzweiung eine Debatte über den Achnai-Ofen. Diese an sich unbedeutende Tatsache war lediglich die nächste Gelegenheit zum Bruche, dessen Ursachen aber viel tiefer lagen. Ausdrücklich wird in den beglaubigten Quellen hervorgehoben, daß R. Gamaliels Strenge sich nicht gegen R. Eliesers theoretischen **Widerspruch**, sondern gegen dessen tatsächlichen **Widerstand** gerichtet hatte. Er wurde in den Bann gelegt, weil er auf seiner Meinung beharrend, auch praktisch darnach verfahren war.³) Die Hochachtung gegen seine Person

---

¹) Siehe Note 5. ²) Taanit 25 b.

³) [Jn Jer. Moed. 81 d heißt es: לא הקפיד (ר' אליעזר) אלא על ששרפו (scil. טהרותי בפניו. Welche Quelle der Verf. im Auge hat, weiß ich nicht].

machte es indessen schwer, ihm den Bann anzukündigen; wiederum übernahm R. Akiba diese unangenehme Botschaft. Schwarzgekleidet erschien er vor R. Elieser, ihm schonend das über ihn Verhängte beizubringen und redete ihn mit den Worten an: "Es scheint mir, daß deine Genossen sich von dir entfernt halten." R. Elieser verstand den Wink, nahm diesen Schlag jedoch ohne Widerstreben an; er unterzog sich dem Banne und lebte von der Zeit an von seinen Freunden entfernt. Es scheint auch, daß er während seines Bannes sich nicht mehr in Lydda, sondern größtenteils in Cäsarea aufhielt und dann und wann auch in Obergaliläa weilte. Nur einen entfernten Anteil nahm er noch an den Lehrverhandlungen in Jamnia. Hörte er von einem wichtigen Beschlusse, so pflegte er ihn zuweilen durch seinen Halachaschatz zu bestätigen oder zu verspotten.

Während seiner Abgeschiedenheit scheint R. Elieser mit Judenchristen, die zumeist in Galiläa lebten, Umgang gepflogen zu haben; einer von dieser Sekte wird namhaft gemacht, Jakob aus Kephar-Samia (oder Sekanja), mit dem er in Sepphoris eine Unterredung hatte und von dem er eine sonderbare halachische Entscheidung aus Jesu Munde vernahm. R. Elieser hatte diese Mitteilung ohne Skrupel angehört und ihr sogar Beifall geschenkt, was wohl zu einer Zeit sich zutrug, als Juden und Judenchristen sich noch nicht gegeneinander abgeschlossen hatten. Eben wegen seines Umganges mit Christen wurde der berühmte Mischnalehrer als Glied der Christengemeinde angesehen und deshalb vor die Schranken des peinlichen Gerichts gestellt. Seitdem sich nämlich das Christentum namentlich in Kleinasien so außerordentlich verbreitet hatte, daß die heidnischen Tempel immer weniger Besucher, die Götter immer weniger Verehrer fanden, dekretierte die römische Gesetzgebung, weil sie in der neuen Christuslehre den Verfall ihrer Staatsinstitutionen mit einem richtigen Vorgefühle geahnt hatte, immer strengere Maßregeln gegen die Christen. Trajan, menschlicher, aber nicht gerechter als Domitian, hatte ein milderes Verfahren für die als Christen Angeklagten eintreten lassen; ein Angeklagter konnte sich von dem Verdachte reinigen, wenn er Christus öffentlich verleugnete, oder vor einer Götterstatue oder vor dem Kaiserbilde opferte.[1]) In eine solche Anklage scheint R. Elieser verwickelt gewesen zu sein, und daraufhin ließ ihn der Statthalter von Syrien zu einem strengen Verhöre vorladen. Er fragte ihn, wie es denn möglich sei, daß ein Greis von seinen Gesinnungen sich in solche eitle Sachen einlassen könnte. R. Elieser antwortete: "Du selbst machst Bürge für mich sein, (daß ich nicht zu dieser Sekte gehöre)";

---

[1]) Plinius des Jüngern Briefe. Buch X, Brief 97, 98.

diese Erklärung genügte schon, ihn von der Anklage frei zu sprechen. Er aber konnte sich nicht darüber beruhigen, als Christ angesehen worden zu sein, machte sich Vorwürfe wegen seines Umgangs und erkannte die Richtigkeit des Synhedrialdekretes, welches jede Berührung mit der Sekte der Judenchristen verboten hatte.[1])

Ohne Einfluß auf den Gang der jüdischen Verhältnisse und ohne Teilnahme an der Entwicklung der Lehre verlebte R. Elieser seine letzten Jahre bei sehr glücklichen Lebensverhältnissen und blühendem Wohlstande in trüber Stimmung. Wie seine Richtung, die gedächtnismäßige, bloß erhaltende Lehrweise, vereinsamt und unbeachtet blieb, so war auch sein Leben. In dieser Verstimmung sprach er die merkwürdige Sentenz aus, die von denen seiner Genossen grell absticht. „Wärme dich," sprach er, „an dem Feuer der Weisen, aber hüte dich vor ihren Kohlen, daß du nicht daran verbrennest; denn ihr Biß ist Schakalenbiß, ihr Stich Skorpionsstich, ihr Züngeln ist Schlangenzüngeln und ihre Worte glühende Kohlen."[2]) Es sind das bittere Worte eines gekränkten Gemütes, das jedoch trotz aller erfahrenen Unbill eine gewisse Berechtigung derer, von denen sie ausgegangen, nicht leugnen kann. — Erst bei der Nachricht von R. Eliesers herannahendem Tode eilten seine Genossen an sein Krankenlager nach Cäsarea. Er beklagte sich gegen sie über die erlittene Vernachlässigung, daß keiner von ihnen ihn bisher aufgesucht, so daß es ihm nicht vergönnt war seinen umfangreichen Halachaschatz mitzuteilen, der nun mit ihm werde begraben werden. Sie ließen sich hierauf in eine halachische Unterredung mit ihm ein, fragten ihn über die seltensten Traditionen, in deren Besitze er ganz allein war, und er beantwortete ihre Fragen mit ruhiger Klarheit; es war, als wenn ihm die Lebenskraft wieder neu zuströmte durch die gebotene Gelegenheit, die in seinem Innern verschachteten Gedanken der weiteren Überlieferung anvertrauen zu können. Er gab Antwort auf Antwort, bis seine Seele entschwand, und sein letztes Wort war „rein"; dieses galt als eine sichere Vorbedeutung seiner Seligkeit. Alle Anwesenden zerrissen bei seinem Tod ihre Kleider, und R. Josua, der nach dem Tode R. Gamaliels Hauptführer war, löste den Bann von dem Verschiedenen, indem er weinend dreimal die Worte sprach: „Der Bann ist aufgehoben." R. Elieser starb an einem Freitage, und seine Leiche wurde nach dem Sabbat in feierlicher Weise von Cäsarea nach Lydda, seinem früheren Aufenthalte, geführt. R. Akiba hielt ihm die Gedächtnisrede und sagte unter anderm zu seinem Ruhme: „Mit seinem Tode ist das Buch der

---

[1]) Aboda Sarah 16 b ff. und besonders Midrasch Kohelet 84 d ff. zum Vers Kol Hadebarim. [2]) Abot II, 15.

Lehre vergraben worden."[1]) Mit ihm war der letzte Zweig der Schule Schammaïs abgestorben, die anderthalb Jahrhundert hindurch in der Lehre und im Leben, im Synhedrion und im politischen Rate die beharrliche Selbständigkeit, die eiserne Festigkeit, aber auch die starre, herbe Abgeschlossenheit vertreten und behauptet hatte. R. Elieser hatte zwar auch seinen Kreis von Schülern, darunter einen, Mathia ben Charasch, der ein Lehrhaus in der Weltstadt Rom gründete; aber sie pflanzten die Lehrweise ihres Meisters keineswegs fort, sondern fügten sich dem gewaltigen Einflusse, den R. Akibas kühnes Lehrsystem ausübte.[2]) — R. Eliesers Leben und Tod hat die Sage vielfach ausgeschmückt. Sein Todesjahr läßt sich annäherungsweise bestimmen; er sprach nämlich vor seinem Tode von einer heftigen Glut, die in der Welt wüte,[3]) und scheint hierbei auf den heftigen Kampf anzuspielen, welchen Trajan gegen die Juden vieler Länder führte (um 116—117).

Zu der Starrheit und der eisernen Konsequenz R. Eliesers bildet sein Genosse R. Josua ben Chananja einen entschiedenen Kontrast; er war das biegsame, nachgiebige, versöhnende Element in der Neubildung des jüdischen Gesamtwesens. Er schützte die Lehre und das Volk vor Einseitigkeiten und Übertreibungen und wurde dadurch Förderer der Lehre und Wohltäter des Volkes. — Als junger Levite aus der Sängerklasse[4]) hatte er noch den Glanz des Tempels gesehen und in dessen Hallen die Psalmen im Chore mit angestimmt, deren andachterweckende Klänge, verbunden mit der feierlichen, ehrfurchtgebietenden Haltung der diensttuenden Priester auch auf die besuchenden Heiden einen nachhaltigen Eindruck hinterließen. Wie er mit seinem Lehrer das dem Untergange verfallene Jerusalem verlassen und nach dessen Tode ein eigenes Lehrhaus in Bekîn gegründet hat, ist bereits erzählt. Hier lehrte er seine Jünger und betrieb sein niedriges Handwerk der Nadelverfertigung, womit er seine Familie ernährte. Durch die eine Beschäftigung dem Lehrkreise, durch die andere dem Volke angehörend, vermittelte R. Josua die zwei schroff voneinander getrennten Stände, und war darum auch der einzige, welcher auf die Gemüter und auf den Willen der Masse Gewalt besaß. An Körpergestalt war er so häßlich, daß ihm eine Kaisertochter einst die lecke Frage hinwarf: „Warum denn so viel Weisheit in einem so häßlichen Gefäße?" Witzig antwortete R. Josua darauf: „Der Wein wird ja auch nicht in Goldgefäßen

---

[1]) Synhedrin 68 a und 101 a.   Jeruschalmi Sabbat II, 5 b. Sota Ende.
[2]) [Vergl. Frankel, a. a. O., S. 77 a, 1].
[3]) Synhedrin, 101 a. [Nach dem Zusammenhang scheint eine solche Anspielung nicht vorzuliegen.]   [4]) Erachin 11 b.

aufbewahrt."¹) Außer der Traditionskenntnis scheint er astronomische Kunde in dem Maße besessen zu haben, daß er den unregelmäßigen Lauf eines Kometen zu berechnen imstande war, was ihm einmal bei einer Reise sehr zu statten kam. Er hatte mit R. Gamaliel eine Seereise gemacht und sich mit mehr Vorrat versehen, als zu der Reise nötig war. Das Schiff irrte eine längere Zeit auf dem Meere herum, weil dessen Führer, von einem Sterne getäuscht, nach einer andern Richtung zugesteuert hatte. R. Gamaliels Mundvorrat war indes aufgezehrt und R. Gamaliel war um so mehr erstaunt, daß sein Reisegefährte keinen Mangel hatte und ihm sogar von seinem Mundvorrat überlassen konnte. Hierauf teilte R. Josua ihm mit, daß er im voraus die Wiederkehr eines Sternes (Kometen), der alle siebzig Jahre zu erscheinen pflege und die unkundigen Schiffer irre führe, für diesen Fall für dieses Jahr berechnet und deswegen sich mit ausreichendem Vorrat versehen habe.²) Diese astronomische Kenntnis R. Josuas scheint um so merkwürdiger, als die Umlaufszeit der Kometen selbst den gebildeten Völkern des Altertums nicht bekannt war. Aber mehr noch als Kenntnisse und Gelehrsamkeit zierten ihn die herzgewinnenden Tugenden der Bescheidenheit, Sanftmut und Versöhnlichkeit, wodurch er so sehr seinem Meister R. Jochanan glich. Es ist schon erwähnt, wie er einem demütigenden Befehle R. Gamaliels Folge geleistet und wie er ferner nach dem vollständigen Siege über seinen Gegner diesem zuerst die Hand geboten, um ihm zu der Wiedererlangung der eingebüßten Würde zu verhelfen. Durch seine Mäßigung und seinen versöhnlichen Charakter hat er unberechenbare Spaltungen im Schoße des Judentums verhütet, die unfehlbar ausgebrochen wären, da R. Josua in der Gunst des Volkes stand und R. Gamaliel seinerseits nicht ohne Anhang war. Ein fortdauernder Zwist zwischen den beiden Hauptvertretern des jüdischen Gesamtwesens hätte vielleicht die Sektenbildung im jüdischen Kreise wiederholt, durch die das Christentum in demselben Zeitalter in einer so maßlosen Weise gespalten wurde.

Dieselbe Milde und Mäßigung, wie im Leben, bewährte R. Josua auch in der Lehre; er war ein Feind aller Übertreibungen und Seltsamkeiten und nahm bei Gesetzesentscheidungen auf die Lebensumstände die gebührende Rücksicht. Den frommen Zeloten, welche nach der Tempelzerstörung nicht Wein noch Fleisch genießen mochten, weil dergleichen Opfergaben nicht mehr auf den Altar kamen, erwiderte er, dann dürfte man auch kein Wasser trinken, weil solches

---

¹) Taanit 7 a.
²) Horajot 10 a.

doch auch einmal auf den Altar gegossen wurde, und aus demselben Grunde müßte man sich auch des Brotgenusses enthalten. Er stellte daher den weisen Grundsatz auf, man dürfe keinerlei Erschwerungen auflegen, bei denen die Gesamtheit nicht bestehen könne.[1]) Über die erschwerenden Umzäunungen, welche die Schule Schammais kurz vor dem Tempeluntergange mit Ungestüm und Leidenschaftlichkeit eingeführt hatte, unter dem Namen „die achtzehn Bestimmungen" bekannt, und die größtenteils dahin gerichtet waren, den näheren Umgang und jede herzliche Vertraulichkeit mit Heiden unmöglich zu machen,[2]) fällte R. Josua ein sehr tadelndes Urteil. Er sprach sich darüber aus: „An jenem Tage hat die Schule Schammais das Maß der Lehre abgestrichen; wie wenn man Wasser in ein Gefäß mit Öl gießt, je mehr Wasser hineinkommt, desto mehr Öl abfließt," was eben sagen will, je mehr Erschwerungen eingeführt werden, desto mehr Wesentliches geht von der Lehre verloren. Wie hier gegen die schammaitischen Erschwerungen, so scheint er auch gegen das Übermaß von Folgerungen der Hillelschen Schule eingenommen gewesen zu sein. Dahin gehört sein merkwürdiger Ausspruch: „Die Bestimmungen über Sabbat, Festopfer, Mißbrauch der Heiligtümer haben einen geringen Anhaltspunkt in der heiligen Schrift, aber viel Halachas.[3]) Die zweite Zange kann man wohl mit der ersten anfertigen, aber womit macht man die erste?" Aus derselben nüchternen, unbefangenen Ansicht heraus verwarf er aufs Entschiedenste den Einfluß einer Wundererscheinung bei Gesetzesentscheidungen. Es ist schon bekannt, daß er die Berufung auf das Bat=Kol zugunsten der Hillelschen Halachas nicht gelten lassen wollte; sein Grundsatz dabei war: Das Gesetz ist nicht für die Himmlischen, sondern für die Menschen mit ihrer eigenen Einsicht geoffenbaret.[4])

Dieser ausgeprägte und milde, besonnene Charakter machte R. Josua auch am meisten geeignet, die Vermittlerrolle zu übernehmen zwischen dem heraufbeschworenen Zorne des jüdischen Volkes und dem römischen Übermute. Er war der einzige Tannaï, der bei den römischen Machthabern Vertrauen genoß und wahrscheinlich auch suchte. Ohne ein verräterischer Römling zu sein, riet er in nüchterner Berechnung der beiderseitigen Kräfte zur Nachgiebigkeit. Der Tod R. Gamaliels und die feindselige Haltung der Juden gegen die Römer in den letzten Jahren des Kaisers Trajan und beim Regierungsantritte Hadrians scheinen R. Josua aus seinem unbedeu-

---

[1]) Tosifta Sota, c. 15; b. Baba Batra 60 b.
[2]) S. Band III, Note 26.
[3]) [Die Autorschaft R. Josuas inbezug auf diesen Ausspruch ist zweifelhaft].
[4]) Siehe Note 6.

tenden Handwerkerleben herausgerissen und ihm die öffentliche Leitung überantwortet zu haben. Es ist auch nicht unwahrscheinlich, daß er das erledigte Patriarchat als Stellvertreter verwaltet hat, wenigstens spricht der Umstand dafür, daß er den Bann von R. Elieser nach dessen Tode löste, eine Befugnis welche nur von einer dem Patriarchen gleichstehenden Autorität ausgeübt werden durfte. Seine Tätigkeit in den letzten Lebensjahren bildet einen wesentlichen Teil der Geschichte dieser Zeitepoche und wird dort ihre Stelle finden.

In der Reihe der Persönlichkeiten in diesem Kreise war **R. Akiba b en Joseph** unstreitig der begabteste, originellste und einflußreichste. Er gehört zu denjenigen geschichtlichen Erscheinungen, welche in der kurzen Spanne ihres Lebens die Fäden für das Gewebe der Zukunft aus sich heraus spinnen. — Seine Jugendgeschichte und sein Bildungsgang sind, wie bei allen tief in die Geschichte eingreifenden Charakteren, dunkel und höchst romantisch ausgeschmückt; indessen verbreiten diese Sagen so viel Licht, daß wir die Dunkelheit seiner Herkunft zu erkennen vermögen. Er soll nach einer Sage ein Proselyte gewesen sein und zwar aus dem Geschlechte des kanaanitischen Feldherrn Sißera, den die List und die schwache Hand eines Weibes getötet hatte.[1]) Nach einer andern Sage soll R. Akiba in einem dienenden Verhältnisse zu Kalba-Sabua gestanden haben, einem der drei reichsten Männer Jerusalems, welche mit ihren Vorräten die Not der Belagerung auf viele Jahre hatten verhüten wollen. Die Sage fügt hinzu, daß eine Tochter dieses reichen Jerusalemers, mit Namen R a c h e l, ihm ihre Neigung geschenkt habe unter der Bedingung, daß er sich Gesetzeskenntnisse — was in der Sprache der damaligen Zeit Bildung überhaupt bedeutete — aneignen sollte. Dadurch habe er sich entschlossen, zu vierzig Jahren in eine Schule einzutreten, um die Anfangsgründe zu erlernen; bis dahin sei er alles Wissens bar gewesen. Während der Zeit, die er zu seiner Heranbildung gebrauchte, habe die Tochter aus dem reichen Hause dem armen Lehrling ihre Liebe treu bewahrt, dem Unwillen ihres Vaters trotzend, der sie deswegen verstoßen und der ärmlichsten Existenz bloßgestellt haben soll.[2]) Von allen diesen dichterisch ausgemalten Zügen ist nur das eine festzuhalten, daß R. Akiba bis in sein vorgerücktes Alter sehr unwissend war. Erzählte er doch selbst später von sich, daß er im Stande der Unwissenheit die Gesetzeskundigen leidenschaftlich gehaßt habe.[3])

---

[1]) [Vergl. Brüll, Jahrb. II, S. 155].
[2]) Ketubbot 62 b. Nedarim 50.
[3]) Pesachim 49 b.

Auch die Tatsache, daß er mit seiner Frau in dürftigen Umständen gelebt, ist geschichtlich. Denn eine durchaus glaubwürdige Nachricht erzählt, seine Frau habe ihre Haarflechten verkauft, um ihm das Notwendigste zur Lebensfristung zu liefern.[1]) Alle diese Hindernisse, die einen andern auf halbem Wege entmutigt hätten, dienten nur dazu, ihm den Stempel der Geisteshoheit aufzudrücken; seine kräftige Natur besiegte alle Hindernisse, überwand alle Schwierigkeiten und stellte ihn als den Gefeiertesten dieses Kreises hin.

Indessen hat sich sein schlummernder Geist nicht so schnell entwickelt, wie es sich die Sage dachte. Eine Quelle erzählt, daß er bereits mehrere Jahre Zuhörer R. Eliesers gewesen war, ohne von ihm beachtet worden zu sein. Dieser Lehrer der starren Überlieferung scheint ihn überhaupt mit gewisser Verächtlichkeit behandelt zu haben. Eines Tages hatte der Jünger gegen eine Behauptung R. Eliesers so viele schlagende Beweise geltend gemacht, daß er ihn in eine Enge ohne Ausweg getrieben hatte. Dazu bemerkte R. Josua gegen R. Elieser mit Anspielung auf einen Bibelvers: „Siehst du, das ist ja das Volk, das du verachtet hast, tritt doch auf und bekämpfe es."[2]) Wohl mag auch die eigentümliche Methode R. Akibas bei Ermittelung neuer Gesetze R. Eliesers Mißbehagen an ihm so sehr erregt haben. Diese neue Lehrweise hatte sich Akiba von Nachum aus Gimso angeeignet, dessen Zuhörer er ebenfalls war, aber nicht zweiundzwanzig Jahre hindurch, wie die Sage wissen will. Das Unvollendete und bloß Hingeworfene dieser Schule erhob R. Akiba zu einem ausgebildeten System und bildete damit einen Wendepunkt in der jüdischen Geschichte.

Das ganze eigentümliche Lehrsystem R. Akibas war mit vollem Bewußtsein auf gewissen Prinzipien aufgebaut, aus denen sich die Konsequenzen von selbst entwickeln, wie er denn überhaupt als der einzige systematische Tannaï gelten kann. Dieses System betrachtete den vorhandenen Stoff der mündlichen Lehre nicht als einen toten Schatz, des Wachstums und der Bereicherung unfähig, oder, wie in den Augen R. Eliesers, als Gegenstand des bloßen Gedächtnisses, sondern er sollte eine ewige Fundgrube bilden, aus welcher sich bei richtiger Anwendung der gebotenen Mittel immer neue Schätze gewinnen lassen. Neue Gesetzesbestimmungen sollten nicht nach dem äußerlichen Maßstabe von Mehrheitsbeschlüssen entschieden werden, sondern ihre Berechtigung und Begründung in den geschriebenen Dokumenten des sinnvollen Bibelwortes nachweisen können. Als obersten Grundsatz seines Systems stellte R. Akiba seine Überzeugung

---

[1]) Jeruschalmi Sabbat VI, p. 7 d und Sota Ende.
[2]) Jeruschalmi Pesachim VI, p. 33 b.

hin, daß der Wortlaut der Thora, namentlich in den gesetzlichen (halachischen) Teilen ganz verschieden sei von der Art jedes andern Schriftwerkes. Die menschliche Ausdrucksweise bediene sich außer dem notwendigen Wortbedarfe noch gewisser Wendungen, Redefiguren, Wiederholungen, Ausschmückungen, mit einem Worte einer gewissen Form, welche zum Verständnisse beinahe überflüssig und nur für den Wohllaut und den Geschmack berechnet sei, um die Sätze abzurunden und sie gewissermaßen zu einem Kunstprodukt zu stempeln. In der Sprache der Thora hingegen sei gar nichts Form, alles an ihr vielmehr Wesen; da gebe es gar nichts Überflüssiges, kein Wort, keine Silbe, nicht einmal ein Buchstabe; jede Eigentümlichkeit des Ausdruckes, jedes Flickwort, jedes Zeichen will als höhere Beziehung, als ein Fingerzeig, als eine tiefere Andeutung angesehen sein. In dieser Beziehung ging R. Akiba über seinen Lehrer Nachum aus Gimso weit hinaus, der nur in einigen Partikeln der Schrift Andeutungen gefunden hatte; jener aber fand sie in jedem Elemente des Satzes, welches nicht ganz, streng genommen, zum Sinne gehört. R. Akiba fügte also eine Menge Deutungs- und Folgerungsregeln zu denen Hillels und Nachums hinzu, welche ganz neue Anknüpfungspunkte für das traditionelle Gesetz boten. War eine Folgerung aus dem richtigen Gebrauch der Regeln gefunden, so konnte nach diesem System dieselbe wiederum als Vordersatz einer neuen Schlußfolgerung gelten, und so ins Unendliche.[1]) R. Akiba schreckte bei diesem Verfahren vor keiner Konsequenz zurück. Sein Schüler Nehemias aus Emmaus hatte das Deuten einer Partikel bedenklich gefunden in dem Satze: „Du sollst den Herrn, deinen Gott, ehrfürchten," weil eine solche hier zu der Annahme führen würde, man dürfe neben Gott noch ein anderes Wesen göttlich verehren, was bei den Angriffen des Christentums auf die absolute göttliche Einheit gar nicht so harmlos erschien; Nehemias war aus dieser Bedenklichkeit im Begriff, sich von dieser Lehrweise loszusagen. R. Akiba hingegen beseitigte den Einwand durch die Bemerkung, auch in diesem Satz wolle das Gesetz andeuten, daß man nächst Gott noch sein heiliges Wort, die Thora, verehren müsse.

R. Akiba hat mit seinem System eine neue Bahn gebrochen, neue Gesichtspunkte eröffnet; dem mündlichen Gesetzesstoffe, von dem einige gesagt hatten, er schwebe an einem Haare und habe keinen Anhaltspunkt in der Schrift, war damit ein Halt gegeben; halachische Streitigkeiten waren dadurch teilweise abgeschnitten. Die Mitwelt R. Akibas war überrascht, geblendet und begeistert von diesem Neuen, das doch zu gleicher Zeit ganz alt schien. R. Tarphon

---

[1]) Siehe Note 7.

oder Tryphon, der früher R. Akiba überlegen war, äußerte in einem verehrenden Tone zu ihm: „Wer von dir weicht, weicht von seinem ewigen Leben, was die Überlieferung vergißt, das stellst du durch deine Deutungen wieder her."[1]) R. Josua sprach davon mit Bewunderung: „Wer nähme die Erdschollen von den Augen R. Jochanans ben Sakkai, daß er sehen könnte, wie seine Befürchtung eitel war, daß einst eine Halacha aufgegeben werden möchte, weil sie keinen Anhalt im Schrifttexte habe; siehe da, R. Akiba hat dafür eine Anlehnung gefunden."[2]) Man gestand sich ein, daß das Gesetz vergessen oder doch vernachlässigt worden wäre, wenn R. Akiba ihm nicht eine Stütze gegeben hätte.[3]) In übertreibender Begeisterung sagte man, viele Gesetzesbestimmungen, die Mose unbekannt waren, seien R. Akiba aufgegangen.[4]) Eine Sage stellt dieses Verhältnis, das man sich zwischen Mose und R. Akiba dachte, in einem eigenen Lichte dar. Mose verwunderte sich, welchen Zweck die Krönchen hätten, welche einigen Buchstaben der Thora hinzugefügt seien, und Gott belehrte ihn hierüber, daß einst nach einer langen Reihe von Geschlechtern R. Akiba ben Joseph aus diesen Krönchen Halachas herausfinden werde. Mose habe dann eine Sehnsucht empfunden, diese Größe im Geiste zu schauen; aber er mußte sich dazu acht Reihen hinter R. Akiba setzen und konnte dessen Worte gar nicht fassen.[5]) Indessen, so beifällig man auch dieses Lehrsystem, zu dessen Handhabung Verstandesschärfe und Geistesgewandtheit erforderlich war, aufgenommen und später der Halacha-Entwickelung zugrunde gelegt hat, so hatte es doch auch seine Gegner gefunden.

Wie R. Akiba durch neue Deutungen der Traditionslehre die innere Berechtigung zuerkannte und sicherte, so verhalf er ihr auch zu einer methodischen Abrundung und Ordnung. Er legte den Grund zu dem möglichen Abschlusse des reichen Stoffes. Es ist bereits entwickelt worden, daß die Halachas bisher ohne Zusammenhang und ohne systematische Gruppierung vorgetragen wurden. Es erforderte daher, um sich die ganze Masse derselben anzueignen und zu behalten, einen jahrelangen Umgang mit den Pflegern derselben, unermüdlichen Fleiß und ein treues Gedächtnis. R. Akiba aber erleichterte das Studium der Gesetze, indem er sie systematisch in Gruppen ordnete und dadurch dem Gedächtnisse zu Hilfe kam. Das Ordnen der Gesetze führte er auf zweierlei Weise aus; er stellte

---

[1]) Sifri Parascha Behalotecha, Nr. 75.
[2]) Sota 27 b.
[3]) Sifri Parascha Ekeb, Nr 48.
[4]) Pesikta Rabbati Parascha 14. Numeri Rabba, c. 19.
[5]) Menachot 29 b.

sie zuerst nach ihrem Inhalte zusammen, so daß alle Gesetze über Sabbat, Ehe, Scheidungen, über Mein und Dein ein Ganzes bildeten. Dadurch gruppierte sich der ganze Stoff in gleichartige Teile, von denen jeder Teil den Namen **Masechta** (Textus, Fach) führte. Innerhalb jedes Teils ordnete er die Gesetze dann nach **Zahlen**, dem Gedächtnisse dadurch eine leichte Handhabe bietend; so wurden z. B. zusammengestellt: Aus **vier** Veranlassungen können Beschädigungen an Eigentum entstehen; **fünf** Menschenklassen dürfen nicht die Priesterhebe ausscheiden; **fünfzehn** Frauen entbinden wegen Verwandtschaftsverhältnisse von der Schwagerehe; **sechsunddreißig** Verbrechen sind in der Schrift mit der Ausrottungsstrafe belegt.[1]) Von dieser ordnenden, methodischen Tätigkeit R. Akibas nach Fächern und Zahlen sagte man, er habe Ringe oder Handgriffe für das Gesetz gemacht, er habe, wie in einem wohlgeordneten Schatze, alles an Ort und Stelle gebracht.[2]) — Die halachische Ordnung R. Akibas führte den Namen **Mischna**, mit dem besondern Zusatze **Mischna des R. Akiba**, zum Unterschiede von der spätern Sammlung. Auch im christlichen Kreise ist sie unter dem Namen **R. Akiba's Deuterosis** bekannt geworden.[3]) Sie wurde auch **Midot** genannt (Maße, in der damaligen Volkssprache Mechilta, Mechilin, was dasselbe bedeutet), wahrscheinlich wegen der Zahlen, welche das Verbindungsmittel bildeten. Die **Mischna** oder **Midot** war, obwohl geordnet, keineswegs niedergeschrieben worden, sondern ihr Inhalt blieb nach wie vor mündlich; es war eigentlich weiter nichts, als eine leichtere, faßlichere Methode, deren sich R. Akiba bei der Mitteilung der Halachas bediente. Indessen hat R. Akiba wohl kaum das Ordnen des ganzen, viel zu umfassenden Stoffes allein vollendet; seine Jünger, die in seinem Sinne tätig waren, haben ohne Zweifel die Sammlung ergänzt; sie machte später den Grundbestandteil beim Endabschlusse des ganzen Traditionsmaterials aus.

Die durchweg originelle Lehrweise R. Akibas, welche sich von den andern **inhaltlich** durch die scharfsinnige Behandlung des Stoffes und **äußerlich** durch die übersichtliche Ordnung unterschied, errang sich nach und nach, trotz der Gegner von zwei Seiten her, das höchste Ansehen und die herrschende Giltigkeit, die bisherige Behandlungsweise allmählich verdrängend. Man scheute sich nicht einzugestehen, daß man über gewisse Punkte bisher im Irrtum oder im Zweifel war, bis R. Akiba durch seine eigene Art das

---

[1]) Siehe Note 8.
[2]) Abot de R. Nathan, c. 18. Gittin 67 a.
[3]) Epiphanius contra Hæreses, s. Note 2.

Rechte getroffen. Oft wurden die **ältern Mischnas** (Mischna rischona) von den **jüngern** (M. acharona oder M. de R. Akiba) geradezu beseitigt und die letzteren als Norm angenommen.[1]) Der Name des Neubegründers der mündlichen Lehre wurde durch seine eigentümliche Lehrweise einer der gefeiertesten in den nahen und entfernten jüdischen Gemeinden; seine dunkle Abstammung und seine ehemalige niedrige Stellung verliehen ihm einen um so höhern Glanz. Die lernbegierige Jugend, welche mehr Geschmack am scharfsinnigen Entwickeln und Vergleichen, als am trockenen gedächtnismäßigen Überliefern fand, scharte sich um ihn. Die Zahl seiner Zuhörer übertreibt die Sage und gibt sie auf zwölftausend und sogar auf das Doppelte an; eine bescheidene Nachricht jedoch beschränkt sie auf **dreihundert**. Von dieser jedenfalls zahlreichen Jüngerschar begleitet, soll R. Akiba einst seine Frau Rachel wieder besucht haben, von welcher er auf ihre eigene Veranlassung viele Jahre hindurch entfernt gewesen, während welcher sie in großer Dürftigkeit gelebt hatte. Die Szene ihres Wiedersehens hat eine wohl nicht ganz sagenhafte Nachricht recht malerisch dargestellt. Aus der ganzen Gegend war eine Menge Volkes zusammengeströmt, um den hochberühmten Lehrer zu sehen, darunter auch Rachel, sehr ärmlich gekleidet. Bei seinem Anblicke zerteilt sie ungeduldig die Menge und drängt sich an ihren Jugendgeliebten, um dessen Knie zu umfassen. Die Jünger waren schon im Begriffe, das zudringliche Weib zurückzustoßen, da ruft ihnen der Meister zu: „Laßt sie, denn was ich bin und was ihr seid, haben wir **ihr** allein zu danken." Sogar ihr harter Vater Kalba-Sabua, stolz auf einen solchen Schwiegersohn, soll ihm sein ganzes Vermögen hinterlassen haben. Von dieser Zeit an lebte R. Akiba mit seiner Frau in großem Reichtume, sie, deren Armut bisher so erschreckend gewesen sein soll, daß sie nichts als Stroh zu ihrem Lager hatten.[2]) Seine Dankbarkeit gegen seine hartgeprüfte Frau stand zu den Opfern im Verhältnis, die sie ihm so zuvorkommend gebracht hatte; unter anderem schenkte er ihr einen seltenen Schmuck von Gold, worauf die Stadt Jerusalem geprägt war. Auf dieses kostbare Geschenk war des Patriarchen Frau nach Weiberart recht neidisch. R. Gamaliel verwies ihr aber diese Schwachheit mit der Bemerkung, nur jene Frau verdiene eine solche Auszeichnung, die für ihren Mann sich sogar ihres Haarschmuckes beraubt habe.[3])

Seinen beständigen Aufenthalt hatte R. Akiba in **Bene-**

---

[1]) Siehe Note 8.
[2]) Nedarim 50 a. Ketubbot 62 b.
[3]) Jeruschalmi Sabbat, IV, 7 d. Sota Ende und Nedarim das.

Berak, wo auch sein Lehrhaus war; die Lage dieses durch ihn berühmt gewordenen Ortes soll südöstlich von Joppe gewesen sein[1]; andere verlegen es viel südlicher in die Nähe von Asdod (Azotus)[2]; doch war R. Akiba als Mitglied des Synhedrions oft in Jabne, und selten wurde ein Beschluß ohne ihn gefaßt. Als er einst bei einer wichtigen Verhandlung im Rate fehlte, konnte die aufgeworfene Frage nicht entschieden werden; denn man sagte: „Wenn R. Akiba abwesend ist, so fehlt die Lehre."[3] Die Huldigungen, die ihm von so vielen Seiten zu Teil wurden, flößten ihm aber nicht im geringsten jenen Stolz ein, der nur zu oft als beständiger Begleiter des Ruhmes erscheint; nach wie vor nahm er die bescheidene Stellung gegen seine ehemaligen Lehrer und Genossen ein. War ein Auftrag von delikater Natur auszuführen, so trug man ihn nur R. Akiba auf, und man rechnete dabei auf sein feines Schicklichkeitsgefühl wie auf seine Bereitwilligkeit. Er hatte aber wegen seines bescheidenen Charakters unter R. Gamaliels Patriarchat und später unter R. Josuas Leitung keinen besondern Einfluß auf die öffentlichen Angelegenheiten; erst nach dem Tode des letztern galt er als Oberhaupt und Leiter der jüdischen Gesamtheit und half jene gewaltigen Ereignisse vorbereiten, welche unter dem Namen des Aufstandes von Bar-Kochba das römische Reich zu erschüttern drohten.

In der Entwickelung der jüdischen Lehre, in welche R. Akiba gewissermaßen ein umwälzendes Element gebracht hatte, nimmt R. Ismael ben Elisa eine nicht unbedeutende Stellung ein; er vertrat in der Auslegung und Deutung des schriftlichen Gesetzes den natürlichen Sinn und sozusagen den gesunden Menschenverstand und wurde dadurch der Hauptgegner des von R. Akiba ausgegangenen Lehrsystems. R. Ismael, gleich R. Akiba ein jüngerer Zeitgenosse dieses Geschlechts, war Sohn eines der letzten Hohenpriester vor der Tempelzerstörung, ohne Zweifel aus der hohenpriesterlichen Familie Phabi. Ein Hoherpriester dieser Familie, wahrscheinlich Elisa, sein Vater (bei Josephus fälschlich Ismael ben Phabi), wurde in Rom als Geisel zurückgehalten, als er beim Kaiser Nero im Interesse des Tempels gegen Agrippa II. eine Klage führte.[4] Möglich, daß sich von diesem Umstande die Sage erhalten hat, R. Ismael sei durch R. Josua um einen hohen Preis losgekauft und aus Rom nach Judäa gebracht worden.[5] Irrtümlich haben einige diesen R. Ismael für einen Hohenpriester gehalten, den Titus zugleich

---

[1]) Schwarz, Tebuot ha-Erez 77 b.
[2]) Reland, Palaestina 615 und 623, nach Eusebius' Onomasticon.
[3]) Midrasch Chasith oder Canticum edit. Frankf., 6 d, 1, 20. [Es ist die Rede vom Lehrhaus des R. Elieser].
[4]) S. B. III, 5. Aufl., p. 443. [5]) Gittin, 58 a.

mit dem Patriarchen Simon zum Tode verurteilt haben soll.¹) —
R. Ismael lebte in Südjudäa unweit des idumäischen Landstrichs
in einer unfruchtbaren Gegend²), sein Wohnort wird K e p h a r -
A z i z genannt.³) Vom Weinbau lebend und bemittelt, verwendete
er sein Vermögen auf Pflege und Ausstattung jüdischer Mädchen,
welche durch die Kriegsleiden verwaist oder verarmt waren.⁴) Seine
Ansichten über das Verhältnis der überlieferten Lehre zum Schriftworte zeichnen sich durch eine verständige ungekünstelte Haltung aus
und scheinen ganz besonders gegen R. Akibas künstliches Lehrsystem
gerichtet zu sein. Einer seiner Grundsätze lautete: Die traditionellen
Bestimmungen dürfen nicht zu den ausdrücklichen Worten der Schrift
in Widerspruch stehen, die Halacha müsse mit dem Buchstaben des
Textes harmonieren. Nur in drei Fällen hebe die überlieferte
Halacha den Sinn des schriftlichen Gesetzes geradezu auf, in allen
andern Fällen aber müsse sich jene diesem unterordnen. Indessen
weicht dieser Grundsatz nicht allzu sehr von R. Akibas Annahme ab,
da auch e r die Halacha im Schriftworte begründet wissen wollte.
Nur in der Art und Weise, wie jene aus diesem gesucht und abgeleitet werden soll, gingen die zwei originellen Tannaiten weit
auseinander. Nach R. Ismael führte die göttliche Gesetzgebung der
Thora eine durchaus menschliche Sprache, worin eigene Rede-
wendungen, sprachgebräuchliche Wiederholungen, rednerische Aus-
malungen vorkommen, auf welche eben kein besonderes Gewicht zu
legen sei, da sie weiter nichts als den Wert der Form beanspruchen.
Dadurch verwarf er durchweg sämtliche Herleitungen R. Akibas, die
sich bloß auf ein scheinbar überflüssiges (pleonastisches) Wort, eine
müßige Silbe oder gar einen einzelnen Buchstaben stützen. R. Akiba
folgerte z. B. die Todesstrafe durch Feuer für eine verheiratete
ehebrecherische Priestertochter aus e i n e m Buchstaben, darauf entgegnete ihm R. Ismael: „Also wegen dieses Buchstabens willst du
den Feuertod verhängen lassen?" — Nur an drei Stellen gab
R. Ismael jenem zu, daß eine Partikel (eth) eine besondere
Deutung erheische, in allen andern gehöre sie lediglich zum syntaktischen Bau der Sprache. Entschieden sprach er sich daher gegen
die Regeln der E r w e i t e r u n g und A u s s c h l i e ß u n g aus,
welche in R. Akibas System eine so wichtige Stelle einnahmen; nur
die logisch einleuchtenden Hillelschen Regeln ließ er als Norm gelten.
Aber auch diese wollte er in der heiligen Schrift ausdrücklich begründet sehen, darum bemühte er sich nachzuweisen, daß die Schlußfolgerung vom Niedern zum Höhern an zehn Stellen in der Bibel

---

¹) Vergl. Frankels Monatsschrift, Jahrg. 1852, Nr. 8, S. 320.
²) Ketubot 64 b.   ³) Kilaim VI, 4   ⁴) Nedarim 66 a.

selbst vorkomme und eben dadurch berechtigt erscheine. Auch bei der Handhabung der berechtigten Folgerungsregeln wollte er Maß und Beschränkung beachtet wissen; man dürfe nach seiner Ansicht aus einer bloßen Folgerung weder Geld- oder gar Leibesstrafe verhängen, wenn sie nicht ausdrücklich in der Schrift ausgesprochen ist, noch aus einem bloß gefolgerten Gesetze weitergehende Folgerungen ziehen.[1]) Man wird aus diesen wenigen Zügen die Theorie eines erleuchteten Geistes erkennen, welcher die Aufgabe, die ihm als Ausleger des Gesetzes oblag, mit gewissenhafter Vorsicht zu lösen trachtete. R. Ismael hatte ebenfalls seine eigene Schule, welche unter dem Namen Bet-Rabbi Ismael bekannt ist; in dieser entwickelte er besonders die Regeln, deren man sich bei der Auslegung und Anwendung des geschriebenen Gesetzes zu bedienen hat. Er erweiterte die sieben Hillelschen Deutungsformeln in dreizehn, indem er eine derselben in mehrere Unterabteilungen zerlegte, eine andere verwarf und eine ganz neue seinerseits hinzufügte.[2]) Die dreizehn Folgerungsregeln R. Ismaels sind als vollständige Norm anerkannt worden, ohne daß jenes damit teilweise im Widerspruche stehende System R. Akibas verdrängt worden wäre; beide blieben als gleichberechtigt bei den Spätern im Gebrauch. Sonst ist von R. Ismael nur sehr wenig bekannt; er gehörte zu dem Kreise, welcher, ohne Zweifel wegen politischer Verhältnisse, das Synhedrion von Jabne nach Uscha verlegte.[3]) Später büßte er seine Anhänglichkeit an seine Nation und die Lehre mit dem Leben und wird zu den Märtyrern der hadrianischen Verfolgung gezählt. R. Akiba, sein Gegner in der Theorie, hielt ihm eine huldigende Gedächtnisrede[4]), in der tiefen Ahnung, daß ihn bald dasselbe Los treffen würde.

Diese fünf Männer, R. Gamaliel der Ordner, R. Elieser der starre Erhalter des Alten, R. Josua der Vermittler, R. Akiba der Systematiker und R. Ismael der logische Denker, machen den Kern und den Mittelpunkt des Zeitalters aus, sie bilden ebenso viele Strahlen, die aus einem Punkte auseinander fahren, um sich in einem andern wieder zu sammeln. R. Gamaliel und R. Josua hatten mehr das Praktische im Auge, jener die Einheit und die Zentralisation des jüdischen Gesamtwesens, dieser das Vermittlungsgeschäft in den schroffen Gegensätzen. Die übrigen drei verfolgten mehr ein theoretisches Interesse, R. Elieser die Erhaltung der Lehre streng in der überlieferten, R. Akiba und R. Ismael in

---

[1]) Siehe Note 7.
[2]) Siehe Frankels Monatsschrift, Jahrgang 1852, Nr. 4, S. 157 ff., und Frankel, Darke ha-Mischna, p. 49.
[3]) b. Baba Batra 28 a, b.   [4]) Mechilta Parascha Mischpatim, 18.

der **anwendungsfähigen** Form nach gewissen Prinzipien. Um diese fünf Riesengestalten gruppierte sich die große Zahl der Tannaiten dieses Geschlechtes, die sich dem einen oder dem andern dieser fünf in Theorie und Lebensrichtung zuneigten. In der Tat gibt es nur wenige Zeiten in der gestaltenreichen jüdischen Geschichte, die eine so große Fülle geistig gewecker, in der Hingebung an die Lehre ganz und gar aufgegangener Männer aufzuweisen hätten. Es war, als ob für die schwere, prüfungsreiche, große Zeit auch die bewährtesten Helden geschaffen worden wären. Wieder einmal seit der Makkabäergeschichte hatte das Judentum einen Kampf auf Tod und Leben zu bestehen, und es fehlte nicht an Kämpfern, die ihr Herzblut dafür eingesetzt haben. Das große Unglück des Unterganges aller staatlichen Verhältnisse mag auch dazu beigetragen haben, den Geist zu reifen und die Kräfte zu stählen. Die Erhaltung und der Ausbau der ererbten Lehre war der Vereinigungspunkt für diese Männer von Tatkraft und Geist, dem sie alle ihre Energie, ihr Sein und Tun zuwendeten. Alle ihre zahlreichen Zeitgenossen des zweiten Geschlechtes hießen in der Sprache jener Zeit die **Geharnischten** (Bâale Trèssin), weil das Synhedrion und die Lehrhäuser einem Kampfplatze glichen, auf dem die Teilnehmer einander Gesetzeskämpfe ($\mu\alpha\chi\alpha\iota$ $\nu o\mu\iota\kappa\alpha\iota$) lieferten. Diese waren teils Synhedrialmitglieder, welche bei jedem Beschlusse eine entscheidende Stimme abzugeben hatten, teils ordinierte Beisitzer, durch die Weihe des zeremoniellen Händeauflegens in den Rang der Weisen (Ordinierten) erhoben, aus deren Mitte sich das Kollegium zu ergänzen pflegte, teils endlich Jünger, welche auf der Erde „zu den Füßen ihrer Meister" als Zuhörer saßen.

Zu den hervorragenden Mitgliedern gehörten R. **Tarphon** oder **Tryphon** aus Lydda, reich und freigebig, heftig und ungestüm, ein zelotischer Feind der Judenchristen, der auch in der christlichen Welt bekannt war[1]); ferner R. **Elieser** aus Modin, eine Autorität in der hagadischen Auslegung, und R. **José** der Galiläer, von Gemüt weich und voller Menschenliebe. Ein einziger Zug mag diesen charakterisieren. Er war gezwungen, sich von seiner Frau wegen ihrer Tücke zu scheiden, die sich darauf mit einem Stadtwächter verheiratete, und als dieser erblindete, führte sie ihn in alle Straßen zu betteln, nur nicht in diejenige, wo R. José wohnte. Eines Tages aber hatte sie ihr Mann denn doch dazu gezwungen, aber es fiel ihr schwer, als Bettlerin die Schwelle zu betreten, wo sie als Hausfrau gewaltet hatte. Der blinde Mann

---

[1]) Sabbat, 116 a. Justinus Martyr hat wohl deswegen in seinem fingierten Dialog den Gegner des Christentums Tryphon genannt.

hatte sie aber durch Mißhandlungen zu diesem Schritte drängen wollen und ihr Wehklagen drang ins Ohr R. Josés. Hinauseilen, ihnen zureden und beide, seine ehemalige tückische Frau samt ihrem zweiten Gatten ins Haus nehmen und sie mit allem Nötigen zu versorgen[1]), war für R. José nur die einfache Erfüllung einer Pflicht, welche ihm vom Gesetz auferlegt schien. — Auch R. **Isebab**, Schriftführer im Synhedrion, R. **Chuzpit**, öffentlicher Sprecher und Ausleger (Meturgeman), R. **Juda ben Baba**, der Chasidäer (wahrscheinlich zu dem entsagenden Essenerorden gehörig), R. **Chanania ben Teradion**, der mit allen eben Genannten später den Märtyrertod erlitten hat, sind hierher zu zählen; ferner R. **Eleasar Chasma** und R. **Jochanan ben Gudgada**, beide bekannt wegen ihrer mathematischen Kenntnisse und ihrer Dürftigkeit, welche erst auf R. Josuas ausdrückliche Ermahnung vom Patriarchen mit einem Amte belohnt wurden; R. **Jochanan ben Nuri** aus Bet-Schearim (in Galiläa)[2]), ein warmer Anhänger R. Gamaliels; R. **José ben Kisma**, ein Lobredner der Römer, und endlich R. **Ilai** und R. **Chalafta**, beide mehr durch ihre Söhne als durch sich selbst berühmt geworden. — Aus der Klasse der Jüngergenossen haben vier tiefer in die Geschichte eingegriffen und werden von den Zeitgenossen mit Auszeichnung genannt, **Samuel**, der Jüngere, und drei mit dem Vornamen **Simon**. Jüngergenossen waren diejenigen, welche durch irgend einen zufälligen Umstand der ordinierenden Weihe (Semichah) entbehrten und eben dadurch von manchen Funktionen, wie z. B. der Synhedrialmitgliedschaft und gewisser Richterämter ausgeschlossen waren. Auch den Ehrentitel **Rabbi** erhielten Jüngergenossen nicht und standen daher nicht einem eigenen Lehrhause vor. Die Rabbiernennung war überhaupt erst seit der Tempelzerstörung in Gebrauch gekommen und höchstwahrscheinlich erst seit Jochanan ben Sakkai eingeführt worden.[3])

Samuel, der Jüngere (Hakaton)[4]), besaß seltene Demut und Selbstverleugnung, so daß man ihn einen echten Jünger Hillels nannte. Bekannt ist er durch die Verwünschungsformel gegen die Judenchristen, die er verfaßt hat, und durch den prophetischen Blick, den er auf seinem Totenbette in die nächste düstere Zukunft tat. Er sprach die inhaltsschweren Worte: „Simon und Ismael sind dem Untergang geweiht, ihre Genossen dem Tode, das Volk der Plünderung, harte Verfolgungen werden eintreten"; die Anwesenden

---

[1]) Jeruschalmi Ketubot XI, 3, 34 b. Numeri Rabba, c. 34.
[2]) Frankel, Darke ha-Mischna, p. 124. [3]) Siehe Note 9.
[4]) Synhedrin 11 a. Berachot 28 b, 29 a. Jeruschalmi Sota Ende. Vergl. Frankels Monatsschrift, 1852, S. 320.

Die Jüngergenossen.

wußten gar nicht, was er damit sagen wollte, fügt der Bericht hinzu. Samuel starb kinderlos und der Patriarch selbst hielt ihm die Gedächtnisrede. Von den drei Jüngergenossen namens Simon hatte Simon ben Nanos einen Namen wegen seiner tiefern Kenntnis des jüdischen Privatrechtes; R. Ismael empfahl daher allen Rechtsbeflissenen den Umgang mit ben Nanos.[1]) Simon ben Asaï war ein Feind der Ehe, und mit dem dritten, Simon ben Soma, vertiefte er sich in die theosophische Spekulation jener Zeit. Unter der großen Zahl der Gesetzeslehrer, von denen viele ihr Leben für die Lehre eingesetzt haben, wird nur ein einziger genannt, der von ihr abfiel und dadurch eine fluchwürdige Berühmtheit erlangte. Elisa ben Abuja, mehr bekannt unter seinem Apostatennamen Acher, wurde durch eine irregeleitete Richtung ein Verfolger des Gesetzes und seiner Treuen. — Außerhalb Judäas gab es in diesem Zeitalter hin und wieder Pflanzstätten für die geistige Tätigkeit, ganz besonders in demjenigen Lande, das später berufen war, Judäa abzulösen und die jüdische Geschichte in neue Bahnen zu leiten. Die zahlreichen Gemeinden in Babylonien und den parthischen Ländern hatten zwei Mittelpunkte für die Lehre: Nisibis, der Zankapfel zwischen Römern und Parthern, und Nahardea, die uralte Hauptstadt eines kleinen, fast unabhängigen jüdischen Staates. In Nisibis lehrte R. Juda ben Bathyra [2]), höchstwahrscheinlich ein Abkömmling der Familie Bene-Bathyra, welche unter dem Könige Herodes Leiter des Synhedrions war. In Nahardea wird als Lehrer der Tradition genannt Nehemia aus Bet-Deli.[3]) Von diesem Mittelpunkte aus scheint der hartnäckige Kampf, der gegen Trajan in der Euphratgegend gerichtet wurde, ausgegangen zu sein, wie später erzählt werden wird. Auch in Kleinasien hatte das Halachastudium seine Pfleger, wenn auch die Namen derselben nicht bekannt geworden sind. Cäsarea, die Hauptstadt der Kappadozier — auch Mazaca genannt — scheint der Hauptsitz dafür gewesen zu sein.[4]) R. Akiba fand auf seinen Reisen in Kleinasien in dieser Stadt einen Traditionskundigen, der mit ihm eine halachische Verhandlung führte. Die Juden Ägyptens, welche nach der Schließung ihres Oniastempels auf Vespasians Befehl ihre Kultusstätte eingebüßt hatten, scheinen ihre Halachalehrer in Alexandrien gehabt zu haben. Doch räumte man in Judäa diesen auswärtigen Schulen keine Autorität ein, und sie selbst betrachteten das Synhedrion in Judäa als die letztentscheidende Behörde.

[1]) Baba Batra 175 b.   [2]) Synhedrin 32 b und viele andere Stellen.
[3]) Jebamot 122 a.
[4]) Das., 121 a und besonders Jerus. Jebamot XV, p. 15 d.

Viertes Kapitel.

Inneres Leben der Juden. Wirkungskreis des Synhedrions und des Patriarchen. Der Orden der Genossen und der sittliche Zustand des Landvolkes.

Das jamnensische Synhedrion war das Herz der jüdischen Nation geworden, von hier aus strömte Leben und Regsamkeit bis in die entferntesten Gemeinden, von ihm mußte jede Einrichtung und religiöse Bestimmung ausgehen, wenn sie auf Anklang und Heilighaltung rechnen wollte. Das Volk betrachtete den Bestand des Synhedrions als einen Rest des Staates und zollte dem Vorsitzenden desselben (Naßi), der aus dem Hillelschen Hause von dem königlichen Blute Davids war, eine fürstliche Verehrung und Huldigung. Die griechische Benennung **Ethnarch** weist darauf hin, daß mit dem Patriarchat eine fürstliche Würde verbunden war.[1]) Der Naßi war **Volksfürst** und seine Würde kam dem königlichen Range nahe. Selbst der gewöhnliche Titel **Patriarch** schließt eine oberherrliche Funktion ein. Darum war man auf das Hillelsche Haus so stolz, weil durch dessen Glieder die Fürstenwürde in dem Hause Davids erhalten wurde, und somit die Prophezeihung des Erzvaters Jakob sich noch immer bewährte, daß „das Zepter nicht weichen werde vom Stamme Juda".[2]) Nächst dem Patriarchen standen dessen Stellvertreter (Ab-bet-din) und der **Thacham** (der Weise) oder der **Sprecher** bei den Synhedrialsitzungen; indessen ist deren eigentlicher Wirkungskreis noch nicht genau ermittelt.[3]) Der Patriarch hatte im Innern die Befugnis, Richter- und Gemeindeämter zu besetzen[4]) und wahrscheinlich den Gang derselben zu überwachen. So weit hatte sich die römische Herrschaft noch nicht in die innern Angelegenheiten der Juden gemischt, um die Gerichtsbarkeit durch römische Beamten ausüben zu lassen, — Die Autorität

---

[1]) Origenes, epist. ad Africanum, edit. de la Rue 28.
[2]) Das., de principiis IV, f. Synhedrin, 5 a.   [3]) [Wie ich von Herrn Seminarrabbiner Dr. Levy hörte, bedeutet רבן überhaupt jeden Leiter eines Lehrhauses].
[4]) Horajot 10 a. Sifri debarim 16.

des Patriarchen ließ jedoch den Vorstehern eigener Lehrhäuser die Selbständigkeit ungeschmälert, ihren Jüngern die Würdigkeit als Richter und Volkslehrer zuzusprechen, und es bedurfte hierzu nicht der Bestätigung des Patriarchen.[1]) Die Erteilung dieser Würde an die Jünger geschah auf eine feierliche Weise. Der Meister legte im Beisein zweier Mitglieder die Hand auf das Haupt seiner erkorenen Schüler, ohne dabei an ein Hinüberleiten und Mitteilen des Geistes zu denken, wie etwa bei den Prophetenjüngern. Es war weiter nichts als eine Anerkennung, daß der Geweihte würdig befunden worden, gewisse Ämter übernehmen zu können; die Tüchtigkeit war vorher erprobt. Jedermann durfte zwar als Schiedsrichter in gewöhnlichen Prozeßfällen über Mein und Dein von den Parteien vorgeschlagen werden, allein bei gewissen Rechtsfällen, bei denen durchaus ein ordentliches Gerichtskollegium erforderlich war, durften nur geweihte oder ordinierte Personen fungieren. Der Akt der Weihe und des Händeauflegens hieß S e m i c h a, auch M i n u j [2]) und bedeutete so viel wie E r n e n n u n g, O r d i n a t i o n oder P r o m o t i o n. Der Ordinierte führte den Titel S a k e n (Alter), welches beinahe dem Titel Senator entspricht; denn durch die Weihe erlangten sie auch die Befugnis, Mitglieder des hohen Rates zu werden, wenn die Wahl auf sie fiel. Die Ordinierten pflegten an dem Ehrentage, an dem sie diese Rangerhöhung empfingen, ein eigenes Feierkleid zu tragen.[3])

Die Hauptwirksamkeit hatte der Patriarch in den feierlichen öffentlichen Sitzungen des Synhedrions. Er nahm den höchsten Sitz ein, umgeben von den angesehensten Mitgliedern, welche vor ihm in einem Halbkreise saßen. Hinter den Mitgliedern saßen in mehrern Reihen die Ordinierten, hinter diesen wieder standen die Jünger, und ganz zuletzt lagerte das Volk als Zuhörer auf der Erde. Der Patriarch eröffnete die Sitzung entweder in der Art, daß er selbst einen Gegenstand aus dem Gesetzeskreise zur Verhandlung brachte oder daß er die Mitglieder durch die Formel „fraget" zum Sprechen aufforderte. Trug er selbst vor, so teilte er dem neben ihm stehenden Sprecher (Meturgeman) einzelne Sätze leise mit, welcher dieselben in rednerischer Weise zu entwickeln und zu erläutern hatte. Bei den Fragen von den Teilnehmern bestand eine Art Geschäftsordnung, welche die Weise und den Umfang derselben, wie sie gestellt und zur Verhandlung gebracht werden sollten,

---

[1]) [Es war nicht immer gleich, Jer. Synh. 19 a].
[2]) Synhedrin 13 b f., Jerus., das. I, 3.
[3]) Pesikta Parascha 10, p. 17 b. Leviticus Rabba, c. 2, p. 167 b. vergl. M. Sachs, Beiträge zur Sprach- und Altertumsforschung I, S. 87.

regelte. Jedermann stand das Recht zu, Fragen aufzuwerfen, selbst den Zuhörern aus der Volksklasse. War eine Verhandlung eingeleitet, so teilte sich die Versammlung in einzelne Gruppen, welche den Gegenstand durch die Debatte erörterten. Dem Vorsitzenden stand aber zu jeder Zeit das Recht zu, die Debatte zu schließen; er pflegte dann den Schluß mit den Worten zu fordern: „Der Gegenstand ist hinlänglich erörtert." Nach dem Schlusse durfte niemand auf die theoretische Erörterung zurückkommen. Hierauf ging die Versammlung an die Abstimmung über die verhandelte Frage. Es scheint, daß auch den ordinierten Beisitzern das Stimmrecht eingeräumt war. Die Abstimmung geschah nach der Reihenfolge und zwar in den meisten Fällen von dem Vorsitzenden angefangen bis zum jüngsten Mitgliede; nur bei Verhandlungen, die peinliche Fälle betrafen, war die Ordnung üblich, vom Jüngsten anzufangen, damit die Unselbständigen sich von dem abgegebenen Urteile der angesehenen Mitglieder nicht bestechen lassen sollten.[1]) Solchergestalt war das Verfahren in den Synhedrialsitzungen, wenn von außen eingelaufene Anfragen zu beantworten, streitige Gesetzesbestimmungen zu ermitteln, neue Verordnungen einzuführen oder bereits bestehende aufzuheben waren.

Eine wichtige Funktion hatte der Patriarch ferner bei der Bestimmung der Festzeiten. Das jüdische Kalenderwesen war weder fest, noch fortlaufend, sondern mußte von Zeit zu Zeit reguliert werden. Das Jahr war nämlich ein zusammengesetztes, weil die Festzeit im Gesetze einmal von der Umlaufszeit des Mondes und ein andermal von dem Einfluß der Sonne auf die Ernte abhängig gemacht wird; die beiden verschiedenen Zeitläufe des Sonnen- und Mondjahres mußten demnach ausgeglichen werden. So oft der Überschuß des Sonnenjahres ungefähr einen Monat betrug in Zwischenräumen von zwei oder drei Jahren, schaltete man diesen Monat ein, und das Schaltjahr zählte dreizehn Mondmonate. Die Einschaltung (Ibbur) scheint auf annähernden Berechnungen der Umlaufszeiten der Sonne und des Mondes beruht zu haben, wie sie sich im Patriarchenhause durch Überlieferung erhalten hatten.[2]) Außerdem nahm man auf gewisse Anzeichen bei dem Eintritt des Frühlings in die Natur, oder dem Stande der Ähren Rücksicht. — Die Dauer der Monate war eben so wenig bestimmt, oder nach

---

[1]) Die interessante Geschäftsordnung über die Debatten und Abstimmungen im Synhedrin befindet sich in Tosifta Synhedrin, c. VII u. Babli Synhedrin, 32 a u. 36 b. [Vergl. Schürer, Geschichte des jüd. Volkes, 3. Aufl., Bd. II, S. 188. Zu der dort angegebenen Literatur ist neu hinzugekommen, Büchler, das Synhedrion in Jerusalem, Wien, 1902].

[2]) Rosch ha-Schanah 24 a. Vergl. Bikkure Haitim, 12. Jahrg., 44 ff.

einem willkürlichen Übereinkommen fixiert. Der Anfang eines Monats sollte nach der Tradition womöglich mit dem ersten Sichtbarwerden des neuen Mondes zusammentreffen, das bis dahin aus der unmittelbaren Wahrnehmung ermittelt wurde. Sobald nämlich Zeugen vor dem Synhedrion aussagten, den ersten Streifen des jungen Mondes wahrgenommen zu haben, so wurde dieser Tag als der erste des Monats eingesetzt, wenn nämlich dieses Zeugnis mit der Berechnung stimmte. Fanden sich keine Zeugen ein, so gehörte der in Zweifel schwebende Tag noch zum laufenden Monate; die Monate zählten demnach bald 29, bald 30 Tage. R. Gamaliel zog aber die astronomische Berechnung von der Dauer des Mondumlaufes hinzu, ja scheint darauf mehr Gewicht als auf Zeugenaussagen gelegt zu haben. Bei den meisten Monaten des Jahres hatte nach der Zerstörung des Tempels die Festsetzung des Neumondes keine Wichtigkeit und erforderte keineswegs die Mitwirkung des Patriarchen. Anders verhielt es sich aber mit dem Herbstmonate Tischri und dem Frühlingsmonate Nissan, von denen der Beginn der wichtigsten Feiertage abhing. Die Bestimmung derselben, sowie die noch wichtigere Einschaltung eines Monats gehörten durchaus zu den Funktionen des Patriarchen und durften ohne dessen Anordnung oder nachträgliche Bestätigung nicht eingeführt werden. Damit die Festzeiten in der jüdischen Gesamtheit an demselben Tage gefeiert würden und in dieser Beziehung keine Spaltung herrsche, hatte sich R. Gamaliel II. als Patriarch die Vollmacht beigelegt, ganz allein darüber verfügen zu dürfen. Sein Kollegium erkannte halb überzeugt und halb notgedrungen seine Festanordnungen selbst in dem Falle als gesetzeskräftig an, wenn er sich irgendwie geirrt, oder sie im Widerspruche mit der Wahrnehmung getroffen hätte.[1]) — Der Neumond wurde in feierlicher Weise eingesetzt und davon dem ganzen Lande und auch den babylonischen Gemeinden, auf welche man ganz besondere Rücksicht nahm, Kunde gegeben. Die Kundmachung geschah durch Feuerzeichen von Station zu Station, was in dem gebirgigen Lande leicht auszuführen war. Auf dem Ölberge schwang man lodernde Fackeln; sowie dieses auf der nächsten, sechs geographische Meilen entfernten Station, der Bergspitze Sartaba[2]) bemerkt wurde, wiederholte man von da aus dasselbe Zeichen für die andern Stationen, auf Grupina (Agrippina, Gilboa?), den auranitischen Gebirgen, der Hügelreihe jenseits des Jordans von Machärus bis Gadara und so fort bis Bet-Beltin an

---

[1]) Das.
[2]) Jetzt Kurn Saturbeh, nicht weit vom Jordanufer; siehe den betreffenden Artikel in Robinsons Palästina.

der babylonischen Grenze.¹) An dem zweifelhaften Tage zwischen dem alten und neuen Monate sahen die zunächst wohnenden babylonischen Gemeinden den Feuerzeichen entgegen und wiederholten sie, so wie sie die Feuerscheine erblickten, für die entfernter Wohnenden. So erfuhren die Gemeinden in der Euphratgegend (die Golah) zu gleicher Zeit den Neumondstag und konnten mit dem Mutterlande gleich die Feste feiern. Anders verhielt es sich mit den Gemeinden in Ägypten, Kleinasien und Griechenland (die Diaspora), wo die Feuerzeichen nicht anwendbar waren; diese blieben stets über die Neumondstage im Zweifel und hatten deswegen von jeher den Brauch, zweifelshalber anstatt e i n e s zwei Festtage zu feiern. — Die Einsetzung eines Schaltmonats zeigte der Patriarch den Gemeinden durch Sendbriefe an. Er pflegte auch dabei die Gründe anzugeben, welche die Einschaltung notwendig gemacht haben, um dem Verdachte des willkürlichen Verfahrens von vornherein zu begegnen.²)

Vom Patriarchen R. Gamaliel ging endlich die Einführung festgesetzter Gebetformeln aus. Einige Gebetstücke waren uralt schon im Tempel neben dem Opfer im Gebrauche und wurden von der Tradition mit Recht auf die Männer der großen Versammlung zurückgeführt. So das Rezitieren des Einheitsbekenntnisses aus dem Pentateuch (Schema mit vorangegangener Lobpreisung Gottes für das täglich gespendete Sonnenlicht und für die Liebe zu seinem Volke) ferner sechs Benedeiungen an Werkeltagen und sieben an den Sabbaten und Feiertagen. Diese Teile waren fest formuliert; sonst blieb es dem Gemüte überlassen, welche Gebete es an den Himmel richten, und in welchen Worten es seine Gefühle äußern wollte. R. Gamaliel ließ zuerst für das tägliche Gebet die sogenannten a c h t z e h n   B e n e d e i u n g e n (Berachot, Eulogien) ein für allemal abschließen, welche bis auf den heutigen Tag in den Synagogen eingeführt sind; die Fassung derselben arbeitete S i m o n im Auftrage des Patriarchen aus.³) Damit scheinen jedoch nicht alle Gesetzeslehrer einverstanden gewesen zu sein; wenigstens von R. Elieser wird berichtet, er habe gegen die Anordnung f e s t e r G e b e t e die Bemerkung gemacht, wer nach einem vorgeschriebenen Muster bete, dessen Gebet ströme nicht aus dem Herzen.⁴) Von einer Gebetformel gegen die Judenchristen, ebenfalls von R. Gamaliel angeordnet, wird später die Rede sein. — Im allgemeinen galt das

---

¹) Rosch ha-Schanah, 22 b und Tosifta zur Stelle, an der ersten Stelle muß חרים וכייר ונגד emendiert werden in הרי מכור ונגד d. h. die Berge von Machärus bis Gadara.
²) Synhedrin 11, a, f. S. Traktat Soferim, c 19; Exodus Rabba, c. 15.
³) Megilla 17, b, f. Berachot 28, b.   ⁴) Das.

Gebet als Ersatz des Opfers und man nannte es geradezu „den Opferdienst des Herzens." Man bezog die Stelle des letzten Propheten Maleachi: „Überall werde Gott Opfer und Weihrauch als reines Geschenk dargebracht," auf die in der Zerstreuung zu Gott aufsteigenden Gebete.[1]) Der öffentliche Gottesdienst hatte eine ganz einfache Form; bestimmte Vorbeter gab es nicht. Jeder, der nur das erforderliche Alter und die Unbescholtenheit des Rufes hatte, durfte vorbeten; die Gemeinde forderte dazu auf, und der Vorbeter hieß aus diesem Umstande „der Bote der Gemeinde" (Scheliach Zibbur). Derselbe stand vor der heiligen Lade, in welcher die Gesetzesrolle lag, und der Ausdruck für vorbeten war „vor die Lade treten" oder „vor die Lade hinuntergehen" denn sie stand in einer Vertiefung.[2])

Das religiöse Leben wurde in dieser Weise vom Synhedrion und dem Patriarchat allseitig geregelt; die Zerstörung des Tempels hatte innerhalb des jüdischen Volkskörpers keine solche Lücke gelassen, wie sich diejenigen vorstellten, welche außerhalb desselben standen. Gebet, Beschäftigung mit der Lehre und Mildtätigkeit ersetzten das Opferwesen. Bis auf den Opferkultus wurde das ganze Gesetz aufs Strengste beobachtet. Man gab den Aroniden den Zehnten und die übrigen Priestergaben, man ließ nach wie vor die Ecken des Feldes für die Armen stehen und händigte ihnen jedes dritte Jahr den Armenzehnten ein. Sämtliche Gesetzesbestimmungen, welche sich auf die Heiligkeit des Bodens von Judäa und teilweise auch von Syrien bezogen, blieben in Kraft. Man beobachtete das Erlaßjahr, insoweit es sich auf den Anbau der Felder und halb und halb auf den Verfall der schwebenden Schulden erstreckte. Kurz, man betrachtete das jüdische Staatswesen, wenn auch für den Augenblick gebrochen, noch als fortbestehend. Aus diesem Grunde wurden Vorkehrungen getroffen, daß die Ländereien Judäas nicht auf heidnische Eigentümer dauernd übergehen, und wenn veräußert, nicht in ihrem Besitze bleiben sollten.[3]) — In Erinnerung an den Tempel, dessen Wiederherstellung in nächster Zukunft die süßesten Hoffnungen erweckte, behielt man manche Bräuche bei, welche nur in jener Stätte Sinn und Bedeutung hatten.[4]) Am ersten Abend des Festes, an welchem früher das Passahlamm genossen wurde, feierte man in Ermangelung desselben das Andenken an die Befreiung aus Ägypten mit entsprechenden Symbolen. Vorherrschend war eine trauernde düstere Stimmung um den Untergang des Staates

---

[1]) Justin. Dialog. cum Tryph., c. 117.
[2]) Kommt sehr oft in der talmudischen Literatur vor.
[3]) Gittin 47 a, 8 b.   [4]) Pesachim Mischnah, Ende.

und die Einäscherung des Tempels. Die Volkslehrer legten ans Herz: „Wer um Jerusalem Trauer anlegt, wird die Wiederherstellung des Glanzes erleben." Es wurden daher verschiedene Trauerzeichen eingeführt. Beim Übertünchen eines Hauses mit Kalk wurde eine Stelle unangestrichen gelassen; das weibliche Geschlecht sollte nicht allen Schmuck anlegen, sondern manches vermissen lassen „zur Erinnerung an Jerusalem." Der Bräutigam durfte am Hochzeitstage nicht den üblichen Kranz tragen, und auch die Musik auf einem eigenen Instrumente (Irus, Iris?) blieb weg. Am meisten äußerte sich die Trauer um Jerusalem in Fasten. Die vier Fasttage, welche die nach Babylonien verbannten Judäer nach dem Fall des ersten Tempels sich freiwillig auferlegt hatten, wurden nach dem Falle des zweiten wieder eingeführt; am neunten Ab, am siebzehnten Tammus (statt des neunten), dann im siebenten und zehnten Monat (Tischri und Tebet). Außerdem fasteten die Frommen in jeder Woche zwei Tage, am Montag und Donnerstag;[1]) die Überfrommen scheinen gar täglich gefastet zu haben.[2]) Nur an den aus der glücklichen Zeit stammenden Gedenk- und Siegestagen (Jeme Megillat Taanit) durfte nicht gefastet werden. Diese Erinnerungen an die Errettung aus großen Nöten sollten dem Gedächtnis des Volkes nicht verwischt werden.

Mit der Tempelzerstörung hörten die levitischen Reinheitsgesetze nicht ganz auf, sie hatten in der religiösen Entwicklung einen zu breiten Boden gewonnen. Die Frommen schickten sich zum täglichen Genusse mit derselben Sorgfalt an, wie für den Genuß des Zehnten, der Priesterhebe oder des Opferfleisches. Man hütete sich vor jeder Berührung mit Personen und Sachen, welche gesetzlich eine verunreinigende Wirkung hervorzubringen geeignet waren, und bediente sich nur solcher Gewänder und Gerätschaften, die unter der Be-

---

[1]) Über die Trauerzeichen und Fasttage Sota Ende, besonders Tosifta Sota Ende, Baba Batra, p. 60 b, Taanit Ende und Parallelstellen. Für das pflichtmäßige Fasten am Montag und Donnerstag weiß ich nur zwei spätere Quellen anzuführen, die aber jedenfalls aus älteren geschöpft haben. Die eine Halachot Gedolot von Simon Kahira (Abschnitt ט׳ באב ותעניות), nachdem daselbst besondere Fasttage aufgezählt sind, heißt es weiter: ועוד גזרו רבותינו שיהו מתענין בשני ובחמישי על חרבן הבית ועל התורה שנשרפה ועל חרפת השם. Die andere Quelle ist das sogen. Josephi Hypomnesticon (c. 145, bei Fabricius, Codex pseudepigraphus, alt. Test., II): Es ist ein Frag- und Antwortspiel: Διὰ τί οἱ Ἰουδαῖοι τὴν δευτέραν τῶν Σαββάτων καὶ τὴν πέμπτην νηστεύουσιν; die Antwort lautet eigentümlich: Am Montag fasten sie, weil der Tempel von Nebuchadnezar verbrannt, und am Donnerstag, weil er zum zweiten Male von Titus zerstört worden. Πειθοῦσι γὰρ ἐπὶ τῇ ἐμπρήσει τοῦ ναοῦ κατὰ ταύτας τὰς δύο κατὰ πᾶν Σάββατον ἡμέρας, καὶ διὰ τοῦτο νηστεύουσι.

[2]) Folgt aus dem Buche Judith 8, 6, vergl. darüber Note 14.

obachtung der Reinheitsgesetze angefertigt waren. Alle diejenigen, welche in dieser Strenge lebten und von den Früchten, die sie besaßen oder gekauft hatten, den Zehnten regelmäßig abschieden, bildeten eine Art von Orden (Chaburah)[1]), dessen Ursprung bis hinauf in die Zeit der Parteiungen zwischen Pharisäern und Sadduzäern reichte.[2]) Dieser Orden scheint auch einen politischen Hintergrund gehabt zu haben; die Mitglieder desselben hießen G e n o s s e n (Chaberim). Wer als Mitglied aufgenommen werden wollte, mußte öffentlich vor drei Mitgliedern versprechen, sich den Regeln des Ordens zu unterwerfen. Verging sich ein Mitglied gegen die Regeln, so wurde es ausgewiesen; ausgestoßen wurden ferner diejenigen, welche den römischen Behörden als Zöllner oder Steuereintreiber Vorschub leisteten; die Zöllner, als Werkzeuge der römischen Tyrannei, waren noch immer der verachtetste Stand.

Im Gegensatz zu dem Orden der Genossen stand das Landvolk, der Sklave der Scholle; jene bildeten gewissermaßen die jüdischen Patrizier, dieses machte die Klasse der Plebejer aus. Von der geistigen und sittlichen Verwahrlosung des Landvolkes in dieser Zeit entwerfen die Quellen eine grelle Schilderung; wahrscheinlich haben die häufigen Aufstände in den letzten Jahren des jüdischen Staates und der lange Revolutionskrieg zu dessen Verwilderung und Entsittlichung beigetragen. Die Landbewohner sollen im Handel und Wandel ohne Redlichkeit, in dem Eheleben ohne Zartsinn, in dem Umgange mit andern ohne Ehrgefühl und Achtung des Menschenlebens gewesen sein. Von den jüdischen Gesetzen beobachteten sie nur dasjenige, was ihrem rohen Sinne zusagte, und von dem geistigen Leben waren sie kaum angehaucht. Zwischen dieser ungeschlachten Masse und dem gebildeteren Stande entstand daher eine tiefe Kluft und erzeugte sich ein gegenseitiger Haß. Die Ordensmitglieder durften mit Landbewohnern weder zusammen speisen, noch zusammen leben, sie scheuten sich vor deren Berührung, um nicht von ihren Gewändern verunreinigt zu werden. Heiraten zwischen beiden Ständen waren eine Seltenheit; man betrachtete von Seiten der Genossen eine solche Mischehe als eine Entwürdigung. Zeitgenossen berichten, daß der Haß zwischen diesen Patriziern und Plebejern noch größer gewesen sei, als zwischen Juden und Heiden. „Wenn sie uns nicht zum Geschäftsverkehr brauchten," sagte R. Elieser, „so würden sie uns meuchlings überfallen." R. Akiba, welcher aus der niedern Klasse hervorgegangen war, gestand selbst, daß er sich früher wünschte, einen aus dem höhern Stande allein zu treffen, um ihm den Garaus zu

---

[1]) Tosifta Demai, c. 3 und 4. Bechorot 30 b., f.
[2]) Siehe Frankels Zeitschrift, Jahrgang 1846, S. 451 ff.

machen. Die Genossen trugen ihrerseits dazu bei, den Haß anzuschüren, anstatt ihn durch Erhebung des Landvolkes zu sich zu dämpfen. Sie mieden nicht nur jeden Umgang mit den Personen der niedrigen Klasse, sondern ließen sie zu keiner Zeugenaussage, keiner Vormundschaft, keinem Gemeindeamte zu; man warnte einander mit jenen auf Reisen zu gehen, weil man sie für Meuchelmörder hielt.[1]

So von dem Umgange mit der edlen Klasse zurückgewiesen, von der Beteiligung am Gemeindeleben ausgeschlossen, jedes Mittels zum Aufschwunge beraubt, und sich selbst ohne Führer und Ratgeber überlassen, unterlag das Landvolk dem Einflusse des minder strengen jungen Christentums. Jesus und seine Jünger hatten sich ganz vorzüglich an diese verwahrloste Volksschicht gewendet und hier die meisten Anhänger gefunden. Wie wenig man auch von dem allmählichen Wachstum des Christentums kennt, so ist die Tatsache über alle Zweifel gewiß, daß es sich aus dem verachteten Stande der Sünder (Gesetzesübertreter) und Zöllner ergänzte, aus „den verlorenen Schafen oder dem verlorenen Sohne des Hauses Israel"[2] (in der bildlichen Sprache jener Zeit), aus den Fischern und Bauern Galiläas, die von den damaligen Leitern des Judentums außer acht gelassen wurden. Wie sehr mußte es den vom Gesetze Vergessenen und Verstoßenen schmeicheln, wenn die christlichen Sendboten sie geradezu in ihrem niedrigen Kreise aufsuchten, mit ihnen aßen und tranken und ihnen versicherten, nur ihretwegen sei der Messias gekommen und hingerichtet worden, damit auch sie der Güter, deren sie bisher beraubt waren, und ganz besonders der Glückseligkeit in einer besseren Welt teilhaftig werden! Das Gesetz hatte ihnen die nächsten Rechte versagt und das Christentum öffnete ihnen das Himmelreich; sie konnten daher in der Wahl nicht schwanken, wohin sie sich neigen sollten. Die Gesetzeslehrer, vertieft in den Eifer, die Lehre und das jüdische Leben zu erhalten, übersahen in ihrer Höhe ein Element, aus dem für eben diese Lehre ein mächtiger Gegner erwachsen könnte. Ehe sie es sich versahen, stand auf ihrem eigenen Grund und Boden ein Feind da, welcher Miene machte, sich in den Besitz des geistigen Eigentums zu setzen, das sie mit so viel hingebender Treue zu überwachen sich berufen fühlten. Die Entwickelung des Christentums, als eines Sprosses des Judentums, an dessen Wurzeln es sich genährt hatte, bildet namentlich solange seine Anhänger noch zum jüdischen Verbande gehörten, einen Teil der jüdischen Geschichte.

[1] Pesachim 49 b.
[2] Lucas XV, 1, ff. Matthaeus IX, 10. Marcus II, 15.

Fünftes Kapitel.

Verhältnis des Christentums zum Judentume. Sektenwesen; Judenchristen, Heidenchristen, Ebioniten, Nazaräer. Trennung der Judenchristen von der jüdischen Gemeinde. Gnostiker. Maßregeln des Synhedrions gegen den Einfluß des Christentums. Proselyten. Akylas.

Aus der kleinen Zahl von 120 oder 500 Personen,[1] welche die einzigen Anhänger Jesu nach seinem Tode waren, hatte sich, befördert vom Eifer seiner Hauptjünger und namentlich des Paulus, eine christliche Gemeinde gebildet. Paulus, der einen fruchtbaren und praktisch ausführbaren Gedanken hinzugebracht hatte, war außerordentlich rührig, die Heiden durch den Glauben an den auferstandenen Christus für die jüdische Sittenlehre und die Juden durch den Glauben an den erschienenen Messias für die Überzeugung von der Unwirksamkeit des jüdischen Gesetzes zu gewinnen. Das junge Christentum war als Glückskind in die Welt getreten. Es war schon ein glücklicher Wurf, daß eben dieser feuereifrige, unruhige, leidenschaftliche Saulus von Tarsus aus einem Verächter nicht nur Anhänger, sondern auch Hauptbegründer geworden war. Denn er hatte ihm erst die rechte Bahn geöffnet, „in die Fülle der Heiden einzugehen;" ohne ihn hätte sich die Jesuslehre als Bekenntnis einer unfertigen, halbessäischen, aus unwissenden Jüngern und zweideutigen Jüngerinnen bestehenden Sekte schwerlich lange behaupten können. Aber auch andere glückliche Umstände sind dem Christentume zustatten gekommen. Einerseits die Lauheit und Gleichgültigkeit griechisch gebildeter Juden in Alexandrien, Antiochien und Kleinasien gegen die Riten und Satzungen des Judentums und anderseits der Ekel sittlich denkender Griechen und Römer vor dem unheiligen und götzendienerischen Heidentum und ihre Geneigtheit, sich die auf einem erhebenden Gottesbewußtsein beruhende Sittenlehre des Judentums anzueignen.

---

[1] Darüber, sowie über die Entstehung des Christentums überhaupt ist im vorhergehenden Bande abgehandelt.

Diese beiden Klassen, gebildete Juden und sittliche Heiden, fanden an dem paulinischen Christentum, das sie von der Beobachtung der jüdischen Religionsvorschriften wie Sabbat, Speisegesetze und namentlich Beschneidung, entbunden hatte, ihre volle Befriedigung. Jene nahmen vielleicht den schwer begreiflichen Glauben an den gekreuzigten Messias, als Gottmensch und Sohn Gottes, als etwas Unwesentliches in den Kauf; für diese bildete dieser Glaube gerade den rechten Übergang von der Vielgötterei des Heidentums zur strengen Gotteinheitslehre des Judentums. Besonders günstig für das Christentum wirkte die Tempelzerstörung und der scheinbare Untergang der jüdischen Nationalität. Die Verzweifelten, Schwachen und Versöhnungsbedürftigen unter den palästinensischen und auswärtigen Juden, die durch diesen tragischen Fall einen Riß in ihrem Herzen fühlten, gaben sich dem Glauben an die Sündenvergebung und Rechtfertigung (Gerechtigkeit, Zechút) durch den Tod des Messias um so williger hin, als jener Glaube ihnen wenig Opfer auferlegte und sie mit der Heidenwelt versöhnte. Der ganze Essäerorden und die Jünger Johannes des Täufers scheinen sich während des bittern Krieges mit den Römern und nach dem Fall des Tempels den Jesusjüngern völlig angeschlossen zu haben. Noch besonders zu statten kam dem Christentum eine politische Maßregel, die infolge der Besiegung Judäas getroffen wurde. Jeder Jude war durch ein Gesetz Vespasians gezwungen, die ehemalige Tempelsteuer als eine Art L e i b z o l l an die römischen Behörden abzuliefern, und diese erste Judensteuer kam den Juden in Rom, Griechenland, Kleinasien, Ägypten und überhaupt der Diaspora um so drückender vor, als sie der erste Schritt war, ihre Gleichstellung im römischen Reiche als Vollbürger zu verkümmern. Manche, denen diese Abgabe als eine Last oder als eine Zurücksetzung verhaßt war, suchten sich ihr durch Verleugnung ihrer jüdischen Abstammung zu entziehen. Das half aber für die Dauer nicht; denn der dritte flavianische Kaiser, der habgierige und zugleich grausame Domitian, ließ diese Steuer mit aller Strenge eintreiben und diejenigen untersuchen, die ihr jüdisches Bekenntnis verheimlichen wollten. Die Not machte erfinderisch; so manche wandten ein Mittel an, um der lästigen Judensteuer zu entgehen. Sie machten das Bundeszeichen an ihrem Leibe unkenntlich, indem sie sich eine künstliche Vorhaut machten (Epiplasmos, meschichat Orlah). Von der gesetzgebenden Behörde in Palästina, von Jabne aus, tadelte man natürlich dieses Verfahren aufs Strengste, als eine Verleugnung des Abrahambundes. Eine palästinensische Autorität, Eleasar aus Modiim, erklärte, derjenige, welcher sich eine künstliche Vorhaut mache, verwirke hiermit seine Seligkeit oder seinen Anteil an der zukünftigen Welt (Olam ha Ba), selbst wenn er unterrichtet im Gesetze sei und einen frommen Lebenswandel führe. Einige waren sogar der Ansicht, daß eine nochmalige Beschneidung notwendig sei.¹)

Nun traten Paulus, seine Jünger T i m o t h e u s, T i t u s und andere, wie überhaupt seine Schule auf und lehrten, die Beschneidung sei, wie das ganze Gesetz, durch Jesu Ankunft und Tod aufgehoben. Die unbeschnittenen Juden seien, wenn sie nur den rechten Glauben

---

¹) Diesen Punkt muß ich in ein helleres Licht rücken, da er ein kritisches Moment abgibt. In der oft zitierten Stelle Suetons (Domitian, c. 12) gibt die schon von Casaubonus festgehaltene Lesart das richtige Verständnis: Praeter caeteros Judaïcus fiscus acerbissime actus est, ad quem deferebantur qui *vel uti professi* Judaïcam intra urbem viverent vitam, vel dissimulata origine, imposita genti tributa non pependissent. Sie empfiehlt sich viel besser als jene: veluti professi oder gar *vel improfessi;* vel uti professi bildet einen Gegensatz zu dissimulata origine. Zur jüdischen Rentenkammer wurden geführt, sei es diejenigen, welche offen bekennend, jüdisch lebten, sei es diejenigen, welche ihre Abstammung verleugneten. Das Beispiel, welches Sueton weiter anführt: Interfuisse me adulescentulum memini, cum a procuratore, frequentissimoque concilio inspiceretur nonagenarius senex, an circumsectus esset, soll die acerbitas, die rücksichtslose Strenge erhärten. Es ist möglich, daß hier auch von Christen die Rede ist, wofür die kirchenhistorischen Handbücher die Stelle anzuführen pflegen, aber nicht notwendig. Juden haben gewiß auch, so weit es ging, ihre Abstammung verheimlicht, um dem φόρος τῶν σωμάτων, dem Leibzoll, zu entgehen. Das folgt aus der andern Tatsache aus der Anwendung des Epiplasmos. Wozu hätten ihn die Juden eingeführt, wenn nicht, um von dem Zoll befreit zu sein? Dieses Faktum ist konstatiert durch Tosifta Sabbat, c. 16: המשוך (בערלה) צריך שימול ר׳ יהודה אומר כשוך לא ימול מפני שהוא מבוהל. אמרו לו הרבה מלו בימי בן כוזיבא והיו להם בנים ולא מתו שנאמר המול ימול ואפילו מאה פעמים. ואומר את בריתו הפר לרבות את המשוך. (Auch zitiert in Jebamot, 72a; Jerus. das., VIII, 17a. Sabbat XIX, 17a. Genesis Rabba, c. 46.) Daraus folgt, daß viele, die sich ein künstliches praeputium angebracht hatten, sich zuerst zu Bar-Kochbas Zeit wieder beschnitten haben. Sie hatten also vorher in Trajans und Domitians Zeit den Epiplasmos angewendet. Auch die Sentenz des Eleasar Modaï spielt darauf an (Abot III, 15): המפר בריתו של אברהם אבינו אף על פי שיש בידו תורה ומעשים טובים אין לו חלק לעולם הבא: Zerstören oder Aufheben des Bundes ist nichts anderes als Epiplasmos. Vergl. den Vers im ersten Korintherbrief 7, 18: περιτετμημένος τις ἐκλήθη, μὴ ἐπισπάσθω. Schwerlich hat sich jemand aus bloßer Laune oder gar aus rabiatem Eifer wider das Gesetz der nicht ganz schmerzlosen Operation unterzogen. Vielmehr scheint es der Bescheid auf eine schwebende Frage zu sein, ob sich Judenchristen, welche die Beschneidung nicht mehr so hoch stellen, das praeputium anschaffen dürfen, um nicht dem Fiscus Judaïcus zu verfallen; die Antwort lautet: „Nein, wer beschnitten berufen, mache sich nicht wieder unbeschnitten; wer in der Vorhaut berufen, beschneide sich nicht". Es ist der Rat eines milden Pauliners, der nicht sogleich aus der Haut fuhr, wenn er die Satzungen des Judentums befolgt sah. Seine Milde, die nichts von Paulus' Säure hatte, zeigt sich auch in seinem Rate in betreff des Genusses der Götzenopfer 10, 15—28. Auch die Anspielung auf die Gnosis beweist, daß diese Epistel nicht von Paulus ist.

hätten, die wahren Nachkommen Abrahams, sie seien „Auserwählte, Priester, Könige". Diese Lehre, welche zugleich Vorteil gewährte, fand ohne Zweifel Anklang unter römischen und kleinasiatischen Juden und zog sie zum Christentume hinüber.

Solchergestalt hatte es sich in den ersten Jahrzehnten nach der Tempelzerstörung nicht nur vermehrt und verstärkt, sondern auch gehoben. Seine Anhänger bestanden nicht mehr aus der unwissenden und verachteten Klasse, aus Zöllnern und Weibern, sondern es hatte einen bedeutenden Zuwachs aus wohlhabenden, gebildeten und ehrbaren Kreisen erhalten. In allen großen Städten des römischen Reiches und ganz besonders in Rom gab es christliche Gemeinden, welche sich halb und halb zu den Juden zählten, jedenfalls aber von den Römern als solche angesehen wurden. Das Christentum konnte in der öffentlichen Meinung nicht mehr wie bis dahin verächtlich übersehen werden, sondern fing an, als ein neues Element in der Geschichte mitzuwirken.

Indessen wurde der Segen, den es der Heidenwelt brachte, und die günstige Rückwirkung, die es auf das Judentum hätte haben können, durch die Spaltung gehemmt, die alsbald eintrat und es in falsche und verderbliche Bahnen leitete. Denn die paulinische Lehre von der Überflüssigkeit des jüdischen Gesetzes hatte in den Schoß des Urchristentums den Samen der Zwietracht geworfen, der die Anhänger Jesu in zwei große Parteien spaltete, die sich wiederum in kleinere Sekten mit eigenen Ansichten und eigener Lebensweise abzweigten. Das Sektenwesen entstand im Christentume nicht erst im zweiten Jahrhundert, sondern herrschte in dessen Urbeginn als eine notwendige Folge entgegengesetzter Grundlehren.[1]) Die zwei großen Parteien, die sich gleich am Anfange dieser Periode schroff gegenüberstanden, waren einerseits die Judenchristen, anderseits die Heidenchristen. Die Judenchristen als die Urgemeinde, die sich aus Juden ergänzte, hingen mit dem Judentume aufs engste zusammen. Sie beobachteten das jüdische Gesetz nach allen seinen Teilen und wiesen auf das Beispiel Jesu hin, der selbst den jüdischen Gesetzen gemäß gelebt habe. Sie legten dem Religionsstifter die Worte in den Mund: „Eher würde Himmel und Erde vergehen, ehe denn ein Jota oder ein Krönchen vom Gesetze vergehen sollte, daß es nicht erfüllt werde"; ferner: „Ich bin nicht gekommen, das Gesetz Moses aufzulösen, sondern es zu erfüllen."[2]) Mit geradezu feindlichem Sinne gegen die gesetzesverachtenden Heidenchristen machten sie den Ausspruch von Jesu geltend: „Wer auch nur

---

[1]) Siehe Hilgenfeld, Das nachapostolische Christentum.
[2]) Matthaeus 5, 17 ff. Sabbat 116 b.

eines der geringsten Gesetze aufhebet und die Menschen also lehret, wird der Geringste im Himmelreiche, wer sie aber übet und lehret, wird groß genannt werden im Himmelreiche". Selbst die Anhänglichkeit der Judenchristen an Jesus war auch nicht der Art, sie vom Judentume zu entfernen. Sie hielten ihn für einen heiligen, sittlich großen Menschen, der auf natürliche Weise von seinen Eltern Joseph und Maria aus dem Geschlechte Davids erzeugt wurde. Dieser Sohn Davids habe dadurch das Himmelreich gefördert, weil er die Menschen lehrte, arm und demütig zu leben, den Reichtum zu verachten und sich gegenseitig als Brüder, als Kinder Gottes, zu lieben und zu unterstützen, und weil er wie keiner vor ihm, das ganze Gesetz erfüllt habe. Ihr Wahlspruch war das Wort Jesu: „Glücklich sind die Armen, denn ihnen ist das Himmelreich." Sie lebten daher ganz wie die Essener, aus deren Mitte das Christentum überhaupt hervorgegangen ist, gemeinschaftlich und hatten eine gemeinsame Kasse, zu der ein jeder sein Eigentum beisteuerte. Von dieser Nichtachtung des Reichtums und der Vorliebe für die Armut führten sie den Namen Ebioniten oder Ebionäer (Arme), der ihnen aber von ihren christlichen Gegnern als Spottname umgedeutet wurde, als wenn sie arm an Geist wären, weil sie Jesus nicht für den eingeborenen Sohn Gottes anerkennen mochten. Die Judenchristen hatten früher ihren Wohnsitz in Jerusalem; während des Krieges flüchteten sie sich nach Pella, einer der zehn von Griechen bewohnten Städte jenseits des Jordans (Dekapolis); doch gab es auch von ihnen einzelne oder kleine Gemeinden in Galiläa, namentlich in der Stadt Kapernaum und in Syrien, besonders in der Hauptstadt Antiochien, wo die Anhänger Jesu zuerst den Namen Christen (Christianer) als Messiasgläubige annahmen. Aus Furcht, von der andern Partei überflügelt zu werden, hatte die judenchristliche Urgemeinde auch ihrerseits Sendboten an die auswärtigen Gemeinden abgeordnet, um ihnen neben dem Glauben an Jesu Messianität die fortdauernde Verbindlichkeit des Gesetzes einzuprägen. So gründete auch sie Kolonien, aber judenchristliche; die wichtigste wurde mit der Zeit die in der Welthauptstadt Rom.

Diesen entgegengesetzt waren die Heidenchristen, die von Paulus und seinen Jüngern Timotheus und Titus für den Glauben an Jesus gewonnen worden waren. Diese Religionspartei hatte eine ganz andere Auffassungsweise vom Christentum. Da für die Heidenwelt ein erlösender Messias, in der Sprache der Propheten Sohn Gottes genannt, ein ganz unbekannter Begriff war und der Sohn Davids sie auch nicht begeistern konnte, so verdolmetschten sie sich diese Tatsache in ihre Denkweise als einen wirklichen Gottessohn, dessen Vorstellung den Heiden ebenso geläufig war, als sie den Juden fremd und anstößig erscheinen mußte. War der Begriff Gottessohn einmal aufgenommen, so mußten notwendig alle diejenigen Erscheinungen und Vorgänge aus dem Leben Jesu beseitigt werden, die ihm als Menschen anhafteten. Die natürliche Geburt von Eltern war den Heiden zumeist anstößig, und wie von selbst schlich sich der verklärende Zug ein, dieser Gottessohn sei von einer Jungfrau durch den heiligen Geist geboren. Der erste wesentliche Differenzpunkt zwischen Ebioniten und Heidenchristen betraf demnach die Ansicht über das Wesen Jesu; die einen **verehrten** ihn als Sohn Davids, die andern **beteten** ihn als Gottessohn an. Der zweite Punkt drehte sich um die Gültigkeit der gesetzlichen Teile des Judentums; die Heidenchristen verwarfen nach Paulus' Beispiel Beschneidung, Speisegesetze, Sabbat und Festfeier, behielten also vom Judentum nur die Sittenlehre, die Anerkennung der Thora und der Propheten als heilige Schriften und die eigentümliche Vorstellungsweise bei, die sich aus der Bekanntschaft mit den Dokumenten des Judentums von selbst ergibt. Auf die Gütergemeinschaft und Verachtung des Reichtums, den wesentlichsten Zweck des ebionitischen Christentums, legte die heidenchristliche Partei wenig Gewicht, da ja auch ihre Autorität Paulus dieses nur für eine Nebensache angesehen hatte und erst nachdrücklichst von den Judenaposteln ermahnt werden mußte „der Armen zu gedenken".[1]) Die Heidenchristen führten den Namen **Hellenen**, weil die ersten Bekenner Griechen waren. Sie hatten ihren Hauptsitz in Kleinasien, namentlich in den sieben Städten Ephesus, Smyrna, Pergamus, Thyatira, Sardes, Philadelphia und Laodicea, die in der symbolischen Sprache der damaligen Zeit „**die sieben Sterne und die sieben goldenen Leuchter** genannt wurden.[2]) Ephesus war das Haupt dieser heidenchristlichen Gemeinden; außerdem aber waren solche Gemeinden auch in Griechenland, Mazedonien, Thessalien und anderwärts sehr verbreitet. Zwischen den ebionitischen und hellenischen Gemeinden, die eigentlich nur den Namen des Stifters gemeinsam hatten, hingegen in der Auffassung seines Wesens und in dem religiösen Tun weit auseinandergingen, herrschte eine gegenseitige Spannung und Abneigung, welche mit der Zeit sich immer mehr verschärfte. Paulus, seine Jünger und die auch von ihnen auf Verachtung des Gesetzes gegründeten Gemeinden wurden von den Judenchristen ingrimmig gehaßt. Sie konnten nicht genug Schmähungen und Verunglimpfungen gegen den Apostel „der Vorhaut", auch lange nach dessen Tode häufen, weil er Irrtümer verbreitet und das Christentum gegen Sinn und

---

[1]) Galaterbrief 2, 10.
[2]) Offenbarung Johannis, 1, 11 ff.

Absicht seines Stifters gelehrt habe. Mit einer Art Bewunderung vor der Einheit und Einmütigkeit, die innerhalb der vom jamnensischen Synhedrion geleiteten Judenheit herrschte, im Gegensatz zu der Zerfahrenheit innerhalb der christlichen Gemeinde, schrieb einer der judenchristlichen Partei: „Die überall wohnenden (jüdischen) Stammgenossen befolgen (bis auf den heutigen Tag) dasselbe Gesetz von der Einheit Gottes und der Lebensweise, und können auch keineswegs eine abweichende Ansicht haben oder von dem Sinn der vieldeutigen Schrift abgeführt werden. Denn nur nach einer überlieferten Regel versuchen sie das nicht Stimmende in der Schrift umzudeuten . . . . Deswegen gestatten sie keinem zu lehren, der nicht vorher gelernt hätte, wie er die heiligen Schriften behandeln soll. Darum ist bei ihnen ein Gott, ein Gesetz, eine Hoffnung . . . Wenn solches nicht bei uns auch geschehe, so wird unser Wort der Wahrheit in viele Meinungen zerklüftet werden. Das weiß ich nicht als Prophet, sondern weil ich die Wurzel des Übels sehe. Denn einige von den Heiden haben meine mit dem Gesetze übereinstimmende Verkündigung verworfen, indem sie der gesetzlosen und possenhaften Lehre eines feindlichen Menschen (Paulus) folgten." Diese Worte werden dem zweiten Hauptapostel, Simon Kephas (Petrus) in den Mund gelegt.[1] — Doch die Judenchristen nannten nicht bloß Paulus' Verkündigungen und Belehrungen, auf die er sich so viel zugute tat, gesetzwidrig und possenhaft, sondern gaben ihm auch einen Spitznamen, der ihn und seinen ganzen Anhang brandmarken sollte. Simon Magus nannten sie ihn, einen halbjüdischen (samaritischen) Zauberer, welcher alle Welt mit seinen Worten bezaubert habe. Er sei zwar auch getauft gewesen, habe aber das Apostelamt nicht von Jesu Nachfolgern durch den heiligen Geist empfangen, sondern habe es sich durch Geldspenden (für die ebionitische Gemeinde) erkaufen wollen. Es sei ihm aber nicht nur rundweg abgeschlagen worden, sondern Simon Petrus habe die Verdammnis über ihn ausgesprochen; denn sein Herz sei voll Tücke gewesen, voll bitterer Galle und Ungerechtigkeit. „Wie kann Jesus dem Heidenapostel erschienen sein," so sagten die Judenchristen einander und sagten es auch den Gläubigen, „da er doch das seiner Lehre Entgegengesetzte verkündete?"[2] Die von Paulus ausgegangene Befreiung vom jüdischen Gesetze bezeichneten die Gegner als Zügellosigkeit, als die

---

[1] Clementis homiliae, ed. Dressel. Anfang.

[2] Eines der geistvollsten und zugleich treffendsten Aperçus der Tübinger Schule und namentlich ihres Begründers C. F. Bauer, daß Simon Magus, das Haupt der Häretiker, lediglich eine tendenziöse Fiktion und ein Typus für Paulus ist. Diese Auffassung bestätigt sich von allen Seiten. Die einzige Schwierigkeit, welche noch im Wege stand, daß nämlich Simon Magus sich

Lehre Bileams, die dazu verführe, Götzenopfer zu genießen
und Unzucht zu treiben. Die Stimmführer der Heidenchristen blieben
die Antwort nicht schuldig, vergalten ihnen mit gleichem Hasse und
vielleicht mit noch viel größerem, da zur Gegensätzlichkeit des
religiösen Bekenntnisses noch der Haß der Griechen und Römer gegen
die Juden, wenn auch Anhänger Jesu, hinzukam. In den größeren
christlichen Gemeinden spalteten sie sich öfter in einzelne Gruppen und
sperrten sich gegen einander ab. Der eine sprach: „Ich bin ein Christ
nach Paulus Lehre;" der andere: „Ich nach Apollos Bekenntnis (eines
alexandrinisch-jüdischen Sendboten), der dritte: „Ich bin Kephisch"
(Petrinisch), ein vierter: „ich bin Chrestisch".[1]) In den Sendschreiben,
welche die Vorsteher der verschiedenen christlichen Parteien an die
Gemeinden zu richten pflegten, brachten sie gewöhnlich spitzige oder
verdammende Äußerungen gegen die Widersacher ihres allein für
wahr gehaltenen Bekenntnisses an; es waren meistens Streitschriften.
Selbst der Erzählung von Jesu Geburt, Wirken, Leiden, Tod und
Auferstehung, die in dem ersten Viertel des zweiten Jahrhunderts
unter dem Namen Evangelien zuerst niedergeschrieben wurden,
gaben die zwei Parteien die Färbung und den Ton ihres Bekenntnisses, und legten dem Stifter des Christentums Lehren und Sentenzen in den Mund, wie sie ihrer eigenen Ansicht entsprachen. Sie
lauteten günstig für das Gesetz des Judentums und für die Juden,
wenn sie von seiten der Ebioniten, feindlich und gehässig gegen
beide, wenn sie von seiten der paulinischen oder Heidenchristen
ausgingen. Die Evangelien waren ebenfalls Parteischriften.

Die Spaltung zwischen Ebioniten und Heidenchristen beschränkte
sich aber keineswegs auf Streitigkeiten über Glaubensmeinungen und
Dogmen, ob Jesus ein hehrer Messias oder Gottes Sohn gewesen,
ob das Gesetz des Judentums aufgehoben sei oder noch Gültigkeit habe,
sondern hatte auch einen politischen Hintergrund. Die Judenchristen
haßten Rom, die Römer, die Kaiser und ihre feilen Beamten nicht

---

durch Geld das Apostelamt oder den heiligen Geist habe erschleichen wollen,
hat Volkmar äußerst glücklich gelöst, vergl. Bauer und Zeller, theolog. Jahrbücher 1857. S. 297 ff.

[1]) I. Korintherbrief 1, 12 ff., 3, 4 u. 22. Ich glaube, daß man alle
Schwierigkeiten, welche gegen die erste Stelle aufgeworfen wurden, heben kann,
wenn man statt ἐγὼ δὲ Χριστοῦ läse Χρῆστου = Chrestus als Eigenname
eines Sendboten oder Lehrer gleich Apollos, vergl. Sueton, Claudius, c. 35:
Judaeos, impulsore Chresto .. tumultuantes Roma expulit. In dem Vers 3, 22
des Korintherbriefes, wo Gegensätze entgegengestellt werden: Sei es Paulus, sei
es Apollos, sei es Kephas, εἴτε κόσμος, εἴτε ζωή, εἴτε θάνατος, steht κόσμος vereinzelt. Sollte man nicht dafür auch lesen εἴτε Χριστὸς oder richtiger Χρῆστος?
So scheint mir der Parallelismus richtig gegliedert.

weniger als die Juden. Einer ihrer Propheten, der die erste christliche Offenbarung verfaßt hat (angeblich Johannes, eine Nachbildung der Danielschen Visionen) atmete glühenden Ingrimm gegen die Siebenhügelstadt, die große Hure Babylon... „Ich sah das Weib (mit welcher gebuhlt haben die Könige auf Erden) sitzen auf einem hellen Tiere, voll von Namen der Gotteslästerung, mit sieben Köpfen und zehn Hörnern. Es hatte einen Becher in der Hand voll Gräuels und Unreinheit seiner Buhlerei, und auf ihrer Stirn geschrieben Geheimnis. Das große Babylon, die Mutter der Unzüchtigkeit und Gräuel. Ich sah das Weib trunken vom Blute der Heiligen und vom Blute der Blutzeugen Jesu." Alles Unheil der Welt, alle grausige Verwüstung und Plage, alle Schmach und Demütigung verkündet und wünscht diese erste christliche „Offenbarung" dem sündhaften Rom,[1]) ohne zu ahnen, daß es einst die Welthauptstadt der Christenheit werden sollte. Dagegen empfahl das paulinische Christentum nicht nur die Unterwerfung unter die römische Macht, sondern erklärte sie noch dazu als von Gott eingesetzt. „Jede Person soll sich den herrschenden Gewalten unterwerfen; denn es gibt keine Macht, die nicht von Gott wäre; sie ist von Gott angeordnet. Wer also der (römischen) Gewalt widersteht, der widersetzt sich Gottes Ordnung".[2]) Diese christliche Partei ermahnte fortwährend ohne jenes Bedauern, das die von Freiheitsgefühl beseelten Stammjuden erfüllte, Zoll, Abgabe und Steuer an die Römer zu liefern.[3]) Dieses Zugeständnis an die bestehende Staatsmacht, dieses Liebäugeln mit dem sündhaften Rom, welches das Judenchristentum in der Hölle Pfuhl verwünschte, war ein Grund mehr, die Christen verschiedenen Bekenntnisses voneinander abzustoßen. Es gab eigentlich nur wenige Punkte, in denen sie einig waren.

Allein wie sehr auch die von Paulus mit seinen Gesinnungsgenossen gegründete Gemeinde das Gesetz, als eine Knechtschaft des Geistes gründlich verachtete und verwarf und sich den Eingebungen einer durch den Glauben an Jesu Auferstehung und Göttlichkeit gekräftigten Gesinnung, als einer neuen Religion der Freiheit, überließ, die gewissenhaften Gemeindeführer mußten doch bald darauf

---

[1]) Ich kann mich mit der Annahme, die auch die koptische Schule adoptiert, daß die Apokalypse vor der Tempelzerstörung verfaßt worden sei, etwa während der Regierung des ephemeren Kaisers Vitellius um 68, nicht befreunden, wenn auch die Zahl der Oberhäupter oder Kaiser, 17, 9 fg. dafür zu sprechen scheint. Jene Annahme setzt die Zerstörung voraus, da ein neues Jerusalem vom Himmel herab fahren soll, und hat auch eine anhaltendere Christenverfolgung zum Hintergrunde, als die unter Nero war.

[2]) Römerbrief 13, Anf.

[3]) Das. 13, 6, 7.

kommen, daß ohne bindende Regel das religiöse, sittliche und gesellschaftliche Verhalten der Gemeindeglieder schrankenloser Willkür anheim gegeben sei. Wenn jeder selbst über sein Tun und Lassen Richter sein soll, wenn er bloß von einem Fürwahrhalten einer vergangenen Tatsache geleitet, entscheiden soll, was ihm erlaubt sei, dann ist dem individuellen Meinen, der Leidenschaft und Laune Tür und Tor geöffnet und der Zügellosigkeit Vorschub geleistet. So manche unter den Heidenchristen überließen sich daher in der nachapostolischen Zeit mit Berufung auf die evangelische Freiheit und Entbundenheit vom Gesetze groben Lastern und Ausschweifungen der Unzucht, vor denen die Stimmführer warnen mußten,[1]) aber weil sie die Schranke des Gesetzes niedergerissen hatten, konnten sie keinen rechten Anhaltepunkt angeben und mußten sich mit der nichtssagenden Phrase behelfen: „Alles ist mir gestattet, aber nicht alles frommt mir." Aber auch religiöse Fragen, die mit dem Judentume im Zusammenhange standen, traten an die heidenchristlichen Lehrer heran und setzten sie in Verlegenheit. Wenn alles zu genießen erlaubt ist, darf dann ein Christ auch Götzen opfern, und darf Wein, welcher für die falschen Heidengötter ausgegossen worden, gebraucht werden?[2]) Das war den in der Gotteinheitslehre erzogenen Judenchristen ein besonderer Gräuel und daher durften sich die Heidenchristen nicht ohne weiteres darüber hinwegsetzen. Selbst der jüdischen Sitte, daß die Frau nicht entblößten Hauptes und öffentlich, wie z. B. im Bethause, erscheinen soll, mußten sie Zugeständnisse machen.[3]) So sehr sie sich auch gegen das Judentum abschließen wollten, so fand doch mancher jüdische Gebrauch Eingang bei ihnen. Ihre Gemeindeeinrichtung und ihr öffentlicher Kultus hatte einen jüdischen Zuschnitt; sie kannten keine andere Form. An der Spitze des Gottesdienstes und der Gemeinde stand der E p i s k o p u s (Aufseher, Bischof), welcher dem jüdischen C h a s a n (ha kneset) nachgebildet war. Neben und mit ihm fungierten solche Gemeindeglieder, die durch ein größeres Maß von biblischer Kenntnis oder durch eine andere Fähigkeit in Ansehen standen; sie wurden P r e s b y t e r e (Priester) genannt und entsprachen den S e k e n i m (Ältesten) der jüdischen Gemeindeverfassung. Sie erhielten wie diese ihre Funktion und ihre Weihe durch Händeauflegen, nur daß innerhalb des Christentums dabei an ein Überleiten des heiligen Geistes, der von Jesus auf die Apostel und ihre Jünger übergegangen sei, gedacht wurde. Die Presbytere hatten wohl zugleich das Lehr- und Richteramt in der Gemeinde.

---

[1]) Römerbrief, 5, 1, fg., 7, Anf. 1. Thimotheus 3, 6.
[2]) Daſ., c. 10.
[3]) Daſ. 11, 5, 13 fg.

Die zeremoniellen Weihen, wie die Taufe und das Abendmahl, die charakteristischen Zeremonien des christlichen Lebens, hatten ebenso einen jüdischen Ursprung. Das Abendmahl war weiter nichts als eine Erinnerung an die Feier am ersten Abend des Passahfestes, die nach der Tempelzerstörung bloß im Genuß des ungesäuerten Brotes und des Weines bestand; daher fehlte in dem Abendmahle der Genuß vom Opferlamme. Um jedoch von dieser Zeremonie den jüdischen Charakter zu verwischen, gab man ihr eine Beziehung auf Christus, als wenn das Brot seinen Leib und der Wein sein Blut bedeutete.[1]

Gegen die paulinische Theorie der Heidenchristen, gegen die Gesetzesverächter, herrschte unter den Juden eine so tiefe Abneigung, daß es in vielen Gemeinden Kleinasiens und Griechenlands zu Reibungen kam. In den Städten Antiochien (der Hauptstadt Pisidiens), Iconium, Thessalonica und Korinth wurden sie von jüdischen Einwohnern beschimpft, gesteinigt und verwiesen. Zwischen Judenchristen und Juden hingegen bestand ein leidliches Verhältnis; es lag nichts in dem ebionitischen Bekenntnisse, was gegen das jüdische Bewußtsein verstieß und es verletzte. Höchstens hätten die Wunderkuren und die Austreibungen der Dämonen aus besessenen Personen, die Ebioniten wie hellenische Christen im Namen Jesu ausübten, bei den Juden Anstoß erregen können! Denn eben diese Macht über die bösen Geister wollten die Christen beider Parteien von Jesus vermittelst der Apostel erhalten haben, und es gehörte mehrere Jahrhunderte hindurch mit zu den Hauptfunktionen der christlichen Lehrer, Teufel zu bannen, böse Krankheiten zu beschwören (exorzieren) und überhaupt Wunder zu tun.[2] Allein durch das bloße Nennen des Namens Jesu bei wundertätigen Übungen legten die Judenchristen ihm noch keine Göttlichkeit bei, da ja auch manche Juden vermittelst Salomos Namen Gewalt über die bösen Geister zu haben glaubten.[3] Weil eben die Ebioniten sich von den Juden im religiösen Leben durch nichts unterschieden, verkehrten Tannaiten und ebionitische Lehrer ohne Scheu miteinander. Es ist bereits erwähnt, daß der strenge R. Elieser, der den Heiden allesamt den Anteil am ewigen Leben absprach, mit einem Judenchristen Jacobus Unterredungen hatte und Auslegungen, im Namen Jesu mitgeteilt, harmlos anhörte. Als ben Dama, ein Schwestersohn R. Ismaels, einst von einer Schlange gebissen wurde, war er im Begriffe, sich von demselben Jacobus durch eine Besprechungsformel im Namen Jesu heilen zu lassen.[4]

---

[1]) Siehe Note 10.
[2]) I. Korintherbrief 12, 8 fg. Origines, contra Celsum, I, 6.
[3]) Josephus, Altertümer VIII, 7.
[4]) Jerus. Aboda Sara II, 40 d und Parallelstellen.

Der Übergang von der jüdischen Gemeinschaft zur christlichen war kein auffallender, anstößiger Schritt; es mochten wohl einige Glieder jüdischer Familien dem judenchristlichen Bekenntnisse angehangen haben, ohne dadurch ein Ärgernis zu geben und den Hausfrieden zu stören. Von Chananiah, einem Neffen R. Josuas, wird erzählt, er habe sich der Christengemeinde zu Kapernaum angeschlossen, sein Onkel jedoch, der diesen Schritt gemißbilligt, habe ihn mit Gewalt diesem Umgange entzogen und ihn nach Babylonien gesandt, um ihn dem christlichen Einflusse zu entrücken.[1)]

Dieses Einvernehmen zwischen Juden und den jüdischen Anhängern Jesu dauerte jedoch nicht lange. Es liegt in der Natur des Menschen, den Gegenstand seiner Verehrung immer mehr zu idealisieren, und die Begeisterung für ihn nimmt in dem Maße zu, je mehr dessen wahres Wesen dem Gesichtskreise entrückt ist. Im Verlaufe der Zeit erscheinen dem begeisterungstrunkenen Herzen die Fehler als wesentliche Vorzüge, die störenden Male erglänzen in der täuschenden Ferne als ebenso viele Lichtpunkte. Je mehr die jüdischen Anhänger das unbegreifliche Leben ihres Messias ergründen wollten, desto mehr vertieften sie sich in die Propheten, um sich von da aus Aufschluß über das Befremdende seiner Erscheinung zu holen, und glaubten darin Beziehungen und Winke zu finden. Zuletzt mußte alles so geschehen sein, damit dieser und jener Ausspruch der Propheten vom Messias erfüllt werde. — Die Judenchristen blieben daher auch nicht bei der einfachen Anerkennung Jesu als Messias stehen, sondern neigten sich allmählich, ohne es zu wissen, dem Bekenntnisse der Heidenchristen zu, indem sie ihm göttliche Eigenschaften und Wunderkräfte beilegten.

Der Untergang des Tempels war auch für die Entwicklung des Christentums ein Wendepunkt. Das Aufhören der Opfer erweckte in ihnen den Gedanken, es habe das jüdische Gesetz einen empfindlichen Stoß erlitten; es habe, sobald einige Teile des Gesetzes nicht mehr ausführbar wären, das Ganze seine Bedeutung verloren. Allmählich bildete sich die Sage aus, Jesus habe den Untergang des Tempels vorher verkündet und daß nicht ein Stein auf dem andern bleiben, daß aber auch durch ihn ein neuer Tempel erbaut werden würde. Daran knüpfte sich das Dogma von der sühnenden Kraft des Messias und seinem Hohenpriesteramte, daß er also auch die sündentilgenden Institutionen, wie den Versöhnungstag, überflüssig gemacht hätte. Überhaupt übertrug man auf Jesus alle diejenigen Herrlichkeiten, die durch den Untergang des Staates verloren gegangen waren. Man legte ihm also die drei höchsten Würden,

---

[1)] Midrasch Kohelet edit. Frankf. 85 b.

das Königs-, Priester- und Prophetenamt, bei. Je mehr die judenchristliche Anschauung die Persönlichkeit Jesu durch solche Übertragung idealisierte, desto mehr entfernte sie sich vom Judentume, mit dem sie noch immer eins zu sein glaubte. Es entstanden gemischte Sekten aus Ebioniten und Hellenen, und man kann einen abwärts führenden Stufengang bemerken, von den gesetzesstrengen Ebioniten bis zu den gesetzesverhöhnenden Antitakten. Den Ebioniten zunächst standen die Nazaräer. Die Verbindlichkeit des ganzen jüdischen Gesetzes ließen auch sie wie jene unangetastet, aber sie erklärten sich doch schon die Geburt Jesu auf übernatürliche Weise durch die Jungfrau und den heiligen Geist, und legten ihm überhaupt göttliche Attribute bei.[1]) Andere Judenchristen gingen noch über die Nazaräer hinaus und gaben das Gesetz teilweise oder ganz auf. Man nennt als solche die **Meristen** (von dem griechischen Worte μέρος, Teil), die ihren Namen wohl von dem Umstande hatten, daß sie nur einzelne **Teile** des Gesetzes beobachteten; ferner die **Masbotäer** (vom Worte Sabbat), die nur noch den jüdischen Sabbat streng feierten, freilich dabei auch den Sonntag, als Herrentag. Endlich gab es eine Sekte **Genisten** (von γένος, Geschlecht), die nur noch der Abstammung nach Juden waren.[2])

Nach solchen Vorgängen war ein völliger Bruch zwischen Juden und Judenchristen unvermeidlich; es mußte endlich ein Zeitpunkt eintreten, in welchem die letztern selbst fühlten, daß sie nicht mehr zur jüdischen Gemeinschaft gehörten und daher sich ganz von ihr lossagten. Der Scheidebrief, den das Judenchristentum der Muttergemeinde zuschickte, ist noch vorhanden; er fordert die jüdischen Anhänger Jesu auf, sich von den Stammgenossen völlig loszulösen. In der agadischen Weise jener Zeit setzt der „Brief an die Hebräer" auseinander, daß der gekreuzigte Messias zugleich sühnendes Opfer und versöhnender Priester gewesen. Er beweist aus dem Gesetze, daß diejenigen Opfer als die heiligsten gelten, von deren Blut im Allerheiligsten gesprengt und deren Leib außerhalb des Lagers (Tempels) verbrannt wurde. „Daher", so fährt der judenchristliche Ermahner fort, „litt auch Jesus den Tod außerhalb der Tore (Jerusalems), damit das Volk durch sein Blut gesühnt werde. So laßt uns denn zu ihm hinausziehen außerhalb des Lagers (der jüdischen Gemeinschaft) und seine Schmach tragen; denn wir haben hier nicht die bleibende Stadt (Jerusalem als Symbol der jüdischen Gesamtheit), sondern wir suchen die zukünftige Stadt."[3]) War

---

[1]) Origines, contra Celsum V, 61.
[2]) Siehe Note 11.
[3]) Hebräerbrief 13, 11 ff.

einmal der erste Schritt einer entschiedenen Trennung der Nazaräer und der verwandten Sekten von der jüdischen Gemeinschaft erfolgt, so stellte sich auch bei ihnen ein leidenschaftlicher Haß gegen Juden und Judentum ein. Gleich den Heidenchristen schmähten und lästerten die Nazaräer die Juden und ihr Wesen, und da das schriftliche Gesetz auch für sie Heiligkeit hatte, so richteten sie ihre Pfeile gegen das Halachastudium der Tannaiten, den Lebenspunkt des Judentums in diesem Zeitalter. Man war in judenchristlichen Kreisen wie in jüdischen gewöhnt, alle Verhältnisse der Gegenwart aus dem Gesichtspunkte der heiligen Schrift anzuschauen und für sie Belege und Andeutungen aus dem Prophetenworte herbeizuziehen; es war dies die eindringlichste Art, gewisse Stimmungen zu erwecken und Überzeugungen beizubringen. Die Nazaräer wendeten daher auf die Tannaiten, die bei ihnen D e u t e r o t e n hießen, ganz besonders auf die zwei Schulen Hillels und Schammaïs, einen rügenden, drohenden Vers des Propheten Jesaias an (8, 14.): „Es wird sein zum Stein des Anstoßes und zum Sturze für die zwei Häuser Israels." „Unter den zwei Häusern meint der Prophet die zwei Lehrsekten Schammaï und Hillel, aus denen die Schriftgelehrten und Pharisäer entstanden sind, deren Nachfolger Akiba, Jochanan, der Sohn Sakkaïs, dann Elieser und Delphon (Tarphon) und dann wieder Joseph der Galiläer und Josua waren. Dieses sind die zwei Häuser, welche den Heiland nicht anerkennen, und dies wird ihnen zum Sturz und zum Anstoß gereichen." Auch einen andern Vers desselben Propheten, welcher lautet: „Sie verspotten die Menschen durch das Wort" (Jesaias 29. 21.), deuteten die Nazaräer auf die Mischna=Lehrer, „die durch ihre schlechten Traditionen das Volk verhöhnten."[1]) Sie legten Jesus Schmähungen gegen die Gesetzeslehrer in den Mund, welche vielleicht auf den einen oder den andern paßten, aber auf den ganzen Stand angewendet, gewiß eine Verleumdung waren. Sie lassen ihn sprechen: „Auf Moses Stühlen (Synhedrion) sitzen die Schriftgelehrten und Pharisäer. Alles was sie euch sagen, daß ihr befolgen sollet, befolget und tuet, aber ihre Werke tuet nicht; denn sie sprechen und handeln nicht (danach) . . . Alle ihre Werke tun sie, um von den Leuten gesehen zu werden. Sie machen sich breite Denkzeichen (Tefillin, φυλακτήρια) und große Saumquasten (Zizit, κράσπεδα) an ihren Gewändern. Sie lieben das Obenanliegen bei den Mahlen, das Obenansitzen in den Synagogen, gegrüßt zu werden auf den Plätzen und von den Menschen R a b b i , Rabbi genannt zu werden . . . Wehe euch, ihr heuchlerischen Schriftgelehrten und Pharisäer, daß ihr die Häuser der

---

[1]) Siehe Note 11.

Witwen verzehret unter dem Vorwand, daß ihr lange betet; darum werdet ihr ein Strafgericht empfangen . . . Wehe euch . . . daß ihr verzehntet die Gartenminze, den Dill und den Kümmel[1]) und lasset das Schwerere[2]) des Gesetzes fahren, das Recht, die Barmherzigkeit und die Treue. Das eine muß man tun, aber das andere nicht lassen. Ihr verblendeten Seelen, die ihr Mücken seihet und Kamele verschlucket . . . die ihr von außen die Becher und Schüsseln reinigt und inwendig sind sie voll Raub und Verdorbenheit."

So feindeten die Judenchristen die Führer des gesetzlichen Judentums und damit auch dieses selbst an, für dessen Bestand sie doch anfänglich einstehen wollten, und arbeiteten, ohne es zu wollen, den Hellenen in die Hände. Die paulinische Lehre gewann daher immer mehr Boden und konnte sich nach und nach als das wahre und einzige Christentum, als das katholische (umfassende, allgemeine), behaupten. Es war daher natürlich, daß alle diese Sekten, Ebioniten, Nazaräer, Masbotäer nach und nach teils in der immermehr wachsenden Gemeinschaft der Heidenchristen untergingen, teils in geringer Zahl und in verkümmerter Gestalt zurückblieben, ein Gegenstand der Verachtung für Juden und Christen. Die Juden haßten sie auch ihrerseits unter dem Namen Minäer (Minim), worunter sie alle Sekten verstanden, welche, dem Judentume entsprossen, es ganz oder teilweise verleugneten. Die Christen betrachteten sie nicht als die Urgemeinde, aus welcher sie selbst mit Abstreifung des Judentümlichen hervorgegangen waren, sondern als später entstandene Sektierer.[3]) Eine eigentümliche Erscheinung bot sich in diesem Meinungskampfe dar, daß die Hellenen in dem Maße sich dem Gesetze näherten, wie die Judenchristen sich von ihm entfernten. In den Sendschreiben und Briefen, die die christlichen Lehrer an die Gemeinden oder an einzelne Vertreter richteten, können sie nicht genug vor den Bestrebungen derer warnen, welche dem Gesetze und der jüdischen Lehre Eingang zu verschaffen bemüht sind.

Indessen entwickelten sich aus dem Christentume eine Menge Sekten von der absonderlichsten Benennung und der wunderlichsten

---

[1]) Matthäusevangelium, c. 23. Das Markusevangelium hat diese lange Schmährede nicht, was eben zum Beweise dient, daß es ein Zusatz aus der nachapostolischen Zeit ist. Das angeführte Verzehnten bedeutet den Zehnten von Kräutern = ירק מעשר, das lediglich als rabbinisch gilt. Bemerkenswert ist der Schluß: Man müsse das wohl tun, was eben einen judenchristlichen Verfasser verrät, der solches Verzehnten auch für wichtig hielt.

[2]) Βαρύτερα τοῦ νόμου = gleich חומרא, חומר, im Gegensatz zu קל, das Wichtigere τὴν κρίσιν in demselben Satze bedeutet דין, neuhebräisch das Recht.

[3]) Siehe Note 11.

Richtung. In dem halben Jahrhundert nach der Tempelzerstörung, in welchem die beiden Religionsformen der alten Welt, das Judentum und Heidentum, eine Verwandlung und teilweise Verschmelzung erlitten: das Judentum sich ohne Staat und politischen Stützpunkt zu befestigen, das Heidentum sich in der Vollkraft seiner staatlichen Existenz zu lockern begann, entstand eine Gärung in den Geistern der Menschen, welche die seltsamsten und abenteuerlichsten Geburten zutage förderte. Zu den zwei Elementen, die dem Judentume und dem Heidentume entlehnt waren, gesellten sich noch andere aus dem jüdisch-alexandrinischen Systeme Philos, aus der griechischen Philosophie, überhaupt aus allen Winkeln und Enden, — Elemente, deren Ursprung und Quellen kaum bestimmt werden können. Es war ein Gewirre von entgegengesetzten Gedankenbegriffen und Lehren, Jüdisches und Heidnisches, Altes und Neues, Wahres und Falsches, Erhabenes und Niedriges in innigster Durchdringung und Verschmelzung. Es schien, als ob bei dem Eintritt des Christentums in die Welt alle ausgeprägten Lehren des Altertums ihm etwas von ihrem Inhalte mitgeben wollten, um dadurch Wichtigkeit und Fortdauer zu erhalten. Die Paarung von unnatürlichen Elementen brachte Mißgestalten und Zerrbilder hervor, ähnlich dem Traum eines Wahnwitzigen, sie läßt aber auch den Drang der Zeit nicht verkennen, das Streben, die ewigen Rätsel zu lösen, die der Menschengeist immer von neuem aufwirft, ohne eine befriedigende Antwort zu erhalten. Die alte Frage, woher denn das Übel in der Welt seinen Ursprung habe, und wie es sich mit dem Begriffe von einer gütigen und gerechten Vorsehung vereinigen lasse, beschäftigte die Gemüter derjenigen auf das lebhafteste, die durch die christlichen Sendboten Bekanntschaft mit der jüdischen Gedankenwelt gemacht hatten. Nur durch ein neues Gottesbewußtsein glaubte man die Frage lösen zu können, und man stellte sich ein solches aus den verschiedensten Religionssystemen zusammen. Die höhere Erkenntnis von Gott, seinem Verhältnis zur Welt und dem religiösen und sittlichen Leben nannte man Gnosis, und diejenigen, die in ihrem Besitz zu sein glaubten, legten sich selbst den Namen Gnostiker[1] bei, und verstanden darunter höher begabte Naturen, welche — der Gottheit näher stehend — in das Geheimnis der Weltordnung eingedrungen seien. Die Gnostiker oder richtiger Theosophen, zwischen Judentum, Christentum und Heidentum

---

[1] Monographien und Abhandlungen über die Gnosis sind Legion. Hauptquellenschriften sind Irenäus in Haereses, dann die neuaufgefundenen und von Emanuel Müller 1851 herausgegebene Schrift: Ὠριγένους φιλοσοφούμενα, welche Bunsen dem Hippolytus zuschrieb, ferner Epiphanius' Haereses und Schriften anderer Kirchenväter.

schwebend, wie sie aus diesen drei Kreisen Vorstellungen und Gedankenformungen aufnahmen, gingen auch aus den Anhängern der drei Religionen hervor. Von ihrem Lehrbegriffe sind bisher nur unzusammenhängende Bruchstücke, einzelne Fäden aus einem fremdartigen Gewebe, bekannt geworden, welche lediglich durch die Schriften ihrer christlich-jüdischen Gegner erhalten sind. So mächtig muß aber der Reiz der gnostischen Lehren gewesen sein, daß die Autoritäten der Synagoge und Kirche nicht genug Gesetze und Verordnungen gegen sie erlassen konnten und dessenungeachtet nicht zu verhindern imstande waren, daß hin und wieder gnostische Lehren und Formeln in das Bewußtsein der Juden und Christen Eingang finden. Verbreitet war die Gnosis in Judäa, Ägypten, Syrien, Kleinasien und ganz besonders in der Weltstadt Rom, wo alle Religionsmeinungen und Anschauungsweisen auf Anhänger zählen durften. Die Sprache der Gnostiker war mystisch-allegorischer Art, oft aus jüdischen und christlichen Bekenntnißschriften entlehnt, aber in einem ganz andern Sinne ausgelegt. Von den Urhebern und Trägern des gnostischen Lehrsystems sind nur wenige Namen, einige abgerissene Aussprüche und zu dürftige lebensgeschichtliche Nachrichten bekannt, als daß sie einen tiefern Einblick in dieses sonderbare Gedankengewebe gestatten könnten. Die berühmtesten Namen der Gnostiker waren Saturnin, Basilides und Valentinus, wohl Juden der Abstammung nach; ferner des letztern Schüler Markos und Bardesanes, ersterer ein Jude, letzterer ein Christ aus der Euphratgegend; dann Kerinth, Kerdon mit seinem sophistischen Schüler Marcion, endlich Karpokrates, der fleischliche Kommunist und Tatian, der Urheber strenger Enthaltsamkeit, der Vorläufer der Mönche.

Fast jeder der hier genannten und viele ungenannte Gnostiker hatten eine eigene Richtung, eine originelle Seite, welche nach dem Namen ihres Urhebers benannt wurde. Man hört daher aus jener Zeit eine so unzählige Menge von Sektennamen erklingen, daß man sich beinahe wundert, wo sie denn alle ihre Anhänger hergenommen haben. Die geläufigsten Namen waren Basilidianer, Valentinianer, Karpokratianer, Marcioniten; andere leiteten ihre Benennung von dem Inhalte einer Hauptrichtung ab, wie die Balamiten, Nicolaiten und Enkratiten, deren Bedeutung weiter unten entwickelt werden soll. Einige gnostische Sekten veranschaulichen die ganze Wunderlichkeit und Seltsamkeit dieser Zeitrichtung. Eine Sekte nannte sich z. B. Kainiten, aus keinem andern Grunde, als weil deren Anhänger den Brudermörder Kain, der biblischen Erzählung zum Trotz, höher achteten als Abel. Auch die entarteten Sodomiter, den wilden Esau, den ehrgeizigen Aufwiegler Korah brachten die Kainiten zu Ehren und behaupteten, Kain und seine Ebenbilder seien aus einer höhern, mächtigern Kraft entsprungen, als Abel und andere Lieblinge der Bibel. Es ist überhaupt den Sektierern eigen — und wiederholte sich zu verschiedenen Zeiten — gerade diejenigen geschichtlichen Figuren in Schutz zu nehmen, die bei ihren Gegnern mißliebig und verrufen sind, und wiederum gegen diejenigen eine feindliche Stimmung zu hegen, die andern als Vorbilder dienten. — Von demselben Widerspruchsgeiste gegen die Darstellung der Bibel waren auch die **Ophiten** oder **Naasiten**[1]) beseelt, nur daß sie für ihr Verhalten einen bessern Grund anzugeben wußten. Sie hatten ihren Namen von dem griechischen Worte Ophis und dem hebräischen Nachasch (Naas, Schlange) und sollen diesem Tiere eine hohe Verehrung zugewendet haben, weil die Schlange in der Bibel als Urheberin der ersten Sünde gilt und in der Anschauung jener Zeit als das Urbild des Übels, als die Hülle des Satans angesehen wurde. Die Ophiten wußten es der Schlange Dank, daß sie das erste Menschenpaar zum Ungehorsam gegen Gott verleitet hatte, weil dadurch die Erkenntnis des Guten und Bösen, das Bewußtsein überhaupt, geweckt wurde. Die Schlange spielt in diesem Systeme eine sehr wichtige Rolle; selbst Christus wurde in demselben als die Wiedererscheinung der Urschlange dargestellt. Die Schlange, welche Moses in der Wüste aus Erz aufrichten ließ, zogen die Ophiten gleicherweise in ihr System hinein.

Allein so verschieden und einander widersprechend die Richtungen der gnostischen Sekten waren, so hatten sie doch einige gemeinschaftliche Lehren, in welchen sie alle zusammentrafen. Die gnostischen Grundgedanken betrafen das eigentümliche Gottesbewußtsein, das die Gnostiker im Widerspruche mit dem Gottesbegriffe des Judentums entwickelten. Diese höchst wunderliche Lehre darf in der jüdischen Geschichte um so weniger übergangen werden, als sie auch auf das Judentum von einigem Einflusse war. Die Gnostiker dachten sich das göttliche Wesen in zwei einander untergeordnete Prinzipien geteilt, in einen höchsten Gott und einen Weltschöpfer. Den höchsten Gott nannten sie das **Schweigen** oder die **Ruhe** und ließen ihn in höchster Höhe ohne die geringste Beziehung zur Welt thronen. Sein Grundwesen ist Güte, Liebe, Gnade. Aus ihm gehen Ausstrahlungen aus, welche einen Teil seines Wesens zur Offenbarung bringen; solche Ausstrahlungen nannten sie Äonen (Welten), auch **Himmel** und **Engel**. Über die Zahl der Äonen herrschte unter ihnen Verschiedenheit,

---

[1]) Von נחש, Schlange abgeleitet.

doch zählten die meisten Geist, Einsicht, Weisheit, Liebe, Wahrheit, Frieden und Macht als Äonen auf. Es ist kaum mehr zu ermitteln, ob sich die Gnostiker die Äonen als selbständige Wesen oder lediglich als wesentliche Eigenschaften des höchsten Gottes gedacht haben. Unter das höchste Wesen setzten sie den Weltschöpfer (Demiurg), den sie auch Herrscher nannten; einige betrachteten ihn als bloßen Äon. Ihm teilten sie das Geschäft der Weltschöpfung zu, er leitet die Ordnung der Welt; er hat das Volk Israel erlöst und ihm Gesetze gegeben. Wie dem höchsten Gotte die Liebe und Gnade eigen ist, die mit Freiheit schalten, so besteht das Grundwesen des Weltschöpfers in Gerechtigkeit und Strenge, die er durch Gesetze und Gebundenheit überhaupt geltend macht. Wie für alles, so hatte man auch für dieses Verhältnis des gerechten Gottes zum Gotte der Güte einen Prophetenvers gefunden. Man wendet darauf den Vers (Jesaias 7. 6) an: „Wir wollen gen Juda hinaufziehen und einen andern König einsetzen, den Sohn des guten Gottes (Tobel)".[1]) Sie lassen den Schöpfer die Welt aus einem von Ewigkeit her vorhandenen Urstoffe vermittelst der Weisheit (Achamot) in der Weise erschaffen, daß sich die Weisheit, wie ihre allegorische Redeweise es ausdrückt, in den Schoß des Urstoffes versenkte, eine Mannigfaltigkeit der Formen hervorbrachte, aber auch dadurch selbst getrübt und verdunkelt wurde. Nach dieser Voraussetzung nahmen die Gnostiker drei Urwesen an: den höchsten Gott, den Weltschöpfer und den Urstoff und leiteten von diesen die verschiedenen Verhältnisse und Abstufungen in der Geister- und Körperwelt ab. Alles Gute und Edle sei ein Ausfluß des höchsten Gottes, das Gesetz und die Gerechtigkeit stamme vom Weltschöpfer ab, endlich alles Mangelhafte, Schlechte, Verkrüppelte in der Welt sei eine Wirkung des beschränkenden, niederdrückenden Urstoffes.

Nach dieser gnostischen Einteilung der drei Weltmächte gibt es auch unter den Menschen drei Klassen oder Kasten, die im Dienste eines dieser drei Prinzipien stehen. Es gibt geistige Menschen (Pneumatiker), die von dem höchsten Gott begeistert sind und für ihn streben, frei von dem Joche des Gesetzes, entbunden der Fesseln der irdischen Natur; sie sind sich selbst Gesetz und Regel und bedürfen der Leitung und Bevormundung nicht; zu ihnen gehören die Propheten und die Inhaber der wahren Gnosis. Es gibt ferner fleischliche Menschen (Psychiker) im Dienste der gesetzgebenden Demiurgen; sie stehen unter dem Joche des Gesetzes, vermittelst dessen sie sich einigermaßen von der Gewalt des Irdischen freihalten können, ohne jedoch

---

[1]) Hieronymus in Esaiam, 7. 6.

die Höhe der Geistesmenschen erschwingen zu können. Endlich gibt es irdische Menschen (Choiker), die den Tieren gleich in den Banden der Erde und des Stoffes gefesselt sind, sich weder zum freien Schwung der Geistesmenschen erheben, noch sich von den Vorschriften des Gesetzes regieren lassen können. Als Typen dieser drei Menschenklassen galten den Gnostikern die drei Adamssöhne: S e t h war das Urbild der Pneumatiker, A b e l der Typus der Gesetzesmenschen, endlich K a i n das Bild der irdischen Menschen. Auch die drei Religionen pflegten einige Gnostiker nach diesem Schema zu klassifizieren: das Christentum sei ein Erzeugnis des höchsten Gottes, das Judentum das Produkt des Demiurgos, endlich das Heidentum eine Schöpfung des niederen Urstoffes. Dieses ist ungefähr der Hauptinhalt der gnostischen Theorie, so viel durch Mitteilung ihrer Gegner bekannt geworden ist. Wiewohl sie den Ausgang ihrer Lehren aus den jüdischen Schriften nahmen, so richteten die Gnostiker dennoch mit einer leidenschaftlichen Wut feindliche Angriffe gegen das mosaische Gesetz, das sie als Werk des Demiurgos verachten zu müssen glaubten. War ihnen das Gesetz überhaupt ein beschränkter Standpunkt gegen die Freiheit der Gnosis, so erschienen ihnen die Strafgesetze der mosaischen Gesetzgebung mit allen Maßregeln, welche auf ein vernünftiges, sittliches Staatsverhältnis berechnet waren, als die härteste Tyrannei. Die gnostische Schule des Kerdon und Marcion trieb diese Verachtung des jüdischen Gesetzes am weitesten. Sie stellten einander gegenüber die Milde des Christentums und die scheinbare Härte des Judentums aus Beispielen des alten Testaments und den Lehren der Menschenliebe, trotzdem diese durch Jesus nur verbreitet, nicht neu eingeführt worden waren. Diese Sammlung von Parallelen nannte M a r c i o n G e g e n s ä t z e.[1]) Die marcionitische Schule trieb es so arg mit der Verdächtigung des Judentums, daß selbst die orthodoxen Kirchenlehrer eingedenk, daß jenes die Hauptsäule ihres Bekenntnisses bildet, gegen diese Auffassung ernstlich ankämpften. „Meide," so warnt ein Sendschreiben angeblich von Paulus an Thimotheus, „das unheilige Geschwätz und die Gegensätze der falschen Gnosis, die einige verkünden, aber des Glaubens verfehlen".[2]) Es gab eine gnostische Sekte, deren Anhänger sich förmlich darauf verlegten, gerade dasjenige zu tun, was in Moses Gesetz verboten ist; sie nannten sich A n t i t a k t e n (von ἀντιταξις, gegen das Gesetz handeln).[3])

---

[1]) Ἀντιθέσεις oder nach Bunsen (Hippolytus und seine Zeit I, S. 75) Ἀντιπαραθέσεις. Die Gegensätze in der Bergpredigt des Matthäusevangeliums zwischen Gesetz und Evangelium 5, 22 fg. stammen ohne Zweifel aus dieser Quelle.

[2]) Brief an Timotheus I, 6, 20.

[3]) Clemens Alexandrinus, Stromata III, p. 526.

Aus dieser Theorie entwickelte sich eine Praxis, die, wiewohl von
derselben Grundidee ausgehend, in einer ganz entgegengesetzten Richtung verlief. Ein Zweig der Gnostiker, ergriffen von dem Gedanken, daß die höhere Erkenntnis der göttlichen Natur die Haupt-
tugend sei, verachtete jede andere menschliche Tätigkeit und betrachtete
sie als ein Übel, als ein Versinken in den Schlamm der irdischen
Natur, in die Gewalt des Satans. Ganz besonders war diesen das
eheliche Leben ein Stein des Anstoßes, das sie nicht genug an-
feinden konnten. Die Ehe galt ihnen als eine Verdunkelung der
Gnosis; es war eine ihrer Hauptanklagen gegen den Weltschöpfer,
daß er die Menschheit in zwei Geschlechter getrennt und dadurch die
Ehe gleichsam zum Notübel gemacht habe.[1]) Der Fleischspeisen,
überhaupt der tierischen Nahrung, enthielten sie sich, um sich auf der
Höhe des Geistes erhalten zu können. Von dem Gnostiker Bardesanes
erzählt man, er habe sich aller Speisen enthalten und „wie eine
Schlange gefastet." Man nennt diesen Zweig der Gnostiker Asketen,
auch Severianer und Enkratiten (von dem griechischen Worte
ἐγκρατής, enthaltsam). Als Hauptträger dieser Richtung nennt man
Saturnin, Marcion, Tatian und Bardesanes. Das Mönchsleben und
die Ehelosigkeit der christlichen Priester waren die späteren Folgen
dieser Lehre.

Eine entgegengesetzte Richtung, obwohl von denselben Grundgedanken ausgehend, lehrte die bodenloseste Sittenlosigkeit. Daß die
Erkenntnis das Höchste sei, stellt diese Schule ebenfalls auf, folgert
aber daraus, daß alles irdische Treiben gleichgültig, an sich weder
gut, noch schlecht sei. Der sittliche Unterschied von guten und bösen
Handlungen habe für den Gnostiker keinen Sinn, nur Gedanken und
Gesinnungen seien diesem Unterschiede unterworfen. Dieser Grundsatz
findet sich bei den Schöpfern dieser Schule, Karpokrates und seinem
Sohn Epiphanes, deutlich ausgesprochen: „Außer der höheren Erkenntnis," so lehrten sie, „ist alles übrige gleichgültig; nur nach der Meinung
der Menschen ist das eine gut, das andere schlecht, von Natur aber
gibt es nichts Schlechtes".[2]) Einstimmig berichten jüdische und
christliche Quellen, daß die Anhänger dieser Theorie Unkeuschheit,
wilden Geschlechtsumgang, Gemeinschaft der Frauen, sogar blut-
schänderische Umarmungen empfohlen und geübt hätten. Der Schimpf-
name für diese gnostische Schule war Nikolaiten oder Balamiten, von dem Zauberer Balam (hellenisiert Nikolaos), der
den Moabitern geraten, die Israeliten durch Frauenreiz zum Götzendienste zu verlocken. Christlicherseits erzählte man sich von Nikolaus,

---

[1]) Epiphanius, Haereses, Nr. 27.
[2]) Clemens Alexandr, Stromata, p. 512, 514.

dem angeblichen Stifter der Nikolaiten, folgendes: Als er einst von den Aposteln wegen allzuheftiger Eifersucht gegen seine Frau getadelt wurde, gab er sie jedermann preis, und durch dieses Beispiel ergaben sich seine Schüler allen fleischlichen Lüsten.[1]) Die Apokalypse macht der kleinasiatischen Gemeinde von Pergamus den Vorwurf, daß sich Mitglieder unter ihnen befinden, „die an der Lehre Balam halten, welcher den Balak lehrte, ein Ärgernis zu geben vor den Kindern Israel, zu essen der Götzen Opfer und Unzucht zu treiben. Also hast auch du solche, welche an der Lehre der Nikolaiten halten, die ich hasse".[2]) Jüdischerseits wird von einem Schüler R. Jonathans erzählt, welcher in die Gemeinschaft einer solchen Sekte geraten war. Als sein Lehrer ihn aufsuchte, fand er die Sektierer, die aus Juden bestanden, mit einem Mädchen beschäftigt; sie forderten ihn auf, „der Braut den Liebesdienst" zu erweisen. Mit Entrüstung fragte er sie: „Und so etwas darf unter Juden vorkommen?" Darauf antworteten sie ihm: „Es heißt ja in der Schrift, dein Los wirf unter uns, ein Beutel sei für uns alle".[3]) Solche übereinstimmende Zeugnisse aus jüdischen und christlichen Quellen lassen an der Tatsache nicht zweifeln, daß es eine unsittliche Sekte gegeben hat, welche der Fleischeslust aus Prinzip huldigte.

Dieses schwärmende Gesumme von Irrlehren und Sekten durchschwirrte und durchkreuzte sich in wirrem Durcheinander, jede von ihnen jagte nach Jüngern und Anhängern, wie denn überhaupt das Christentum und was damit zusammenhing, vom Urbeginne an sich nicht auf die stillwirkende Macht der Wahrheit verließ, sondern geradezu auf Proselyten ausging. Die Mittel, deren sich jene Sektierer zur Verbreitung ihrer Ansichten bedienten, waren Schriften in hebräischer, griechischer und syrischer Sprache, welche sich wie eine Flut über Judäa und die angrenzenden Länder bis Kleinasien und Rom ergossen. Die Schriftsteller dieser Literatur traten selten mit ihrem eigenen Namen auf, sondern legten zumeist ihre Gedanken alten Autoritäten der jüdischen Geschichte unter, deren Namen sie an die Spitze ihrer Schriften setzten. Man lieferte in dieser Zeit Schriften von Adam, Enoch, Prophezeiungen von Cham, Bücher von den Erzvätern, von Mose, Elias, Jesaias; man dichtetete Psalmen nach davidischem Muster, und kaum eine der biblischen Figuren blieb von den untergeschobenen Schriften verschont. Wo die Prophetennamen nicht ausreichten, erfand man neue von dem wunderlichsten Klange: Pachor, Barkor, Barkoph, Armagil, Barbelon, Balsamum, Abraxas,

---

[1]) Clemens Alexandr. Stromata III, 436.
[2]) Offenbarung Johannis 2, 14 ff.
[3]) Midrasch Kohelet 85, 6.

Leusiboras und andere, in der Absicht, die Phantasie gefangen zu nehmen.[1]) Meistens legten die Urheber jener Schriften ihre Gedanken und Lehren dem Stifter des Christentums in den Mund, verarbeiteten in lebensgeschichtlichen Bildern Sagen und Mythen über seine Geburt, sein Leben, seine Wirksamkeit, seine Wundertätigkeit. Man zählt nahe an fünfzig solcher verschiedenen Evangelien, jede Sekte fast hatte ihr eigenes Evangelium und verwarf das der andern. Es gab ein Evangelium der Ebioniten, der Hebräer, der Gnostiker, der Enkratiten, des Kerinth, Basilides, Valentinus, Marcion, Tatian, der Ägypter, Syrer und anderer mehr. Zur Gewähr der Wahrheit des Erzählten schrieb man jedem der unmittelbaren Jünger Jesu die Abfassung eines Evangeliums zu.[2]) Bruchstücke aus dem Ägypterevangelium, welche noch vorhanden sind, veranschaulichen auf das Deutlichste, wie wenig sich die Sektierer scheuten, Stichwörter ihrer Partei Jesus in den Mund zu legen, und machen daher alles verdächtig, was in dieser ganzen Literatur über sein Leben erzählt wird. In diesem Evangelium kommen Äußerungen vom Stifter vor, welche die einen für ein Verbot der Ehe, die andern für eine Entfesselung des Geschlechtstriebes nahmen. Jesus wird darin in Unterredung mit einer Frau Salome eingeführt, welche ihn fragt, wann denn alles dasjenige werde erkannt werden, was er verheißen. Jesus antwortet ihr: „Dann wenn ihr den Schleier der Scham werdet zerreißen, und wenn die zwei (Geschlechter) eins sein werden, und das Männliche mit dem Weiblichen, weder Männliches noch Weibliches.[3])

Dem Judentum waren solche evangelische Schriften, welche zum Teil von Juden und für Juden geschrieben waren, nicht gleichgültig; sie berührten sein innerstes Wesen, da sie darauf hinzielten, den Bestand des Judentums zu unterwühlen und die Treue seiner Bekenner wankend zu machen. Gewiß war die Zahl derer nicht gering, die sich von diesem Dämmerlichte neuer Lehren, in welchen Wahres und Falsches wunderbar vermischt war, blenden und zum Abfall von der Muttergemeinde verlocken haben lassen. Die Abtrünnigkeit eines einzigen, des schon erwähnten Elisa ben Abuja, hatte späterhin traurige Folgen. Die Beweggründe, welche diesen Gesetzeslehrer, der seinen Genossen an Kenntnis nicht nachstand, zum Abfall gebracht haben, sind in den Quellen nicht undeutlich angegeben und lassen den nicht unbedeutenden Einfluß der theosophischen Irrlehren auf den jüdischen Kreis erkennen. Die Sage hat aber Züge hinzugefügt, um sich die

---

[1]) Hieronymus ad Theodorum III, 6 und Adversus Vigilantium.
[2]) Fabricius bibliotheca graeca IV, p. 284 ff. und dessen Codex Apocryphus.
[3]) Clemens Alexandrinus, Stromata, III, 465.

seltene Erscheinung zu erklären, daß ein mit dem Gesetze Vertrauter einen solchen Schritt tun konnte, das Gesetz zu verhöhnen. Man erzählt sich, Elisas Vater Abuja sei einer der Reichen Jerusalems gewesen und habe zur Geburtstagsfeier seines Sohnes die angesehensten Männer der Lehre, darunter auch R. Elieser und Josua, eingeladen. Als diese sich von dem Gesetz unterredet, habe sie ein himmlisches Feuer umflossen. Der Vater, über diesen Anblick erstaunt, habe sich vorgenommen, seinen Sohn für das Gesetzesstudium zu erziehen; weil aber der Beweggrund dazu die Eitelkeit gewesen, darum habe die Lehre keine tiefen Wurzeln in dem Gemüte des Sohnes geschlagen. Es ist nicht zweifelhaft, daß Elisa ben Abuja mit der gnostischen Literatur jener Zeit vertraut war; dahin deuten die Nachrichten, daß griechische Gesänge nicht aus seinem Mund gewichen, daß **Schriften der Minäer** ihn stets begleitet haben. Sicher ist ferner, daß er sich den Grundgedanken der Gnosis von einem Doppelwesen in der Gottheit angeeignet und dadurch gleich den Gnostikern ein Verächter des jüdischen Gesetzes geworden war. Auch praktisch soll er der schlechten gnostischen Moral gehuldigt und sich einem zügellosen Leben überlassen haben. Von seinem Abfalle vom Judentume erhielt er den Apostatennamen **Acher** (ein anderer), als wenn er durch den Übertritt zu einem andern Prinzipe ein anderer geworden wäre. Acher gilt daher in jüdischen Kreisen als der vollendete Ausdruck der Abtrünnigkeit, welche die erlangte Kenntnis des Gesetzes dazu mißbraucht, dieses mit Nachdruck zu verfolgen.[1])

Diesen Wühlereien gegenüber, welche vom Christentume aus gegen das jüdische Wesen gerichtet wurden, mußte das Judentum sich selbst schützen und auf seine Selbsterhaltung und seinen Fortbestand bedacht sein. Feindliche Mächte drangen in seinen Tempel, entweihten seine Heiligtümer, trübten seinen reinen Gottesbegriff, verfälschten und mißdeuteten seine Lehren, machten seine Anhänger abtrünnig und bewaffneten sie mit Haß und Verachtung gegen den Gegenstand ihrer frühern Verehrung; es durfte dieses Treiben nicht gleichgültig und müßig mit ansehen. Die Zeit der Hellenisten in der makkabäischen Periode, die zuerst die Zwietracht in das Haus Israel gebracht, schien in erschreckender Gestalt wiedergekehrt; abermals verschworen sich die eigenen Söhne gegen ihre Mutter. Der enge Kreis der Tannaiten empfand die von dort her drohende Gefahr aufs Lebhafteste; er erwartete nichts Gutes für die Lehre von seiten der Minäer und erkannte, daß ihre Schriften eine verführerische Wirkung auf die urteilsunfähige Masse ausübten. R. Tarphon (Tryphon) sprach von diesem gefahrdrohenden Einflusse mit vollster Überzeugung:

---

[1]) Graetz, Gnostizismus im Judentum 16, f., 62 ff.

„Die Evangelien (Gilion) und sämtliche Schriften der Minäer verdienten verbrannt zu werden mitsamt den heiligen Gottesnamen, die darin vorkommen; denn das Heidentum ist minder gefährdend, als die judenchristlichen Sekten, weil jenes die Wahrheiten des Judentums aus Unkenntnis nicht anerkenne, diese hingegen sie mit klarer Erkenntnis verleugneten. Er würde daher sich lieber in einen Heidentempel flüchten, als in die Versammlungshäuser der Minäer." R. Ismael, von Charakter minder heftig als R. Tarphon, äußerte dieselbe Stimmung gegen das seinem Ursprunge entartete Judenchristentum; man dürfe sich nicht scheuen, die Gottesnamen in den Evangelien zu verbrennen, denn sie schürten nur Haß und Widerwillen zwischen dem jüdischen Volke und seinem Gotte.[1]) Man warf jüdischerseits den zum Christentum haltenden Juden ganz besonders vor, daß sie ihre Stammgenossen bei den römischen Behörden durch Angebereien und Anschuldigungen anzuschwärzen suchen. Vielleicht wollten die Judenchristen durch solche Mittel sich bei den Machthabern in Gunst setzen und dadurch dartun, daß sie keine Solidarität mit den Juden hätten; die Zeitgenossen nennen daher stets M i n ä e r und A n g e b e r als gleichbedeutend. Die Gerüchte, welche von dem sittlichen Verhalten der Christen im Umlauf waren, trugen das Ihrige dazu bei, die Abneigung gegen sie zu steigern. Man beschuldigte jüdischerseits die Christen, daß sie bei ihren gottesdienstlichen Versammlungen, wo in der Regel Personen beiderlei Geschlechts anwesend waren, plötzlich die Lichter verlöschen und in der Dunkelheit einem unzüchtigen Treiben fröhnen. Mag dieses Gerücht durch die zügellosen gnostisch-christlichen Sekten, oder von dem Bruderkusse, den die Gläubigen einander bei ihren Zusammenkünften ohne Unterschied des Geschlechts zu erteilen pflegten, oder von dem engen Zusammenleben eheloser Christen mit Jungfrauen,[2]) den sogenannten Schwestern, seine Nahrung erhalten haben — genug man hegte gegen das Christentum ein sehr ungünstiges Vorurteil und warf ihm vielerlei Entartung vor.[3])

Das jamnensische Synhedrion mußte sich mit der Frage beschäftigen, welche Stellung den Judenchristen innerhalb der jüdischen Gemeinschaft anzuweisen sei und ob man sie überhaupt noch als Juden zu betrachten habe. Es wird zwar kein förmlicher Synhedrialbeschluß in bezug auf die Minäer namhaft gemacht, allein die Maßregeln, welche gegen sie eingeführt wurden, zeugen vom Vor-

---

[1]) Sabbat, p. 116 a, jer. das. c. XVI, p. 15, 3.
[2]) Korintherbrief 7, 36 ff., 9, 5.
[3]) Origenes, contra Celsum VI, 24, I, 1. Vergl. Justin, ed. Otto Apologia, I, c. 26, II, c. 12 und andere Schriftsteller.

handensein eines solchen. Es wurde eine förmliche Scheidewand zwischen Juden und Judenchristen gezogen; man stellte die letztern noch tief unter die Sekte der Samaritaner und in mancher Beziehung auch unter die Heiden. Man verbot, von den Judenchristen Fleisch, Brot und Wein zu genießen, wie man es kurz vor der Tempelzerstörung in bezug auf Heiden untersagt hatte, um einen vertrauten Umgang mit diesen zu erschweren. Über die christlichen Bekenntnisschriften wurde das Verdammungsurteil gesprochen; man stellte sie den Zauberbüchern gleich. Selbst jeder geschäftliche Verkehr, jede Dienstleistung wurde aufs strengste untersagt, namentlich war es verpönt, sich der Wunderkuren zu bedienen, welche die Christen im Namen Jesu bei leidenden Menschen oder Tieren auszuüben pflegten. Eine solche Strenge, wie gegen den Gebrauch der Heilmittel von Christen bestand nicht einmal in betreff der Heiden; man befürchtete, wie ausdrücklich erwähnt wird, von deren Zulassung einen verführerischen Einfluß auf die urteilsunfähige Menge.[1]) Außerdem wurde in das tägliche Gebet eine Verwünschungsformel gegen die Minäer und Angeber eingefügt (sie führte den Namen Birchat ha-Minim). Der Patriarch R. Gamaliel hatte die Abfassung derselben Samuel dem Jüngern aufgetragen. Dieser Umstand bestätigt die Vermutung, daß auch die andern Maßregeln gegen die Judenchristen, wenn sie auch nicht direkt vom Patriarchen ausgegangen waren, doch seine Billigung erhalten hatten. Die Verwünschungsformel scheint übrigens eine Art Gesinnungsprüfung gewesen zu sein, um diejenigen zu erkennen, welche heimlich dem Judenchristentume anhingen. Denn es wurde dabei bestimmt, wer sie oder den Wunsch zur Wiederherstellung des jüdischen Staates beim öffentlichen Vorbeten verschweige, solle vom Betpulte hinweggewiesen werden.[2]) Alle Beschlüsse gegen die judenchristlichen Sekten ließ das Synhedrion durch Sendschreiben den Gemeinden bekannt machen.[3]) Von christlicher Seite ist infolge dessen den Juden zum Vorwurf gemacht worden, daß sie dreimal des Tages d. h. in dem Morgen-, Mittags- und Abendgebet, Christus verfluchen.[4]) Indessen ist dieser Vorwurf eben so ungerecht, wie vieles gegen die Juden vorgebrachte und beruht auf einem Mißverständnisse. Nicht der Person des christlichen Religionsstifters, nicht einmal sämtlichen Christen galt die Verwünschungsformel im Gebete, sondern lediglich den Minäern, worunter, wie schon erwähnt, sämtliche dem Christentum zugefallenen, vom Judentume abtrünnig gewordenen Juden begriffen waren,

---

[1]) Tosifta Chulin, C. 2. Aboda Sara 17 a, 27 b. Justin., Dialog. cum Tryphone, c. 38. Chulin 13, a, b.
[2]) Siehe Note 11. [3]) Justin das., 17. [4]) Note 11.

welche sich von ihrem Hasse gegen ihre Stammgenossen zu Angebereien
bei den römischen Behörden hinreißen ließen. Die Heidenchristen
dagegen lagen außer dem Bereiche der jüdischen Gesetzgebung. Indessen mochten sich die Nazaräer und die andern dem Judentume
abgeneigten Sekten von diesen Ausschließungsmaßregeln nicht so
sehr getroffen gefühlt haben, da sie sich ja ihrerseits von dem
jüdischen Verbande losgesagt hatten. Judentum und Christentum
stießen sich also gegenseitig ab und behandelten einander mit derselben
Feindseligkeit, die sie beide gegen das Heidentum empfanden. Je
mehr sich das Christentum von seinem Ursprunge entfernte, desto
mehr vergaß es oder machte sich vergessen, nicht nur woher es
gekommen war, sondern auch von wem es den wesentlichsten Teil
seiner herzengewinnenden Lehren genommen habe. Der erste Schritt
zur Entfremdung der Christen von ihrem Urquell führte sie allmählich
zu fanatischer Gehässigkeit gegen die Juden.

Durch die Ausscheidung der judenchristlichen Sekten aus der
jüdischen Gemeinschaft waren indessen noch nicht alle Folgen des
eine Zeitlang geübten Einflusses auf die Juden verwischt. Gewisse
gnostische, d. h. halbchristliche Anschauungen hatten sich auch in
jüdischen Kreisen Eingang zu verschaffen gewußt. Die Begriffe vom
Urstoffe der Welt, von den Äonen, von den vorausbestimmten
Klassenunterschieden der Menschen, selbst die Lehre von dem Doppelwesen der Gottheit, als eines Gottes der Güte und eines andern
der Gerechtigkeit, hatten bei manchen Anklang gefunden und sich so
fest in ihrem Bewußtsein eingenistet, daß sie selbst im Gebete
Ausdruck erhalten hatten. Diese erlaubten sich gewisse Wendungen
beim Gebete, welche an gnostische oder christliche Vorstellungen erinnerten. Gebetformeln, wie: „Dich, Gott, loben die G u t e n ," oder
„dein Name werde zum G u t e n genannt," die Wiederholung der
Formel „Dich, Gott, loben wir," der Gebrauch zweierlei Gottesnamen,
alles dieses galt als eine Anspielung auf die Anschauungsweise der
theosophischen Irrlehre, welche die Güte Gottes auf Kosten seiner
Gerechtigkeit scharf betonte und damit den Grundbegriff des Judentums in Frage stellte. Vorschub leistete dieser Gedankenrichtung die
Vertiefung in die Erzählung von der Weltschöpfung im ersten Buch
Mosis und vom Thronwagen Gottes im Propheten Ezechiel (Maa'sse
Bereschit, Maa'sse Merkaba); die Phantasie hatte auf diesem, dem
Verständnisse so schwierigen Gebiete, freien Spielraum, und mancher
befremdliche Ausdruck in diesem Texte mochte mit dem Zubehelf der
agadischen Manier jener Zeit an dieses und jenes erinnern, so sehr
es auch dem wahren Sinn desselben fern liegt. Untersuchungen
über dieses Thema waren daher eine Lieblingsbeschäftigung geworden
und je dunkler, desto anziehender; man nannte solche Vertiefung in

der mystisch-bildlichen Sprache „eingehen ins Paradies", mit Anspielung auf den Baum der Erkenntnis, der nach der biblischen Erzählung im Garten Eden oder dem Paradiese für das erste Menschenpaar einen so verlockenden Reiz hatte. Es werden mehrere Gesetzeslehrer namhaft gemacht, welche sich in diese höhere Weisheit einweihen ließen; doch verkannte man nicht, daß diese Beschäftigung vielfache Gefahren für das jüdische Bekenntnis im Gefolge habe. Diese Gefahren werden in der Quelle angedeutet durch die Angabe, daß von den beiden Jüngergenossen Ben-Soma und Ben Asaï der eine sich dadurch eine Verstandeszerrüttung, der andere den frühzeitigen Tod zugezogen, Acher infolgedessen mit dem Judentum zerfallen, ein Verächter und Verfolger desselben geworden sei. Nur R. Akiba sei glücklich der Gefahr entronnen, d. h. er sei bei seinen theosophischen Forschungen doch immer auf dem Boden des Judentums geblieben. In der Tat zeigt R. Akiba auch die geläutertsten Begriffe von Gott, seiner Weltwaltung und der Aufgabe des Menschen hienieden, was einen scharfen Kontrast gegen die Zerfahrenheit der Gnostiker bildet. Er stellte einen Satz auf, welcher durch seinen Inhalt und seine Kürze ein vollgültiges Zeugnis ablegt, daß er in der höhern Agada eben so bedeutend war, wie in der Halacha. Er lehrte: „Es gibt für alles eine Vorsehung, die Willensfreiheit ist den Menschen gewährt, die Welt wird durch Güte regiert, und das Verdienst des Menschen besteht in der Fülle von Taten" (d. h. nicht in der bloßen Erkenntnis.¹) Jedes Wort in diesem Kernspruche hat eine Spitze gegen Irrlehren jener Zeit.

Wie die tieferblickenden Tannaiten die Gefahren nicht verkannten, die aus der Freiheit der Forschung den höchsten Wahrheiten des Judentums erwachsen konnten, so trafen sie Vorkehrungen, sie zu beseitigen. R. Akiba drang am meisten darauf, der Maßlosigkeit derjenigen Theorie, welche zum Abfall vom Judentum und zu zügelloser Unsittlichkeit führte, eine Schranke zu setzen. Er war der Meinung, daß man den Text über die Schöpfungsgeschichte und den Ezechielschen Thronwagen Gottes nicht vor dem Volke auslegen, sondern dessen Verständnis nur wenigen Auserwählten eröffnen sollte. Diejenigen, welche in die höhere Weisheit eingeweiht sein wollten, müßten hinlängliche Vorkenntnisse besitzen, um Winke und Andeutungen zu verstehen, vor allem aber sollten sie das dreißigste Lebensjahr überschritten haben.²)

Die Beschäftigung mit der judenfeindlichen Literatur jener Zeit wollte R. Akiba dadurch bannen, daß er denjenigen, welche

---

¹) Abot III, 19, s. Graetz, Gnostizismus und Judentum, S. 48 f., 91 ff.
²) Chagiga 11 ff. Hieronymus, epistola ad Paulinum 2. ad Eustachium 33.

sich mit ihr befaßten, den Anteil an der zukünftigen Welt absprach, gleich denen, welche die Auferstehung und die Göttlichkeit des jüdischen Gesetzes leugneten.[1]) Die Einschaltung zweideutiger Gebetformeln, welche an die Lehre der Minäer anklangen, unterdrückte man ganz und gar. Diese Maßregeln gegen das Eindringen gnostisch-christlicher Theorien trugen ihre Früchte; die reinen Begriffe des Judentums von Gott, seinem Verhältnisse zur Welt und dem sittlichen Verhalten des Menschen blieben in jüdischen Kreisen ungetrübt als befruchtende Gedanken für die Zukunft. Den Tannaiten dieses Zeitalters gebührt das Verdienst, daß sie in ihrer Zeit, wie die Propheten in der götzendienerischen Umgebung, das Judentum vor Verfälschung und Verflüchtigung durch hereinbrechende Irrlehren geschützt haben. Indem sie, dem Triebe der Selbsterhaltung folgend, einerseits die judenchristlichen Sekten aus der jüdischen Gemeinschaft ausschlossen, anderseits der Berührung mit deren Theorien den Weg versperrten, kräftigten sie das Judentum und rüsteten es mit einer unverwüstlichen Widerstandskraft aus, den Stürmen, welche so viele Jahrhunderte hindurch von vielen Seiten über dasselbe hereinbrachen, nicht zu erliegen.

Durch diese Kräftigung und Konzentrierung war das Judentum imstande, auch nach außen hin einen nicht ganz unbeträchtlichen Einfluß zu üben. War das aus unscheinbaren Elementen hervorgegangene Christentum nicht wenig stolz darauf, in kaum zwei Menschenaltern einen so massenhaften Anhang unter den Heiden gefunden zu haben, die durch die Aufnahme der neuen Lehre ihre Nationalgötter mit einem unbekannten Gotte vertauschten, so hatte das Judentum weit mehr Grund, sich etwas darauf zugute zu tun, daß auch ihm Bekenner aus dem Heidentume zufielen. Ohnehin gebührte ja ein großer Teil des Sieges, welchen das Christentum über die Heidenwelt errang, der jüdischen Religion, deren Grundwahrheiten und Sittenlehre bei den Bekehrungen der Heiden oft den Ausschlag gaben. Kämpften doch die heidenbekehrenden Apostel nur aus dem Bewußtsein des Judentums heraus gegen die mythologische Verkehrtheit der Griechen und Römer und bedienten sich hierbei des treffenden Spottes, den die Propheten gegen den Götzendienst, die daraus erwachsende Sittenlosigkeit und Trostlosigkeit mit so einschneidender Schärfe gerichtet hatten. Aber das Judentum feierte auf selbständige Weise seine Triumphe über das Heidentum, die um so glänzender erscheinen, wenn man bedenkt, daß ihm alle Mittel und Vorteile abgingen, welche den Übertritt der Heiden zur Christuslehre so sehr erleichterten. Das Christentum schickte seine eifrigen

---

[1]) Synhedrin 90 a.

Sendboten aus, die, nach Paulus' Beispiel, durch Beredsamkeit und angebliche Wunderkuren zum Übertritte verlockten. Es legte den Neubekehrten keine schweren Pflichten auf, ja es war nachsichtig genug, ihnen ihre alte Lebensgewohnheit und teilweise auch ihre alte Anschauungsweise zu lassen, ohne sie aus dem Kreise der Familie, der Verwandtschaft und des liebgewonnenen Umganges zu reißen. Es lehrte sie geradezu: „So ein Bruder ein ungläubig (heidnisches) Weib hat, und dieselbige läßt es sich gefallen, bei ihm zu wohnen, der scheide sich nicht von ihr. Und so ein Weib einen ungläubigen Mann hat, und er läßt es sich gefallen, bei ihr zu wohnen, die scheide sich nicht von ihm".[1]) — „So aber jemand von den Ungläubigen euch ladet, und ihr wollt hingehen, so esset alles, was euch vorgetragen wird, und forschet nicht (ob es Götzenopfer sei). So aber jemand würde zu euch sagen, das ist Götzenopfer, so esset nicht um des willen, der es anzeigt, auf daß ihr des Gewissens verschonet".[2])

Nicht so das Judentum; es hatte keine bekehrungseifrigen, überredungsfertigen Apostel, im Gegenteil, es wies die zum Übertritt Geneigten mit Hinweisung auf die schwere Praxis, der sie sich unterziehen müßten, geradezu ab.[3]) Jüdische Proselyten hatten unendliche Schwierigkeiten zu überwinden, wenn sie sich zu diesem Schritte entschlossen. Abgesehen von der Operation der Beschneidung, mußten sie sich von ihrem Familienkreise trennen und sich von ihren Jugendfreunden in Speise und Trank, im alltäglichen Lebensverkehr absondern. So lange noch die politische Selbständigkeit der Juden bestand, bot der Übertritt zum Judentum doch etwas, was einigermaßen für das Aufgeben liebgewordener Gewohnheiten entschädigen konnte; damals war das Erscheinen von Proselyten erklärlich. Aber nach der Zerstörung fanden Proselyten nur drückende Ausnahmegesetze, welche sie mit ihren neuen Glaubensgenossen zu teilen hatten. Es bleibt demnach eine höchst merkwürdige Tatsache, daß sich Beispiele von Bekehrung der Heiden zum Judentume im Morgenlande, Kleinasien und am häufigsten in Rom während des halben Jahrhunderts nach dem Untergang des jüdischen Staates finden.

Die Zahl der Proselyten muß nicht unbedeutend gewesen sein, da die jüdische Gesetzgebung sich mit Halachas rücksichtlich derselben beschäftigt hat. Es wurde ein Gesetz erlassen, das Proselyten in Ermangelung des Tempels eine Geldsumme zum Ankaufe des pflicht-

---

[1]) I. Korintherbrief 7, 12 ff.   [2]) Das. 10, 27 ff.
[3]) Jebamot 47 a. Was der Vers Matthäus 23, 15 zu bedeuten hat, welcher Jesus in den Mund gelegt wird: „Wehe euch Schriftgelehrten, die ihr Meer und Land durchstreichet, um einen Proselyten (oder einen zum Proselyten zu machen)" ist noch dunkel.

mäßigen Opfers weihend bei Seite legen sollten für den Fall, daß der Tempel wieder hergestellt werden würde.¹) Jüdische Neubekehrte mußten nämlich ihren Eintritt durch Beschneidung, Taufe und ein Opfer betätigen.²) Es kamen ferner Fragen vor, ob man Ammoniter ohne weiteres aufnehmen sollte, oder ob das biblische Verbot noch bestände, daß Moabiter und Ammoniter nie zur Gottesgemeinde zulässig seien.³) Endlich bestand eine Streitfrage, ob man Proselyten aus Palmyra (Tadmor) und aus Corduene, gegen welche gehässige Vorurteile herrschten, aufnehmen dürfe.⁴) Ein ganzer Traktat des Gesetzes handelte lediglich von Proselyten (Massechet Gerim), und in das tägliche Gebet wurden die vollkommenen Proselyten (Gere ha-zedek) eingeschlossen.⁵) Manche zu dem Judentume übergegangene Heiden hatten sich halachische Kenntnisse angeeignet; R. Akiba hatte zwei Proselyten unter seinen Jüngern, einen Ägypter mit Namen M e n j a m i n (Benjamin) und einen Ammoniter namens J u d a.⁶)

Am meisten Anhänger fand das jüdische Bekenntnis in der Weltstadt Rom, trotz der Vorurteile und des Hasses, welche die Römer gegen die Juden hegten. Der einsichtsvolle Geschichtsschreiber Tacitus konnte sich die Tatsache gar nicht erklären, wie die Römer seiner Zeit sich der Beschneidung und den andern jüdischen Religionsübungen unterziehen, ihre Götter verachten, ihr Vaterland aufgeben, Eltern, Kinder und Geschwister für nichts achten konnten, um sich dem Judentume anzuschließen.⁷) Aus den strengen Gesetzen des Kaisers Domitian gegen die Proselyten⁸) läßt sich ein Schluß auf deren zahlreiches Vorkommen ziehen. Es ist möglich, daß die Menge jüdischer Kriegsgefangener, welche in alle Enden des römischen Reiches verkauft, verschenkt und vererbt wurden, ihren Herren eine gewisse Achtung vor der jüdischen Lehre beigebracht hat, wie es ja nicht selten vorkam, daß Sklaven durch Bildung und Tugend ihre Herren zu einer besseren Überzeugung brachten. Der satirische Dichter Juvenal, welcher sich über die Laster und Torheiten seiner Zeitgenossen lustig macht, verspottet unter anderm die römischen Väter, welche jüdische Bräuche heilig hielten und dadurch ihre Kinder dem Judentume ganz und gar zuführten.

---

¹) Keritot 8 b, f. ²) Daselbst.
³) Vergl. o. S. 37.
⁴) Jebamot 16 a. Jerus. das. I, Ende. Hier findet sich die richtige Lesart Tádmor anstatt des korrumpierten Tármod in Babli.
⁵) Im Gebete: על הצדיקים.
⁶) Tosifta Kiduschin, c. 5. [Der zweite Name, R. Juda beruht auf einem Mißverständnis].
⁷) Tacitus historiae V, 5. ⁸) S. weiter unten.

„Wenn den Kindern zum Los ein Vater, der Sabbate feiert,
„Bald dann werden sie nur verehren die Himmel und Wolken,
„Meiden des Schweines Genuß, als gelt' es vom Menschen zu essen.
„Weil auch der Vater es mied; bald legen sie ab auch die Vorhaut.
„Romas uraltes Gesetz, gewöhnt überhaupt zu verachten,
„Lernen sie nun der Juden Gesetz, und haltens und fürchtens
„Wie's einst Mose gelehrt in einem mystischen Buche,
„Glaubensverwandten allein die rechten Wege zu weisen,
„Und zum labenden Quell nur Beschnittene freundlich zu führen.
„Schuld des Vaters allein; den siebenten Tag der Trägheit
„Weihend, scheut von des Lebens Geschäften er auch das Kleinste.[1]

Von einer Proselytin wird erzählt, daß sie mit ihrem ganzen Sklavengefolge zum Judentum überging; einige Sklaven hatten die Proselytentaufe von ihrer Gebieterin empfangen und erhielten dadurch auf R. Gamaliels Ausspruch die Freiheit, weil ihre Herrin in jenem Augenblick noch im Stande des Heidentums war und ihr Anrecht hiermit auf die eben Juden gewordenen Sklaven verloren habe. Der Name dieser Proselytin lautete wahrscheinlich Veturia, kommt jedoch in der verstümmelten Form Veruzia oder gar Belurit vor.[2] Sie scheint in der heiligen Schrift gut unterrichtet gewesen zu sein, denn sie unterhielt sich mit R. Gamaliel über einige Widersprüche in derselben.[3] Vielleicht ist es dieselbe Proselytin Paulla Veturia, deren Grabstein man in Rom aufgefunden hat. Diese hatte sich im höheren Alter zum Judentum bekannt und lebte als Jüdin unter dem Namen Sara noch sechzehn Jahre. Auf ihrem Grabstein wird sie Mutter der Synagogen von Campus und Volumnus genannt, die wahrscheinlich von ihr erbaut worden waren.[4] Indessen darf nicht verschwiegen werden, daß der maßlose Aberglaube der Römer und ihre überspannte Vorliebe für fremde Kulte an der Anhänglichkeit an jüdische Bräuche ebensoviel Anteil hatte, als der sittliche Einfluß des Judentums. Wie sich die entarteten und entnervten Römer zu dem Isistempel drängten, so mögen sie auch die Synagogen aufgesucht haben, um Orakel über ihre Zukunft zu erfahren. Man hielt in Rom die Juden für gute Traumdeuter, und die sittenlosen römischen Frauen suchten die jüdischen Bettler auf, um sich von ihnen wahrsagen zu lassen.[5] Gleichwohl ist es eine unbestreitbare Tatsache, daß das Judentum selbst im Kreise der römischen Würdenträger Anhänger gefunden hat. Es ist außer Zweifel,

---

[1] Juvenal, Satyra XIV, V. 96—100.
[2] Massechet Gerim. In der von Kirchheim besorgten Ausgabe (Frankfurt a. M. bei Kaufmann 1851) steht Beruzia, in der ältern Ausgabe Belurit.
[3] Rosch ha-Schanah 17 b.
[4] Siehe Levy, im Jahrbuche der Literaturvereins II, S. 311.
[5] Juvenal, Satyra VI, V. 541—546.

daß ein Blutsverwandter des Tempelzerstörers Titus, Mitkonsul des Kaisers Domitian, wenn nicht Proselyt, doch gewiß ein warmer Freund der Juden gewesen ist; sein Name war **Flavius Clemens**. Er und seine Gattin **Flavia Domitilla** haben später schwer dafür gebüßt.[1]) Der Stolz des Judentums war der Proselyte **Akylas**[2]) (Aquila Onkelos nach der aramäischen Aussprache), der in der jüdischen Geschichte Epoche machte. Er stammte aus der Landschaft Pontus, wo er reiche Besitzungen hatte; die Sage machte ihn gar zu einem Verwandten des Kaisers Hadrian, wofür aber die Geschichte keinen Anhaltspunkt hat. Mit der Kenntnis der griechischen Sprache und mit philosophischem Wissen ausgestattet, verließ R. Akylas in reifem Alter den heidnischen Kultus, um sich den Heidenchristen anzuschließen, die sich eines solchen Anhängers triumphierend rühmten. Doch gab er auch das Christentum auf, um es mit dem Judentume zu vertauschen. Dieser Austritt kränkte die Christen eben so sehr, wie seine frühere Bekehrung sie mit Freuden erfüllt hatte, und sie verbreiteten einen üblen Ruf über ihn. Bald soll Akylas von der Christengemeinde ausgestoßen worden sein, weil er sich mit der Astrologie beschäftigt hätte, bald soll er aus Liebe zu einem jüdischen Mädchen dem Judentum beigetreten sein. Als Jude verkehrte Akylas mit den Haupttannaiten, mit R. Gamaliel, Elieser und Josua und besonders mit R. Akiba, dessen Zuhörer er wurde. Des letzteren Lehrsystem scheint auf Akylas' Geistesrichtung nicht ohne Einfluß gewesen zu sein. Der Proselyte aus Pontus lebte sich so sehr in das Judentum hinein, daß er zum Bunde der Genossen gehörte und einen noch viel höheren Grad levitischer Reinheit beobachtete als der Patriarch. Als er nach dem Tode seines Vaters die Hinterlassenschaft mit seinen Brüdern teilte, mochte er für den Wert der Götzenbilder, welche seinen Brüdern zugefallen waren, nicht einmal das Äquivalent annehmen, sondern warf es ins Meer zur Vernichtung.

Berühmt machte sich Akylas durch seine neue griechische Übersetzung der heiligen Schrift. Die Willkür, mit der die Christen die ältere griechische Übersetzung behandelten, scheint ihm das Bedürfnis nach einer einfachen, treuen Übersetzung fühlbar gemacht zu haben. Da auch die Christen beim Gottesdienste die heilige Schrift lasen und zwar in der alexandrinischen Übersetzung der sogenannten Siebzig (Septuaginta), so lag ihnen viel daran, in diesem Texte recht viel Andeutungen und Beziehungen auf Christus hervorkehren zu können. Sie änderten daher, wie sie es brauchten, manche Stelle ab und fügten manche hinzu, um in dem für heilig

---

[1]) Siehe Note 12. [2]) Siehe Note 13.

gehaltenen griechischen Texte bewährende Prophezeiungen auf Christus
zu haben. Man findet daher manche Stelle, auf welche sich die
Kirchenlehrer zur Bestätigung der Christuslehre berufen, weder im
hebräischen Texte, noch in der Urgestalt der griechischen Übersetzung.¹)
Die gnostischen Sekten ermangelten auch nicht, Zusätze zu machen,
um ihren Lehren die Autorität des Bibelwortes zu geben. Von der
Schule eines gewissen Artemion wird ausdrücklich erwähnt, daß sie die
alte griechische Übersetzung entstellt habe.²) Die Juden ihrerseits, über
die Abänderung im christlichen Sinne betroffen, änderten nicht minder
den griechischen Text, um jede Beziehung auf Christus zu verwischen.
Die Septuaginta war ein Tummelplatz für heftige Ringer geworden,
und die Spuren des Parteikampfes sind noch teilweise an ihr zu bemerken; sie wurde stellenweise verstümmelt und wimmelte von ver-
dorbenen Lesarten.

Eine gute griechische Übertragung der Bibel war aber bei der
Vorlesung aus der Thora und den Propheten ein Bedürfnis für
die griechisch redenden Juden. Es war damals allgemeiner Brauch,
die in den Synagogen vorgelesenen Abschnitte aus der Bibel in die
verständliche Landessprache zu verdolmetschen. Von diesen Rücksichten
geleitet, unternahm Akylas, ausgerüstet mit vollkommenem Verständnis des Hebräischen und Griechischen, eine neue Übersetzung zu liefern,
welche der maßlosen Willkür entgegenarbeiten sollte. Er hielt sich
zu diesem Zwecke beim Übersetzen streng an den hebräischen Original-
text, übertrug mit peinlicher Genauigkeit Wort für Wort, ohne Rücksicht darauf, daß dadurch den griechischen Lesern der Sinn unver-
ständlich bleiben würde. Die Worttreue der Akylaschen Übersetzungsweise, die sprichwörtlich geworden ist, erstreckte sich bis auf diejenigen
Partikeln, die im Hebräischen einen Doppelsinn zulassen, welche er
auch in der Übertragung nicht verwischen mochte. Er wollte den
Wortsinn des Hebräischen in dem griechischen Gefäße durchsichtig
machen. Die sklavische Wörtlichkeit in seiner Übersetzung scheint er
auch zugunsten des Lehrsystems von R. Akiba gebraucht zu haben,
das, wie schon erwähnt, in jedem Wort eine Nebenbedeutung und
einen Fingerzeig auf die mündliche Überlieferung erblickte. Akylas
überarbeitete seine Übersetzung zum zweiten Male, und die zweite
Version soll noch genauer den hebräischen Text und den halachischen
Midrasch wiedergegeben haben. Man nannte diese zweite griechisch
κατ' ἀκρίβειαν (die zutreffende).³) Seine vollendete Übersetzung
legte er R. Elieser, R. Josua und R. Akiba vor, und sie konnten nicht
umhin, ihn für seine Leistung zu loben; sie versprachen sich von ihr

¹) Origenes, epistola ad Africanum und comment. in Matthaeum Hieronymus prologus galeatus.
²) Eusebius, historia eccles. V, 28.   ³) Siehe Note 13.

einen wohltätigen Einfluß auf die Verbreitung des Judentums. Man wendete auf Akylas' Übersetzung den Schriftvers an, Gott hat Japhet (Typus des Griechentums) mit einer schönen Sprache begabt, und jetzt wird sie in dem Zelte Sems (Typus des Judentums) weilen".¹) — Waren die Frommen früher mit einer Übersetzung der heiligen Schrift überhaupt unzufrieden, weil man glaubte, daß der ursprüngliche Sinn dadurch getrübt werden könnte, hatte man sogar den Tag, an welchem die alexandrinische Übersetzung der Siebzig zu stande gekommen war, für einen Unglückstag gehalten, gleich jenem, an welchem das goldene Kalb in der Wüste angebetet wurde, und ihn gar als Fasttag eingesetzt,²) so hatte Akylas durch seine treue, wörtliche Übersetzung über jene Bedenklichkeiten hinweggeholfen und das Gewissen der Frommen beruhigt. Man legte daher dieser Übersetzung die Heiligkeit des hebräischen Urtextes bei und empfahl sie allgemein zum Zwecke öffentlicher Vorlesungen.³)

Akylas' Übersetzung fand die allgemeinste Verbreitung.⁴) Viele Wörter aus ihr sind in der jüdischen Literatur aufbewahrt, was den Beweis gibt, daß sie auch in Judäa im Gebrauch war. Auch die Ebioniten, denen die Entstellungen in der älteren Übersetzung zugunsten der Andeutung auf die Göttlichkeit Jesu nicht minder anstößig war, bedienten sich ihrer beim Gottesdienste.⁵) Aus demselben Grund wurde sie gerade von den Heidenchristen und denjenigen judenchristlichen Sekten, welche den Standpunkt der Ebioniten aufgegeben hatten, verabscheut. Sie nahmen besonders an der Übersetzung des Verses Jesaia Anstoß, den Akylas mit den Worten wiedergegeben hatte: „Siehe, eine junge Frau ist schwanger, wird einen Sohn gebären und ihn Immanuel nennen." Die Christen hatten sich diesen Vers durch „eine Jungfrau wird schwanger werden" zurecht gelegt und darin die Prophezeiung von der jungfräulichen Geburt Jesu gefunden.⁶) Akylas' Übersetzung, so wichtig für die Zeitgenossen, hat sich nach und nach verloren, und es sind von ihr nur einzelne Worte und Bruchstücke erhalten, welche jedoch zu einem richtigen Schlusse auf ihren ursprünglichen Charakter berechtigen.⁷) Es scheint, daß eine aramäische Übersetzung der Bibel sich Akylas' Einfachheit zum Muster genommen und daher den Namen Targum Onkelos (soviel wie Ankylos) geführt hat; diese ist noch jetzt unter diesem Namen in Gebrauch.⁸)

¹) Megilla 9 b ²) S. Band III, S. 37.
³) Megilla 9 a. [Man stellte die Übersetzung nicht in jeder Beziehung dem Urtext gleich]. ⁴) Origines, epistola ad Africanum 2.
⁵) Irenaeus, adversus Haereses, c. 24. Eusebius, Kirchengeschichte V, 8.
⁶) Daselbst. ⁷) [In neuerer Zeit sind einzelne Bruchstücke wieder aufgefunden und herausgegeben worden]. ⁸) Note 13.

Sechstes Kapitel.

Politische Lage der Juden unter Domitian. Verfolgung von Juden und Proselyten. Flavius Clemens und Domitilla. Nervas günstige Gesetze. Unglückliche Aufstände der Juden unter Trajan. Die jüdischen Feldherren Andreias in Kyrene, Artemion auf Cypern.

(82—117)

Aus dem bluttriefenden jüdischen Staatskörper hatte sich eine religiöse Gemeinschaft herausgearbeitet, welche sich zur Aufgabe setzte, die Wunden zu heilen, die verzweifelten Gemüter zu trösten, die sich lostrennenden Glieder wieder einzufügen, überhaupt der Lockerung, Zerrissenheit und Zerfahrenheit zu steuern; der Erhaltungstrieb gab der halbverwesten Nation die Energie, sich wieder aufzuraffen. Sie bildete sich eine Einheitsspitze im Patriarchat und kraftvolle Träger in dem Synhedrion; sie fesselte das Interesse und die lebendige Teilnahme durch den Ausbau der Lehre, sie formulierte ein festes Prinzip ihrer Überzeugung zur Abwehr neuerungssüchtigen und fremden Einflusses, sie war sogar imstande, Proselyten an sich heranzuziehen. Diese innere Tätigkeit der jüdischen Nation hatte ihren Verlauf während der Regierungszeit der vier Kaiser Titus, Domitian, Nerva und Trajan. Die Regierungsdauer des ersteren war zu kurz, als daß sie störend auf die jüdischen Verhältnisse hätte einwirken können. Titus' frühzeitiger Tod hat ihm das Lob eingebracht, daß er die Wonne des Menschengeschlechts gewesen sei; hätte er länger gelebt, so wäre er wohl in die Laufbahn vieler römischer Kaiser getreten, welche mit der Tugend begonnen und mit dem Laster geendet haben. Anlage hatte er dazu, und die unumschränkte Herrschaft, die Kriecherei des Senats, die Zuvorkommenheit der verführerischen Umgebung hätten diese Keime zur Entwicklung gebracht.[1]) In jüdischen Kreisen galt er als ausgemachter Bösewicht (Titus ha-Rascha), der zur Zerstörung des Tempels den Hohn hinzugefügt habe.[2]) Die Sage

---

[1]) Vergl. Dio Cassius, c. 66, 18.
[2]) [Als einen Hohn empfanden die Besiegten nicht allein die Darstellung der unglücklichen und verzweifelten Judäer auf den Münzen — cf. Graetz,

deutete sein Liebesverhältnis zur jüdischen Prinzessin Berenice um, als habe er mit einer Buhlerin im Allerheiligsten Unzucht getrieben, den Vorhang vor demselben mit gezücktem Schwerte zerschnitten und den Gott Israels lästernd herausgefordert. Sie läßt Titus zur Strafe für seine Missetat von einer Mücke, die ihm ins Gehirn gefahren, sich ausgedehnt und ihm bei Tag und Nacht keine Ruhe gelassen, bis an sein Lebensende geplagt sein.[1]) Sein Bruder Domitian, dieser blutdürstige und gelangweilte Kaiser, versprach nicht minder beim Regierungsantritte das goldene Zeitalter wiederzubringen, und er bildete sich zu einem jener Regenten aus, die an der Gottähnlichkeit des Menschen zweifeln machen. Der Kaiser war aber seines Volkes ganz würdig, dessen Lasterhaftigkeit und Gesunkenheit Geschichtsschreiber und Dichter nicht genug geißeln können, und von dem der Satiriker Juvenal sagt, es sei schwer, keine Satire von dieser Zeit zu schreiben. Auf dem von Verbrechen aller Art gedüngten Boden des Hofes und des Reiches wucherte die Giftpflanze der Spione und Angeber, welche beim Kaiser und seinen Räten stets ein offenes Ohr fanden. Wer einen persönlichen Feind oder einen Meinungsgegner hatte, brauchte nur von ihnen ein wahres oder ein falsches Wort, welches sie gegen den Kaiser oder seine Lieblinge wirklich oder angeblich gesprochen haben, zu hinterbringen, um sich ihrer auf die leichteste Weise von der Welt zu entledigen.

Es läßt sich denken, das auch die Juden unter dieser Blutregierung das Ihrige gelitten haben. Domitian ließ die Judensteuer mit der seiner Familie eigenen Geldgier eintreiben. Diejenigen, welche durch List der lästigen Steuer entgehen wollten, wurden auf das verletzendste untersucht. Die römischen Beamten scheuten sich nicht, das Schamgefühl zu verletzen, an dem Körper derer, welche ihnen als Juden oder Proselyten angezeigt wurden, Untersuchungen anzustellen, ob dem wirklich so sei. Der Geschichtsschreiber jener entarteten Zeit,

---

Bd. III., 5. Aufl., p. 549 — sondern auch die unaufhörliche Prahlerei der Römer mit dem über die Juden errungenen Sieg. Charakteristisch dafür ist die folgende, dem Titus im Jahre 81 gewidmete pomphafte und zum Teil sogar unwahre Inschrift eines im Zirkus maximus errichteten Titusbogens, welche lautete: Senatus populusque Romanus imp. Tito Caesari divi Vespasiani f. Vespasiano Augusto .... quod praeceptis patri(is) consiliisque et auspiciis gentem Judaeorum domuit et urbem Hierosolymam omnibus ante se ducibus regibus gentibus aut frustra petitam aut omnino intemptatam delevit! S. Darmesteter, Revue des études juives I, p. 34 ff. und Schürer, Gesch. des jüd. Volkes 2. Aufl., I, p. 534. Note 128].

[1]) Sifri zu Abschn. Haasinu Nr. 328. Midrasch Kohelet, p. 96, 97 b. Gittin, p. 56 b. Es geht daraus hervor, daß es eine Sage war, die schon im zweiten Jahrhunderte im Umlauf war.

Sueton,¹) erzählt, er habe es selbst erlebt, wie ein achtzigjähriger Greis schamlos untersucht wurde, ob er das jüdische Zeichen an seinem Leibe habe. Wer dabei ertappt wurde, seine jüdische Abstammung oder die Zugehörigkeit zum Judentume zu verleugnen, dessen Vermögen wurde für den kaiserlichen Schatz eingezogen. Domitian, eine argwöhnische Natur, dem überhaupt noch in frischem Andenken lebte, wie schwer seinem Vater und Bruder der Sieg über die Juden geworden, scheint einen Abfall der Juden gefürchtet zu haben. Eine christliche Nachricht erzählt, der Kaiser habe Nachforschungen über die Nachkommen Davids anstellen lassen, um sich zu überzeugen, ob sie nicht einen Aufstand gegen ihn erregen würden. Die Verwandten Jesu als Abkömmlinge vom Hause David seien vor ihn geführt worden, und er habe sich erst dann beruhigt, als er an ihren schwieligen Händen bemerkt habe, daß sie zum Handwerkerstande gehörten und keiner gefährlichen Unternehmung gewachsen seien.²) Jüdische Quellen erzählen etwas Ähnliches. Ein römischer Herrscher habe zwei Abgeordnete zu R. Gamaliel geschickt, um sich die Überzeugung zu verschaffen, ob die jüdischen Gesetze nichts Gefährliches für den Staat enthalten. Und als sie die verschiedenen Teile der Lehre angehört hatten, sollen sie geäußert haben, sie fänden alles in der jüdischen Lehre vortrefflich, nur die feindseligen Ausnahmegesetze gegen Heiden, unter anderm, daß ein Raub an Heiden zu begehen dem Juden nicht eben so streng verboten sei, wie an Stammgenossen, erschienen ihnen ungerecht. Sie sollen jedoch zuletzt versprochen haben, keine Anzeige von diesen heidenfeindlichen Gesetzen zu machen. Es ist kein Zug in dieser Nachricht, welcher irgendwie gegen die geschichtliche Wahrheit verstieße, und ihre ganze Haltung hat nichts von dem Charakter der Sage an sich. Ihr Inhalt wird noch durch den Zusatz bestätigt, daß der Patriarch R. Gamaliel infolge der Ausstellungen der römischen Abgeordneten eine Verordnung erließ, welche den Raub an Heiden ebenso streng wie an Juden verpönte.³)

War Domitian gegen die Juden feindselig, so verdoppelte er diese Feindseligkeit gegen die Proselyten und ließ sie die ganze Wut seines tyrannischen Sinnes empfinden. Er schien die Zuneigung der Römer zum Judentume als einen Verrat an Staat und Kaiser zu betrachten. Es waren derer nicht wenige, welche dem jüdischen Bekenntnisse heimlich oder offen ergeben waren, und zwar Personen von Stand und Würde. Solche, welche der Anhänglichkeit am Judentume angeklagt wurden, schleppte man auf des Kaisers Ver-

---

¹) Siehe oben, S. 79.
²) Hegesipp, in Eusebius' Kirchengeschichte III, 20.
³) Sifre Deut. Nr. 344. Baba Kama 38 a. Jerus. das. IV, p. 4 b.

ordnung vor das Tribunal, und wurden sie des ihnen zur Last Gelegten überwiesen, so verfielen sie der schweren Strafe, die das römische Gesetz über Gottesleugner verhängte. Denn das Vorurteil der Römer stellte das Judentum sowie das junge Christentum, weil beide das römische Götterwesen verwarfen, auf gleiche Stufe mit Gottesleugnung (Atheismus). Proselyten wurden daher ihres Vermögens beraubt oder ins Exil getrieben oder gar zum Tode verurteilt.[1]) Am grausamsten zeigte sich Domitian in seinen letzten Regierungsjahren, als Hinrichtungen, wie Tacitus in seiner unnachahmlichen Weise erzählt, nicht bloß zeitweise und in langen Zwischenräumen, sondern in einem fort, gleichsam mit einem Schlage, vorkamen. In diese Zeit, nämlich in das letzte Regierungsjahr Domitians fällt die Verurteilung des Flavius Clemens zum Tode und die seiner Frau Domitilla zum Exil, von welchen, wie bereits erzählt, jedenfalls der erstere dem Judentume zugetan war. Obwohl beide Blutsverwandte des Kaisers, ihre Kinder als Thronfolger bestimmt waren, und Clemens mit dem Kaiser in demselben Jahre die Würde des Konsulats geteilt hatte, so schützte ihn weder die Verwandtschaft, noch der hohe Rang vor des Wüterichs Blutdurst; er fügte ihn zu den tausend Schlachtopfern hinzu, die ohne das geringste Verschulden dem Tode geweiht wurden. Um den Schein zu retten, ließ Domitian gegen Clemens und Domitilla die Anklage wegen Gottesleugnung, d. h. Hinneigung zum Judentume erheben. Clemens wurde hingerichtet (95 oder 96) und Domitilla auf die Insel Pontia Pandataria verwiesen.[2]) Auch eine jüdische Quelle weiß von einem mit dem flavianischen Kaiserhause verwandten Proselyten K l e ‐ o n y m o s (Clemens) zu erzählen, welcher von Häschern auf des Kaisers Befehl verfolgt wurde.[3]) Auch der jüdische Geschichtsschreiber J o s e p h u s, der sich in seinem römerfreundlichen Behagen selbst unter Domitian wohl gefühlt und erst kurz vorher sein großes Geschichtswerk, „Die Altertümer", vollendet hatte, scheint in dieser Zeit mit seinem Freunde E p a p h r o d i t a s hingerichtet worden zu sein.[4])

Mit diesen Vorgängen scheint eine Nachricht aus einer jüdischen Quelle zusammenzuhängen, welche erzählt, daß über dem Haupte sämtlicher Juden im römischen Reiche das Schwert der Vernichtung geschwebt habe. Diese Quelle überliefert, der Kaiser habe einen Senatsbeschluß durchgebracht, daß sämtliche Juden, insoweit sie in

---

[1]) Dio Cassius, 67, 14; s. Note 12.   [2]) Daselbst.
[3]) Vergl. dieselbe Note.
[4]) Dio Cassius, a. a. O. Dodwell, zu Josephus' Lebensbeschreibung, vermutet, daß Josephus zugleich mit Epaphroditas umgekommen sei.

den Rom unterwürfigen Ländern wohnten, binnen dreißig Tagen vertilgt werden sollten. Die Kunde von diesem drohenden Unglücke sei auch nach Judäa gedrungen und habe den Patriarchen mit den drei angesehensten Männern, dem Stellvertreter Eleasar ben Asaria, R. Josua und R. Akiba bewogen, sich nach Rom zu begeben. Die Reise dieser vier jüdischen Weisen nach Rom ist übrigens auch aus andern glaubwürdigen Quellen bestätigt.¹) Als sie unweit der Welthauptstadt das tausendstimmige Getöse vom Kapitol hörten, wurden sie auf das schmerzlichste davon ergriffen, indem sie damit die öde Stille verglichen, die auf dem Tempelberge in Jerusalem herrschte; sie konnten sich bei diesem Kontraste der Tränen nicht erwehren. Nur R. Akiba behauptete seine heitere Stimmung und tröstete die trauernden Genossen mit den Worten: „Warum darüber weinen? Wenn Gott soviel für seine Widersacher tut, was wird er erst seinen Lieblingen gewähren!" Noch andere Nachrichten erzählen, daß dieselben vier Tannaiten eine Reise nach Rom zu Wasser in so großer Eile unternommen, daß sie die für die Schiffahrt günstige Jahreszeit nicht erwarten mochten, sondern im Beginn des Herbstes sich den Meeresstürmen ausgesetzt hätten. Ihre Reise nach Rom muß demnach sehr dringend gewesen sein, vielleicht eben, um die über ihrer Nation schwebende Gefahr abzuwenden. In Rom angekommen, so fährt die erste Quelle fort, sollen sie sich mit einem hochangesehenen jüdischgesinnten Senator beraten haben, wie dem Unglücke zu begegnen sei. Darauf habe die Frau des Senators, die gleich ihrem Manne gottesfürchtig gewesen, demselben geraten sich zum

---

¹) Mischna Erubin IV, 1; Maa'sser Scheni V, 9. Dahin gehört auch die Nachricht von den Bemerkungen der Weisen beim Anblick des Kapitols, Midrasch Threni Ende; b. Makkot Ende; ferner die Notizen über ihren Aufenthalt auf dem Schiffe, b. Sukka, p. 23 a; jer. das. II, p. 52 d., Tosifta Sukka II, Ende, endlich Exodus Rabba Nr. 30, Derech Erez, c. V. Überall ist von diesen vier Tannaiten die Rede, nur sind die Namen zuweilen verwechselt, und zuweilen fehlt der eine oder der andere. Ich kann daher Frankels Ansicht nicht zustimmen, daß diese oder einige derselben zweimal die Reise nach Rom gemacht hätten (Darke ha-Mischna, p. 84). Es ist überall von einer und derselben Reise die Rede und zwar im Herbste 95 oder 96 zur Zeit der Hinrichtung Clemens' oder Domitians Tod. — Ohne Zweifel waren es dieselben זקנים in Rom, welche einen Dialog über den Bestand der Götzen führten (Aboda Sara IV, 7). Von R. Josuas Anwesenheit in Rom wird in den Talmuden öfter erzählt. [Wie ich von Herrn Seminarrabbiner Dr. Lewy hörte, so läßt sich das Jahr der Reise genau bestimmen. Nach der angeführten Stelle, Maa'sser Scheni V, 9, muß diese stattgefunden haben in einem Jahre, in welchem die Zehnten aus dem Hause geschafft werden müssen (ביעור מעשר). Ein solches war das Jahr 96 und die Reise war wahrscheinlich eine Folge der Thronbesteigung Nervas].

Heile des jüdischen Volkes zu opfern. Er sollte nämlich das Gift, das er wie alle römischen Großen in einem Siegelringe stets bei sich zu tragen pflegte, um sich gegebenenfalls vor einem schmählichen Tode infolge einer blutdürstigen Laune des Kaisers zu schützen, einschlürfen, damit durch seinen plötzlichen Tod der Senatsbeschluß zur Vertilgung der Juden rückgängig gemacht werde, da es Brauch sei, einen Senatsbeschluß nicht auszuführen, wenn einer der Senatoren eines plötzlichen Todes gestorben. Jener jüdischgesinnte Senator sei auf den Rat seiner Frau eingegangen, habe sich durch Gift das Leben genommen, aber vor dem Tode an sich selbst die Beschneidung vorgenommen, um als Jude zu sterben. Dieselbe Nachricht kommt auch in einer andern jüdische Quelle vor, nur mit dem veränderten Zuge, der Kaiser habe jenen Senator hinrichten lassen, weil er zugunsten der Juden gesprochen hätte. Hinzugefügt wird noch, daß dieser Freund der Juden sein ganzes Vermögen R. Akiba und seinen Genossen hinterlassen habe. Dieser Senator wird mit dem Namen K t i a b a r S c h a l o m genannt. Kaum ist hierbei zu verkennen, daß diesen zwei Nachrichten die Tatsache von dem gewaltsamen Tode des Flavius Clemens zugrunde liegt, die nur sagenhaft überarbeitet scheint. Wenn, wie aus allen diesen Nachrichten mindestens hervorgeht, der Plan Domitians wirklich gewesen war, die Juden hart zu verfolgen, so mögen sie vielleicht dieser Verfolgung durch seinen gewaltsamen Tod entgangen sein.

Einen auffallenden Kontrast zu Domitians Charakter bildete sein Nachfolger, der ehrwürdige N e r v a. Gerecht, weise, menschenfreundlich, fehlte ihm nur die Frische und der Mut der Jugend, um seinen weisen Anordnungen Nachdruck zu geben und das durch Domitians Grausamkeit und Launenhaftigkeit zerrüttete römische Reich wiederherzustellen. Die Juden und die Proselyten empfanden sogleich die Folgen dieses Thronwechsels. In der kurzen Zeit seiner Regierung, die nicht länger als sechzehn Monate (Sept. 96 bis Januar 98) dauerte und in der soviel Mißbräuche und Gebrechen im Staate zu beseitigen waren, nahm sich Nerva doch Zeit, sich mit den Juden zu beschäftigen. Er gestattete jedermann, sich zum Judentum zu bekennen, ohne in die Strafe eines Gottesleugners zu verfallen. Auch die Judensteuer wurde, wenn nicht ganz aufgehoben, doch nur mit Milde und Nachsicht eingezogen. Beschuldigungen wegen Umgehung dieser Steuer wurden nicht angehört. Dieser Akt Nervas scheint eine so große Bedeutung gehabt zu haben, daß eine Denkmünze zu seiner Verewigung geprägt wurde. Diese Münze, welche noch erhalten ist, stellt auf der einen Seite den Kaiser Nerva dar, auf der andern einen Palmbaum (Symbol für Juden) mit der Inschrift: „Fisci judaïci calumnia sublata", Anklagen wegen Juden=

steuer sind aufgehoben.¹) Es ist möglich, daß die vier Haupttannaiten, die wohl damals beim Tode Domitians und der Thronbesteigung Nervas noch in Rom anwesend waren, diesen günstigen Umschwung herbeigeführt haben, indem sie die Anschuldigungen gegen das Judentum widerlegten und den Machthabern eine bessere Meinung von ihm beibrachten. Es war Brauch, den Kaisern Schutzschriften wegen einer verfolgten Lehre oder Religion zu übergeben, und in einer solchen mochten die vier Gesetzeslehrer die jüdische Lehre gegen die darüber herrschenden Vorurteile gerechtfertigt haben. Die allzu kurze Regierungszeit Nervas hemmte die fernere Wirkung der wohlwollenden Stimmung für die Juden; mit seinem Nachfolger kehrte die alte Gehässigkeit zwischen Römern und Juden wieder, und bald standen beide Völker zum zweiten Male mit den Waffen in der Hand einander gegenüber.

Nerva hatte den Spanier Ulpianus Trajan zum Nachfolger erwählt. Der Kaiser, beinahe ein Sechziger, Sieger gegen die Dazier an der Donau, ging ans Werk, seinen Lieblingstraum zu verwirklichen, auch Asien, die Länder zwischen Euphrat und Tigris, Indus und Ganges dem römischen Reiche zu unterwerfen, um die Lorbeeren Alexanders des Großen um seine Schläfen zu winden (114). In den parthischen Ländern hatte er leichtes Spiel, weil dieses alte Reich, halb griechischen, halb persischen Ursprungs, gespalten durch schwache Kronprätendenten, dem Eroberer nur einen halben Widerstand entgegensetzte. Nur die Juden, die in dieser Gegend äußerst zahlreich wohnten, ganze Städte und Distrikte innehatten und eine gewisse politische Selbständigkeit unter ihrem Fürsten der Gefangenschaft oder Exilarchen (Resch Golah) besaßen, traten dem römischen Eroberer aus religiöser Abneigung entgegen. Die babylonischen Juden erblickten in Trajan den Nachkommen derer, welche den Tempel zerstört und ihre Brüder zu schmählicher Knechtschaft verdammt hatten, und rüsteten sich ihrerseits zu einem heiligen Kampfe. Die Stadt Nisibis, welche von jeher eine zahlreiche jüdische Einwohnerschaft in ihren Mauern hatte, entwickelte einen so hartnäckigen Widerstand, daß sie erst nach langer Belagerung eingenommen werden konnte, dafür aber hart büßen mußte. Die Landschaft Adiabene am mittleren Lauf des Tigris, wo der große Alexander den entscheidenden Sieg über den letzten Perserkönig erkämpft hatte, gehorchte einem Herrscher, dessen Vorfahren vor kaum einem Jahrhundert das Judentum angenommen hatten. Der adiabenische König Mebarsapes war vielleicht selbst noch dem jüdischen Bekenntnisse zugetan. Er kämpfte mutig gegen Trajan, erlag aber ebenfalls der

---

¹) Eckhel, doctrina nummorum VI, p. 404.

römischen Übermacht.¹) Wie keiner seiner Vorgänger aus der republikanischen und der Kaiserzeit sah Trajan in der kürzesten Zeit die Erfolge seines Kriegszuges. Die Siege fielen ihm sozusagen in den Schoß. Sämtliche Könige und Fürsten Armeniens und der Euphrat-Tigris-Gegend legten ihm ihre Diademe zu Füßen und empfingen von ihm ihre Erbländer zu Lehen oder mußten sie den Römern als besiegten Boden überlassen. Als er sich zum Winterquartier nach Antiochien zurückzog (Winter 115—116), um dort Huldigungen entgegenzunehmen, konnte er den Hauptfeldzug als beendet betrachten. Das Erdbeben, welches gerade während seiner Anwesenheit in der syrischen Hauptstadt diese fast in Trümmerhaufen verwandelte, viele Tausende darunter begrub, seinem Mitkonsul Pedo das Leben raubte und auch sein Leben bedrohte, war ihm nicht Vorbedeutung genug, daß der morgenländische Boden unterirdische Gefahren für ihn beherberge. Im Frühjahr zog er, um den noch vorhandenen Widerstand zu brechen und zur vollständigen Unterwerfung dieser Gebiete, die er als Vorland für die geträumte Eroberung Indiens betrachtete, zum zweiten Male aus. Doch kaum hatte sich Trajan der Freude über seine Siege überlassen, zur Erhöhung seiner Triumphe den persischen Meerbusen befahren, sehnsüchtige Blicke nach Arabien und Indien geworfen und dem Senate eine lange Liste der unterworfenen Völker zugeschickt, deren barbarische Namen man in Rom nicht einmal aussprechen konnte, so fielen die eroberten Länder der Zwillingsflüsse wieder ab. An diesem Abfall hatten die Juden den größten Anteil, und sie verbreiteten den Aufstand über einen großen Teil des römischen Reiches. Nicht nur die babylonischen Juden, sondern auch die Juden in Ägypten, Kyrene, Lybien und auf der Insel Cypros faßten den großen Gedanken, das römische Joch abzuschütteln. Wie von einem überwältigenden Geiste, die feindlichen Quellen sagen, von einer Raserei getrieben, griffen die jüdischen Einwohner dieser so weit auseinander liegenden Länder zu den Waffen, als wollten sie den Feinden zeigen, daß ihre Kraft noch nicht gelähmt, ihr Mut noch nicht gebrochen, und daß sie nicht gewillt seien, die Schwäche und die Gesunkenheit der Zeit zu teilen und ohne Widerstand unter der Masse der unterjochten Völker spurlos unterzugehen. Eine solche Einmütigkeit setzt einen wohlberechneten Plan und kräftigen Führer voraus. Auch Judäa bereitete sich zum Aufstande vor und leitete

---

¹) Dio Cassius 68, 22, 26. Ich habe in der ersten Auflage angenommen, daß die Münze bei Ekhel VI, 463: Assyria et Palaestina in potestatem populi Romani redactae, sich auf den adiabenischen Krieg bezöge. Indessen ist die Echtheit dieser Münze bezweifelt worden. S. Volckmar, Einl. in die Apokryphen I, S. 44.

ihn in den Nachbarländern am Euphrat und Ägypten (Herbst 116, Winter 117). In dem halben Jahrhunderte seit dem Untergang des jüdischen Staates durch die Römer war ein neues Geschlecht herangewachsen, welches den zelotischen Geist seiner Väter geerbt hatte, noch ein frisches Gedächtnis für die ehemalige Selbständigkeit besaß und die Erniedrigung in der Gegenwart um so mehr fühlte. Die Hoffnung der tannaitischen Lehrer: „Bald wird der Tempel wieder erbaut werden", hatte den Freiheitsgeist der Jugend genährt und wach erhalten;[1]) sie hatte in den halachischen Lehrhäusern Kriegsmut und Handhabung der Waffen nicht verlernt. Wahrscheinlich hat der Übermut der rücksichtslosen römischen Behörden zum Aufstand gereizt. Eine Sage erzählt, Trajans Gattin, Plotina, habe gerade am neunten Ab während der Trauer der Juden um den Tempel ein Kind geboren und es am Weihnachtsfeste während der Freudenfeier der Juden zur Erinnerung an die Siege der Hasmonäer verloren, und sie habe deren Trauer als feindliche Mißgunst und deren Feier als Schadenfreude gedeutet. Die Kaiserin habe infolgedessen an Trajan geschrieben: „Statt die Barbaren zu unterwerfen, solltest du lieber die Juden züchtigen, die von dir abfallen".[2]) In Judäa scheinen zwei mutige Männer oder zwei Brüder, die Alexandriner Julianus und Pappos,[3]) den Aufstand geschürt und geleitet zu haben. Der Schauplatz der Versammlung der aufständischen Scharen war die Rimmon-Ebene oder die große Ebene Jezreël. Indessen ist weder der Anfang, noch der Verlauf der Erhebung genau bekannt, man hat lediglich ein ganz unbestimmtes Bild von den Vorgängen und kennt mit Gewißheit nur den Ausgang des Aufstandes der Juden. In Kyrene, dessen jüdische Bewohner von den flüchtigen Zeloten schon einmal unmittelbar nach der Zerstörung des Tempels zum Kampfe gegen die Römer ermutigt worden waren, war der Hauptaufstand. Trotz des unglücklichen Ausganges jenes Krieges schreckten die kyrenäischen Juden doch nicht vor einem neuen zurück. Sie hatten einen Anführer, der nach einigen Andreias, nach andern Lucuas hieß

---

[1]) [Über die allgemeine Verbreitung dieser religiösen Stimmung und Hoffnung geben uns die um] diese Zeit von jüdischen Verfassern stammenden Apokalypsen des Esra und Baruch eine unmittelbare, lebhafte und sichere Kunde. Über die Zeit ihrer Abfassung s. Rosenthal: Vier apokryphische Bücher usw., p. 40 ff. und Schürer das. Bab. II, p. 638 ff.].

[2]) Über den Aufstand s. Note 15. Die angeführte Sage in jer. Sukka V, p. 55 b; Rabba Threni, p. 67 b; Rabba Esther Anfang.

[3]) [Graetz, Volksausgabe II, 2. Aufl., p. 60 hat den Zusatz: „mit ihrem hebräischen Namen wohl Simon und Schemaja". Die Belege dafür s. Graetz III, 5. Aufl., p. 842 ff.].

(vielleicht war einer dieser Namen symbolischer Natur). Auch die
ägyptischen Juden, in früherer Zeit mit treuer Gesinnung den Römern
ergeben, machten diesmal gemeinschaftliche Sache mit den Aufständischen.
Der Anfang glich jedem Volksaufstand.[1]) Zuerst griffen sie die Nachbarn ihrer Stadt an, töteten die Römer und Griechen und rächten
den Untergang ihrer Nationalität an ihren nächsten Feinden. Durch
den Erfolg ermutigt, sammelten sie sich in Scharen und nahmen es
mit dem römischen Heere und dem römischen Feldherrn Lupus[2])
auf, der die Legionen gegen die Juden führte. In dem ersten Treffen
siegte die wilde Begeisterung der Juden über die römische Kriegskunst; Lupus wurde zurückgeschlagen. Die Folgen dieses Sieges waren
Szenen der Unmenschlichkeit und der Barbarei auf beiden Seiten, die
natürlichen Begleiter eines Rassenkrieges, wenn ein uralter, lang in der
Brust verschlossener Grimm zum Ausbruch kommt und sich nur durch
Blut besänftigen läßt. Die Heiden, die nach der Niederlage des
römischen Heeres die Flucht ergriffen hatten, warfen sich auf
Alexandrien, nahmen die jüdischen Einwohner, deren kriegsfähige
Jugend bei dem Aufstande war, gefangen und töteten sie unter
grausamen Martern. Die siegende jüdische Schar sah sich dadurch
zur Wiedervergeltung herausgefordert. Wie Verzweifelte warfen sie
sich auf das ägyptische Gebiet, zerstörten die Kastelle, nahmen die
Einwohner gefangen und erwiderten Grausamkeit mit Grausamkeit.
Die Juden sollen das Fleisch der gefangenen Griechen und Römer

---

[1]) [Über die dunklen Anfänge dieses Aufstandes könnte uns wahrscheinlich
der Papyrus Parisiniensis Nr. 68, herausgegeben von Brunet de Presle,
Paris 1865, bedeutende Aufschlüsse geben, wenn man denselben aus seinem
trostlosen Zustande erst zur richtigen Lesung bringen könnte. Wilcken hat im
„Hermes", Bd. 27 (1892), p. 464 ff. die Fragmente von neuem ediert und gründlich
behandelt. Darnach enthalten diese Fragmente einen Bericht über eine zwischen
dem Kaiser Trajan und einer Abordnung der Juden Alexandriens stattgehabte
Unterredung, in welcher die Juden über den Statthalter Lupus Klage führen.
Nach Wilckens Lesung ist ein Jude namens Paulus der Führer dieser jüdischen
Abordnung. Er verliest ein den Judenkönig betreffendes Edikt des Statthalters
Lupus, in welcher dieser den Juden besiehlt, daß sie ihm den König, den er
als einen Theaterkönig ($\mathit{\grave{α}πὸ\ σκηνῆς\ καὶ\ ἐκ\ μίνου\ βασιλέα}$) verspottet, vorführen
sollten. Die Juden berühren auch Straßenkrawalle und beklagen sich, daß man
Leute in die Gefängnisse gezerrt und mißhandelt habe. Mit diesem „König"
könnte nur der obengenannte Andreas oder Lucuas gemeint sein, welchen die
Juden nach Euseb. VI, 2 zum Könige ausgerufen hatten. Die Beschwerde
der Juden hat bei dem Kaiser kein Gehör gefunden. Die Juden Alexandriens
scheinen also nicht leichten Herzens zu den alsdann mit großer Erbitterung
geführten Waffen gegriffen zu haben, sondern erst nach erlittenen Mißhandlungen und nachdem sie mit ihren Beschwerden abgewiesen wurden].

[2]) [Nach Corp. inscr. Graec N. 4948 war Marcus Rutilius Lupus am
24. Mai 116 Statthalter von Ägypten. S. Schürer das. I. 558].

gegessen, sich mit deren Blut bestrichen und in deren geschundene Häute sich eingewickelt haben.

Wenn diese Scheußlichkeit dem jüdischen Charakter und den jüdischen Sitten fremd und unangemessen ist, also übertrieben scheint, so enthält doch die Quelle, welche diese Nachricht erzählt, wiederum manche glaubwürdige Züge. Die Juden zwangen die Griechen und Römer, mit wilden Tieren uud gegeneinander in der Arena zu kämpfen.[1]) Es war dies die traurige Repressalie für die blutigen Schauspiele, zu denen Vespasian und Titus die gefangenen Juden verurteilt hatten. In Kyrene sollen 200000 Griechen und Römer von den Juden erschlagen worden sein, und Lybien, d. h. der Küstenstrich östlich von Ägypten, war durch sie so sehr entvölkert worden, daß einige Jahre später neue Kolonien dahin geschickt werden mußten.[2])

Auf der Insel Cypern, wo von jeher viele Juden wohnten und Synagogen besaßen, leitete ein gewisser Artemion die Erhebung der Juden gegen die Römer. Die Zahl der Aufständischen, wahrscheinlich verstärkt durch unzufriedene heidnische Einwohner der Insel, war außerordentlich groß. Die cyprischen Juden sollen Salamis, die Hauptstadt der Insel, zerstört und 240000 Griechen umgebracht haben.[3]) Trajan, der sich in Babylon aufhielt, fürchtete die Ausbreitung dieses Aufstandes in hohem Grade und sandte eine Truppenmacht ab, die im Verhältnis zu der Größe der Gefahr stand. Einem seiner Hauptfeldherrn, Marcius Turbo, übergab er eine bedeutende Land- und Seemacht, die hochauflodernde Kriegsflamme der Juden in Ägypten, Kyrene und auf der Insel Cypern zu löschen. In der Euphratgegend, wo die Juden trotz der Nähe des Kaisers mit einer erdrückenden Militärmacht, eine drohende Haltung angenommen hatten, übergab er den Oberbefehl seinem Lieblingsfeldherrn Lucius (oder Lusius, Lysius) Quietus, einem maurischen Fürsten von grausamer Gemütsart, den er zu seinem Nachfolger bestimmt hatte. Wer der Anführer der Juden in Babylonien war, ist nicht bekannt. Ein römischer Feldherr namens Maximus verlor sein Leben in der Schlacht. Trajan hatte Quietus eingeschärft, die Juden seines Distriktes ganz zu vertilgen; so groß war die Furcht und das Rachegefühl des Kaisers gegen eine Nation, deren Kräfte er gar nicht in Anschlag gebracht zu haben schien. Auf drei Seiten

---

[1]) Dio Cassius 68, 32. Eusebius' Kirchengeschichte IV, 2. Appianus, bellum civile II, 90.

[2]) Eusebius' Chronik aus dem Armenischen II, p. 283 zum 14. Jahre Hadrians, auch bei Syncellus und Orosius. S. Münther, d. jüd. Krieg, S. 35.

[3]) Dio Cassius das.

hatte also Trajan gegen die Juden zu kämpfen, und wenn diese drei Brennpunkte der Empörung sich zu einem einzigen vereinigt und gegenseitig unterstützt hätten, so würde vielleicht schon damals der Riesenkoloß des römischen Reiches den Stoß erhalten haben, den er einige Jahrhunderte später durch die nordischen Barbaren erlitten hat.

Marcius Turbo, der den ägyptischen und kyrenäischen Aufstand zu bekämpfen hatte, eilte mit vollen Segeln nach den bedrohten Punkten und war in fünf Tagen an Ort und Stelle. Er vermied mit kluger Berechnung der feindlichen Kräfte jeden ungestümen Angriff, der für Volksmassen, welche mehr durch die Begeisterung einer Idee, als durch Kriegsordnung zusammengehalten wurden, günstig gewesen wäre und sie zum Siege geführt hätte. Er rieb vielmehr die Scharen der Aufständischen durch kleine Scharmützel auf, die sie allmählich müde machten und ihre Reihen lichteten. Doch erlagen die Juden nicht ohne tapfere Gegenwehr; die heidnischen, gegen die Juden parteiischen Quellen räumen ein, daß es erst nach vielen, lange dauernden Kämpfen den Römern gelang, Herren des Aufstandes zu werden.[1]) Den Römern mußte zuletzt der Sieg bleiben, weil sie mit überlegener Zahl, überlegener Kriegskunst und besonders weil sie mit Reiterei gegen halbbewaffnete Fußtruppen kämpften. Gegen die Gefangenen benahm sich Turbo mit einer Grausamkeit, welche bei den Römern nicht weiter auffiel. Die Legionen umringten die Gefangenen und hieben sie in Stücke, die Frauen wurden genotzüchtigt, die Widerstrebenden getötet.[2]) Die Stadt Alexandrien hatte durch diesen Krieg bedeutende Verwüstungen erlitten.[3]) Die uralte, alexandrinische Synagoge, ein Wunderwerk der ägyptisch-griechischen Baukunst, von welcher die Zeitgenossen sagten: „Wer sie nicht gesehen, hat noch nicht das Schönste gesehen", wurde bis auf den Grund zerstört. Die Zeitgenossen konnten nicht genug die Größe und die Pracht dieser Synagoge rühmen. Sie war wie eine Basilika gebaut, mit rings herum laufenden Säulengängen. Siebzig goldene Sessel, deren Zahl und Ordnung ein Nachbild des Synhedrions waren, waren darin für die Ältesten Alexandriens aufgestellt. Jedes Gewerk und Gewerbe hatte in dieser Synagoge eine eigene Abteilung, an welche sich die fremden, zugereisten Gewerksleute wenden und anschließen konnten. In der Mitte war eine Balustrade von Holz, worauf der Aufseher stand. So groß war der Umfang der Synagoge, daß einer dazu ernannt werden mußte, eine Fahne zu schwingen, so oft die Zuhörer auf den Segensspruch des

---

[1]) Dio Cassius das. Eusebius' K.-G. das.
[2]) Jerus. Sukka V. das. Midrasch Threni I, 45 und Esther das.
[3]) Eusebius' armenische Chronik das. zum ersten Jahre Hadrians.

Vorbeters mit Amen einfallen sollten. Diese Synagoge oder Proseuche — wie sie die Einwohner nannten — zerstörte Turbo. Seit der Zeit, fügte die jüdische Quelle hinzu, ist der Glanz Israels erloschen.[1] Von dem Gemetzel, welches Marcius Turbo unter den afrikanischen Juden anrichtet, erzählte dieselbe Quelle, sei das Blut der Erschlagenen ins Meer bis zur Insel Cypern geflossen. Dieser Zug ist eine Andeutung des Blutbades, das derselbe römische Feldherr auch unter den cyprischen Juden anrichtete. Turbo führte nach Beendigung des afrikanischen Aufstandes seine Legionen gegen diese Insel. Über die Einzelheiten dieses Krieges schweigen die Quellen ganz und gar, nur soviel ist sicher, daß die Juden gänzlich aufgerieben wurden. Indessen muß der Kampf auch hier so erbittert gewesen sein, daß sich in Cypern ein leidenschaftlicher Haß gegen die Juden vererbte, der sich in einem barbarischen Gesetze verewigte, nach welchem keiner dieses Stammes, nicht einmal im Notfalle, wenn er durch Schiffbruch an die Küste verschlagen würde, die Insel Cypern betreten durfte.[2]

Der Vertilgungskrieg, den Lucius Quietus gegen die babylonischen und mesopotamischen Juden zu führen hatte, ist in seinen einzelnen Zügen eben so wenig bekannt. Nur soviel weiß man, daß in diesem Kriege viele Tausende von ihnen aufgerieben und die auch von Juden bewohnten Städte N i s i b i s und E d e s s a zerstört wurden. Die Häuser, Straßen, Wege und Stege waren von Leichen besäet.[3] Als Belohnung für den großen Dienst, den jener Feldherr ihm bei der Bekämpfung der Juden geleistet, ernannte ihn Trajan zum Statthalter von Palästina (mit ausgedehnter Vollmacht),[4] ohne Zweifel, um den Aufstand im jüdischen Stammlande ebenso zu unterdrücken, da auch hier ein Aufstand, wenn auch nicht in der Ausdehnung wie in Ägypten und Kyrene, ausgebrochen war. Die Leiter desselben waren die Alexandriner J u l i a n u s und P a p p o s.

Doch während Quietus seine Blutarbeit in Palästina ausführte, mußte Trajan selbst Parthien verlassen, die Belagerung der Stadt Atra, wahrscheinlich in der Gegend von Nahardea,[5] wo ebenfalls Juden wohnten, aufgeben, und auch den Gedanken fahren lassen, das parthische Land in eine römische Provinz zu verwandeln. Durch das Scheitern seines Lieblingsplanes zusammengebrochen, erkrankte der

---

[1] Sukka 51 b. Jerus. das. 55 a.
[2] Dio Cassius das.
[3] Siehe Note 14.
[4] Dio Cassius das.
[5] Jer. Sabbat I, p. 4 a, כמן חוטרה לנהרדעא.

Kaiser, wurde in diesem Zustand nach Antiochien gebracht und starb nach einigen Monaten in Cilicien. Nicht einmal sein letzter Wunsch, seinen treuen Feldherrn Quietus zum Nachfolger zu haben, wurde erfüllt; seine schlaue Gemahlin Plotina vereitelte seinen letzten Willen und machte dem Heere weis, Trajan habe vor seinem Tode seinen Verwandten Älius Hadrianus zum Sohn und Thronfolger angenommen.

Siebentes Kapitel.

Hadrianische Regierungszeit. Aufstand der Juden gegen Quietus. Trajanstag. Julianus und Pappos. Bewilligung zum Bau eines Tempels in Jerusalem und Zurücknahme derselben. R. Josuas Einfluß. R. Gamaliels Tod. Wanderung des Synhedrions nach Uscha. Beschlüsse desselben.

Hadrian fand bei seinem Regierungsantritt (August 117) eine Reihe von Völkern schon im Aufstand begriffen, und andere, welche neuerdings Miene machten, die Fesseln des alles bezwingenden Rom zu sprengen. Kaum war die Kunde von Trajans Tod, dessen eisernen Arm man gefürchtet hatte, verbreitet, als im Morgen- und Abendland die Flammen des Aufstandes hell aufschlugen; der Wille der Völker, frei von römischer Untertänigkeit zu leben, gab sich, gleichsam wie verabredet, auf eine gewaltige Weise kund. Das parthische Land, wo Trajan vor kurzem erst einen Schein von römischer Oberherrlichkeit eingeführt hatte, einige kleinasiatische Länder, deren Bodenreichtum die kaiserlichen Beamten ausgesogen, das wilde Mauretanien und Sarmatien, das entfernte Britannien, dessen Einwohner von jeher nur unwillig das römische Joch trugen, alle diese Völker benutzten den Augenblick der Schwäche sich selbständig zu machen.[1]) Die Juden Palästinas, deren Haß gegen die Römer noch flammender war, hatten schon früher einen Aufstand organisiert, zu dessen Unterdrückung Quietus, nachdem er seine Blutarbeit in den Euphratländern vollendet hatte, von Trajan nach Palästina beordert worden war. Es war ihm aber noch nicht gelungen, Herr desselben zu werden, als Hadrian die Regierung antrat.

Über die Natur des Krieges in Judäa schweigen die Quellen ganz und gar. Die jüdischen Nachrichten nennen diese zweite Erhebung den Krieg des Quietus (Polemos schel Kitos).[2]) Sie scheint, einer Andeutung zufolge, eine üble Wendung für die Juden genommen zu haben; denn zu den öffentlichen Trauerzeichen, welche

---

[1]) Spartianus in Hadr., c. 5.
[2]) S. Note 1ᵃ.

nach der Tempelzerstörung eingeführt waren, fügte das Synhedrion neue hinzu. Es verbot, die Bräute am Hochzeitstage mit Kränzen zu schmücken und untersagte ferner das Erlernen des Griechischen für jedermann. Was man darunter verstand, ob Sprache oder Sitte oder sonst etwas eigentümlich Griechisches, läßt sich kaum mehr ermitteln, ebensowenig, welcher Zusammenhang zwischen dem Kriege und der Abneigung gegen das Griechische bestand. Waren vielleicht die griechischen Bewohner des palästinensischen Küstenstriches bundesbrüchig geworden und hatten die Juden im Stiche gelassen? Einer andern Andeutung nach scheint Jamnia, der Sitz des Synhedrions, eine Vorratskammer für Lebensmittel gewesen und infolge des Krieges zerstört worden zu sein.[1]) Wenn diese Nachricht über allen Zweifel gesichert wäre, dann würde sich daraus ergeben, daß sich auch die Tannaiten an dieser Erhebung gegen Trajan und am Kriege gegen Quietus beteiligt haben.

Während die palästinensischen Juden noch in großer Bedrängnis und nahe daran waren, Quietus' Vernichtungskrieg zu erliegen, scheint ein nationaler, begeisterter Dichter eine künstlerisch zusammengesetzte Geschichte, halb Wahrheit und halb Dichtung gestaltet zu haben, um den Rest der Krieger zum standhaften Ausharren zu ermutigen und in eindringlicher Beredsamkeit auf den hinzuweisen, der so oft Israel aus Nöten und Gefahren errettet. Dieser unbekannte kunstverständige Dichter, der Verfasser des Buches Judith, wollte in einem erdichteten Bilde aus der Vergangenheit die Gegenwart durchschimmern lassen und die Mittel an die Hand geben, wie das jüdische Volk dem racheschnaubenden Feinde begegnen und zugleich auf seinen Gott, der oft Wunder für dasselbe getan, vertrauen sollte, daß er es vor Untergang schützen werde. Er zeichnet darin, wie es augenfällig scheint, Trajan mit seinen glänzenden Erfolgen und Siegen im parthischen Lande unter dem Bilde Nebuchadnezars, seinen unerbittlich grausamen Feldherrn, den zweiten nach ihm, Lusius Quietus, unter der Hülle einer erdichteten Figur Olophernes, deutet an die Verzweiflung des jüdischen Volkes, das in höchster Gefahr schwebt, und die voraussichtliche Errettung durch eine anmutige Gestalt, die schöne und zugleich streng jüdisch-fromme Judith, die eine unerwartete Heldentat verübt. Das Buch Judith ist nach allen Seiten darauf angelegt, den Mut halbverzweifelter Krieger und Aufständischen zu beleben und ihnen nahe Hilfe zu verheißen. Es wurde, wenn es in dieser Zeit gedichtet ist, unter dem Rest der Kämpfer in der Ebene Jesreël (Esdrelom) verbreitet, damit sie sich daran zum ferneren Widerstand aufrafften.

---

[1]) Tosifta Demai, c. I.

Der Gang der künstlerisch angelegten Erzählung ist folgender. **Nebuchadnezar**, König der Assyrer in Ninive, will den mächtigen König **Arphaxad** (Arsakes?) von Medien, der sich eine riesige Festung Ekbatana erbaut, besiegen. Es stehen ihm zwar viele Völkerschaften zur Seite, aber um des Sieges gegen den starken Feind sicher zu sein, fordert er noch andere Nationen zum Beistande auf, auch die Bewohner vom Karmelgebirge, von Gilead, Samaria, Jerusalem und von Ägypten. Aber sie hören nicht auf das Wort des frechen Nebuchadnezar. In seinem Zorne schwört er bei seinem Throne an ihnen, die seinen Befehl gering geachtet haben, grausige Rache zu nehmen. Nachdem er Arphaxad besiegt und Ekbatana erobert, sendet er seinen Feldherrn, den zweiten nach ihm, **Olophernes**, aus, um diejenigen Völker, die ihn verachtet, schwer zu züchtigen, wenn sie sich nicht vollständig unterwerfen und ihn als Gott anerkennen wollten. Mit einem Heere, unzählig wie der Sand im Meere, zieht Olophernes nach Westen, alles vor sich niederwerfend, bis er zur Küste des Mittelländischen Meeres gelangt. Die Bewohner dieses Küstenstriches unterwerfen sich ihm ohne die geringste Gegenwehr, und Olophernes reißt ihre Tempel und Haine nieder und glaubt, er werde alle Götter stürzen, damit alle Völker und Stämme Nebuchadnezar als einen Gott verehren sollten.

Die Söhne Israels und die Bewohner Judäas geraten bei der Nachricht von dieser allgemeinen sklavischen Unterwürfigkeit in große Furcht und zittern für Jerusalem und den Tempel, den sie, jüngst erst aus der babylonischen Gefangenschaft zurückgekehrt,[1]) erbaut hatten. Nichtsdestoweniger rüsten sie sich zum Widerstande; sie sind entschlossen, ihre Heiligtümer nicht schänden zu lassen, und keinen andern Gott anzubeten, als den ihrer Väter. Sie besetzen demzufolge alle Anhöhen des Landes, befestigen die Städte und Dörfer und legen Mundvorrat hinein. Der Hohepriester der damaligen Zeit, **Joakim**, faßt den rechten Punkt zur Abwehr ins Auge. Wenn der Feind ins Innere des Landes eindringen soll, muß er durch die Ebene **Jesreël** (Esdrelom), und durch einen Engpaß ziehen, welcher nur für zwei Menschen einen Durchgang läßt. Dieser Engpaß liegt nahe bei **Bethlua** (unweit Dotain). Würde dieser von den Bewohnern der Stadt besetzt werden, so könnten sie das Eindringen des Feindes ins Innere leicht verhindern.[2]) Der Hohepriester und der Rat der Alten schreiben daher an die Bewohner von Bethlua und Bethomastaim, beide in der genannten Ebene, den Engpaß sorgfältig und

---

[1]) Judith 4, 3. Über die Komposition des Buches Judith s. Note 14.
[2]) Das. 4, 7. Darin liegt wahrscheinlich ein Stück Kriegsgeschichte aus Quietus' Zeit.

tapfer zu schützen, weil dadurch das Heiligtum in Jerusalem vor Entweihung gewahrt werden könne. Aber auf menschliches Tun und menschliche Klugheit allein will sich das Volk nicht verlassen, sondern es erhebt seine Seele in inbrünstigem Gebet, in Sack und Asche trauernd und fastend, zum Himmel. — Zornentflammt sieht Olophernes die Gegenwehr von seiten der Juden, die ihm die Straßen verlegt und seinen Zug hemmt. Kaum ist ihm dieses Volk, das ihm Hindernisse in den Weg legt, dem Namen nach bekannt.[2]) Er befragt die Nachbarländer darüber. Ein Ammoniter A ch i o r wagt es, ihm eine unwillkommene Antwort zu geben. Er gibt dem heidnischen Feldherrn einen Überblick über die Vergangenheit des jüdischen Volkes, in der sich der Gedanke betätigt habe, daß Glück und Unglück dieses Volkes allein von seinem frommen oder sündhaften Verhalten gegen Gott abhänge. Achior wagte es sogar, dem Hochmütigen zu raten, Israels Gefilde zu verlassen, sonst würde er einen schmählichen Untergang darauf finden, so das Volk sich nicht gegen Gott vergangen habe. Wegen seiner kühnen Rede wird er gefesselt den jüdischen Bewohnern von Bethlua überliefert, um mit ihnen zusammen das unabwendbare Strafgericht zu empfangen.

Indessen vermochte der wutentbrannte Olophernes doch nichts gegen das durch steile Berge und tapfere Krieger gut bewachte Bethlua, seine Reiterei und sein Fußvolk, wie gewaltig auch ihre Zahl, vermag er nicht zu verwenden. Er befolgt daher den Rat der Nachbarvölker, der Söhne Esaus, Moab und der Anführer des Küstenstriches,[3]) den Belagerten die Wasserquellen zu verschließen und abzuschneiden. Dieses Mittel schlägt nur zu gut an, Wassermangel stellt sich in Bethlua ein und bricht allen den Mut zum Widerstande. Das verschmachtete Volk verlangt von seinem Oberhaupt O s i a, die Stadt dem Feinde zu übergeben, und dieser verspricht ihm, wenn sich innerhalb fünf Tagen nicht die Hilfe Gottes zeigen sollte, Olophernes die Tore zu öffnen. — In dieser allgemeinen Mutlosigkeit und der voraussichtlichen Gefahr erhebt sich aus dunklem Hintergrunde die Heldin, die schöne, gottesfürchtige und mutige J u d i t h (das Judentum in verklärter Gestalt). Judith ist seit einigen Jahren Witwe, lebt seit dem Tode ihres Gatten M a n a s s e zurückgezogen und in Trauergewändern, und obwohl reich, fastet sie alle Tage mit Ausnahme der Sabbate, Feiertage, der Rüsttage und

---

[1]) Auch dieser Zug Judith 5, 1—4 ist geschickt angebracht. Den Römern der Trajanischen Zeit waren das jüdische Volk und seine zelotischen Kämpfe aus dem Gedächtnis geschwunden.

[2]) Auch dieser Zug das. 7, 8 fg. scheint einen geschichtlichen Charakter zu haben. Die στρατηγοί τῆς παραλίας können Griechen und Gräkosyrer gewesen sein. Das Abschneiden der Quellen spielt auch im Barkochba-Kriege eine Rolle.

der Freudentage (Gedenktage) des Hauses Israel.¹) Sie ist über den Beschluß, die Stadt binnen kurzem zu übergeben, tief betrübt, läßt das Oberhaupt Osia zu sich kommen und macht ihm Vorwürfe, daß er Gott versucht habe. Man solle doch an Gottes Hilfe nicht sogleich verzweifeln, die gegenwärtig um so gewisser zu erwarten sei,²) „als es in unseren Tagen keinen Stamm, keine Familie, keinen Kreis und keine Stadt unter uns gebe, welche vor händegemachten Göttern das Knie beugt, wie in früheren Tagen," was eben Unheil über Israel herbeigeführt hat. „Wir aber wollen keinen anderen Gott anerkennen, darum wird er uns auch nicht verwerfen." — Judith verspricht ihnen unter Gottes Beistand Hilfe und zieht nachdem sie sich durch inbrünstiges Gebet gestärkt, mit ihrer Dienerin aus der Stadt, um sich geschickt und mit aller Art weiblicher Zier in des Feindes Lager zu begeben. Sie läßt von ihrer Dienerin in einem Korbe Wein, Öl, reines Brot und sogar Gerstengraupen und trockne Feigen mitnehmen; denn sie ist entschlossen, auch in der Nähe des Feindes an ihrem frommen Wandel festzuhalten, um sich nicht an Heidenspeise zu verunreinigen.³)

In Feindes Lager angekommen, erregt Judiths Schönheit und Anmut das Staunen der rauhen Krieger, und noch mehr des Olophernes, zu dem sie geführt wird. Sie erklärt ihm ihr Überlaufen durch die eingerissene Sündhaftigkeit des Volkes, das in seiner Not das vom Gesetze Verbotene genießt, sogar die Erstlinge des Getreides, den Zehnten vom Wein und Öl, den ein Laie nicht einmal mit Händen berühren dürfe.⁴) Wegen dieser Entweihung und Gesetzvergessenheit sei sie, die Fromme und Gottesfürchtige, von Gott zu ihm gesandt, ihm den baldigen Sieg zu verkünden und ihn mitten durchs Land bis vor Jerusalem zu führen. Olophernes, von ihrer Schönheit und ihrer anmutigen Rede bestochen, glaubt ihren Worten und gestattet ihr freie Bewegung innerhalb des Lagers und noch weiter. In seiner Geilheit lädt er sie zu einem einsamen Gelage und sie weigert sich nicht, mit ihm allein zu bleiben. In seiner Freude berauscht sich Olophernes, fällt in einen tiefen Schlaf, aus welchem er nimmer erwacht. Mit ihrer schwachen Hand schneidet Judith ihm das Haupt mit einem verborgen gehaltenen Messer ab, verbirgt es in ihrem Korbe, verläßt das Gemach und das Lager. Die Wachen, an ihre nächtlichen Wanderungen um im Flusse zu baden, gewöhnt, lassen sie frei ziehen. So gelangt sie bis an die Tore des nahegelegenen Bethlua, ruft die Schildwache, ihr die Tore zu öffnen und

---

¹) Judith 8, 6. ²) Das. 8, 17, 18, 20.
³) Das. 10, 5, auch 12, 1—2; 18—19.
⁴) Das. 11, 12—14.

zeigt zum Erstaunen des Volkes bei grellem Fackellicht das blutende
Haupt des Wüterichs. Die Belagerten fühlen sich dadurch ermutigt,
mit frühem Morgen einen Ausfall in des Feindes Lager zu machen,
und dieses, durch den Tod seines Heerführers entmutigt, stäubt auseinander. Israel ist abermals gerettet, preist seinen Gott und die
Heldin, die in ihrer Schwäche das vollbracht hat, was dem Starken
nicht gelungen ist. — Die Judithschrift oder die Susa-
rolle (Megillat Schuschan), wie sie in jüdischen Kreisen betitelt wird,
wollte vielleicht den gegen Quietus aufständischen Juden Palästinas
an die Hand geben, wie sie durch Besetzung der Berge und Engpässe
und durch Standhaftigkeit den Feind müde machen und einem mutigen
jüdischen Weibe einen Wink geben, wie sie dem ausschweifenden
Wüterich beikommen könnte. Das merkwürdige Buch trägt allzu
kenntlich das Gepräge dieser Zeit der Drangsale unter Quietus an
sich, als daß es nicht in ihr entstanden sein sollte.

Das jüdische Volk in Judäa wurde indes auf andere Weise von
dem herzlosen Quietus befreit; er konnte seinen Vernichtungsplan
nicht durchführen. Der neue Kaiser selbst hemmte seinen Siegeslauf.
Hadrian, der mehr Ehrgeiz als kriegerischen Mut besaß, dessen
innerem Wesen mehr der Nimbus kaiserlicher Autorität einer friedlichen Regierung, als die Anstrengung eines rauhen, mühevollen
Kriegslebens zusagte, schreckte vor dem Anblick so vieler Aufstände,
vor der Aussicht auf so viele langwierige Kriege zurück. Ohnehin
neidisch auf den Ruhm seines Vorgängers, für den er nichts empfand
und dem der Senat nicht genug Triumphe zu dekretieren wußte und
zu schwach, ihm darin gleichzukommen oder gar ihn zu verdunkeln,
ging er zum ersten Male von der hartnäckigen römischen Politik ab,
die, um alles zu behaupten, alles wagte; er schlug den Weg der
Nachgiebigkeit ein. Wie er das parthische Land ganz seinen Fürsten
überließ und sich von jedem Anspruch darauf lossagte, wie er auch
den andern im Aufstande begriffenen Provinzen Zugeständnisse machte,
ebenso scheint er den Juden, um sie zu beruhigen, ihre scheinbar unschuldigen Wünsche gewährt zu haben. Zu diesen Wünschen gehörten
wohl die Entfernung des herzlosen Quietus und die Wiederherstellung des Tempels. Der allmächtige Feldherr wurde von Hadrian
seines Amtes entsetzt. Wiewohl an dieser Entsetzung des Kaisers
Neid auf diesen ihm überlegenen und bevorzugten Feldherrn und
Statthalter einen großen Anteil hatte, so scheint sie doch auch zugunsten
der Juden geschehen zu sein, um ihre Hauptbeschwerde zu beseitigen.
Ehe Quietus seine Ungnade erfuhr, war er im Begriff, über die zwei
jüdischen Leiter, Julianus und Pappos, die in seine Hände
geraten waren, das Todesurteil zu sprechen; in Laodicea sollten sie
hingerichtet werden. Höhnisch sprach er zu ihnen: „Wenn euer Gott

so mächtig ist, wie ihr behauptet, so möge er euch aus meiner Hand retten." Sie erwiderten ihm: „Du bist kaum würdig, daß Gott deinetwegen ein Wunder tun sollte, denn du bist nicht Selbstherrscher, sondern nur Untertan eines Höheren." Und im Augenblick, als die zwei Gefangenen zum Märtyrertod geführt werden sollten, traf aus Rom der Befehl ein, welcher den Blutrichter von der Statthalterschaft in Judäa abrief. Quietus verließ Palästina, den Schauplatz seiner fast zweijährigen Grausamkeit, um kurze Zeit nachher auf Hadrians Befehl hingerichtet zu werden. Der Tag der Befreiung Julianus' und Pappos' am zwölften Addar (im Februar 118?), wurde als ein denkwürdig-freudiges Ereignis verewigt; das Synhedrion setzte ihn als Halbfeiertag in den Kalender ähnlicher Gedenktage unter dem Namen Trajanstag (Jom Tirjanus) ein.[1]

Es ist gar nicht daran zu zweifeln, daß die Juden, als sie die Waffen streckten, die Bedingung gestellt haben, den Tempel auf seiner früheren Stätte wieder aufbauen zu dürfen. Eine jüdische Quelle erzählt diese Tatsache mit deutlichen Worten, und auch christliche Nachrichten versichern auf das Bestimmteste, daß die Juden mehrmals versucht haben, den Tempel wiederherzustellen, was sich eben nur auf die ersten Regierungsjahre Hadrians beziehen kann. Die Stadt Jerusalem, die, wenn nicht ganz zerstört, doch zum großen Teil verödet war, sollte sich wieder aus den Trümmerhaufen erheben. Die Aufsicht über den Bau der Stadt soll Hadrian dem Proselyten Akylas anvertraut haben.[2]

Der Jubel der Juden war nicht gering über die wiedergewonnene Selbständigkeit und namentlich über die Aussicht, wieder einen heiligen Mittelpunkt zu besitzen. Ein Jubeljahr war seit der Tempelzerstörung verflossen, ein Zeitraum, gerade so lange als die Zeit zwischen der Einäscherung des ersten Heiligtums und der Rückkehr aus der babylonischen Gefangenschaft. Die kühnsten Hoffnungen wurden durch das von Hadrian erlangte Zugeständnis rege. Ein jüdisch-alexandrinischer Dichter gab den Gefühlen, welche die Brust der Juden damals schwellten, in griechischen Versen Ausdruck. Der unbekannte Sänger legt sie, wie seine Vorgänger über anderthalb Jahrhunderte vorher,[1] einer heidnischen Seherin, der Sibylle, der Schwester der Isis, in den Mund, so daß es den Anschein gewinnt, als wenn die glanzvoll anbrechende Zeit lange vorher verkündet worden wäre. Sie führt zuerst die Reihe der römischen Selbstherrscher seit Cäsar in rätselhafter Andeutung ihrer Namen auf:

[1]) S. Note 14.
[2]) Das.
[1]) S. Band III, 5. Aufl., p. 375 und 611 über die Sibyllinen.

Die jüdische Sibylle unter Hadrian.

.... „und nach ihm wird
Herrscher ein anderer Mann mit silbernem Helm; eines Meeres
Namen er trägt,[1] ein gar trefflicher Mann und der alles einsiehet.
Und unter dir, du trefflicher, herrlicher, dunkelgelockter,
Und unter deinem Geschlecht nach dir geschieht dies alle Zeiten.

Doch wann das persische Land einst frei sein wird von dem Kriege,
Frei von Leiden und Pest, dann wird der glücklichen Juden
Göttlich Geschlecht jenes Tags sich erheben, der Himmelsbewohner,
Welche mitten auf Erden rings her die Stadt Gottes bewohnen,
Und bis nach Joppe hinab mit hoher Mauer umschließen,
Kühn auftürmend zur Höh' und bis zu den dunkelen Wolken.
Nicht mehr wird kriegsmörderischen Ton die Trompete erdröhnen,
Nicht mehr geh'n sie zugrund durch die rasenden Hände des Feindes;
Sondern es werden Trophäen in der Welt stehen über das Böse.
Quäle das Herz nicht mehr, nicht setze das Schwert auf die Brust dir,
Göttlicher Sproß, überreich, du einzig begehrliche Blume,
Licht du, gut und hehr, ersehntes Endziel und heilig,
Liebliches jüdisches Land, schöne Stadt, begeistert durch Lieder.
Nicht mehr wird der unreine Fuß der Hellenen in deinem Lande
Rasen umher, im Herzen beseelt von dem Geiste gleicher Satzung,
Sondern es werden in Ehr' dich halten vortreffliche Diener,
Und sie werden den Tisch hinsetzen mit heiliger Rede,
Mit verschiedenen Opfern und Gott wohlgefälligem Beten.
Fromme, die leiden und hartes Bedrängnis geduldig ertrugen,
Sie werden Gutes vielmehr und Herrliches bringen zuwege,
Die aber üble Red' ohne Fug zum Himmel gesendet,
Sie hören auf, die Zwietracht zu regen gegeneinander,
Werden sich selbst verbergen, bis einst die Welt sich geändert.
Aber ein Regen wird kommen, von brennendem Feuer aus den Wolken;
Nicht mehr ernten die Menschen vom Felde die treffliche Ähre,
Nirgends wird noch gesät noch gepflügt, bis die sterblichen Menschen
Schaun den unsterblichen Gott, den Gott über sämtlichen Wesen,
Ihn, der in Ewigkeit ist, bis nicht mehr das Sterbliche altert,
Weder die Hunde noch Geier, wovon der Ägypter lehret,
Mit leckem Munde und törichten Lippen sie zu verehren.
Nur das heilige Land der Hebräer wird alles dies bringen,
Naß vom honigträufelnden Felsen und von der Quelle,
Und auch ambrosische Milch wird strömen für alle Gerechten,
Denn sie haben auf Gott, den einzigen großen Erzeuger,
Ihre Hoffnung gesetzt in Frömmigkeit und voller Treue.

Denn vom himmlischen Lande herab ein glückseliger Mann kam,
In den Händen er hielt ein Zepter, das Gott ihm behändigt,
Und über alle gebot er mit Ruhm, und allen den Guten
Gab er den Reichtum zurück, welchen frühere Männer genommen.
Sämtliche Städte zerstört' er mit vielem Feuer von Grund aus,

---

[1] Das Meer Adria = Adrianus.

Und verbrannte die Sitze der Menschen, die Böses verübet
Ehemals; aber die Stadt, welche Gott wohlgefiel, diese machte er
Glänzender als die Gestirn', als die Sonne und als wie der Mond ist,
Zierte sie aus mit Glanz und schuf einen heiligen Tempel,
Körperlich sichtbar und schön und prachtvoll, auch formt' einen Turm er.

So daß alle, die treu und gerecht, nun konnten anschauen
Gottes, des Ewigen Glanz und sein ersehntes Erscheinen
Aufgang und Niedergang hat die Herrlichkeit Gottes gepriesen.
Denn nicht Schlimmes wird den armseligen Menschen begegnen,
Auch ist kein Ehebruch mehr und schändliche Liebe der Knaben,
Nicht mehr Mord und Kriegslärm, nur gerechter Eifer ist allen,
Endlich erscheint die Zeit der Heiligen, wo dies vollführt
Der hochdonnernde Gott, der den mächtigen Tempel gegründet".[1]

So jubelte und schwärmte die jüdische Sibylle und träumte den baldigen Sturz des Heidentums. Der Kaiser Hadrian war bei den Juden im Anfang seiner Regierung eine beliebte Persönlichkeit. Aber in dem Maße, wie sie in dem Gedanken glücklich waren, bald wieder einen Tempel und eine Sühnestätte zu besitzen, in demselben Maße fühlten die Judenchristen in der Nähe Ingrimm gegen diese begonnene Restauration. Sie hatten sich allzutief in den Glauben hineingewühlt, daß Jesus, als Messias, Hoherpriester und Opfer den Tempel entbehrlich gemacht habe. Sie erwarteten täglich seine Wiederkunft auf den Wolken des Himmels, auf daß er nach dem bereits abgelaufenen sechsten Jahrtausend der Welt (nach ihrer Berechnung) das tausendjährige Reich messianischer Glückseligkeit bringen solle. Eine Wiederherstellung des Tempels hätte ihre Berechnung und Hoffnung zuschanden gemacht. „Siehe," sprachen die Judenchristen, „diejenigen, welche diesen Tempel zerstört haben, werden ihn erbauen. Mag's geschehen. Durch ihre (der Juden) Kriege wurde er von den Feinden zerstört; jetzt werden ihn die Diener der Feinde wieder errichten. Indessen nur damit die heilige Stadt, der Tempel und das Volk Israel wieder überliefert werden".[2] Zwei erbitterte Volksklassen hatten die Juden Judäas, welche die Restauration mit scheelen Augen ansahen, die Judenchristen und die Samaritaner. Beide haben es vermutlich nicht an Anstrengung fehlen lassen, sie zu hintertreiben.

Die Begünstigungen, die Hadrian den Juden gewährte, lagen im Interesse seiner kriegsscheuen Politik. Durch die Befriedigung ihrer Wünsche entwaffnete er nicht nur die zum Kriege Gerüsteten, sondern machte sie zu Verbündeten, auf deren Treue er für den

---

[1] S. Friedlieb, Die Sibyllinischen Weissagungen. Sibyllina V, V. 247—285; 414—434.
[2] Note 14.

Hoffnung auf Wiederherstellung des Tempels.

Fall rechnen konnte, wenn die Parther, wie zu befürchten stand, angriffsweise ins römische Gebiet einfallen sollten. Mit dem Wiederaufbau des Tempels machten die Juden vollen Ernst. Julianus und Pappos, die Leiter des Aufstandes, welche eben erst durch Hadrians Dazwischenkunft dem Tode entgangen waren, nahmen sich dieser Angelegenheit mit Eifer an. Sie stellten Wechseltische in Galiläa und Syrien, von Akko bis Antiochien auf, um die ausländischen Münzen, welche zum Tempelbau von den auswärtigen Juden einliefen, gegen inländische und gangbare umzutauschen.[1]) Die Juden aller Länder scheinen sich nach dieser Nachricht an dem Nationalwerke beteiligt zu haben.

Indessen erschienen bald die großen Erwartungen, die man sich von der Wiederherstellung des Tempels gemacht hatte, als ein süßer Traum, der vor der rauhen Wirklichkeit erblaßt. Denn kaum hatte Hadrian in seinem Reiche festen Fuß gefaßt und die unruhigen Völker beschwichtigt, als er nach Art schwacher Fürsten seine Verheißungen zu schmälern und zu deuteln begann. Eine Nachricht erzählt, daß die Samaritaner, neidisch darauf, daß der Tempel zu Jerusalem, ihr ewiger Anstoß, sich wieder aus dem Schutte erheben sollte, sich bemühten, dem Kaiser das Gefährliche einer solchen Wiederherstellung begreiflich zu machen. Wie ihre Vorfahren ehemals den persischen Machthabern, so sollen sie jetzt dem römischen Imperator bewiesen haben, daß der Bau eines Tempels zum Hintergedanken einen vollständigen Abfall von Rom habe, daß also das Mittel zur Vermeidung des Abfalles gerade zum Abfall führen würde. Indessen mochten Hadrian oder seine Beamten in Judäa auch ohne Eingebung der Samaritaner auf diesen Gedanken gekommen sein. Genug, Hadrian, der nicht wagte, sein Wort ganz zurückzunehmen, mäkelte daran. Er soll nämlich, wie die Quelle erzählt, den Juden zu verstehen gegeben haben, daß sie den Tempel auf einer andern Stelle, nur nicht auf den Trümmern der alten Stätte, erbauen, oder daß sie ihn in einem kleinern Maßstabe anlegen sollten. Die Juden, welche diese Ausflucht verstanden und darin ein Zurücknehmen des kaiserlichen Versprechens erblickten, waren nicht gesonnen, mit sich spielen zu lassen. Bei der Nachricht davon bewaffneten sich viele wieder und kamen abermals im Tale Rimmon in der Ebene Jesreël zusammen. Als man das Schreiben vorlas, brachen die Volksmassen in Tränen aus. Ein Aufstand und ein erbitterter Krieg, wie er später zum Ausbruch kam, schien unvermeidlich. Doch gab es auch Friedlichgesinnte unter dem Volke, welche das Gefährliche eines Aufstandes unter den damaligen Um-

[2]) Genesis Rabba, f. dieselbe Note.

ständen erkannt haben mochten. An der Spitze der Friedenspartei stand R. Josua. Er war nicht, wie die meisten seiner jüdischen Zeitgenossen, von blinden Vorurteilen gegen die Heidenwelt eingenommen, er sprach ihnen nicht, wie es auch Christen taten, alle Tugenden und allen Wert in Gottes Augen ab. Im Gegenteil behauptete R. Josua: „Die Frommen und Sittlichen aller Völker haben Anteil am zukünftigen Leben der Seligkeit zu erwarten."¹) Ihn rief man schnell herbei, damit er durch sein Ansehen und seine Beredsamkeit die aufgeregte, kriegslustige Menge beschwichtigen solle. R. Josua sprach zum Volke in derselben Form, welche sich stets zur Umstimmung von Volksmassen bewährt und wirksam zeigte; er trug eine Fabel vor und zog daraus die Nutzanwendung für die damalige Lage. „Ein Löwe hatte sich einst an seiner Beute gesättigt, aber ein Knochen blieb ihm davon im Halse stecken. In der Angst versprach er demjenigen eine große Belohnung, der ihm den Knochen herausziehen würde. Ein Kranich mit langem Halse stellte sich dazu ein, vollzog seine Operation und verlangte zuletzt seinen Lohn. Der Löwe aber sprach spöttisch: „Sei froh, daß du deinen Kopf unversehrt aus des Löwen Rachen gezogen hast." „Ebenso," fuhr R. Josua fort, „sollten wir froh sein, daß wir mit heiler Haut aus des Römers Hand davon kamen, und nicht so ungestüm auf der Erfüllung seines Versprechens bestehen." Durch diese und ähnliche Worte hielt er das Volk für den Augenblick von einem Aufruhr zurück.²) Doch ging das Volk mit dem Gedanken an einen Aufstand auseinander, und es rüstete sich dazu mit einer Zähigkeit, welche eines bessern Ausgangs würdig gewesen wäre.

R. Josua war in der hadrianischen Zeit der Hauptführer des Volkes und scheint auch das Patriarchat verwaltet zu haben³); denn R. Gamaliel war wohl im Anfang der hadrianischen Regierung bereits gestorben. Die Ehren, die seiner Leiche erwiesen wurden, bewiesen, wie hoch er in der Volksmeinung stand. R. Josua und R. Elieser mit ihren Jüngern hielten Trauer um ihn.⁴) Der Proselyt Akylas verbrannte nach alter Sitte, wie bei königlichen Leichenbegängnissen, Kleider und Möbelstücke im Werte von siebzig Minen (ungefähr 150 Taler). Als man ihm diese Verschwendung vorwarf, erwiderte er: „R. Gamaliel ist mehr wert, denn hundert

---

¹) S. Note 6.
²) Genesis Rabba in Note 14.
³) Das. und Brief Hadrians an Servianus bei Vospiscus in Saturninum daselbst.
⁴) Moed Katan 27 a. Jerus. das. III, p. 83 a. Hier fehlt mit Recht das Epitheton „der Alte", welches im Babli steht.

Könige, an denen die Welt nichts hat."¹) Von diesem Gepränge
stach die Einfachheit der Leichenkleider ab, welche R. Gamaliel selbst
vor seinem Tode ausdrücklich für sich angeordnet hatte. Es war
nämlich bis dahin Sitte, die Leichen in kostbaren Kleidern zu bestatten, ein Aufwand, der den Unbemittelten so schwer fiel, daß
manche öfter ihre verstorbenen Verwandten im Stiche ließen, um
sich den Unkosten zu entziehen. Um diesem Aufwande zu steuern,
verlangte R. Gamaliel in seinem letzten Willen, daß man ihn nur
in einfachem weißen Leinen bestatten sollte. Von der Zeit an wurde
der Brauch einfacher Leichenbestattung Sitte, und die dankbare Nachwelt
pflegte beim Leichenmahle einen Trostbecher mehr zum Andenken an
R. Gamaliel zu leeren.²) Er hinterließ einige Söhne; doch scheint
der ältere, Simon, noch zu jung zur Übernahme des Patriarchats
gewesen zu sein, deswegen verwaltete wohl R. Josua dieses Amt
als Ab-bet-din (Stellvertreter). R. Josua wollte nach R. Gamaliels
Tode manche Gesetzesbestimmungen widerrufen, welche durch dessen
Autorität eingeführt wurden; dagegen widersetzte sich R. Jochanan
ben Nuri und zog die meisten Tannaiten auf seine Seite.³) —
Auch sein Mitpräsident R. Eleasar ben Asaria und sein Gegner
R. Elieser scheinen in der hadrianischen Regierungszeit nicht mehr
am Leben gewesen zu sein. — Es ist kaum daran zu zweifeln, daß
nach R. Gamaliels Tod das jamnensische Synhedrion nach Obergaliläa auswanderte; Uscha⁴), in der Nähe der mit ihr oft zusammen genannten Nachbarstadt Scheforam⁵), zwischen Akko
und Safet gelegen, wurde Synhedrialstadt. R. Ismael wird unter
denen genannt, die nach Uscha ausgewandert waren.⁶) Hier erließ
das Synhedrion einige Verordnungen von hoher sittlicher und geschichtlicher Bedeutung, die unter dem Namen Verordnungen
von Uscha (Tekanot Uscha) Gesetzeskraft erhalten haben.⁷) Eine
von ihnen bestimmte, daß der Vater gesetzlich gehalten sei, seine
unmündigen Kinder zu ernähren und zwar Knaben bis zum zwölften
Jahre und Mädchen bis zu ihrer Verheiratung; bisher war die Sorge

¹) Tosifta Sabbat, c. 8, 18. Aboda Sara 11 a. Semachot, c. 8. An
allen diesen Stellen ist dasselbe Epitheton „der Alte", als wenn sich diese Tatsache auf den ältern R. Gamaliel bezöge, ein augenfälliger Abschreibefehler.
²) Tosifta Nidda Ende. Ketubbot 8 b.
³) Erubin 41 a.
⁴) Jetzt El-Us nach Schwarz, Palästina, S. 96 und Kieperts Karte zu
Robinsons und Smiths Palästina.
⁵) Jetzt Schefa-Amar nach demselben und Robinson das. III, S. 883.
⁶) Baba Batra 28 a, vergl. Nidda 14 a. שאל ר' אלעזר בר צדוק לפני
חכמים באושא . . . כך פרשו חכמים בינבה.
⁷) Ketubbot 49 a, 50 b. Jerus. Ketub. III, 28. Moed Katan III, 81 d.

für die Kinder dem Elterngefühl frei überlassen. Eine andere Verordnung bestimmte, daß ein Sohn, welchem von seinem Vater schon bei Lebzeiten das ganze Vermögen überlassen wurde, stillschweigend verpflichtet sei, seinen Vater und dessen Frau zu erhalten. Eine dritte beschränkte die maßlose Verteilung der Güter zu wohltätigen Zwecken, welche in dieser Zeit stark überhand genommen hatte. Diese Verordnung setzte fest, daß man nicht mehr als den fünften Teil des Vermögens verschenke. R. Isebab, der später den Märtyrertod starb, war im Begriff, sein ganzes Vermögen unter Arme zu verteilen; aber R. Akiba verhinderte es mit Hinweisung auf jene Verordnung. Ein Beschluß von Uscha scheint eine Reaktion gegen Gamaliels Bannstrenge erzielt zu haben. Er bestimmte, daß kein Mitglied des Kollegiums fortan in den Bann getan werden dürfe, es müßte denn geradezu das ganze Gesetz verhöhnen und aufheben, wie der König Jerobeam.[1]) Dieser Umstand beweist, daß die Einheit des Gesetzes bereits derart befestigt war, daß man von der Meinungsverschiedenheit und den auseinandergehenden Lehrweisen nicht mehr, wie früher, eine tiefergehende Spaltung zu fürchten hatte; man fühlte nur die Härte, die darin lag, über Genossen den Bann zu verhängen und sie von der Beteiligung am Lehrhause auszuschließen. R. Josua mochte wohl zu diesem Beschlusse beigetragen haben.

Das leidliche Verhältnis zwischen dem Kaiser Hadrian und den Juden dauerte nicht viel über ein Jahrzehnt, es war kein natürliches. Jener konnte es nicht vergessen, daß er gezwungen worden, dieser verachteten Nation Zugeständnisse zu machen, und diese konnten es nicht verschmerzen, daß er wortbrüchig gegen sie geworden und sie um ihre schönste Hoffnung gebracht hatte. Die gegenseitige Antipathie zeigte sich bei Hadrians Besuch oder Durchreise in Judäa. Dieser Kaiser hatte nämlich aus Eitelkeit, um mit Recht Vater des Vaterlandes genannt zu werden und aus innerer Unruhe und müßiger Geschäftigkeit, die ihn stets von einem Orte zum andern trieben, fast sämtliche Provinzen des großen römischen Reiches besucht, hat alles mit eigenen Augen sehen wollen, sich mit seiner kleinlichen Neugierde um alles gekümmert und mit Weisen, sowie mit Männern von Geist aus allen Nationen Gespräche angeknüpft. Hadrian war ein Schöngeist, besaß auch die Eitelkeit, sich für einen Philosophen zu halten, und gefiel sich darin, alles besser als andere wissen zu wollen. Ob er die Stimmung der Provinzen richtig beurteilt hat? Über die der Juden hat sich der schnell urteilende

---

[1]) Moed Katan das. [Vergl. die verschiedenen Ansichten über die Verordnungen von Uscha, Weiß, Geschichte der Tradition II, S. 146 a, 1].

Kaiser entschieden getäuscht. Bei seiner Anwesenheit in Judäa (Sommer 130)[1]) waren ihm gewiß in Untertänigkeit und speichelleckerischer Kriecherei entgegengekommen, um ihn als Halbgott oder gar Vollgott zu begrüßen, alle diejenigen, welche mehr oder weniger die Urbevölkerung, die Juden, haßten und zu demütigen trachteten: die Römer, die entarteten Griechen oder vielmehr die Mischlinge von Hellenen und Syrern, wohl auch die Samaritaner und Christen. Vielleicht war kein Land damals so wie das winzige Palästina von Rassen und Religionsparteiung zerklüftet. Ein pantomimisches Gespräch, welches in Gegenwart Hadrians zwischen einem Christen und dem Vertreter der Judenheit R. Josua ben Chanania stattfand, gibt die gegenseitige Haltung bezeichnend wieder. Der erstere zeigte durch eine Geberde, daß der Gott Israels sein Antlitz von den Juden abgewendet; der letztere bezeichnete durch die Armbewegung, Gott halte noch seine Hand schirmend über Israel, und Hadrian soll sich diese Pantomime haben erklären lassen. Mit R. Josua scheint er vielfache Unterredungen gehabt zu haben. Es werden mehrere Gespräche zwischen Hadrian und diesem tannaitischen Weisen überliefert; eines unter diesen hat Glaubwürdigkeit für sich. Er fragte ihn: „Wenn Ihr so weise seid, als Ihr behauptet, so saget mir doch, was ich diese Nacht im Traume sehen werde?" R. Josua antwortete: „Du wirst träumen, daß die Perser (Parther) dich knechten und zwingen werden, niedrige Tiere mit einem goldenen Zepter zu hüten." Das Beispiel war recht gut gewählt, um auf den abergläubischen Kaiser Eindruck zu machen; denn er fürchtete kein Volk so sehr wie die Parther und tat alles Mögliche, um sie in friedlicher Stimmung zu erhalten. Hadrian soll in der Tat dieselbe Nacht einen ähnlichen Traum gehabt haben. R. Josua war aber nicht der Mann, ihm die Erbitterung, die gegen ihn unter der jüdischen Bevölkerung herrschte, zu offenbaren; dazu war er von zu sanfter und demütiger Art.

Hadrian glaubte von Judäa keine Feindseligkeit befürchten zu müssen. Er berichtete auch diese vorgefundene friedliche Stimmung an den römischen Senat, und dieser verewigte dessen Leichtgläubigkeit durch verschiedene Denkmünzen, auf welchen der Kaiser in der Toga abgebildet ist, vor ihm das knieende Judäa, das der Kaiser aus dieser niedrigen Stellung zu erheben sucht; drei Knaben (wohl die drei Landschaften Judäa, Samaria, Galiläa) reichen ihm Palmenzweige. Auf einer andern Denkmünze wird Judäa mit dem Kaiser zugleich opfernd dargestellt. Er war also der Erwartung, daß die Stammes- und Religionsunterschiede binnen kurzem verwischt und

---

[1]) Note 24.

die Bewohner mit den Römern bis zur Unkenntlichkeit verschmolzen sein würden. Um diese Verschmelzung herbeizuführen, entwarf er einen Plan, der nicht unüberlegter gefaßt werden konnte. Jerusalem sollte wieder aufgebaut, aber in eine vollständig heidnische Stadt umgewandelt, auch ein Tempel sollte errichtet werden, aber ebenfalls einen heidnischen Charakter erhalten. Das neue Heiligtum sollte dem kapitolinischen Jupiter geweiht werden und die Stadt seinen Namen führen: Aelia Capitolina.[1]) Während er nach Ägypten reiste, um dort allerlei Torheiten zu begehen, wurde die Umwandlung und Entweihung der heiligen Stadt vorgenommen. Die Juden blieben natürlich nicht stumpfe Zuschauer bei dieser ihnen zugedachten Entfremdung, die sie als Volksstamm und Religionsgenossenschaft aus dem Buche der Lebenden streichen sollte. Es entstand eine düstere Gärung in den Gemütern. R. Josua scheint es abermals versucht zu haben, eine Vermittlung und Aussöhnung herbeizuführen, den unbedachten Plan des Kaisers rückgängig zu machen und den Unwillen des Volkes zu stillen. Er reiste, ein betagter Greis, nach Ägypten, um den Kaiser auf bessere Gedanken zu bringen. Aber dieser scheint für vernünftige Vorstellungen unzugänglich gewesen zu sein. Er hatte nur Spott für die jüdische, samaritanische und christliche Religion, die er genügend kennen gelernt zu haben glaubte, und meinte, daß zwischen ihnen und dem ägyptischen Kultus nur ein geringer Unterschied herrsche. Seinem Schwager schrieb er in dieser Zeit: „Kein Synagogenvorsteher (Rabbiner) der Juden, kein Samaritaner, kein christlicher Priester verehrt etwas anderes als den Serapis. Selbst jener Patriarch, welcher nach Ägypten gekommen ist (wahrscheinlich R. Josua), wurde von einigen gezwungen, den Serapis zu verehren, und von andern, Christus anzubeten." R. Josua scheint unverrichteter Sache nach Judäa zurückgekehrt und vor Gram und Altersschwäche bald darauf gestorben zu sein. Mit Recht rühmte man ihm nach, daß mit seinem Tode der kluge Rat und die weise Vermittlung untergegangen sei.[2]) Denn nach seinem Ableben entstanden in Judäa tiefgehende Bewegungen und Kämpfe, welche zu den denkwürdigsten der jüdischen Geschichte gehören, und niemand war vorhanden, sie beim Ausbruche zu ersticken.

[1]) Siehe über alles Note 24.
[2]) Sota Ende.

Achtes Kapitel.

Aufstand unter Bar-Kochba. R. Akibas Anteil daran. Neue jüdische Münzen. Verfolgung der Judenchristen. Operationen des Krieges. Belagerung und Fall Betars.

(132—135.)

So lange Hadrian in Ägypten und Syrien weilte (130—131), hielten die Unzufriedenen in Judäa mit dem Aufstande zurück[1]), den sie vielleicht schon von langer Hand hinlänglich vorbereitet hatten. Die Waffen, welche die jüdischen Schmiede für die Römer anfertigten, machten sie, in der Voraussicht, daß man dieselben gegen sie gebrauchen werde, geflissentlich schwach und unbrauchbar.[2]) In den höhlenreichen Kalkgebirgen Judäas legten die Verschworenen im Stillen unterirdische Gänge und Schlupfwinkel an, welche vor dem Kriege als heimliche Waffenplätze und während desselben als gelegene Hinterhalte dienten, um den Feind unversehens zu überfallen. Eine geräuschlose, aber erfolgreiche Tätigkeit scheint R. Akiba bei den Vorbereitungen zur Erhebung entwickelt zu haben. Er hatte weite Reisen zu den jüdischen Gemeinden der parthischen Länder und Kleinasiens gemacht, war in Zephyrium, einer Stadt Siziliens, in Cäsarea-Mazaka, der Hauptstadt Kappadoziens, in Phrygien und Galatien.[3]) Mit Recht vermutet man, daß der Zweck seiner Reise gewesen sei, die jüdischen Einwohner dieser Länder für den Abfall von Rom und die Wiederherstellung eines jüdischen Staates zu entflammen. Die große Zahl von 12 000 oder gar 24 000 Jüngern, die eine Nachricht ihm beilegt, dürften, mit Abzug dessen, was die Sage übertrieben hat, die begeisterten Anhänger gewesen sein, die er für den Aufstand angeworben hatte. Wie dem auch sei, so ist jedenfalls gewiß, daß R. Akiba nach dem Tode R. Josuas als das Haupt der jüdischen Gesamtheit anerkannt wurde. Hadrian, in völlige Sicherheit gewiegt, merkte von der fast unter seinen Augen an verschiedenen Punkten des römischen Reiches geleiteten Verschwörung der Juden erst dann, als sie mit Zuversicht und Kraft

---

[1]) Dio Cassius 69, 13.   [2]) Ders.
[3]) Rosch ha-Schanah 26 a. Jebamot 121 a, 122 a. Baba Kama 113 a. Sifri zu Numeri 5, 8.

ans Tageslicht getreten war; so geschickt hatten die Juden die
römischen Auflaurer zu täuschen verstanden. Als der Aufstand ausbrechen sollte, war alles in Bereitschaft, Waffenvorräte, Kommuni-
kationsmittel, Krieger und selbst ein gewaltiger Führer, welcher durch
eine eigene Stellung religiöse Begeisterung und kriegerischen Mut
einzuflößen wußte. Als günstige Vorbedeutung für das kühne
Unternehmen des Abfalls von Rom galt der Untergang der zwei
Stationsplätze für die Legionen. Cäsarea und Emmaus waren
einige Jahre vorher von einem Erdbeben zerstört worden.¹) Cäsarea
war die römische Hauptstadt in Judäa, die Residenz der Statthalter,
die gleich Rom den Haß der Juden auf sich geladen hatte. Eine
eigentümliche Vorstellung war verbreitet, daß, wie Cäsareas Größe
von der Zerstörung Jerusalems datierte, Jerusalem wiederum durch
den Fall Cäsareas sich erheben werde. Man wendete auf das Verhältnis beider Städte zueinander einen Vers des Propheten Ezechiel
an: „Ich fülle mich durch die Zerstörung" (Ezechiel 26, 2.) und
legte ihm den Sinn unter: „Wenn die eine zerstört wird, so erhebt
sich die andere."²) — Emmaus war von Vespasian 800 ausgedienten
Soldaten zum Wohnplatz angewiesen worden³), und demnach eine
zweite Zwingburg gewesen.

Der Hauptheld der Erhebung in den letzten Regierungsjahren
des Kaisers Hadrian war Bar-Kochba, der dem römischen Reiche
in seiner damaligen Schwäche nicht weniger Schrecken einjagte, als
einst Brennus und Hannibal. — Von der Abstammung und dem
frühern Leben dieser vielfach geschmähten und verkannten Persönlichkeit ist auch nicht eine dunkle Spur bekannt. Er taucht, wie
jeder Revolutionsheld, plötzlich auf, erscheint als der vollendete Inbegriff des Volkswillens und des Volksunwillens, verbreitet Schrecken
um sich her, und steht da als der einzige Mittelpunkt der ereignisreichen Bewegung. Sein eigentlicher Name war Bar-Kosiba,
ohne Zweifel von einer Stadt Kosiba oder Kesib, deren es zwei
gegeben hat. Die jüdischen Quellen kennen ihn einzig und allein
unter diesem Namen und deuten auch nicht im geringsten darauf
hin, daß man ihm diesen als Schimpfnamen „Lügensohn" beigelegt
hätte. Bar-Kochba war nur ein symbolisch-messianischer Name,
welchen ihm R. Akiba gegeben hat. Als dieser, für die Befreiung
des jüdischen Volkes so tätige Weise ihn zum ersten Mal erblickte,
machte dessen ganze Erscheinung einen solchen ergreifenden Eindruck
auf ihn, daß er in die Worte ausbrach: „Das ist der messianische

---

¹) Eusebius, Chronicon zum elften Jahre Hadrians, auch bei Syncellus.
²) Megilla 6 a.
³) Josephus, jüdischer Krieg VII, 6.

König." Er wendete auf ihn den Schriftvers an: „Kosiba ist als
ein Stern (Kochab) aufgegangen in Jakob."¹) R. Akiba wurde
durch die jedenfalls hervorragende Persönlichkeit Bar-Kochbas in
seinen Hoffnungen, daß der römische Übermut bald gebeugt und die
Herrlichkeit Israels wieder erglänzen werde, noch mehr bestärkt, und
erwartete durch ihn das messianische Reich in der nächsten Zukunft.
Er wendete darauf den Vers des Propheten Chaggai an (2, 6):
„Noch ein Kleines, und ich lasse Himmel und Erde erschüttern, das
Meer und das Festland, und ich lasse die Völker erbeben."²) Indessen teilten nicht alle R. Akibas fromme Schwärmerei; Jochanan
ben Torta entgegnete zweifelnd auf diese hochfliegenden Hoffnungen: „Eher wird Gras aus deinen Kinnladen, Akiba, wachsen,
ehe der Messias erscheinen wird."³) Die Anerkennung und Huldigung, die R. Akiba ihm zuteil werden ließ, war jedoch vollkommen hinreichend, Bar-Kochba den Strahlenschein einer heiligen,
von Gott stammenden Würde zu verleihen und ihm eine unbestreitbare Autorität beizulegen, welche die Mittel, die ihm zu Gebote
standen, vervielfältigte und steigerte.

Von Wundern, die der Messias-König zur Berückung der Menge
getan haben sollte, wissen die jüdischen Quellen gar nichts. Nur
eine Nachricht von feindlicher Seite erzählt, Bar-Kochba habe angezündetes Werg aus dem Munde geblasen, um feuerspeiend zu
erscheinen.⁴) Die jüdischen Nachrichten heben nur seine gewaltige
Körperkraft hervor; sie erzählen, er habe die Ballistensteine, welche
die Römer vermittelst der Kriegsmaschinen auf das jüdische Heer
warfen, mit den Knien zurückzuschleudern vermocht.⁵) Nirgends wird
auch nur angedeutet, daß er mit seinem Messiastum irgend eine
selbstsüchtige Nebenabsicht gehabt hätte; er war lediglich von der
hohen Aufgabe erfüllt, die Freiheit seines Volkes wieder zu erobern, den erloschenen Glanz des jüdischen Staates wieder herzustellen
und die Fremdherrschaft, die sich seit zwei Jahrhunderten in die
Interessen des Judentums eingemischt hatte, ein für allemal entschieden abzuweisen. Ein solcher Unternehmungsgeist, verbunden mit
hohen kriegerischen Eigenschaften, hätte bei der Nachwelt, wenn ihm
auch der Erfolge nicht günstig war, eine gerechtere Anerkennung finden
sollen, und verdiente keineswegs so sehr geschmäht zu werden, wie
es das Vorurteil, von parteiischen Quellen geleitet, getan hat. Zu
diesem Messiaskönige strömten die jüdischen Krieger aus allen Ländern

---

¹) Midrasch zu Threni 2, 2. Jerus. Taanit IV, 7, p. 68 d.
²) Synhedrin 97 b. ³) Midrasch und Jerus. das.
⁴) Hieronymus, Apologia II adversus Rufinum.
⁵) Midrasch Threni das.

herbei¹) und die Erhebung erhielt dadurch eine weitgreifende Ausdehnung. Selbst die Samaritaner, die sich sonst immer zur Gegenpartei der Juden hielten, scharten sich, wie ihre Chroniken erzählen, um ihre ehemaligen Gegner.²) Sogar Heiden machten gemeinschaftliche Sache mit den Juden, von dem Gedanken geleitet, auch ihrerseits das unerträgliche römische Joch abzuschütteln. Es schien, als ob das ganze römische Reich in Bewegung wäre und einen gewaltigen Stoß erleiden müßte, als sollten die mühsam zusammengehaltenen Glieder des Riesenleibes sich trennen und der eigenen Schwere folgen.³) Man kann nach diesen Vorgängen die Zahl der Krieger in diesem Aufstande nicht für durchaus übertrieben halten, wenn sie eine jüdische Quelle auf 400000 und der heidnische Geschichtsschreiber Dio Cassius gar auf 580000 angibt. Bar-Kochba soll, um die Standhaftigkeit seiner Krieger zu erproben, sie einer eigenen Prüfung unterworfen haben; sie mußten, ehe sie in sein Heer aufgenommen wurden, sich selbst einen Finger abhauen; seine Räte sollen jedoch diese Verstümmelung mißbilligt und ihm zu einer andern Probe geraten haben: im Reiten einen Baum entwurzeln zu lassen. Bar-Kochba fühlte sich durch seinen eigenen Mut und sein erprobtes Heer so unüberwindlich, daß er die lästerlichen Worte gesprochen haben soll: „Herr, wenn du uns nicht helfen willst, so hilf wenigstens unsern Feinden nicht, dann werden wir nicht unterliegen."⁴)

Einer so riesigen Kraftentwicklung war der damalige römische Statthalter in Judäa mit seiner wahrscheinlich geringen Truppenzahl nicht gewachsen. Sein Name war Tinnius⁵) Rufus und in den jüdischen Quellen unter dem Namen Tyrannus Rufus, als Typus eines Menschenschlächters, welcher zu der Grausamkeit übermütigen Spott hinzufügt, berüchtigt. Dem Andrange des kriegerischen Messias, dessen Scharen aus dem Boden zu wachsen schienen, konnten die römischen Stationstruppen nicht lange widerstehen. Rufus zog sich zurück, räumte den Aufständischen eine Festung nach der andern, und binnen Jahresfrist (132—133) fielen an fünfzig feste Plätze und 985 offene Städte und Dörfer in ihre Hände.⁶) Es scheint, daß ganz Judäa mit Samaria und Galiläa von den Römern geräumt, in den Besitz der Juden gekommen war.

¹) Dio Cassius 69, 13.
²) Liber Josuae Samaritanorum edit. Jynboll, c. 48.
³) Dio Cassius das.
⁴) Note 16.
⁵) oder Ticinius, oder Titus Annius. [Nach S. Borghesi œuvres III, 62—64; IV, 167; VIII, 186 ff. ist die richtige Form Tinejus Rufus. Ihm folgen auch Gregorovius, Renan, Mommsen und Schürer].
⁶) Dio Cassius 69, 14.

Als Hadrian die erste Nachricht von dem Aufstande in Judäa erhielt, legte er ihr kein großes Gewicht bei; aber als dann die Berichte von einer Niederlage der römischen Truppen nach der andern einliefen, schickte er Truppenverstärkung und seine besten Feldherren auf den Schauplatz des Krieges. Legionen aus Phönizien, Ägypten und Arabien wurden eiligst nach Judäa befördert, selbst aus den weitliegenden Provinzen Mösien und Mauretanien wurden Truppenteile herangezogen. Die spanische und phönizische Flotte hatten vollauf zu tun, um Truppenteile zur Verstärkung herbeizubringen. Zwei auf andern Schauplätzen siegreiche Feldherren trafen gleichzeitig oder nacheinander ein, den Krieg, welcher sich über die Nachbarprovinzen auszudehnen drohte, zu beenden: Publius Marcellus, Statthalter von Syrien, und Lolius Urbanus, bisher Statthalter von Niederdeutschland. Sie sollten den Kaiser in der Führung des Krieges vertreten. Vergebens, sie hatten kein besseres Glück als Rufus und sie ließen ihren Ruhm auf den judäischen Schlachtfeldern.[1]) Diese unerwarteten Erfolge machten das jüdische Volk so sicher, als wenn seine Unabhängigkeit nimmermehr gefährdet werden könnte. Diejenigen, welche früher, um der Judensteuer zu entgehen, ihre jüdische Abstammung durch eine künstliche Vorrichtung unkenntlich gemacht hatten, unterwarfen sich neuerdings einer Operation[2]), um nicht mit diesem Zeichen der Abtrünnigkeit behaftet, bei der neuen Ordnung der Dinge vom messianischen Reiche ausgeschlossen zu werden. Ganz ohne Zweifel war auch Jerusalem in den Händen der jüdischen Sieger, und diese mochten wohl auch an die Wiederherstellung des Tempels gedacht haben, wiewohl keine einzige jüdische Quelle diese Tatsache auch nur mit einem Worte andeutet. Mitten in stetem Kriegsgetümmel, fortwährend von neuen römischen Legionen beunruhigt, hatten sie keine Zeit, Hand an ein so umfassendes Werk zu legen. Auch mochte es an Bauholz gefehlt haben, welches zu jedem Neubau des Tempels vom Libanon herbeigeschafft werden mußte, dieses Gebirge aber mit seinen Zedernwaldungen war in den Händen der Römer. Jerusalem spielte also in diesem Kriege durchaus keine Rolle.

Bar-Kochba übte, um die Unabhängigkeit des jüdischen Landes recht scharf hervortreten zu lassen, einen Akt souveräner Machtvollkommenheit aus: er ließ jüdische Münzen prägen. Man nannte sie Bar-Kochba-Münzen (Ma'ot-Cosbiot, Matbea schel ben Cosiba), auch Revolutionsmünzen (Matbea sche-marad).

---

[1]) [Vergl. Volksausgabe II, 69. S. Dio Cassius 69, 13. Darmesteter Revue, das. p. 42].
[2]) S. oben, S. 72.

Es scheint, daß es zweierlei solcher Bar-Kochba-Münzen gegeben hat. Römische Münzen früherer Kaiser und auch aus Trajans Zeit wurden so umgeprägt, daß über die römische Prägung die jüdische gestempelt wurde. Das jüdische Gepräge trug den Charakter derjenigen Münzen an sich, welche Simon wohl kurz vor der Tempelzerstörung schlagen ließ, und hatte gleich diesen althebräische (samaritanische) Schriftzüge. Die Embleme auf den umgeprägten Bar-Kochba-Münzen sind entweder eine Weintraube oder ein Palmzweig (beides Sinnbilder des jüdischen Volkes), oder zwei Trompeten (Sinnbilder des Priestertums), oder endlich eine Lyra (Symbol für Lobgesang), und die Inschriften lauten auf gleiche Weise „Simon" „zur Freiheit Jerusalems" (le-Cherut-Jeruschalaim) als Ergänzung zur Jahreszahl. Diese umgestempelten römischen Münzen nehmen sich mit ihren gemischten Schriftzügen, Althebräisch und Lateinisch oder Griechisch, ganz eigentümlich aus. Eine dieser Münzen zeigt den Trajanskopf noch ganz deutlich.[1]) Diese Umstempelung veranschaulicht auf das Lebendigste die leitenden Gedanken jener Kämpfe: Judäa in seinem Hochgefühl sich aufrichtend, feiert die Freiheit Jerusalems, die es dem freiheitsmörderischen Rom abgerungen hat. Ohne Zweifel beschränkte sich der Führer des Volkes nicht auf diese Umprägung, sondern ließ auch selbständige Münzen schlagen, welche denselben Stempel **Simon zur Freiheit Jerusalems** mit denselben Verzierungen trugen.

Trotz des tiefen Hasses der Juden gegen die Römer übten sie an ihren Feinden, die in ihre Hände geraten waren, keinerlei Wiedervergeltung. Die heidnischen Quellen deuten auch nicht mit einem Zuge an, daß die Juden an den Römern irgendwie Rache genommen hätten, wiewohl in einem so heftigen Prinzipienkriege die fanatisierten Massen zur Grausamkeit nur allzu geneigt sind.

---

[1]) [Über die dieser Zeit zugehörigen Münzen s. Bd. III, 5. Aufl. die eingehende Note 30. Nach der von Graetz dort entwickelten Ansicht würden von den vielen Simon-Münzen nur diejenigen dieser Zeit angehören, welche auf der einen Seite diesen vollen Namen oder שמע ohne das Epitheton נשיא ישראל und auf der anderen Seite die Prägung לחרות ירושלים oder לחרות ישראל ganz oder abgekürzt tragen. Unter Simon oder שמע versteht Graetz nicht den Bar-Kochba. Leider hat Gr. uns darüber im Dunkeln gelassen, welche Münzen er unter den im Tosephta Maaser-scheni, c. 1 und Jerus. das., p. 52 d erwähnten מעית כוזבית oder מטבע שמרד כגון בן כוזיבא verstanden wissen wollte. Das Wort כגון im Jerus. beweist, daß die Ben-Kosiba-Münze nicht die einzige Aufstandsmünze (מטבע שמרד) gewesen, daß sie vielmehr nur eine unter anderen war. In der Tosephta werden auch zwei Arten von Münzen als מטבע מרוד bezeichnet, und zwar מעית כוזבית ומעית ירושלמיות. Doch dürfte man unter den jerusalemischen Münzen diejenigen verstehen, welche auf der einen Seite anstatt des Namens einer Person das Wort ירושלם als Prägung haben. Vergl. Schürer I, 640 ff.]

Vielleicht mochten die jüdischen Krieger aus Rücksicht auf die Heiden, die sich ihren Reihen angeschlossen hatten, gegen die gefangenen Römer Schonung geübt haben. Nur gegen die Judenchristen, die in Judäa lebten, verfuhr Bar-Kochba feindselig, da gegen sie im Herzen der Juden ein vielleicht noch größerer Ingrimm sich angesammelt hatte, als gegen die Römer, weil man sie als Abtrünnige und als Angeber und Spione betrachtete. Dieser Haß gegen die Judenchristen steigerte sich, als sie sich hartnäckig weigerten, an dem Nationalkriege teilzunehmen und die einzigen müßigen Zuschauer dieses furchtbaren Dramas blieben. Eine der ältesten christlichen Quellen erzählt, Bar-Kochba habe die Christen aufgefordert, Jesus zu verleugnen und sich an dem Kampfe gegen die Römer zu beteiligen, und diejenigen, welche solches verweigerten, seien mit harter Strafe belegt worden.[1]) Diese Strafe war wohl nichts anderes, als Geißelung, welche die jüdischen Gerichtshöfe über sie als Gesetzesübertreter verhängt haben mochten.

In dem wiederhergestellten Staate, in dem sämtliche Gesetze wieder in Kraft treten konnten, hielten sich die jüdischen Behörden für berechtigt, diejenigen ihrer Stammgenossen vor ihren Richterstuhl zu ziehen, welche dem Gesetze nicht nur Gehorsam versagten, sondern es noch dazu verhöhnten. Es wird nirgends erzählt, daß die Christen gezwungen worden seien, Bar-Kochba als einen neuen Christus anzuerkennen und an ihn zu glauben. Solcher Gewissenszwang scheint dem neuen jüdischen Staate fern geblieben zu sein. Spätere christliche Chroniken haben in ihrer Weise die einfache Strafe der Geißelung, der die Judenchristen unterworfen wurden, vielfach vergrößert und daraus eine förmliche Christenverfolgung, in Begleitung von Tod und Märtyrertum gemacht, wozu aber jeder geschichtliche Anhalt fehlt.[2]) Die Evangelien, welche von dem Auftreten Bar-Kochbas, den Kriegsbewegungen und allen Erscheinungen jener Zeit in einer verhüllten, aber doch hinlänglich erkennbaren Weise sprechen, geben allein das Verhalten des jüdischen Staates zu den Christen richtig an. Sie scheinen anzudeuten, daß im Schoße der Christengemeinde selbst Uneinigkeit geherrscht habe, indem einige von ihnen für die Sache der Freiheit entflammt waren und ihre lauen Glaubensbrüder in übergroßem Eifer den jüdischen Gerichten überantworteten. Diese evangelischen Andeutungen legen Jesus eine Prophezeiung in den Mund, nach welcher er inmitten dieser sturmbewegten, ereignisreichen Zeit, die ein Wendepunkt zu werden versprach, in leiblicher Gestalt zum jüngsten Gericht wieder erscheinen wollte. Jene angeblich von Jesus selbst verkündigten Worte ver-

---

[1]) Siehe Note 15. [2]) Siehe Note 15.

anschaulichen die ganze düstere Stimmung und das unheimliche Gefühl der Bar-Kochbaschen Zeit. Sie lauten: „Sehet zu, daß euch nicht jemand verführe, denn es werden viele kommen unter meinem Namen und sagen, ich bin der Messias, und werden viele verführen. Wenn ihr aber hören werdet von Kriegen und Kriegsgeschrei, so fürchtet euch nicht, denn es muß also geschehen. Aber das Ende ist noch nicht da. Es wird sich ein Volk wider das andere empören und ein Königreich wider das andere. Und werden geschehen Erdbeben hin und wieder und wird sein teure Zeit und Schrecken. Das ist der Not Anfang. Ihr aber sehet euch für, denn sie werden euch überantworten vor die Rathäuser (Synhedria) und Schulen (Synagogen) und ihr müsset gegeißelt werden. — Es wird aber überantworten ein Bruder den andern und der Vater den Sohn, und die Kinder werden sich empören wider die Eltern, und ihr werdet gehaßt sein von jedermann um meines Namens willen, wer aber verharrt bis ans Ende, der wird selig sein."[1]) So tröstete ein Kirchenlehrer die ratlose Christengemeinde in Judäa. — Es scheint, daß das Synhedrion in der Bar-Kochbaschen Zeit eine Art Neuerung eingeführt hat, um der bereits unter Judenchristen überhand nehmenden Vergötterung Jesu entgegenzuwirken und ein Erkennungszeichen zu haben, wer es mit ihm oder den Nationaljuden halte. Es war nämlich schon seit mehrern Jahrhunderten Brauch geworden, den heiligen biblischen Gottesnamen (JWH) nicht auszusprechen, sondern dafür die Bezeichnung „Herr" (Adonaï) zu gebrauchen. Ein Teil der Nazarener hatte aber die Verehrung für Jesus nach und nach bis zu dessen Vergötterung gesteigert; sie nannten ihn „den Herrn", also mit derselben Benennung, die in judäischen Kreisen für Gott im Gebrauche war. Um diesem entgegenzuarbeiten, verordnete das Synhedrion, daß beim Gebete und selbst bei Begrüßungen nicht der Name „Herr" (Adonaï), sondern der vierbuchstabige Name Gottes wie in den ältesten Zeiten geradezu in Gebrauch komme.

Der Krieg unter Leitung des **Bar-Kochba** hatte bereits fast zwei Jahre gewütet (132—134). Mit tiefer Bekümmernis blickte Hadrian auf den fortschreitenden Gang der jüdischen Revolution; sie hatte einen Verlauf und eine Ausdehnung genommen, welche unberechenbare Rückwirkungen befürchten ließ. Jede Verstärkung, die er zu ihrer Bekämpfung nachgeschickt hatte, erlitt Niederlagen, jeder neue Führer ließ seinen Ruhm auf den jüdischen Schlachtfeldern. Hadrian war genötigt, den größten Feldherrn seiner

---

[1]) Markusevangelium 13, 6—13. Siehe dieselbe Note.
[2]) S. Note 15.

Zeit aus weiter Ferne, aus Britannien, wo er den Aufstand einer nicht minder freiheitsliebenden Nation unterdrückt hatte, nach Judäa zu versetzen. Julius Severus schien ihm der einzige zu sein, der sich mit dem großen Kriegshelden Bar-Kochba messen könnte. Severus fand aber bei seinem Erscheinen auf dem Kriegsplatz die militärische Stellung der Juden so günstig und unangreifbar, daß er es nicht wagte, ihnen sogleich eine Schlacht zu liefern. — Der Hauptstützpunkt der Juden in diesem Kriege war die Gegend am Mittelländischen Meere, welche die Stadt Bethar (Bither, Bet-Tar, auch Betarus) zum Mittelpunkte hatte. Diese Festung, deren Trümmer noch heute zu sehen sind, lag nur eine römische Meile (ein Viertel geographische Meile) vom Meere entfernt[1], vier Meilen südlich von dem Sitze der römischen Statthalter Cäsarea und zwei und eine halbe Meile nördlich von Antipatris.[2] Eine christliche Quelle verlegt Betar fälschlich in die Nähe Jerusalems.[3] Ein Küstenfluß, von der Art derer, welche in diesem Landstrich im Sommer zu versiegen pflegen, floß bei oder durch Betar vom Berge Zalmon unweit Sichem herab, und führte früher den Namen Kison, zu dieser Zeit aber Joredet ha-Zalmon. Diese befestigte Stadt muß einen bedeutenden Umfang gehabt haben, wenn man bedenkt, wie viel Menschen sie im letzten Akt dieses Krieges fassen konnte. Sie soll schon vor der Tempelzerstörung eine nicht unbedeutende Stadt gewesen sein, deren Einwohner über den Fall Jerusalems Schadenfreude geäußert hätten, weil sie bei Festreisen öfter von Betrügern der Hauptstadt geprellt worden waren. Einer Andeutung zufolge scheint Betar auch ein Synhedrion gehabt zu haben.[4]

Außer Betar hatte Bar-Kochba noch mehrere Punkte in Verteidigungszustand gesetzt, welche vermutlich eigenen Befehlshabern anvertraut waren. Im Norden am Fuße des galiläischen Hochlandes, am Eingange zur großen Ebene Jesreel (Esdrelom oder Bet-Rimon) bildeten drei Städte fast in einem Dreiecke eine Reihe von Festungen vom Mittelmeere bis zum Tiberiassee. Im Westen unweit Akko lag Kabul oder Chabulon[5] (fälschlich Zabulon); drei Meilen davon nach Südost zu war die feste Stadt Sichin, nahe bei Sepphoris in einer fruchtbaren Ebene[6]; zu Sichin waren viele

---

[1] Gittin 57 a, verglichen mit Jer. Taanit 69 a. Das. muß es heißen 4 Mill. statt 40, wie Schwarz, Palästina, emendiert hat.
[2] Relands Palästina 416, 419 f.
[3] Eusebius historia eccl. IV, 6. So auch Schürer I, 693, A. 131.
[4] Synhedrin 17 b.
[5] Josephus Leben 43.
[6] Sabbat 121 a. Baba Mezia 74 a.

Metallarbeiter. In fast derselben Entfernung östlich nahe bei Tiberias und an dem nach diesem Orte benannten See lag Magdala[1]) mit dem Zunamen „der Färber" (Zeb'aja), berühmt wegen des Schittimholzes, das in seiner Nähe vorhanden war.[2]) Alle drei Städte, Kabul, Sichin und Magdala, werden als ungemein bevölkert geschildert, und sie bildeten den Vorposten, der das Eindringen der Römer von Syrien und Obergaliläa aus verhindern sollte. Sepphoris und Tiberias scheinen in diesem Kriege, wie früher unter Vespasian und Trajan, heimlich ihre Anhänglichkeit an die Römer bewahrt zu haben; man mochte ihnen nicht ganz getraut und daher die zuverlässigern Städte in ihrer Nachbarschaft zu Sammelpunkten gewählt haben.

Eine zweite Verteidigungslinie, außerordentlich begünstigt durch die Bodenbeschaffenheit, war in der Mitte des jüdischen Landes. Von der großen Ebene Jesreël zieht sich ein langgestrecktes Gebirge von Nord nach Süd, nach zwei Seiten hin, dem Mittelmeere und dem Jordan, sich allmählich abdachend. Diese Bergkette, die früher das Gebirge Efraim oder Israel genannt wurde, führte zur Zeit Bar-Kochbas den Namen Königsgebirge (Har-ha-Melech, Tur-Malka); diesen Namen hatte es von den hasmonäischen Königen erhalten, die daselbst Festungen, wie Alexandrion und andere angelegt hatten.[3]) Eine der Hauptfestungen, welche Bar-Kochba wahrscheinlich wieder in Verteidigungszustand gesetzt hatte, war Tur-Simon, ohne Zweifel nach dem Hasmonäer Simon genannt. Der Name des Befehlshabers von Tur-Simon, Bar-Droma, in einer Sage erhalten, scheint auf einer Tatsache zu beruhen. Auch diese feste Stadt soll eine so überaus zahlreiche Bevölkerung gehabt haben, daß an jedem Freitag dreihundert große Körbe mit Broten an Arme verteilt wurden. Von hier aus soll nach einer Sage der Aufstand den Anfang genommen haben wegen einer Beleidigung, welche den Einwohnern von den Römern widerfahren war. Es war nämlich Sitte, vor dem Brautpaare am Hochzeitstage ein Paar Hausvögel zweierlei Geschlechts voranzutragen. Als eine römische Truppe eines Tages das Hühnerpaar gewaltsam weggenommen hatte, sollen die Juden über sie hergefallen sein und sie getötet haben. Darauf habe Hadrian seine Legionen in Tur-Simon einrücken lassen.[4]) Solche kleinliche Vorfälle pflegten oft einen lange vorbereiteten Aufstand zum Ausbruche zu bringen.

---

[1]) Jerus. Erubin V, 7, 22 d. Robinson, Palaestina III.
[2]) Jerus. Pesachim IV, 1, 30 d.
[3]) Gittin 57 a.
[4]) Das.

Julius Severus, dessen Feldherrnblick die Schwierigkeiten eines Sieges bei den vielen Verschanzungen, günstigen Stellungen, der Menge der Krieger und dem fanatisierten Mut derselben keineswegs entgangen waren, vermied es, sich in eine entscheidende Schlacht einzulassen, welche Bar-Kochba, der auf die Zahl und Hingebung seiner Truppen vertraute, erwünscht gewesen wäre. Wie Vespasian, zog auch Severus den Krieg geflissentlich durch Kreuz- und Querzüge in die Länge. Er rechnete besonders auf den Mangel an Lebensmitteln, der in einem von allen Seiten eingeschlossenen Ländchen sich unfehlbar einstellen muß, wenn die Hände das Schwert anstatt des Pfluges handhaben. Er beschränkte sich darauf, dem Feinde die Lebensmittel abzuschneiden, die jüdischen Truppenkörper vereinzelt anzugreifen und sie durch die Reiterei, die den Juden ganz fehlte und den Römern einen Vorsprung gewährte, nach und nach aufzureiben. Diese Taktik gelang ihm vollkommen, zumal sie von der Unmenschlichkeit unterstützt wurde, die Gefangenen sofort dem Tode zu weihen. Die Natur eines solchen Krieges erfordert viel Zeit, führt aber desto sicherer zum Ziele.[1]) Die Einzelheiten dieses Revolutionskrieges waren wohl nicht minder denkwürdig und von ergreifendem Effekt, als der Krieg der Zeloten; es hat sich aber keine Quelle erhalten, welche der Nachwelt den Todeskampf der jüdischen Nation aufbewahrt hätte. Die Heldentaten der Zelotenführer Bar-Giora und Johannes von Gischala hat ihr größter Feind wider seinen Willen verewigt, während die letzte Kraftäußerung des jüdischen Volkes, der Kriegsruhm des letzten jüdischen Helden keinen Griffel gefunden hat, sie in die Geschichtstafeln einzutragen, gleichsam als sollten die Erinnerungen an die Waffentaten für die neuen Geschlechter, welche dazu bestimmt waren, den Krieg zu verlernen, geradezu verwischt werden. Selbst die im römischen Interesse geschriebenen Erzählungen vom jüdischen Kriege unter Hadrian, die des römischen Redners Antonius Julianus und des Griechen Ariston von Pella[2]), sind ein Raub der Zeit geworden, so daß von ihnen nicht einmal Bruchstücke zu uns gelangt sind. Nur einzelne Züge sind uns aus diesem Kriege bekannt geworden, welche von der Tapferkeit der Juden nicht minder wie von ihrer todesmutigen Begeisterung für ihre Volkstümlichkeit ein vollgiltiges Zeugnis ablegen.

Wenn, wie die geographische Lage Judäas gebieterisch verlangt, der erste Angriff der Römer vom Norden her, von der syrischen und phönizischen Seite geschehen ist, so mußten die drei nördlichen

---

[1]) Dio Cassius 69, 13.
[2]) Minutius Felix, Octavius 35, 5 und Eusebius, K.-G., IV, 6.

Festungen Kabul, Sichin und Magdala zu allererst an die Reihe kommen. Die jüdische Quelle, deren Nachrichten von überlebenden Zeitgenossen dieses Krieges stammen, erzählt von der Zerstörung dieser drei Städte und gibt zugleich die nähern Ursachen an, wodurch ihr Untergang herbeigeführt wurde. Kabul fiel durch Uneinigkeit im Innern, Sichin durch Zauberei, worunter vermutlich eine unerwartete Überrumpelung zu verstehen ist, endlich Magdala wegen Ausschweifung, welcher sich die Einwohner zu sehr ergeben hatten. Nach dem Falle dieser drei Verteidigungspunkte an der Grenze war der Krieg eigentlich entschieden, wie nach dem Falle Jotapatas und Gadaras in der ersten Revolution das übrige Land als unterworfen angesehen werden konnte. Ein anderer Schauplatz des Krieges scheint die Rimmonebene, wo die Erhebung ihren Anfang genommen hat, gewesen zu sein; die römischen Legionen mußten hier ihren Weg nehmen, um in das Herz des Landes einzudringen. Dieses Tal, welches zu verschiedenen Zeiten verschiedene Namen führte (Megiddo, Jesreël, später Legio), scheint auch nach dem Flusse Kison und einem andern namenlosen, welche hier entspringen und zwei Armen ähnlich eine entgegengesetzte Richtung nehmen, die T i e f e b e n e d e r H ä n d e (Bikat-Jadaim) genannt worden zu sein; der Kison fließt ins Mittelmeer und der andere Fluß in den Jordan. In dieser Ebene, in dem Quellgebiet beider Flüsse scheint eine mörderische Schlacht vorgefallen zu sein, welche der Sage den Stoff zu ihrer beliebten Übertreibung geboten hat. Sie erzählt vergrößernd: Diese zwei Flüsse schwollen von dem Blute der gefallenen Juden derart an, daß sie gegen zwei Teile Wasser einen Teil Blut enthalten haben.[1])

Der nächste Kriegszug der Römer ging ohne Zweifel nach den Städten des Königsgebirges. Auch hier, wo uns die Geschichte im Stiche läßt, sind wir auf die Sage angewiesen, aus deren übertreibenden Zügen ein Körnchen Tatsächliches gewonnen werden kann. Die Sage läßt 100000 Römer mit gezückten Schwertern in die Hauptfestung Tur-Simon einrücken, wo sie drei Tage und Nächte hindurch die Einwohner niedergemetzelt haben sollen. Der Umfang der Stadt sei so groß gewesen, daß man in dem einen Stadtteil noch das Geräusch fröhlicher Tänze hörte, während in dem andern bereits das Todesröcheln der Erschlagenen vernommen wurde.[2]) Von den fünfzig festen Plätzen, welche die Juden inne hatten, waren nach und nach alle bis auf den letzten in die Hände der Römer gefallen; zweiundfünfzig, nach andern vierundfünfzig

---

[1]) Siehe Note 16.
[2]) Gittin 57 a.

Schlachten hatten die römischen Feldherren den Juden geliefert.¹) Immer enger und enger wurde Betar eingeschlossen, wohin sich Bar-Kochba mit der Blüte seines Heeres geworfen, und wo die Flüchtigen des ganzen Landes, welche dem Vertilgungsschwerte entronnen waren, eine Zufluchtsstätte gesucht hatten. Hier, wo die größten Feldherren ihrer Zeit, Bar-Kochba und Julius Severus, gegeneinander kämpften, sollte die letzte Entscheidung herbeigeführt werden. Dieses großartige Schauspiel, in welchem die religiöse Begeisterung gegen die militärische Disziplin, die unterdrückte Nationalität gegen die kettenschmiedende Herrschsucht, die Sehnsucht nach dem, was man verloren, gegen den Trotz, das zu behaupten, was man einmal besessen, mit erbitterter Wut und leidenschaftlicher Kampfeslust einander gegenüber standen, hat noch nicht das ganze Interesse erweckt, welches ihm unstreitig gebührt.²)

Betar muß durch den Zufluß, der von allen Seiten herbeigeströmt war, eine erstaunlich zahlreiche Bevölkerung erhalten haben. Die Quellen können nicht genug Hyperbeln aufbringen, um die große Zahl der Einwohner dieses letzten Verteidigungspunktes anschaulich zu machen; sie erzählen unter anderem, es habe mehrere Hundert Jugendschulen in Betar gegeben, welche eine so große Zahl von Schülern enthielten, daß diese ruhmredig sagten, sie könnten die eindringenden Feinde mit ihren Schreibröhrchen niedermachen.

Die Belagerung Betars hat wohl ein Jahr gedauert und bildete den Schlußakt des ganzen Krieges, welcher sich drei und ein halbes Jahr hinzog. Über die Wechselfälle der Belagerung, sowie über die Ursachen, die den Fall dieser Festung herbeigeführt haben, sind wir völlig im Dunkeln gelassen. Mangel an Nahrungsmitteln und Trinkwasser, die steten Begleiter langwieriger Belagerungen, haben auch hier den Ausschlag gegeben. Eine jüdische Quelle erzählt, der Fluß Joredet-ha-Zalmon habe zur Zeit des Krieges treulos sein Wasser versagt, was so viel sagen will, er sei durch die Sommerhitze versiegt. Eine sehr getrübte samaritanische Quelle berichtet, die Lebensmittel, die auf geheimen Wegen der belagerten Stadt zugeflossen waren, seien plötzlich abgeschnitten worden.³) Diese stimmt indessen mit jüdischen Nachrichten darin überein, daß Betar durch eine verräterische List der Samaritaner gefallen sei. Jüdischerseits erzählte man sich nämlich folgendes darüber: R. Eleasar aus Modin habe in Sack und Asche gefastet und gebetet, daß Betar nicht eingenommen werde;

---

¹) Midrasch Threni zu c. 2, 2, p. 72 c.
²) Die Stimmung ist künstlerisch unvergleichlich dargestellt in P. Möbius' Trauerspiel Bar-Kochba.
³) Samaritanisches Buch Josua ed. Jynboll, c. 47.

vielleicht hat er durch seine Frömmigkeit den Belagerten Vertrauen zum Widerstande, die Seele des Krieges, eingeflößt. Hadrian (oder sein Feldherr), von dem hartnäckigen Kampf ermüdet, sei im Begriff gewesen, die Belagerung aufzuheben. Da habe ihm ein Samaritaner versprochen, ihm zur Einnahme behilflich zu sein, indem er R. Eleasar, den Schutzgeist der Festung, verdächtig machen wolle; „denn so lange dieses Huhn in der Asche gackert," habe er hinzugefügt, „ist Betar uneinnehmbar." Darauf habe sich derselbe Samaritaner durch einen unterirdischen Gang¹) in die Stadt eingeschlichen und sei an R. Eleasar während seines Gebetes herangetreten, um ihm etwas geheimnisvoll ins Ohr zu flüstern. Die Anwesenden, die aus der geheimtuenden Art Verdacht schöpften, haben ihn dann vor Bar-Kochba geführt und ihm den Vorfall erzählt. Von Bar-Kochba ins Verhör genommen, habe derselbe eine den Spionen eigene Jammerrolle gespielt und die Worte gesprochen: „Wenn ich dir die Wahrheit sage, tötet mich mein Herr, verheimliche ich sie dir, so tötest du mich; indessen lieber will ich durch deine Hand sterben, ehe ich die Geheimnisse meines Herrn verrate." Bar-Kochba, ein verräterisches Einverständnis zwischen R. Eleasar und dem Feinde argwöhnend, habe jenen vor sich geladen und über den Gegenstand seiner Unterredung mit dem Samaritaner befragt. R. Eleasar, welcher in seiner tiefen Andacht kaum die Anwesenheit eines Samaritaners gewahr geworden, konnte nicht anders antworten als, er wisse von gar nichts. Bar-Kochba, hinter diesem allen eine um so größere Verstellung vermutend, sei in einen so heftigen Zorn geraten, daß er R. Eleasar mit dem Fuße gestoßen, wodurch der vom Fasten geschwächte Fromme tot niedergefallen sei. Eine Stimme habe sich dann vernehmen lassen: „Du hast den Arm Israels gelähmt und sein Auge geblendet, darum soll dein Arm gelähmt und dein Auge geblendet werden." Darauf sei Betar gefallen und Bar-Kochba getötet worden. Das Ende dieses gewaltigen, auf seine Kraft allzusehr vertrauenden Helden ist nicht bekannt. Man erzählte sich später, ein Römer habe seinen Kopf gebracht und sich gerühmt, ihn erschlagen zu haben; aber man fand seinen Körper von den Windungen einer Schlange umschlungen, worauf der Sieger geäußert habe: „Wenn Gott ihn nicht getötet, Menschenkraft hätte ihm mit nichten beikommen können." — Die samaritanische, durchaus sagenhafte Quelle erzählt die Einnahme Betars in der Art, daß sie Züge von der Einnahme Jerusalems durch Titus auf diese Festung überträgt. Hadrian, der die Stadt belagerte, habe sie schon verlassen wollen, denn die Belagerten hätten durch unter-

---

¹) Siehe Note 16.

irdische Gänge, die einerseits nach Lydda, anderseits nach Jericho einen geheimen Ausgang boten, Lebensmittel herbeigeschafft, die sie dem Feinde zur Schau ausstellten. Da hätten zwei samaritanische Brüder, **Manasse** und **Efraim**, die wegen eines bösen Streiches bei den Juden als Gefangene zurückgehalten wurden, einen in Lehm gehüllten Brief für Hadrian über die Mauer geschleudert, in welchem angegeben war, daß sicherlich eine Hungersnot entstehen müßte, wenn die zwei Ausgänge bewacht würden. Hadrian habe den Rat der Samaritaner befolgt und die Stadt sei während eines Sabbats überrumpelt worden.[1]) So viel scheint aus beiden Berichten gewiß, daß die Römer, denen ein Verräter den Weg in die unterirdischen Gänge gezeigt hatte, durch diese in Betar eingedrungen sind und ein Blutbad angerichtet haben, welches mit den grellsten Farben ausgemalt wird. Die Pferde seien bis an die Nase im Blut gewatet, das Blut habe sich in Gestalt eines Flusses in das fast eine Meile entfernte Meer ergossen und schwere Felsen mit fortgewälzt. 300 Kindergehirne habe man an einem Felsen zerschmettert gefunden, und von der ganzen Jugend Betars soll nur der Sohn des Patriarchen dem Tode entgangen sein. Die Frauen der Erschlagenen haben keinen lebendigen Zeugen auftreiben können, der über den Tod ihrer Männer vor Gericht hätte Zeugnis ablegen können. Man kann kaum den ungeheuren Zahlen Glauben schenken, die über die in dem Bar-Kochbaschen Kriege Gefallenen angegeben werden, und doch werden sie von jüdischen und griechischen Geschichtschreibern übereinstimmend bestätigt. Der gut unterrichtete griechische Geschichtschreiber Dio Cassius erzählt, es seien außer den durch Hunger und Brand Umgekommenen über eine halbe Million gefallen.[2]) Die jüdische Tradition überliefert, aus den in aufrechter Stellung aneinander gereihten Leichnamen der Gefallenen sei ein Zaun gezogen worden; der Feind gönnte ihnen nicht einmal die Ruhe des Begräbnisses. Doch der Verlust der Römer war nicht minder groß, wenn auch die römische Politik ihre Zahl verschwieg. Hadrian, froh, einen solchen fast unerwarteten Sieg errungen zu haben, wagte nicht, als er dem Senate die Anzeige davon machte, die übliche Form zu gebrauchen: „Ich und das Heer befinden uns wohl."[3]) Der Senat dekretierte übrigens für den Kaiser keinen Triumph über den jüdischen Krieg, was ohne Zweifel darin den Grund hat, daß er ihn nicht selbst geführt hatte.[4]) Nur eine Denkmünze wurde geprägt, um dem Heere außer den üblichen Belohnungen für Mannschaften und Offiziere noch besondere Anerkennung

---

[1]) Samaritanisches Buch Josua das.   [2]) Dio Cassius 69, 14.   [3]) Das.
[4]) [Vergl. dagegen Darmesteter Revue des ét. juives t. I, 49 ff., welcher nachweist, daß Hadrian an dem Kriege wenigstens bis zu einer Hauptentscheidung

für die geleisteten Dienste zu zollen. Diese Münze hat die Inschrift: "exercitus judaïcus", „Dank dem über die Juden siegreichen Heere."¹) Betar fiel, der Tradition zufolge, am neunten Ab²) (135), an demselben Tage, an welchem der Tempel zweimal nacheinander eingeäschert wurde. — Nach Beendigung des Hauptkrieges gab es noch einige zersprengte Scharen zu besiegen, die von den Gebirgsschluchten und Höhlen aus noch einen verzweifelten Guerillakrieg führten. In Kephar-Charuba, in der Nähe des Tiberiassees, führten zwei Brüder solche Banden an, und kämpften mit vielem Glück gegen die Römer. Schon sollten sie als Könige anerkannt werden, um an Bar-Kochbas Stelle den Krieg fortzusetzen, man wollte nur noch ein glückliches Treffen abwarten, als sie das ungetreue Glück verließ, und beide Brüder erschlagen wurden. Hadrian ließ an drei Punkten Militärwachen aufstellen, um auf die Flüchtlinge zu fahnden, in Chamat (Ammaus unweit Tiberias), in Kephar Lekitaja und in Betel. Wer dem einen Wachtposten entginge, sollte von dem andern gefangen werden.³) So waren alle Krieger vernichtet, alle aufgestandenen Städte und Dörfer zerstört, und das Land im buchstäblichen Sinne in eine Wüste verwandelt.⁴) Einige Jahre später war in dem ölreichen Galiläa ein Ölbaum eine Seltenheit geworden. Die Gefangenen, wahrscheinlich nur Frauen und Unmündige, schleppte man zu vielen Tausenden auf die Sklavenmärkte Hebrons und Gazas, und der Sklaven waren so viel, daß man sie um einen geringen Preis verkaufte. Der Rest wurde nach Ägypten geschleppt, wo er durch Hunger und Schiffbruch ein elendes Ende fand.⁵) Es gab aber noch immer Flüchtlinge, die sich in den Höhlen versteckt hielten, um der Treibjagd der Feinde zu entgehen. Eines Tages erlitten eine Menge solcher an einem Sabbat durch blinden Schrecken den Tod in den engen Gängen einer Höhle. Als sie ein Geräusch, ver-

wohl persönlich teilgenommen habe und daß er auch aus Anlaß der glücklichen Beendigung des jüdischen Krieges vom Senate zum zweitenmale als imperator begrüßt wurde, und ferner, daß auch Julius Severus die ornamenta triumphalia zuerkannt wurden. Vergl. Volksausg. II, 74].

¹) Eckhel doctrina nummorum VI, 496. [Eckhel hat diese Münze nach ältern Autoritäten gegeben. Sie war also vorhanden, wenn sie sich auch nach Renan, L'église chr., p. 209, Note 6 authentisch nicht wiederfindet. Über die Bedeutung dieser Münze s. Schürer das., p. 583, Anmerkung 119].

²) Taanit 26 b. Hieronymus in Zachariam, c. 8.

³) Midrasch Threni zu V. 1, 15.

⁴) Dio Cassius das. und Jerus. Peah VII, 1, 20 a. Justin., Dialog cum Tryphone, c. 52.

⁵) Hieronymus Comment. in Zachariam zu 11, 5 und in Jeremias, c. 31, 15. Chronicon Alexandrinum zur 224. Olympiade

ursacht von den mit Nägeln besetzten Sandalen neuer Ankömmlinge, vernahmen und es für den Sturmschritt anrückender Feinde hielten, drängten sie in wilder Verzweiflung so ungestüm aufeinander, daß viele von ihnen von ihren Leidensgefährten zerquetscht wurden. Dieser Vorfall hinterließ einen so betrübenden Eindruck, daß man später verbot, am Sabbat benagelte Sandalen zu tragen.[1]) Andere Unglückliche, denen die Lebensmittel fehlten, erhielten sich in den Höhlen vom Fleische der Leichname, die haufenweise auf den Feldern lagen. Der Genuß von Menschenfleisch war für diese Gehetzten eine Lebensgewohnheit geworden, und jedem wurde der Reihe nach die Aufgabe zugeteilt, einen Leichnam aufzusuchen und in die Höhle zu schaffen. Eines Tages schlich ein unglücklicher Flüchtling aus dem Versteck, um der Ordnung gemäß einen Leichnam zu holen. Er fand aber in der Nähe nur den Körper seines Vaters; trotz der Abgestumpftheit, die ein solches Leben zu erzeugen pflegt, schauderte er doch vor dem Gedanken zurück, seinen Vater für sich und seine Genossen mitzubringen, er entzog ihn den Blicken und kehrte leer zurück. Ein anderer wurde nach ihm ausgeschickt, der glücklicher war, einen Leichnam zu finden. Nachdem sie ihn verzehrt hatten, erfuhr der unglückliche Sohn aus den nähern Umständen, daß es der Leichnam seines Vaters war, mit dem er seinen Hunger unnatürlich gestillt hatte.[2]) Aber nicht einmal dieses elende Leben gönnte man den Flüchtlingen; man suchte sie aus ihren Verstecken zu locken; Herolde machten bekannt, daß man denen, die sich freiwillig stellen würden, Gnade werde widerfahren lassen. Viele ließen sich von diesen Verlockungen betören, aber man schleppte sie in die Rimmonebene, den Platz, wo der Aufstand seinen Anfang genommen. Mit einem die Grausamkeit noch steigernden Hohne erteilte der Sieger den Befehl, sämtliche Gefangene niederzumetzeln, ehe er noch einen Hühnerschenkel verzehrt haben würde.[3]) Dennoch haben viele Flüchtlinge sich nach dem jüdischen Babylonien und dem glücklichen Arabien gerettet, das von jener Zeit seine jüdische Bevölkerung erhalten hat, die später eine wichtige Rolle spielen sollte. Auch die auswärtigen Juden des römischen Reiches ließ Hadrian seinen Zorn empfinden. Er legte sämtlichen Juden einen Leibzoll auf, welcher noch viel drückender war als die Judensteuer, die Vespasian eingeführt hatte.[4]) Die Juden dagegen führten zum Andenken an den trübseligen Ausgang des letzten Aufstandes (Polemos acharón) ein Trauerzeichen mehr ein: die Bräute sollten nicht mehr, wie bisher, in Prachtsänften in das Haus des Bräutigams getragen werden.[5])

---

[1]) Sabbat 60 a. Jerus. das. VI, p. 8 a. [2]) Midrasch Threni zu 1, 15.
[3]) Das. [4]) Appianus, Bellum syriacum I, 191. [5]) Note 14.

Neuntes Kapitel.

Das hadrianische Verfolgungssystem. Jerusalem in die Heidenstadt Älia Capitolina verwandelt. Rufus, der Blutrichter. Der lyddensische Beschluß. Der Angeber Acher. Die zehn Märtyrer. Veränderungen im Christentume durch die hadrianische Verfolgung.

(135—138.)

Hadrian, der während der Jahre der Revolution in Angst gelebt hatte, begnügte sich nicht, sie vollständig gedämpft zu haben, er wollte jeden Keim zu einem künftigen Aufstande schon im voraus ersticken. Die jüdische Nation lag als eine große Leiche auf den blutgetränkten Feldern ihres Vaterlandes; das befriedigte seinen Rachedurst nicht, auch die jüdische Religion sollte vernichtet werden. Zu diesem Ende ließ er eine Reihe von Gesetzen in Ausführung bringen, welche darauf berechnet waren, das Judentum, das geistige Leben des jüdischen Volkes, aus dem Herzen der Übriggebliebenen zu reißen. Hadrian ernannte denselben Rufus zum Vollstrecker seiner Edikte, der, ungeschickt in der Kriegsführung gegen den bewaffneten Feind, tauglicher schien, den Krieg gegen Unbewaffnete, den Krieg mit Plackereien, mit spionierender Aufpasserei zu Ende zu führen; der Feldherr Severus war nach vollbrachter Arbeit wieder nach Britannien zurückgeschickt worden. Um die Stadt Jerusalem (und den Tempelberg?), wo vielleicht noch Spuren des unternommenen Wiederaufbaues vorhanden waren, hatte Rufus den Pflug ziehen lassen als Zeichen, daß eine andere Stadt erbaut werden sollte. Dies geschah an dem in der jüdischen Geschichte so verhängnisvollen neunten Ab, vielleicht ein Jahr nach dem Falle Betars (136).[1]) Die Stadt selbst ließ Hadrian neu aufbauen, vermutlich mehr nördlich, wo ehemals die Vorstädte waren. Eine Kolonie von ausgedienten Soldaten, Phöniziern und Syrern, ließ er in der neuerbauten Stadt ansiedeln. Sie war auf griechische Art gebaut, mit zwei Marktplätzen, einem Theater und andern öffent-

---

[1]) Taanit 26 b. Hieronymus zu Zacharia, c. 8, s. Note 14.

lichen Gebäuden versehen und in sieben Quartiere (ἀμφώδα) eingeteilt.¹) Es war Hadrian gelungen, seinen früher gefaßten Plan, Jerusalem in eine heidnische Stadt zu verwandeln, auszuführen. Auf dem Tempelberge wurde eine Bildsäule Hadrians und ein Tempel zu Ehren des kapitolinischen Jupiter, des römischen Schutzgottes aufgestellt²); auch andere Götterstatuen vom römischen, griechischen und phönizischen Kultus zierten, oder richtiger, verunreinigten Jerusalem. Selbst der uralte Name der heiligen Stadt sollte aus dem Gedächtnisse der Menschen schwinden, sie führte fortan den Namen Älia Kapitolina nach Hadrians Vornamen Älius und dem kapitolinischen Jupiter. In allen öffentlichen Akten figurierte Jerusalem unter dem neuen Namen Älia, und es gelang so sehr den alten Namen vergessen zu machen, daß über ein Jahrhundert später ein Statthalter von Palästina einen Bischof, der sich Bischof von Jerusalem nannte, fragte, was das für eine Stadt sei und wo sie denn liege.³) An dem Südtore, das nach Bethlehem führte, wurde ein Schweinskopf in halberhabener Arbeit angebracht, was den Juden ein besonderes Ärgernis geben sollte⁴); auch wurde ihnen bei Todesstrafe verboten, die Ringmauern dieser Stadt zu betreten.⁵) Auf dem den Samaritanern heiligen Berg Garizim, wo ehemals deren Tempel stand, ließ Hadrian einen Jupitertempel erbauen.⁶) Die Samaritaner selbst wissen von einem kupfernen Vogel zu erzählen, den anzubeten sie von den Römern gezwungen waren.⁷) Dieser Vogel mag vielleicht ein symbolisches Attribut eines der heidnischen Götter gewesen sein, vielleicht ein Adler dem Jupiter oder eine Taube der Venus beigegeben. Man machte auch jüdischerseits den Samaritanern den Vorwurf, daß sie einer Taubengestalt göttliche Verehrung gezollt hätten.⁸) Auch auf dem Berge Golgatha vor Jerusalem war ein Venustempel errichtet⁹), und in einer Höhle zu Bethlehem wurde ein Adonisbild verehrt. Dieser Kaiser nahm die alte Politik des syrischen Antiochos Epiphanes wieder auf, der aus Vorurteil und Rachegefühl die jüdischen Heiligtümer entweihen und dem jüdischen Volke das Heidentum mit Waffengewalt aufzwingen ließ. Hadrian glaubte den starren Un-

¹) Chronicon Alexandrinum zur 224. Olympiade.
²) Dio Cassius 69, 12. Hieronymus Comment. in Essaim zu c. 2 in Matthaeum, c. 24. S. Note 15.
³) Eusebius de martyribus Palaestinae, c. 11.
⁴) Hieronymus, Chronicon zum 20. Jahre Hadrians.
⁵) Siehe Note 17.
⁶) Damascenus bei Photius Cod. 242.
⁷) Das samaritanische Buch Josua, c. 48.
⁸) Chullin 6 a.
⁹) Sozomenos historia eccles II, 1. Hieronymus epistola 13.

abhängigkeitssinn der Juden dadurch am nachdrücklichsten brechen zu können, daß er sie dahin brächte, sich ihres eigenartigen religiösen Lebens zu entwöhnen.

Ein Dekret langte in Judäa an, welches die schwersten Strafen über alle diejenigen verhängte, welche die Beschneidung, den Sabbat beobachteten oder sich mit der jüdischen Lehre beschäftigten. Nur in einem einzigen Punkte wich das hadrianische Verfolgungssystem von der durch Epiphanes gezogenen Linie ab, daß der Zwang, die römischen Götter zu verehren, nicht dekretiert wurde. Ohne Zweifel waren Hadrian und seine Räte im voraus von der Erfolglosigkeit einer solchen Maßregel überzeugt; die Erfahrung mochte die Römer belehrt haben, daß in diesem Punkte die Juden unbezwingbar sind. Das Verbot erstreckte sich aber noch viel weiter, als auf die drei genannten Punkte, es umfaßte alle Seiten des jüdischen Religionslebens. Es zog sogar solche jüdische Sitten und Gewohnheiten hinein, die nur scheinbar einen religiösen Charakter haben, z. B. den Scheidebrief für geschiedene Frauen auszustellen, das Prosbul der Gläubiger, um die Schulden auch nach dem Erlaßjahr einfordern zu können, das Heiraten am Mittwoch und andere Bräuche ohne besondern religiösen Anstrich.[1]) Diese weite Ausdehnung mochte ein Kommentar und eine Ergänzung von seiten der römischen Behörden in Judäa gewesen sein, die mit dem Geiste der Juden vertrauter, dem kaiserlichen Befehle mehr Nachdruck geben und das Ziel wirksamer fördern helfen wollten. Von Rufus wird ausdrücklich bemerkt, er habe eine tiefere Kenntnis der jüdischen Gesetze besessen.[2]) Die trübseligen Jahre, die infolgedessen über das Judentum von dem Falle Betars an bis über den Tod Hadrians hinaus heraufbeschworen waren, heißen die Zeit des Religionszwanges, der Gefahr und der Verfolgung (Geserah, Sakanah, Schemad).

Die strengen Dekrete und die noch strengere Auslegung waren ein harter Schlag für die Übriggebliebenen. Die Gewissenhaften waren ratlos, wie sie sich in dieser kritischen Lage zu benehmen hätten, ob sie, streng an der religiösen Praxis festhaltend, ihr Leben dafür einsetzen, oder mit Rücksicht auf die ohnehin gelichteten Reihen der jüdischen Bevölkerung ihr Leben schonen und sich für den Augenblick der harten Notwendigkeit fügen sollten. Einen legitimen Synhedrialkörper, welcher die Frage in die Hand nehmen und eine Richtschnur hätte aufstellen können, gab es zu jener Zeit wohl nicht. Die übriggebliebenen Gesetzeslehrer versammelten sich in einem

---

[1]) Note 17.
[2]) Pesikta Rabba, c. 23.

Söller in Lydda und zogen die Frage über Leben und Tod in Beratung. Unter den Mitgliedern dieser Versammlung werden R. Akiba, R. Tarphon und R. José der Galiläer namhaft gemacht. Ohne Zweifel war auch R. Ismael, der R. Josua an Charakter ähnliche, milde Tannaite dabei anwesend. Eine Meinungsverschiedenheit über diese so schwerwiegende, verhängnisvolle Frage lag in der Sache selbst wie in den Personen. Die Strengen scheinen der Ansicht gewesen zu sein, daß jeder Jude verpflichtet sei, für jede Zumutung irgend einer Gesetzesverletzung den Märtyrertod zu sterben, ohne Unterschied, ob die Religionsvorschrift eine schwere (wesentliche) oder geringe (minder wesentliche) sei. R. Ismael machte die entgegengesetzte Ansicht geltend; man dürfe sämtliche Religionsgesetze des Judentums — allerdings äußerlich und widerwillig — um das Leben zu erhalten, übertreten; denn die Thora habe sie nur lediglich verordnet, daß ihre Anhänger dadurch leben, nicht aber daß sie dadurch umkommen sollten. Er war dafür, daß man sich für den Augenblick dem Religionszwange fügen müsse. Wie immer, drang auch in der lyddensischen Versammlung die vermittelnde Ansicht durch, daß man wohl zwischen wesentlichen, wichtigen und gewissermaßen das Judentum begründenden Vorschriften und minderwichtigen unterscheiden müsse. Es wurde nach Abstimmung zum Beschluß erhoben und bestimmt, man dürfe, um nicht dem Märtyrertod zu verfallen, sämtliche Gesetze übertreten, wenn der gewissenlose Feind es verlangt, mit Ausnahme von dreien, Götzendienst, Unkeuschheit und Mord.[1]) Diese drei Punkte, Verehrung des einzigen Gottes, Wahrung der Keuschheit und ehelicher Sittlichkeit und endlich Heilighaltung des Menschenlebens galten der lyddensischen Versammlung als unerschütterliche Grundlagen des Judentums. Dieser Beschluß, welcher von der verzweifelten Lage, in der sich die jüdische Gesamtheit damals befand, das sprechendste Zeugnis ablegt, hat aber jedenfalls die geheime Klausel enthalten, auch im Notfalle wenn möglich nur zum Schein das Gesetz zu übertreten oder es irgendwie zu umgehen, im übrigen aber so viel zu beobachten, als nur immer möglich wäre. Indessen waren diese Notbehelfe nicht für alle maßgebend. Es gab allerdings viele, welche sich daran hielten, vor den Augen der römischen Aufseher und Spione sich den Schein zu geben, als überträten sie die Religionsgesetze. Rührend sind die kleinen Künste und die frommen Kniffe, deren sie sich bedienten, um hier dem Tode auszuweichen, dort aber auch ihrem Gewissen zu genügen. Die Seelenmarter, die sie täglich und stündlich erlitten, machte sie erfinderisch, allerlei

---

[1]) Siehe Note 25.

Auswege zu erdenken. Um das Gesetz zu lesen, stieg man auf entfernte Dächer, sich den lauernden Blicken der Späher zu entziehen. R. Akiba selbst, als er einst von seinen Jüngern umgeben einen römischen Aufpasser bemerkte, winkte ihnen, das Schemá-Gebet ganz leise und kaum vernehmlich zu sprechen. Denn die römischen Behörden machten mit der Ausführung der Verfolgungsdekrete bittern Ernst. Jeder, der auf frischer Tat ertappt oder verraten wurde, wurde je nach der augenblicklichen Stimmung des Richters zu einer Geld- oder Leibesstrafe oder gar zum Tode verurteilt. Ein römischer Aufseher (Quaesitor), der einen gewissen Artaban dabei überraschte, wie er die mit Bibelversen beschriebenen Pergamentstreifen an den Türkapseln untersuchte, zwang diesen, für dieses Vergehen 1000 Denare zu erlegen.[1] Einem gewissen Elisa, der vermutlich noch zu den Resten des Essenerbundes gehörte, sollte der Hirnschädel eingestoßen werden, weil er Gebetriemen (Phylakterien, Tefillin) angelegt hatte. Selbst das Tragen der eigenen jüdischen Tracht konnte gefährden. Zwei Schüler R. Josuas hatten daher ihre jüdische Kleidung mit der landesüblichen vertauscht; als man sie darüber zur Rede stellte, rechtfertigten sie ihre Nachgiebigkeit mit den Worten, „sich den kaiserlichen Befehlen widersetzen, hieße einen Selbstmord begehen."[2] R. Ismael schilderte diese trostlose Zeit, in welcher bei jedem Schritte Marter und Tod lauerten, mit ergreifenden Worten: „Seitdem das sündhafte Rom harte Gesetze über uns verhängt und uns stört, die religiösen Pflichten zu erfüllen, und besonders die Beschneidung auszuüben, sollten wir eigentlich uns Enthaltsamkeit auflegen, nicht zu heiraten, um keine Kinder zu zeugen; allein dann würde das Geschlecht Abrahams erlöschen. So ist es besser, zeitweise die Religionsgesetze zu übertreten, als Erschwerungen einzuführen, welche das Volk doch nicht beobachten kann."[3]

Doch gab es auch manche, deren Gewissen sich bei der ausgedehnten Freiheit, welche der lyddensische Beschluß gewährte, den Notbehelfen und Umgehungen, welche andere erkünstelten, nicht beruhigen konnte. Sie beobachteten die religiösen Vorschriften mit aller Strenge, auf die Gefahr hin, dem Märtyrertum zu verfallen. Ein jüngerer Zeitgenosse dieser traurigen Zeit veranschaulicht in einer fast dramatischen Darstellung die Schonungslosigkeit der römischen Behörden, die für jeden religiösen Akt eine grausame Strafe bereit hatten: „Warum sollst du gegeißelt werden? Weil ich den

---

[1] Joma 11 a.
[2] Genesis Rabba, c. 82.
[3] Baba Batra 60 b.

Feststrauß (Lulab) gebraucht. Warum sollst du gekreuzigt werden? Weil ich Ungesäuertes am Passahfeste genossen. Warum bist du zum Feuertod, und du zum Schwerte verurteilt? Weil wir in der Thora gelesen oder unsere Kinder beschneiden ließen." Noch fürchterlicher als der schnelle Tod waren für die Angeklagten die langsamen Martern, in denen die römischen peinlichen Tribunale nicht weit hinter den Inquisitionsgerichten zurückgeblieben zu sein scheinen. Die grellste Phantasie könnte kaum eine raffiniertere Grausamkeit erfinden, als man damals anwendete. Die Quelle, welche die Folterarten in einem durchaus schlichten, glaubwürdigen Tone erzählt, ist ihrer ganzen Fassung nach fern von Übertreibung. Sie berichtet: Zur Zeit der Verfolgung legte man den Verurteilten glühende Kugeln unter die Armhöhlen oder steckte Rohrspitzen unter die Nägel, um ihnen das Leben langsam abzuzapfen.[1]) Es wurden aber noch andere Marterqualen angewendet, deren bloße Erinnerung einen unwillkürlichen Schauder erregt.

Trotz der römischen Wachsamkeit hätten die Gewissenhaften, die Behörden täuschend, der religiösen Übung obliegen können, wenn nicht jüdische Verräter, der Religionsgesetze kundig, die minder eingeweihten römischen Aufseher auf jeden Umstand, jeden Kniff, jede Umgehung aufmerksam gemacht hätten. Solche Angeber mochten teils zu jener gewissenlosen Menschenklasse, welche alles um des Gewinnes halber tut, teils zu den gnostischen Sektierern gehört haben, welche die Verachtung und Vernichtung der jüdischen Gesetze als ein gutes Werk betrachteten, weil dadurch die Schöpfung des Demiurgos zerstört würde, den die Gnostiker, wie schon erzählt, gründlich haßten. Das Judentum hatte also zu dieser Zeit zweifache Feinde: theoretische Gegner, welche auf seinem Grabe die Siegesfahne ihrer Prinzipien aufzupflanzen gedachten, und politische Widersacher, welche sich von seinem Untergang Ruhe und Ungetrübtheit für das römische Reich versprachen; beide boten sich die Hände, die Auflösung der jüdischen Lehre zu befördern. Zu den erbittertsten Feinden gehörte Acher, der von gesetzesverachtenden Ansichten erfüllt war (o. S. 94). Er gab, wie erzählt wird, den römischen Behörden die gründlichste Anleitung, wie sie einen religiösen Akt von einem gleichgiltigen unterscheiden könnten. Waren z. B. Juden gezwungen, am Sabbat zu arbeiten, und wollte jemand, wenn er eine Last zu tragen hatte, sein Gewissen dadurch beruhigen, daß er sich von einem andern dabei helfen ließ, was als eine geringere Verletzung des Sabbatgesetzes galt, so machte Acher die Schergen auf diesen schlauen Ausweg aufmerksam.[2]) Durch einen solchen gesetzeskundigen Angeber

---

[1]) Siehe Note 17.   [2]) Jerus. Chagiga II, p. 77 b.

belehrt, wurden die römischen Aufpasser in alle Einzelheiten eingeweiht, und witterten von ferne schon, wo eine religiöse Handlung vorging. Hörten sie das Geräusch einer Handmühle, so wußten sie, daß dort Pulver für ein neu beschnittenes Kind gerieben wurde; sahen sie eine helle Beleuchtung, so wußten sie, daß eine Hochzeit gefeiert wurde, und stellten ihre Nachforschungen an.[1]

Auf zwei Punkte ließ Hadrian oder sein Stellvertreter die geschärfteste Wachsamkeit richten und die schwerste Strafe verhängen, auf Lehrversammlungen und auf die weihende Ordination von Jüngern. Es mochte ihm oder seinen Ratgebern beigebracht worden sein, daß in diesen beiden Funktionen der Schwerpunkt und die Seele des Judentums unter den damaligen Verhältnissen liege und daß in ihnen die Fortdauer desselben bedingt sei. Wenn die lebendige Mitteilung von Lehrern an Jünger gestört, die Überlieferungskette zerrissen und die Einweihung der Jünger zu selbstständigen Gesetzeslehrern verhindert worden wäre, dann wäre allerdings eine Stockung in den Lebenssäften des Judentums eingetreten, welche unberechenbare Folgen erzeugt hätte. Man muß gestehen, daß die römische Vernichtungspolitik von ihren Helfershelfern gut bedient war, und daß sie die Ratschläge zu benützen verstand, um den tödlichsten Punkt des Judentums zu treffen. Über diejenigen Gesetzeslehrer, welche die Lehrversammlungen hielten, wurde daher eine verschärfte Todesstrafe verhängt, und ebenso über solche, welche die Funktion der Jüngerweihe ausübten; sogar die Gemeinden wurden dafür verantwortlich gemacht. Die Stadt und die Umgegend, in denen eine Ordination vor sich gegangen war, sollten zerstört werden.[2] Es ist möglich, daß Acher die Verfolgung nach dieser Seite hingelenkt hat, wenigstens wird von ihm erzählt, daß er die Gesetzeslehrer dem Tode überliefert und die Jünger vom Gesetzesstudium abgeschreckt habe. Er soll sich in die Lehrhäuser begeben und zu den Schülern gesprochen haben: „Was wollt ihr hier? Du werde Baumeister, du Zimmermann, du Jäger, du Schneider." Viele sollen sich dadurch von der Beschäftigung mit der Lehre haben abbringen lassen.[3]

Es gab aber unverwüstliche Friedensfreunde, welche sogar in bezug auf diese höchst gefährdenden Dekrete zur Nachgiebigkeit rieten. R. José ben Kisma gehörte zu jener Klasse, welche, die Geduld als die höchste Tugend verehrend, mit kluger Mäßigung und Unterwürfigkeit weiter zu kommen hoffte, als mit kühnem Widerstand und rücksichtsloser Aufopferung. Einst traf er R. Chaninah ben Teradion,

---

[1]) Note 17.
[2]) Synhedrin 13 b. f. und Parallelstellen.
[3]) Jerus. daf.

der zu denen gehörte, die das Leben für die Lehre zu lassen entschlossen waren, als er, eine Thorarolle auf dem Schoße, seine Schüler belehrte. Warnend sprach R. José: „Siehst du nicht, mein Bruder, daß der Himmel selbst dem römischen Reiche günstig ist! Es hat den Tempel zerstört, die Frommen niedergemetzelt, die Besten vernichtet, und hat doch Bestand! Wie wagst du es, den Verordnungen zuwider das Gesetz zu lehren? Es sollte mich nicht wundern, wenn sie dich samt dem heiligen Buche zum Feuer verurteilten!" Dafür aber stand R. José an dem kleinen Hofe des Statthalters von Judäa in hoher Gunst; als er starb, folgten Personen von höchstem Range seiner Leiche.[1]) Ihm ähnlich war R. Eleasar ben Parta. Als ihn der Richter zu Verhör nahm, warum er das Gesetz gelehrt, leugnete er die Tatsache rund ab, um nicht der Todesstrafe zu verfallen.[2]) Die meisten Tannaiten aber waren anderer Ansicht und entschlossen, lieber den Tod zu erleiden, als die Lehrversammlungen einzustellen; sie schlugen die Beschäftigung mit der Lehre noch höher an, als die Ausübung religiöser Vorschriften. Ein förmlicher Beschluß in dem Söller zu Lydda scheint auch darüber zustande gekommen zu sein, daß das L e h r e n bei weitem wichtiger sei, als das bloße Üben des Gesetzes.[3]) In bezug auf die Ausübung der Religionspflichten gaben die Gesetzeslehrer selbst das Beispiel, sich für den Augenblick zu fügen und sich nicht dem Tode auszusetzen; wegen Erhaltung der Lehre hingegen drängten sie sich fast zum Märtyrertume, als wenn in diesem Punkte das Allerheiligste des Judentums sich konzentrierte, das man mit dem Leben verteidigen müsse.

Eine alte Nachricht erzählt von zehn Märtyrern, welche für das Gesetzesstudium geblutet haben.[4]) Jedoch sind nur von sieben derselben die Namen bekannt geworden, in bezug auf die übrigen hingegen sind die Nachrichten schwankend und unzuverlässig. Zuerst wurde R. Ismael hingerichtet, Sohn des Hohenpriesters Elisa, der Begründer der dreizehn Auslegungsregeln, mit einem R. Simon, mit welchem Namen es mehrere in diesem Kreise gab.[5]) Für andere wollte er das Märtyrertum nicht dekretiert wissen, für sich selbst übernahm er es dagegen freudig. In der letzten Stunde suchten beide einander zu trösten und den Zweifel an der Gerechtigkeit Gottes zu bekämpfen. Das Haupt R. Ismaels, dessen Schönheit gerühmt wird, soll nach Rom geschickt worden sein,[6]) und die Sage fügt hinzu, weil eine

---
[1]) Aboda Sara 18 a.   [2]) Das. 17 b.   [3]) Siehe Note 17.
[4]) Midrasch Threni zu 2, 2 und zu den Sprüchen 1, V. 13.
[5]) Keineswegs ein Patriarch Simon ben Gamaliel, s. Frankels Monatsschrift 1852, S. 315 fg.
[6]) Chulin 123 a.

Kaiserstochter darnach verlangt habe. R. Akiba hielt beiden eine Gedächtnisrede, in welcher er hervorhob, daß R. Ismael und R. Simon, die sündenfreien, lediglich als Vorbilder durch die Hand des Henkers gefallen seien, und schloß, seine Schüler ermutigend, mit den Worten: „Bereitet euch zum Tode vor, denn schreckliche Tage werden über uns hereinbrechen." Der Grund der Anklage und der Verurteilung ist nicht bekannt geworden.

Bald kam die Reihe an den greisen R. Akiba, weil er im geheimen Lehrvorträge gehalten hatte; er wurde, laut dem Kalender der Unglückstage, am fünften Tischri in einen Kerker geworfen.[1]) Vergebens hatte ihn Pappos ben Juda, einer der Friedfertigen, die zur Nachgiebigkeit um jeden Preis geraten hatten, nachdrücklich ermahnt, die Zusammenkünfte mit seinen Jüngern einzustellen, weil der lauernde Blick der Aufpasser die geheimsten Winkel durchdringe. R. Akiba hatte ihm durch eine Fabel bewiesen, wie die Furcht vor dem Tode ebenso vergeblich, wie sündhaft sei: „Ein Fuchs, welcher die Fische am Ufer unruhig umherschwimmen sah, weil man ihnen mit Netzen nachstellte, riet ihnen, sich aufs Land zu begeben, um bei ihm sicher zu wohnen. Aber die Fische den Rat verschmähend erwiderten darauf: „Wenn wir in unserem eigenen Elemente nicht sicher sind, um wieviel weniger wären wir es, wenn wir uns daraus entfernten." Davon machte R. Akiba die Anwendung auf die damalige Lage: „Unser Lebenselement ist die Lehre, geben wir sie auf, dann haben wir sicherlich noch mehr zu fürchten." Der Zufall brachte ihn aber im Kerker mit dem Warner Pappos zusammen, der es reumütig gegen R. Akiba beklagte, daß er wegen eitlen und weltlichen Tuns verurteilt worden sei, und daher nicht das tröstende Bewußtsein habe, für eine große Sache zu sterben.[2]) Rufus, Statthalter und Blutrichter, welcher in R. Akiba das Oberhaupt und die Autorität erkannte, verfuhr gegen ihn mit noch größerer Strenge als gegen die übrigen. Er behielt ihn lange im Gefängnis und ließ es so sorgfältig bewachen, daß niemand zu ihm bringen konnte. Die noch übrig gebliebenen Gesetzeslehrer, die sich ohne R. Akiba ganz verwaist und ratlos fühlten, gaben sich Mühe, trotz der Wachsamkeit der Kerkermeister, sich von ihm in zweifelhaften Fällen Belehrung zu verschaffen.[3]) Einst gaben sie einem Boten 400 Denare dafür, daß er trotz der Gefahr zu R. Akiba bringe, um dessen Entscheidung einzuholen. Ein anderes Mal gelang es einem seiner Jünger, R. Jochanan aus Alexandrien, durch eine List mit ihm zu verkehren und ihn wegen eines zweifelhaften Gesetzesfalles zu befragen. Als wenn er ein Hausierer wäre, bot

---

[1]) Halachot Gedolot, H. Taanijot Ende.
[2]) Berachot 61 b.
[3]) Jebamot 108 b.

er in der Nähe des Gefängnisses seine Ware mit lauter Stimme feil: „Wer kauft Nadeln, wer Gabeln, wie ist's mit dem Akt zur Entbindung von der Schwagerehe?" R. Akiba, den Wink verstehend, antwortete auf dieselbe Weise: „Hast du Spindeln zu verkaufen, hast du „G ü l t i g?"[1]) Auch wegen Berechnung der Schaltjahre berieten sich die Tannaiten mit ihm,[2]) wahrscheinlich auf eine ähnliche Weise. Endlich schlug für ihn die Stunde der Hinrichtung. Rufus, ein gefügiges Werkzeug der Rache Hadrians, ließ R. Akibas Todesschmerzen durch die Marterqualen steigern, indem er ihm die Haut vermittelst eiserner Striegeln abzuschinden befahl. Unter der Folter sprach der große Märtyrer das Schemágebet mit einem zufriedenen Lächeln. Rufus, erstaunt über eine so außerordentliche Standhaftigkeit, fragte ihn, ob er ein Zauberer sei, daß er die Schmerzen so leicht verwinde, worauf R. Akiba erwiderte: „Ich bin kein Zauberer, nur freue ich mich, daß mir Gelegenheit geboten ist, meinen Gott auch mit meinem Leben zu lieben, da ich es bisher nur mit meinen Kräften und meinem Vermögen konnte." R. Akiba hauchte seine Seele mit dem letzten Worte des Gebetstückes aus, das den Inbegriff des Judentums in sich faßt, mit dem Worte: („Gott ist) e i n z i g".[3]) Einer nicht ganz sagenhaften Nachricht zufolge, soll sein Jünger R. J o s u a a u s G e r a s a mit andern Freunden R. Akibas Leiche heimlich entwendet und sie bei Antipatris beigesetzt haben.[4]) R. Akibas Tod, der wie sein Leben außerordentlich war, ließ eine erschreckende Leere zurück; die Zeitgenossen trauerten, mit ihm seien die Arme des Gesetzes gebrochen und die Quellen der Weisheit verschüttet.[5]) Er hinterließ nur einen Sohn und einige Jünger, welche seinen Namen zu dem gefeiertesten machten und seine Lehrweise zur einzig gültigen Norm erhoben.

Der vierte Märtyrer, der mit gleicher Standhaftigkeit den Tod erduldete, war R. C h a n i n a b e n T e r a d i o n. Ungeachtet der Warnung von R. José ben Kisma fuhr er fort, Lehrvorträge zu halten, bis er vor das Bluttribunal geschleppt wurde. Man fragte ihn, warum er den kaiserlichen Befehlen zuwider gehandelt habe, worauf er mit dem ganzen Freimut überzeugter Religiosität antwortete: „Weil es mir Gott so befohlen hat." Er wurde am 25. Sivan, in eine Gesetzrolle gehüllt, auf einem Scheiterhaufen von frischen Weiden verbrannt. Zum Übermaße der Unmenschlichkeit legte man ihm angefeuchtete Wolle aufs Herz, damit seine Todespein noch länger dauere. Der Todesvollstrecker

---

[1]) Jerus. Jebamot XII, p. 12 d.
[2]) Bab. Synhedrin 12 a.
[3]) Berachot 61 b. und Jerus. das. 14 b.
[4]) Midrasch zu den Sprüchen 9, 1.
[5]) Sota Ende.

selbst, mitleidiger als der Richter, riet ihm, sich die Wolle abzunehmen, um sein Ende zu beschleunigen; allein R. Chanina mochte nicht darauf eingehen, weil er solches für einen Selbstmord hielt. Der Mann von dem blutigen Handwerke nahm ihm, hingerissen von so viel standhafter Seelengröße, die Wolle ab und soll sich selbst dann in die Flammen gestürzt haben. R. Chaninas Frau soll ebenfalls zum Tode verurteilt und seine Tochter nach Rom geführt worden sein, um der Schande preisgegeben zu werden.[1]) — Das Märtyrertum von R. Chuzpit, dem Sprecher (Meturgeman) im jamnensischen Synhedrion und R. Jsebab, Synhedrialsekretär, wird ohne nähere Umstände erzählt; ohne Zweifel sind sie ebenfalls bei der Beschäftigung mit der Lehre ertappt worden. Dem R. Chuzpit, als öffentlicher Redner mit Beredsamkeit begabt, wurde die Zunge ausgeschnitten und den Hunden vorgeworfen. — Als letzter Märtyrer wird R. Juda ben Baba angeführt, den die Zeitgenossen für ganz sündlos hielten. Er befürchtete infolge der Hinrichtung der angesehensten Gesetzeslehrer den vollständigen Untergang der Tradition, wenn die überlebenden Jünger ohne die erforderliche Weihe bleiben sollten und lud daher die letzten sieben [2]) Jünger R. Akibas zur Ordination ein. Auf diese Handlung war, wie schon erzählt, die höchste Strafe gesetzt, von der auch der Ort, wo sie vor sich gegangen war, getroffen wurde. Um keine Stadt zu gefährden, begab sich R. Juda mit den sieben Jüngern in ein Engtal zwischen den Städten Uscha und Schefaram, legte ihnen die Hände weihend auf und autorisierte sie hierdurch als selbständige Gesetzeslehrer und Richter. Eine römische Truppe, vermutlich durch Verräter auf die Spur geführt, überraschte sie jedoch bei diesem Akte. Kaum blieb R. Juda die Zeit, die eben Geweihten zur schnellen Flucht zu ermahnen; sie wollten ihn aber nicht in der Not verlassen. Erst auf sein wiederholtes Drängen flohen sie; die Häscher fanden nur den Greis, der ohne Widerstand seinen Körper den Todesstreichen preisgab. Durch 300 Lanzenstiche sollen sie ihn wie ein Sieb durchlöchert haben.[3]) Man wagte nicht einmal aus Furcht vor Rufus' Blutregiment R. Juda ben Baba die übliche Gedächtnisrede zu halten.[4])

Von den übrigen Märtyrern dieser Zeit ist weder Name noch Veranlassung ihres Todes mit voller Gewißheit zu ermitteln. Man nennt noch als solche R. Tarphon oder R. Eleasar Charsanah, R.

---

[1]) Aboda Sara 18 a.
[2]) [Synhedrin 14 a werden nur sechs genannt. Graetz stützt sich aber offenbar auf Jerusch. Chagiga III, 1, p. 78 d, wo von 7 Ältesten, und auf Genesis Rabba 61, wo von den übriggebliebenen Schülern R. Akibas die Rede ist. Vergl. weiter p. 169, 170]
[3]) Synhedrin 14 a. [4]) Das. 11 a.

José, Simon ben Asaï, R. Eleasar ben Schamuah und R. Juda ha-Nachtom,¹) doch offenbar nur, um die überlieferte Zahl zehn zu vervollständigen; denn einige der Genannten waren noch im nachhadrianischen Zeitalter am Leben. Der Tod des R. Juda ha-Nachtom soll unter eigenen Umständen erfolgt sein. Ein Jude, Bar-Kusia genannt, habe sich als Römer verkleidet, unter die Richter zu mischen gewußt, um das Leben des Angeklagten zu retten. Doch sei die List verraten und Bar-Kusia samt seinem Schützling dem Henker überliefert worden.²) So endete das zweite Tannaitengeschlecht, das reich war an großen Charakteren, reich an hervorragender Geistestätigkeit, aber auch reich an Erschütterungen und Leiden.

Nicht bloß gegen die Überlebenden, sondern auch gegen die im Betarschen Kriege Gefallenen richtete sich Hadrians oder Rufus' Grausamkeit. Die aufgehäuften Leichname durften nicht unter die Erde gebracht werden, damit ihr grausenerregender Anblick den Lebenden zur Warnung dienen sollte, jemals an die Befreiung vom römischen Joche zu denken. Das Bestatten der gefallenen Helden war bei schwerer Strafe verboten.³) Um die Verpestung der Luft und die Verdüsterung der Gemüter, die durch das Liegenlassen der Leichen in der Sonnenglut herbeigeführt wurde, kümmerten sich die Machthaber wenig, oder vielmehr es war ihnen gerade recht, zu den bereits über die jüdische Nation verhängten Gräueln noch die Pest und die Verzweiflung hinzuzufügen. Für weiche, fromme Gemüter war aber der Gedanke unerträglich, die Gefallenen, welche die jüdische Sitte besonders zu ehren pflegte, dem Fraße wilder Tiere und Vögel und der Verwesung im Anblicke der Sonne ausgesetzt zu sehen. Es scheint, daß ein Frommer den Überlebenden, die ihren Frieden mit den Römern geschlossen hatten und in stiller Zurückgezogenheit lebten, ans Herz legen wollte, wie notwendig es sei, selbst mit Aufopferung ihres Glückes und ihrer Ruhe die Leichname heimlich in dunkler Nacht zu bestatten. Er verfaßte zu diesem Zwecke eine besondere Schrift, das Buch Tobit,⁴) worin das Hauptgewicht auf die Pflicht der heimlichen Beseitigung der Leichen gelegt wird, die von einem Tyrannen der Schändung preisgegeben sind; zugleich wird angedeutet, daß die Erfüllung dieser mit Gefahr verbundenen Pflicht unfehlbar reichlichen Lohn des Himmels herbeiführen müsse. Als Beispiel wird ein Frommer namens Tobit angeführt, der sich durch Bestattung der von einem König Verurteilten

---

¹) Midrasch Threni, a. a. O. Midrasch zu Psalm 9.
²) Midrasch zu Psalm das. Jalkut zur Stelle; hier richtig בן קוסיא.
³) Siehe Note 17.
⁴) Dieselbe Note.

zwar Elend zugezogen, aber zuletzt durch Gottes Beistand wegen
gewissenhaft erfüllten Liebesdienstes gegen Entseelte mit reichem
Segen bedacht wurde. Der Inhalt des Buches Tobit läßt nicht
verkennen, daß es in der hadrianischen Zeit entstanden ist.

Tobit ben Tobiel erzählt selbst seine Geschichte. Er war angeblich aus dem Stamme Naphtali und über die Maßen fromm;
während seine Stammesgenossen dem Baal opferten, war er zu den
Festzeiten nach Jerusalem gewallfahrt und hatte dort den dreifachen
Zehnten gespendet. Durch Enemessar mit den übrigen Gefangenen
des Zehnstämmereichs nach Ninive verpflanzt, bekundete er auch dort
seine Frömmigkeit, aß nie von dem Brote der Heiden und erwies
Mildtätigkeit seinen dürftigen Brüdern. Ganz besonders aber war
Tobit eifrig, diejenigen heimlich zu beerdigen, die der König Enemessar und nach ihm sein Sohn Sancherib hinrichten und hinter die
Mauern Ninives hatte werfen lassen. Er wurde aber verraten,
mußte in ein heimliches Versteck fliehen, alle seine Habe wurde ihm
vom König (Sancherib) genommen und ihm nichts weiter gelassen,
als sein Weib Anna und sein Sohn Tobias. Erst nach Sancheribs
Flucht durfte Tobit durch die Gunst, in der sein Verwandter Achiachor bei dem neuen König Sacherdon stand, wieder nach Ninive
kommen und er hatte wieder nichts Angelegentlicheres zu tun, als
unbestattete Leichen von Religionsgenossen zu bergen. Er tat es
auch einst, als er sich eben zu Tische setzen wollte, und sein Sohn
ihm von einem auf dem Platze liegenden Erschlagenen Kunde brachte.
Ehe er einen Bissen kostete, brachte er die Leiche ins Haus und
nach Sonnenuntergang legte er sie unter die Erde. Tobits Nachbarn verspotteten ihn wegen dieses seines Eifers und sagten von
ihm: „Kaum ist er wegen dieser Sache dem Tode entgangen und
mußte entfliehen, und nun begräbt er wieder die Leichen".[1]) Dieselbe
Gefahr traf ihn zwar nicht zum zweiten Male, aber ein anderes
Unglück, eine plötzliche Erblindung durch einen Sperling, dessen warmer
Kot ihm bei der Beschäftigung mit der Leiche ins Auge gefallen
war. Die Ärzte bemühten sich vergebens, seine Augenkrankheit zu
heilen. Tobit war dadurch so heruntergekommen, daß er von
seinen Verwandten erhalten und seine Frau für Lohn arbeiten
mußte. Wie Hiobs Frau warf sie ihm seine Frömmigkeit und
Mildtätigkeit vor und fragte ihn lästerlich, wo denn der Lohn
bliebe!

Tobit bleibt nicht unerschüttert von seinem Mißgeschick, er ist
aber ebensosehr von dem Elende, das sein Volk betroffen, betrübt,
das „Plünderung, Gefangenschaft, Tod und Schmähung preisgegeben

---

[1]) Tobit 2, 8.

ist.¹) Er erkennt zwar Gottes gerechtes Strafgericht, als Folgen der Sünden an, wünscht sich aber doch den Tod. Gott erhört sein inbrünstiges Gebet und sendet den Engel Raphael, um sowohl ihn zu heilen, als auch zu gleicher Zeit ein unglückliches Mädchen von Gram und Schmährede zu befreien. Sara, die Tochter Raguels in Ekbatana, eine gottesfürchtige Jungfrau verlor nacheinander sieben Bräutigame in der Brautnacht. Asmodaï, der böse Geist, hatte sie getötet. Ihre Eltern waren darüber verzweifelt, die Dienerschaft beschuldigte sie, daß sie die jungen Männer der Reihe nach erdrosselt hätte, sie selbst war sich zur Last, wünschte zu sterben und machte sich ebenfalls in einem inbrünstigen Gebete Luft. Tobit erinnert sich, daß er bei einem Verwandten in Rhagaï zehn Talente hinterlegt hatte, sendet seinen Sohn dahin, sie einzufordern und befiehlt ihm, sich einen Reisegefährten für den weiten Weg zu suchen. Tobias findet den Engel Raphael, der sich ihm unter menschlicher Gestalt als Genosse zugesellt. Unterwegs am Tigris finden sie einen Fisch und der Engel rät ihm, dessen Herz, Leber und Galle gut aufzubewahren. In der Nähe von Ekbatana befiehlt ihm Raphael, in das Haus Raguels, der ein entfernter Verwandter seines Hauses sei, einzukehren, und um dessen Tochter Sara zu freien, die ihm seit Ewigkeit zur Frau bestimmt sei. In der Brautnacht mit ihr soll er nur getrost Asche von Räucherwerk auf Herz und Leber des Fisches legen, davon wird der böse Geist Asmodaï entfliehen, um nimmer wiederzukehren. Er möge aber nicht vergessen, in der Brautnacht zu Gott zu flehen. Tobias tut, wie ihm befohlen, und erhält Sara zur Frau, deren Brautgemach vom Dämon befreit wird. Seine Eltern, anfangs wegen seines längeren Außenbleibens untröstlich, erhalten zugleich Sohn und Tochter. Auf Rat Raphaels gießt Tobias die Galle des Fisches in des Vaters Auge, und dieser erhält sein Gesicht wieder. Wohlstand und Freude kehren damit in Tobits Haus wieder ein. Der Engel Raphael, einer der sieben, welche das Gebet der Frommen vor Gott bringen, offenbart sich ihm schließlich in seiner wahren Gestalt und erklärt ihm, die Wendung seines Geschickes sei wegen seiner Mildtätigkeit eingetreten, und besonders deswegen, weil er die Toten bestattet habe.²) Er befiehlt ihm auch, diese Geschichte zur Erinnerung und Belehrung niederzuschreiben. Das Buch Tobit schließt mit der Hoffnung: Wenn auch Jerusalem eine Wüste, das Heiligtum verbrannt und das Volk Israel zerstreut sein wird, wird Gott sich ihrer wieder erbarmen, wird sein Lieblingsvolk nicht verlassen, es aus der Gefangenschaft heimführen,

---

¹) Tobit 3, 4.
²) Das. 12, 12.

Jerusalem in blendender Pracht wieder erbauen und sein Heiligtum mit Ruhm bedecken, so daß alle Völker Ihn erkennen und loben werden.[1]) Das Buch Tobit, ein Schmerzenskind drangsalvoller Zeit gleich dem Buche Judith, wollte wie dieses zugleich eine Ermahnung an das jüdische Volk richten und Trost in die wunden Gemüter träufeln.

Auch die Judenchristen, die sich während des Krieges meistens jenseits des Jordans in den Städten der sogenannten Dekapolis aufgehalten hatten, blieben von den Nachwehen des Bar-Kochbaschen Aufstandes nicht unberührt, der für sie sogar ein entscheidender Wendepunkt wurde. Der unglückliche Ausgang des Krieges mit seinen traurigen Folgen erschreckte sie ebensosehr, als er ihnen Schadenfreude verursachte. In dem Ereignisse, daß der kapitolinische Jupiter die heilige Tempelstätte einnahm — in der biblischen Sprachweise „der Gräuel der Verwüstung" genannt — erblickten sie das Zeichen des jüngsten Gerichtes, des Weltendes und des Wiedererscheinens Jesu in den Wolken. Die harte hadrianische Verfolgung traf auch die Judenchristen, vielleicht auch sämtliche Christen, wiewohl sie sich von der jüdischen Gemeinschaft abgesondert hatten, weil die römischen Behörden den dogmatischen Unterschied zwischen Juden und Christen nicht berücksichtigten. Die Evangelien schildern in düstern Farben den ganzen Schrecken der Verfolgung, von der auch die Christgläubigen heimgesucht waren. „Wenn ihr nun sehen werdet den Gräuel der Verwüstung (davon geweissagt der Prophet Daniel) stehen, wo er nicht soll, alsdann wer in Judäa ist, fliehe auf die Berge. Wer auf dem Dache des Hauses ist, steige nicht hernieder, etwas aus dem Hause zu holen, und wer auf dem Felde ist, der kehre nicht um, seine Kleider zu holen. Wehe aber den Schwangern und Säuglingen in jener Zeit. Betet aber, daß eure Flucht nicht geschehe im Winter oder am Sabbat".[2])

Es lag daher den Christen beider Zweige viel daran, sich auch politisch als eine besondere, von den Juden getrennte Religionsgenossenschaft anerkannt zu wissen, um nicht in das Verhängnis der Juden hineingezogen zu werden. Zwei Kirchenlehrer, Quadratus und Aristides, sollen dem Kaiser Hadrian eine Schutzschrift überreicht haben, worin sie dargetan, daß das Judentum keinen Zusammenhang und keine Solidarität mit dem Christentume habe.[3]) Von dieser Zeit datiert die Vereinigung und Verschmelzung der meisten juden- und heidenchristlichen Sekten. Die Judenchristen gaben die jüdischen

---

[1]) Tobit, letzte zwei Kapitel.
[2]) Siehe Note 15.
[3]) Eusebius historia eccles IV, 3.

Gesetze auf, die sie bisher noch immer beobachtet hatten, nahmen den dogmatischen Inhalt des Christentums an, wie er sich unter den heidenchristlichen Anschauungen ausgebildet hatte, und stellten zum Beweise ihres innigen Anschlusses zum ersten Male einen unbeschnittenen Bischof M a r c u s an die Spitze ihrer Gemeinde.[1] Von der hadrianischen Zeit an hörte jede Verbindung zwischen Juden und Christen vollends auf, und sie standen einander nicht mehr als feindliche Glieder eines und desselben Hauses, sondern als zwei getrennte Körperschaften gegenüber. Da die Christen später Gnade vor Hadrians Augen gefunden hatten, so traten auch Juden zu ihnen über, um doch wenigstens etwas vom Judentume beibehalten zu können, da die Ausübung des Gesetzes ihnen verwehrt war.

[1] Eusebius historia eccles III, 35.

Zehntes Kapitel.

Das dritte Tannaitengeschlecht. Aufhebung der hadrianischen Edikte. Rückkehr der Flüchtlinge. Synode in Uscha. Patriarchat Rabban Simons III. R. Meïr und seine Lehrweise. Achers Tod. R. Simon ben Jochaï, der angebliche Schöpfer der Kabbala.

(138—164).

Durch den hadrianischen Krieg und die Verfolgungsedikte war ein grausiger Zustand in Judäa[1]) eingetreten. Die Städte waren zerstört, das Land verödet; die Einwohner lagen entweder als Leichen auf den Schlachtfeldern und Richtplätzen oder brachten als Geächtete ein elendes Leben in Schlupfwinkeln zu, oder waren in freundlichere Gegenden versprengt. Die Bewohner von dreizehn Städten, so wird erzählt, schlossen sich in der Not der fremden Bevölkerung an und gingen in ihr völlig unter.[2]) Die Jünger des Gesetzes, namentlich die sieben überlebenden Schüler R. Akibas, hatten mit gebrochenem Herzen eine Zufluchtsstätte in Nisibis und Nahardea gesucht,[3]) und wenn die Verfolgung noch lange gedauert hätte, so hätte Babylonien schon zu dieser Zeit jene Wichtigkeit für das Judentum erlangt, die es ein Jahrhundert später auf anderen Wegen erhalten hat. Hadrians Tod, welcher drei Jahre nach Betars Fall erfolgte (Sommer 138), brachte einen günstigen Umschwung hervor. Die Frommen mußten in dem elenden Ende dieses Kaisers, der nächst Antiochus Epiphanes als der vollendete Typus des Judenhasses galt, dessen Name von Juden und Samaritanern nicht ohne den Fluch: „Gott möge sein Gebein zerstieben",[4]) genannt wurde, die strafende Gerechtigkeit Gottes erblicken für das gehäufte Unglück, das er über die jüdische

---

[1]) [Als offizielle Bezeichnung der Provinz kommt der Name Judäa nicht mehr vor; dafür tritt fortan der alte herodotische Name das Syrien der Philistäer oder Syria Palaestina. S. Mommsen, Römische Gesch. V, p. 546].
[2]) Jerus. Jebamot VIII, p. 9 d. Kiduschin IV, 65 d.
[3]) S. Note 19.
[4]) Samaritanisches Buch Josua, c. 48, und an vielen Stellen der Midraschim.

Nation gebracht hatte. Diejenigen, welche der Ächtung entgangen waren, hatten nichts Angelegentlicheres zu tun, als von seinem Nachfolger die Rücknahme der Blutedikte zu erwirken. Titus Aurelius Antoninus, mit dem Beinamen Pius, war, obwohl Hadrians Adoptivsohn und in dessen Politik eingeweiht, doch von menschlicherer Gemütsart und wohlwollendem Charakter; von ihm ließ sich eine minder grausame Behandlung erwarten. Eine vornehme römische Matrone in Cäsarea, wahrscheinlich die Frau des Rufus, die mit den Juden in ihren Drangsalen Mitleid empfand, riet ihnen, den römischen Landpfleger flehentlich zu bitten, den Verfolgungen Einhalt zu tun.

Diesen Rat befolgend, wagten es einige mit R. Jehuda ben Schamua an der Spitze, den Statthalter um Erbarmen anzuflehen. In dunkler Nacht riefen sie kläglich: „O Himmel, sind wir nicht eure Brüder, Söhne desselben Stammvaters? Warum verhängt ihr über uns so viele unerträgliche Leiden?"[1] Solche Vorgänge mögen wohl den Statthalter bestimmt haben, sich beim Kaiser für eine mildere Behandlung der Juden zu verwenden. Am fünfzehnten Ab (August) soll die freudige Nachricht eingelaufen sein, daß die aufgeschichteten Leichname der jüdischen Krieger zur Ruhe bestattet werden dürften, und aus dankbarer Erinnerung an das Wunder, daß sie nicht in Fäulnis übergegangen waren, schaltete man zum Tischgebet einen eigenen Segensspruch ein.[2] Am achtundzwanzigsten Adar (März 139 oder 140) kam die noch freudigere Botschaft, daß die hadrianischen Dekrete aufgehoben seien, und man setzte diesen Tag in den Kalender der Gedenktage.[3] Auch eine römische Quelle berichtet, daß der Kaiser Antoninus Pius den Juden die Beschneidung gestattet habe, nur durften sie sie nicht an Genossen anderer Nationen, d. h. an Proselyten vornehmen.[4] Damit war ohne Zweifel der Religionszwang überhaupt aufgehoben. Nur das Verbot, Jerusalem zu betreten, ließ der Kaiser bestehen, und die Todesstrafe für dessen Übertretung blieb in Kraft.[5] Das unerwartete Ende der Verfolgung und des Gewissenszwanges rief die Flüchtlinge wieder in ihre Heimat zurück. Auch die sieben Jünger R. Akibas, die einzigen Hüter des geistigen Erbes der Vorzeit, welche meistens nach Babylonien ausgewandert waren, stellten sich wieder ein. Es waren R. Meïr, R. Juda

---

[1] Rosch ha-Schanah 19 a. Megillat Taanit, c. 12.
[2] Siehe Note 17.
[3] Rosch ha-Schanah und Megillat Taanit das.
[4] Modestinus de sicariis Digesta 48, 8, 11. Circumcidere Judeis filios suos tantum rescripto divi Pii permittitur: in non ejusdem religionis qui hoc fecerit, castrantis poena irrogatur.
[5] Note 17.

ben Flaï, R. José ben Chalafta, R. Jochanan aus Alexandrien, R. Simon ben Jochaï, R. Eleasar ben Jacob (oder ben Schamua), endlich R. Nehemias. Sie begaben sich sogleich nach der durch die Revolution besonders denkwürdig gewordenen Rimmonebene, um die Einsetzung eines Schaltjahres zu beschließen, was durch die mehrjährige Verfolgung unmöglich geworden und wodurch das Kalenderwesen in Unordnung geraten war. Bei der ersten Zusammenkunft gerieten sie in einen heftigen Streit darüber, wie R. Akiba ein halachisches Gesetz gelehrt habe. R. Jochanan, der Sandalar, widersprach R. Meïr und behauptete: „Ich habe R. Akiba länger stehend zugehört (als berechtigter Jüngergenosse), als du sitzend" (als bloßer Zuhörer). Heftig entgegnete ihm R. Meïr, er habe als Alexandriner keine gewichtige Stimme bei Traditionen.[1]) Doch bald versöhnten sie sich wieder, umarmten und küßten einander brüderlich, und wer einen ganzen Anzug hatte, teilte ihn mit dem, der entblößt war.[2]) Zu Uscha, der Heimat R. Judas in Galiläa, das durch die blutigen Kriege weniger verödet war als Judäa im Süden und wo bereits vor der Bar-Kochbaschen Revolution der Sitz des Synhedrions auf kurze Zeit gewesen war, versammelten sie sich wieder und forderten alle Gesetzeslehrer Galiläas auf, sich einzustellen. Sehr viele folgten dem Rufe, und die Einwohner Uschas bemühten sich, die Gäste auf das Zuvorkommendste mit allen Bedürfnissen zu versorgen. Das Geschäft dieser Synode war, die Traditionen, welche durch die Leiden und die Flucht in Vergessenheit geraten waren,[3]) wieder aufzufrischen und zu fixieren. Nachdem sie einige Zeit in Uscha getagt hatte, entließen die Leiter die Versammlung mit feierlichen Schlußreden. R. Juda dankte den auswärtigen Teilnehmern dafür, daß sie sich die Mühe genommen hatten, sich aus einer Entfernung von mehreren Meilen zur Versammlung einzustellen. Die übrigen Mitglieder des engeren Rates dankten den Einwohnern Uschas für die den Gästen erwiesene Gastfreundlichkeit.[4]) So hatte der zerfleischte, aus vielen Wunden blutende, der gänzlichen Auflösung nahe Nationalkörper sich wiederum aufgerichtet, und die Lehre war wiederum das Heilmittel, das ihm Genesung und Erstarkung bringen sollte.

Die Mitglieder dieses Tannaitenkreises setzten das Werk ihrer

---

[1]) [Die Übersetzung zweifelhaft].
[2]) Jerus. Chagiga III, p. 78 d. Babli Synhedrin 20 a. Genesis Rabba, c. 61].
[3]) Erschöpfend ist dieser Punkt behandelt in Frankel, Darke ha-Mischna, p. 149 fg.
[4]) Midrasch Rabba Canticum, p. 15 b. Berachot, p. 63 b. [Vergl. die Anm. des Verf.].

Vorgänger mit gleicher Aufopferung fort, um die zerrissene Traditions=
kette wieder zusammenzuknüpfen; doch war ihre Zahl weder so
groß, noch ihre Geistestätigkeit so bedeutend, wie die des vorange=
gangenen Geschlechtes. Die bedeutendsten unter ihnen, die tiefer in
die Verhältnisse eingegriffen haben, waren R. Simon, Sohn des
Patriarchen Gamaliel, R. Nathan, der Babylonier, R. Meïr
und R. Simon ben Jochaï. Der erste war, wie erzählt wird, dem
Blutbade in Betar, sowie der nachher über ihn verhängten Ver=
folgung auf eine außerordentliche Weise entgangen. Der Quästor,
der von Rufus den Auftrag hatte, ihn gefänglich einzuziehen, ließ
ihm einen Wink über die ihm drohende Gefahr zukommen, worauf
sich R. Simon auf die Flucht begab[1]) und wahrscheinlich in Babylonien
Schutz fand. Das Kollegium wurde vervollständigt durch R. Nathan
als Stellvertreter und R. Meïr, die bedeutendste Persönlichkeit, als
Sprecher. Durch eine beabsichtigte Aufhebung der Gleichheit, die
bisher unter den Hauptgliedern des Kollegiums geherrscht hatte,
hätte sich der Patriarch beinahe das Schicksal seines Vaters zugezogen.
— Von seinen Verhältnissen zur Traditionslehre ist nur soviel be=
kannt, daß er lediglich allgemein anerkannte Halachas lehrte, die
im Kollegium festgestellt waren, die strittigen hingegen auf sich be=
ruhen ließ.[2]) In zweifelhaften Rechtsfällen räumte er dem Her=
kommen (Minhag medinah, Hilchoth medinah, usus) die end=
gültige Entscheidung ein, gegen die theoretische Erörterungen kein
Gewicht haben sollten.[3]) Durch die zahlreichen Gesetzeslehrer der
vorangegangenen Zeit hatte sich nämlich in dem Umkreise ihrer
Wirksamkeit ein eigener Brauch, getragen von ihrer Autorität, im
Volke eingelebt, welchen R. Simon gewahrt wissen wollte. Dem
Akte eines Gerichtshofes sollte nach seiner Ansicht auch im Falle,
wenn ein Irrtum vorgefallen sei, unumstößliche Gültigkeit eingeräumt
werden, weil sonst, wie es R. Simon motivierte, das Ansehen des=
selben leiden würde.[4]) Seine erhabene Gesinnung bekundet
R. Simon durch den schönen Spruch: „Auf drei Verhältnissen
beruht der Bestand der Welt: auf Wahrheit, Recht und Frieden".[5])

Die originellste Persönlichkeit dieses Zeitalters war unstreitig
R. Meïr, dessen Geistesflug, Gesinnungstüchtigkeit und Kenntnisse
an seinen Lehrer R. Akiba erinnern. Sein eigentlicher, aber ver=
gessener Name war Miasa oder Moïse[6]) (griechische Aussprache

---

[1]) S. Note 18.
[2]) Jerus. Baba Batra Ende.
[3]) Ketubbot 66 b. Baba Mezia 92 a. Vergl. über ihn den eingehenden
Artikel in Frankel, Darke ha-Mischna, p. 178 fg.
[4]) Ketubbot 99 b.
[5]) Abot I, 18.   [6]) Siehe Note 19.

für Mose) und der Name Meïr ist lediglich eine Metapher mit der Bedeutung „der Erleuchtende". Er soll nach einer unverbürgten Sage von einer Proselytenfamilie und zwar von dem Kaiser Nero abstammen, der, wie man im Morgenlande glaubte, den Mördern entgangen und zum Judentume übergetreten war.[1]) Gewiß ist es, daß R. Meïrs Geburtsland Kleinasien war, höchstwahrscheinlich das cappadocische Cäsarea.[2]) Seine Existenzmittel gewann er vom Schönschreiben und Kopieren der heiligen Schrift (libellar), was für ihn gewinnreich wurde, weil er eine Neuerung, Kupfervitriol (Chalkanthos) in die Tinte zu mischen und sie dadurch dauerhaft und glänzend zu machen, eingeführt hatte; er empfahl überhaupt ein leichtes und sauberes Handwerk zu erlernen. Mit den schwierigen orthographischen Regeln der hebräischen Sprache, welche das Abschreiben der heiligen Bücher fast zu einer Wissenschaft machten, war er so vertraut, daß er einst das Buch Esther aus Mangel an einem Originalmanuskripte aus dem Kopfe ohne Fehler niederschrieb.[3]) Von dem wöchentlichen Verdienste von drei Sekel, den ihm diese Beschäftigung brachte, verwendete er zwei Dritteile zum Unterhalte seiner Familie und den Rest zur Unterstützung verarmter Genossen.[4]) Verheiratet war er mit Beruria (oder Valeria), der gelehrten Tochter R. Chaninas ben Teradion, deren halachische Aussprüche sogar R. Josua gerühmt hatte.[5]) R. Meïr war eine Zeitlang R. Ismaels Zuhörer, dessen verständig nüchterne Lehrweise ihm jedoch weniger zusagte, als die scharfsinnige R. Akibas; deswegen schloß er sich später dem letzteren an, dessen System den entschiedensten Einfluß auf seine Geistesrichtung hatte. Frühzeitig erteilte R. Akiba seinem Lieblingsschüler die Weihe, und gab ihm den Vorzug vor R. Simon; wegen seiner Jugend fand er jedoch nicht die Anerkennung als selbständiger Gesetzeslehrer.[6]) Witzig geißelte R. Meïr diese Peinlichkeit, die nicht auf das Verdienst, sondern auf das Alter Rücksicht nimmt: „Schaut doch nicht," sprach er, „auf das Weingefäß, sondern auf den Inhalt! Manches neue Gefäß enthält alten Wein, aber es gibt alte Weinkrüge, welche nicht einmal jungen Wein enthalten".[7]) Es werden überhaupt von ihm manche geistreiche

---

[1]) Gittin 57 b. Tacitus historiae I, 2; II, 8.
[2]) Jerus. Kilaim IX, p. 32 c. Babli Jebamot 121 a. [Vergl. Weiß, a. a. O., S. 147, A. 1.
[3]) Midrasch Kohelet zu c. 2, V. 18. Erubin 13 b. Tosifta Megilla c. 2. Kidduschin Ende.
[4]) M. Kohelet das.
[5]) Tosifta Taharot, c. 1.
[6]) Synhedrin 14 a. Jerus. das. I, p. 19 a.
[7]) Abot IV, 27.

Einfälle eines geläuterten, treffenden Witzes mitgeteilt¹); auch als
Fabeldichter ist er berühmt geworden, und vom Schakal allein, der
Lieblingsfigur morgenländischer Dichtungen, hatte er 300 Fabeln
gedichtet.²)

Es ist bereits erzählt, daß R. Meïr vor der Verfolgung, die
seine Schwiegereltern dem Tode, seine Schwägerin der Schande geweiht hatte, flüchtig geworden, weil R. Juda ben Baba ihn und seine
Kollegen geweiht hatte, und daß er mit ihnen nach dem Aufheben
der hadrianischen Edikte aus Babylonien nach Judäa zurückkehrte. Nach
seiner Rückkehr soll er, wie eine nicht ganz unwahrscheinliche Nachricht
mitteilt, auf das Drängen seiner Frau seine Schwägerin in Cäsarea
aufgesucht haben, um diese von der Schande zu befreien. Vorher
wollte er aber ihre Tugend auf die Probe stellen, um sich zu überzeugen, ob sie der Befreiung würdig sei, und verkleidete sich zu diesem
Zweck als römischer Ritter. Als er sie noch unschuldig fand, bestach
er den Aufseher und rettete sie, geriet aber, weil die Tat ruchbar
wurde, in große Gefahr. Die römischen Behörden ließen auf ihn
fahnden, und er war einmal nahe daran in Haft zu geraten, der
er nur dadurch entging, daß er sich stellte, als genösse er verbotene
Speisen, um die Häscher glauben zu machen, er gehöre nicht zu den
Juden.³) R. Meïrs und seiner Frau Gottergebenheit beim plötzlichen
Tod ihrer zwei Kinder ist durch eine poetische Überarbeitung in der
deutschen Literatur bekannt geworden. Es wird erzählt, seine zwei
Söhne seien plötzlich an einem Sabbat gestorben, während er im
Lehrhause beschäftigt war, und die zartfühlende Gattin habe ihm
deren Tod verheimlicht, um ihn nicht am heiligen Tage durch die
Trauerpost zu betrüben. Als der Sabbat zu Ende war, fragte sie
ihn unter der Hand, ob man ein anvertrautes Gut dem Eigentümer wieder erstatten müsse, und auf seine bejahende Antwort führte
sie ihn an den Ort, wo ihre beiden Kinder entseelt lagen und tröstete
sein Gemüt mit der Bemerkung, daß sie nur ein anvertrautes Gut
waren, welches der Eigentümer zurückgefordert habe.⁴) — R. Meïrs
Bescheidenheit hielt mit seiner Gottergebenheit und seinem Wissen
gleichen Schritt. Seinen Lieblingsspruch: „Beschäftige dich weniger
mit dem Gewerbe als mit der Lehre und sei vor jedem Menschen
demütig",⁵) bewährte er durch die Tat. Eine Frau pflegte seinen
volkstümlichen und durch eingemischte Vergleichungen anziehenden
Vorträgen zu lauschen, die er am Eingange des Sabbats in Ammaus

---

[1]) S. Note 19.
[2]) Synhedrin 38 b f. Sota 49 a.
[3]) Aboda Sara 18 b. Midrasch Kohelet zu c. 8, V. 11.
[4]) Midrasch zu den Sprüchen, Ende.
[5]) Abot IV, 12.

bei Tiberias hielt. Eines Tages wurde ihr Gatte wegen ihres längeren Ausbleibens so sehr erzürnt, daß er schwor, sie nicht eher ins Haus zu lassen, bis sie dem Prediger ins Gesicht gespieen haben werde. R. Meïr, der Kunde von diesem seinetwegen ausgebrochenen ehelichen Zwiste erhielt, heuchelte Augenleiden und sprach den Wunsch laut aus, wenn doch nur eine Frau seine Augen mit ihrem Speichel benetzen möchte. So veranlaßte er, daß jene Frau zum Scheine dieses Heilmittel an ihm anwendete; nachdem sie getan, sagte er zu ihr: „Berichte deinem Mann, du habest mir nicht einmal, sondern siebenmal ins Gesicht gespieen".[1]

Die Zeitgenossen und die Nachwelt konnten R. Meïrs Weisheit und Charakter nicht genug rühmen; R. José schilderte ihn seinen Landsleuten, den Einwohnern von Sepphoris, als einen frommen, sittlich strengen, heiligen Mann.[2] Sprichwörtlich sagte man von ihm: „Wer auch nur R. Meïrs Stab berührt, wird weise".[3] Seine tiefern Kenntnisse erwarb er sich auch durch den Umgang mit solchen Personen, gegen welche ein Vorurteil herrschte. Selbst den Apostaten und Verräter Acher suchte er auf, um sich von ihm belehren zu lassen. Als man R. Meïr wegen des vertraulichen Umganges mit einem Gesetzesverächter Vorwürfe machte, erwiderte er in seiner beliebten, sprichwörtlich zugespitzten Weise: „Ich finde einen saftigen Granatapfel, genieße das Innerste und werfe die Schale weg". Er begleitete einst seinen gnostischen Lehrer am Sabbat zu Fuß, während jener zu Pferde ritt, sich mit ihm über Schriftauslegung unterredend. Plötzlich sprach Acher zu seinem Begleiter: „Bis hierher und nicht weiter darfst du gehen, hier ist die Sabbatgrenze (von 2000 Doppelschritten), kehre um". R. Meïr nahm hiervon Gelegenheit, gegen Acher zu bemerken: „Auch du kehre um"; Acher wich aber mit den Worten aus: „Wenn es auch für alle Sünder Verzeihung gibt, so ist für mich die Gnadenpforte verschlossen, weil ich die Geistesgaben, die mir Gott verliehen, zum Ärgernis mißbraucht habe". Später, als Acher erkrankte, eilte R. Meïr zu ihm, ihm wiederholentlich in dem Sinne zuredend, und schmeichelte sich, ihn vor seinem Tode zur Reue bewogen zu haben. Eine Sage fügt hinzu, R. Meïr habe seinen Mantel über Achers Grab gebreitet, aus dem eine Rauchsäule aufgestiegen, und habe dabei mit Anspielung auf einen Bibelvers (Ruth 3, 13) die Worte gesprochen: „Ruhe in der Nacht dieser Zeitlichkeit, am Morgen der Seligkeit wird dich der Allgütige erlösen, wo nicht, so erlöse ich dich".[4]

[1] Jerus. Sota I, p. 16 d.
[2] Jerus. Berachot II, p. 5 b.
[3] Das. Nedarim IV, p. 41 b.
[4] Chagiga 15 a. Jerus. das. II, 1. Midrasch Ruth zu c. 3, 13. Vergl. hierzu Sachs, „Stimmen vom Jordan und Euphrat", S. 155.

R. Meïr pflog auch mit einem heidnischen Philosophen Umgang, wie es scheint, mit Eunomaos aus Gabara.¹) Erstaunt darüber, Kenntnisse des Judentums bei einem Heiden zu finden, sagte man in jüdischen Kreisen, Gott habe den zwei größten Philosophen aus dem Heidentum, Bileam und Eunomaos, von seiner Weisheit mitgeteilt, damit sie diese den Völkern lehren sollten. Als der Gadarenser wegen des Todes seiner Eltern Trauer hatte, besuchte ihn R. Meïr, um ihm Beileid zu bezeugen. Er hatte überhaupt die Überzeugung, daß ein Heide, welcher sich mit der Thora beschäftigt, ebenso würdig sei wie ein Hoherpriester des Judentums, weil es in der Schrift heißt: „Diese Gesetze soll der Mensch beobachten, um zu leben," was R. Meïr dahin deutete, daß nicht bloß Israeliten zur Seligkeit berufen seien.²) Wollte man daraus schließen, daß ihm die jüdische Nationalität nicht so hoch stand wie die Lehre des Judentums, so hat er doch anderweitig auch darauf Gewicht gelegt: Wer in Judäa wohne und sich der heiligen Sprache bediene, sei der Seligkeit gewiß.³) — Durch den Umgang mit Männern der Wissenschaft, welche außerhalb des Judentums standen, scheint R. Meïr auch mit der stoischen Philosophie, die zu jener Zeit in der gebildeten römischen Welt die herrschende war, bekannt geworden zu sein. Nur übertrug er alle Vollkommenheiten, welche nach der stoischen Theorie die Philosophie gewährt, auf die Thora, die dem Menschen das Ideal erreichen hilft, wenn er sich mit ihr aus reiner Liebe ohne Nebenzweck beschäftigt. „Die Thora," so behauptet er, „macht denjenigen, der sich ihrer befleißigt, der ganzen Welt würdig und zum Liebling aller, flößt ihm Liebe zu Gott und Menschen ein, kleidet ihn mit Demut und Gottesfurcht, befähigt ihn, fromm, gerecht, redlich und treu zu sein, entfernt ihn von der Sünde und nähert ihn der Tugend, gewährt ihm königliche Würde, macht ihn sittlich, langmütig, nachsichtig gegen Beleidigungen und erhebt und trägt ihn über alle Dinge."⁴) Das war sein Ideal eines wahren Weisen.

In der Handhabung der halachischen Tradition hatte sich R. Meïr seinen Lehrer R. Akiba zum Vorbilde gewählt, und bildete dessen System zur Dialektik aus. Die Zeitgenossen erzählen von ihm, man habe nie auf die wahre Meinung Meïrs kommen können, weil er in scharfsinniger Weise eine Menge Beweise für und gegen eine Gesetzesbestimmung heranzubringen wußte und imstande gewesen

---

[1]) Note 19.
[2]) Sifra, Abschnitt Achare. Aboda Sara 3 a und an mehreren Parallelstellen.
[3]) Jer. Sabbat I, p. 3 c. Per. 13, 13. [Hier R. Jirmjah].
[4]) Abot VI, 1.

sei, durch Vergleichungen und Folgerungen ein ausdrücklich in der Schrift angeordnetes Gesetz in das Gegenteil umzukehren.[1]) Ob es ihm mit dieser dialektischen Art ernst war oder ob er sie bloß als Sprecher im Lehrhause angewendet hat, um das Für und Wider zu beleuchten, läßt sich jetzt um so weniger mit Bestimmtheit entscheiden, als die Frühern selbst darüber in Zweifel waren. Indessen allgemeinen Beifall hatte diese dialektische Lehrmethode zu seiner Zeit keineswegs, sie wurde im Gegenteil mit Geringschätzung behandelt, als nicht zum Ziele und zur Wahrheit führend. Unter R. Meïrs Jüngern hatte sich diese Methode Symmachos ben José angeeignet und sie noch mehr übertrieben; wegwerfend sprach man von ihm, er verstände wohl scharfsinnig zu disputieren, aber keine praktische Entscheidung zu treffen. Man ging so weit, zu behaupten, seine Urahnen müßten die Offenbarung auf Sinaï nicht vernommen haben.[2]) Nach dem Tode R. Meïrs wollte sogar R. Juda seine Jünger und ganz besonders Symmachos von dem Lehrhause ausschließen, weil sie nicht auf die Wahrheit ausgehen, sondern nur sophistisch disputieren wollten.[3]) Dennoch wurde diese scharfsinnige Behandlung des Halachastoffes, die man unter einer eigenen Gattung als talmudische Dialektik bezeichnen kann, später, wenn auch nicht in Judäa, außerordentlich beliebt, noch mehr ausgebildet und äußerst fein zugespitzt; ja man konnte sich das tiefere Verständnis der Halacha ohne sie gar nicht denken. Indessen zeugen R. Meïrs Gesetzesentscheidungen von entschiedenem Ernst und äußerster Strenge. Er behauptet unter andern: wer seiner Frau weniger Morgengabe aussetzt, als der Gebrauch ist (zwei Minen für eine Jungfrau und die Hälfte für eine Witwe), dessen Ehe gelte einer ungesetzlichen gleich, weil dadurch die Leichtigkeit der Scheidung bedingt sei. Ferner behauptete er, wenn auch nur im geringsten von derjenigen Form abgewichen wird, die das Gesetz bei Ehescheidungen eingeführt — selbst in einem Falle, wenn man sich in dem Scheidebriefe einer andern als der landesüblichen Zeitrechnung bedient hat —, so hat der Akt keine Giltigkeit, und die Kinder der auf ungesetzliche Weise Geschiedenen aus der zweiten Ehe sind als nicht legitim zu betrachten. R. Meïr bestritt ferner jene Regel, welche sonst allgemein gilt, daß man jeden zweifelhaften Fall nach dem Gesetz der Wahrscheinlichkeit und zwar nach den am meisten im Leben vorkommenden Fällen (רוב) zu beurteilen habe, ohne auf Ausnahmefälle Rücksicht zu nehmen; er meinte vielmehr,

---

[1]) S. Note 19.
[2]) S. diese Note.
[3]) Kidduschin 52 b. Jerus. das. II, p. 63 a.

man müsse gewissenhafterweise jeden Fall als vielleicht zur Ausnahme gehörig ansehen. Aus diesem Grunde hat er, als er einst erfuhr, daß **einige Samaritaner** in einer Stadt dem Götzentume, das ihnen durch die hadrianischen Edikte aufgezwungen worden war, auch später anhingen und den Göttern von ihrem Weine Gußopfer brachten, die Erschwerung einführen wollen, daß man von sämtlichen Samaritanern keinen Wein gebrauchen dürfe. Diese Erschwerung würde, wenn konsequent durchgeführt, viele Tätigkeiten und Genüsse in den Kreis des Verbotenen hineingezogen und sie gesetzlich unmöglich gemacht haben. Für geringe Vergehen, wie z. B. Zinsnehmen, wollte er empfindliche Geldstrafen verhängt wissen, so daß z. B. ein Wucherer Zins mit Kapital verlieren solle.[1]) Er drang aber mit seinen Erschwerungen nicht durch, die Zeitgenossen und die nachfolgenden Geschlechter ließen R. Meïrs Gesetzesentscheidungen und Erschwerungen nicht im ganzen Umfange gelten. Am strengsten war er indessen gegen sich selbst und äußerte einmal: „Wenn ich auch etwas für andere gestatte, so erlaube ich es keineswegs mir selbst, sobald ich mich überzeugt halte, daß meine Genossen entgegengesetzter Meinung sind."[2])

Wie in der Behandlung des Halachastoffes, so setzte R. Meïr auch in dem formalen Ordnen desselben das Werk R. Akibas fort; er vervollständigte dessen Mischnasammlung, scheint aber ihre Teile mehr nach dem Inhalt als nach der bloßen Zahl[3]) gruppiert zu haben.[4]) Das Vereinzelte und Bruchstückartige in R. Akibas Mischna wurde zu einem Ganzen gefügt und abgerundet, jeder Teil erhielt eine seinem Inhalte entsprechende Benennung. Indessen machte diese Ordnung R. Meïrs, so wenig wie die seiner Kollegen, irgendwie Anspruch, giltige Norm zu sein, sondern jeder Gesetzeslehrer, der einen Kreis von Jüngern hatte, trug das angewachsene Material in der ihm beliebten und bequem scheinenden Form vor. — R. Meïr hatte eine nicht unbedeutende Jüngerzahl um sich gesammelt, welche sich zu ihm wegen seiner scharfsinnigen und lebendigen Vortragsweise hingezogen fühlte. Er pflegte nämlich dem nüchternen Stoff der Halacha durch anziehende Agadas Abwechslung zu verleihen, und diese Agadas wiederum durch Fabeln anschaulich zu machen.[5]) Sein Lehrhaus und seinen Wohnsitz scheint er in Ammaus bei Tiberias gehabt zu haben, aber ebenso oft findet man ihn in

---

[1]) Vergl. Frankel, a. a. O., p. 155 fg.
[2]) Sabbat 134 a. Jerus. Berachot I, p. 3 a.
[3]) [Es ist bereits oben bemerkt, wie zweifelhaft diese ganze Annahme ist].
[4]) Synhedrin 86 a und an vielen Stellen.
[5]) Daj. 38 b.

Damaskus (Ardiskos) lehrend.¹) In der Synhedrialstadt Uscha mag er sich nur dann eingefunden haben, wenn wichtigere Fragen im Kollegium zur Verhandlung vorlagen. Mit dem Patriarchen R. Simon lebte er nicht im besten Einvernehmen, wie später erzählt werden wird. Die Spannung, in die er mit ihm durch einen Vorfall geraten war, scheint ihn veranlaßt zu haben, Judäa mit seinem Geburtslande Kleinasien zu vertauschen. — Unter seinen Jüngern wird der schon erwähnte Symmachos als der bedeutendste und scharfsinnigste bezeichnet. Fälschlich hat man diesen für den S y m - m a c h o s ausgegeben, der nächst Theodotion um diese Zeit eine neue griechische Übersetzung von der heiligen Schrift angelegt hat; denn der Übersetzer Symmachos war keineswegs ein jüdischer Proselyt, sondern gehörte zu den Überbleibseln der konsequenten Nazaräer, und wußte die Richtung dieser Sektierer so vollständig zu vertreten, daß sie sich auch nach seinem Namen S y m m a c h i a n e r nannten.²) Von R. Meïrs übrigen Schülern ist fast gar nichts bekannt; keiner von ihnen hat die Lehrweise des Meisters fortgesetzt, vielleicht weil sie, ein frühreifes Produkt, in dieser Zeit nicht beliebt war.

Eine ebenso scharf ausgeprägte Persönlichkeit, nur nicht so vielseitig wie R. Meïr, war R. S i m o n b e n J o c h a ï aus Galiläa, den man fälschlich zum Wundertäter, Mystiker und Schöpfer der Kabbala gestempelt hat. Wiewohl aus seinem Leben nur wenige Züge bekannt geworden sind, so läßt sich doch so viel aus ihnen entnehmen, daß er eine mehr nüchterne, als phantastische oder mystische Natur war. — Von R. Simons Jugendgeschichte ist gar nichts bekannt, und auch später nach seiner Rückkehr mit seinen Genossen, deren Exil er während der hadrianischen Verfolgung geteilt hatte, verfließt seine Einzelwirksamkeit in der Gesamttätigkeit des verjüngten Synhedrions von Uscha. Im Gegensatz zu seinem Vater Jochaï, welcher bei den römischen Behörden in Gunst gestanden zu haben scheint³), war der Sohn ein abgesagter Römerfeind und stand auch bei ihnen nicht im besten Ansehen. Eine freimütige, wahrheitsgetreue Äußerung des Tadels, die dem römischen Statthalter hinterbracht wurde, sollte an ihm mit dem Tode bestraft werden, wie später erzählt werden wird. Nur durch die Flucht konnte er sich der Verfolgung entziehen, und an diese Tatsache hat sich die Sage festgeklammert, um R. Simon mit Wundern und

---

¹) J. Sota, p. 16 d. Chagiga, p. 77 b. B. Nasir 56 b. Tosifta Nasir, c. 5, 1. Oholot, c. 4, 14, f. Note 19.

²) Eusebius h. eccl. VI, 17; demonstratio evangel. VII; Augustinus in Faustam 19.

³) Pesachim 112 a.

Wundertätigkeit zu umgeben. Eine ursprüngliche Quelle jedoch erzählt diesen Vorfall in der ganzen Einfachheit eines nüchternen Berichtes. Dieser Vorgang, so geringfügig er auch ist, darf hier in seiner ganzen Umständlichkeit um so weniger verschwiegen werden, als er dazu dient, den mystischen Nebelschleier zu zerreißen, in den man R. Simon gehüllt hat. Die schlichte, wunderentblößte Nachricht stellt die Tatsache folgendermaßen dar:

R. Simon ben Jochaï verbarg sich vor dem Zorn der Römer in einer Höhle in der Nähe des Ortes Charuba oder Kephar-Charub (so genannt von der Menge Johannisbrotbäume, welche daselbst gediehen). In dieser Höhle blieb er mehrere Jahre, sich von Johannisbrot und Quellwasser nährend, und sein Körper litt von diesem ungesunden Aufenthalte so sehr, daß seine Haut mit Rissen und Schwielen bedeckt wurde. Als er sich einst ins Freie hinauswagte, bemerkte er, daß ein Vogel der Schlinge des Nachstellers unerwartet entschlüpfte. Dieses für eine günstige Vorbedeutung nehmend, sprach er bei sich: „Wenn ein Vogel nicht ohne eine höhere Fügung gefangen werden kann, um wie viel weniger der von der Vorsehung beschützte Mensch." Darauf verließ er seine Höhle und vernahm die angenehme Kunde, daß eine günstige Wendung eingetreten sei und er keine Nachstellung zu befürchten habe. Um seine zerrüttete Gesundheit wiederherzustellen, badete er in den warmen Quellen des Tiberiassees, die seinen morschen Körper wieder erfrischten. Aus einem regen Dankgefühl erwies er der Stadt Tiberias eine Wohltat, welche für die Einwohner von einem nicht geringen Interesse war. Tiberias, von Herodes Antipas 120 Jahre vorher auf einem Gräberplatze erbaut[1]), wurde von den Frommen gemieden, weil sie einen durch Gräber verunreinigenden Ort scheuten, welcher ihnen stets die lästigen Reinigungen notwendig gemacht und sie am Besuche des Tempels verhindert hätte. Der Gründer war wegen dieser Scheu schon bei der Anlage der Stadt gezwungen, Einwohner für die neuerbaute Stadt durch glänzende Versprechungen förmlich herbeizulocken. Diese Abneigung der Frommen gegen die Gräberstadt Tiberias bestand noch zurzeit fort, und mancher, den Umstände gezwungen hatten, darin seinen Wohnsitz zu nehmen, mochte eine Gewissenspein empfunden haben, der levitischen Reinheit entbehren zu müssen. R. Simon ben Jochaï glaubte also, Tiberias keinen unbedeutenden Dienst zu leisten, als er die Plätze, wo sich wirklich Leichen unter der Erde befanden, kenntlich machte, damit die übrigen Teile der Stadt für rein gelten und zu jeder Zeit betreten werden dürfen.

---

[1]) Josephus, Altertümer XVIII, 2, 3.

Um die leichenbedeckenden Stellen von den leichenfreien zu unterscheiden, stellte er ein vielleicht auf Erfahrung begründetes Verfahren an, indem er zerschnittene Wolfsbohnen in die Erde steckte; diejenigen Stellen, wo diese nicht Wurzeln schlugen, bezeichnete er als einen unreinen Platz, den größten Teil der Stadt erklärte er für durchaus rein. In der nahen Stadt Magdala, wo man vielleicht stolz auf den Vorzug der Reinheit war, bespöttelte man Tiberias' Reinerklärung und betrachtete R. Simons Werk als eine leichtfertige Neuerung. Allein R. Simon berief sich auf eine alte Tradition, welche versicherte, daß Tiberias einst die vermißte Reinheit erhalten werde. — Diesen ganzen, natürlichen Verlauf hat die Sage durch vielfache Wunder gehoben und verschönert; durch ein Wunder läßt sie R. Simon in der Höhle gespeist werden, durch ein Wunder ihn diese verlassen, durch ein Wunder Tiberias für rein erklären, endlich durch ein Wunder den bespöttelnden Gesetzeslehrer aus Magdala eines plötzlichen Todes sterben.[1]) Mit jedem Jahrhundert steigerte sich das wundertätige Ansehen R. Simons. Die Höhle, in welcher er so lange von allen Menschen abgesondert gelebt, bot das geeignete Dunkel für alle möglichen mystischen Schöpfungen; hier soll er denn auch den Sohar, das Grundbuch der Kabbala, verfaßt haben.

Es findet sich aber unter allen Gesetzesentscheidungen, Aussprüchen, Bemerkungen, welche von R. Simon mitgeteilt werden, nicht eine Spur einer mystischen Richtung. Im Gegenteil sind seine Motivierungen der biblischen Gesetze durchaus einfach. Unter andern suchte er sich die Gründe verständlich zu machen, die der Gesetzgeber bei der Bestimmung im Auge gehabt haben mag, daß jeder Feldbesitzer gerade nur an der Ecke seines Ackers einen Teil der Feldfrüchte für die Armen zurücklassen sollte. Vier Motive stellte R. Simon dafür auf, von denen das eine schlichter und nüchterner erscheint als das andere. Nach seiner Ansicht hat der Gesetzgeber mit dieser speziellen Bestimmung beabsichtigt, die Armen dem Eigentümer gegenüber vor Übervorteilung, Störung und Zeitversäumnis, und den Eigentümer vor dem bösen Leumund sicher zu stellen.[2]) Solche einfache, aus der Natur der Sache selbst genommenen Erklärungsgründe stehen im grellsten Widerspruche zu der überschwenglichen Art, mit der im Sohar die religiösen Gesetze mit den höhern Verhältnissen des Universums in einen magischen Rapport gesetzt werden. — Überhaupt ist diese Lehrweise, den Motiven des Gesetzes nachzugehen und daraus Folgerungen für neue Bestimmungen zu schließen, R. Simon eigen, und er stand mit dieser Richtung ganz

---

[1]) Siehe Note 20.   [2]) Siehe diese Note.

allein; es war dieses ein Fortschritt gegen R. Akibas Lehrsystem, anstatt der pleonastischen Wörter, Silben und Buchstaben, das Prinzip vernunftgemäßer Motivierung zum Ausgangspunkte für Gesetzesfolgerungen zu gebrauchen.[1]) Unter anderem folgerte R. Simon nach dieser Art, das biblische Gesetz, eine Witwe mit gerichtlicher Pfändung zu verschonen, könne nur auf eine arme Witwe Anwendung finden, eine reiche hingegen habe keinen Anspruch auf Schonung; ferner die Verschwägerung mit den sieben kanaanitischen Völkerschaften, die das biblische Gesetz verbietet, müsse die Ausdehnung auf alle heidnischen Nationen erhalten, weil das Gesetz dabei lediglich die Verleitung vom Judentume im Auge habe.[2])

Eine andere Ansicht R. Simons zeigt nicht minder, wie weit entfernt er von der kabbalistischen Theorie war. Er hatte einen befremdlich klingenden Wahlspruch, die pünktliche Erfüllung des Gesetzes sei nur denen möglich, welche vom Manna oder vom Zehnten leben. „Denn wie soll jemand Tag und Nacht im Gesetze forschen, wenn er von der Sorge um Nahrung und Kleidung erfüllt ist?"[3]) Das Gesetzesstudium ist nach seiner Ansicht mit Broterwerb unverträglich; wenn Israel Gottes Willen erfüllt, so kann es dem Gesetze und seiner Erforschung ungestört obliegen, während fremde Hände seinen Feldbau bestellen.[4]) Unähnlich den meisten Gesetzeslehrern, trieb R. Simon kein Handwerk und kein Geschäft, er war zu jener Zeit der einzige, dessen Lebensbeschäftigung das Studium war.[5]) — Wohnsitz und Lehrhaus R. Simons war in dem ölreichen Thekoa in Galiläa.[6]) Er hatte einen Kreis von Jüngern und wurde, weil er alle seine Kollegen überlebt hat, die einzige Autorität für das folgende Zeitalter. R. Simon legte, wie seine Kollegen, eine Mischnasammlung unter dem Namen Midot an, welche eine gedrängte Auswahl aus R. Akibas Sammlung enthielt.[7]) Der scharfsinnigen Lehrweise, welche seit R. Akiba in Flor kam und den speziellen Namen Talmud führte, räumte er den Vorzug vor der bloß traditiven ein, und die Beschäftigung mit derselben hielt er für verdienstlicher als die Beschäftigung mit der Schrift

---

[1]) [Ist kein Gegensatz, R. S. deutet wie R. Akiba, wenn er auch zuweilen aus der vernunftgemäßen Motivierung Folgerungen zieht].

[2]) [Letzteres kein passendes Beispiel].

[3]) Mechilta edit. Amsterdam. Par. Beschalach, 20 a, 32 a. [Folgerung nicht klar].

[4]) Berachot 35 b.

[5]) Sabbat 11 a.

[6]) Siehe Note 20.

[7]) Gittin 66 a. [Name zweifelhaft].

oder mit der trockenen Halacha.¹) — In seinem Alter machte R. Simon eine Reise nach Rom, um die Erneuerung der hadrianischen Edikte zu hintertreiben, was später ausführlich erzählt werden wird.

Einen klangvollen Namen in diesem Kreise hatte R. Juda ben Ilaï aus Uscha, dessen Charakter mit dem R. Josuas Ähnlichkeit hatte. Bescheiden, klug, geschmeidig, beredt, wußte er die Spannung, welche noch immer zwischen den Römern und der jüdischen Nation fortdauerte, zu besänftigen. Er wird deswegen ganz besonders „der Kluge" und „der erste Redner" genannt. R. Juda war nicht bemittelt, sondern nährte sich, wie R. Josua, von einem Handwerke, dessen er sich nicht schämte; er führte öfter den Spruch im Munde: „Die Arbeit ehrt den Arbeiter."²) „Wer seinen Sohn nicht ein Handwerk lernen läßt, treibt ihn gewissermaßen unter die Räuber."³) Seine Lehrweise hatte keine auszeichnende Eigentümlichkeit.⁴) — Wie von R. Juda, so sind von R. José ben Chalafta aus Sepphoris keine lebensgeschichtlichen Züge bekannt geworden. Auch er betrieb ein Handwerk und zwar eins von der niedrigsten Art, er war Lederarbeiter.⁵) Die Mischnasammlung, die er zu seinem Gebrauche angelegt hatte, führte den griechischen Namen Nomikon (Gesetzessammlung).⁶) Wie keiner seiner Zeitgenossen verlegte sich R. José auf die annalistische Sammlung der jüdischen Geschichte und hinterließ eine Chronik von der Schöpfung der Welt bis auf den Bar-Kochbaschen Krieg nnter dem Namen

---

¹) Siehe Jer. Berachot I, 3 b und Parallelstellen. [Der hier angenommene Zusammenhang von Talmud und R. Akiba beruht auf der oben bereits angefochtenen Auffassung des Verf. vom Begriffe Talmud].

²) Nedarim 49 b.

³) Kidduschin 29 a.

⁴) [Es könnte als Eigentümlichkeit vielleicht hervorgehoben werden, daß R. J. sich häufig R. Elieser anschließt. Tosifta Sebach. II, 17; Menachot 18 a; Jer. Kilajim 32 d und die bekannte Ansicht R. Js. in bezug auf מכשירין, Beza 28 b. R. J. will auch häufig die Schrift wörtlich verstanden wissen, nicht bloß, wo er ausdrücklich bemerkt, דברים ככתבם, sondern auch an anderen, vergl. Frankel, Hodegetica, p. 159, und Weiß, Gesch. d. Trab. II, wozu noch hinzuzufügen wäre, Negaim X, 2. Auch R. E. nimmt den Schriftvers häufig buchstäblich, am auffälligsten Baba K. 84 a, vergl. Mech. Mischpatim 8, wo es nach R. E. anstatt ר׳ יצחק heißen soll, und das zweite Mal anstatt מי — ממשש gelesen werden muß. Ob in diesem Punkte eine Beeinflussung anzunehmen ist, ist zweifelhaft, da eine Konsequenz überhaupt sich nicht nachweisen läßt. Daß unser Sifra R. J. zugeschrieben wird, ist bekannt].

⁵) Sabbat 49 b.

⁶) Erubin 51 a und an mehreren Stellen. [Die hergebrachte Erklärung gibt keinen passenden Sinn. Der Zusammenhang erfordert wie Raschi Gittin 67 a etwa טעמו וסברתו].

Reihenfolge der Geschichte (Seder Olam). In der aus der Bibel geschöpften Geschichte bemühte er sich die Zeitrechnung zu fixieren, dunkle Stellen in derselben aufzuhellen und Lücken durch Traditionen auszufüllen. Hingegen von der Zeit Alexanders des Großen an gibt diese Chronik R. Josés selbständige, ganz zuverlässige, leider nur zu kurze Nachrichten[1]), von denen einige untergegangen zu sein scheinen. — Von den übrigen Jüngern R. Akibas ist wenig Bemerkenswertes bekannt. Außer diesem galiläischen Lehrkreise bestand noch ein anderer im äußersten Süden Judäas (Darom), welcher R. Ismaels Lehrweise fortsetzte, aber vereinzelt und ohne Zusammenhang mit jenem war. Nur zwei Glieder desselben sind bekannt geworden, R. Josia und R. Jonathan.[2])

Eine eigentümliche Erscheinung bot R. Nathan, ein Babylonier, Sohn des Exilsfürsten, dar. Es ist weder bekannt, wo er seine halachische Bildung erworben, ob in Judäa oder im Heimatlande, noch was ihn veranlaßt hat, nach Judäa überzusiedeln und auf die günstigere Stellung in seinem Geburtslande zu verzichten. R. Nathans starke Seite war die Kenntnis des jüdischen Rechts, und vielleicht aus diesem Grunde oder weil er aus dem fürstlichen Hause stammte, übertrug man ihm im Synhedrion zu Uscha die Würde des Stellvertreters. Auch er hatte eine eigene Halachasammlung, welche unter der Benennung Mischna oder Tosifta des R. Nathan bekannt war.[3]) — Im ganzen war das dritte Tannaitengeschlecht arm im Verhältnisse zu den vorangegangenen; der Bar-Kochbasche Krieg und die hadrianische Verfolgung hatten die gesetzeskundige Jugend hinweggerafft. — Nur dem Namen nach bekannt sind R. Chanina ben Chachinai, welcher, um R. Akibas lehrreichen Umgang zu genießen, so lange von seiner Familie entfernt war, daß er bei seiner Heimkehr seine eigene Tochter nicht mehr erkannte; ferner R. Elieser ben Jakob, welcher im Besitze von Traditionen über Bau und innere Einrichtung des Tempels war[4]), und ebenfalls eine eigene kurzgefaßte Mischna angelegt hat; endlich R. Eleaser, ein Sohn des Galiläers R. José, von dem weiter nichts bekannt ist, als daß er zweiunddreißig Deutungsregeln zum Verständnis der Bibel aufgestellt hat.[5])

---

[1]) Siehe Note 14.
[2]) Vergl. die eingehende Untersuchung darüber Frankel, a. a. O., p. 146 fg.
[3]) S. Frankel das. p. 188.
[4]) [Gilt vom älteren R. E. ben Jakob].
[5]) Zuerst zitiert von Ibn-Ganach Rikmah, dann in Sefer Keritot des Simson von Chinon und daraus übergegangen in die Talmudausgabe Berachot unter dem Namen ל״ב מדות.

Auswärtige Gesetzeslehrer in dieser Zeit waren R. Juda ben Bathyra in Nisibis, welcher die Flüchtlinge aus Judäa beherbergt zu haben scheint, ferner R. Chanina, Neffe R. Josuas in Nahar-Pakod, den sein Oheim nach Babylonien sandte, um ihn dem Umgange mit Judenchristen zu entziehen, endlich R. Mathia ben Charasch in Rom[1]), welcher zuerst die Kenntnis des jüdischen Gesetzes von Asien nach Europa verpflanzte.

[1]) [Mathia ben Charasch hat um diese Zeit noch gelebt, da uns von einer Begegnung desselben mit R. Simon ben Jochai zu Rom berichtet wird (s. Joma 53 b). Über des letzteren Anwesenheit zu Rom s. weiter p. 191 ff.; doch gehört die Blüte des Mathia einer ältern Zeit an, da er bereits zur Zeit Domitians oder Nervas eine Diskussion mit einem der bekannten vier Gelehrten zu Rom hatte. S. b. Joma 86 a; jerusch. Synhedrin X, 1, p. 27 c. M. b. Ch. muß also ein hohes Alter erreicht haben].

Elftes Kapitel.

Tätigkeit des dritten Tannaitengeschlechtes. Gegensynhedrion in Babylonien. Spaltung im Synhedrion zu Uscha. Neue Verfolgungen unter den Kaisern Antoninus Pius und Lucius Verus. Die jüdische Gesandtschaft in Rom. Tod des Patriarchen R. Simon.

(140—164.)

Während die Gesetzeslehrer in Judäa bestrebt waren, das in Stockung geratene Blut der Nation wieder flüssig zu machen und in Umlauf zu setzen, das aufgelöste Synhedrion wieder herzustellen, den Traditionsstoff durch Anlegung faßlicher Sammlungen zu sichern und zu verbreiten, fehlte nicht viel daran, daß sich die babylonischen Gemeinden von dem Gesamtkörper losgetrennt und eine tief eingreifende Spaltung erzeugt hätten. Die Klugheit des Patriarchen R. Simon hat diesem Risse durch geschickte Unterhandlungen zu begegnen gewußt. — R. Chanina, welchen sein Oheim R. Josua nach Babylonien geschickt hatte, um ihn dem christlichen Einflusse zu entziehen, hatte während des hoffnungslosen Zustandes in Judäa dem Judentum einen Mittelpunkt in Babylonien gründen wollen. In Nahar-Pakod, wahrscheinlich in der Nähe Nahardeas, organisierte er eine Art Synhedrion, dessen Vorsitzender er selbst war; ein gewisser Nechunja (nach einer andern Lesart Achija) scheint die Stelle des Ab-bet-din eingenommen zu haben. Die babylonischen Gemeinden, bisher auf die Verordnungen aus Judäa angewiesen und durch den Untergang aller religiösen Institutionen im Stammlande ratlos gelassen, begrüßten ein Synhedrion in ihrer Mitte als eine freudige Erscheinung und nahmen dessen Beschlüsse und Anordnungen entgegenkommend an. Sofort ordnete R. Chanina Schaltjahre und Festfeier nach denselben Grundsätzen an, wie es in Judäa üblich war. Allein, sobald sich der Gerichtshof in Uscha wieder organisiert hatte, konnte er eine Behörde nicht bestehen lassen, welche die Einheit des Judentums aufhob, und es in ein morgenländisches und abendländisches zu spalten drohte. Um eine solche Spaltung nicht einreißen zu lassen, schickte der Patriarch R. Simon zwei Abgeordnete R. Isaak und R. Nathan an R. Chanina mit schmeichelhaften Sendschreiben an ihn versehen, welche in der Überschrift die ungewöhnliche Formel hatten: „An seine Heiligkeit Chanina." Der Vorsitzende des babylonischen Synhedrions, welcher ein solches Entgegenkommen nicht erwartet haben mochte, nahm die judäischen Gesandten auf das freundlichste auf und stellte sie mit Lobeserhebungen der Gemeindeversammlung vor. Nachdem sie des Vertrauens des Volkes sicher waren, rückten sie mit dem letzten Zweck ihrer Sendung heraus. Im öffentlichen Gottesdienste las der eine aus dem Gesetzbuche: „Solches sind die Festtage Chananjas" (für „Gottes"); der andere tat etwas ähnliches mit einer Prophetenstelle: „Aus Babylonien geht die Lehre aus, und das Wort Gottes aus Nahar-Pakod" (für „aus Zion und Jerusalem"). Die Anwesenden, durch diese ironische Umdeutung darauf aufmerksam gemacht, daß ein selbständiges babylonisches Synhedrion dem Gesetze zuwider sei und das Band der Einheit zerreiße, fühlten sich in ihrem Gewissen beunruhigt. Vergebens bemühte sich R. Chanina den Eindruck dadurch zu schwächen, daß er die Gesandten verdächtigte; diese sprachen mit erhöhtem Mute, ein Gegensynhedrion in Babylonien heiße ebenso viel, wie einen Altar erbauen, bei welchem Chanina und Nechunja als illegitime Priester fungieren, und gelte überhaupt soviel wie sich vom Gotte Israels lossagen. R. Chanina stellte aber den Bestand eines Synhedrions in Judäa in Frage, weil diejenigen Gesetzeslehrer, welche dort das Heft in Händen hätten, keine Autorität genössen, worauf die Gesandten erwiderten: „Die Kleinen, welche du verlassen hast, sind indessen groß geworden." Dennoch gab R. Chanina sein Vorhaben nicht eher auf, als bis auch R. Juda ben Bathyra in Nisibis, den er hierbei zu Rate zog, ihn bedeutet hatte, man müsse sich den Verfügungen des allgemeinen Synhedrions unbedingt unterordnen. Als er nirgends Teilnahme und Unterstützung fand, fügte sich R. Chanina und schickte Boten zu Pferde an die zunächst gelegenen Gemeinden, um die von ihm ausgegangene Festfeier zu widerrufen; hiermit hatte das babylonische Synhedrion ein Ende.[1]

Im Schoße des Kollegiums zu Uscha brach indes ein Zwiespalt aus, welcher beinahe ähnliche Folgen nach sich gezogen hätte, wie der Streit zwischen R. Gamaliel und R. Josua. Der Patriarch R. Simon wollte seine Würde durch die Einführung einer eigenen Etikette erhöhen, um die Gleichheit, die bisher zwischen den Würdenträgern bestanden hatte, aufzuheben. In Abwesenheit des Stell-

---

[1]) Siehe Note 21.

vertreters R. Nathan und des Sprechers R. Meïr führte er eine neue Rangordnung ein, welche ihn als Oberhaupt vor allen andern recht kenntlich machen sollte. Die Ehrenbezeugung, die darin bestand, daß in einer öffentlichen Synhedrialsitzung das ganze Volk beim Eintritte des Präsidenten und der zunächst stehenden Würdenträger sich erhob, sollte von nun an einzig und allein dem Patriarchen erwiesen werden. Zu Ehren des Stellvertreters sollte nur die erste Reihe aufstehen und so lange stehen bleiben, bis er seinen Sitz eingenommen, und dem Sprecher (Chacham) ein noch geringerer Grad von Ehrenbezeugung erwiesen werden. Als R. Nathan und R. Meïr das nächste Mal zur Sitzung kamen und die neu eingeführte Ordnung bemerkten, welche es auf hierarchische Rangerhöhung des Patriarchen und Aufhebung der bisher bestandenen Gleichheit abgesehen hatte, verschworen sie sich gegen R. Simon heimlich, um ihn seiner Würde zu entsetzen. Dazu brauchten sie aber die Zustimmung der Versammlung, weil der Rang des Patriarchats lediglich von der Volksmeinung getragen war. Durch seltene (halachische) Fragen wollten sie R. Simon — welcher überhaupt in Kenntnis des Traditionsstoffes ihnen nachgestanden zu haben scheint — in Verlegenheit bringen und wenn sie seine Schwäche aufgedeckt und die Versammlung gegen ihn eingenommen haben würden, wollten sie durch einen Antrag den letzten Schlag führen, einen Patriarchen nicht zu dulden, welcher nicht auf dem ganzen Gesetzesgebiete heimisch sei. Sie sollen auch schon die Würden unter sich so verteilt haben, daß R. Nathan, der aus der Familie des Exilsfürsten und also aus dem davidischen Geschlechte stammte, als Patriarch, und R. Meïr an dessen Stelle als zweiter im Range eingesetzt werden sollte. Allein dieser Plan wurde R. Simon verraten und die Verschworenen fanden ihn vorbereitet. Der bedrohte Patriarch, die gegen ihn angezettelte Verschwörung enthüllend, setzte es sogar durch, daß beide aus den Synhedrialsitzungen ausgeschlossen wurden. Indessen wußten die Ausgewiesenen der Lehrversammlung ihre Abwesenheit fühlbar zu machen; sie beförderten schwierige Fragen, auf Zettel geschrieben, in die Versammlung und setzten diese dadurch in Verlegenheit. Darauf trug R. José später auf die Zurückberufung der beiden Ausgestoßenen an, indem er bemerkte: „Wir sind im Lehrhause, aber die Lehre ist draußen." Sie wurden wieder zugelassen, aber R. Simon wußte es dahin zu bringen, daß ihre Namen bei den von ihnen ausgegangenen Gesetzesbestimmungen nicht genannt werden sollten; man sagte anstatt R. Nathan „manche meinen," und anstatt R. Meïr „andere meinen." Während sich R Nathan schließlich mit dem Patriarchen aussöhnte, dauerte die Spannung zwischen dem letztern und R. Meïr lange fort. Ohne Zweifel beharrte R. Meïr auf seiner Opposition und machte ihn durch seinen Scharfsinn öfter verlegen. R. Simon trug endlich darauf an, über den Unruhestifter den Bann zu verhängen. Allein R. Meïr war nicht so gefügig wie jene, welche sich unter R. Gamaliel dem Banne ohne Widerstand unterworfen hatten. Mit Berufung auf den frühern Beschluß des Synhedrions in Uscha, daß ein Mitglied nicht gebannt werden dürfe, entgegnete R. Meïr: „Ich kehre mich nicht an euer Bannurteil, bis ihr bewiesen habet, **über wen, aus welchem Grunde und unter welcher Bedingung es verhängt werden dürfte.**"[1]) Er scheint sich von dieser Zeit an von dem Sitze des Synhedrions entfernt und dauernd in Kleinasien niedergelassen zu haben, wo er auch starb. Im stolzen Bewußtsein seines Wertes soll R. Meïr vor dem Tode die Worte gesprochen haben: „Verkündet den Söhnen des heiligen Landes, euer Messias ist in einem fremden Lande gestorben." Seinem letzten Willen gemäß setzte man seine Leiche an der Meeresküste bei.[2])

R. Simons Patriarchat war nicht frei von Unruhen und Bedrückungen, welche sich wohl die Statthalter oder die römischen Unterbehörden gegen das jüdische Volk erlaubten. Der gegenseitige Haß der Juden und Römer, der den Bar-Kochbaschen Krieg und die hadrianische Verfolgung erzeugt hatte, war zu groß, als daß die starken Sieger ihn nicht die schwachen Besiegten hätten empfinden lassen sollen. R. Simon ben Gamaliel bemerkt daher von den täglich sich wiederholenden Quälereien und Bedrückungen: „Unsere Vorfahren haben die Leiden nur von ferne gerochen, wir aber sind davon so viele Tage, Jahre, Zeiten und Zyklen ganz umgeben; wir hätten mehr Recht als unsere Vorfahren, ungeduldig zu werden.[3]) Wolllten wir wie früher unsere Leiden und zeitweiligen Errettungen davon in eine Gedenkrolle eintragen, wir fänden nicht Raum genug dazu."[4]) Die Gehässigkeit der Römer anderseits und die Zähigkeit der Juden anderseits — welche den Verlust ihrer Selbständigkeit nach so langem Ringen und so vielen Niederlagen noch immer nicht verschmerzen konnten — scheinen im letzten Jahre des Kaisers **Antoninus Pius** (um 161 Frühjahr) einen neuen Aufstand in Judäa[5]) hervorgerufen zu haben, dessen Entstehung, Verlauf und

---

[1]) Horajot Ende. Jerus. Bikkurim III, p. 65 c. Moed Katan III p. 81 c.

[2]) Jerus. Kilaim Ende.

[3]) Midrasch Rabba Canticum, p. 18 c, gekürzt in Midrasch Threni vorletzte Seite.

[4]) Sabbat 13 b, vollständiger erhalten in Simon Kahiras Halachot Gedolot, H Soferim.   [5]) S. Note 22.

Schauplatz jedoch unbekannt geblieben sind. Der Versuch einer neuen Schilderhebung scheint mit der Kriegsrüstung zusammenzuhängen, die die Parther in der letzten Zeit dieses Kaisers gegen die Römer ins Werk setzten, um auch ihrerseits aus der halbdemütigen Stellung zu Rom herauszukommen. So oft getäuscht, hoffte man in Judäa immer noch auf Hilfe der Parther, daß von ihnen die Erlösung vom römischen Joche erfolgen werde. R. Simon ben Jochaï, der die Römer mit ihrer heuchlerischen Gesetzlichkeit gründlich haßte, bemerkte: „Wenn du ein persisches (parthisches) Roß an die Grabdenkmäler im Lande Israel angebunden siehst, so hoffe auf den Eintritt des Messias." Indessen wurde der gewiß nur vereinzelt ausgebrochene Aufstand in Judäa rasch von dem Statthalter in Syrien unterdrückt, ehe noch die Parther zu Hilfe kommen konnten. Der parthische Krieg, der mehrere Jahre dauerte (161 bis 165) begann erst kurz nach dem Ableben des Kaisers Antoninus Pius, als das römische Reich infolge der hadrianischen Verfügung zum ersten Male von zwei Kaisern beherrscht wurde, von dem philosophisch unpraktischen Marcus Aurelius Antoninus und dem wollüstigen Lucius Verus. Im ersten Anlauf drangen die Parther unter ihrem König Vologäses bis nach Syrien vor, schlugen dessen Statthalter Atidius Cornelianus, der vielleicht kurz vorher den jüdischen Aufstand niedergeworfen hatte, mit seinen Legionen in die Flucht und besetzten dieses Land. Eiligst wurde Verus, der zweite Kaiser, mit neuen Truppen gegen sie nach dem Morgenlande gesandt, er, der am wenigsten zu einem ernsten Kriege taugte. Die Besiegung der Parther erfolgte daher durch kriegstüchtige Feldherren, während sich der Kaiser in Antiochien, Laodicea und Daphne im Schlamme viehischer und unnatürlicher Ausschweifungen wälzte. Nichtsdestoweniger nahm er, sowie auch sein Mitkaiser Marcus Antoninus nach Beendigung des parthischen Krieges den Siegertitel Parthicus an.

Vom Kaiser Verus scheinen neue Verfolgungen gegen die Juden Palästinas ausgegangen zu sein. Zunächst verloren sie ihre eigene Gerichtsbarkeit; man weiß nicht recht, ob das jüdische bürgerliche Recht außer Kraft gesetzt wurde oder jüdische Richter beseitigt worden waren. R. Simon ben Jochaï dankte Gott für diesen Eingriff der Römer, weil er wie seine Zeitgenossen sich nicht für befähigt genug hielten, gewissenhaft Recht zu sprechen. Wiewohl die Synhedrialmitglieder keinen Anteil an diesem Aufstande genommen zu haben scheinen, so hatten die römischen Behörden doch Argwohn gegen sie und ließen sie beobachten. Einst wurde ihnen eine Unterredung hinterbracht, welche R. Juda, R. José und R. Simon ben Jochaï, wie es scheint, in öffentlicher Sitzung in Uscha über die letzten Ziele der römischen Politik geführt hatten. R. Juda, der gleich Josua die Gemüter beschwichtigen und sie mit der herben Notwendigkeit versöhnen sollte, hatte die Verdienste der Römer hervorgehoben: „Wie nützlich hat sich doch dies Volk gemacht; es erbaut überall Städte mit Marktplätzen, es schlägt Brücken über die Flüsse, es legt Bäder zur Erhaltung der Gesundheit an." R. José hatte sich stillschweigend verhalten, ohne sich lobend oder tadelnd zu äußern. R. Simon ben Jochaï konnte seinen Unwillen nicht zurückhalten. „Was die Römer geleistet haben," sprach er, „haben sie nur aus Eigennutz und Gewinnsucht getan. In den Städten unterhalten sie Schandhäuser[1]), die Bäder brauchen sie zu Schwelgereien, von den Brücken lassen sie sich Zoll zahlen." Ein Proselyte, Juda, soll diese Unterredung den Römern, vielleicht in harmloser Weise, zugetragen haben. Darauf wurde R. Juda, der Lobredner, mit Ehren überhäuft, R. José, der Verschwiegene, nach Laodicea verbannt[2]), und R. Simon, der Tadler, zum Tode verurteilt. Infolge dieser Vorfälle scheint das Synhedrion in Uscha sich aufgelöst zu haben, als die bedeutendsten Mitglieder ihm entzogen waren, und dessen Tätigkeit belauert wurde. R. Simon rettete sich, wie bereits erzählt worden, in eine Höhle, worin er mehrere Jahre, wohl bis nach dem Tode des Kaisers Verus (Januar 169) zugebracht hat. Dieser erneuerte die hadrianischen Edikte gegen das Judentum. Dreierlei Verbote werden besonders namhaft gemacht: Sabbatfeier, Beschneidung und Frauenbäder. Das letzte höchst seltsame Verbot kann nur von einem Wüstling wie Verus ausgegangen sein. — Es wird erzählt, Rëuben ben Strobilos (vielleicht in Antiochien) habe es durch eine List versucht, die kaiserlichen Dekrete, den Gewissenszwang betreffend, zu vereiteln. In römische Tracht gekleidet und das Haar in derselben Art geschnitten, habe sich dieser Rëuben in die Ratsversammlung eingeschlichen, um in anscheinender Judenfeindlichkeit der Sache eine andere Wendung zu geben. „Ihr hasset die Juden," so soll er gesprochen haben, „nun wohl, so lasset sie doch am Sabbat der Ruhe und dem Müßiggange fröhnen, damit sie verarmen, lasset sie ihre Kinder beschneiden, damit sie sich selbst schwächen, lasset sie endlich sich des ehelichen Umganges enthalten, damit sich ihre Zahl vermindere!"

---

[1]) Ähnliches berichten die Kirchenväter: ἀγορὰν πορνείας στήσαντες (Athenagoras legatio pro Christianis 34).

[2]) Jerus. Aboda Sara III, p. 42 c. heißt es richtig, daß R. José in Laodicea gestorben ist: בד דפך ר' יוסי בר חלפתא משכו ציונרות דם בלודקיא. In Parallelstellen b. Moed Katan 25 b, dagegen unrichtig: בצפורי. In der Hauptstelle muß man daher mit Jechiel Heilperin lesen: ר' יוסי ילה מצפורי, und demgemäß in b. Baba Mezia 84 a.: אבוך (ר' יוסי) ערק ללודקיא את ערק לאסיא.

Diese Wendung habe Beifall gefunden, und schon sollten die feindlichen Gesetze der Juden aufgehoben werden, als der unberufene Ratgeber als Jude erkannt wurde. Da dieser Schritt mißlungen war, wurde R. Simon ben Jochaï aufgefordert, nach seiner Rückkehr aus seinem Verstecke, also wohl nach Verus' Tod, sich nach Rom zu begeben, um den milden, wenn auch nicht gerade judenfreundlichen Kaiser Marc Aurel zu bitten, die Ausnahmegesetze gegen die Juden aufzuheben. R. Simon erbat sich zum Begleiter auf dieser Reise den Sohn R. Josés mit Namen Eleasar, vielleicht weil er der römischen Sprache kundig war. In Rom angekommen, mochte es beiden im Verein mit einflußreichen römischen Juden gelungen sein, von Marc Aurel, welcher überhaupt kein Freund harter Verfolgungen war und das von seinem sogenannten Bruder und Mitkaiser Angeordnete überhaupt nicht billigte, die Zurücknahme jener Dekrete zu erwirken. Auch christliche Lehrer haben an diesen Kaiser Schutzschriften gerichtet und ihn um Duldung des Christentums gebeten. Die Sage, die sich an jeden Schritt R. Simons anklammert, läßt ihn durch Wundertätigkeit beim Kaiser Gunst finden. Er befreit nämlich durch ein Wort die Tochter des Kaisers (Lucilla) von dem Dämon Bartholomaion, von dem sie besessen war, und aus Dankbarkeit gestattet der Kaiser ihm und seinem Begleiter, sich aus dem Staatsarchiv anzueignen, was ihnen beliebe; sie nehmen aber nur das judenfeindliche Dekret daraus und vernichten es.[1]) Indessen scheint dieser Sage doch etwas Tatsächliches zugrunde zu liegen; denn R. Eleasar ben José, R. Simons Begleiter, rühmte sich, in Rom die Tempelgefäße, das Stirnblech des hohen Priesters und den Vorhang des Allerheiligsten, die Titus als Trophäen nach Rom gebracht, gesehen zu haben[2]), was sicherlich nicht ohne besondere Begünstigung geschehen konnte. So hatten die Rollen gewechselt, in Jerusalem stand ein Jupiterbild, und in Rom konnte man die Reste der jüdischen Heiligtümer schauen, als sollte Rom jüdisch werden, wie Jerusalem römisch geworden war. — Zu dieser Zeit scheint der Patriarch R. Simon nicht mehr am Leben gewesen zu sein, dessen Tod nach einer Andeutung vor dem Eintreffen der Leiden unter dem Kaiser Verus erfolgt ist.[3])

---

[1]) Meïla 17 a b.
[2]) Das. Joma 59, b. Jerus. Joma IV, 41, c., öfter in Rabbas. R. Eleasars Anwesenheit in Rom und sein Verkehr mit den dortigen Juden beurkundet die harmlose Notiz Nidda 58 a.: אמר ר' אלעזר בן יוסי דבר זה הוריתי ב עיר רומי
לאיסור וכשבאתי אצל חכמים שבדרום וגו'.

[3]) Sota Ende; Note 20.

Zwölftes Kapitel.

Letztes Tannaitengeschlecht. Patriarchat R. Juda I. und seines Sohnes in Sepphoris. Neue Einrichtungen. Abschluß der Mischna. Stellung der Juden unter den Kaisern Marc Aurel, Commodus, Septimius Severus und Antoninus Caracalla. Severs Gesetze in betreff der Juden. Unvollkommene Gleichstellung der Juden im römischen Staate. Die letzten Ausläufer der Tannaiten.

(170—219).

Das letzte Tannaitengeschlecht kehrte zu demjenigen Punkte wieder zurück, von dem das erste ausgegangen war, und vollendete den ganzen Kreislauf. Wie das erste sich in einer einzigen Persönlichkeit, R. Jochanan ben Sakkaï, vollständig ausprägte, ebenso endete das letzte mit einem einzigen Träger, welcher der Mittelpunkt seiner Zeit war. Von jenem waren mehrere Jünger ausgegangen, welche eigene Schulen, Richtungen und Systeme hatten; der Traditionsstoff war in eine Vielheit auseinander gelegt. Der Patriarch R. Juda, Sohn Simons II., vereinigte sie wieder und brachte hiermit die tannaitische Tätigkeit zum Abschluß. Er war die Hauptautorität des letzten Geschlechtes, neben der die übrigen Gesetzeslehrer keine Bedeutung hatten, er schloß die alte Richtung und öffnete die Pforten einer neuen. Ungeachtet der hohen Bedeutung, die er in der jüdischen Geschichte einnimmt, ist R. Judas Leben doch nur spärlich bekannt. In einer drangsalvollen Zeit, während der Nachwehen des Bar-Kochbaschen Krieges geboren (um 136, st. um 210)[1]), entwickelten sich seine Geistesfähigkeit und bedeutenden Anlagen frühzeitig, er zeichnete sich durch reife Fragen und treffende Antworten so sehr aus, daß sein Vater und das Kollegium ihn noch in der Jugend in die ersten Reihen der Jünger versetzten.[2]) Als fühlte er seinen Beruf, das Verschiedenartigste zusammenzufassen und abzuschließen, beschränkte sich R. Juda nicht auf eine einzige Schule, sondern suchte den Umgang mit mehreren Gesetzeslehrern. Dies bewahrte ihn vor Einseitigkeit und jener Befangenheit, welche die Worte eines

[1]) Vergl. Note 1 und 22.   [2]) Baba Mezia 84 b.

Lehrers mit mehr Treue als Wahrheitsliebe allen andern vorzuziehen pflegt. Die erste Kenntnis der bereits angewachsenen Überlieferungen brachte ihm Jacob ben Kurschaï[1]) bei, einer der ersten jener Klasse von Gedächtnismenschen, welche den Gesetzesstoff treu im Kopfe bewahrten, aber nicht Geist genug hatten, ihn in sich zu verarbeiten und daher später den Ehrennamen Tannaite von ehemals in eine gewisse Verachtung brachten. Jacob ben Kurschaï war bereits unter Simon ben Gamaliel II. ein gedächtnismäßiger Kenner sämtlicher Überlieferungen. Die Behandlung des gegebenen Stoffes konnte der junge Patriarchensohn von ihm nicht lernen. Seine Hauptlehrer waren jedoch R. Simon ben Jochaï und R. Eleasar ben Schamua, dessen Lehrhaus von Zuhörern so vollgedrängt war, daß sich je sechs auf einem Sitze bequemen mußten.

R. Juda, welcher ohne Zweifel nach dem Tode seines Vaters und dem Aufhören der Verfolgung in die Patriarchenwürde eingesetzt wurde (um 170), war mit außerordentlichen Glücksgütern gesegnet, von denen man sprichwörtlich sagte: „R. Judas Viehställe haben mehr Wert, als des persischen Königs Schatzkammern." Von diesem Reichtum machte er, da er sehr einfach lebte, für sich einen nur geringen Gebrauch, er verwendete ihn zumeist für die Verpflegung der Jünger, die während seines Patriarchats vom In- und Auslande zahlreich sich um ihn sammelten, und ganz auf seine Kosten unterhalten wurden.[2]) Zur Zeit der schrecklichen Hungersnot, die im Verein mit der Pest unter Marc Aurel mehrere Jahre im ganzen römischen Reiche wütete, öffnete der jüdische Fürst seine Vorratskammern und verteilte Korn unter die Dürftigen. Anfangs bestimmte er, daß nur diejenigen unterstützt werden sollten, welche sich irgendwie mit dem Gesetzesstudium beschäftigen, und schloß die ganz Rohen und Ungebildeten von seiner Wohltätigkeit aus. Als aber sein allzu gewissenhafter Jünger Jonathan ben Amram, der von der Gesetzeskenntnis keinen materiellen Nutzen ziehen mochte, die Worte sprach: „Speise mich nicht als Gesetzeskundigen, sondern wie man einen hungrigen Raben ohne das geringste Verdienst sättigt," sah R. Juda seinen Irrtum ein, der Mildtätigkeit Schranken setzen zu wollen, und verteilte seine Spenden ohne Unterschied.[3]) Auch bei einer andern Gelegenheit gab R. Juda einer bessern Überzeugung

---

[1]) Jerus. Sabbat X, p. 12 c. Pesachim X, 37 b. Vergl. Horajot 13 b. Biographische Skizzen über Juda ha-Naßi von Bedeutung sind in letzter Zeit erschienen von A. Krochmal in Chaluz II, und Frankel, Darke ha-Mischna, 191 fg.

[2]) Sabbat 113 b. Erubin 53 b.

[3]) Baba Batra 8 a.

nach, sein von einer herben Beimischung nicht ganz freies Wesen
überwindend. Die Töchter des Gesetzesverächters Acher, die in
Not geraten waren, wandten sich an ihn um Unterstützung. Anfangs
wies er sie lieblos ab und bemerkte: „Die Waisen eines solchen
Mannes verdienen kein Erbarmen." Als sie ihn aber an ihres
Vaters tiefe Gesetzeskenntnis erinnerten, welche ihn bestimmen müsse,
von dessen Taten abzusehen, wurde er andern Sinnes.[1]) — Durch
Reichtum und tiefe Kenntnis des Halachastoffes ausgezeichnet, gelang
es ihm ohne Mühe, was seine Vorfahren vergebens anstrebten, das
Patriarchat zur Alleinherrschaft ohne eine nebenbuhlerische Autorität
zu erheben und die Machtbefugnis des Synhedrions auf die Person
des Patriarchen zu übertragen. Der Sitz des Hauptlehrhauses und
des Synhedrialkollegiums war, nachdem Uscha seine Bedeutung verloren hatte — eine kurze Zeit vorher scheint es das benachbarte
Schefaram gewesen zu sein — zu R. Judas Zeiten zuerst Bet-
Schearim (auch Bet-Schari, jetzt Turan), nordöstlich von Sepphoris,[2])
später Sepphoris selbst, das er wegen seiner hohen Lage und gesunden Luft zu seinem Aufenthalte gewählt hatte, um sich von
einem Übel zu erholen, an dem er mehrere Jahre gelitten hatte.[3])
In Sepphoris scheint ein vollzähliger, hoher Rat von 70 Mitgliedern
bestanden zu haben, welcher religiöse Fragen nach der eingeführten
Geschäftsordnung zu entscheiden pflegte;[4]) R. Judas Ansehen war
aber so groß, daß das Kollegium selbst ihm die Machtvollkommenheit übertrug, die früher dem Plenum oder einzelnen Mitgliedern
desselben zustand. Mit Recht sagte man von R. Juda, daß seit
Mose Gesetzeskenntnis und Autorität nicht in einer einzigen
Person so vereinigt waren, wie in ihm.[5]) Eine sehr wichtige Funktion, welche diesem Patriarchen übertragen wurde, oder die er sich
übertragen ließ, war die Ernennung der Jünger zu Richtern und
Gesetzeslehrern. Er durfte sie ohne Beratung mit dem Kollegium
ausüben, hingegen war die vom hohen Rate ausgegangene Ernennung
ohne Bestätigung des Patriarchen ungültig.[6]) Die geistlichen Leiter
der Gemeinden, die Besetzung von Richterämtern, die Ergänzung des
Synhedrialkollegiums, kurz, Judäa und die diasporischen Gemeinden,
gerieten dadurch in Abhängigkeit vom Patriarchen. Das, wonach sein
Vater und Großvater vergebens gerungen hatten, fiel ihm sozusagen

---

[1]) Chagiga 14 b. Jerus. Chagiga II, 77 c.
[2]) Schwarz, Tebuot ha-Arez 96 b. Robinsons Palästina III, 489.
[3]) Ketubbot 103 b fg. Jerus. Kilaim IX, p. 32 b.
[4]) Tosifta Chulin c. 3, 2. Babli Synhedrin 36 a.
[5]) Synhedrin das.
[6]) Jerus. Synhedrin I, 19 a, S. Note 25.

in den Schoß. Es gab zu seiner Zeit keinen Stellvertreter (Ab-Bet-Din), keinen öffentlichen Sprecher (Chacham) mehr. R. Juda der Fürst (ha-Nassi), war allein alles in allem. Das Synhedrion hatte sich selbst seiner Autorität begeben und führte von der Zeit an nur noch ein Scheinleben fort; der Patriarch entschied fortan alles.[1]) Infolge des hohen Ansehens nannte man ihn schlechtweg Rabbi, als wenn neben ihm kein Gesetzeslehrer Bedeutung hätte und er der Inbegriff der Lehre wäre. Bald erhöhte R. Juda noch seine Machtbefugnis durch die Bestimmung, daß auch der Fähigste nicht berechtigt sei, irgendwelche religiöse Entscheidungen zu treffen, wenn er nicht von ihm ausdrücklich dazu autorisiert worden sei.[2])

Welche Wichtigkeit dieser Akt hatte, zeigte sich an dem Umstande, daß die Gemeinden in- und außerhalb Judäas sich direkt mit dem Patriarchen in Verbindung setzen mußten, um sich von ihm Beamte, Richter und Lehrer empfehlen zu lassen. Die Gemeinde zu Simonias, südlich von Sepphoris, erbat sich von dem Patriarchen einen Mann, der für sie öffentliche Vorträge halten, Rechtssachen entscheiden, die Aufsicht über die Synagoge führen, beglaubigte Schriftstücke anfertigen, die Jugend unterrichten und überhaupt alle Gemeindebedürfnisse versorgen sollte. Er empfahl ihr seinen besten Schüler Levi bar Ssißi.[3]) Man erfährt aus diesem Beispiel, welche Anforderungen damals an einen Volkslehrer gestellt wurden. Ein anderer Jünger R. Judas, mit Namen Rabba bar Chana aus Kafri in Babylonien, welcher für seine Heimat eine öffentliche Funktion nachsuchen wollte, mußte sich die Befugnis, Religionsfragen zu entscheiden und Recht zu sprechen, vom Patriarchen erteilen lassen.[4]) Ebenso erlangte ein dritter seiner Jünger, Abba Areka, ebenfalls ein Babylonier, welcher später eine Hauptautorität in den babylonischen Gemeinden wurde, diesen Einfluß lediglich durch die Ernennung R. Judas.[5]) Nur eine einzige Würde, die des Exilsfürsten in Babylonien, war dem Patriarchat ebenbürtig, auf welche R. Juda um so eifersüchtiger war, als sie von den parthischen Machthabern übertragen und unterstützt wurde, während die seine von den römischen Herrschern höchstens geduldet war.

Mit dieser Alleinherrschaft bekleidet, führte R. Juda eine ungewöhnliche Strenge gegen seine Jünger ein und zeigte gegen diese

---

[1]) [Der Patriarch hatte manche Befugnisse, aber selbstverständlich wurden doch zweifelhafte Fälle und sonstige Fragen durch Majoritätsbeschluß entschieden. Es wird ja auch von manchen Verordnungen berichtet, die Rabbi einführen wollte, aber nicht durchsetzen konnte].
[2]) Synhedrin 5 b. Jerus. Schebiit VI, p. 36 c.
[3]) Jerus. Jebamot XII, p. 12 a auch in anderen Stellen.
[4]) Synhedrin 5 a. [5]) Daselbst und Note 1.

eine so reizbare Empfindlichkeit, daß er ihnen nicht einmal im Scherze
ein Nahetreten seiner Würde verzieh. Das Betragen, welches er auf
dem Totenbette seinem Sohne einschärfte, die Schüler mit strengem
Ernste zu behandeln,[1]) beobachtete er selbst während seiner Wirksamkeit. Unter den vielen Babyloniern, die in das Lehrhaus von
Sepphoris geströmt waren, befand sich auch ein ausgezeichneter Jünger
R. Chija (abgekürzt von Achija), welchen die Zeitgenossen wegen
seiner Geistesgaben, seines heiligen Wandels und seiner unermüdlichen
Tätigkeit zur Verbreitung der Lehre unter dem Volk nicht genug
rühmen können. R. Juda selbst schätzte ihn sehr hoch und sagte
von ihm: „Von weiter Ferne kam mir der Mann des Rates".[2])
Dennoch verzieh der Patriarch diesem R. Chija nicht einmal einen
geringen Scherz. R. Juda hatte sich einst gegen ihn geäußert: „Wenn
der Exilsfürst Huna nach Judäa käme, so würde ich zwar die Selbstverleugnung nicht so weit treiben, ihm meine Würde abzutreten, aber
hoch verehren würde ich ihn, weil er ein Abkömmling Davids in
männlicher Linie ist, während meine Familie nur in weiblicher Linie
von königlichem Blute stammt." Als derselbe Fürst Huna sich nach
seinem Tode nach Judäa bringen ließ, erlaubte sich R. Chija gegen
den Patriarchen den Scherz, zu bemerken: „Huna kommt an." Bei
diesen Worten entfärbte sich R. Juda, und als sich herausstellte, daß
nur von der Leiche des Exilsfürsten die Rede war, ahndete er an
R. Chija den Scherz damit, daß er ihn auf dreißig Tage aus seiner
Gegenwart verwies.[3]) Ein andermal strafte er R. Chija auf dieselbe
Weise, weil er, im Widerspruch mit des Patriarchen Bestimmung,
auf freier Straße Lehrvorträge gehalten hatte.[4]) Ebenso empfindlich
zeigte er sich gegen seinen Jünger Simon Bar-Kappara.
Dieser verband mit tiefem Eindringen in das Halachastudium dichterische
Begabung und feine Satire; er ist, soviel bekannt ist, der einzige
hebräische Dichter aus jener Zeit. Die wenigen Überbleibsel der
Bar-Kapparischen Muse zeigen eine gewandte Handhabung der verjüngten hebräischen Sprache und sind von ursprünglicher Reinheit
und Kraft; er hat Fabeln gedichtet, von denen jedoch keine Spur
erhalten ist. Bei einer fröhlichen Zusammenkunft hatte sich einst
der witzige Bar-Kappara einen Spaß gegen den reichen, aber unwissenden und eitlen Schwiegersohn des Patriarchen Bar-Eleasa
erlaubt. Alle Anwesenden hatten Fragen an R. Juda gerichtet,
mit Ausnahme des beschränkten Bar-Eleasa. Bar-Kappara ermunterte ihn ebenfalls zu einer solchen und flüsterte sie ihm in

---

[1]) Ketubbot 103 b.
[2]) Menachot 88 b.
[3]) Jerus. Kilaim IX, p. 32 b.
[4]) Moed Katan 16 b.

Form eines Rätsels zu. Dieses Rätsel, das bis heute noch nicht die Lösung gefunden hat, enthielt allem Anschein nach Anspielungen auf Personen, welche R. Juda nahe standen; es lautete ungefähr:

> Hoch schaut ihr Aug' vom Himmel,
> Man hört ihr stetes Getümmel,
> Sie fliehn beschwingte Wesen.
> Sie scheucht die Jugend zurück.
> Auch Greise bannt ihr Blick;
> Es ruft o, o! wer flieht,
> Und wer in ihr Netz geriet,
> Kann nie von der Sünde genesen.[1]

Bar-Eleasa trug in seiner Einfalt das Rätsel vor; R. Juda mochte aber an dem satirischen Lächeln Bar-Kapparas gemerkt haben, daß es auf eine Verspottung abgesehen war, und sprach darum zornig zu Bar-Kappara: „Ich erkenne dich nicht als ernannt an".[2] Bar-Kappara verstand später diese Worte, da es ihm nicht gelingen wollte, zum selbständigen Gesetzeslehrer ernannt zu werden. Auch S a m u e l, einer der berühmtesten babylonischen Jünger, durch dessen ärztliche Behandlung R. Judas langwierige Krankheit geheilt wurde, konnte nicht die ihm gebührende Ernennung zum Gesetzeslehrer erlangen. Es scheint, daß seine halachischen Kenntnisse nicht ganz genügten, weil er sich, wie später erzählt werden wird, mit fremden Wissenschaften, Arzneikunde, Astronomie und Kalenderberechnung beschäftigte. R. Juda wollte sich einst gegen Samuel, dem er seine wiederhergestellte Gesundheit zu danken hatte, wegen dieser Zurücksetzung entschuldigen, scherzhaft antwortete ihm Samuel, daß es so im Buche Adams verhängt sei, daß „Samuel ein Weiser, aber nicht Rabbi genannt, und daß seine Krankheit durch mich gehoben werden soll".[3] — C h a n i n a, ein Jünger, der später ebenfalls zu den Autoritäten gezählt wurde, hatte einst gegen R. Juda bemerkt, daß ein Wort in den Propheten anders gelesen werden müsse, als er es ausgesprochen. Empfindlich darüber, fragte ihn R. Juda, wo er das gehört habe, worauf Chanina antwortete, bei R. H a m n u n a in Babylonien. „Gut", erwiderte R. Juda, „wenn du wieder zu ihm kommst, sage ihm, daß du von

---

[1]) Jerus. daf. III, p. 81 c., f. auch Leviticus Rabba, c. 28. Die bisherigen Enträtselungen halte ich für mißlungen. Das Stichwort kann weder der Tod sein, noch paßt es auf die Venus und auch nicht auf R. Judas Strenge (f. Krochmal, a. a. O., p. 84 ff.). Ich will meine Lösung der Beurteilung oder Verurteilung preisgeben. Es bezieht sich vielleicht auf R. Judas Hauptsklavin und Verwalterin (אמתא דבי רבי), welche eine Tyrannei über Jung und Alt und besonders über die Jünger ausgeübt hat.

[2]) Daf.

[3]) Baba Mezia 86 a.

mir als Weiser anerkannt bist",¹) was die Andeutung enthielt, daß er nie von ihm die Berechtigung zu lehren erhalten werde. Die Reizbarkeit war des Patriarchen schwache Seite, wiewohl er sonst ein edler Charakter war, ein Erbteil menschlicher Unvollkommenheit, die auch den größten Persönlichkeiten anhaftet und an ihnen um so auffallender erscheint, je heller ihre Lichtseiten hervortreten. Möglich auch, daß die Empfindlichkeit ein Folge seiner Kränklichkeit war. Sie verfehlte aber nicht eine gewisse Mißstimmung und Unzufriedenheit zu erregen, welche jedoch wegen der hohen Verehrung, die man dem Patriarchen zollte, nicht laut wurde. Bei einem Gastmahle, als der Weinrausch die Zungen gelöst und die Rücksicht vergessen gemacht hatte, liehen die Zwillingssöhne R. Chijas der Unzufriedenheit das Wort. Diese hochbegabten Jünglinge mit Namen Juda und Chiskija, die der Patriarch selbst zu Lebhaftigkeit und Redseligkeit aufgemuntert hatte, äußerten einst: „Der Messias kann nicht eher erscheinen, als bis die beiden fürstlichen Häuser Israels untergegangen sein werden, das Patriarchenhaus in Judäa und das Haus des Exilsfürsten in Babylonien." Der Wein hatte die geheimen Gedanken verraten.²)

Vermöge seiner Unabhängigkeit und seiner Autorität hob R. Juda aus Rücksicht auf die Zeitverhältnisse manche Gebräuche und Gewohnheiten auf, welche durch das Alter geheiligt schienen, und setzte sein Vorhaben mit Beharrlichkeit und Rücksichtslosigkeit durch. Unter anderm scheint er den Brauch der Bergfeuer, die zur Bekanntmachung des Neumondes von Station zu Station angezündet wurden, abgeschafft zu haben.

R. Juda führte anstatt dessen die Einrichtung ein, den Neumond durch Sendboten bekannt zu machen.³) Wiederholte Chikanen, welche die Samaritaner, bald sich dem Judentume nähernd, bald sich wieder von ihm entfernend, den Juden zugefügt hatten, waren die nächsten Veranlassungen dazu. Zwischen Juden und Samaritanern waren in dieser Zeit manche Reibungen vorgekommen. R. Eleasar, Sohn R. Simon ben Jochaïs, ein Zeitgenosse R. Judas, welcher Bekanntschaft mit der samaritanischen Thora gemacht hatte, warf ihnen manche Fälschung vor, welche sie in dem heiligen Texte vorge-

---

¹) Jerus. Taanit IV, 2, 68 a. Midrasch Kohelet zu c. 7, V. 7.
²) Synhedrin 38 a.]
³) Jerus. Rosch ha-Schanah II, 58 a. Auch in der unzensierten Ausgabe des Talmuds ist die Lesart das. משם הכרחים לקלקל, dagegen las Parchi (in Kaftor V, 12): לקלקל המינים. Die Schikane mit täuschendem Bergfeuer zur Unzeit wäre demnach von Judenchristen ausgegangen. Es paßt allerdings für diese besser, da sie mehr Interesse als die Samaritaner daran hatten, die Festfeier der Juden in Verwirrung zu bringen.

nommen hatten. Das friedliche Verhältnis, in welchem Juden und Chutäer seit dem hadrianischen Kriege miteinander lebten, machte allmählich einer gegenseitigen erbitterten Gehässigkeit Platz. Als einst R. Ismael ben José durch Napolis (Sichem) reiste, um in Jerusalem zu beten, spöttelten die Samaritaner über die Zähigkeit der Juden und meinten, daß es doch viel richtiger wäre, auf diesem gesegneten Berg (Garizim) zu beten, als auf den Trümmerhaufen Jerusalems. Er erwiderte ihnen, daß der Berg in ihren Augen nur deswegen Heiligkeit habe, weil in ihm die Götzenbilder vergraben lägen, welche der Erzvater Jakob daselbst vergraben habe. Wegen dieser Antastung ihrer Rechtgläubigkeit gingen die Samaritaner mit dem Plane um, ihn heimlich zu ermorden, aber er rettete sich durch die Flucht.[1]) In dieser Mißhelligkeit mögen diese eine Neckerei ausgeführt haben, indem sie zur Unzeit die Bergfeuer anzündeten, um die jüdischen Gemeinden über die Neumondszeit zu täuschen. — Überhaupt scheint unter R. Juda die Einsetzung der Feste durch Beobachtung des Neumondes an Wichtigkeit verloren zu haben. Die astronomische Berechnung wurde in seiner Zeit die Hauptsache, das Zeugenverhör über die Wahrnehmung, früher eine Hauptfunktion des Patriarchen, blieb nur untergeordnet; deswegen ließ R. Juda auch solche Zeugen zu, welche man früher für ungültig gehalten, wie Ohrenzeugen und Verbrecher.[2]) Er fungierte nicht mehr selbst bei der Verkündigung des Neumondes, sondern schickte Stellvertreter dazu ab, einmal auch R. Chija; der Ort der Verkündigung war damals A i n - T a b,[3]) wahrscheinlich in Südjudäa; man ließ noch diesem Landesteil, dem ehemaligen Sitz vieler Heiligtümer und Erinnerungen, diesen geringen Vorzug. Dagegen scheint es, daß man die Einsetzung eines Schaltmonates, die früher ebenfalls ein Vorrecht Judäas und zwar Lyddas gewesen, zur Zeit R. Judas nach Galiläa verlegt habe.[4])

Auch in einem andern Punkte wich R. Juda von dem Herkommen und dem halachischen Gesetze ab; er erleichterte die Gesetze des Erlaßjahres und der Zehnten. Trotz des Unterganges des jüdischen Staates und der gehäuften Unglücksfälle blieben diese Gesetze, wie bereits erzählt, in voller Kraft, wurden aber für das Volk, das durch die Kriegsunruhen, Steuern und Gelderpressungen verarmt war,

---

[1]) Chulin 6 a. Jerus. Aboda Sara V. p. 44 d. Sota VII, p. 21 c. Jebamot I, p. 3 a Genesis Rabba, c. 81. Vergl. Frankel: Über den Einfluß der Palästinischen Exegese, S. 243.
[2]) Jerus. Rosch ha-Schanah das.
[3]) Rosch ha-Schanah 25 a. Pesikta, c. 41 und Jer. Rosch ha-Schanah, 58 a und an andern Stellen.
[4]) S. Note 21 [und Jerus. Synhedrin 18 c. unten].

doppelt drückend. Darauf nahm der Patriarch Rücksicht, um dieselben, wenn auch nicht ganz aufzuheben, doch zu mildern.¹) Ferner erklärte R. Juda, daß das Gebiet einiger Grenzstädte, das bisher als Teile Judäas gegolten hatte, fernerhin nicht mehr die Heiligkeit des jüdischen Bodens genießen sollte. Es war dies insofern eine Erleichterung, als das Volk dadurch vom Zehnten und ohne Zweifel auch von den Erlaßgesetzen befreit wurde. Es betraf jene Verordnung die Städte Betsan (Scythopolis), Kephar-Zemach (Samega) am Jordan, Cäsarea am Meere und Bet Guberin (Bet Gabara, Eleutheropolis) im Süden,²) die meistens von Griechen und Römern bewohnt waren und auch früher nicht immer unter jüdischer Botmäßigkeit gestanden hatten. Seine eigenen Verwandten verargten dem Patriarchen diese Erleichterung, worauf er entgegnete: „Diese Tat haben unsere Vorfahren mir überlassen".³) Er war sogar im Begriffe, die Gesetze des Erlaßjahres überhaupt aufzuheben, doch wollte er einen so auffallenden Schritt nicht ohne Beratung mit den Personen tun, welche Bedenken dagegen haben könnten. R. Pinchas ben Jaïr galt damals als der Inbegriff skrupulöser Frömmigkeit. Er war ein Schwiegersohn R. Simons ben Jochaï, hatte eine düstere Gemütsart, die von keiner menschlichen Veranstaltung irgend ein Heil erwartete, und pflegte zu klagen: „Seit der Tempelzerstörung sind die Genossen und die Freien beschämt, die Gesetzesübenden auf Irrwegen, Gewalt und Angeberei siegen und niemand nimmt sich der Verlassenheit an, wir können nur von Gott etwas hoffen".⁴) Besonders hielt R. Pinchas streng auf die gesetzlichen Vorschriften des Zehnten und nahm deswegen nie eine Einladung bei irgend einem an. Die Sage schmückt seine Strenge in bezug auf die Zehntengesetze aus und erzählt, sein Esel selbst sei so gewöhnt gewesen, nur verzehntetes Futter zu genießen, daß er einst beinahe verhungert wäre, als man ihm unverzehntetes vorgeworfen hatte, von dem er nichts berühren mochte.⁵) Diesen R. Pinchas zog R. Juda zu Rate, um das Erlaßjahr aufzuheben; vermutlich machte ein Notjahr diese Maßregel notwendig. Der Patriarch fragte ihn: „Wie wird es mit dem Getreide stehen?" Verweisend antwortete R. Pinchas: „Die Endivienkräuter sind ja gut geraten", d. h. man müsse sich mit Kräutern begnügen, um nicht das Gesetz auf-

---

¹) Jerus. Schebiit VI, p. 37 a.
²) Jerus. Demai II, p. 22 c. Über die Lage von Bet-Gubrin siehe Robinsons Palästina II, p. 672 ff.
³) Chulin 6 b.
⁴) Sota 49 a.
⁵) Chulin 7 a b. Jerus. Demai I, p. 22 a.

zuheben. R Juda gab wegen dieses ablehnenden Verhaltens des R. Pinchas sein Vorhaben ganz auf. Als der Eiferer gar in des Patriarchen Hofe Maultiere bemerkte, die zu halten nicht ganz gesetzlich war, nahm er nicht einmal eine Einladung bei ihm an, sondern verließ R. Juda auf der Stelle, um nie mehr mit ihm zusammenzukommen.[1]

Die Hauptbedeutung R. Judas, wodurch er sich einen bleibenden Namen erworben und eine abschließende Epoche gebildet hat, war indessen die Vollendung der Mischna (189)[2]. Seitdem die älteste Sammlung unter dem Namen Edujot[3] angelegt worden war, wuchs der Gesetzesstoff in zwei Generationen massenhaft an; neue Fälle, teils aus alten gefolgert, teils aus der Schrift hergeleitet, hatten seinen Umfang vielfach erweitert. Die verschiedenen Schulen und Richtungen hatten manche Gesetzesbestimmung in Zweifel gelassen, welche einer Entscheidung harrte. R. Juda legte daher seiner Sammlung die bereits halb und halb geordnete Mischna R. Akibas zugrunde, in der Weise, wie sie R. Meïr vorgetragen und verbessert hatte, und behielt auch dieselbe Ordnung bei.[4] Er prüfte jede Meinung für und wider und setzte endlich die halachischen Bestimmungen nach gewissen Grundsätzen fest. Wenn auch R. Akibas Ordnung das Grundelement war, so erklärte sich R. Juda nicht immer für dieselbe, sondern entschied nach dem Prinzip der Mehrheit. Solche nach der Majorität endgültig festgesetzte Entscheidungen stellte er ohne den Namen ihrer Überlieferer hin. Beruhte ein Gesetz dagegen nur auf der Autorität eines einzelnen Lehrers, so führte er diesen namhaft an, mit der Andeutung, daß seine Autorität gegenüber der allgemein gültigen Halacha kein Gewicht habe. Außerdem mochte er auch hier und da von der Akibaschen Ordnung abgewichen sein, indem er das äußerliche Hilfsmittel der Zahlen mit dem sachgemäßen der zusammengehörigen Gegenstände vertauschte. R. Juda bestrebte sich, eine gewisse systematische Gruppierung der

---

[1] Jerus. Demai. Die Anklage Schorrs, daß R. Juda Naßi das Judentum stabil gemacht und den Satz eingeschmuggelt habe, ein Gerichtshof dürfe fast gar nicht die Verordnung eines ältern aufheben, ist ungerecht und unerwiesen. Jener Satz Edujot I, 5 gehört einem ältern Tannaitenkreise an, dem Juda ben Jlai eine Ansicht entgegensetzt. Vergl. weiter die Anmerkung zu R. Jochanan gegen Schorrs allzuleidenschaftliche und darum parteiische Ausfälle Chaluz II, p. 49 ff., Note 26.

[2] S. Note 1.

[3] S. oben S. 38.

[4] Synhedrin 86 a. [Über einzelne sichtbar der Mischnaordnung des R. Meïr entnommene Stücke s. Lewy, Über einige Fragmente aus der Mischna des Abba Saul, p. 13 ff.]

verschiedenen überlieferten Gesetze über Gebote, Segenssprüche, Abgaben von Feldfrüchten, Sabbat, Feiertage, Fasten, Ehebestimmungen, Gelübde und Nasirat, bürgerliche und peinliche Gerichtsbarkeit, Opferwesen und levitische Reinheit einzuhalten. Aber es gelang ihm nicht durchgängig, teils weil der Stoff dem Zusammenhange widerstrebte, teils weil er sich an die vorgefundene Ordnung und Einteilung halten wollte.[1]) Der Ausdruck der Mischnasammlung R. Judas ist kurz, abgemessen und sinnreich, geeignet, sich dem Gedächtnis gut einzuprägen. Er legte sie aber keineswegs dazu an, um sie zur alleinigen Norm zu machen, sondern stellte sie, wie seine Vorgänger und Zeitgenossen ihre Mischnasammlungen, für sich zusammen, um einen Leitfaden für die Vorträge zu haben. Aber durch das Ansehen R. Judas bei seinen Zeitgenossen und Schülern erlangte sie ausschließliche Autorität und verdrängte alle früheren Mischnas, Midot und Nomika, welche eben dadurch nur dem Namen nach bekannt geworden sind. Die Sammlung behielt den uralten Namen Mischna bei, aber sie führte ursprünglich das Beiwort „di Rabbi Juda"; nach und nach verlor sich dieser Beisatz und sie fing an, als allein berechtigte, anerkannte und autorisierte zu gelten. Seine Schüler verbreiteten sie in entfernte Länder und gebrauchten sie bereits als Text für ihre Vorträge und als religiösen und richterlichen Kodex. Diese Mischna wurde aber ebensowenig, wie die ältern Sammlungen, schriftlich aufbewahrt, sie blieb vielmehr viele Jahrhunderte hindurch der mündlichen Mitteilung überlassen, wie es denn überhaupt als ein religiöses Vergehen und eine Entwürdigung angesehen wurde, das Traditionelle niederzuschreiben.[2]) Nur Agadas wurden hin und wieder schriftlich gesammelt, was manche Gesetzeslehrer nicht minder scharf gerügt haben. Seltene oder auffallende Halachas trugen wohl einige, wie R. Chija, in eine Rolle ein, aber so heimlich, daß sie davon den Namen „Geheimrolle" (megillat Setarim)[3]) erhalten haben.

Im Alter ging R. Juda seine Mischnasammlung noch einmal durch und änderte manches nach andern Ansichten, zu denen er gelangt war. Die spätere Ordnung nahmen seine babylonischen Schüler zur Norm, während sein Sohn, R. Simon, sich an die ursprüngliche Fassung hielt. Dieser hat überhaupt nach dem Tode seines Vaters manche Zusätze zur Mischna geliefert. — Die Sprache der Mischna ist Hebräisch in verjüngter Gestalt, vermischt mit vielen

---

[1]) Frankel in Darke ha-Mischna, p. 254 fg. gab sich Mühe, eine gewisse systematische Ordnung darin zu finden.
[2]) S. Note 25.
[3]) Sabbat 6 b.

volksgebräuchlichen aramäischen, griechischen und lateinischen Benennungen. R. Juda pflegte das Hebräische mit Vorliebe und verachtete die syrische Sprache, die in Galiläa heimisch war, wegen ihres nachlässigen Charakters in der Aussprache und wegen ihrer jargonartigen Gemischtheit aus verschiedenen Elementen. Er behauptete, in Judäa sei die syrische Sprache überflüssig, man spreche entweder hebräisch oder griechisch.¹) Das Hebräische war in Judäa und namentlich in den Städten keineswegs in dem Munde des Volkes ganz ausgestorben. Selbst R. Judas Hausſklavin und Hausthrannin war mit der hebräischen Sprache so sehr vertraut, daß manche ausländische Schüler von ihr Auskunft über einige ihnen unbekannte Wörter erhielten.²) Man handhabte das Hebräische so leicht und geläufig, daß manche Rechtsbestimmungen und feinere Unterscheidungen, welche als ein Produkt des allgemeinen Zeitbewußtseins, auch in die jüdischen Kreise übergegangen waren, ihre entsprechenden hebräischen Benennungen gefunden haben. Irrtümlich ist aber die Folgerung aus dem Vorhandensein solcher übereinstimmender Ausdrücke, daß das jüdische Recht sich nach dem Muster des römischen gebildet habe. Es entwickelte sich vielmehr, wie der ganze Stoff des mündlichen Gesetzes, auf eigenem Boden.³)

So hatte endlich die Tradition ihren Abschluß und ihre Sanktion erhalten. Vier Jahrhunderte hindurch seit der Makkabäerzeit, da zuerst die überlieferte Lehre als ein wirksames Element in die Geschichte eingriff, blieb sie gewissermaßen in der Schwebe; von den Pharisäern behauptet, von den Sadduzäern geleugnet, von der Schammaitischen Schule in enge Grenzen eingeschränkt, von der Hillelschen erweitert, von den Nachfolgern derselben vielfach bereichert, erlangte die Überlieferung durch Rabbi eine feste Gestalt und übte durch Inhalt und Form eine geistige Macht in einer langen Reihe von Jahrhunderten aus. Die Mischna wurde neben der heiligen Schrift die Hauptquelle geistiger Anregung und Forschung, sie verdrängte zu Zeiten sogar die Schrift und behauptete sich als alleinige Gebieterin. Sie wurde das geistige Band, das die zerstreuten Glieder der jüdischen Nationalität zusammenhielt, und machte das sichtbare Band entbehrlich. Die Mischna, das Kind des Patriarchats, durch welches sie in die Welt gesetzt wurde und Autorität erlangte, tötete sozusagen ihren Erzeuger; jenes verlor nach und nach an Ansehen und Einfluß.

Das Erscheinen der Mischna schloß die Reihe der Tannaiten und machte der selbständigen, schöpferischen Tätigkeit ein Ende.

---

¹) Sota Ende. Erubin 53 a.
²) Rosch ha-Schanah 26 b. Jerus. Megilla II, 2.
³) Vergl. Frankel, Gerichtlicher Beweis, S. 60 ff.

„R. Nathan und R. Juda sind die letzten Tannaiten," sagt eine Chronik (das apokryphische Buch Adams). Die Mischna machte von jetzt an eine andere Art Forschung notwendig, welche mit der der tannaitischen Lehrweise nur eine sehr geringe Ähnlichkeit hatte.

Die älteren Bearbeiter der jüdischen Geschichte haben die Entstehung der Mischnasammlung auf die Freundschaft R. Judas mit einem Kaiser, als auf die nächste Veranlassung, zurückgeführt, als wenn sie ohne kaiserliche Huld nicht hätte zustande gebracht werden können.[1] Indessen bedurfte es zum Sammeln und Abschließen der Gesetze keiner so außerordentlichen Begünstigungen, da R. Juda dafür vielfache Vorarbeiten von R. Akibas Jüngern vorgefunden hatte, welche er nur zu benutzen brauchte. Ohnehin gerät man von einer Verlegenheit in die andere, um unter den acht Antoninen denjenigen, welcher den Juden günstig gewesen wäre, herauszufinden, weil keiner von ihnen, von dem edlen Antoninus Pius bis zu dem entsittlichten Antoninus Heliogabal, sich dazu eignet. An den ersten ist gar nicht hierbei zu denken, weil dessen Regierungszeit vor R. Judas Patriarchat fällt. Aber selbst der zweite Antonin, der philosophische Kaiser Marc Aurel, an den man zunächst und zumeist gedacht hat, war kein sonderlicher Freund der Juden. Seine tiefe Anhänglichkeit an das altrömische Wesen und den Götterkultus, den wieder herzustellen seine Lebensaufgabe war,[2] seine Vorliebe für die stolze Philosophie der Stoa, endlich seine Entfernung von Judäa, das er nur auf kurze Zeit und vorübergehend berührte, bieten keine Berührungspunkte mit dem Judentum und dessen Vertreter. Es finden sich im Gegenteil deutliche Spuren, daß Marc Aurel eine förmliche Abneigung gegen die Juden hegte. Als er nach dem Tode des Gegenkaisers Avidius Cassius nach Judäa kam (Sommer 175), fand er die Juden lärmend und unsauber; sie hatten ihm nicht in Festkleidern und ehrfurchtsvoller Haltung gehuldigt, und er äußerte sich darüber verdrießlich: „Endlich habe ich ein Volk kennen gelernt, welches noch schlimmer ist, als Markomannen, Quaden und Sarmaten!"[3] Seine und seines Nachfolgers Regierungszeit war auch keineswegs eine glückliche für die Juden, die sich im Gegenteil über harten Druck zu beklagen hatten. R. Chija bemerkte darüber: „Gott wußte, daß Israel die harten Gesetze der Römer nicht würde ertragen können,

---

[1] Sendschreiben Scheriras, ed. Goldberg, S. 206. Raschi zu Baba Mezia 33 b. vergl. Note 23, 24.
[2] Capitolinus in Marcum 12. Vergl. Corpus Juris Digesta, 49, 19, 30.
[3] Ammianus Marcellinus 22, 3. [Siehe die Erklärung dieser Stelle bei Joël, Blicke in die Religionsgeschichte II. p. 131 ff.]

darum versetzte er es nach Babylonien".[1]) Zur Zeit R. Judas wurde den Gemeinden in Judäa die Zwangssteuer unter dem Namen Kronengelder (aurum coronarium, Kelila) aufgelegt, welche so drückend war, daß die Einwohner von Tiberias die Flucht ergriffen,[2]) um sich ihr zu entziehen. In der Tat findet sich nicht ein einziges Gesetz von dem Kaiser Marc Aurel, welches er zugunsten der Juden erlassen hätte. Die Freundschaft R. Judas mit diesem Kaiser hat demnach keinen geschichtlichen Anhaltspunkt. Mit den übrigen unechten Antoninen hat R. Juda um so weniger persönlich verkehren können, als er deren Lasterregierung schwerlich erlebt hat.

An dem kurzen Aufstand des Avidius Cassius (175), des Feldherrn im Partherkriege unter Verus und Statthalters von Syrien, also auch von Palästina, haben sich schwerlich Juden beteiligt. Er dauerte auch nur kurze Zeit und wurde durch die Soldaten selbst, welche den Empörer umbrachten, bald beendigt. Unter Commodus, dem Sohne des philosophischen Kaisers (180—192), dem wollüstigen und blutdürstigen Dummkopf, mit welchem die Reihe der guten und leidlichen Kaiser schloß und die der Tyrannen, die einander die Kehle abschnitten, begann, war Judäa ohne Zweifel allerhand Plackereien und Bedrückungen ausgesetzt. Statthalter von Syrien, wozu jenes Land als kleines Anhängsel gehörte, war der rohe, wilde und ausschweifende Pescennius Niger. Als einst die Palästinenser ihn, der allmächtig in seiner Provinz regierte, um Erleichterung des unerträglich gewordenen Steuerdrucks baten, antwortete er ihnen: „Ihr verlangt, daß ich eueren Ländereien die Steuern erleichtere, ich möchte aber selbst die Luft, die ihr einatmet, besteuern".[3]) Nicht besser ging es wohl nach Commodus' Tod (192), als wilde Empörungskriege und die entfesselte Wut einander bekämpfender Gegenkaiser ausbrachen. In kaum drei Monaten zwei Kaiser ermordet (Commodus, Pertinax, Januar bis März 193), der Purpur und das große römische Reich, von der prätorianischen Leibwache feilgeboten, versteigert. Der glückliche Erwerber Didius Julianus mußte aber doch den kurzen Rausch, Kaiser genannt zu werden, mit dem Leben bezahlen. Damit war die Ruhe noch lange nicht hergestellt. An den äußersten Grenzen des römischen Reiches zugleich drei Kaiser, Pescennius Niger in Syrien, Septimius Severus in Pannonien und Albinus in Britannien. Die

---

[1]) Gittin 17 a.
[2]) Baba Batra 8 a, 143 a. Das Letzte vielleicht unter Juda II.
[3]) Spartianus in Pescennium Nigrum, c. 7. Dieser Ausspruch stammt noch aus der Zeit seiner Statthalterschaft.

Selbstzerfleischung Roms begann von neuem. Es hat es aber auch nicht besser verdient. Nicht die Prätorianer waren die gesunkensten, welche den Kaiserpurpur dem Meistbietenden anboten, sondern der Senat, welcher jedem, von einem Verschwörer oder einer Legion ausgerufenen Kaiser Anerkennung und Vergötterung entgegentrug. Das sündhafte Rom büßte aber seine große Missetat und seine fast noch größere Feigheit nicht allein, sondern sämtliche Völkerschaften, welche mit ehernen Banden an diesen faulenden Körper gefesselt waren, büßten mit ihm.

Wie sich die Juden in dem Kampfe, der zwischen den zwei Legionenführern Pescennius Niger und Septimius Severus um den Purpur ausbrach (193—194), verhalten haben, ist schwer zu ermitteln. Die Palästinenser, d. h. die Fremdlinge, Römer, Griechlinge und Syrer, welche das Land bewohnten, hatten allerdings für Niger Partei ergriffen, auch die Samaritaner, wenigstens die Bewohner von Napolis (Sichem).[1]) Wenn die Nachricht geschichtlich wäre, daß Juden und Samaritaner in dieser Zeit miteinander eine blutige Fehde führten und einander Schlachten lieferten, wodurch viele auf beiden Seiten gefallen sein sollen,[2]) so würde daraus folgen, daß die ersteren nicht zur selben Fahne gestanden haben. Severus blieb Sieger. Die Anhänger seines Gegners mußten schwer büßen. Bei seinem kurzen Aufenthalte in Palästina (200), wohin er kam, nachdem er das parthische Land, Adiabene und Mesopotamien verwüstet, aber nicht unterworfen hatte, erließ er mehrere gewiß nicht gerade günstige Gesetze für Palästina.[3]) Den Bürgern von Napolis entzog er wegen ihrer Anhänglichkeit an Niger das Bürgerrecht,[4]) und nach Sebaste (Samaria), der Hauptstadt der Samaritaner, versetzte er eine römische Kolonie.[5]) Den übrigen Palästinensern dagegen erließ er die, wie er meinte, wohlverdiente Strafe.[6]) Eine gewisse kriegerische Aufregung muß aber damals in Judäa geherrscht haben. Ein gewisser Claudius, man weiß nicht, welchen Stammes und welcher Religion er war, den die Römer einen Räuber (latro, λῃστής) nannten, der aber wohl der Führer einer für die Unabhängigkeit von Rom kämpfenden Freischar gewesen sein mag, durchstreifte kriegerisch Judäa und Syrien, hatte die Kühnheit bis an das Zelt des Kaisers Severus zu dringen und konnte trotz aller Anstrengungen der römischen Behörden nicht eingefangen werden.[7]) Galt vielleicht der Triumph, welchen

---

[1]) Spartianus in Severum, c. 14, 9.
[2]) Abulfarag Barhebraeus, historia dynastiarum, p. 79.
[3]) Spartianus das., c. 17.   [4]) Das. c. 9.
[5]) Ulpinus in Corpus Juris Digesta 50, 15, 1; § 7.
[6]) Spartianus das., c. 14.
[7]) Dio Cassius 75, 2, Ende.

der Senat wegen glücklicher Waffenerfolge in Judäa und Syrien dem Prinzen Bassianus Caracalla mit des Kaisers Bewilligung zuerkannt hatte, einem Siege über die Scharen des Claudius?[1]) Allzufreundlich gegen die Juden war der glückliche Nebenbuhler dreier Kaiser durchaus nicht. Unter den Gesetzen für Palästina, die er bei seinem Durchzuge daselbst erlassen hatte, war auch eins, daß Heiden bei schwerer Strafe nicht zum Judentum, aber auch nicht zum Christentum übertreten dürfen.[2]) Er gestattete wohl denen „welche dem jüdischen Aberglauben folgen," städtische Ehrenämter, Magistratswürden zu verwalten, aber sie mußten sich auch den Anforderungen unterwerfen, kostspielige Schauspiele zu geben und andere Lasten zu tragen, insofern keine Verletzung ihrer Religion dabei vorkäme.[3])

Die wilden Streifscharen scheinen in Judäa nicht ganz unterdrückt worden zu sein und nach Severus' Abzug aus diesem Lande ihr Wesen fortgesetzt zu haben. Die Römer, die sie als Straßenräuber (latrones) betrachteten, sandten Truppen gegen sie aus, sie in ihren Schlupfwinkeln im Gebirge aufzusuchen, ohne sie jedoch völlig aufreiben zu können. Zwei berühmte Gesetzeslehrer dieser Zeit, R. Eleasar, Sohn des römerfeindlichen R. Simon ben Jochaï, und R. Ismael, Sohn des vorsichtigen R. José, gaben sich dazu her, die Römer zu unterstützen, die jüdischen Freibeuter zu überwachen und sie den römischen Behörden zur Todesstrafe zu überantworten.[4]) Die öffentliche Meinung sprach sich aber tadelnd über diese Männer aus, weil sie sich als Werkzeuge der römischen Tyrannei gegen ihre Stammesgenossen gebrauchen ließen. R. Josua ben Karcha (nach einigen ein Sohn R. Akibas) machte R. Eleasar die bittersten Vorwürfe darüber. „Du Essig, vom Wein stammend" (unwürdiger Sohn eines würdigen Vaters), sprach er, „wie lange wirst du noch das Volk Gottes dem Tode überantworten?" Da sich R. Eleasar damit entschuldigen wollte, daß er nur „den Weinberg von Dornen säubere," entgegnete ihm jener: „So möge doch der Herr des Weinbergs selbst die Dornen ausroden." Der Getadelte empfand später Reue über seine Beteiligung an der Verfolgung der jüdischen Freibeuter und soll sich dafür die peinlichste Buße auferlegt haben. Obwohl R. Eleasar eine halachische Autorität war, der sich der Patriarch zuweilen unterordnete[5]), war die Ab-

---

[1]) Die Notiz bei Spartian das. 16 ist merkwürdig dunkel: Filio sane concessit (Severus), ut triumpharet, cui senatus Judaïcum triumphum decreverat, idcirco quod et in Syria res bene gestae fuerant a Severo.
[2]) Spartianus das., c. 17.
[3]) S. Note 23.
[4]) Baba Mezia 83 b ff. Jerus. Maasserot III, p. 50 d.
[5]) Jerus. Sabbat X, p. 12 c.

neigung gegen ihn wegen des Vorschubes, den er den Römern geleistet, so groß, daß er fürchtete, die Gesetzeslehrer würden ihm nach seinem Tode die letzte Ehre versagen, und deswegen seiner Frau einschärfte, seine Leiche nicht sogleich zu beerdigen, sondern sie in einem Zimmer liegen zu lassen. Als er in Akbara [1]), einer nordgaliläischen Stadt nordwestlich von Safet starb, erfüllte seine Frau seinen letzten Willen. Die Sage weiß von vielen Wundern zu erzählen, welche R. Eleasar auch nach seinem Tode getan habe. Als sich zuletzt seine Genossen entschlossen hatten, ihn zu bestatten, gaben es die Einwohner von Akbara nicht zu, weil sie glaubten, die Leiche hätte sie so lange vor den Einfällen wilder Tiere wundertätig geschützt. Die Bewohner von Biria [2]) (nordöstlich von Safet), einer Nachbarstadt, mußten R. Eleasars Leiche entführen, um sie in das Grabmal seines Vaters in Merion [3]) beizusetzen. Als der Patriarch R. Juda sich um die Hand seiner Witwe bewarb, schlug sie seine Bewerbung aus, wahrscheinlich aus Empfindlichkeit über die ihrem Gatten zugefügte Zurücksetzung, und antwortete ihm: „Ein Gefäß, welches für das Heilige bestimmt war, soll nicht zum Profanen mißbraucht werden."

Auch mit R. Ismael ben José war man wegen seiner Verfolgung der jüdischen Freibeuter unzufrieden. Als er sich damit entschuldigte, daß ihm ein Befehl von den römischen Behörden zugekommen war, dem er sich nicht entziehen könnte, entgegnete man ihm: „Ist nicht dein Vater entflohen? Da hättest du es auch tun können."[4]) Diesen Vorwurf legt die Sage dem Propheten Elias, dem Typus strenger Sittlichkeit, in den Mund.

All diese trübseligen Vorfälle erlebte noch der Patriarch R. Juda, und dennoch behauptet man, er habe in einer glücklichen Zeit gelebt. Während seiner Lebenszeit gab es Leiden, und nach seinem Tode verdoppelten sie sich.[5]) R. Juda scheint nämlich nahe an siebzig Jahre alt geworden zu sein und hat das Patriarchat über dreißig Jahre verwaltet. Mit vieler Seelenruhe sah er seiner Auflösung entgegen. Er ließ seine Söhne und Schulgenossen vor sich kommen und schärfte ihnen seinen Willen ein. Seinem ältesten Sohne Gamaliel übertrug er die Würde des Patriarchats, den jüngern, Simon, ernannte er zum Chacham (Sprecher) und empfahl beiden, seiner hinterlassenen Witwe, welche ohne Zweifel ihre Stief-

---

[1]) Schwarz, 101 b. Reland, Palästina 542. Robinson, Palästina III, 884.
[2]) Schwarz, 102 a. Robinson das. 885.
[3]) Baba Mezia 84 b.
[4]) Das. und Jerus. das. s. Note 20.
[5]) Sota Ende.

mutter war, nach seinem Tode Verehrung zu erweisen und gar nichts in der Hauseinrichtung zu ändern. Er legte dem künftigen Patriarchen ans Herz, streng gegen die Jünger zu sein, aber von seinem Prinzipe, immer nur je **zwei** Jünger zu ordinieren, abzugehen, vielmehr sämtliche Fähige zur Ordination zuzulassen. Ganz besonders sollte er **Chanina bar Chama**, gegen welchen R. Juda sich verschuldet zu haben glaubte, zu allererst mit der Lehrerwürde bekleiden. Seine beiden Diener, José aus **Phäno** (in der trachonitischen Landschaft) und **Simon der Parther**, die ihn beim Leben mit vieler Liebe behandelten, sollten sich auch nach dem Tode mit seiner Leiche beschäftigen. Das Synhedrialkollegium bat er, bei seiner Leichenbestattung keine Formalitäten zu machen, in den Städten keine Trauerfeierlichkeiten begehen zu lassen und schon nach dreißig Tagen die Lehrversammlung zu eröffnen. Er starb an einer Unterleibskrankheit, die man die Krankheit der Frommen nannte. Viel Volk aus den Nachbarstädten hatte sich in Sepphoris bei der Nachricht von dem herannahenden Tode des Patriarchen versammelt, um ihm Teilnahme zu erweisen. Als wenn es gar nicht möglich wäre, daß er sterben könne, bedrohten die Volksmassen denjenigen mit dem Tode, der die Trauerpost überbringen würde. Die Spannung und Aufregung war so groß, daß man in der Tat einen gewalttätigen Ausbruch des Schmerzes bei der aufgeregten Menge fürchtete. **Bar-Kappara** teilte indes die Todesanzeige ohne Worte mit. Mit verhülltem Haupte und zerrissenen Kleidern sprach er zum Volke:

„Engel und Sterbliche rangen um die Bundeslade,
Es siegten die Engel, und entschwunden ist die Bundeslade."

Als das Volk darauf einen Schmerzensschrei ausstieß: „**Er ist tot!**" sprach Bar-Kappara: „Ihr sagt's." Das Wehklagen der Massen soll bis Gabbata, drei Viertelmeilen von Sepphoris, gehört worden sein. R. Juda starb an einem Freitage. Zahlreich war das Leichengefolge, das den Verblichenen von Sepphoris nach Bet-Schearim begleitete, und in achtzehn Synagogen hielt man ihm Gedächtnisreden. Selbst die Ahroniden beschäftigten sich dem Gesetze zuwider mit der Leiche; man verkündete: „Für heute hört die Priesterweihe auf."[1]) Synhedrion und Priestertum ordneten sich bereitwillig demjenigen unter, welcher in seiner Person die Lehre repräsentierte. Man nannte ihn nach dem Tode „den **Heiligen**" (ha-Kadosch); die Spätern wußten nicht mehr den Grund dafür anzugeben.

---

[1]) Ketubbot 103 ff. Jer. Ketubbot XII, Ende. Kilajim IX, Ende. Genesis Rabba, c. 96, 100. Kohelet Rabba zu 7, 11.

Von R. Judas Nachfolger, R. Gamaliel III. (um 210—225) weiß die Geschichte weiter nichts zu erzählen, als daß er die Verordnungen seines Vaters pünktlich ausführte. Beherzigenswert sind die Sprüche, die sich von ihm erhalten haben und die ein scharfes Licht auf die Zustände der Zeit werfen: „Schön ist die Beschäftigung mit der Lehre, wenn man dabei auch weltliche Geschäfte treibt, die Mühe um beides läßt die Sünde nicht aufkommen; Gesetzesstudium ohne Handwerk geht zuletzt unter und zieht Sünde nach sich. Wer sich mit Gemeindeangelegenheiten befaßt, soll es um Gotteswillen (ohne eigennützige Nebenzwecke) tun, dann wird ihn das Verdienst seiner Vorfahren unterstützen und seine Gerechtigkeit ewig dauern. Euch aber," sprach er zu den Jüngern, „verheiße ich höhern Lohn, als wenn ihr praktisch tätig wäret. Seid vorsichtig der (römischen) Macht gegenüber, denn sie schmeicheln euch nur um ihrer selbst willen, sie scheinen Freunde, wenn sie Nutzen davon ziehen, stehen aber in der Not nicht bei. Erfülle Gottes Willen in der Art, daß du deinen Willen vor dem seinigen aufgibst, dann wird er deinen Willen auch zu dem seinigen machen."[1] Die Warnung, den römischen Machthabern gegenüber besonnen zu bleiben und sich nicht von ihnen verlocken zu lassen, hat jedenfalls einen politischen Hintergedanken. Denn nach dem Tode des strengen Sever erhielt fast ein Vierteljahrhundert das römische Reich durch drei Kaiser einen sozusagen asiatischen, richtiger syrischen, mit Judäa verwandten äußern Anstrich; Rom nahm aus Kriecherei ein syrisches Wesen an und sein Pantheon nahm morgenländische Götter auf. Dadurch milderte sich zum Teil auch die Schroffheit zwischen Römern und Juden. Julia Domna (Martha), Severs Gattin, war eine Syrerin aus Emesa, und ihr Sohn Caracalla, der sich offiziell Antoninus nannte (211—217), schämte sich wenigstens seiner syrischen Abkunft nicht. Auch hat er sämtlichen Bewohnern des römischen Reiches das Vollbürgerrecht erteilt; zwar war auch dieses Gesetz nur ein Mittel, um die Provinzialen höher zu besteuern, aber es hatte doch auch das Gute, daß es den schroffen Unterschied zwischen Römern und Nichtrömern aufhob. So sehr auch Caracalla und sein angeblicher Sohn Elegabal den Purpur wie die Menschheit durch ihre Laster geschändet haben und die römische Geschichte ihrer Zeiten nur Mordtaten und unnatürliche Ausschweifungen zu erzählen hat, die man sich nur durch eine Geisteszerrüttung dieser beiden Kaiser erklären kann, so war doch in ihrem Wahnsinn eine gewisse Methode, nämlich die, die römischen Götter und das römische Wesen durch Beimischung syrischer Formen zu verwischen. Daß Caracalla

---

[1] Abot II, 2.

eine Vorliebe für Juden gehabt habe, läßt sich durch keine Tatsache belegen[1]), und noch weniger, daß er mit einem jüdischen Patriarchen, etwa gar mit R. Juda, persönlich verkehrt habe. So viel ist aber sicher, daß der Zustand der Juden unter diesem Kaiser leidlich war, daß sie sich wenigstens nicht über allzu große Bedrückung zu beklagen hatten, wenn sie sich auch keiner besondern Begünstigung erfreuten. Diesen leidlichen Mittelzustand, gleich weit von Glück wie Verfolgung entfernt, schildert R. Jannaï, ein Jünger R. Judas und Zeitgenosse R. Chijas, mit folgenden Worten: „Wir genießen weder das Glück der Frevler, noch erdulden wir die Leiden der Gerechten."[2])

Ein religiöses Gesetz, welches derselbe R. Jannaï in dieser Zeit sich veranlaßt sah aufzuheben, beweist wenigstens, daß die Juden Palästinas damals nicht allzu günstig gestellt waren. Sie mußten nämlich auch im Erlaßjahre von dem Ertrage der Ernte die Abgaben an Naturalien für das stehende Heer liefern.[3]) Bis dahin waren sie nach einer alten Begünstigung, welche von Julius Cäsar herrührte, in jedem siebenten Jahre von dieser Lieferung befreit, weil es in diesem gesetzlichen Brachjahre keine Ernte gab. Infolge jener gebieterischen Forderung, wahrscheinlich während des parthischen Feldzuges Caracallas (216, gerade in einem Erlaßjahre) ließ R. Jannaï, die Autorität jener Zeit, bekannt machen, daß es fortan gestattet sei, im Erlaßjahre die Felder anzubauen.[4]) Besonders hervorgehoben wird dabei der Umstand, daß das Gesetz des Erlaßjahres nur deswegen übertreten werden dürfe, weil nicht die Aufhebung desselben, sondern nur die Steuerlieferung gefordert werde. Ein Judenchrist scheint sich über diese Gefügigkeit der Juden gegen die römischen Machthaber lustig gemacht zu haben. — Eine besondere Vorliebe für die Juden hatte der jugendliche Kaiser Elegabal[5]) — ehemaliger Priester des Sonnengottes in Emesa, den seine schlaue Großmutter Mäsa als Sohn Caracallas untergeschoben hatte — durchaus nicht, wenn auch der Schein dafür spricht. Dieser lebendige Inbegriff aller Laster, der die römische

---

[1]) Die Anekdote bei Spartianus in Caracallam, c. I, stammt aus dessen Jugendzeit und beweist gar nichts.

[2]) Abot IV, 17.

[3]) ארנונא, d. h. annona.

[4]) Synhedrin 26 a. Jerus. Schebiit IV, p. 35 a. Synhedrin III, p. 21 b. Der damalige Patriarch R. Gamaliel III. scheint nicht so weit gegangen zu sein und nur die Pflugzeit bis zum Eintritt des Erlaßjahres verlängert zu haben, nach Moed Katan, p. 3 b.

[5]) Eigentlich Elbaal oder Elbagal von dem Namen des Sonnengottes אל בעל; das ע g ausgesprochen und permutiert Gabal für Bagal.

Welt vier Jahre (218—222) schändete und den geschichtlichen Beruf gehabt zu haben scheint, das heidnische Göttertum und das römische Cäsarentum an den Pranger zu stellen und jedermann von dessen Verwerflichkeit zu überzeugen, hat nämlich in seinem methodischen Wahnsinn manches getan und tun wollen, was sich wie jüdisch ausnimmt. Er ließ sich nämlich beschneiden und aß kein Schweinefleisch, aber nur im Dienste seines Sonnengottes.[1] Er beabsichtigte, den Kultus der Juden, Samaritaner und Christen in Rom öffentlich einzuführen, aber lediglich als einen seinem Sonnengotte Baal untergeordneten.[2] Während der Zeit dieser beiden Kaiser Caracalla und Elegabal hatten die jüngern Zeitgenossen R. Judas hinlängliche Muße, dessen Werk fortzusetzen. Die Mischnasammlung hatte nämlich viele Gesetze nicht aufgenommen, teils weil sie nicht unbedingte Gesetzeskraft hatten, teils weil sie als spezielle Ausführungen unter allgemeinen Formeln angedeutet waren. Diese vernachlässigten Halachas sammelten R. Judas Nachfolger als Ergänzung zur Mischna. Solche Sammler waren R. Jannaï, dessen Lehrhaus in Akbara war[3]; R. Chija und dessen Zwillingssöhne Juda Chiskia, bekannt unter dem Namen „die Jünglinge" (Robin) oder „die Erklärer" (Turgamine)[4]; ferner Bar-Kappara, Levi bar Siszi, R. Uschaja der ältere, zubenannt „der Vater der Mischna"[5]; endlich Abba-Areka (Rab); sie waren sämtlich Halbtannaiten. R. Judas Sammlung hatte aber eine so unbestrittene Autorität erlangt, daß ihre Verehrer jedes ihrer Worte für heilig hielten, zu dem nichts hinzugefügt werden dürfe.[6] Jene Sammlungen hatten deswegen gegen die Hauptmischna einen nur untergeordneten Wert, und ihr Verhältnis zur Mischna gestaltete sich wie das der Apokryphen (äußere Bücher) zur kanonischen Bibelsammlung, so daß jene „die äußere Mischna" (Mischna chizonah, chaldäisch Matnita boraita, schlechtweg Boraita) genannt wurden. Die Boraitas hatten wegen der Aufnahme aller vorhandenen halachischen Gesetze einen viel größern Umfang und führen aus diesem Grunde den Namen „die großen Mischnas" (Mischnajot gedolot).[7] Nur die Boraitasammlungen von R. Chija und R. Uschaja

---

[1] Dio Cassius 79, 11. Lampridius in Heliogabalum c. 7.
[2] Lampridius das. c. 3.
[3] Jerus. Erubin VIII, p. 25 a.
[4] Chulin 20 a. Jerus. Chalah IV, p. 60 a. Genesis Rabba, c. 65.
[5] Jerus. Baba Kama III, p. 4. c und Parallelstellen. [Siehe die richtige Erklärung Lewy, Ein Wort über die Mech. d. R. J., S. 2].
[6] S. Note 26.
[7] Das. Horajot Ende. Midrasch Kohelet an vielen Stellen. Midrasch zu Psalmen 104.

erhielten wegen ihres gesichteten Inhaltes halb und halb Gleichberechtigung mit der Hauptmischna.

Der Grundzug der als bindende Norm anerkannten Mischna ist der streng gesetzliche, ja juristische Charakter, den sie dem Judentume für die ganze Folgezeit aufgedrückt hat. Der ganze Umfang desselben, die Gebote und Verbote, die pentateuchischen und die gefolgerten Bestimmungen gelten ihr als Befehle und Dekrete Gottes, an denen nicht gemäkelt und gerüttelt werden dürfe; sie müssen unverbrüchlich nach Vorschrift befolgt werden. Es ist nicht zu verkennen, daß die Kämpfe, welche das Judentum durchwühlt hatten, die gewalttätigen Eingriffe des Hellenismus unter Antiochos Epiphanes, der erbitterte Gegensatz des Sadduzäertums, die allegorische Deutelei und Verflüchtigung der alexandrinischen Religionsphilosophen und zuletzt die gesetzesfeindliche Haltung des paulinischen Christentums und der Gnostiker es so weit gebracht haben, daß die Mischna in dem jüdischen Bekenntnisse das streng gesetzliche Wesen hervorkehrte und betonte. In geradem Gegensatze gegen die alexandrinische und gnostische Richtung, welche die im Judentum waltende Liebe Gottes besonders hervorhob, warnt die Mischna, der erste feste Kodex des Judentums, vor dieser Anschauung und befiehlt, einem Vorbeter Stillschweigen aufzuerlegen, welcher solches im Gebete durch die Formel: „Sogar bis auf das Vogelnest erstreckt sich deine Liebe"[1]) ausdrücken wollte. Alles ist daher in der Mischna gesetzlich normiert, wenig der freien Entschließung überlassen: wie viel ein Armer von der öffentlichen Wohltätigkeit zu beanspruchen habe und selbst wie viel Kinder ein Ehemann in die Welt setzen müsse, um seiner Pflicht, zur Bevölkerung der Erde beizutragen, „die Gott nicht zur Veröduung geschaffen", zu genügen.[2]) Im allgemeinen setzt sie voraus, daß die ganze Thora, d. h. sämtliche Gesetzesvorschriften, auch diejenigen, welche nicht augenfällig im Pentateuch vorkommen, bewährte Überlieferung seien, die Mose vom Sinai empfangen, dem Josua übergeben, dieser den Ältesten, diese wiederum (taktvoll werden die meist kriegerischen und wenig religiösen Richter übersprungen), den Propheten und diese den Männern der großen Versammlung überliefert haben.[3]) Sämtliche nicht im Pentateuch gegebenen Gesetze nennt die Mischna Worte der Schriftkundigen (Dibre Soferim), ohne genau und folgerichtig zu unterscheiden zwischen solchen, welche von einem der Tannaiten seit Hillel aus dem Schriftworte abgeleitet oder gedeutet, und solchen,

---

[1]) S. oben S. 97.
[2]) Jebamot, c. VI, 6.
[3]) Abot Anfang, vergl. Pea II, 5, Jadaim IV, 3.

welche von einer Synhedrialbehörde oder einer Schule als verhütende Umzäunung eingeführt worden sind.¹) Zwar ist in der Mischna die Erinnerung an das Mißbehagen mancher Tannaiten, namentlich R. Josuas, gegen viele durch Deutung gewonnene Bestimmungen nicht ganz erloschen, daß manche derselben „Bergen gleichen, die an einem Haare hängen"²), d. h. manches in der Luft schwebt. Nichtsdestoweniger stellt sie sämtliche, bis dahin festgestellte halachische Gesetze als unverbrüchliche Norm hin.

Wiederholt ist in der Mischna die Wertgleichheit sämtlicher religiöser Vorschriften und Pflichten ausgesprochen. Die Sentenz, welche ihr Sammler Rabbi ausgesprochen hat, könnte man an die Spitze derselben als Aufschrift setzen: „Welchen Weg soll der Mensch wählen? Einen, der für den Wandelnden und bei den Menschen ehrenvoll ist. Sei ebenso gewissenhaft in betreff leichter, wie wichtiger Vorschriften, denn du kennst den Lohn der Gebote nicht. Wäge den (leiblichen) Schaden einer Pflichterfüllung gegen ihren (geistigen) Lohn und den Gewinn einer Übertretung gegen ihren Schaden ab. Habe drei Dinge stets vor Augen, so wirst du zu keiner Übertretung kommen: Es gibt ein schauendes Auge, ein vernehmendes Ohr, und alle deine Taten sind in ein Buch eingezeichnet."³) Dieselbe Anschauung zieht sich durch die ganze Mischna. Der Lohn für gewissenhafte Erfüllung der religiösen Vorschriften sei der Anteil an der jenseitigen Welt (Chelek le-Olam haba)⁴), dessen jeder Israelite gewärtig sei, es sei denn, daß er die Auferstehung leugne oder behaupte, die Thora sei nicht von Gott offenbart, oder wenn er als Epikuräer lebte (oder dächte).⁵) Es gebe aber auch einen diesseitigen irdischen Lohn. Wer auch nur eine einzige religiöse Pflicht gewissenhaft erfüllt, dem wird vom Himmel Gutes erwiesen, sein Leben wird verlängert, und er kann am heiligen Lande Anteil haben.⁶) Damit wird eine Ausgleichung

---

¹) Synhedrin, c. אלו הן הנחנקין wird Traditionelles oder Gefolgertes חוסר בדברי סופרים מדברי תורה ... ה' טיטפות להוסיף על bezeichnet als דברי סופרים und Jadaim III, 2 werden auch Anordnungen, d. h. rabbinisch, ebenso genannt: אין דנין דברי תורה מדברי סופרים וגו'. Diese Regel wird aber nicht allgemein eingehalten, vergl. Pesachim VI, 1, wo von מלאכה auf שבות herüber und hinüber gefolgert wird.

²) Chagiga I, Ende, vergl. Note 7.

³) Abot II, Anf.

⁴) Synhedrin c. חלק.

⁵) Daß was אפיקורוס bedeutet war den Späteren selbst dunkel. Hat vielleicht ursprünglich סיז gestanden?

⁶) Kidduschin I, Ende, verglichen mit Chulin Ende. Der Talmud faßt es anders auf.

zwischen den diesseitigen Verheißungen in der Bibel und dem jenseitigen Lohn der zukünftigen Welt versucht, einem Dogma, welches sich erst in der nachexilischen Zeit ausgebildet hat.

Gewisse Pflichterfüllungen bringen diesseitigen und jenseitigen Lohn: Ehrerbietung gegen Eltern, Mildtätigkeit, zeitiger Besuch des Lehrhauses, Gastfreundschaft, Ausstattung armer Bräute, Begleitung von Leichen, andächtiges Beten, Friedensstiftung und ganz besonders Beschäftigung mit der Lehre (Talmud Thora).[1]) Eine jenseitige Strafe kennt die Mischna nicht, wie auch keine Hölle. Für Vergehen und Übertretung hat sie nur diesseitige richterliche Strafen — allerdings nach dem Grade derselben: Geißelung, Hinrichtung durch das Synhedrion in vier Stufen: durch Schwert, durch Strang, durchs Feuer und durch Steinigung und endlich frühzeitiger Tod durch Gottes Hand (Kharet). Aber auch die schwerste, frechste Versündigung wird durch den Tod gesühnt, geringere schon durch Reue und den Versöhnungstag.[2]) Fahrlässige Vergehungen erhalten ihre Vergebung durch Opfer. Vergehen gegen Menschen werden indessen nicht eher gesühnt, als bis der Verletzte schadlos gehalten, zufriedengestellt und ausgesöhnt ist. In jeder sittlichen und rechtlichen Tat oder Untat liegt auch eine religiöse Seite, aber sie wird nicht über-, sondern untergeordnet.

Als höchste Tugend gilt der Mischna die Beschäftigung mit der Lehre, die Gesetzeskunde oder die Halachakenntnis (Talmud Thora). Sie verleiht ein eigenes Verdienst oder Rechtfertigung (Zechút Thora), schützt und befördert diesseits und jenseits. „Wer die heilige Schrift und die Überlieferung kennt und Wert auf Anstand legt, kann nicht so leicht in Sünde geraten.[3]) Erlernen, Aneignen, Behalten und theoretisches Durchdringen und Weiterbilden des vorhandenen Lehrgutes, d. h. Erhaltung und Fortbildung des Judentums auf dem angebahnten Wege, war die Hauptstimmung und Richtung (Pathos) der Zeit. Daher wird ein Gesetzesweiser sehr hochgestellt; selbst wenn er ein Bastard ist, soll er einem gesetzesunkundigen Hohenpriester vorangehen.[4]) Ein Jünger müsse seinen Lehrer mehr als selbst seinen Vater ehren, oder bei einem Zusammenstoß der Pflichten gegen den einen und andern die gegen jenen zunächst erfüllen; denn der weise Lehrer bringt ihn zum Leben der zukünftigen Welt."[5]) Dem Vater liegt die Pflicht ob, seinen Sohn

---

[1]) Pea I Anf.
[2]) Joma Ende.
[3]) Kidduschin I Ende.
[4]) Horajot Ende.
[5]) Baba Mezia II Ende. Keritot Ende.

in der Thora zu unterrichten oder unterrichten zu lassen.¹) Die Pflicht, das weibliche Geschlecht in die Thora einzuführen, läßt die Mischna zweifelhaft und überliefert zwei Ansichten darüber, die b e n A s a ï s, welche dafür ist oder es wenigstens für gestattet hält, und die des strengen R. Elieser, der es verdammt, indem er meinte, ein Vater, der seiner Tochter Thora beibringe, lehre sie Unzucht.²) Dieser herrschend gewordene Lehrsatz hat in der Folgezeit sehr schädlich gewirkt. Während jede Gemeinde beflissen war, niedere und höhere Schulen für das männliche Geschlecht zu unterhalten, wurde das weibliche Geschlecht in systematischer Unwissenheit gehalten.

Aber wenn auch in dem Mischnakodex das Hauptgewicht auf die genau vorgeschriebene Erfüllung der Religionsgesetze gelegt wird, so wird doch auch noch ein Höheres als das Gesetz, eine Gehobenheit der Gesinnung, welche über den Buchstaben des Gesetzes hinausgeht, als gottgefällig anerkannt. Der Gewissenhafte soll sein Wort in Mein und Dein halten, wenn auch der Buchstabe des bindenden Rechtes ihn nicht dazu zwingen kann. Wer seine Schuld auch im Erlaßjahre bezahlt, obgleich er vom Gesetz nicht dazu verpflichtet ist, wer, wenn auch nicht dazu gehalten, die Schuld an einen Proselyten seinen Erben zustellt, und überhaupt wer sein Wort hält, an einem solchen haben die Weisen Freude.³) Die Gebete sind zwar vorgeschrieben, doch dürfen sie in jeder verständlichen Sprache verrichtet werden⁴); es soll überhaupt mit Andacht und Ernst gebetet werden.⁵) Für Mißgeschick soll man dem Himmel ebenso danken wie für einen Glücksfall.⁶) Die Mischna nimmt überhaupt einen Ansatz zur Verinnerlichung der Religion. Das pflichtmäßige Vernehmen der Schofartöne am Neujahr soll nicht ein äußerliches, gedankenloses Tun bleiben, sondern eine gewisse Stimmung erzeugen, die das Gemüt zu Gott erhebt. Als Beispiel wird angeführt: Nicht Moses Hochhalten der Hände hat den Israeliten gegen Amalek den Sieg verliehen, und nicht der Blick auf die aufgerichtete eherne Schlange hat sie in der Wüste von den Schlangenbissen geheilt, sondern die Erhebung ihres Herzens zu Gott.⁷) Es bleibt aber bei diesem Ansatze und wird nicht weiter ausgeführt.

---

¹) Kidduschin 29 a.
²) Sota III, 4.
³) Schebiit Ende. Baba Mezia IV, Anfang.
⁴) Sota VIII.
⁵) Berachot V.
⁶) Das. IX.
⁷) Rosch ha-Schanah III. Der Zusammenhang erfordert, daß die Beispiele sich auf die Vorschrift der תקיעה beziehen.

Dem bindenden Gesetze wurde mehr als der sich selbst Norm gebenden Gewissenhaftigkeit vertraut.

Eine andere, mehr formale Eigentümlichkeit der Mischna neben ihrem juristischen Grundzug und vielleicht eine Folge von diesem, ist ihre Tendenz, allerhand mögliche, wenn auch äußerst fern liegende Fälle zu ersinnen und zusammenzustellen, um darauf verschiedenartige Gesetze anzuwenden (eine Art Kasuistik). Diese, in der Folgezeit bildend und mißbildend wirkende logische Schärfe, aber auch Sophisterei fördernde Eigentümlichkeit hat sich wohl erst in den allgemeinen Hochschulen von Jabne und Uscha und in den zahlreichen andern privaten Lehrhäusern ausgebildet. Der scharfsinnige R. Meïr und seine Jünger mögen am meisten dazu beigetragen haben. Man begnügte sich nicht, vorkommende Fälle nach den bereits vorhandenen pentateuchischen und überlieferten Gesetzen und Grundsätzen zu beurteilen und zu entscheiden, sondern gefiel sich darin, verwickelte Fälle und Lebenslagen phantastisch auszumalen, um herauszubringen, daß z. B. zuweilen auch für eine einzige Handlung mehrere Gesetze zur Anwendung kommen könnten. Die Mischna hat alle diese vorgefundenen Schulthemata mit aufgenommen und sie vielleicht noch durch Beispiele vermehrt. Namentlich gebraucht sie diese kasuistische Eigentümlichkeit, um gehäufte Straffälligkeit oder Büßungen anschaulich zu machen. „Mancher pflügt ein einziges Beet und begeht dabei acht Sünden", oder zwei Brüder, die zwei Schwestern geheiratet und sie irrtümlich verwechselt haben, können sich so und so viel Strafen oder Büßungen oder Opfer wegen blutschänderischer Umarmung zuziehen.[1])

Es ist bemerkenswert, daß die mischnaitische Gesetzsammlung keine feindselige Halacha gegen die jüdischen Bekenner des Christentums aufgenommen hat; sie befaßt sich gar nicht mit ihnen und deutet nicht einmal an, ob Fleisch, von den Minäern bereitet, zum Genusse erlaubt oder verboten sei. Es scheint, daß die Gefahr, die in der Zeit zwischen der Tempelzerstörung und dem Bar-Kochbaschen Kriege dem Judentume von seiten des Judenchristentums drohte, bereits abgewendet und keine Verführung mehr zu befürchten war. Dagegen enthält die Mischna zahlreiche Gesetze, welche gegen das Heidentum und den Verkehr mit Heiden gerichtet sind, um jeden Schein von Beteiligung an Götzendienerei zu vermeiden. Innerhalb des Christentums werden solche bindende Gesetze gegen das noch immer von Machtfülle strotzende Heidentum vermißt, und der Kirchenvater Tertullian — ein jüngerer Zeitgenosse des

---

[1]) Solche Fälle kommen häufig in der Mischna vor, Maccot, c. III, 10, Jebamot c. III, 12, fast der ganze Traktat Keritot und Kinim.

Patriarchen R. Juda, der erste christlich-lateinische Schriftsteller, der die Christen ebenso streng von den Heiden gesondert wissen wollte, wie die Mischna es den jüdischen Bekennern vorschreibt — war daher genötigt, sich auf die pentateuchischen Gesetze gegen das Götzentum zu berufen. Der Mangel an einer strengen Gesetzgebung über das Verhalten zum römischen und griechischen Heidentume innerhalb der Christenheit hat auch viel dazu beigetragen, daß das Christentum heidnische Gebräuche aufgenommen und eine geraume Zeit beibehalten hat. Das Heidentum hatte sich namentlich nach dem Bar-Kochbaschen Kriege in Palästina immer mehr eingenistet, nicht bloß in den Küstenstädten wie Akko, sondern auch in dem Binnenland wie in Betsan. Darum mußte das Verhalten zu demselben geregelt werden. Die Mischna widmet diesem Gegenstande einen eigenen Traktat (Aboda Sara), sie schreibt vor, drei Tage vor den heidnischen allgemeinen Hauptfesten, wie den (januarischen) Kalenden, den Saturnalien, der Gedächtnisfeier für den Tag des Regierungsantrittes der Kaiser oder für deren Sterbetage nicht mit Heiden zu verkehren.[1]) Bei einer Privatfeier dagegen, wenn ein Heide z. B. ein Mahl für das Mündigwerden seines Sohnes bereitet, wird der Verkehr mit ihm nur für diesen Tag verboten. Lorbeerbekränzte Kramläden von Heiden dürfen nicht besucht werden.[2]) Ein Jude darf Heiden nicht Schmuck oder Gegenstände für die Götzen verkaufen und keine Häuser in Palästina vermieten, weil sie Götterbilder hineinbringen.[3]) Wegen des Hasses der Heiden in Palästina gegen die Juden darf ein Jude sich nicht von ihnen körperlich heilen und nicht einmal das Haar schneiden lassen, und überhaupt nicht mit ihnen an einsamer Stelle allein bleiben, um nicht von ihnen meuchlings ermordet zu werden.[4]) Weil die römischen Heiden den barbarischen Gebrauch eingeführt hatten, Tierkämpfe selbst mit Menschen anzustellen, verbietet die Mischna, ihnen Bären, Löwen und alles dasjenige, wodurch eine Schädigung entstehen könnte[5]), zu verkaufen, und ebenso Basiliken, Richtplätze und Statuen für sie zu bauen, weil sie zum Vergießen

---

[1]) Aboda Sara Anfang: קרטסיס ויום גנוסיא של מלכים scheinen zusammen zu gehören; קרטסיס = Κράτησις ist wohl gleich imperium, das Gelangen der Kaiser zur Herrschaft. גנוסיא = γενέσιος bedeutet hier wohl, gleich γενέθλιος Sterbetag der Kaiser. Tertullian perhorresziert die Beteiligung an derselben Feier, de idolatria, c. 13.
[2]) Das. I, 4, vergl. Tertullian das. c. 15 von den tabernae lauratae.
[3]) Das. I, 5, 8, 9.
[4]) Das. II, 1, 2.
[5]) Das. I, 7.

unschuldigen Blutes dienen.¹) Um nicht die unnatürlichen Laster (Sodomiterei) der Heiden zu fördern, darf man ihnen kein Tier anvertrauen.²) Die Mischna verbietet sogar, heidnischen Frauen als Geburtshelferin oder Amme beizustehen, weil dadurch ein Anhänger für das Götzentum gefördert werde.³) Jeder Genuß von Gegenständen götzendienerischer Verehrung wird untersagt, nicht einmal im Schatten eines Götterbildes darf ein Jude sitzen und besonders nicht den Wein trinken, von dem ein Heide den Göttern geopfert (ausgegossen) hat oder haben könnte.⁴) Die meisten Gesetze in betreff der Abschließung gegen die Heidenwelt, welche kurz vor der Tempelzerstörung mit Hast und Eifer eingeführt wurden⁵), behielt die Mischna bei und verschärfte sie noch.⁶) Bei allen Gehässigkeiten gegen die Heidenwelt, namentlich in Palästina — das Ausland hat die Mischna gar wenig berücksichtigt —, kann die Gesetzgebung doch den im Judentum liegenden Zug allgemeiner Menschenliebe nicht ganz verleugnen. Sie nahm neben diesen feindseligen Gesetzen auch das wohlwollende, wahrscheinlich von Rabban Gamaliel I. stammende⁷) Gesetz auf, daß man den heidnischen Armen Zutritt zu den Feldern lasse, daß sie mit jüdischen gleichberechtigt das Zurückgelassene sammeln.⁸)

Mit dem Abschluß der Mischna und der halbebenbürtigen, im selben Geist gehaltenen, nur ausführlichern Boraitas hatten die Tannaiten ihre Aufgabe gelöst, die flüchtige und schwankende Tradition in feste Form und gediegenen Guß zu bringen, sie in das Leben einzuführen und zum Gemeingut der jüdischen Nation zu machen. Nachdem sie dieses Werk mit hohem Ernste, nimmerrastendem Eifer und beispielloser Selbstverleugnung vollendet hatten, traten sie vom Schauplatze ab und überließen das Erzeugnis ihrer Tätigkeit den künftigen Generationen, sich daran zu erziehen, und daraus Anhänglichkeit an Lehre und Nationalität zu schöpfen.

¹) Aboda Sara. Tertullian verbot den Christen auch heidnische Spiele, Zirkus und Theater zu besuchen de spectaculis; in der Mischna wird es nicht verboten, sondern nur in Boraithos, und da auch nicht unbedingt, vergl. Aboda Sara Talmud, p. 18 b.
²) Das. II, 1.
³) Das.
⁴) Das. c. III, IV, V.
⁵) Vergl. Band III, Note 26.
⁶) Aboda Sara II, 3—6.
⁷) S. B. III, 5. Aufl., S. 349.
⁸) Gittin, c. V, Ende.

Dreizehntes Kapitel.

Erstes Amorageschlecht. Patriarch R. Juda II. Der judenfreundliche Kaiser. Alexander Severus (Antoninus). Günstige Verhältnisse der Juden. Aufhebung früherer Bestimmungen. Hillel, Lehrer des Kirchenvaters Origenes. Pflege der hebräischen Sprache unter den Christen; Anlegung der Hexapla

(219—280.)

Nach dem Aussterben der Tannaiten, der jüngern Zeitgenossen des Mischnasammlers und seines Sohnes Gamaliel II., trat eine glücklichere Zeit ein, glücklich im Außern durch die günstige politische Stellung, die sich von einem freundlichen Verhältnis eines der besten römischen Kaiser zu den Juden herleitete, glücklich im Innern durch eine Reihe genialer Männer, die das Alte durch einen frischern Geist neu belebten. Die hervorragenden Männer und Träger dieser Zeit waren in Judäa der Patriarch R. Juda II., Sohn Gamaliels; R. Jochanan, die Autorität dieser Zeit; ferner R. Simon ben Lakisch, der hand- und geistesfeste Lehrer, und in Babylonien Abba-Areka und Samuel. — Durch diese Männer wurde eine neue Richtung angebahnt, die zwar mit der tannaitischen verwandt war und sie zum Ausgangspunkte hatte, aber doch über sie hinausging. Eine Charakteristik der leitenden Persönlichkeiten dürfte nicht überflüssig sein. Von R. Judas, des Patriarchen, früherem Leben und seinem Bildungsgange ist wenig bekannt. Seine Jugend fiel in die Zeit, in der die religiöse Strenge bereits so vorherrschend geworden war, daß das Patriarchenhaus selbst dem Tadel unterlag, wenn es sich etwas dagegen erlaubte. Mit seinem Bruder Hillel ging R. Juda einst in Biri am Sabbat in Schuhen mit goldenen Spangen aus, was dort für verboten galt, und sie wurden deswegen bekrittelt, wagten es nicht zu erklären, es sei nach dem Gesetze erlaubt und mußten ihre Schuhe den Sklaven übergeben. Ein andermal badeten die beiden Söhne des Patriarchen in Kabul zusammen, und man rief ihnen zu: „In unserer Stadt dürfen zwei Brüder nicht zusammen baben."¹) Als R. Juda das Patriarchat von seinem Vater Gamaliel III. übernommen hatte (um 225), verlegte er dessen Sitz von Sepphoris nach Tiberias, und diese Stadt, früher wegen ihrer Unreinheit gemieden, empfing durch ihn eine höhere Bedeutung, überdauerte alle übrigen erinnerungsreichen Schauplätze Judäas und wurde die letzte Zufluchtsstätte uralter Traditionen. Die Anordnung des Neumondes, die früherhin wegen einer gewissen Vorliebe für Südjudäa von dort ausging, verlegte R. Juda nach Tiberias.²) Der Süden Palästinas, früher der Hauptschauplatz geschichtlicher Vorgänge, verlor fortan alle Bedeutung und mußte seine Rolle an das ehemals verachtete Galiläa abtreten. — Wie sein Großvater, genoß R. Juda II. bei seinen Zeitgenossen hohe Verehrung, und man nannte ihn schlechtweg **Rabbi** oder **Rabbenu**, er wurde allerdings auch scharf getadelt, nahm aber mehr als jener den Tadel geduldig hin.

Es war wohl der zweite R. Juda, welcher, wie die jüdischen Nachrichten mit voller Entschiedenheit behaupten, bei einem römischen Kaiser beliebt war, und von dem er mancherlei Begünstigungen erhielt.³) Der Zufall, der in der Gestalt der Prätorianer bei der Verleihung des Kaisermantels zumeist den Ausschlag gab, erhob **Alexander Severus** (222—235), einen unbekannten Syrer von sechzehn Jahren, zum Herrn der Welt, und dieser verlieh, wie keiner seiner Vorgänger, dem Judentum in der öffentlichen Meinung eine gewisse Anerkennung. In seinem Privatgemache hatte Alexander Sever neben den Abbildungen von Orpheus und Christus auch das Bild von **Abraham**. Den goldenen Spruch reiner Menschenliebe: „Was du nicht leiden kannst, tue auch andern nicht," den ein jüdischer Weiser noch vor Jesus als den Inbegriff des ganzen Judentums ausgab, beherzigte dieser Kaiser so sehr, daß er ihn stets im Munde führte, ihn an den Kaiserpalast und an öffentliche Gebäude als Sinnspruch anbringen und durch einen Herold verkünden ließ, so oft er die Soldaten wegen Angriffe auf fremdes Eigentum zurechtweisen wollte.⁴) Juden und Christen stellte er überhaupt als Muster für die verderbten Römer auf und wollte die höchsten Staatswürden nach der Norm erteilt wissen, wie jüdische und christliche Religionsbeamte zur Ordination gelangen.⁵) Er hatte zwar auch Wohlwollen für die Christen, aber für Juden und Judentum scheint er mehr Vorliebe gezeigt zu haben. Antiochenser und

---

¹) Tosifta Moed Katan II, jer. Pesachim 30 d; b. das. 51 a; an letzterer Stelle fehlt bei קורדקיסין das Wort של והב.
²) Siehe Note 22.
³) S. Note 23.
⁴) Lampridius in Alex. Sever., c. 29, 51.   ⁵) Das., c. 45.

Alexandriner, deren leichtsinniger Charakter mehr Gefallen fand an sittenlosen Kaisern, als an sittenstrengen von der Natur des Alexander Sever, verhöhnten ihn daher in Epigrammen und gaben ihm den Spottnamen S y r i s c h e r S y n a g o g e n v o r s t e h e r (d. h. Rabbiner, Archisynagogus) und Hoherpriester. Des Kaisers Mutter Mammäa hatte allerdings eine Vorliebe für das Christentum und war eine Gönnerin des Kirchenvaters Origenes. Der Patriarch R. Juda genoß daher in dieser Zeit ein fast königliches Ansehen und durfte sogar wieder die peinliche Gerichtsbarkeit ausüben, zwar nicht ganz öffentlich, a b e r d o c h n i c h t o h n e V o r w i s s e n d e s K a i s e r s. Die Bekanntschaft mit dem jüdischen Patriarchen scheint der Kaiser während seines persischen Feldzuges bei seinem öftern Aufenthalte in Antiochien gemacht zu haben (231—233). R. Juda hat es wohl bei ihm durchgesetzt, daß die Privilegien der Juden geschützt oder vielmehr erneuert worden sind. Die jüdische Sage weiß viel von der innigen Anhänglichkeit des Kaisers S e v e r u s (Asverus), Sohn des A n t o n i n u s oder des Antoninus schlechtweg, an das Judentum und an die Juden zu erzählen. Aber wenn auch vieles darin übertrieben und ausgeschmückt ist, so ist doch manche talmudische Nachricht über das Verhältnis des Patriarchen zum Kaiser geschichtlich. So wird erzählt, der Kaiser habe für eine Synagoge, wahrscheinlich in Tiberias, einen goldenen Leuchter geweiht, dem Patriarchen Acker in der Landschaft Gaulanitis geschenkt, vermutlich zum Unterhalt der Jünger. Es ist ganz im Sinne dieses Kaisers von syrischer Abkunft, der für fremde Kulte eingenommen war, wenn von ihm erzählt wird, er habe sich vom Patriarchen einen kundigen Mann ausgebeten, welcher ihm bei dem Bau eines Altars nach dem Muster des jüdischen Tempels und bei der Zubereitung des Räucherwerkes nach jüdisch-gesetzlicher Norm behilflich sein möge, zu welchem Zwecke R. Juda ihm seinen Hausfreund R. Romanus empfohlen habe. Die dreizehn Jahre, in welchen sich die römische Welt gefallen ließ, sich von einem guten Kaiser beherrschen zu lassen und die römische Majestät Gunstbezeugungen den ehemals Verachteten und Verfolgten gewährte, waren für die jüdische Nation sehr glückliche Zeiten. Man fühlte sich so behaglich, daß man der Meinung war, Daniel, der einen prophetischen Fernblick in die Aufeinanderfolge der Weltreiche getan, habe diesen Zustand mit den Worten verkündet: „Wenn sie (die Juden) auch erliegen, so wird ihnen eine kleine Hilfe zuteil werden," was man auf Antoninus Severus bezog, der ihnen Liebe zugewendet.[1]) Diese günstige Stellung trug dazu bei, daß die tiefe

---

[1]) Siehe Note 23.

Freundlichere Beziehungen der Juden zu den Römern.

Spannung und Abneigung, die jahrhundertelang gegen Römer herrschte, einem milden Gefühle Platz machte. Die Christen beklagten sich zu dieser Zeit, daß die Juden den Heiden weit günstiger gesinnt seien als ihnen selbst, obwohl sie doch mit ihnen mehr gemeinsam hätten als mit den Heiden.[1]) Die Scheidewand, die infolge des Hasses gegen die Römer aufgeführt worden war, schwand zum Teil, die strenge Absonderung milderte sich. Man gestattete dem Patriarchenhause wegen seines Umganges mit den hohen Staatswürdenträgern, das Haar auf römische Art zu tragen, das Griechische zu erlernen und noch manches andere, was früher verboten war.[2]) Das Leben gestaltete sich überhaupt freundlicher; man fing an, die Zimmer mit Malereien zu zieren, und die religiöse Skrupulosität nahm keinen Anstoß daran.[3])

Dieser freundlichen Beziehung zu den Machthabern ist es wohl auch zuzuschreiben, daß der Patriarch manche Erschwerung aufhob oder aufzuheben gedachte, welche in früherer Zeit mit außerordentlicher Strenge festgehalten worden war.

In den stürmischen Tagen des ersten Aufstandes gegen die Römer, als die Wogen des Rassenhasses zwischen Juden und römisch-griechischen Heiden hochgingen, untersagte eine Synode, um jeden Verkehr mit Heiden zu hemmen, von ihnen Öl und manche andere Nahrungsmittel zu kaufen oder zu genießen. In Palästina war diese Beschränkung für die jüdischen Bewohner nicht empfindlich, da das Land alles zum täglichen Bedürfnisse Nötige selbst hervorbrachte und der Ausfuhrhandel von Öl aus Galiläa nach den Nachbarländern sehr lebhaft war. Allein durch die hadrianischen Kriege war Judäa verwüstet und seiner Ölpflanzungen beraubt; das tägliche Bedürfnis nach Öl zwang daher, nach und nach von dem strengen Verbote abzugehen. Aber die gesetzliche Genußerlaubnis fehlte; einzelne hatten sich darüber hinweggesetzt, während andere an der bisherigen Strenge festhielten. R. Juda bemühte sich daher, eine Majorität für die Aufhebung des Ölverbotes zustande zu bringen. Er tat sich auf den Erfolg, diese Erlaubnis durchgesetzt zu haben, etwas zugute; wahrscheinlich hatte er harte Kämpfe dafür zu bestehen. Als R. Simlaï, der oft von Galiläa nach Babylonien hin und her reiste, den Juden der Euphratländer, denen jene Beschränkung noch empfindlicher war, die Nachricht mitbrachte, daß der

---

[1]) Unde etiam nunc Judaei non moventur adversus gentiles et illos non oderunt, nec indignantur adversus eos, adversus Christianos vero insatiabili odio feruntur, qui utique relictis idolis ad deum conversi sunt (Origenes Homilia I in psalmum 36).
[2]) Siehe Note 24.
[3]) Jerus. Aboda Sara III, p. 42 d.

Genuß des Heidenöls gestattet sei, schien diese Neuerung Abba-Areka so kühn, daß er dem Referenten keinen Glauben schenkte. Samuel aber, der überhaupt die Autorität des Patriarchen auch in Babylonien nach wie vor anerkannt wissen wollte, zwang ihn durch die Drohung, er werde ihn wie einen Widersetzlichen gegen einen Synhedrialbeschluß behandeln, von der Erlaubnis Gebrauch zu machen.[1]) Eine andere Erleichterung, die der Patriarch beabsichtigte, die lästige Schwagerehe in gewissen Fällen durch einen vor dem Tode auszustellenden Scheidebrief zu umgehen, fand bei seinem Kollegium keine Zustimmung.[2]) Auch das Brot von Heiden wollte er gern zum Genuß gestatten. Als er einst auf dem Felde mit seinen Jüngern war, die zur Stillung ihres Hungers kein anderes als heidnisches Brot fanden, bemerkte R. Juda: „Wie schön ist dieses Brot, warum haben es die frühern Weisen verboten?" Einer von ihnen ermunterte ihn, auch diese Erleichterung zu sanktionieren, worauf er erwiderte: „Ich darf nicht, man würde mich den Erleichterer nennen."[3]) Auch den neunten Ab, als Fasttag zur Erinnerung so vieler Katastrophen, wollte er nach einigen ganz, nach andern nur in dem Falle abschaffen, wenn er auf einen Sabbat fiele und der Regel nach auf den folgenden Tag verschoben werden sollte. Sein leitender Grundsatz dabei war, daß dieser Trauertag seine Bedeutung mit dem Aufhören grausiger Verfolgungen verloren habe; dieser Veränderung waren aber die zeitgenössischen Gesetzeslehrer entgegen.[4]) Hingegen waren sie mit ihm einverstanden, das Trauerzeichen aus der hadrianischen Unglückszeit aufzuheben; die Bräute durften wieder in Prachtsänften am Hochzeitstage getragen werden.[5])

Ungeachtet der Verehrung, welche die Gesetzeslehrer für den Patriarchen R. Juda empfanden, waren sie für seine Schwächen nicht blind und er mußte sich manche Angriffe von ihrer Seite gefallen lassen. Das Patriarchat hatte unter ihm eine fast königs-

---

[1]) Aboda Sara 36 a. Jerus. daſ. II, 41 d. [Wie ich von Herrn Dr. Lewy hörte, war es wahrscheinlich Rabbi, der das Ölverbot aufhob].

[2]) Gittin 76 b.

[3]) Aboda Sara 35 a; Jer. p. 41 d.

[4]) Jerus. Megilla I, 70 b. Babli daſ. 5 b. In Babli sind zwei Faſta, von denen das eine R. Juda I., das andere R. Juda II. gehört, zusammengeflossen, in Jeruschalmi wird richtig בקש ר' לעקור ט' באב R. Juda II. als Zeitgenossen R. Eleasars zugeschrieben, hingegen gehört ר' דחץ בקרויי של צפורי R. J. I. an. [Auch im Jeruschalmi wird hier Eleasar nur als Zeitgenosse R. ר' בא בר זכרא des Tradenten im Namen Chaninas angeführt, dessen Schüler diese Beiden waren. Chanina stand aber nur zu R. Juda I. in Beziehung].

[5]) Sota 49 a. Der Ausdruck רבותינו weist nach Gittin 76 b auf R. Juda II. hin.

liche Macht erlangt und war sogar mit einer Leibwache umgeben[1]), welche bereit war, den Befehlen des Patriarchen Nachdruck zu geben. Diese Macht, obwohl sie R. Juda nicht mißbrauchte, mißfiel den Gesetzeslehrern umsomehr, als er seinerseits den Gelehrtenrang nicht besonders begünstigte, sich vielmehr bestrebte, den Unterschied zwischen Gelehrten und Ungelehrten in bürgerlichen Verhältnissen aufzuheben. Er zog die Gesetzeslehrer auch zu Gemeindelasten herbei, z. B. zur Ausbesserung der Stadtmauern, zum Unterhalte der Stadtwächter, dem Gebrauche zuwider, der die Gelehrtenklasse davon befreit hatte. Jene verteidigten den Grundsatz, die Gesetzesbeflissenen können den Schutz der Mauern entbehren, da das Gesetz ihr Schutz sei. R. Simon ben Lakisch, einer jener freimütigen Männer, welche die Wahrheitsliebe bis zur Nichtachtung von Personen treiben, widersprach besonders dieser Gleichstellung[2]) und erlaubte sich überhaupt beleidigende Ausfälle gegen den Patriarchen. Einst trug ben Lakisch im Lehrhause den Satz vor, daß im Falle der Patriarch sich ein Vergehen zuschulden kommen ließe, man über ihn wie über den ersten besten Geißelstrafe verhängen müßte. Ein anderer, R. Chaggai, machte dazu die Bemerkung, man müßte ihn dann gar absetzen und nicht wieder zum Amte zulassen, sonst würde er durch seine Macht sich an den Urhebern seiner Schande rächen. Diese Auseinandersetzung war ein offenbarer Angriff auf R. Judas größere Machtstellung. Dieser, anfangs ungehalten über diese Äußerung und vom ersten Eindruck hingerissen, sandte seine gothischen Sklaven, sich des Tadlers zu bemächtigen. Ben Lakisch, vorher davon unterrichtet, hatte sich aber nach Magdala (nach andern nach dem Bergflecken Kephar-Chitin) geflüchtet. Als R. Jochanan am andern Morgen in Gegenwart des Patriarchen den Lehrvortrag eröffnen sollte, schwieg er und bedeutete den erstaunten Patriarchen, er vermöge ohne Simon ben Lakisch nicht vorzutragen. R. Juda, die Unentbehrlichkeit des Flüchtlings einsehend, war bald besänftigt, verzieh die Beleidigungen, erkundigte sich nach dessen Aufenthalt und nahm sich vor, ihn selbst abzuholen. Das Zusammentreffen beider war charakteristisch. R. Simon ben Lakisch, überrascht von der freundlichen Zuvorkommenheit, sagte dem Patriarchen anfangs etwas Schmeichelhaftes, daß er Gott nachahme, der sich selbst nach Ägypten begeben, sein geknechtetes Volk zu erlösen. Als ihn aber R. Juda fragte, was ihn bewogen habe, sich so schonungslos über ihn zu äußern, gab ben Lakisch eine noch schonungslosere Antwort: "Glaubt Ihr denn, daß ich aus Furcht vor Euch die Gotteslehre ver-

---

[1]) Note 23.
[2]) Baba Batra 7 b.

schweigen werde?"¹) Ein anderes Mal beklagte sich der Patriarch bei ben Lakisch über die Willkür der römischen Behörden, welche nach dem Tode des Kaisers Alexander Sever infolge der Anarchie eingetreten war, die in allen Provinzen des römischen Reiches durch ein halbes Jahrhundert herrschte. In den meisten Provinzen Kaiser, Gegenkaiser und Usurpatoren, die für die kurze Spanne ihrer Regierung sich in den Ländern ihrer Botmäßigkeit als Weltherrscher mit römischer Raubgier geberdeten. „Bete für mich," sprach R. Juda zu ben Lakisch, „denn die römische Regierung ist sehr schlimm." Jener antwortete ihm: „Nimm nichts, so wird dir nichts genommen werden!"²) Die Äußerung war ein Verweis wegen der Habsucht, von der R. Juda nicht freizusprechen war. Es scheint, daß in dieser Zeit die Patriarchen von den Gemeinden Einkünfte zu beziehen angefangen haben.³) Am derbsten sprach sich einst über diesen Punkt ein sonst unbekannter Volksredner, R. José aus Maon, in einem öffentlichen Vortrage in einer tiberiensischen Synagoge aus. „Höret, ihr Priester," eiferte er, mit Anwendung eines Verses aus Hosea, „warum obliegt ihr nicht dem Gesetzesstudium, habe ich euch nicht dafür vierundzwanzig Priesterabgaben bestimmt? Ihr erwidert: wir bekommen nichts vom Volke; nun so vernimm es, Haus Israel, warum gebet ihr nicht den Priestern ihre Gebühr? Ihr antwortet mir: die Leute des Patriarchen nehmen es von uns mit Gewalt, so merk es, Haus des Patriarchen, denn über euch wird ein strenges Gericht gehalten werden." R. Juda, unwillig über diese Rücksichtslosigkeit, dachte daran, den Tadler zu bestrafen; aber R. José entfloh. Am andern Tage begaben sich R. Jochanan und ben Lakisch zum Patriarchen, um ihn zu besänftigen; sie machten ihn darauf aufmerksam, daß es nicht ernst gemeint, sondern dem Redner eigentlich nur darum zu tun war, seine Zuhörer zu unterhalten, wie ja auch der Momus (komische Maske) in den Theatern die gute Seite habe, daß er das Publikum durch Unterhaltung von unsinnigen Streichen und Zänkereien abzuziehen suche. Auch, fügten sie hinzu, verdiene R. José wegen seiner ausgezeichneten Gelehrsamkeit einige Nachsicht. R. Juda ließ sich überreden, mit seinem Tadler zusammenzukommen und legte ihm einige Fragen vor, um ihn zu prüfen, unter anderem über den Sinn des Prophetenwortes: „Wie die Mutter so die Tochter" (Ezechiel 16, 44). R. José, den Freimut bis zur Beleidigung treibend, erwiderte: „Es bedeutet, wie der Naßi, so das Zeitalter, wie der Altar, so die Priester."⁴) Obwohl

---

¹) Jerus. Synhedrin II, Anf. Horajot III, Anf.
²) Genesis Rabba, c. 78.   ³) Das., c. 100.
⁴) Das., c. 80. Jerus. Synhedrin II, Ende.

gereizt über diese Schmähungen, scheint ihm R. Juda verziehen zu haben. Sein versöhnlicher Charakter sah über ähnliche Angriffe hinweg.

Wenn die Habgier des Patriarchen, die so weit ging, daß Lehrämter für Geld zu haben waren, die sonst nur den Würdigsten, ja nicht selten auch solchen vorenthalten wurden, einen betrübenden Eindruck macht, so ist der Umstand erfreulich, daß es eine vereinzelte Erscheinung war, welche nicht nur keinen Einfluß auf die hervorragenden Zeitgenossen hatte, sondern bei ihnen eine sittliche Entrüstung hervorrief. Als R. Juda einst einen ganz unwissenden Menschen, der weiter kein Verdienst als die Zufälligkeit des Reichtums hatte, zum öffentlichen Volkslehrer befördert hatte, goß ein geistreicher Volksredner, R. Juda ben Nachmani, seinen ganzen Spott über diesen Mißbrauch aus. Das Los hatte ihn getroffen, bei diesem reichen Idioten als Meturgeman (Dolmetsch, Erklärer) öffentlich zu fungieren, und sein Geschäft bestand darin, das Thema des Vortrages, welches der Promovierte ihm satzweise ins Ohr flüsterte, den Zuhörern zu erläutern und verständlich zu machen. Vergebens hatte aber R. Juda ben Nachmani sein Ohr dem Munde des Vortragenden ganz nahe gebracht, sich das Thema zuflüstern zu lassen, er vernahm keinen Laut. Auf diese sonderbare Situation parodierte der Meturgeman sehr witzig einen Vers des Propheten Habakuk (2, 19), welcher die stummen Götzen verspottet: "Wehe, wenn man zum Block sprechen muß, erwache, rege dich, zum Stein! Der soll lehren? Er ist ja nur in Gold und Silber eingefaßt, und kein Geist ist in ihm!"[1] — Dieser witzige Meturgeman war überhaupt ein origineller Improvisator und handhabte noch die im Erlöschen begriffene hebräische Sprache mit vieler Meisterschaft. Bei Trauerfällen pflegte man ihn zum öffentlichen Sprechen aufzufordern, um die Leidtragenden zu trösten, die Gerechtigkeit des Himmels zu retten, und den Beileidbezeugenden Dank zu sagen. Einige Improvisationen dieser Art haben sich von ihm erhalten; sie sind in einem fließenden Hebräisch gehalten. Ein Trostesspruch ben Nachmanis lautet:

"Brüder, von Trauer gebeugt und erschlafft,
Richtet euern Sinn darauf, eines zu ergründen:
Es besteht vom Anbeginn der Welt bis ans Ende der Tage,
Viele haben es gekostet, viele werden es kosten,
Wie das Los der Frühern, so das Los der Spätern.
Der Trostesspender möge euch trösten."[2]

---

[1] Synhedrin 7 b. Die witzige Pointe liegt in dem Doppelsinn des Wortes ירה, welches befruchten und auch lehren, und רוח, welches Odem und Geist bedeutet. In Jerus. Bikkurim Ende wird diese Parodie einem Jakob aus Kephar-Naburaja beigelegt. [2] Ketubbot 8 b.

Die Entrüstung über die Käuflichkeit der Lehrwürden teilten übrigens viele mit R. Juda ben Nachmani; man nannte solche, welche ihr Amt dem Gelde zu verdanken hatten, „silberne und goldene Götzen", man erwies ihnen keinerlei Ehrenbezeugung, verweigerte ihnen den Titel Rabbi.[1]) Die öffentliche Meinung sprach sich gegen R. Juda aus, und es scheint, daß das Synhedrialkollegium von dieser Zeit an dem Patriarchat das Promotionsrecht genommen hat. Während früher seit R. Juda I. der Patriarch ohne Einwilligung des Kollegiums die Ordination erteilen konnte, wurde jetzt die Bestimmung getroffen, daß er fortan dazu die Zustimmung desselben einholen müsse.[2]) — Indessen, wie sehr auch R. Judas Handlungsweise vielfachen Tadel erfuhr, so stand er nichtsdestoweniger bei den Gesetzeslehrern und dem Volke in großer Achtung. Er galt als eine halachische Autorität, auf welche sich sogar ben Lakisch und andere öfter beriefen.[3]) Wäre er eine Drahtpuppe in den Händen von hierarchischen Finsterlingen gewesen, welche ihn zum Werkzeuge gebrauchten, um dem Volke noch mehr Fesseln anzulegen, so hätte er wohl schwerlich jene Erleichterungen durchsetzen können, die ausdrücklich auf seine Autorität zurückgeführt werden. Besonders beliebt war er wegen seiner Einfachheit in seinem Wesen und seinem Anzuge, die seine hohe, fast königliche Würde vergessen machte. Er pflegte sich in Linnen zu kleiden und alle Etikette beim Empfange von feierlichen Besuchen fernzuhalten, worüber ihm seine Freunde R. Chanina und R. Jochanan Vorwürfe machten, indem sie ihn bedeuteten, der Herrscher müsse sich in Pracht und imposanter Haltung zeigen.[4]) Wie groß die Verehrung für R. Juda war, zeigte sich bei seinem Tode; man erwies seiner Leiche nicht weniger Ehren als seinem gleichnamigen Großvater; man zwang einen Ahroniden, R. Chija ben Abba, sich dem Gesetze zuwider mit ihr zu beschäftigen, indem man die Heiligkeit des Priestertums für aufgehoben erklärte.[5]) Er starb noch vor R. Jochanan.[6])

Hillel, der Bruder des Patriarchen, scheint in der Halacha keinen Namen gehabt zu haben, er wird auf diesem Gebiete höchst

---

[1]) Jerus. Bikkurim das.
[2]) Note 25.
[3]) Siehe die zahlreichen Belegstellen Seder ha-Dorot, Artikel: R. Juda Nessia II.
[4]) Jerus. Synhedrin I, 20 a.
[5]) Das. Berachot III, p. 6 a. Nasir VII, p. 66 b.
[6]) [Vergl. dagegen Frankel, Introductio, S. 92 ff., der das Todesjahr R. Judas II. später ansetzt und ihn auch das Patriarchat später antreten läßt. Demnach sind auch viele Fakta, die Verf., Note 22, auf R. Juda III. bezieht, noch auf R. Juda II. zu beziehen].

selten genannt; hingegen besaß er tiefere Kenntniß in der agadischen
Schriftauslegung, und aus diesem Grunde suchte ihn wohl der
philosophische Kirchenlehrer Origenes auf, um sich bei ihm über
schwierige Stellen in der Bibel Rat zu holen. Origenes nennt ihn
den Patriarchen Jullos oder Huillus.[1]) Der Forschergeist,
der in der christlich-alexandrinischen Schule durch die Kirchenlehrer
Pantäus und Clemens von Alexandrien geweckt war, der
die gnostische Spielerei und den gnostischen Haß gegen das alte
Testament überwand und den Zusammenhang zwischen diesem und
dem neuen Testamente suchte, machte das Bedürfnis rege, sich mit
der hebräischen Sprache bekannt zu machen, um aus der Kenntnis
des Originaltextes die grellen Widersprüche zu lösen, in welchen
die inzwischen starr gewordenen christlichen Dogmen zu den alttestamentlichen Anschauungen standen. Von diesem Bedürfnisse war
der originelle Origenes am meisten durchdrungen und er war auch
unverdrossen tätig, sich das Hebräische selbst anzueignen und dessen
Pflege zu empfehlen. In der Kenntnis des Hebräischen und der
richtigen Schriftauslegung betrachtete er die Juden als seine Lehr-
meister. Origenes gestand ein, den richtigen Sinn schwieriger Bibel-
stellen während seines abwechselnden längern Aufenthaltes in Judäa
(um 229—253) von Juden erfahren zu haben. Als er die Psalmen
kommentieren wollte, gab er sich Mühe, sich von einem Juden deren
Verständnis vermittelst der Traditionen eröffnen zu lassen.[2]) Das
Halachastudium hatte damals die biblische Exegese noch nicht verdrängt. Es gab noch außer Hillel und Simlaï jüdische Lehrer,
welche mit dem Grundtexte vertraut, über die kindisch-alberne
Beweisführung christlicher Lehrer für die Dogmen aus der ver-
dorbenen griechischen Übersetzung der Septuaginta lachten und sie
beschämten. Sie machten sich namentlich über die Leichtgläubigkeit
der Christen lustig, die jedes ihnen in die Hände gespielte apokryphe Buch im Gewande des Altertums, wie die Geschichte von
Tobit, Judith, der Susanna, in den Kreis der heiligen Schriften
zogen und auf diesem lockern Grunde ihr luftiges Gebäude aufführten.[3])

Um den Kirchenglauben vor dieser Lächerlichkeit zu schützen,
unternahm Origenes das Riesenwerk, den verstümmelten, von Fehlern
aller Art wimmelnden Text der Septuaginta neben den Urtext zu

---

[1]) Origenes, Selecta in Psalmos I, S. 414. Hieronymus, Apologia adversus Rufinum. S. Note 22.

[2]) Origenes, das. epistola ad Africanum 7, contra Celsum I, 45., 55.,
56. II. 31.

[3]) Epistola Africani ad Origenem und Epistola Origenis ad Africanum.

setzen, um christlichen Lehrern einen Überblick über den Unterschied der Lesarten zu geben und sie besser instand zu setzen, mit Juden disputieren zu können. Er verglich zu diesem Zwecke die Übersetzungen zur bequemen Übersicht in Säulenreihen nebeneinander, den hebräischen Text mit der Aussprache desselben nach griechischen Lauten an der Spitze. Die Zusammenstellung führt den Namen Hexapla (das Sechsfache)[1]. Vergebliche Mühe, die schlechte und geflissentlich verderbte griechische Übersetzung dem hebräischen Grundtexte gegenüberzustellen! Die Septuaginta blieb in ihrer entstellten Gestalt, ja sie wurde gerade durch Origenes' Sorgfalt noch mehr verwirrt, indem manches zufällig in deren Text hineinkam, was einer andern Übersetzung angehörte.

[1] Vergl. die eingehende Monographie von Redepenning, Origenes, der richtig nachgewiesen (II, S. 272 f.), daß der Name Hexapla nicht von der sechsfachen Übersetzung, sondern von den sechs Kolumnen, welche durchschnittlich vorkamen, stammt.

Vierzehntes Kapitel.

Die paläſtinenſiſchen Amoras. R. Chanina, R. Jochanan, R. Simon ben
Lakiſch. R. Joſua, der Held der Sage. R. Simlaï der philoſophiſche
Agadiſt. Porphyrius, der heidniſche Kommentator des Buches Daniel.

(219—279).

Die Tätigkeit der Lehrer der Synagoge in Paläſtina war nach
einer andern Richtung gelegen; nicht der Bibelforſchung und nicht der
Begründung der Glaubenslehre war ihr Intereſſe zugewendet; beides
lag außerhalb ihres Geſichtskreiſes. Auf die Pflege der mündlichen
Lehre, und zwar in ihrer abgeſchloſſenen Form, der Miſchna, war
ihr Hauptmerk gerichtet. Sie war in gemeſſener knapper Kürze
abgefaßt, enthielt außerdem viele Beſtandteile, Sprachliches und Sachliches,
deren Verſtändnis aus dem Leben entſchwunden war und erforderte
daher ein eigenes Studium, eine Art Gelehrſamkeit. Die Schulhäupter
verlegten ſich zunächſt darauf, den kurzen und nicht ſelten dunkeln
Sinn der Miſchna zu erläutern. Von dieſer Seite ihrer Tätigkeit
erhielten ſie den Namen A m o r ä e r (Amoraï, Ausleger).¹) Aber ſie
blieben nicht bei dieſer trockenen Tätigkeit und dieſer Abhängigkeit
ſtehen, ſondern machten ſich nach und nach davon frei, ſchlugen neue
Bahnen ein, und ſtets im guten Glauben auf dem Boden der Miſchna
zu ſtehen, gingen ſie über ſie hinaus. Wie die Tannaiten das Schriftwort behandelten, ſo behandelten die Amoräer den Text der zweiten
Lehre und indem ſie ihn zerlegten und in ſeine Urbeſtandteile auf
löſten, verflüchtigte er ſich ihnen unter der Hand und verwandelte ſich
in einen andern Stoff und in eine andere Form. Das erſte amoräiſche
Geſchlecht, die unmittelbaren Nachfolger der Tannaiten und Halbtannaiten, bildet in vielen Punkten eine Parallele zu dem zweiten
Tannaitengeſchlecht; es hatte wie dieſes eine Reihe begabter Perſön-
lichkeiten, welche ein hohes Alter erreichten und deren Tätigkeit ein
halbes Jahrhundert ausfüllte. Es zerfiel wie dieſes in verſchiedene

---

¹) Das chaldäiſche Wort אמורא bedeutet urſprünglich dasſelbe wie das Wort
מתורגמן, d. h. Überſetzer, Dolmetſch, Erklärer, Ausleger.

Schulen und Richtungen und ging in Differenzen über Entscheidung und Auslegung der Gesetze auseinander, bietet aber nicht das Schauspiel heftiger Streitigkeiten, weil es bereits ein Gemeinsames, eine anerkannte Formel, eine feststehende Norm hatte, welcher sich alle Autoritäten unterordneten. Unter den Gesetzeslehrern dieses Geschlechtes war der älteste R. Chanina ben Chama aus Sepphoris (um 180—260). Er stammte aus einem alten, edlen Geschlechte und übte die Arzneikunde aus,[1]) wie denn überhaupt diese Wissenschaft, die in levitischen Kreisen heimisch war, auch bei Gesetzeslehrern Pflege gefunden hat. Es ist bereits erzählt, wie der Patriarch R. Juda I. ihn aus Empfindlichkeit lange vernachlässigt und erst auf seinem Totenbette seinem Nachfolger empfohlen hat, ihm die vorenthaltene Ordination zu erteilen und ihm den Vorrang vor allen übrigen Jüngern einzuräumen. Als ihm R. Gamaliel III., in gewissenhafter Erfüllung des väterlichen Willens, die erste Stelle erteilen wollte, lehnte sie R. Chanina aus Bescheidenheit ab, indem er sie an den um einige Jahre ältern Ephés aus Lydda abtrat, ja er trat auch vor einem andern zurück, vor Levy ben Sißi, und begnügte sich mit der dritten Stelle in der Reihe der Ordinierten.[2]) Als er später einem eigenen Lehrhause in Sepphoris vorstand, war seine Lehrweise einfach. R. Chanina war ganz Amora in dem ursprünglichen Sinn des Wortes; er trug die Mischna oder die Boraitas nur mit den Erläuterungen vor, wie er sie traditionell vernommen, ohne sich eine selbständige Folgerung zu erlauben. Kamen neue Fälle vor, welche in der Mischna nicht angedeutet waren, so entschied er sie nicht nach eigenem Urteile, sondern zog kundige Kollegen oder auch Jünger dabei zu Rate, wenn die Entscheidung noch so nahe lag. Er war sich selbst seines Standpunktes bewußt und sprach sich öfter darüber aus, daß er nie eine Entscheidung getroffen habe, die er nicht durch Tradition überkommen hätte.[3]) Als R. Jochanan und Simon ben Lakisch erstaunt darüber waren, daß er sie, die Jüngeren, bei einem Falle zur Beratung gezogen hatte, äußerte sich R. Chanina: „Ich habe nie ein halachisches Urteil abgegeben, wenn ich es nicht von meinem Lehrer theoretisch unzählige Male gehört und praktisch mindestens dreimal bewährt gefunden habe; da ich aber den gegenwärtigen Fall nur zweimal wahrgenommen, darum verlange ich euern Beirat".[4]) R. Chanina war dasselbe unter den Amoras, was R. Elieser ben Hyrkanos unter den Tannaiten,

---

[1]) Joma, p. 49 a.
[2]) Vergl. Note 25.
[3]) Jerus. Aboda Sara I, p. 39 d. Schebiit VI, p. 36 d.
[4]) Das. Nidda II, Ende.

durchaus empfangend, niemals schöpferisch. Nach diesen beiden hätte der Lehrstoff ewig in derselben Form bleiben müssen, wie er einmal gegeben war; seine fruchtbare Anwendung, Fortbildung und Erweiterung war nicht ihre Sache. Dieser Standpunkt, die Mischna als ein totes Kapital zu betrachten, gefiel aber den strebsamen jüngern Männern nicht; daher trennten sich sogar die Schüler von ihm und gründeten neue Lehrhäuser.

Wegen seiner Frömmigkeit genoß R. Chanina hohe Verehrung bei Juden und Römern. Als er einst mit dem jüngeren Zeitgenossen Josua ben Levi den Prokonsul (Anthypatos) in Cäsarea aufsuchte, stand dieser ehrerbietig vor ihnen auf und bemerkte gegen diejenigen, welche darüber erstaunt schienen: „Sie erscheinen mir wie Engel".[1]) Er, wie keiner, durfte sich herausnehmen, die tief eingerissenen Fehler seiner Gemeinde rücksichtslos zu rügen und ihr jenen falschen Glauben zu benehmen, der sich die unglaublichsten Wunder gefallen läßt, um der Selbsttat überhoben zu sein. Die schonungslosen Äußerungen R. Chaninas über die Sepphorener geben zugleich ein treues Sittengemälde jener Zeit. In Sepphoris und der Umgegend hatte einst die Pest so gewütet, daß viele Menschen in allen Teilen der Stadt hinweggerafft wurden, und nur derjenige Teil, in dem R. Chanina wohnte, verschont blieb. Die Sepphorener machten ihren Vertreter dafür verantwortlich, weil er keine Wunder tue, um die Pest abzuwenden; worauf er ihnen antwortete: „In Moses Zeiten gab es nur einen Simri (der mit Heidenfrauen Unzucht getrieben) und es fielen 24000 in der Pest, unter euch gibt es aber so viele Simri und ihr beklagt euch noch!"[2]) Ein andermal litt Judäa an anhaltender Regenlosigkeit und Dürre. R. Chanina hatte die vorgeschriebenen Fasten und öffentlichen Gebete veranstaltet, ohne daß sich der ersehnte Regen eingestellt hätte, worüber sich die Sepphorener wieder beklagten und auf R. Josua ben Levi verwiesen, der für das südliche Judäa Regen erfleht habe. Bei der nächsten Gelegenheit ließ R. Chanina R. Josua aus dem Süden nach Sepphoris kommen und vereinigte dessen Gebet mit dem seinigen, aber wiederum ohne Erfolg. Da nahm R. Chanina Veranlassung, seine Landsleute wegen ihres Afterglaubens an die Wundertätigkeit eines Menschen zurechtzuweisen: „Da seht ihrs, nicht Josua bringt Regen und nicht Chanina hält den Regen zurück, sondern die Lyddenser sind weichherzig und demütigen sich, darum gibt ihnen der Himmel Regen, ihr aber seid hartherzig und verstockt, darum versagt er euch den Regen".[3]) Be=

---

[1]) Jerus. Berachot V. p. 9 a.
[2]) Das. Taanit III, p. 66 c.
[3]) Das.

scheidenheit und Selbstverleugnung verließen ihn sein ganzes Leben nicht, und im Alter freute er sich in gerechter Anerkennung fremder Verdienste über den Ruhm derer, die ihn verdunkelt hatten. Als er einst nach Tiberias kam und die Gewerke feiern sah, weil alles Volk sich zu R. Jochanans Vorträgen gedrängt habe, dankte er Gott dafür, daß er ihn den Ruhm seines Schülers hatte erleben lassen.[1]) Er erreichte ein sehr hohes Alter und sah drei Patriarchen, den älteren R. Juda, seinen Lehrer, dessen Sohn Gamaliel und den zweiten R. Juda. Mit achtzig Jahren war er noch so frisch und kräftig, daß er sich selbst die Sandalen, auf einem Fuße stehend aus- und anziehen konnte. Er pflegte zu sagen: „Das Öl, womit mich meine Mutter in der Jugend einrieb, gab mir noch im Alter Jugendkraft".[2]) R. Chaninas Zeitgenosse R. Ephés, dem er wegen seines höheren Alters den Vorrang bei der Ordination überlassen hatte, hinterließ fast gar keine Spur seiner Tätigkeit. Nur das eine ist von ihm bekannt, daß er Geheimschreiber des Patriarchen war[3]) und daß er wieder in Südjudäa (Darom), in Lydda eine Schule erneuerte, wo seit der hadrianischen Verfolgung und der Verlegung des Synhedrions nach Galiläa wahrscheinlich wegen der geringen jüdischen Bevölkerung das öffentliche Leben erloschen war. R. Ephés führte daher den Namen „der Südländer" (Droma).[4]) — Der Dritte aus dem Kreise der älteren palästinensischen Amoraïs, **Levi ben Sziszi** (schlechtweg Levi genannt), hat wahrscheinlich wegen angeborener Schüchternheit[5]) keinem Lehrhause vorgestanden, sondern reiste öfter von Judäa nach Babylonien.

Den Gegensatz zu dem nur erhaltenen R. Chanina bildet **R. Jochanan bar Napacha** (geb. 199, gest. 279)[6]). Von diesem Hauptamora Palästinas sind einige biographische Züge, sogar eine Schilderung seiner äußerlichen Person bekannt geworden. Er hatte seine Eltern bereits in zarter Jugend verloren und pflegte später zu sagen, daß er für dieses Unglück dankbar sein müßte; denn er wäre nicht imstande gewesen, die strengen Pflichten der Kindesliebe zu erfüllen, wie es das Gesetz erheischt.[7]) Er war so

---

[1]) Jerus. Baba Mezia II, Ende. Horajot III, p. 48 b. Die beiden teilweise korrumpierten Stellen können durch einander emendiert werden. חמי כל עמא פריין bedeutet, er sah alle Welt **feiern**; פרי von feriari gebildet. [Zur Erklärung genügt die Bedeutung: laufen, eilen].

[2]) Chulin 24 b.

[3]) Genesis Rabba, c. 84.

[4]) Erubin 65 b. Jerus. Taanit IV, p. 68 a und öfter in der talmudischen Literatur.

[5]) S. oben, S. 195.

[6]) S. Note 1. [7]) Kidduschin 31 b.

schön von Gestalt, daß die sonst trockene talmudische Quelle unwillkürlich dichterisch wird, um R. Jochanans Schönheit zu veranschaulichen: „Wer sich einen Begriff von seiner Schönheit machen will," berichtet sie, „der fülle einen frischgearbeiteten Silberpokal mit roten Granaten, umgebe den Rand mit einem Kranze roter Rosen, stelle den Pokal zwischen Licht und Schatten, und sein eigentümlicher Lichtreflex wird R. Jochanans glänzender Schönheit entsprechen".[1]) Jedoch war diese Schönheit mehr weiblicher Art, denn ihm fehlte der Bart, der Ausdruck männlicher Würde. Auch waren seine Augenbrauen so lang, daß sie seine Augen überschatteten. Sein Blick hatte dadurch zuweilen etwas Düsteres, Strenges, Stechendes, und er soll, der Sage nach, öfter mit seinem Blicke unwillkürlich getötet haben. Im zarten Alter war er Zuhörer des ältern R. Juda, gestand aber später, daß er wegen seiner Jugend nur wenig von der tieferen halachischen Debatte verstanden habe.[2]) Da er nicht begütert war und nur ein kleines Grundstück besaß, hatte er sich mit Ilpha, einem Mitjünger, auf ein Geschäft gelegt, worauf ihm ein Wink zukam, sich der Lehre ganz zu weihen, dann werde er einen hohen Rang einnehmen. Deswegen gab er sein Geschäft auf und wurde von neuem Zuhörer bei berühmten Gesetzeslehrern. Sein kleines Grundstück verkaufte er, um die Mittel zum Studium zu haben, ohne der Sorge Raum zu geben, wovon er im Alter leben werde. Man wendete daher später auf ihn den Vers des Hohenliedes an: „Er gab sein Vermögen hin aus Liebe" (zu der Lehre).[3]) Doch scheint er später von dem Patriarchen R. Juda seinen Unterhalt bezogen zu haben.[4]) R. Jochanan pflog Umgang mit den Lehrern verschiedener Schulen, um sich allseitige Kenntnis des Gesetzesstoffes anzueignen, unter andern auch mit dem Boraitasammler R. Uschaja in Cäsarea, von dem er anderweitige Halachas vernahm, die in der Mischna nicht enthalten waren.[5]) R. Chaninah ben Chama war, wie schon erzählt, sein Hauptlehrer,[6]) mit dem er sich jedoch nicht vertragen konnte, weil jenem jede Mischna als unfehlbares kanonisches Gesetz galt, an dem man nicht mäkeln dürfe; aus diesem Grunde verließ er dessen Schule und gründete in Tiberias eine eigene.[7]) R. Jochanan wurde die rechte

---

[1]) Baba Mezia 84 a.
[2]) Chulin 137 b.
[3]) Exodus Rabba, c. 47. Leviticus Rabba 30. Midrasch Canticum, p. 30 a. [4]) Sota 21 a.
[5]) Erubin 53 a. Jerus. Terumot X, p. 47 a; Synhedr. XI, p. 30 b.
[6]) [Zweifelhaft, eher R. Janna].
[7]) Jerus. Schebiit IX, p. 38 d. Beza I, p. 60 a. Die letzte Stelle ist korrekter und es ergibt sich daraus, daß hier von Sepphoris und von Chanina ben Chama die Rede ist.

Hand des Patriarchen R. Juda II., der fruchtbarste Amora seiner Zeit, und seine Aussprüche wurden durch seine zahlreiche Jüngerschaft ein Hauptbestandteil des Talmuds. Seine Lehrart war, tiefer in den Sinn der Mischna einzugehen, jedes Gefüge einer strengen Analyse zu unterwerfen, einen Ausspruch gegen den anderen zu halten; dadurch kam er zu dem Resultat, daß die Mischna nicht durchweg Gesetzeskraft habe, weil sie nur Ansicht einer einzelnen Autorität sei;[1]) er pflegte daher manche mischnaitische Halacha ganz zu verwerfen, dafür aber vernachlässigten Boraitas Autorität einzuräumen. Der schon erwähnte Ilpha war entgegengesetzter Ansicht und so eingenommen von R. Judas Sammlung, daß er kühne Wetten einging, für jeden Paragraphen der Boraita, der in einer gewissen Breite ausgeführt ist, eine kurze Andeutung in der Mischna nachweisen zu können, daher die Boraitas durchaus überflüssig seien.[2]) Auch für die endgültige Entscheidung stellte R. Jochanan gewisse Regeln fest für solche Fälle, bei denen zwei oder mehrere Tannaiten entgegengesetzter Ansicht waren. Tiberias mit seiner milden Luft, seiner Fruchtbarkeit, seinen Heilquellen wurde durch ihn der Sammelplatz einer zahlreichen Jüngerschaft, die von nah und fern herbeiströmte. Selbst aus Babylonien, dessen neugegründete Schulen ausgezeichnete Meister hatten, kamen viele schon fertige, reife Jünger in R. Jochanans Lehrhaus. Man zählt über hundert Amoras, die R. Jochanans Entscheidung als gesetzeskräftig annahmen und lehrten.

Mit dem Patriarchen aufs innigste befreundet, unterstützte er dessen Unternehmen, manches Herkömmliche abzuändern. R. Jochanan selbst war nicht streng in diesem Punkte, und überhaupt lange nicht so erschwerend als die babylonische Schule, die sich in seiner Zeit gebildet hatte.[3]) Er erlaubte das früher verbotene Griechisch zu erlernen, den Männern, weil sie sich dadurch vor Angebereien schützen könnten, und den Frauen, weil die griechische Sprache für das weibliche Geschlecht eine Zierde sei. Überhaupt schätzte er die griechische Bildung und räumte ihr einen Rang neben dem Judentum ein. Schön drückt er sich darüber aus: „Dafür, daß die beiden Söhne Noahs, Sem und Japhet, ihres Vaters Blöße mit einem Gewande zugedeckt hatten, verdiente sich Sem (Typus des Judentums) den **Mantel mit Schauquasten** (Talit) und Japhet (Typus für

---

[1]) [Im babylonischen Talmud vertritt R. Jochanan gerade den Satz הלכה כסתם משנה. Nur hier und da sagt er אל תקניטני שבלשון יחיד אני שונה אותה, vergl. Lewy, Über einige Fragmente aus der Mischna des Rabba Joch. über den Widerspruch zwischen Babli Synhedrin 86 a und Jer. Jebamot 6 b].

[2]) Note 26.

[3]) Dieselbe Note.

Griechentum) den **Philosophenmantel**" (Pallium).[1]) R. Jochanan war es, welcher die Neuerung der Zimmermalerei mit Figuren zuließ.[2]) Mit der römischen Macht konnte sich R. Jochanan nicht befreunden und war nicht schonend in Ausdrücken, um ihre unverschämte Anmaßung und herzlose Gewalttätigkeit zu bezeichnen. Das vierte Tier in der Danielschen Vision von den vier Weltreichen, die ewige Fundgrube der Auslegung, die von Christen mehr noch ausgebeutet wurden, als von Juden, bezog er auf das Römerreich. Das kleine Horn, das von dem vierten Tiere ausgeht, bedeutet nach seiner Erklärung das frevelhafte Rom, das die früheren Weltreiche vernichtet hat; die Augen gleich Menschenaugen, in diesem Horne, bedeuten Roms neidischen Blick auf das Vermögen anderer. Ist jemand reich, so machen ihn die Römer schnell zum Vorsitzenden für Naturalienlieferung oder zum Mitglied im städtischen Rate, damit er mit seinem Vermögen für alles haften müsse.[3]) Ein anderer treffender Ausdruck R. Jochanans dieser Art war: „Wenn man Dich zum Ratsmitgliede vorschlägt, so suche dir lieber die Jordanwüste zum Nachbar". Er gestattete ausnahmsweise aus Judäa auszuwandern, um sich den lästigen städtischen Ämtern zu entziehen.[4]) R. Jochanans Charakter war von hoher Sittlichkeit; der Sklave der ihn bediente, mußte von allen Speisen genießen, die für ihn bereitet waren.[5]) Er hatte das Unglück seine zehn Söhne zu begraben; der letzte soll einen unnatürlichen Tod in einem Kessel mit siedendem Wasser gefunden haben. Der unglückliche Vater trug einen kleinen Knochen vom letzten Sohne mit sich herum, um durch sein außerordentliches Mißgeschick alle diejenigen zu trösten, die ähnliches Unglück betrauerten: „Seht den letzten Rest meines zehnten Sohnes", sprach er zu ihnen.[6]) Nur eine Tochter blieb dem als Waise geborenen und beinahe kinderlos verschiedenen R. Jochanan. Im hohen Alter soll er Anfälle von Wahn-

---

[1]) Genesis Rabba, c. 36.
[2]) Oben, S. 223.
[3]) Genesis Rabba, c. 76.
[4]) Jerus. Synhedrin VIII, p. 26 b. Die wenig beachtete Stelle lautet: אם הזכירוך לבולי יהיה הירדן בעל גבולך. אמר ר' יוחנן קבלין רשות להפטר מבולי. Daß βουλή hier gleich magistratus, das städtische Amt bedeutet, braucht Kennern kaum gesagt zu werden. Es war in der spätern Kaiserzeit so sehr lästig geworden, daß Reiche, denen diese teure Ehre zugedacht war, sich ihr durch die Flucht entzogen und die Kaiser Gesetze dagegen erlassen haben. Codex Theodosianus XII, 1, § 16, de decurionibus: Si ad magistratum nominati confugerint requirantur etc., das. § 29: Magistratus desertores ad eum . . . faciat necessitatem conditionis urgeri etc. Dazu Godefroi: Annotat . . . magistratibus magna onera incubuisse.
[5]) Jerus. Ketubbot V, p. 30 a.
[6]) Berachot 5 b. Baba Batra 116 a.

sinn gehabt haben, die er sich aus Gram zugezogen über den Tod seines Freundes und Schwagers ben Lakisch, den er verschuldet zu haben glaubte.¹) Dieser Zustand soll drei und ein halbes Jahr gedauert haben und während dieser Zeit konnte er die Lehrversammlungen nicht besuchen.²)

R. Simon ben Lakisch, der Zwillingsamora, Freund, Schwager und halachischer Gegner R. Jochanans, war in manchen Punkten dessen Gegenstück und überhaupt eine seltsame Persönlichkeit, in welcher sich das Widersprechendste vereinigt fand, derbe Körperkraft mit Zartheit des Gefühls und Geistesschärfe gepaart. Resch-Lakisch (wie er abgekürzt genannt wird) war, wie es scheint, in Bostra, der sarazenischen Hauptstadt geboren (um 200, st. um 275).³) Als R. Jochanans steter Genosse, hatte er noch in der Jugend den Patriarchen R. Juda I. gesehen und sich in der Schule seiner Nachfolger gebildet; es ist falsch, daß er erst in reiferem Alter zum Gesetzesstudium herangezogen worden sei.⁴) Von seiner Riesenkraft und Beleibtheit wissen die Quellen nicht genug zu erzählen; er pflegte auf harter Erde zu liegen und sprach: „Das Fett meines Leibes ist mein Polster".⁵) Er ließ sich einst für den Zirkus anwerben,⁶) um bei den so beliebten Tiergefechten die kampfeswütigen Tiere niederzustechen, wenn sie den Zuschauern gefährlich zu werden drohten. — Dieses niedrige und lebensgefährliche Handwerk wählte ben Lakisch wohl nur aus Not. Die Sage bemüht sich, die grellen Gegensätze in Resch-Lakisch, seine derbe Kraft und sein Gesetzesstudium in einem schönen Bilde zu versöhnen. Sie erzählt, Resch-Lakisch, der Mann mit der tödlichen Waffe, habe einst R. Jochanan im Bade gesehen

¹) Baba Mezia 84 a.
²) Jerus. Megilla I, p. 72 b. [Nach Midr. Chazit soll R. J. drei und ein halbes Jahr an einer Krankheit gelitten haben, vergl. hebr. Zeitschrift Hammagid 71, S 231].
³) Jerus. Schebiit VI, p. 36 d, VIII, Ende. [Wird hier nur als Aufenthaltsort genannt].
⁴) Jerus. Jom Tob. V, 63 a. Babli Sabbat 119 b., f. R. Tam. Tosafot zu Baba Mezia 84 a und Jebamot 57 a.
⁵) Gittin 47 a.
⁶) Das. Jerus. Terumot VIII, p. 45 d. Die Notiz ריש לקיש זבין נפשיה ללודאי hat erst durch eine ebenso scharfsinnige wie wahre Erklärung des seligen Dr. M. Sachs ihre richtige Bedeutung erhalten. Das in der Agadaliteratur vorkommende לודר ist gleich Λουδάριος, Gladiator, ein Tiertöter im Zirkus (Sachs, Beiträge I, S. 121). Mein geehrter Freund S. Nissen machte mich darauf aufmerksam, daß die Form לודאי im Talmud gleich ludi sei, nicht „Lydier" oder „Menschenfresser", sondern Kampfspiele bedeutet, wozu handfeste Männer, bestimmt, wütenden Tieren im Zirkus den Garaus zu machen, angeworben zu werden pflegten.

und sei von dessen Schönheit so geblendet worden, daß er in einem Nu bei ihm im Wasser war. R. Jochanan habe dann zu ihm gesagt: „Deine Kraft wäre angemessener für die Lehre" — „und deine Schönheit für die Frauen" habe ben Lakisch geantwortet. R. Jochanan habe ihm darauf die Hand seiner noch schöneren Schwester versprochen, falls er sich dem Studium zuwenden sollte. Resch-Lakisch sei auf den Vorschlag eingegangen; aber schon der Entschluß, sein Leben der Lehre zu weihen, habe seine Kräfte derart geschwächt, daß er seine schwere Rüstung nicht mehr anlegen konnte.[1] Aber noch mehr als seine gewaltige Körperkraft wird seine gewissenhafte Rechtlichkeit gerühmt; er mied, wie erzählt wird, den Umgang solcher Personen, von deren Redlichkeit er nicht die vollste Überzeugung hatte; daher gab man denjenigen, welche ben Lakisch seines Umgangs würdigte, unbedingten Kredit, ohne auch nur Zeugen zu nehmen.[2] Seine düstere und ernste Physiognomie erheiterte sich nie durch ein Lächeln, weil er die Heiterkeit für leichtsinnig hielt, seitdem das heilige Volk der heidnischen Macht untertan geworden.[3] Seine Wahrheitsliebe und seinen Freimut kennen wir schon, die er gegen die Mißbräuche des Patriarchen bis zur Beleidigung geltend machte. In der Gesetzesauslegung huldigte er der scharfsinnigen Entwicklung und übertraf darin noch seinen älteren Genossen und Schwager. „Wenn er halachische Fragen behandelt", so erzählen die Quellen, „war es, als wenn er Berge aneinander riebe". R. Jochanan pflegte von ihm zu sagen: „Wenn ich beim Leben des ben Lakisch eine Halacha oder Mischna vortrug, so hatte er vierundzwanzig Fragen darauf, die ich zu widerlegen hatte, dadurch erlangte der Gegenstand lichtvolle Klarheit".[4] In der Agada war ben Lakisch originell und hatte eigene Ansichten, welche erst in der Folge besser gewürdigt wurden. Die Frage über die Zeit, in welcher der leidende Job gelebt und über die sonstige Situation dieses merkwürdigen Dramas wurde öfter in den Schulen verhandelt und erzeugte die widersprechendsten Ansichten. Der eine rückte Job bis zu Moses Zeit hinauf, ein anderer machte ihn zum Zeitgenossen der heimkehrenden Exulanten; Resch-Lakisch aber traf den Nagel auf den Kopf, indem er den Satz aufstellte: „Job hat zu keiner Zeit gelebt, er hat nie existiert, sondern das Buch ist eine sinnig-moralische Dichtung (Maschal)." Diese Ansicht frappierte die Zeitgenossen ungemein, sie hatten für eine solche Auffassung kein Verständnis.[5] Die Engelnamen hielt ben Lakisch nicht für ursprünglich

[1] Baba Mezia 84 a.
[2] Joma 9, b.
[3] Berachot 31 a.
[4] Synhedrin 24 a. Baba Mezia 84 a.
[5] Jerus. Sota V, Ende.

jüdisch), sondern für ein fremdes, in die jüdische Anschauung verpflanztes Element; das jüdische Volk habe sie aus Babylonien mit herüber gebracht, denn die vorexilischen Schriften kennen noch gar nicht den Begriff individualisierter Engel.[1]) R. José und andern gegenüber, welche das Altertum auf Kosten der Gegenwart rühmten und hyperbolisch behaupteten, „der Nagel der Alten sei mehr wert gewesen, als der Leib der Spätern", oder in einer andern Wendung, „wenn die Alten Engel waren, so sind wir dagegen Menschen und wenn die Alten Menschen waren, so sind wir dagegen nur Esel und nicht einmal gleich dem Esel des R. Pinchas ben Jaïr", behauptete ben Lakisch das Gegenteil, die Spätern haben mehr Verdienst, weil sie, obwohl unter schwerem Drucke, doch dem Gesetzesstudium obliegen.[2]) — Obwohl von Jugend an mit R. Jochanan befreundet, durch Verwandtschaft noch enger an ihn geknüpft, geriet ben Lakisch mit ihm in seinen letzten Jahren in Spannung. Die Veranlassung dazu soll eine allzuverletzende Anspielung gewesen sein, welche R. Jochanan sich einst auf dessen früheres Messerhandwerk erlaubte; vom Wortwechsel kam es zu gegenseitiger Beleidigung, und R. Jochanan soll ihn zuletzt mit seinem stechenden Blick getötet haben. Der Gram über den verschuldeten Tod seines besten Freundes trübte die letzten Jahre R. Jochanans. Er nahm den einzigen Sohn ben Lakischs an Kindesstelle an, welchen die Mutter sorgsam bewachte, damit ihn nicht das Schicksal seines Vaters träfe.[3]) Ben Lakisch starb arm, wenn auch nicht ein Jahr, wie die Chroniken angeben, doch nicht allzulange vor seinem Schwager.

R. Josua ben Levi, der mit R. Jochanan und ben Lakisch das Triumvirat der palästinensischen Amoras bildet, hat in der Sagenwelt einen klingenderen Namen, als in der Geschichte, welche nicht viel von ihm weiß. Sohn des wandernden Halbtannaiten Levi ben Sziẞi,[4]) leitete er im Süden von Judäa, in Lydda, eine Schule, wahrscheinlich als Fortsetzung derjenigen, welche R. Ephés angelegt hatte. Die Lyddenser standen zwar nicht im besten Rufe bei den Galiläern, man nannte sie stolz und halbwissend.[5]) Allein R. Josua litt nicht darunter, seine Autorität war sehr hoch geschätzt, seine halachischen Meinungen sind meistens als gesetzeskräftig aufgenommen worden, selbst in solchen Fällen, wo die andern Triumvirn entgegengesetzter Ansicht waren. R. Josua gesteht aber selbst, er

---

[1]) Das. Rosch ha-Schanah I, p. 56 d.
[2]) Joma 9 b.
[3]) Baba Mezia das.
[4]) [Vergl. dagegen Weiß Dor dor wedorschow III, p. 60].
[5]) Jerus. Pesachim V, p. 32 a, verglichen mit Babli das. p. 62 b.

habe viele Überlieferungen vergessen, während er sich mit der Organisation der südjudäischen Gemeinden beschäftigte.¹) Die Gemeindeverhältnisse dieses Landstriches waren nämlich seit der hadrianischen Katastrophe in so hohem Grade zerrüttet, daß R. Jochanan und R. Jonathan sich dahin begeben mußten, um Frieden und Ordnung wieder herzustellen.²) — R. Josua war auch in Rom gewesen; der Zweck seiner Reise wird nicht angegeben, vielleicht als Sendbote zur Sammlung der Beiträge für den Patriarchen. Dort hatte er Gelegenheit eine Beobachtung zu machen, welche ihm die Gegensätze in der Welthauptstadt charakteristisch vorführte. Er sah eine kunstvolle Statue, welche mit Teppichen umwickelt war, um vor Hitze und Kälte geschützt zu sein. Nicht weit davon saß ein Bettler, der kaum Lumpen hatte, seine Nacktheit zu bedecken. R. Josua wendete auf dieses grelle Mißverhältnis zwischen dem übersättigten Reichtum und der verlassenen Armut einen Vers an: „Deine Gnadengaben sind groß, wie Bergeshöhen, deine Strenge unergründlich, wie Abgrundstiefen".³) Aus der Welthauptstadt erwarte er die Ankunft des Messias, dort weile dieser in Knechtsgestalt unter den Bettlern und Siechen im Tore, jeden Augenblick des Rufes gewärtig, die Erlösung herbeizuführen.⁴) In der Sage gilt R. Josua ben Levi als einer der auserwählten Geister, welche mit dem Propheten Elias den vertrautesten Umgang pflogen und über welche selbst der Tod seine Gewalt aufgeben müsse. Er entwindet dem Todesengel sein Messer, kommt lebendigen Leibes in den Himmel, durchmißt die Himmelsräume, das Paradies, die Hölle und schickt das Resultat seiner Untersuchungen durch den Würgeengel selbst, der ihm untertänig sein muß, an R. Gamaliel. Dieser Sagenkreis ist in einem besonderen Werkchen zusammen getragen.⁵) Die ältern Quellen wissen indes nichts davon; sie erzählen von seinem natürlichen Tode; auf dem Totenbette sprach er in einigen Versen das freudige Bewußtsein seiner baldigen Seligkeit aus.⁶)

Eine originelle Richtung hatte R. Simlaï in der Agada; er ist der erste, welcher sie zu einer höheren Betrachtung erhoben hat. Geboren in Lydda, verließ er diese verödete Gegend und siedelte sich in Nahardea an,⁷) wo die junge babylonische Amoraschule in schönster

---

¹) Midrasch zu Kohelet 7, 7.
²) Berachot IX, Jerus. 12 d, Midr. Psalm 19, wo die Lesart ר' חנינא.
³) Genesis Rabba, c. 33. ⁴) Synhedrin, p. 98 a.
⁵) Eine jüngere Agada unter dem Namen, auch מעשה דריב"ל, auch מסכת גן עדן וגהינם.
⁶) S. Artikel Josua b. Levi in Heilperins סדר הדורות [vergl. Ketubbot 77 b]
⁷) [Nach Weiß, Dor der etc. III, p. 131 war Simlaï in Nahardea geboren und lebte später zumeist in Lydda und Südpalästina. Siehe dort die Belege].

Blüte aufschoß. Mit dem Patriarchen R. Juda II. lebte er sehr befreundet. In der Gesetzeskunde hatte er nur eine geringe Autorität; weder in Palästina, noch in Babylonien achtete man auf seine halachischen Kenntnisse. R. Simlaï war es, der von Tiberias nach Babylonien die Nachricht brachte, daß der Patriarch mit seinem Kollegium Heidenöl zum Genusse gestattet habe. Aber weil es Abba Areka schien, daß R. Simlaï es auf eigene Autorität mitteilte, mochte er anfangs nichts darauf geben.[1]) R. Jonathan, eine agadische Autorität, wie R. Jochanan (mit dem er zuweilen verwechselt wurde) eine halachische war, wollte ihm nicht die Agada des Geschlechtsbuches (Sefer Juchasin) erklären, weil er, als ein geborener Lyddenser und in Nahardea wohnhaft, nicht würdig dazu sei.[2]) Doch war R. Simlaï in der Agada viel bedeutender, als der peinliche R. Jonathan, der ihn nicht für ebenbürtig hielt. Er stellte zuerst sämtliche Gesetzesbestimmungen des Judentums nach der Zahl 613 zusammen, und zwar 365 Verbote, der Tageszahl des Sonnenjahres entsprechend, und 248 Gebote, gleich der Zahl der menschlichen Glieder. Diese 613 habe David in elf Tugenden zusammengefaßt, Gradheit, Gerechtigkeit, Wahrheit, Scheu vor Verleumdung, Bosheit und Beleidigung des Nächsten, Verachtung des Schlechten, Verehrung des Würdigen, Heilighaltung der Eide, uneigennütziges Ausleihen ohne Zins und Enthaltung von Bestechung. Jesaja habe dieselben wieder in **sechs** summiert, Wandeln in Gerechtigkeit, Sprechen in Gradheit, Verachtung des Eigennutzes, Freihaltung der Hand von Bestechung, des Ohres von böser Einflüsterung, des Auges von bösen Gelüsten. Der Prophet Micha habe die Gesetze gar auf **drei** Prinzipien gebracht, Recht üben, Wohltätigkeit lieben und in Züchtigkeit leben. Der zweite Jesaja habe sie auf zwei zurückgeführt: **Recht hüten und Milde üben**. Der Prophet Habakuk endlich habe sie sämtlich in einer einzigen Formel ausgedrückt: „Der Gerechte lebt des Glaubens".[3]) Es ist dieses der erste Versuch, sämtliche Gesetze des Judentums auf Prinzipien zurückzuführen. Eine schöne Parabel, die R. Simlaï von der weltgeschichtlichen Bedeutung der Völker aufgestellt, zeugt eben so sehr von seinem aufs Allgemeine gerichteten Blick, wie von seiner dichterischen Begabung. „Am jüngsten Tage wird Gott, das Gesetzbuch im Schoß, die Völker auffordern, den Lohn ihrer Tätigkeit zu empfangen. In bunter Mischung werden sich sodann auf diese Aufforderung die Völker versammeln, welche Gott hierauf der Reihe nach aufrufen wird. Zuerst wird Rom erscheinen, Rechenschaft abzu-

---

[1]) Jerus. Aboda Sara II, p. 41 d.
[2]) S. b. Pesachim 62 b.
[3]) Makkot 23 b, ff.

legen über seine Leistungen und Lohn dafür zu beanspruchen: „Wir haben Städte und Märkte angelegt, Bäder errichtet, Gold und Silber gehäuft und dieses alles für Israel, damit es in Gemächlichkeit das Gesetz üben könne;" so wird Rom sprechen. Gott aber wird entgegnen: „Was ihr getan, habt ihr aus Eigennutz getan, die Märkte für Buhlerinnen, die Bäder für wollüstiges Schwelgen, die Schätze aber sind mein!" Betrübt wird Rom abziehen, um Persien vortreten zu lassen. Persien wird sprechen: „Wir haben Brücken über Flüsse geschlagen, Städte erobert, viele Kriege geführt und dies alles für Israel." Gott wird ihnen dasselbe antworten: „Ihr habt Brücken gebaut, um Zoll zu nehmen, Städte erobert, um Frondienst zu erpressen, des Krieges bin ich Herr." Also wird Gott jeder Nation ihre eigennütze Tätigkeit vorrechnen".[1])

Mit tiefer Kenntnis der heiligen Schrift und einer höheren Auffassung des Judentums ausgerüstet, war R. Simlaï geeignet, mit Kirchenlehrern Polemik zu führen, die Stützen, welche sie aus dem alten Testamente für die Dogmen des Christentums suchten, wankend zu machen. In dieser Polemik zeigte R. Simlaï eine sehr gesunde Exegese, fern von jeder Deutelei. Das Christentum war während des ersten Amorageschlechtes in ein neues Stadium getreten; gegenüber der gnostischen und urchristlichen (ebionitischen, nazaräischen) Richtung hatte sich eine allgemeine **katholische Kirche** gebildet, deren Grundlehren (Dogmen) von hier und da, halb paulinisch und halb antipaulinisch, die Mehrheit der Christen so ziemlich annahm. Der Kanon des neuen Testamentes war in vier **Evangelien und Apostel** gesammelt, und galt, ohne Rücksicht auf die Entstehungsweise der einzelnen Teile, durchweg als heilige Offenbarung. Die verschiedenen Sekten der Urchristen und Gnostiker waren besiegt, entweder dem Gesamtkörper der katholischen Kirche einverleibt, oder als Ketzer ausgeschieden. Zu dieser Bildung einer katholischen Kirche und zur Einheit des Bekenntnisses inmitten so großer Zerrissenheit und Spaltung der apostolischen und nachapostolischen Zeit trugen am meisten die Bischöfe von Rom bei, die wegen ihres Sitzes in der Welthauptstadt sich die Suprematie über die übrigen Bischöfe und Patriarchen anmaßten, sie bei abweichender Meinung, wie bei dem Streit über die Feier des Passah, aus der Gemeinschaft ausschließen und allmählich als Oberbischöfe und Päpste anerkannt wurden. Nach diesem abgeschlossenen Werke begann auch in christlichen Kreisen die Forschung, das tiefere Eindringen in die Überlieferung der Kirche.

---

[1]) Aboda Sara Anfang.

Neue Dogmen hatten sich ausgebildet, für welche man Begründung und Sicherstellung suchte. Aus der strengen Einheitslehre, die das Christentum aus dem Vaterhause mitgenommen hatte, war im Laufe der Zeit, als die junge Kirche die Messianität Jesu immer mehr verherrlichte und seine Person bis zur Göttlichkeit erhob, eine Zweiheit entstanden, Vater und Sohn, oder Weltschöpfer und Logos. Bald kam ein drittes hinzu. Die ursprüngliche jüdische Anschauung von der Begeisterung der Propheten und anderer Frommen durch Gott mit den Worten heilige Begeisterung (Ruach ha-Kodesch) bezeichnet, erstarrte im Christentume zu dem Dogma vom heiligen Geiste als Person, welche als mit Gott und Christus ebenbürtig und ursprünglich bestehend angesehen wurde. Ohne es zu merken, hatte das Christentum, das sich für das wahre geistig geläuterte Judentum hielt, ein ganz anderes Gottesbewußtsein und eine Art Dreigöttertum angenommen. Je mehr das christliche Dogma von der Dreieinigkeit mit dem ganzen Wesen des Judentums im Widerspruch stand, desto mehr Mühe mußte es sich geben, auch als in der Ökonomie des alten Bundes begründet nachzuweisen und dadurch als uralt zu stempeln. Auf geradem Wege war aber dieser Nachweis nicht zu finden; daher nahmen die des Hebräischen kundigen Kirchenlehrer der palästinischen und alexandrinischen Schule zu allerlei allegorischen Deutungen Zuflucht. Wo immer in der heiligen Schrift mehrere Benennungen von Gott vorkommen, da glaubten sie schon im Buchstaben die Dreieinigkeit angedeutet zu sehen. Selbst den ganz unverfänglichen Eingang des Pentateuchs: „Im Anfang schuf Gott Himmel und Erde," gebrauchte die deutende Christologie als Beweis für Christus' Mitwirkung bei der Weltschöpfung, indem sie den „Anfang" als die „Weisheit," das „Wort" als gleichbedeutend mit „Christus" ansah, und in jenem Satz das tiefe Geheimnis erblickte, in Christus habe Gott die Welt erschaffen.[1]) Um diese und ähnliche irreführenden Ableitungen christlicher Dogmen aus alttestamentlichen Stellen bewegte sich ein Religionsgespräch zwischen Papiscus und Jason, um die Mitte des zweiten Jahrhunderts. Die ehemalige gegenseitige Erbitterung zwischen Juden und Christen besonders aus der nazaräischen und gnostischen Kirche, die so weit gegangen war, daß auf der einen Seite das Judentum und der von ihm gelehrte Gott arg geschmäht, dagegen Jesus als Christus über alles erhoben und seine jungfräuliche Geburt betont, und auf der andern Seite der Stifter des Christentums herabgesetzt, die Legitimität seiner Abstammung bemängelt und die von ihm gepriesenen Wundertaten als ein

---

[1]) Theophilos ad Autolycum II, 10. Hieronymus quaestiones in Genesin.

Erzeugnis magischer Künste bezeichnet wurden[1]) — diese gegenseitige Erbitterung hatte sich mit der Zeit gelegt. Dadurch war erst ein ruhiger, leidenschaftsloser Verkehr zwischen den Anhängern der verschiedenen Bekenntnisse möglich geworden. Freilich solange die Leiter der Christenheit in den hebräischen Urquellen des Judentums fremd waren, konnte kein ernstes Religionsgespräch mit ihnen geführt werden. Erst seitdem Kirchenlehrer, wie Origenes, sich auf das tiefere Verständnis des hebräischen Urtextes verlegten, wurden polemische Disputationen über christologische Themata häufiger.

R. Simlaï hat besonders die Gotteseinheit gegen das christliche Dogma der Dreieinigkeit vertreten und die Beweise dafür mit vieler Geschicklichkeit widerlegt. Vielleicht war gerade Origenes, welcher eine geraume Zeit in Palästina lebte, sein theoretischer Gegner. R. Simlaï wies in nüchterner Erklärungsweise nach, daß an allen solchen Stellen der heiligen Schrift, welche einen Stützpunkt für die Dreieinigkeit zu gewähren scheinen, die Einheit Gottes gleich dabei so scharf hervorgehoben und betont sei, daß ein Mißverständnis unmöglich scheine. In dem Verse: „Die Allmacht, Gott, der Herr weiß es" (Josua 2, 22.), auf den sich die Christen als auf eine glänzende trinitarische Beweisstelle beriefen, befinde sich gleich die Berichtigung: „Er, Gott, weiß es", wodurch die Einheit des göttlichen Wesens unzweideutig hervorgehoben werde; jene Ausdrücke seien daher weiter nichts als gehäufte Benennungen, wie man einen und denselben Herrscher doch zugleich Basileus, Cäsar, Augustus nenne. Ebenso verhalte es sich mit den Ausdrücken im Psalm (50, 1.): „Die Allmacht, Gott, der Herr spricht"; dies sei eine rednerische Wiederholung, wie man von jemandem zu sagen pflege, er sei Künstler, Baumeister, Architekt, ohne damit eine Vielheit bezeichnen zu wollen.[2]) Juden und Christen, welche früher, als sie noch in einem Hause zusammen lebten, wie feindliche Brüder nur Gehässigkeit gegeneinander hegten, führten nur noch eine religiöse Polemik gegeneinander, welche nur dazu beigetragen hätte, die Begriffe zu läutern und die Wahrheit zu fördern, wenn sie sich in der friedlichen und harmlosen Art wissenschaftlicher Forschung gehalten hätte.

Die Polemik gegen das Christentum weckte in dieser Zeit sogar unter Heiden eine gewisse Kenntnis der jüdischen Dokumente, deren sie sich bedienen mußten, um das immer anmaßender auftretende Christentum zurechtzuweisen. Daniel mit seinen dunklen Andeutungen

---

[1]) Celsus: $'A\lambda\eta\theta\eta\varsigma$ $\lambda o\gamma o\varsigma$ gegen das Christentum bei Origenes contra Celsum I, 7. Spuren von dieser erbitterten Anklage in Talmud Sabbat 104 b. [Nach Derenbourg ist בן סטדא mit Jesus nicht identisch].

[2]) Genesis Rabba, c. 8. Jerus. Berachot IX, p. 11 d, 12 a.

und mystischen Zahlen war für christliche Dogmatiker ein sibyllinisches Buch, welches die christliche Ökonomie und Christus' Wiedererscheinung am jüngsten Tage prophezeit haben soll. Der heidnische Philosoph **Porphyrius** schrieb einen polemischen Kommentar zu dem Buche Daniel (der nur noch bruchstückweise vorhanden ist),[1]) gewiß der einzige biblische Kommentar von einem Heiden. Dieser zugleich nüchterne und mystische Neuplatoniker mit dem orientalischen Namen Malchus, aus der ehemals jüdischen Landschaft Batanea, behauptete in ihm, daß das Buch Daniel einen Verfasser voraussetze, der in der Zeit der Tyrannei des syrischen Königs Antiochos Epiphanes gelebt, und die dunklen Wendungen in ihm seien eben nur Anspielungen auf jene Zeit, wollen also keineswegs als Prophezeiungen gelten und noch weniger die Tatsachen des Christentums orakelhaft bestätigen.

---

[1]) *Κατὰ Χριστιανῶν λόγον* s. Hieron. praefatio in Danielem; es ist nach 268 geschrieben, vergl. Clinton, Fasti Romani I, p. 199; II, p. 301. Note Nr. 61.

Fünfzehntes Kapitel.

Lage der Juden in Babylonien und den parthischen Ländern. Ein jüdischer Vasallenstaat. Die Exilsfürsten. Die babylonischen Amoräer. Abba Areka (Rab) und sein königlicher Freund Artaban; Samuel und sein königlicher Freund Schabur (Sapor).

(219—257)

Während des Patriarchats R. Judas II. entwickelte sich unter den jüdischen Gemeinden in Babylonien ein reiches geschichtliches Leben, wodurch dieses Land nach und nach in den Vordergrund der jüdischen Geschichte trat. Babylonien wurde für die jüdische Nation eine zweite Mutter, nachdem ihr die erste entrissen worden, und es hat nur selten stiefmütterlich an ihr gehandelt. Dieses morgenländische Italien, dessen Hauptstadt in alter Zeit gleich Rom zuerst Weltherrscherin, dann Ziel völkerwandernder Einfälle gewesen und dessen Name auch nach dem Falle einen gewissen Zauber ausübte, — Babylonien, schon einmal zeitweiliger Aufenthalt der jüdischen Stämme, wurde eine geraume Zeit hindurch bleibender Sitz jüdischer Geistestätigkeit; Judäa trat dagegen allmählich in den Hintergrund. Das eigentümlich gestaltete Land zwischen Euphrat und Tigris erleichterte die Loslösung des Judentums von seinem Mutterschoße, vermittelte die Verpflanzung des jüdischen Geistes in fremde Zonen und wurde durch die Fülle eigenartiger Tätigkeit ein zweites Vaterland für die Heimatlosen. Die große Zahl der Juden, die seit undenklicher Zeit diese Landstriche bewohnte, die Selbständigkeit, welche die parthischen und persischen Herrscher ihnen ungeschmälert gelassen hatten, der Glanz, den ihnen ein eigenes politisches Oberhaupt verlieh, ihre ursprüngliche von Leiden und kleinlichen Plackereien ungebrochene Kernhaftigkeit, dieses alles verlieh ihrem Wesen einen eigenen Anstrich und förderte die Entfaltung neuer Seiten und Richtungen. Babylonien tränkte den jüdischen Geist mit jener durchdringenden Verständigkeit, die auf jede Frage eine Antwort, für jedes Rätsel eine Lösung findet und vor keiner Schwierigkeit zurückschreckt. Das jüdische Volk dieses

Landes wurde zu einem forschenden, grübelnden, nimmer rastenden; die darin aufeinander folgenden Schulhäupter und Führer zeichneten ihm die Furchen scharfsinnigen Nachdenkens ein und drückten ihm den Stempel der Gedankenhoheit auf. Die Geistestätigkeit der babylonischen Juden verhielt sich fortan zu der im Stammlande, wie Denken zu Fühlen, wie Wissen zu Ahnen. Ein eigner Forschungstrieb machte sich von jetzt an geltend, welcher das Gegebene nicht blindlings auf Autorität hinzunehmen, sondern bei jedem Gesetze und jeder Bestimmung sich die Frage vorzuhalten gewohnt war: Woher diese und jene Bestimmung? worauf ist sie begründet? welche Berechtigung hat sie? Ein neues Element trat zu den zwei früheren, zu Bibel und Mischna hinzu, das logische Urteil (Sebara), welches zuweilen die Selbstständigkeit so weit trieb, Schrift und Mischna vor seinen Richterstuhl zu ziehen.[1]) — Der Begriff Babylonien, insofern die jüdische Geschichte in betracht kommt, ist bald weiter, bald enger und wird in dreifachem Sinne gebraucht. Im weitesten Sinne umfaßt Babylonien die ganze Strecke zwischen dem Zagrosgebirge und dem Euphrat, von dem Quellenland der Zwillingsflüsse Euphrat-Tigris bis an den persischen Meerbusen. In dieser weiten Ausdehnung gehörten dazu ein Teil von Südarmenien, ganz Mesopotamien, Chaldäa, Mesene (eine große vom Tigris gebildete Insel), ferner östlich vom Tigris bis zum medischen Gebirge die Landschaft Corduene, Assyrien mit Adiabene, Susiana, Elymais oder Chusistan (Be-Chusai). In dieser ausgedehnten Länderstrecke und noch über diese Grenze hinaus waren von jeher Juden verbreitet; doch hatten wohl nur diejenigen, welche vom Mittelpunkt des jüdischen Babylonien nicht allzu entfernt wohnten, eine ausgebildete Gemeindeorganisation.

In einem engeren Sinne umfaßt Babylonien nur den Landstrich zwischen den zwei Flüssen, von da an, wo sie sich immer mehr gegeneinander nähern, bis dahin, wo sie sich vollständig vereinigen, — wo zahlreiche Kanäle das Land ehemals durchschnitten und die Flüsse in Verbindung brachten: den südlichsten Teil von Mesopotamien, das Gebiet des alten Babel und einen Teil des ehemaligen Chaldäa. Dieses Babylonien im engern Sinne war größtenteils von Juden bewohnt, weswegen es auch den Namen Land Israel führte.[2]) Seine Grenzen sind ziemlich genau bestimmt. Der äußerste Nordpunkt am Euphrat war Jhi-Dakira (auch Is, Dakira, Diacira, Aipolis, jetzt Hit), so genannt wegen einer Asphaltquelle, welche sich in seiner Nähe am

---

[1]) [Vergl. Interpretation des I. Abschnittes des Talmudtraktates Ned., Seite 5.]

[2]) Genesis Rabba, c. 17.

rechten Euphratufer befindet¹) und in alter und neuer Zeit die
Aufmerksamkeit der Forscher auf sich gezogen hat; nordwärts von
Ihi-Dakira wohnten mehr Heiden als Juden. Einige dehnen die
Nordgrenze etwas weiter aus bis Akra di-Tulbakene, andere noch
weiter bis zur ersten Euphratbrücke.²) Im Süden reichte das
jüdische Babylonien bis zur Stadt A p a m i a auf der Tigrisinsel
Mesene³); im Osten bis zum Flusse W a n i (Nahar-Wani, Naharowan)
östlich vom Tigris,⁴) doch keineswegs höher hinauf als die Parallele
mit Dakira erforderte und nur etwa bis zur Tigrisbrücke bei
M a ch u z a.⁵) Im Westen bildete der Euphrat die natürliche Grenze;
doch wurden manche Punkte jenseits desselben, wie B a i r a m, dazu gerechnet. Im engsten Sinne heißt endlich Babylonien nur ein
kleiner Bezirk an der Ostseite des Euphrats, dessen Mittelpunkt Pumpa-
dita gewesen zu sein scheint. Die Ausdehnung dieses Bezirkes reichte
von N a h a r d e a im Norden bis S u r a im S ü d e n, etwa 22
Parasangen (16½ deutsche Meilen).⁶) Doch wurde zuweilen nur
der südlichste Teil dieses Striches B a b e l genannt und manchmal
auch Nahardea darin eingeschlossen.⁷) Die Umgrenzung des jüdischen
Babylonien ist für die jüdische Geschichte nicht gleichgiltig, weil sie
für die damalige Zeit eine Gewissenssache war. Selbst in Judäa
räumte man den babylonischen Eingeborenen jüdischer Abkunft die
lauterste Reinheit der Geschlechter ein, und nahm an, daß sie sich
von jeder Vermischung mit Heiden, Sklaven oder unehelich Geborenen
auf das Strengste fern gehalten haben; Judäa stand und stellte sich
in dieser Beziehung Babylonien nach. Ein altes Sprichwort sagte:
„Die jüdische Bevölkerung in den (römischen) Ländern verhält sich
in bezug auf Abstammung gegen jene in Judäa, wie vermischter
Teig zum reinen Teig, Judäa selbst aber ist auch nur Teig gegen
Babylonien".⁸) Gewisse stehende Formeln über den Grad der
Familienunbeflecktheit waren schon in Umlauf gesetzt; eine sprich-
wörtliche Tradition lautet: „B a b y l o n i e n (im engern Sinne ist g e =

---

¹) Kidduschin 72 a. Vergl. Mannert, Geographie der Griechen und Römer,
V, 2, S. 32, 68 und Rappaport, Erech Millin, S. 33 ff. קירא gleich κηρός,
cera bedeutet nämlich Asphalt und mit der Genitiv-Partikel די verbunden דקירא.

²) Baba Batra 24 a.

³) Kidduschin das., Genesis Rabba das.

⁴) Daselbst. Ritter, Erdkunde X, 229 ff.

⁵) Kidduschin 72 a. עד ארבא תנינא דמחוזא, so die Lesart
Scheriras in Respp. שערי צדק, p. 15 b, Nr. 30.

⁶) Berachot 44 a, f. Sabbat 60 b und dazu die Erklärung in Aruch
v. על 1.

⁷) Vergl. Erubin 45 a, 63 a. Ketubbot 54 a. Baba Batra 145 a.

⁸) Kidduschin 71 a.

sund (makellos), Mesene tot (vermischt), Medien krank (halb zweifelhaft) Elam (Elymais, Chusistan) in den letzten Zügen (sehr zweifelhaft)".[1]) Die Geschlechtsreinheit mancher Gegenden war strittig. Die jüdische Bevölkerung des südöstlich gelegenen Chusistan mit der Hauptstadt Be-Lapt wurde deswegen am meisten gemieden, weil sie sich mit heidnischen Einwohnern verschwägert hatte und auch als unwissend und roh galt, fromme Häuser der jüdisch-babylonischen Provinzen scheuten es eine geraume Zeit chusistanische Frauen in die Ehe zu nehmen.[2])

Das jüdisch-babylonische Gebiet zerfiel in mehrere kleinere Bezirke (Periwodoi genannt), welche ihren Namen von dem Hauptorte führten. So gab es Bezirke von Nares, Sura, Pumbabita, Nahardea, Nahar-Pacod, Machuza und andere; jeder von ihnen hatte etwas Charakteristisches, eine dialektische Eigentümlichkeit, eigene Sitten, Lebensweisen, sogar ein eigenes Maß und Gewicht.[3]) Unter diesen Bezirken zeichneten sich vier Städte als hervorragende Mittelpunkte aus, welche abwechselnd die Hegemonie über das ganze Gebiet hatten. Den ersten Platz nahm Nahardea (auch Naarda, Stadt und Gebiet so genannt) ein, eine feste Stadt am Euphrat und am Kanal Naraga, durchaus von Juden bevölkert; sie lag an der Grenze des jüdischen Babyloniens. Nahardea war eine Zeitlang das babylonische Jerusalem; hier war während des Tempelbestandes die Schatzkammer der babylonischen Gemeinden für die Tempelspenden, die unter starker Bedeckung nach Jerusalem geführt zu werden pflegten.[4]) Von hier aus hatten zwei jüdische Jünglinge dem persischen Könige Trotz geboten und ein unabhängiges jüdisches Gemeinwesen gegründet. Wenige Meilen südlich von Nahardea lag Firuz-Schabur (auch Be-Schabur, später Anbar), eine feste, reich bevölkerte Stadt, die wichtigste nach der Hauptstadt Ktesiphon.[5]) Unweit davon lag Pumbabita an einem der vielen Euphratkanäle, mit vielen Palästen geziert. Pumbabita war nicht minder eine durchaus jüdische Stadt mit einer uralten Gemeinde, welche als Hauptstadt der Golah galt.[6])

---

[1]) Kidduschin. Jerus. das. IV, p. 65 c.

[2]) Vergl. Kerem Chemed, Jahrg. V, S. 218 ff., wo die Notizen aus dem Talmud von Rappaport zusammengestellt sind. Die geographische Lage ist jedoch das. nicht richtig angegeben, מחוזא בי ist nichts anderes als Chusistan, kenntlich an der Hauptstadt בי לפט (Taanit 72 a), die auch in Assemani Bibliotheca Orient. vorkommt.

[3]) Beza 29 a. Ketubbot 54 a. Erubin 29 b.

[4]) Josephus Altertümer XVIII, 12. Mannert, Geographie V, 2, S. 386. Erubin 45 a.

[5]) Mannert das. Ritter, Erdkunde X, S. 145.

[6]) Rosch ha-Schanah 23 b.

In ihrem Gebiete lagen mehrere kleinere Städte, einige feste Burgen (Akra), die sich in den Strahlen der Hauptstadt sonnten. Die Pumbaditaner galten als äußerst scharfsinnig und spitzfindig, ja waren als listig und diebisch berüchtigt: „Begleitet dich ein Pumbaditaner," sagt ein Sprichwort, „so ändere deine Herberge".[1] — Sechzehn geographische Meilen (22 Parasangen, Parsa), südlich von Pumbadita lag die Stadt Mata-Mechassia, in der tiefliegenden Gegend des Euphrats, da wo dieser sich zu dem umfangreichen See Sura erweitert; von diesem See führte auch die Stadt den Namen Sura.[2] Hier wohnte eine gemischte Bevölkerung von Juden und Nabatäern.[3] Die Gegend von Sura gehörte zu den fruchtbarsten des Landes, wegen ihrer tiefen Lage trat der Euphrat mit seinen Nebenflüssen und Kanälen alljährlich aus, und die Überschwemmung erzeugte eine ägyptische Fruchtbarkeit.[4] Wie Pumbadita durch glänzende Gebäude und den schlauen Volkscharakter, so zeichnete sich Mata-Mechassia durch Ärmlichkeit und Redlichkeit seiner Bevölkerung aus; das Sprichwort bestimmte das Verhältnis beider zu einander: „Es ist besser auf dem Düngerhaufen Mechassias als in den Palästen Pumbaditas zu wohnen".[5] Mit diesen drei Euphratstädten Nahardea, Pumbadita und Mata-Mechassia wetteiferte eine vierte, Machuza, am Tigris gelegen, kaum drei Meilen von Ktesiphon, der Hauptstadt der Parther, entfernt. Machuza, auch Machuza-Malka (Maoga-Malka), von dem Königskanal (Nahar malka), der in der Nähe in den Tigris fließt, genannt, lag auf einer Anhöhe, durch zwei feste Mauern und einen tiefen Graben geschützt.[6] Es hatte in der Nähe eine Burg, Akra di Coche genannt,[7] die eine Schutzwehr für die Hauptstadt Ktesiphon war. Trotz der Wichtigkeit, die Machuza mit der Burg für die regierenden Parther und Perser hatte, war es doch durchaus von Juden bewohnt, und ein Amora wunderte sich, daß dessen Festungstore nicht mit vorschriftsmäßigen Türkapseln versehen waren.[8] Diese angesehensten machuzanischen Familien stammten von Proselyten her[9]; daher hatten sie einen eigenen, von dem der übrigen jüdischen Bevölkerung Babyloniens abweichenden Charakter. Sie werden als

---

[1] Chulin 127 b.
[2] Vergl. Ritter, Erdkunde, T. X, S. 205 und 267.
[3] Berachot 19 b.
[4] Taanit 3 a und Aruch das.
[5] Keritot 6 a.
[6] Ammianus Marcellinus XXIV, 42.
[7] Joma 11 a.
[8] Daselbst.
[9] Kidduschin 73 a.

sehr leichtsinnig geschildert, dem Wohlleben und den Genüssen ergeben, mehr dem Weltlichen als dem Göttlichen zugewendet; man nannte sie deswegen „Höllenkandidaten".[1]) Von den machuzanischen Frauen wird erzählt, daß sie dem Vergnügen und dem Müßiggange fröhnten. Als Levi ben Sziżi die Halacha aus Judäa nach Nahardea brachte, daß Frauen am Sabbat goldene, mit Edelsteinen besetzte Kopfbinden tragen dürfen, fanden sich nur vierundzwanzig Frauen dieser Stadt, welche davon Gebrauch machten, während in Machuza aus einem einzigen Quartier achtzehn Frauen sehr kostbare Kopfbinden anlegten.[2]) Die Nähe der parthischen Hauptstadt Ktesiphon und ihre Wohlhabenheit hatte wohl Einfluß auf den Hang zum Luxus und auf die Lebensweise der Machuzaner. Auch die Königsresidenz und das nahe neuerbaute Ardschir waren reichlich von Juden bevölkert. Der ganze babylonische Landstrich glich wegen der vielen Kanäle einer Inselflur und mit seiner wunderbaren Fruchtbarkeit einem umfangreichen Garten. Dattelwälder gab es in so unzähliger Menge, daß man sprichwörtlich von den Babyloniern sagte: „Ein Korb voll Datteln um einen Denar, und sie sollten sich nicht mit dem Gesetzesstudium befassen!" — Die Beschäftigung der babylonischen Juden war Ackerbau, Handwerke aller Art und, was besonders in einem von Kanalbewässerung abhängigen Lande natürlich ist, sie gruben und reinigten Kanäle, auch betrieben sie Viehzucht, Handel, Schiffahrt und einige Künste.[3])

Die große Anzahl gab den babylonischen Juden eine gewisse politische Selbständigkeit, und sie fühlten sich in diesem Lande, wie in einem eigenen Staate. Das Verhältnis zu den Landesherren war ein sehr loses und bestand darin, daß sie gewisse Abgaben, Kopfsteuer (Charag) und Grundsteuer, (Taska) zahlten; es gab damals noch viel herrenlosen Boden in der Euphratgegend, und wer sich anheischig machte, Grundsteuer davon zu zahlen, durfte sich ihn aneignen.[4]) Dafür hatten aber die Juden ihr eigenes politisches Oberhaupt, welches Exilsfürst (Exilarch, Resch-Galuta) genannt wurde, er war einer der Würdenträger des persischen Reiches und nahm auf der Stufenleiter der persischen Großen den vierten Rang nach dem Könige ein.[5]) Seine Stellung zu den persischen Königen war dem Lehnsverhältnisse ähnlich. Die Resch-Galutas waren Vasallen der persischen Krone, wurden aber nicht von der Krone gewählt, sondern

---

[1]) Taanit 26 a. Rosch ha-Schanah 17 a. Sabbat 109 a.
[2]) Sabbat 33 a, 59 b.
[3]) Moed Katan 4 a b, 11 a; Gittin 9 a, 60 b; Baba Batra 73 a; Baba Kama 119 a.
[4]) Jebamot 46 a. Baba Mezia 73 b, 108 a. Baba Batra 55 a.
[5]) Schebuot 6 a. Jeres. das. I, Anfang.

nur bestätigt. Ihre Würdenzeichen waren ein seidenes Obergewand und ein goldener Gürtel;[1] in späterer Zeit waren sie von fürstlichem Luxus umgeben, fuhren in Prachtwagen, hatten ihr eigenes Gefolge von Dienern, und ein Vorreiter kündigte ihre Anwesenheit an. Hatten sie bei den Königen feierliche Audienz, so wurden sie von der königlichen Dienerschaft ehrerbietigst empfangen und verhandelten mit den Herrschern auf freiem Fuße.[2] Nach Art orientalischer Fürsten hatten die Exilsfürsten beim Aufstehen und Schlafengehen musikalische Unterhaltung, was strenge Gesetzeslehrer wegen der Trauer um Jerusalem rügten.[3] — Die Exilsfürsten stammten aus Davidischem Hause; daher unterwarf sich das Volk gern ihrer Macht, weil es in seinen Fürsten sich selbst ehrte und geehrt fühlte. Eine alte Chronik gibt ihre Zahl und Namen ausführlich an und führt ihre Abstammung bis auf Zerubabel, den Enkel des jüdischen Königs Jojachin, zurück, der nach Babel zurückgekehrt und Stammvater einer Reihe von Geschlechtern geworden sein soll. Diese Chronik zählt bis zum dritten Jahrhundert fünfzehn Geschlechter auf[4]; doch ist es mehr als zweifelhaft, ob das Exilsfürstentum auch unter den altpersischen und griechischen Dynastien bestanden hat. Erst in der hadrianischen Zeit ist seine Existenz historisch gesichert. Hier wird uns einer mit Namen A c h i j a oder Nechunja genannt, welcher den Neffen des R. Josua unterstützt hatte, um die religiöse Oberhoheit über die Gesamtjudenheit vom heiligen Lande auf die Würdenträger in Babylonien zu übertragen.[5] Später begegnen wir noch einem Resch-Galuta mit Namen M a r - H u n a, der sich zur Zeit R. Judas I. nach Palästina bringen ließ, um im heiligen Lande die Grabstätte zu finden. Von dieser Zeit an läuft aber die Kette der Exilsfürsten bis ins elfte Jahrhundert ununterbrochen fort; sie hatten einen bedeutenden Einfluß auf die Entwicklung der jüdischen Geschichte auf babylonischem Boden.

Von ihrer Stellung zum Volke geben nur gelegentliche Nachrichten einige Andeutungen. Die Resch-Galuta waren Oberrichter der jüdischen Gemeinden, nicht nur in zivilrechtlichen, sondern auch in peinlichen Fällen, übten die Rechtspflege selbst oder betrauten damit einen eigenen Richterstand. Die Zwangsmittel gegen Unfügsame waren nach orientalischer Sitte Stockschläge.[6] Auch das

---

[1]) Sabbat 20 b. Horajot 13 b.
[2]) Bericht des Babyloniers Nathan im Jochasin.
[3]) Jerus Megilla III, p. 74 a. Babl. Gittin 7 a.
[4]) Seder Olam Sutta.
[5]) [b. Berach. 63 a, jer. Synhedrin 19 a. S. Bacher. Agg. b. Tan.].
[6]) Synhedrin 5 a.

Polizeiwesen in den Städten, die Aufsicht über richtiges Maß und Gewichte, über Kanäle und öffentliche Sicherheit gehörte zu ihren Funktionen; sie ernannten dazu eigene Beamte.¹) Welche Einkünfte die Exilsfürsten vom Volke bezogen, ist nirgends angedeutet; höchstwahrscheinlich herrschte dabei die altasiatische Sitte, dem Herrscher Geschenke zu machen; erst in späterer Zeit ist von förmlichen alljährlichen Einkünften die Rede, die sie von gewissen Gegenden und Städten bezogen haben. Öffentlich genossen sie eine Ehrenauszeichnung, die nur den Herrschern aus Davidischem Hause eingeräumt war. Wenn sie nämlich aus der Thora einen Abschnitt vorlesen sollten, brachte man die Gesetzesrolle ihnen zu, während andere sich zu ihr verfügen mußten.²) Da sie von dem Ertrage ihrer ausgedehnten Ländereien reich waren, hatten sie auch einen reichen Sklavenstand und andere Dienerschaft; selbst freie Männer begaben sich unter ihr Patronat und trugen als Zeichen ihrer Hörigkeit das Wappen ihrer Herren an ihren Gewändern. Die Exilarchen waren auf ihr Abzeichen sehr bedacht und verziehen es selbst den von ihrem Hause unterhaltenen Gelehrten nicht, wenn sie es ablegten oder auch nur versteckten.³) Es war zu viel Macht in die Hände der Resch-Galuta gelegt, und diese Macht war zu wenig durch Gesetze oder Herkommen geregelt oder beschränkt, als daß nicht Willkür und Mißbrauch der Gewalt hätten vorkommen sollen. Oft wird über Anmaßungen, willkürliche Eingriffe, Gewalttätigkeit mancher Exilsfürsten oder ihrer Diener geklagt; sie setzten Schuloberhäupter ab, ernannten andere, manchmal unwürdige, an ihrer Stelle.⁴) Welche Macht hat sich je in den Grenzen der Gerechtigkeit und Billigkeit gehalten? In der vorgeschichtlichen Zeit, das heißt, ehe die Gesetzeskunde nach Babylonien verpflanzt und dort heimisch wurde, scheint die Unwissenheit der Exilsfürsten in der religiösen Praxis so groß gewesen zu sein, daß die Speisegesetze in ihrem Hause in der größten Harmlosigkeit übertreten wurden.⁵) Doch kennt die Geschichte auch würdige Persönlichkeiten in ihrer Reihe, die sich in späterer Zeit mit der jüdischen Gesetzeskunde auch die Tugenden des Judentums angeeignet haben und ein Ruhm ihres Volkes geworden sind. Die Exilsfürsten vereinigten oft mit der politischen Macht die Autorität der Gesetzeslehrer und glichen den palästinensischen Patriarchen. Wie

---

¹) Baba Batra 89 a.
²) Bericht des Babyloniers Nathan das. Jerus. Sota VII, p. 22 a. [Die Stellung des Resch-Galuta wurde auch in Palästina als eine höhere als die des Patriarchen bezeichnet. S. Horajot 11 b., wo Rabbi nur R. Juda II. sein kann].
³) Sabbat 58 a. Moed. Katan 12 a.
⁴) Vergl Succa 31 a. Baba Kama 59 a. Erubin 11 b.
⁵) Pesachim 76 b.

manche unter diesen nach politischer Gewalt strebten, um den Exilarchen nicht nachzustehen, was aber nicht immer den Umständen abzugewinnen war, so trachteten manche Resch-Galuta wiederum nach der Lehrwürde. — Alle diese Umstände zusammen, die große Zahl der jüdischen Bevölkerung in Babylonien, ihre Unabhängigkeit und die konzentrierte Macht des Exilarchats drücken der jüdischen Geschichte, so weit sie sich in diesem Kreise bewegt, einen eigentümlichen Stempel auf; es entstanden in diesem Lande neue Bedürfnisse, wie sie Judäa nicht kannte; neue Bedürfnisse erzeugten neue Gesetzesbestimmungen und Halachas, und so ging die Lehre einer neuen Entwicklung entgegen, woran Babylonien, wie schon erwähnt, den bedeutendsten Anteil hatte.

Zahlreicher als in früherer Zeit waren lernbegierige babylonische Jünglinge in dem letzten Tannaitengeschlechte unter dem Patriarchat R. Judas I. zu den galiläischen Lehrhäusern geströmt, als wollten sie die letzten Strahlen der untergehenden Sonne der Lehre im Stammlande auffangen, um damit ihr Geburtsland zu erleuchten. R. Chija aus Kafri und seine zwei Wundersöhne, seine Verwandten Abba-Areka und Rabba-bar-Chana, Abba und sein Sohn Samuel waren ausgezeichnete Jünger an R. Judas I. Schule; sie waren mittelbar oder unmittelbar die Bildner und Vorbilder für Babylonien. R. Chija und seine Söhne Juda und Chiskia kehrten indessen nicht nach ihrem Geburtslande zurück, sondern starben in Galiläa, wo sie gleich Heiligen verehrt wurden; man wallfahrtete zu ihren Gräbern, und es galt als eine Ehre, neben ihnen begraben zu liegen. Aber R. Chija hatte den größten Einfluß auf die Bildung seines Jüngers und Schwestersohnes Abba-Areka, dem er uralte babylonische Traditionen (Hilcheta bablaï) überlieferte;[1] denn so ganz und gar entblößt von Lehrtätigkeit war Babylonien nicht, wie manche behauptet haben. Nahardea war der Sitz eines Gerichtshofes und Lehrhauses, das Sidra hieß. R. Nathan, Synhedrist in R. Simon ben Gamaliels II. Kollegium, und R. Chija haben sich in Babylonien gebildet, ehe sie nach Palästina ausgewandert waren. Ehe Abba-Areka und Samuel von der judäischen Hochschule R. Judas I. zurückkehrten, fungierte ein sonst unbekannter R. Schila in Nahardea als Schuloberhaupt (Resch Sidra).[2] Aber mit diesen beiden Männern, die alle Begabung besaßen, um Schöpfer neuer Verhältnisse zu werden, traten weitgreifende Veränderungen ein; sie waren es, welche eine neue Richtung vorzeichneten und Babylonien zur Höhe von Judäa emporbrachten.

---

[1] Genesis Rabba, c. 33.
[2] Sendschreiben Scheriras.

Abba mit dem historischen Namen Rab, (geboren um 175, starb 247) hat seinen Zunamen Arela wahrscheinlich von einer Stadt dieses Namens.[1]) Nach dem Tode seines Vaters Aibu begab er sich nach dem Beispiel seines Verwandten, R. Chija, nach Judäa, um sich in dem Lehrhause R. Judas I. auszubilden. Mit außerordentlicher Bewunderung sprach man von den früh entwickelten Geistesfähigkeiten dieses Jünglings. R. Jochanan, jünger als er, erzählte von ihm: „In den Gesetzesdiskussionen zwischen R. Juda, dem Patriarchen, und Abba-Arela sprühten Feuerfunken von Beweisen und Gegenbeweisen, von denen ich nichts verstand". Durch R. Chijas Vermittlung erlangte Rab eine in etwas beschränkte Promotion, die der Patriarch Gamaliel III. auch später nicht erweitern mochte.[2]) Große Erwartungen hegte man von ihm in der Heimat; als die Nachricht von seiner Rückkehr aus Palästina bekannt geworden war, erwarteten ihn der schon früher zurückgekehrte Samuel und sein Freund Karna an dem Ufer des Euphratkanals Nahar-Malka. Der letzte überstürzte ihn förmlich mit Fragen,[3]) und selbst das Schuloberhaupt R. Schila beugte sich vor dessen Kenntnissen. Rab hatte einmal ganz unbekannt bei ihm als Ausleger (Meturgeman) fungiert und eine gegen das Herkömmliche verstoßende Erklärung zu einer Mischna gegeben, welche dem Vortragenden mißfiel. Stolz entgegnete Rab: „Der Flötenton, der den Kenner entzückt, mißfällt dem Unkundigen! So habe ich es stets vor R. Chija zu seiner Zufriedenheit erklärt." R. Schila, erstaunt in seinem Meturgeman den berühmten Abba zu erkennen, bat ihn demütig um Entschuldigung dafür, daß er ihn zu einer seinem Werte unangemessenen Funktion gebraucht habe.[4]) Nach R. Schilas Tod sollte Rab sein Nachfolger werden; allein er trat das Ehrenamt seinem jüngeren Freunde Samuel ab, weil Nahardea dessen Heimat war.[5])

Der Exilsfürst jener Zeit, dessen Namen wahrscheinlich Anan lautete, scheint bei Besetzung der von ihm abhängigen Ämter auf gesetzeskundige Babylonier Rücksicht genommen zu haben. Einen Verwandten seines Hauses, Mar-Ukba,[6]) ernannte er zum Oberrichter in Kafri, da sein Reichtum, seine Bescheidenheit, Persönlichkeit und Gesetzeskunde ihn eines solchen Amtes würdig machten. Auch Karna war zum Richter ernannt; dieser, weil unbegütert,

---

[1]) Vergl. Fürst, Literaturblatt des Orient, Jahrg. 1847. Nr. 2.
[2]) Note 1.
[3]) Sabbat 107 a.
[4]) Joma 20 b.
[5]) Scheriras Sendschreiben.
[6]) Sabbat 55 a. S. Note 27.

ließ sich von den Parteien seine Zeitversäumnis entschädigen.¹) Abba-Areka übertrug der Exilsfürst das Amt eines Marktmeisters (Agoranomos) mit der Aufsicht über richtiges Maß und Gewicht. Hierbei zeigte sich aber recht grell das Willkürregiment des Exilsfürsten. Er hatte von Abba-Areka verlangt, auch die Marktpreise zu überwachen und die Verteuerung der Lebensmittel zu verhindern. Weil dieser aber sich diesem Ansinnen nicht fügen wollte und sich hierbei auf ein marktpolizeiliches Gesetz berief, wurde er ins Gefängnis geworfen und blieb solange darin, bis Karna dem Exilsfürsten sein Unrecht vorhielt, daß er einen Mann strafe, der voll Dattelsaftes (voller Geistes) sei.²) Durch das Agoranomenamt war Abba-Areka veranlaßt, Reisen in die verschiedenen Bezirke des jüdischen Babyloniens zu machen, und wurde dadurch im Lande bekannt. Der letzte parthische König Artaban III. (216—226), aus dem Hause der Arsaciden, der ihn vielleicht auf seinen Rundreisen gesprochen hatte, schätzte ihn so hoch, daß er ihm einst wertvolle Perlen zum Geschenk zuschickte. Zwischen dem letzten Partherkönig und dem ersten babylonischen Amora herrschte ein so freundliches Verhältnis, wie zwischen dem judäischen Patriarchen und dem römischen Kaiser dieser Zeit. Artaban und die arsacidische Dynastie wurden von Ardschir gestürzt. Als Artaban fiel, sprach Rab trauernd: „Das Band ist gelöst".³) Auf diesen Reisen erfuhr Abba mit Erstaunen, in welcher maßlosen Unwissenheit der jüdischen Gesetze diejenigen Gemeinden lebten, welche vom Mittelpunkte entfernt waren. In einem Ort Tatlafos kannte man nicht einmal das traditionelle Verbot, die Mischung von Milch- und Fleischspeisen zu genießen. Eine Frau fragte die andere: „Wieviel Milch braucht man zu so und soviel Fleisch?"⁴) Um der Übertretung aus Unwissenheit zu steuern, verschärfte Rab manches und verbot auch das Erlaubte. Manche neue Erschwerungen entstanden auf diese Weise, die vermöge seiner Autorität Gesetzesgiltigkeit erlangten. Die Verwahrlosung, in der sich die Gegend von Sura befand, regte in ihm den Gedanken an, gerade dort ein Lehrhaus anzulegen, damit durch die ab- und zureisenden Jünger die Gesetzeskenntnis allgemeiner werde. Und dieses große Werk ist ihm gelungen. Wenn der Ausbau des Religionsgesetzes zur Erhaltung des Judentums beigetragen

---

¹) Ketubbot 105 a.
²) Jerus. Baba Batra V, Ende. Babl. das. 89 a.
³) Jer. Peah I, 15 d., Genesis Rabba, c. 58 b; Aboda Sara 10 b. In den beiden ersten Stellen muß emendiert werden לרב statt: לרבינו oder לרבינו הקדש; in der letzten אטבן ארדכן = אדרכן statt אדרכן. Auch b. Pesachim 112 b. ist רב statt רבינו הקדש zu lesen.
⁴) Chullin 110 a. Jerus. Schekalim VII, 50 c.

hat, so ist ein großer Teil dieses Erfolges Abba-Areka zuzuschreiben. Beinahe acht lange Jahrhunderte war Sura mit geringen Unterbrechungen der Sitz der talmudischen Gesetzeskunde und zuletzt eine Schule der Weisheit.

Das Lehrhaus, welches den üblichen Namen S i d r a führte, eröffnete Abba (um 219) noch beim Leben seines Gönners Artaban. Zwölfhundert Jünger, von Abba-Arekas Ruf angezogen, strömten aus alle Gegenden Babyloniens herbei; selbst aus Nabatäa und dem sarazenischen Taiba kamen solche, um an dem neueröffneten Lehrhause teilzunehmen. Über hundert namhaft gemachte Jünger und Jüngergenossen haben seine Aussprüche und Entscheidungen weiter verbreitet. Der Zudrang von Zuhörern war so groß, daß Rab das Lehrhaus durch einen Garten erweitern mußte, den er zu diesem Zwecke von einem verstorbenen Proselyten als herrenloses Gut erworben hatte.[1]) Die Verehrung seiner Jünger für ihn war so groß daß sie ihn „Rab", den Lehrer schlechthin nannten, wie man den Patriarchen Juda Rabbi oder Rabbenu nannte, und dieser Titelname ist für ihn stehend geworden. Seine Schule hieß B e - R a b (abgekürzt von Bet, Haus) und dieser Name bezeichnete später ein Lehrhaus überhaupt. Seine Autorität erstreckte sich über Babylonien hinaus; selbst R. Jochanan, der gefeiertste Lehrer Judäas, schrieb an ihn: „An unsern Lehrer in Babylonien", war ungehalten, wenn man wegwerfend von ihm sprach und gestand, Rab sei der einzige gewesen, dem er sich gerne untergeordnet hätte.[2]) Eine große Anzahl von unbemittelten Jüngern verpflegte Rab auf eigene Kosten, denn er war reich und hatte eigene Äcker, die er selbst anbaute.[3]) — Die weise Einteilung der Zeit, die er getroffen hatte, machte es den Zuhörern möglich, sich dem Gesetzesstudium hinzugeben, ohne den Broterwerb zu vernachlässigen. Zwei Monate des Jahres (Adar und Ellul) im Herbst und Frühlingsanfang versammelten sich die Zuhörer in Sura. In diesen zwei Monaten, welche V e r s a m m l u n g s m o n a t e (Jarche Kalla) hießen, waren tagtäglich vom Morgen an Lehrvorträge; kaum gönnten sich die Zuhörer den Morgenimbiß zu sich zu nehmen.[4]) Der gebräuchliche Name für öffentlichen Vortrag war K a l l a. Außer diesen zwei Monaten hielt Rab eine Woche vor den Hauptfesttagen öffentliche Vorträge, an denen aber das ganze Volk und nicht bloß die Jünger Anteil nahmen. Auch der Exilarch fand sich zu dieser Zeit in Sura ein

---

[1]) Ketubbot 106 a. Baba Batra 54 a. Scheriras Sendschreiben.
[2]) Chullin 54 a. 137 b. Moed Katan 24 a.
[3]) Berachot 52 b. Chullin 105 a. Maasser Scheni V, S. 56 d.
[4]) Succa 26 a. Der Name כלה bedeutet wohl gleich כלירא, K r a n z, K r e i s, von den Sitzen der Zuhörer im Kreise.

und empfing daselbst die Huldigung der versammelten Menge. Der Zudrang war so groß, daß viele in den Häusern kein Unterkommen finden konnten und im Freien an den Ufern des Surasees lagern mußten.¹) Diese Festvorträge hießen **Rigle**. Die Kallamonate und die Riglewoche hatten auch zivilrechtliche Folgen — die richterliche Gewalt pausierte während dieser Zeit, die Gläubiger konnten die Schuldner nicht vor Gericht laden.²) Rab sorgte also sowohl für die Belehrung des unwissenden Volkes, wie auch für die Weiterbeförderung des Lehrstoffes durch Ausbildung von Jüngern.

Von einer eigenen Methode Rabs ist nichts bekannt. Seine Lehrweise bestand darin, den ganzen Umfang der Mischna, die er in ihrer letzten Vollendung mitgebracht hatte, auseinanderzusetzen, Wort und Sinn jeder Halacha zu erläutern, auch die Boraïtas und größeren Mischnas, namentlich R. Chijas, damit zu vergleichen. Solche Entscheidungen und Folgerungen, welche man Memra nannte, sind von Rab in unzähliger Menge vorhanden und machen nebst denen von Samuel und R. Jochanan, den zeitgenössischen Schulhäuptern, einen bedeutenden Teil des Talmuds aus. In den meisten Fällen war er mehr als seine Mitamoras für Erschwerungen und geneigt, was an das Verbotene streift, zu verbieten, allerdings mit Rücksicht auf die unterscheidungsunfähige Menge der babylonischen Juden. Die meisten Aussprüche von Rab erhielten Gesetzeskraft, mit Ausnahme derjenigen, die das bürgerliche Recht betrafen, weil seine Autorität mehr in ritualen Fragen, als in zivilrechtlichen anerkannt war.

Mit durchgreifendem Ernste betrieb er die Verbesserung der Sittlichkeit, welche, wie die Religiosität, in den niederen Volksschichten einen sehr tiefen Stand hatte. Die ehemalige patriarchalische Einfachheit des Ehelebens war in Babylonien, dumpfer, tierischer Unsitte gewichen. Begegneten ein Jüngling und ein Mädchen einander und wurden einig sich zu heiraten, so riefen sie die ersten besten Zeugen herbei, und die Ehe war geschlossen. Väter verheirateten ihre kaum mündigen Töchter, und der Bräutigam bekam die Braut erst in dem Augenblick zu sehen, da ihn der Anblick derselben bisweilen zur Reue über den getanen Schritt stimmte. Das Gesetz, anstatt die Unsitte zu verdammen, hatte sie mit seiner Autorität geschützt. Gegen diese eingerissenen Unziemlichkeiten kämpfte Rab mit der ganzen Strenge seines sittlichen Eifers.³) Er verbot, ohne vorangegangene Be-

---

¹) Succa 26 a.
²) Baba Kama 117 a.
³) Jebamot 52 a. Kidduschin 12 b, 41 a.

werbung zu heiraten, schärfte den Vätern ein, ihre Töchter nicht
ohne deren Einwilligung und um so weniger vor deren Mündig-
keit zu verheiraten, ermahnte die Heiratslustigen, vor der Verlobung
mit dem Mädchen ihrer Wahl Bekanntschaft zu machen, damit die
eheliche Liebe sich nicht durch Enttäuschung in Haß verwandele.
Allerhand gesetzliche Kniffe, die der Gatte anwenden konnte, um
eine notwendige Scheidung rückgängig zu machen, vereitelte Rab,
indem er ihm für solche Fälle den Schutz der Gesetze entzog. Alle
diese sittlichen Maßregeln sind allgemein giltige Gesetze geworden.
Das Ansehen der Gerichtshöfe hob er ebenfalls; jeder mußte auf
Vorladung des Gerichts erscheinen; die Gerichtsdiener wurden mit
amtlichem Ansehen bekleidet; gegen die Widersetzlichen führte er den
Bann ein. Der Bann hatte in Babylonien eine strengere Form
und darum auch eine größere Wirkung. Man machte die Vergehungen
des Gebannten öffentlich bekannt; man mied seinen Umgang, bis er
Buße getan. In Babylonien, wo die jüdische Bevölkerung eine
Welt für sich ausmachte, war der Bann hinreichend, den Gesetzen
Ansehen und Gehorsam zu verschaffen. — Rabs Tätigkeit war
also eine doppelte: er veredelte die Sitten und brachte wissenschaftliche Regsamkeit in ein Land, das früher, wie die Quellen
sich ausdrücken, „ein freies, ungeschütztes Brachfeld war". Rab
umgab es mit dem Doppelzaun der Sittenstrenge und der Geistestätigkeit; nach dieser Seite hin war er für Babylonien, was Hillel
für Judäa.

Auch die Tugenden Rabs, seine Geduld, Versöhnlichkeit und
Bescheidenheit erinnern an Hillel. Er hatte eine böse Frau, welche
ihm in allen Dingen zuwiderhandelte; erbat er sich eine bestimmte
Speise, so war er gewiß, daß gerade etwas anderes zur Tafel
kommen würde. Er erinnerte sich dabei des Segens, den ihm R. Chija
zum Abschiede gegeben: „Gott schütze dich vor etwas, das noch
schlimmer ist als der Tod", was er damals in seiner Harmlosigkeit
nicht begreifen konnte. Er ertrug aber die Unarten seiner Frau mit
Geduld. Als sein Sohn Chija herangewachsen war, pflegte er die
Bestellung seines Vaters an die Mutter umzukehren, damit sie gerade
das Entgegengesetzte und also das eben Gewünschte ausführen sollte.
Rab freute sich zwar über die zarte Aufmerksamkeit seines Sohnes,
verbot es ihm aber, weil der Schein von Lügen zur Lügengewöhnung
führen könnte.[1]) Gegen R. Chanina, das Schulhaupt von Sepphoris,
hatte sich Rab in seiner Jugend vergangen, darum ermüdete er nicht,
ihn mehreremale hintereinander um Verzeihung zu bitten.[2]) In

---

[1]) Jebamot 63 a.
[2]) Joma 87 b.

seiner Versöhnlichkeit nahm er keine Rücksicht auf seinen Stand; als er einen Mann aus dem Volke beleidigt zu haben glaubte, begab er sich am Vorabend des Versöhnungstages zu ihm, um sich mit ihm auszusöhnen.¹) Wenn ihm an den Tagen der Lehrvorträge eine zahllose Menge ins Lehrhaus nachfolgte, pflegte er sich, um sich selbst vor hochmütigen Gedanken zu warnen, den Vers aus Job einzuprägen: „Wenn des Menschen Größe bis zum Himmel reicht, so vergeht sie ebenso plötzlich." Ehe er sich in die Gerichtssitzung begab, sagte er: „Freiwillig begebe ich mich in den Tod; meines Hauses Angelegenheit besorge ich hier nicht, leer kehre ich von hier in mein Haus zurück: möchte ich bei meiner Heimkehr ebenso schuldlos dastehen, wie beim Hingehen".²) — Er hatte die Freude, einen halachakundigen Sohn, Chija, zu besitzen und seine Tochter in das Haus des Exilarchen zu verheiraten; Die Söhne dieser Tochter wurden würdige und gelehrte Fürsten.³) Seinem zweiten Sohne Aibu, der keine geistigen Anlagen hatte, empfahl er gewisse Lebensregeln, unter anderm die Vorliebe für den Ackerbau: „Lieber ein kleines Maß vom Felde, als ein großes vom Söller (Warenlager)".⁴) Achtundzwanzig Jahre bis ins Greisenalter wirkte Rab an der suranischen Sidra (219—247). Als er starb, begleiteten seine sämtlichen Schüler seine Leiche zur Ruhestätte und legten Trauerzeichen an. Auf den Vorschlag eines seiner Jünger hielt Babylonien ein ganzes Jahr Trauer um ihn, man legte an Hochzeiten die üblichen Blumen= und Myrthenkränze nicht an. Sämtliche babylonischen Juden, mit Ausnahme eines einzigen — Bar=Kascha aus Pumbadita — trauerten um den Verlust ihres großen Amora.⁵)

Viel origineller und vielseitiger war Rabs Freund, halachischer Gegner und Mitarbeiter an der Hebung der babylonisch-jüdischen Bevölkerung, Samuel oder Mar=Samuel, auch Arioch und Jarchinaï genannt (geb. um 160, st. 257). Diese hochbegabte Persönlichkeit macht in gewisser Beziehung Epoche in der jüdischen Lehre. Die Sage, welche seinem nüchternen Leben kein Moment zur Ausschmückung abgewinnen konnte, will ihn schon im Mutterleibe verherrlichen. Eine wahrsagende Matrone habe seinem Vater Abba bar-Abba die Geburt eines unvergleichlich weisen Sohnes vorher verkündet. Seine Mutter habe des Ehebruchs fälschlich bezichtigt, Geißelhiebe bekommen, und Samuel habe sich im Mutter-

---

¹) Joma 87 b.
²) Taj. Synhedrin 7 b.
³) Chullin 92 a.
⁴) Pesachim 113 a.
⁵) Berachot 43 b. Sabbat 110 a.

leibe zusammengekauert, um von den Streichen nicht getroffen zu werden.¹) Aus seiner Jugendzeit ist weiter nichts bekannt, als daß er einmal seinem Vater Abba entlaufen ist. Als Jüngling folgte er dem allgemeinen Zuge, sich nach Judäa zu begeben, um sich in dem Lehrhause des Patriarchen R. Juda I. auszubilden. Es ist bereits erzählt, wie er dort das Augenübel des kränklichen Patriarchen geheilt, dann noch vor Rab in die Heimat zurückgekehrt, und nach R. Schilas Tod zu der Würde des Resch-Sidra erhoben worden ist.

Samuel ben Abba war eine nüchterne, normal gebildete Persönlichkeit, fern von Schwärmerei und Überschwenglichkeit. Während seine Zeitgenossen die Erneuerung alter Wunder vor dem Eintreten der messianischen Zeit erwarteten, stellte er die Ansicht auf, es werde auch dann alles einen natürlichen Verlauf haben, nur die Untertänigkeit Israels unter fremden Herrschern werde aufhören.²) Seine geistige Tätigkeit war drei Fächern zugewendet: der Gesetzesauslegung, der Sternkunde und der Arzneiwissenschaft. — Als Amora stand er in Kenntnis der Ritualgesetze Rab nach, aber in der Kunde des jüdischen Zivilrechtes war er ihm bei weitem überlegen. Samuel entwickelte und bereicherte das jüdische Recht nach allen Seiten hin, und alle seine Entscheidungen haben halachische Giltigkeit erhalten. Aber keiner seiner Aussprüche war von so folgenschwerer Bedeutung wie jener, daß die Landesgesetze ebenso rechtskräftig für die Juden sein sollen, wie die eigenen (dina d'malchuta dina).³) Samuel wollte nicht bloß eine abgezwungene Duldung gegen die fremde Gesetzgebung geübt wissen, sondern diesen Grundsatz vollständig als Norm anerkannt sehen, dessen Übertretung auch von dem religiösen Gesichtspunkte sträflich sei. Es war dies im Grunde eine Neuerung, welche nur unter den Verhältnissen der babylonischen Juden zu dem parthischen und persischen Staate Anklang finden konnte. Der Samuelsche Grundsatz von der Heiligkeit der Landesgesetze stand offenbar in Widerspruch mit ältern Halachas, welche fremde Gesetze als Willkür und Eingriffe behandelten und ihre Umgehung nicht für sträflich hielten.⁴) Aber die Amoras hatten es in der Ausgleichung widersprechender Gesetze schon soweit gebracht, daß jene alten abstoßenden Bestimmungen und diese neuen schmiegsamen Grundsätze nebeneinander bestehen konnten. Die Samuelsche Anerkennung der

---

¹) Haï Gaon in Respp. Gaonim (שערי תשובה) Nr. 18, auch Halachot Gedolot Gittin 61.   ²) Synhedrin, p. 97 und Parallelstellen.

³) Baba Batra 54a und Parallelstellen. Eine Biographie Samuels hat A. Krochmal geliefert (Chaluz I); sie enthält viel Brauchbares, aber auch manches Unhaltbare, so z. B., daß Samuel ein Jünger Hunas in Babylonien gewesen sei.

⁴) Nedarim 28a. [Vergl. Hoffmann, Mar Samuel, S. 41, A. 4].

Landeseinrichtungen wurde in der Folge ein Rettungsanker für die Zerstreuten. Sie versöhnte einerseits die Juden selbst mit demjenigen Staate, wohin das unerbittliche Geschick sie geworfen hatte; ihr religiöses Gewissen fühlte sich nicht in Widerspruch mit den harten Gesetzen, die man ihnen zumeist auferlegte. Anderseits konnten die Judenfeinde aller Jahrhunderte, welche den scheinbar feindlichen Geist des Judentums zum Vorwande nahmen und zur Verfolgung und gänzlichen Vertilgung der jüdischen Nation rieten, auf ein jüdisches Gesetz verwiesen werden, welches ihre Behauptung mit drei Worten entkräftete. Der Prophet Jeremias gab den nach Babylonien vertriebenen Stämmen die herzliche Ermahnung für ihr Verhalten in der Fremde mit: „Fördert das Wohl der Stadt, wohin ihr vertrieben seid." Samuel hatte diese herzliche Ermahnung in eine religiöse Vorschrift umgewandelt: „Das Gesetz des Staates ist giltiges Gesetz".[1]) Jeremias und Mar-Samuel verdankt das Judentum die Möglichkeit seines Bestandes in der Fremde. Samuel hatte überhaupt eine besondere Zuneigung zu dem persischen Wesen, war infolgedessen bei dem persischen Hofe sehr beliebt und lebte auf vertrautem Fuße mit Schabur I. Die Zeitgenossen nannten ihn daher — man weiß nicht rügend oder ehrend — den König Schabur und auch Arioch den Arier (Anhänger der Neuperser).[2]) Seine Anhänglichkeit an die persische Dynastie war so groß, daß sie das Gefühl für die Stammverwandten in seinem Herzen verdrängte. Als Schabur seine Eroberungen bis nach Kleinasien ausgedehnt und die kappadozische Hauptstadt Mazaka-Cäsarea eingenommen hatte, kamen dabei 12000 Juden um. Samuel legte aber kein Trauerzeichen um die Gefallenen an, weil sie gegen Schabur gekämpft hatten.[3]) Er bildet daher einen eigenen Typus, inmitten der Hochströmung des Judentums stehend, in dessen Lehre und Überlieferung vertieft, erhob er sich aus dem engen Gesichtskreise der Nationalität, um auch den Blick für andere Völker und andere Geistesbestrebungen offen zu haben. Rab, ganz und gar in der Nationalität befangen, räumte dem persischen Wesen keinen Einfluß ein, gestattete nicht einmal, von den Magiern etwas Unschuldiges aufzunehmen: „Wer auch nur eine einzige Sache von den Magiern lernt, verdient den Tod".[4]) Samuel hingegen lernte

---

[1]) [In seiner strengen Rechtlichkeit nannte er jede Täuschung eines Nebenmenschen, um dessen Gunst zu gewinnen, das „Stehlen einer Meinung" (גניבת דעת) was wie der Diebstahl, selbst einem Heiden gegenüber sündhaft sei. Chullin 94 a].

[2]) So richtig erklärt von Fürst.

[3]) Moed Katan 26 a. Die Eroberung von Kappadozien (Zonares I, 12) wird 260 angesetzt, von Gibbon und Clinton, Fasti Romani I zu diesem Jahre. Aber damals war Samuel schon tot, vergl. Note 1.

[4]) Sabbat 75 a.

sehr viel von den persischen Weisen. Mit seinem Freunde Ablat pflegte er die Sternkunde, jene erhabene Wissenschaft, welche den Staubgeborenen der Gottheit näher bringt, und dem staunenden menschlichen Blicke die göttliche Größe durch die unzähligen rollenden, glänzenden Welten offenbart. Die Tiefebene zwischen Euphrat und Tigris, deren weit ausgedehnter Horizont von keinem Hügel beengt ist, war die Wiege der Sternkunde, die aber in dieser Region auch in die Afterwissenschaft der astrologischen Sterndeuterei entartete, welche die kurze Spanne des menschlichen Lebens an den ewigen Lauf der Sterne knüpft. Samuel legte aus seinem jüdischen Bewußtsein heraus kein Gewicht auf astrologische Nativitätswahrsagerei[1]) und pflegte nur die erhabene Seite der Sternkunde. Er rühmte von sich: „Mir sind die Himmelsbahnen so bekannt, wie die Straßen Nahardeas". Nur die unregelmäßige Bewegung der Kometen wußte er nicht zu berechnen. Wie weit seine astronomischen Kenntnisse reichten, ob er seiner Zeit voraus war, läßt sich nicht ermitteln. Mar-Samuel machte von dieser Wissenschaft einen praktischen Gebrauch, er legte einen sichern Festkalender an, damit die babylonischen Gemeinden nicht stets in Ungewißheit über den wahren Feiertag zu bleiben und von den Neumondbestimmungen Judäas abhängig zu sein brauchten.[2]) Wahrscheinlich nur aus Pietätsrücksicht für das Patriarchenhaus und um die Einheit des Judentums nicht zu zerreißen, hat Samuel diesen Kalender nicht veröffentlicht, sondern ließ die Kalenderkunde, wie bisher, als eine geheime Wissenschaft (Sod ha-Ibbur) fortbestehen. Einige waren überhaupt ungehalten über ihn, daß er die kalendarische Berechnung in Anregung brachte. — Der Umfang von Samuels Arzneikunde ist noch weniger bekannt; er rühmte sich, alle Krankheitsfälle bis auf drei heilen zu können. Die meisten Krankheiten schrieb er dem tödlichen Einflusse der Luft auf den menschlichen Organismus zu. Selbst der Tod auf dem Schlachtfelde sei nach seiner Ansicht auf Rechnung der Luft zu setzen, deren Zutritt nicht schnell genug verhindert werden könne. Eine Augensalbe, deren Erfinder Samuel war, war sehr gesucht; R. Jannaï ließ sie sich durch Mar-Ukba aus Babylonien kommen.[3])

Zwischen Samuel und dem Gründer des suranischen Lehrhauses herrschte eine brüderliche Eintracht, obwohl die nahardeanische Sidra durch Rab verdunkelt wurde. In seiner Bescheidenheit ordnete er sich freiwillig Rab unter. Die angesehene Familie Schela hatte bei der Huldigung des Exilarchen den Vortritt, der ihr gebührte, gerne Samuel

---

[1]) Sabbat 156 b.
[2]) Rosch ha-Schanah 20 b. Chullin 95 b, s. Note 21.
[3]) Baba Mezia 106 b., 113 b. Sabbat 108 b.

überlassen, und er trat ihn seinem suranischen Genossen ab und begnügte sich mit der dritten Stelle.[1]) Nach Rabs Tod wurde Samuel als einziges religiöses Oberhaupt für Babylonien anerkannt und fungierte in dieser Eigenschaft zehn Jahre. R. Jochanan in Judäa nahm zwar anfangs Anstand, ihn als Autorität anzuerkennen. In dem Sendschreiben, die das Schuloberhaupt von Tiberias nach Babylonien richtete, gebrauchte er für Rab den Titel: „An unsern Lehrer in Babylonien," für Mar-Samuel hingegen: „An unsern Genossen". Man traute in Judäa dem letzteren nicht die erforderlichen halachischen Kenntnisse zu, weil er sich mit anderweitigen Wissenszweigen beschäftigte. Vergebens schickte Samuel nach Judäa eine Festordnung auf sechzig Jahre berechnet; wegwerfend äußerte sich R. Jochanan darüber: „Nun, er versteht das Rechnen gut". Erst als Samuel mehrere Rollen, gefüllt mit Untersuchungen über zweifelhafte Tierkrankheitsfälle, überschickt hatte, nahm die Hochachtung für ihn zu. R. Jochanan und ben Lakisch, begierig diesen seltenen Mann kennen zu lernen, schickten sich an, ihn zu besuchen, hörten aber inzwischen, daß er das Zeitliche gesegnet habe.[2]) Mar-Samuel hinterließ keine männliche Nachkommenschaft, aber zahlreiche Jünger, welche seinen Namen zu dem gefeiertsten machten.[3])

[1]) Jerus. Taanit IV, p. 68 a.
[2]) Chullin 95 b.
[3]) [über die Tätigkeit von Rab und Samuel für den synagogalen Gottesdienst und die von ihnen verfaßten Gebete, s. Note 39]

Sechzehntes Kapitel.

Tiefgreifende politische Veränderungen während des ersten Amorageschlechts. Sieg der Neuperser, Chebrin (Gueber), über die Parther. Fanatismus des Sassaniden Ardaschir. Stellung der Juden unter der neuen Dynastie. Anarchie in Rom. Die Kaiserin Zenobia und die Juden. Zerstörung Naharbeas durch Papa bar Nazar.

(226—273).

In Europa und Asien, im römischen und parthischen Reiche traten im dritten Jahrhundert zu gleicher Zeit folgenschwere politische Katastrophen ein, welche der Geschichte eine andere Physiognomie gegeben, die Zustände dieser zwei geschichtlichen Erdteile mit ihren Anhängseln verändert haben, und die jüdische Geschichte konnte von diesen Vorgängen nicht unberührt bleiben. Während der Regierung des edlen Alexander Severus wurde die vierhundertjährige Dynastie der Parther, der Abkömmlinge von Arsaces, gestürzt; ein neuer kräftiger Königsstamm entriß ihr das Zepter und erzeugte durch diesen Thronwechsel innere und äußere Umwälzungen. Ardaschir (oder Artachschster, wie er in der eigenen Sprache hieß), ein Sprößling aus altpersischem (arischem) Geschlechte, war der Urheber dieser Veränderung. Vereint mit den nationalgebliebenen Persern, welche die Mischlingsdynastie der Arsaciden wegen ihrer halbgriechischen Abkunft, ihrer Hinneigung zu griechischer Religionsanschauung, ihrer Verachtung der nationalen Zendreligion und endlich ihrer Ohnmacht gegen die immer weiter gehende Eroberung des Römerreichs haßten, verschwor sich Ardaschir gegen den letzten Arsaciden Artaban, den Verehrer Rabs, schlug ihn in einem entscheidenden Treffen und gründete das neupersische Königsgeschlecht der Sassaniden. Der herrschend gewordene Volksstamm führte in der Geschichte den Namen Neuperser, in den jüdischen Quellen Chebrin (Chebre), von welchen ein verkümmerter Rest noch jetzt Gueber heißt. Die Folgen dieser Staatsumwälzung machten sich nach der religiösen Seite nicht minder fühlbar, als nach der politischen. An der Stelle der Gleichgiltigkeit gegen den uralten Feuerkultus zeigte der Sieger Ardaschir schwärmerischen Eifer für denselben. Stolz nannte er sich: „Hormuzdverehrer, göttlicher Ardaschir König der Könige von Iran, von himmlischem Geschlechte entsprossen".[1]) Zoroasters Religionslehre von dem Doppelprinzipe des Lichtes und der Finsterniß (Ormuzd und Ahriman) wurde überall eingeschärft; die Magier, die Priesterkaste dieses Kultus, erhielten wieder ihr Ansehen, ihren Einfluß, ihre Macht; gegen die Griechlinge wurde mit Feuer und Schwert gewütet. Der angefachte Fanatismus der Magier, richtete nicht minder seine Feindseligkeit gegen die Christen, die in dem obern Mesopotamien in den von den Römern eroberten Bezirken Nisibis und Edessa zahlreich wohnten und eigene Schulen hielten.

Die Juden blieben von diesem Fanatismus nicht ganz verschont und entgingen nur wegen ihrer Massenhaftigkeit, ihrer Zentralisation und ihrer Wehrhaftigkeit einer durchgreifenden Verfolgung. In ihrem ersten Siegesrausche nahmen die Neuperser den jüdischen Gerichtshöfen die peinliche Gerichtsbarkeit,[2]) welche sie bis dahin ausgeübt, ließen Juden zu keinerlei Amtern, nicht einmal zur Aufsicht über Flüsse und Kanäle zu, worüber die letzteren sich jedoch nicht allzusehr zu beklagen schienen.[3]) Selbst eine Art Gewissenszwang mußten sie sich gefallen lassen. An gewissen Feiertagen, an denen die Magier das Licht, als sichtbares Abbild des Gottes Ormuzd, im Feuertempel verehrten, duldeten sie bei Juden kein Feuer auf dem Herde, kein Licht in den Zimmern. Sie drangen in die jüdischen Häuser ein, löschten alles Feuer aus und scharrten die glimmenden Kohlen in ihre heiligen Feuerbecken, um sie im Feuertempel als Opfergabe darzubringen.[4]) Daher waren die meisten Gesetzeslehrer von den Neupersern nicht sehr eingenommen. Als R. Jochanan hörte, daß sie auch in das jüdische Babylonien siegreich eingedrungen waren, war er über die Folgen dieses Ereignisses für seine babylonischen Stammgenossen sehr verzagt und beruhigte sich erst, als man ihm berichtete, sie seien sehr arm und würden sich daher mit Geldbestechung abfinden lassen. Wegen ihres halbwilden Charakters nannte er sie ein verworfenes Volk, dem die babylonischen Gemeinden preisgegeben seien.[5]) Der Patriarch R. Juda II. erkundigte sich angelegentlich bei Levi, welcher von Judäa nach Babylonien hin und her reiste, nach dem Charakter des siegenden Volks-

---

[1]) Persische Sassanidenmünzen mit Pehlwilegenden, entziffert von Mordtmann in Zeitschrift der deutsch-morgenländischen Gesellschaft 1854, S. 33 f.
[2]) Baba Kama 117 a. [Der Beweis ist nicht klar].
[3]) Taanit 20 a.
[4]) Synhedrin 74 b und dazu Scheeltot di R. Achaï, c. 42, Ende.
[5]) Jebamot 63 b.

stammes. Mit sichtbarer Parteinahme für die besiegten Parther entwarf Levi eine Schilderung von ihnen und den siegenden Neupersern: „Die ersten gleichen den Heeren des Königs David, die letzteren hingegen ähneln den Höllenteufeln".[1]) Als Rabba bar Chana einst krank war und einen Besuch von einem Freunde hatte, drangen die Feuerpriester plötzlich in sein Zimmer und löschten die Nachtlampe aus. Da entfuhren ihm im Unmute die Worte: „Allmächtiger, wenn du uns nicht in deinen Schutz nimmst, so überlasse uns mindestens dem Schutze der Römer".[2]) Aber nach und nach milderte sich der Fanatismus der Neuperser, und die Juden befreundeten sich so sehr mit ihnen, daß sie ihretwegen von der gesetzlichen Strenge nachließen und sogar hin und wieder an deren Gastmählern teilnahmen.[3]) Die Gesetzeslehrer gestatteten, den Magiern an dem Lichtfeste die verlangten Kohlen zu verabreichen und betrachteten es nicht, wie die Halacha es in ähnlichen Fällen beurteilt haben würde, als eine Förderung des Götzendienstes, dessentwegen man das Märtyrertum nicht scheuen dürfe.[4]) Die ältere Mischna verbietet, drei Tage vor den heidnischen Festen jeden Umgang, jeden geschäftlichen Verkehr mit Heiden, Samuel beschränkte dieses Verbot für Babylonien einzig und allein auf den Feiertag selbst. Selbst der strengere Rab erlaubte auf Verlangen der Magier, am Sabbat die Lampen vom Feste der Hasmonäer von der freien Gasse ins Haus zu bringen, um der herrschenden Priesterklasse keinen Anstoß zu geben.[5]) Diese gegenseitige Duldung trat ohne Zweifel erst unter der Regierung des milden Schabur I. (238—269)[6]) ein, welcher, wie bereits erzählt, mit Samuel befreundet war. Dieser hochherzige König, versicherte Samuel, habe während der vielen Kriege, welche er gegen die Römer in den Ländern von zahlreicher jüdischer Bevölkerung geführt, niemals jüdisches Blut vergossen, mit Ausnahme von den 12000 kappadozischen Juden, die er tötete, weil sie ihm einen feindseligen Widerstand geleistet hatten.[7])

[1]) Kidduschin 72 a. [Vergl. Hoffmann, Mar-Samuel, S. 10, A. 3].
[2]) Gittin 17 a. [Vergl. Bacher, Agada der babylon. Amoräer, S. 87].
[3]) Jebamot das.
[4]) Synhedrin das.
[5]) Sabbat 45 a. [Das beweist nur, daß die Juden unter hartem Drucke lebten].
[6]) Ich folge in der Chronologie der Sassanidenkönige den Angaben Mordtmanns in der Zeitschrift der deutsch-morgenländischen Gesellschaft 1854: Erklärung der Münzen mit Pehlwilegenden.
[Nach Nöldeke: Tabari, p. 412 ff., reg. Sâpur 241—272, welchem Graetz in der Volksausgabe folgt].
[7]) Moed Katan 26 a.

Von den durchgreifenden Veränderungen, welche in derselben Zeit im römischen Reiche vorgingen, empfand die jüdische Geschichte nicht minder Folgen und Rückwirkungen. Alexander Severs Tod (235) war ein Signal für die hydraköpfige Anarchie, sich mit all ihrem Schrecken auf Rom und die römischen Provinzen zu stürzen. In kaum einem halben Jahrhundert (235—284) herrschten beinahe zwanzig Kaiser und nebenher eben soviel Usurpatoren, die für den Kitzel, den Kaisermantel, wenn auch nur einen Tag, zu tragen und Hinrichtungen in Masse dekretieren zu können, ihr Leben einsetzten. Von fast allen Völkern, die Rom einst unterjocht hatte, warfen sich Kaiser auf, das italienische Babel zu knechten; die Zeit der Wiedervergeltung war gekommen. Es waren Raubvögel, welche sich den in Fäulnis übergehenden Staatskörper streitig machten. Noch zu Samuels Zeit (248) feierte der meuchelmörderische Kaiser Philipp, ein Araber von Geburt und ein Räuber von Haus aus, der die Christen begünstigte, den tausendjährigen Bestand Roms; aber Rom, dessen Senat die ihm von Legionenkaisern widerfahrene Demütigung mit lächelnder Miene und knechtischer Untertänigkeit entgegennehmen und durch Senatskonsulte sanktionieren mußte, war überall, an allen Stationsplätzen der Legionen, nur in der Stadt selbst nicht. Die Parther von einer Seite, Gothen und Alemannen von anderer Seite drangen in das römische Reich ein, als wollten sie die sibyllinischen Androhungen des Strafgerichtes vollstrecken.

Rom erlebte noch die Schmach, zu sehen, wie sein Kaiser **Valerianus**, der ausgerückt war, Schabur seine Eroberungen zu entreißen, als Gefangener in die Hände des Feindes geriet und die ganze Demütigung der Knechtschaft von dem übermütigen Sieger erdulden mußte. Die Gefangenschaft des Kaisers Valerian und die Schwäche seines nachfolgenden Sohnes Gallienus lösten alle Bande der römischen Autorität und Disziplin, und die römische Geschichte glich zehn Jahre nacheinander den Gladiatorenkämpfen auf einer weiten Arena. An allen Ecken und Enden des römischen Reiches traten Anmaßer auf. Die morgenländischen Provinzen in der Nähe des mächtigen Perserreiches sahen die Verwirrung und Auflösung in noch höherem Grade. Ein reicher und kühner Palmyrener, namens **Odenath**, Nachkomme eines Nasor (Nazor), der eine Schar räuberischer und wilder Sarazenen um sich gesammelt hatte, machte mit seinen Banden zur Zeit, als der Name Rom und seine Präfekten-Satrapen ihren Schrecken verloren hatten, von seinem Wohnsitze Palmyra aus, raubend und verheerend häufige Streifzüge, einerseits nach Syrien und Palästina und anderseits in die Euphratgegend. Wegen seiner Dienste, die er dem Kaiser geleistet hatte, wurde er ein Erbfürst mit dem Titel „Konsul und Heerführer des Orients"; er selbst nannte sich Kaiser von Palmyra.¹) Warum sollte er es nicht wie sein Landsmann Philipp, zum römischen Kaiser bringen? In jüdischen Kreisen nannte man Odenath den Räuberhauptmann **Papa bar Nazor**²) und deutete auf ihn den Zug in den Danielschen Visionen: „Das kleine Horn, aus den größern hervorgegangen, mit Menschenaugen und einem hochmütig redenden Munde". Die Raubzüge dieses abenteuernden Papa waren für die palästinensischen und babylonischen Juden von nachteiligen Folgen begleitet. Er zerstörte das uralte Nahardea (259), das seit den Zeiten des babylonischen Exils Mittelpunkt der jüdischen Gemeinden war; es dauerte längere Zeit, bis es sich von dieser Zerstörung erholen konnte. Die nahardeanischen Amoras, die Schüler Samuels, welche nach dem Tode ihres Meisters die Lehrtätigkeit fortgesetzt hatten, mußten entfliehen. Es war R. **Nachman**, ein Schwiegersohn des Exilsfürsten, R. **Scheschet, Rabba ben Abbuha** und R. **Joseph ben Chama**.³) Sie wanderten nach **Machuza** und anderen Städten der Tigrisgegend aus,⁴) nach **Silhi** (Phum el silh und Selhi) und **Schakan-Zib** (El-Sib). Beide Städte am Tigrisfluß⁵) (südlich von Bagdad) erhielten von dieser Zeit an amoräische Lehrhäuser, wie auch Pumbadita seine Erhebung zur akademischen Stadt von diesem Umstande datierte.

Bei der Zerstörung Nahardeas durch Papa ben Nazor waren Samuels Töchter ohne Zweifel unter vielen anderen in Gefangenschaft geraten. Sie wurden nach Sepphoris gebracht. Die Freibeuter spekulierten auf ein reiches Lösegeld, das für sie einträglicher schien, als die Gefangenen auf dem Sklavenmarkte zu verkaufen; denn es war bekannt, daß die Juden für den Loskauf ihrer gefangenen Stammgenossen keine Kosten scheuten. Samuels Töchter hatten von der halachischen Gelehrsamkeit ihres Vaters soviel Nutzen gezogen, daß sie dem strengen Gesetze zu entgehen wußten, welches gefangene Jungfrauen gleich Geschändeten behandelt und sie dadurch zu einer fleckenlosen Ehe unfähig macht. Ehe man noch wußte, wessen Töchter sie waren, erhielten sie ihre Freiheit wieder, und man glaubte ihnen, daß ihre Unschuld von den rohen Kriegern keinen Angriff erlitten habe. Als R. Chanina in Sepphoris erfuhr, daß es Samuels Töchter waren, legte er einem ihrer Verwandten, **Simon ben Abba**,

---

¹) [S. Mommsen, Röm. Gesch. V, 433, Anmerkung 2].
²) Note 28.
³) Scherira, Sendschreiben.
⁴) Ders.
⁵) Ritter, Erdkunde X, 233, 291.

ans Herz, eine derselben zu heirathen. Simon, Schüler R. Chaninas und R. Jochanans, welcher als die Gewissenhaftigkeit selbst geschildert wird, scheute sich nicht, obwohl von ahronidischem Geschlechte, die älteste heimzuführen. Aber das Unglück, das sich diesem Frommen an die Ferse heftete, verfolgte ihn auch im Eheleben, der Tod entriß sie ihm und auch ihre Schwester, die er nach dem Ableben der ersten geheiratet. Die fromme Sage, welche nicht begreifen konnte, wie das göttliche Verhängnis so hart die Töchter des hochverehrten Samuel und den sündenlosen Simon ben Abba treffen konnte, schrieb dieses Unglück der Versündigung zu, welche Samuel gleich R. Chananja, Neffe R. Josuas[1]), über Babylonien angeregt hatte. Dieser hatte einst Neumonde und Feiertage auf unheiligem Boden einzurichten sich angemaßt, und Samuel schien ihn mit seiner Kalenderberechnung nachahmen zu wollen.[2])

Odenath, der Zerstörer Naharbeas, wurde allmählich in der Oase **Palmyra** oder **Tadmor**, die der König Salomo in eine Stadt verwandelt hatte, beinahe römischer Kaiser. So zerfallen und geschwächt war das römische Reich, daß dieser bis dahin unbeachtete Mann den persischen Eroberungen auf römischem Gebiete einen Damm entgegensetzen mußte; später verwandelte er die Verteidigung in Angriff und zwang den siegreichen Schabur, seine Hauptstadt Ktesiphon flüchtig zu verlassen. Sechs Jahre war Odenath eine Schutzwehr des römischen Reiches am Euphrat und befreite vom panischen Schrecken die verzagten Römer, welche schon die Perser an die Tore Roms klopfen zu hören glaubten. Nicht lange genoß Odenath diese hohe Würde, er wurde von Mäonius, einem neidischen Verwandten, ermordet (267), der sich zum Kaiser aufwarf. Dieser Mord soll auf Antrieb seiner Frau **Zenobia** erfolgt sein, welche über ihn erzürnt war, daß er seinen Sohn aus erster Ehe, **Herodes**, mit Übergehung ihrer Söhne zum Mitregenten ernannt hatte. Nach seinem Tode übernahm **Zenobia** die Regierung für ihre unmündigen zwei Söhne. Durch sie wurde die Wüstenstadt Palmyra in einen Mittelpunkt des kaiserlichen Glanzes, der Bildung und des feinen Geschmackes verwandelt. Eine christliche Nachricht gibt die Kaiserin Zenobia für eine Jüdin aus; die jüdischen Quellen wissen nichts davon. Die römischen Nachrichten können nicht genug Farben auftragen, die seltene Erscheinung Zenobias zu schildern. Sie wird als ein Muster von Liebenswürdigkeit, hoher Bildung, männlichen Mutes und angeborener Tapferkeit geschildert, wodurch sie die Nachbarländer in

---

[1]) Oben S. 185.
[2]) Ketubbot 23 a, s. Note 28.

einem Untertänigkeitsverhältnis an ihren Thron zu knüpfen und dem römischen Reiche lange Trotz zu bieten vermochte. Der Palast dieser zweiten Semiramis, dessen Trümmer noch jetzt von seinem Kunstgeschmack zeugen, war ein Sammelplatz origineller Geister, mit denen die Königin philosophische Unterhaltungen pflog. An ihrem Hofe lebte der feine, philosophische Kunstkenner Longinus, der in seinem ästhetischen Werke über das Erhabene den hochpoetischen Gehalt der biblischen Schöpfungsgeschichte „es werde Licht" nicht genug bewundern konnte.[1]) Der verketzerte Paulus von Samosata, Bischof von Antiochien, fand an ihrem Hofe Schutz, als er wegen seiner vernünftigern Ansicht von der Orthodoxie verfolgt wurde. Paulus neigte sich nämlich in der Auffassung des Christentums mehr der jüdischen Einheitslehre zu, erkannte Jesus nur als Messias und nicht als Vollgott an und soll sogar die Beschneidung als notwendig zur Seligkeit empfohlen haben. Seine Feinde nannten ihn deswegen einen judaisierenden Ketzer, welcher seine Bischofswürde schände. Zenobia, seine Beschützerin, scheint auch für die Grundwahrheit des Judentums eingenommen gewesen zu sein. Dennoch waren die Juden dem palmyrenischen Hofe nicht sehr geneigt. R. Jochanan, obwohl nicht blind für die Schönheit des Griechischen, äußerte sich höchst ungünstig über den palmyrenischen Staat: „Heil dem, der den Fall Tadmors erleben wird." Die Spätern konnten sich diese Abneigung nicht mehr erklären. Einige suchten den Grund in den Mischehen zwischen Juden und Heiden, welche, vielleicht durch die gemischte Abstammung der Kaiserin Zenobia, bei den Tadmorenern beliebt waren; andere glaubten, der Haß gegen die Palmyrener gelte ihrer Teilnahme an der Zerstörung des Tempels. Doch war ohne Zweifel der erste Grund für die Antipathie der richtige, denn die Halacha schwankte eine lange Zeit, ob man palmyrenische Proselyten aufnehmen dürfe. Ein Schüler Samuels, R. Juda, der am meisten für fleckenlose Eheverbindungen eiferte, sprach sich auch am gehässigsten gegen Tadmor aus: „Israel müsse einen neuen Festtag einführen, wenn Tadmor zerstört wird." Gegen die Flüchtlinge der Tadmorener, welche sich in den babylonischen Landstrichen Mesene und Harpania niedergelassen hatten, herrschte dieselbe Abneigung. Ein jüdisches Sprichwort, welches auf eine tief eingewurzelte Eingenommenheit schließen läßt, lautete: „Es wälzt sich das unlautere Gemisch zur Hölle, von da nach Tadmor, von da nach Mesene und Harpania."[2])

---

[1]) Longinus περὶ ὕψους.
[2]) Jebamot 16 b, 17 a.

Es unterliegt keinem Zweifel, daß viele Juden die Waffen gegen Zenobia geführt haben, deren Herrschaft sich auch über Judäa erstreckt haben muß. Von einem Seïra bar Chinena wird erzählt, er sei in einer Stadt Saffisa ergriffen und vor Zenobia zur Verurteilung geführt worden; sein Vergehen scheint politischer Natur gewesen zu sein. Zwei Jünger R. Jochanans, R. Ami und R. Samuel, begaben sich zur Kaiserin, um sich für dessen Befreiung zu verwenden, wurden aber von derselben sehr ungnädig empfangen. „Glaubt ihr denn," sprach sie, „weil Gott für euer Volk so viel Wunder getan, daß ihr im Vertrauen auf ihn alles wagen dürfet?" Während dieser Unterredung trat ein Sarazene mit einem blutigen Schwert in der Hand vor Zenobia und brachte die Meldung: „Mit diesem Schwerte hat Bar-Nazor seinen Bruder getötet" (oder wurde getötet). Durch diesen Zwischenfall schenkte Zenobia dem angeklagten Seïra das Leben, der Zusammenhang ist jedoch nicht klar.[1]) Ein Jünger R. Jochanans, Assi, wurde ebenfalls in demselben Orte Saffisa gefangen und abgeführt. R. Jonathan gab ihn auf und sagte sprichwörtlich: „Laßt den Toten in sein Leichentuch hüllen!" Nicht so leicht beruhigte sich dabei der leibeskräftige und mutige ben Lakisch. „Ehe ich den Tod desselben zugebe, lasse ich mich selbst töten," sprach er, „ich rette ihn mit Gewalt." Es gelang ihm indes, die Feinde durch gütliche Überredung zu bewegen, den Gefangenen freizugeben. Noch ein drittes Ereignis, von derselben Quelle erzählt, scheint ebenfalls in Zenobias Regierungszeit zu fallen. Ein sonst unbekannter Ulla ben Koscheb, wegen eines politischen Vergehens verfolgt, hatte sich nach Südjudäa geflüchtet und bei R. Josua ben Levi in Lydda Schutz gefunden. So viel muß aber an diesem Ulla gelegen haben, daß eine Truppe Soldaten Lydda umzingelte und die Stadt zu zerstören drohte, wenn der Verfolgte ihr nicht ausgeliefert würde. R. Josua ben Levi, in der traurigen Alternative, das Leben eines Menschen oder das einer ganzen Gemeinde zu gefährden, bewog den Angeklagten, sich selbst auszuliefern. Er berief sich hierbei auf ein mischnaitisches Gesetz, welches gestattet, einen ausdrücklich bezeichneten Angeklagten, den die politische Macht fordert, preiszugeben, wenn das Leben vieler auf dem Spiele steht. Doch fand sich das jüdische Gewissen bei der gewissermaßen mitverschuldeten Beteiligung am Tode eines Menschen nicht beruhigt. Der Prophet Elias, das Ideal des lautern Eifers für das Judentum, erschien R. Josua ben Levi und machte ihm Gewissenspein, daß er sich zur Überantwortung hergegeben habe, er hätte sich nicht auf jene bloß

---

[1]) [Vergl. die Vermutung Funks, Die Juden in Babylonien, S. 76].

vorschriftsmäßige Mischna verlassen, sondern „der Mischna der Frommen" eingedenk sein sollen, welche den Blick über den Gesichtskreis pflichtmäßiger Vorschrift erweitert und erhebt.[1] — Außer diesen spärlichen Nachrichten ist von der Berührung der Juden mit dem vergänglichen Reiche der Zenobia nichts bekannt. Der schwer errungene Sieg Aurelians über die tapfere Gegenwehr Zenobias machte ihrer mehrjährigen, glanzvollen Regierung (267—273) ein Ende und brachte die stolze Kaiserin in goldenen Fesseln zum Triumphe nach Rom. R. Jochanan sah noch seinen Wunsch gegen Tadmor erfüllt und starb einige Jahre später (279). Palmyra wurde so gründlich zerstört und dann vom Wüstensand bedeckt, daß seine Trümmer erst in neuerer Zeit wieder ausgegraben wurden.

[1] Jerus. Terumot VIII, Ende. Genesis Rabba, c. 74.

Siebzehntes Kapitel.

Zweites Amoräergeschlecht. Patriarchat R. Gamaliels IV. und R. Judas III. Paläſtinenſiſche Amoräer: R. Eleaſer ben Padat, R. Ami, R. Aſſi; die Brüder R. Chija und R. Simon ben Abba in Tiberias, R. Abbahu in Cäſarea. Kaiſer Diokletian. Vollſtändige Abſonderung von den Samaritanern. Polemik gegen das Chriſtentum. Allmähliches Sinken der judäiſchen Lehrhäuſer.

(279—320.)

Die Zeit, welche in der Entwicklung der Weltgeſchichte einen epochemachenden Wendepunkt bildet und in welcher das Chriſtentum ſich anſchickte, aus einer verfolgten Gemeinde eine herrſchende Kirche zu werden, bildet auch in der jüdiſchen Geſchichte eine Übergangsepoche. Im zweiten Amoräergeſchlechte beginnt der Einfluß des judäiſchen Stammlandes allmählich zu ſinken. Babylonien zieht das Intereſſe an ſich, Judäa verfällt in den Charakter einer heiligen Antike, welche wohl glänzende Erinnerungen weckte, aber keine denkwürdige Taten mehr erzeugte. Zwar iſt der Lehrerkreis dieſes Geſchlechtes, die Nachfolger R. Chaninas, R. Jochanans und ben Lakiſchs nicht klein; noch ziehen babyloniſche Jünglinge, von heiliger Sehnſucht ergriffen, die Lehrhäuſer im Stammlande denen in der Heimat vor. Aber unter den Häuptern der Schule ſind nur wenige von hervorragender Bedeutung, und die bedeutendſten, R. **Ami**, R. **Aſſi**, R. **Chija ben Abba** und R. **Seïra** waren Babylonier von Geburt. Der einzige R. **Abbahu**, eine Originalperſönlichkeit, war ein Judäer, aber in der Halacha ohne Autorität. Die Überlegenheit Babyloniens war ſo ſehr anerkannt, daß ſich die judäiſchen Koryphäen R. Ami und Aſſi von ſelbſt dem Nachfolger Rabs untergeordnet haben.[1]) Die babyloniſchen Neulinge in der Geſetzeskunde hatten ihre Meiſter übertroffen; Sura und Pumbadita liefen Sepphoris und Tiberias den Rang ab. Selbſt die Patriarchen dieſer Zeit, R. **Gamaliel IV.** und R. **Juda III.**, waren in der Geſetzeskunde durchaus unbedeutend. Als R. Gamaliel an

---

[1]) Megilla 21 a.

R. Abbahu eine Anfrage richtete, behandelte ihn derselbe wie einen Idioten, dem das Erlaubte verboten werden müsse, um dem Unterscheidungsunfähigen keine Veranlassung zu geben, das Verbotene zu übertreten. Ebenso mußte sich sein Sohn R. Juda von den Amoräern belehren lassen.[1]) Außerordentliche Fälle, die ehrenhalber von Babylonien dem Patriarchen zur Entscheidung vorgelegt wurden, mußte er R. Ami überweisen. Die Funktion des Zeugenverhöres über das Sichtbarwerden des Neumondes sank unter diesem R. Juda zum bloßen Schein und zur Formalität herab. Als R. Ami damit Ernst machen wollte, teilte ihm der Patriarch mit, er habe von R. Jochanan öfter vernommen, man dürfe Zeugen einschüchtern, Zeugnis abzulegen, den Neumond wahrgenommen zu haben, wenn dem auch nicht so wäre, sobald laut astronomischer Berechnung der neunundzwanzigste Tag zum Anfang des neuen Monats genommen werden müsse.[2]) So hat die Feiertagsordnung allmählich das Schleppende des Zeugenverhöres so sehr entbehrlich gemacht, daß R. Judas Nachfolger diese Funktion des Patriarchats ganz beseitigen konnte. Wichtiger schien R. Juda die innere Ordnung des Gemeinde- und Schulwesens, dem er die ganze Aufmerksamkeit zugewendet hat. Er trug den drei bedeutendsten Amoräern, R. Ami, R. Aßi und R. Chija auf, eine Rundreise durch die Städte Judäas zu machen, um die Religions- und Bildungsinstitute in Augenschein zu nehmen, und sie da wieder herzustellen, wo sie in Verfall geraten wären. In einem Orte fanden die Sendboten weder Volks- noch Jugendlehrer, und forderten die Vorsteher auf, ihnen die Hüter der Stadt vorzuführen. Als ihnen die bewaffnete Stadtwache vorgestellt wurde, bedeuteten sie die Sendboten des Naßi: „Diese da sind keineswegs die Hüter der Stadt, sondern ihre Zerstörer; die wahren Hüter sind die Volks- und Jugendlehrer; wenn Gott nicht das Haus schützt, so wacht der Wächter umsonst."[3])

Das Patriarchat R. Judas III. fällt in die Regierungszeit Diocletians und seiner Mitkaiser, welche mit starken Armen und aufrichtiger Hingebung dem Verfall des römischen Reiches auf einige Zeit steuerten. Diocletian war den Juden nicht abgeneigt, vielleicht um so geneigter, je mehr er die Christen haßte und verfolgte, weil er sie wegen ihres beharrlichen Kampfes gegen die römische Staatsreligion und ihres Bekehrungseifers für die einzige Ursache der Auflösung des Reiches hielt. Die strengen Edikte, die Christen zum

---

[1]) Note 1.
[2]) Rosch ha-Schanah 20 a. [Vergl. den palästinensischen Talmudtraktat Baba Kama von F. Lewy].
[3]) Jerus. Chagiga I, 7, p. 76 c.

Götzenkultus zu zwingen, ihre Kirchen und gottesdienstlichen Versammlungen zu schließen, welche dieser sonst staatskluge Kaiser in den letzten Jahren seiner Regierung (303—305) erlassen hatte, traf die Juden nicht, obwohl die Samaritaner merkwürdigerweise nicht davon verschont blieben.[1]) Doch scheinen Feinde und Neider der Juden bemüht gewesen zu sein, Diocletian gegen dieselben einzunehmen. Man hinterbrachte dem Kaiser, daß die Umgebung des Patriarchen sich über seine niedrige Herkunft und seinen Zunamen Aper (Eber) lustig gemacht hätte. Dieser Zuname war nämlich eine schwache Seite des Kaisers. Jene Nachricht kann mithin auf einem Faktum beruhen, wenn sie erzählt, der Kaiser habe aus Empfindlichkeit den Befehl erteilt, der Patriarch mit den angesehensten Juden sollte Sabbat nachts bei ihm in Paneas, ungefähr fünf Meilen von Tiberias, eintreffen. Der Befehl sei ihnen aber erst Freitag spät zugestellt worden, so daß sie in der verzweifelten Alternative waren, entweder die Reise am Sabbat zu unternehmen oder dem kaiserlichen Befehle ungehorsam zu sein. R. Juda war gerade im Bade, als er den Befehl empfing. Mißmutig und ratlos, wie er war, fand er die plumpen Scherze des Spaßmachers, welcher die Badenden zu belustigen pflegte, sehr lästig. Der Spaßmacher hieß aber den Naßi frohen Mutes sein und machte sich anheischig, ihn, sowie seine Begleiter zur rechten Zeit nach Paneas zu befördern; auch soll er sie wirklich in der Dämmerung des Sabbats an Ort und Stelle gebracht haben. Diocletian, von ihrer unerwarteten Anwesenheit überrascht, befahl ihnen, ehe sie bei ihm zur Audienz erschienen, mehrere Tage Bäder zu gebrauchen. Dies sollte ein Spott auf die den Juden vorgeworfene Unsauberkeit sein. Dann vor den Kaiser

---

[1]) Jerus. Aboda Sara V, p. 44 d, c. Die Stelle ist interessant: ואית דבעי מימר כד סליק דיקליטינוס מלכא להכא גזר ואמר כל אומיא ינסכון בר מן יודיא. ונסכון כותייא Das ist wohl das Edikt, von dem Eusebius de martyribus Palaestina, c. 3 berichtet: Δευτέρου δὲ ἔτους διαλαβόντος (Διοκλητιανοῦ—303—304) γραμμάτων βασιλικῶν, ἐν οἷς καθολικῷ προστάγματι πάντας πανδημεὶ τοὺς κατὰ τὴν πόλιν θύειν καὶ σπένδειν τοῖς εἰδώλοις ἐκέλευετο. Aus der Angabe des Jerus. sehen wir, daß die Juden von diesem Edikte ausgenommen wurden. Die Zeitangabe „als Diocletian hierher (nach Palästina, Syrien) kam", ist übrigens ungenau, da dieser Kaiser nur während des persischen Krieges in Syrien war, 297—298. Im eigentlichen Palästina scheinen ihn die Juden nicht gesehen zu haben, s. Jerus. Berachot III, p. 6 a, Nasir 56 a. כד סליק דוקליטינוס מלכא להכא חמון לר' חייא בר אבא מפסע על קיבריה דצור בגין מחמיניה. Die Parallelstelle ist wohl b. Berachot 19 b מדלגין היינו על גבי ארונות, aber ein anderer Name. Nach Eusebius, vita Constantini I, 19 war Diocletian auch in Cäsarea. [Vergl. dagegen Mommsen in den Verhandlungen der Berliner Akademie vom Jahre 1860, der feststellt, daß Diocletian 286 in Tiberias selbst war, worauf Frankel מבוא הירושלמי 146 a verweist].

geführt, sollen der Patriarch und seine Begleitung dem Kaiser ihre Treue und Anhänglichkeit beteuert und ihn überzeugt haben, daß sie ungerecht verleumdet worden seien, worauf Diocletian sie gnädig entlassen habe (um 297—298). Höchst bezeichnend für die damaligen Zustände des römischen Reiches, wo der erste beste zum Kaiserthron gelangte, — pannonische Bauern, wie Probus, Claudius und Aurelian, ein dalmatischer Hirt, wie Diocletian — ist ein Zug, den dieselbe Erzählung warnend hinzufügt: „Darum sollst du weder einen geringen Römer, noch einen niedrigen Gueber verächtlich behandeln, denn sie können plötzlich zur Herrschaft gelangen." Auf dieses leichte Glückmachen der Römer wendete man den Vers von Esau, dem Urbilde Roms, an: „Ein jeder ist des Purpurs gewärtig."[1])

Wegen des Gewissenszwanges, den Diocletian Samaritanern wie Christen aufgelegt hatte, indem er sie nötigte, den Göttern zu opfern, wurden die erstern vollständig und für immer aus der jüdischen Gemeinschaft ausgeschlossen.[2]) Ein eigenes Verhängnis waltete über den zwei verwandten Nachbarstämmen, daß sie sich nicht auf die Dauer vertragen konnten, so daß sie durch unbedeutende Anlässe gerade dann sich schroffer entzweiten, wenn eine gegenseitige Annäherung leicht schien. Nach der Zerstörung des Tempels war das gegenseitige Verhältnis leidlich; man räumte den Samaritanern ein, daß sie in mancher Beziehung strenge Juden seien. Die hadrianischen Kriege brachten Juden und Samaritaner noch näher, und das freundliche Verhältnis hatte so tiefe Wurzel geschlagen, daß R. Meïrs Beschluß, die Samaritaner als Heiden zu betrachten, nicht durchdringen konnte; der tägliche Umgang und der Geschäftsverkehr hatten sie zu sehr aneinander gewöhnt. Selbst R. Jochanan hatte kein Bedenken, Fleisch von den Samaritanern zu genießen.[3]) Seine Nachfolger waren indes strenger und setzten die Absonderung der Samaritaner durch. Die Veranlassung zu dieser Scheidung wird folgendermaßen erzählt. Als R. Abbahu sich einst Wein aus Samaria bestellt hatte, ließ ihn ein Greis bedeuten, es gäbe in Samaria nicht mehr strenge Beobachter des Gesetzes. Diesen Wink teilte R. Abbahu seinen Freunden R. Ami und R. Asi mit, welche den Gegenstand an Ort und Stelle untersuchten und den Beschluß faßten, die Samaritaner unwiderruflich und in jeder Hinsicht für Heiden zu erklären.[4]) Es war dieses vielleicht der letzte Beschluß

---

[1]) Jerus. Terumot IX Ende, Genesis Rabba, c. 63.

[2]) [Der Wortlaut der oben angeführten Stelle spricht mehr dafür, daß sie es freiwillig taten, vergl. דורות הראשונים II, 170 b, A. 46].

[3]) Chullin 5 b.

[4]) Das. 6 b. Jerus. Aboda Sara V, p. 44 d.

des Synhedrions. Des Naßi wird bei diesem Beschlusse nicht erwähnt, ein Beweis mehr, wie wenig Autorität derselbe genossen hat und wie sehr das Patriarchat gesunken war. Über die tiefer liegenden Ursachen, welche eine solche Strenge gegen die Samaritaner notwendig machten, lauten die Nachrichten verschieden. Den alten Verdacht, als beteten die Samaritaner die der Venus geweihte Taube an, soll nach einigen der Umstand bestätigt haben, daß sie sich dem diocletianischen Opferzwang gefügt und sich dadurch als Götzendiener bewährt hatten. Andere stellen das Vergehen der Chuthäer milder dar; einst war am Freitag kein Wein in ganz Samaria aufzutreiben, und dennoch fand man dort beim Ausgange des Sabbats Wein in Hülle und Fülle, woraus sich ergeben habe, daß die Samaritaner heidnischen Wein am Sabbat angekauft hätten.[1]) Diese Trennung schwächte beide. Das Christentum, klüger und tätiger als das Judentum, seine Mutter, gebildeter und geschmeidiger als das Samaritertum, seine Schwester, erlangte bald nach dieser Absonderung die Weltherrschaft und ließ beide in gleichem Grade die Übermacht empfinden. Golgatha, auf die Höhe des Kapitols gehoben, drückte mit verdoppelter Wucht auf Zion und Garizim zugleich.

Unter dem Patriarchat R. Gamaliels IV. oder R. Judas II. (um 280—300) trat eine neue Erscheinung auf, welche einerseits von der Not in Palästina und anderseits von der Anhänglichkeit der Juden an den letzten Rest der alten Herrlichkeit, an das Davidische Patriarchenhaus, zeugt. Es war von jeher Brauch, Beschlüsse des Synhedrions und namentlich die Zeit der Feste den entfernten Gemeinden durch eigene Sendboten (Scheliach Zion, Apostoli)[2]) kund zu geben. Es wurden in der Regel würdige Männer und Synhedristen zu diesem Ehrenamte gewählt, weil sie doch die höchste Behörde zu vertreten und auch Auslegung und Anwendung der Beschlüsse zu geben hatten. Als die Zahl der Juden im heiligen Lande sich durch die Aufstände und Kriege vermindert hatte, der größte Teil desselben in den Händen der Heiden war und die Abgabenlast Armut erzeugte, konnten die Patriarchen ihre Würde nicht mehr aus eigenen Mitteln bestreiten und mußten sich an die auswärtigen reichen Gemeinden mit der Bitte um Beiträge wenden. Anfangs war diese Leistung vielleicht eine freiwillige Huldigungssteuer (aurum coronarium), welche die Gemeinden bei dem Antritt eines Patriarchen, als Fürsten der Juden, zusandten. In dieser Zeit aber waren R. Gamaliel oder R. Juda III. darauf angewiesen,

---

[1]) Jerus. das.
[2]) S. Note 21.

Sendboten zu schicken, um eine regelmäßige Steuer (canon, pensio, ἀποστολή) erheben zu lassen. Ein solcher Sendbote war R. **Chija bar Abba**, welchen der Patriarch R. Juda mit einer eigenen Vollmacht ins Ausland schickte und autorisierte: „Wir schicken euch einen ausgezeichneten Mann, der gleich uns gilt, bis er zu uns zurückkehrt."[1]) Dieser R. Chija, sowie sein Bruder R. Simon, war in der Tat ein ausgezeichneter Mann, aber ebenso arm wie charaktervoll. Nur aus großer Not ließ er sich diesen Posten vom Patriarchen übertragen, welcher ihm insofern ein Opfer kostete, als er das heilige Land verlassen mußte, das er aus Vorliebe seiner Heimat vorgezogen hatte. Er wurde eine lange Zeit von der reichen, wohltätigen Familie **Silvani** (Bet-Silvani)[2]) aus Tiberias unterstützt, indem sie ihm als Ahroniden den Zehnten von ihren Ländereien zukommen ließ. Als R. Chija ihr aber einst etwas verboten hatte, was ein anderer Gesetzeslehrer für erlaubt ausgab, und sie ihn seine Abhängigkeit von ihrem Zehnten empfinden ließ, nahm er sich vor, von niemand mehr Zehnten anzunehmen, und um der Versuchung zu entgehen, beschloß er, Judäa zu verlassen.[3]) Durch die Vermittlung des R. **Eleasar ben Padat**, des größten Amoras nach dem Tode R. Jochanans, den man, obwohl ein Babylonier, die Autorität von Juda nannte, erhielt R. Chija vom Patriarchen jenen Posten als Sendbote. In diesem Amora tritt zuerst die seltsame Erscheinung auf, welche später allgemeiner geworden und die nachteiligsten Folgen hatte. R. Chija ben Abba hatte sich nämlich so sehr in die mündlichen Lehren vertieft, daß er die Kenntnis der schriftlichen, der Bibel, darüber vernachlässigte. Als er einst befragt wurde, warum im ersten Dekalog das Wort „gut" nicht vorkomme, erwiderte er: „Kaum weiß ich, ob dieses Wort überhaupt an dieser Stelle vorkommt."[4])

Sein Bruder **Simon ben Abba** war einer jener Unglücklichen, welche vom Geschicke ausersehen zu sein scheinen, an Nadelstichen zu verbluten. Seine Tugenden rühmte R. Jochanan, sein Lehrer, mit den Worten: „Wer von den Taten des Erzvaters **Abraham** keinen Begriff hat, kann sie an Simon kennen lernen." Aber er war so arm, daß man auf ihn den oft bewährten Erfahrungssatz des Predigers „der Weise ist brotlos" anwenden konnte.[5]) Trotz der

---

[1]) Jerus. Chagiga I, p. 76 d. Nedarim X, Ende. [Vergl. Funk, a. a. O., S. 144, A. 2].

[2]) Vergl. Jerus. Horajot III, 48 a. Genesis Rabba, c. 63.

[3]) Das. Schebiit III, p. 56 b. Ma'asser Scheni V, 5. Anf.

[4]) Baba Kama 54 b.

[5]) Bikkurim Ende. Sein Name lautet hebräisch שמעון בר אבא und gräzisiert סימון, was der Verfasser des סדר הדורות übersehen hat.

drückenden Armut war er zu stolz, Almosen anzunehmen, und seine
Freunde mußten auf eine List sinnen, ihm irgend eine Unterstützung
zukommen zu lassen. R. Eleasar ben Padat ließ einst scheinbar
ganz absichtslos ein Goldstück fallen, und als es ihm R. Simon,
der, hinter ihm gehend, es gefunden hatte, überbrachte, behauptete
jener, er habe sein Eigentumsrecht daran aufgegeben.[1]) Aus Not
wollte sich R. Simon ein Empfehlungsschreiben vom Patriarchen
erteilen lassen, um in einer außerjudäischen Gemeinde ein kleines
Amt zu finden, das ihn ernähren sollte; allein gerade derjenige,
welcher ihn beim Patriarchen empfehlen sollte, widersetzte sich seiner
Auswanderung. „Wie könnte ich es," sprach R. Chanina, „bei
deinem Vater jenseits verantworten, wenn ich dazu beitrüge, daß
die edelste Pflanze Judäas ins unheilige Ausland verpflanzt werde!"[2])
Später scheint er jedoch in Damaskus eine Stelle gefunden zu haben,
das aber, zu Syrien gehörig, nicht als Ausland betrachtet wurde.
Bei aller tiefen Gesetzeskunde, die er besaß, konnte er nicht dazu
gelangen, ordiniert zu werden, weil es dazu an günstiger Gelegenheit fehlte, während Jüngere und Geringere zu dieser Würde erhoben
wurden, worüber sich R. Jochanan sehr grämte. R. Abbahu, die
ihren Wert verkennende Bescheidenheit, äußerte sich darüber, als er
selbst die Weihe erhielt, die R. Simon vorenthalten war: „Siehe
da, Abbahu, die Schleppe, wird ordiniert, und Simon, das Feierkleid, wird übergangen!"[3]) Wie R. Simon auch das Unglück hatte,
seine zwei Frauen, die Töchter Samuels, die er nacheinander geheiratet hatte, zu verlieren, ist bereits erzählt. Er sowohl wie sein
Bruder R. Chija, von düsterer Gemütsart, wie sie waren, vertraten
in der Halacha die strenge Richtung, welche nicht einmal zugeben
mochte, daß jüdische Mädchen sich griechische Bildung aneigneten,
obwohl R. Jochanan selbst es gestattet und gewissermaßen empfohlen
hatte.[4])

Minder bekannt ist Leben und Charakter der beiden Haupt-
amoräer dieser Zeit, R. Ammis und R. Assis. Beide waren Babylonier, erhielten aber in Judäa die Weihen, wobei man sie in
rhythmischer Rede als Muster aufstellte.[5]) Nach dem Tode R. Eleasars
ben Padat waren sie die Oberhäupter des tiberiensischen Lehrhauses

---

[1]) Jerus. Baba Mezia II, p. 8 c.
[2]) Das. Moed Katan III, Anf.
[3]) Synhedrin 14 a. Jerus. Bikkurim das., wo für כד מסקום zu lesen בדמסקום.
[4]) Jerus. Sabbat VI, p. 7 d. Sota Ende. [Die babylonische Abkunft R. Ammis wird bezweifelt von Bacher, Agada der paläst. Amoräer, I, 216].
[5]) Ketubbot 17 a.

und hielten ihre Vorträge in den Säulengängen¹), welche gewiß noch aus der Zeit der herodianischen Fürsten stammten. Aber die Räume des Lehrhauses, welche zur Zeit R. Jochanans vollgedrängt von Zuhörern waren, waren jetzt Zeugen von der abnehmenden Bedeutung Judäas; die lernbegierige Jugend wendete sich nach Babylonien. R. Ami und R. Aßi führten auch nur den bescheidenen Titel „die Richter oder die geachteten Ahroniden des heiligen Landes"²) und ordneten sich selbst, wie bereits erwähnt, den babylonischen Autoritäten unter.

Bedeutender und origineller war R. Abbahu aus Cäsarea am Meere und bildete einen Gegensatz zu R. Chija und R. Simon, den Söhnen Abbas. Er besaß Reichtümer, hielt gothische Sklaven, in seinem Hause waren Sitze aus Elfenbein angebracht; sein Erwerbszweig war Verfertigung von Frauenschleiern.³) Er verstand, wie wenige seiner Zeit, die griechische Sprache vollkommen, unterredete sich mit gebildeten Heiden und ließ seine Tochter im Griechischen unterrichten, weil er die Kenntnis dieser Sprache für eine Zierde gebildeter Mädchen hielt, wobei er sich auf R. Jochanans Erlaubnis berief. Der strenge R. Simon ben Abba, ein Feind der weltlichen Bildung, äußerte sich rügend darüber: „Weil er seine Tochter im Griechischen unterrichten läßt, darum legt er es R. Jochanan in den Mund." Auf diesen Angriff gegen seine Wahrhaftigkeit beteuerte R. Abbahu, daß er diese Überlieferung wirklich aus dem Munde R. Jochanans vernommen habe.⁴) Wegen seiner Vertrautheit mit der Kultur der Zeit, welche viele für sündhaft gehalten haben, wandte man auf ihn den Vers an: „Es ist gut, daß du dieses (Halachakenntnis) ergreifst und auch jenes (griechische Bildung) nicht vernachlässigst, denn der Gottesfürchtige weiß allen Pflichten zu genügen."⁵) Wegen seiner höhern Bildung, welche durch eine schöne, würdevolle Gestalt und Milde des Charakters gehoben war, stand R. Abbahu in hohem Ansehen bei dem römischen Prokonsul⁶) und wahrscheinlich auch beim Kaiser Diocletian, und durch diesen Einfluß bei den Behörden wendete er manche strenge Maßregel ab. Ein Fall dieser Art wird mitgeteilt, der zugleich einen Blick in das

---

¹) Berachot 8 a.
²) Synhedrin 17 b. Megilla 22 a. [Es scheint vielmehr, daß das hohe Ansehen der beiden hervorgehoben wird, vergl. auch die Bezeichnung מופת הדור Chullin 103 b].
³) Sabbat 119 a. Jerus. Jom. Tob. I, p. 60 c. Baba Mezia IV, Ende. [Vergl. Bacher, Die Agada der paläst. Amoräer, II, S. 88, A. 3].
⁴) Jerus. Sabbat IV, p. 7 d. Sota, Ende.
⁵) Midrasch zu Kohelet 7, 18.
⁶) Chagiga 14 a. Synhedrin 14 a.

innere Treiben jener Zeit öffnet. R. Ami, R. Aßi und R. Chija ben Abba hatten über ein Frauenzimmer, Thamar, eine schwere Strafe verhängt, ohne Zweifel, weil sie die Zucht verletzt hatte, und sie verklagte die Richter bei dem damaligen Prokonsul wegen Eingriffs in die römische Gerichtsbarkeit. Die Richter, welche die Folgen dieser Anzeige fürchteten, wendeten sich an R. Abbahu, damit er seinen Einfluß für sie geltend mache. Er aber antwortete ihnen, daß sein Einfluß an dem Rachegefühl, vielleicht auch an der Schönheit der Sünderin, scheiterte. Diese Antwort war in einem charakteristischen Stile geschrieben, von der Art nämlich, daß die Worte auf den ersten Blick den wahren Sinn verschleiern. Der kurze Wortlaut dieses Schreibens war: „Ich habe schon wegen der drei Verleumder Eutokos, Eumathes und Talassjeus alles in Ordnung gebracht, aber wegen der eigensinnigen, widerspenstigen Thamar habe ich mich umsonst bemüht."¹) Der Stil dieses Briefes, ein Muster für den Geschmack jener Zeit, ist größtenteils reines Hebräisch mit Wortspielen verziert, und die griechischen Eigennamen sind annähernd ins Hebräische übertragen. Dieser Stil, der, mit Takt gehandhabt, der hebräischen Sprache einen unnachahmlichen Reiz verleiht, artet sehr leicht in leeres Gepränge und Tändelei aus, wie er auch in R. Abbahus Zeitalter bereits teilweise in diese Geschmacklosigkeit verfallen war.²)

Seine vielseitigen Kenntnisse machten R. Abbahu zum gewandten Polemiker gegen das Christentum geeignet. Das Christentum hatte zur Zeit Diocletians alle Sporen eingesetzt, sich die Weltherrschaft zu erringen. Die römischen Legionen waren zum Teil aus Soldaten, die zum Christentum übergegangen waren, zusammengesetzt; daher verdoppelte es seinen Bekehrungseifer, trat herausfordernd gegen Judentum und Heidentum auf und wurde von diesem Herrscher und dem Mitkaiser Galerius wegen Anmaßung gezüchtigt. Den Juden standen nur Waffen des Geistes zu Gebote, und sie gebrauchten sie, so lange ihr Mund noch nicht geknebelt war. R. Abbahu griff, wie R. Simlaï, die christlichen Dogmen aufs entschiedenste an und zwar ganz im Geschmack der Zeit, die Entgegnung an einen Bibelvers anlehnend. „Sagt ein Mensch von sich: ich bin ein Gott, so lügt er; ich bin der Menschensohn, so wird er es bereuen; ich fahre gen Himmel, so wird er es nicht bestätigen."³)

---

¹) Jerus. Megilla III, 74 a. כבר פיסנו לנ׳ לטוריך לטוב ילד, לטוב לטד ותרשיש אבדוקום אבכסין תלחסין אבל הפר תמורים בתמורויה היא עוכד. Das Wort אבדוקום ist korrumpiert aus εὔτοκος, אבמטיס aus ἐυμαθής und תלחסים aus הלסים vielleicht Θαλασσεύς. [Vergl. Bacher, a. a. O., S. 95, A. 1].

²) Vergl. Erubin 53 b. Moed Katan 25 b.

³) Jerus. Taanit II, p. 65 b. Vergl. Exod. Rabba, c. 29. Diese Polemik ist eine Deutung des Verses Numeri 23, 19.

Das Dogma von der Himmelfahrt war besonders ein Streitpunkt zwischen den Lehrern der Synagoge und der Kirche, deren Verfechter in Cäsarea Jakob der Minäer, ein Arzt, war. Die Christen beriefen sich, um die Himmelfahrt zu dokumentieren, auf die agadische Tradition, daß Enoch lebendig in den Himmel eingegangen wäre, wie es heißt: „Und er (Enoch) war nicht, denn Gott nahm ihn." Diesen zweideutigen Ausdruck gebrauchten sie als Stütze, wogegen R. Abbahu aus Parallelversen nach der richtigen Exegese bewies, der Sinn dieses Verses sei nichts anderes als eine Redefigur für „sterben".[1] Im nächstfolgenden Geschlechte hätte R. Abbahu seine kühne Wahrheit und seine richtige Auslegung vielleicht mit dem Tode büßen müssen.

R. Abbahu war einer jener bescheidenen, sanften, nachgiebigen Charaktere, die von ihrem eigenen Wert um so weniger wissen, je höher dieser ist. Als man ihm die Weihen erteilen wollte, trat er vor R. Abba aus Akko zurück und wünschte diese Würde auf denselben zuerst übertragen zu sehen, weil jener, von einer Schuldenlast gedrückt, sich durch die Promotion Erleichterung verschaffen könnte.[2] Ein anderer Vorfall stellt seine Anspruchslosigkeit noch mehr ins Licht. Mit R. Chija ben Abba zugleich hielt er an einem fremden Orte Vorträge, jener halachisch-gesetzliche, R. Abbahu agadisch-erbauliche. Wie natürlich, waren die volkstümlichen, allgemein verständlichen Vorträge R. Abbahus mehr besucht als die schwer verständlichen R. Chijas. Als dieser sich über die Vernachlässigung, die seinen Lehrvorträgen widerfuhr, empfindlich zeigte, beruhigte ihn R. Abbahu mit den Worten: „Siehe, dein Lehrstoff gleicht den wertvollsten Edelsteinen, die nur selten Sachkenner finden; mein Thema hingegen gleicht dem Flitterkram, der jedermann gefällt." Um ihn noch mehr zu beschwichtigen, erwies er an diesem Tage dem Empfindlichen alle mögliche Aufmerksamkeit und Ehrenbezeugung; dennoch konnte R. Chija die empfundene Zurücksetzung nicht verschmerzen.[3] Diese Anekdote ist als Zeichen der Zeit nicht ganz unerheblich, weil sie von dem Verfall der strengen Studien in Judäa Zeugnis ablegt. Die stirngefaltete, geistanstrengende Halacha fand keine Zuhörer, sie mußte der leichtbeschwingten, geschwätzigen Agada das Feld räumen. — Nicht einmal seine eigene Bescheidenheit wollte R. Abbahu gelten lassen. Er äußerte sich einst selbst darüber: „Mit meiner gerühmten Demut muß ich gegen R. Abba aus Akko weit zurücktreten; denn dieser ist nicht einmal über seinen

---

[1] Genesis Rabba, c. 25.
[2] Sota 40 a.
[3] Daselbst.

Ausleger (Meturgeman) ungehalten, wenn er sich überhebt, zu den Auseinandersetzungen, welche ihm zugeflüstert werden, die seinigen keck hinzuzufügen."[1]) So hatte auch die Lehrdisziplin, welche sonst die Vorträge so ernst und würdevoll gemacht hatte, einen Riß bekommen. Anstatt das Organ des Vortragenden zu sein, erlaubten die Meturgemane sich, ihre eigenen Ansichten einzuflechten. Man klagte daher über die Dolmetscher, daß sie nur aus Eitelkeit ihr Amt versehen, um mit ihrer schönen Stimme oder ihrer Schönrednerei zu prunken. Man wendete auf dieses Verhältnis den Vers an: „Es ist besser die Strenge der Weisen als das Lied der Toren zu hören."[2]) — R. Abbahus milde, durch und durch edle Anschauungsweise lernt man an einem andern charakteristischen Zuge kennen, welcher nicht minder ein kleines Spiegelbild der Zeitsitten bietet. Einst traf die in Judäa nicht ungewöhnliche Erscheinung des Regenmangels und der Dürre ein. Dann pflegte der Würdigste die vorgeschriebenen Gebete um Regen vorzutragen. Man empfahl R. Abbahu zum würdigsten Vorbeter einen ganz berüchtigten Menschen, den der Volkswitz die „Fünfsünde" (πεντέκακα) nannte. Als R. Abbahu denselben rufen ließ und ihn nach seiner Beschäftigung fragte, gestand dieser seinen ehrlosen Erwerb ein. „Ich bin," sprach er, „ein Unterhändler mit Dirnen; ich putze das Schauspielgebäude, trage die Gewänder in die Bäder, belustige die Badenden durch Späße und spiele die Flöte." „Hast du nie in deinem Leben etwas Gutes getan?" fragte ihn R. Abbahu weiter. „Einst," erzählte Pentekaka, „als ich das Theater säuberte, sah ich eine weinende Frau an eine Säule gelehnt. Auf meine Frage nach dem Grunde ihrer Traurigkeit teilte sie mir mit, ihr Mann sei gefangen, und es bliebe ihr, um ihn loszukaufen, nichts anderes übrig, als ihre Ehre preiszugeben. „Als ich das hörte," fuhr Pentekaka fort, „verkaufte ich mein Bett, meine Bettdecke, alles, was ich besaß, gab der Frau den Erlös und sagte zu ihr: Geh', befreie damit deinen Mann ohne Sündensold." Bei diesen Worten konnte sich R. Abbahu nicht enthalten, Pentekaka, diesem Gemisch von erhabener Tugend und ehrloser Gemeinheit, zuzurufen: „Du allein bist würdig, für uns in der Not zu beten."[3])

Das Theater teilte damals die allgemeine Gesunkenheit der Zeit und war keineswegs eine Pflanzstätte der Bildung und des feinen Geschmackes; Possenreißer belustigten die Menge und das Judentum mußte oft zu ihren plumpen Späßen herhalten. R. Abbahu, der

---

[1]) Sota 40 a.
[2]) Midrasch zu Kohelet 7, 5.
[3]) Jerus. Taanit I, p. 64 b.

mit den Vorgängen außerhalb der jüdischen Kreise bekannt war, beklagte sich über die wegwerfende Art, mit der die jüdischen Institutionen dem Gespötte preisgegeben wurden, und erzählte unter anderem: „Man führt ein Kamel mit einer Trauerdecke auf das Theater; dann entspinnt sich ein Dialog: „Warum trauert das Kamel? Weil die Juden, das Sabbatjahr streng beobachtend, nicht einmal Kräuter genießen, sondern sich mit Disteln nähren, darum trauert das Kamel, weil ihm die Nahrung weggeschnappt wird." Der Momus (Possenreißer) tritt mit geschorenem Haupte auf: „Warum trauert der Momus? Weil das Öl so teuer ist! Warum ist das Öl so teuer? Wegen der Juden! Die Juden verzehren am Sabbat alles, was sie an Werktagen erarbeitet, es bleibt ihnen nicht einmal Holz, die Speisen zu kochen, sie müssen dann ihr Bett verbrennen, ohne Bett auf der Erde schlafen und sich im Staube wälzen; um die Unsauberkeit zu entfernen, brauchen sie viel Öl, und deswegen ist das Öl so teuer."[1]) So hatten die entarteten Griechen Aristophanes' Kunst geschändet!

R. Abbahu genoß zwar auch in der Gesetzeskunde einiges Ansehen, aber Autorität war er nicht, sein Gebiet war die Agada. Aber wegen seines Einflusses in der politischen Welt schmeichelten ihm seine Kollegen über Gebühr, indem sie sich scheuten, ihn zurechtzuweisen, auch wenn er etwas Unrichtiges lehrte.[2]) Es scheint, daß Cäsarea, wo früher R. Uschaja der Ältere nur vorübergehend ein Lehrhaus hatte[3]), durch R. Abbahu neben Tiberias zum Range einer akademischen Stadt erhoben wurde, wo die bedeutendsten paläſtinenſiſchen Amoräer zuſammenkamen.[4]) Jene Synagoge in Cäsarea, von welcher der erste Anstoß zum Aufstand gegen die Römer unter Nero ausging, der zum Untergang der staatlichen Selbständigkeit führte, war vielleicht R. Abbahus Lehrhaus; sie scheint noch den fatalen Namen Revolutionsſynagoge (Kenischta di-meradta) behalten zu haben.[5]) — Wie R. Simon ben Abba an Unglück, so war R. Abbahu an Glück gewöhnt, das

---

[1]) Introductio zu Midrasch Threni und zu 3, 12.
[2]) Joma 73 a. Jebamot 65 b. [Vergl. die Bemerkung des Übersetzers S. 380, A. 3].
[3]) Jerus. Terumot X, 47 a.
[4]) Chullin 86 b. R. Chija ben Abba war damals schon tot. Sein Sohn Abba war bereits ein Greis, aber R. Ami lebte noch.
[5]) Josephus, Jüdischer Krieg II, 14, 4. Jerus. Berachot III, p. 6 b und viele andere Stellen. Nach Malalas (Historiae X, p. 261) hat Vespasian diese Synagoge in ein Odeon verwandelt; ἔκτισε γὰρ καὶ ἐν Καισαρείᾳ ... ἐκ τῆς Ἰουδαϊκῆς πραίδας ὁ αὐτὸς Οὐεσπασιανὸς ᾠδεῖον μέγα πάνυ θέατρον ἔχον διάστημα μέγα ὄντος καὶ αὐτοῦ τοῦ τόπου πρῴην συναγωγῆς τῶν Ἰουδαίων.

ihn auch im Alter nicht verließ. Er hatte zwei gebildete Söhne, Abimaï und Chanina; der ältere erzog ihm fünf wohlgeratene Enkel, deren Ordination der Großvater noch erlebte.[1]) Seinen Sohn Chanina hatte er zu seiner Ausbildung nach Tiberias geschickt; aber anstatt sich aufs Studium zu verlegen, beschäftigte sich dieser mit Bestattung der Leichen, worüber ihm der Vater einen tadelnden Brief zuschickte, der wegen seiner lakonischen Kürze merkwürdig ist: „Gibt es denn keine Gräber in Cäsarea, daß ich dich deshalb habe nach Tiberias senden müssen? Das Studium muß der Tätigkeit vorangehen."[2]) — R. Abbahu war die letzte bedeutende Persönlichkeit Judäas in der talmudischen Zeit. Der Schoß Judäas, der fünfzehn Jahrhunderte hintereinander riesige Persönlichkeiten geboren hatte, Richter, Feldherren, Könige, Propheten, Dichter, Soferim, Patrioten, Gesetzeslehrer, ruhte aus, ohne neue Geburten zur Welt zu bringen. Als R. Abbahu starb, erzählt die Sage, weinten die Statuen Cäsareas um ihn.[3])

[1]) Kidduschin 31 b. [Diese Stelle ist zweifelhaft, vergl. Frankel, a. a O., S. 60 a; Bacher, a. a. O., S. 101, A. 7. Ein Sohn Sekra, Frankel das.].
[2]) Jerus. Chagiga I, 76 c.
[3]) Jerus. Aboda Sara III, p. 42 c. Moed Katan, p. 25 b.

Achtzehntes Kapitel.

Babylonische Amoräer des zweiten Geschlechtes: R. Huna in Sura, R. Juda in Pumbadita, R. Chasda in Kafri und Sura, R. Nachman in Schekan-Zib. R. Seïra, das Verbindungsglied zwischen Judäa und Babylonien.

(257—320).

Mit dem Tode Rabs und Samuels, der beiden Begründer der regen Lehr- und Lerntätigkeit in Babylonien, nahm diese Regsamkeit noch zu. In dem halben Jahrhundert ihrer Wirksamkeit hatte die Gesetzeskunde so tiefe Wurzel geschlagen, daß ihre Pflanzung in dem fremden Erdreiche noch besser gedieh, als in dem heimischen Boden. Ein lebendiger, unverwüstlicher Wetteifer, sich die Halachakunde anzueignen und das Leben nach dieser Norm zu regeln, ergriff alle Klassen der Bevölkerung. Die größte Ehre bestand darin, als Gesetzeskundiger (Zorbame-Rabbanan) anerkannt zu werden, wie die größte Schande, zu den Unwissenden gezählt zu werden. Die ehemalige Unsittlichkeit schwand im jüdischen Babylonien immer mehr mit der grellen Unwissenheit, und das häusliche wie öffentliche Leben gestaltete sich nach dem Ideale, welches die zwei großen Schulhäupter, Rab und Samuel, so begeistert gelehrt hatten. Babylonien nahm in vielen Beziehungen den Charakter des heiligen Landes an, selbst in betreff der Priesterabgaben,[1]) welche man jedoch den Gesetzeslehrern zugewendet zu haben scheint[2]); die Wissenschaft stand höher als das Priestertum. Babylonien war ein förmlicher jüdischer Staat geworden, dessen Verfassungsurkunde die Mischna war, dessen öffentliche Träger der Exilsfürst und die Kallaversammlungen waren. Dieser höhere Aufschwung teilte sich auch den Exilsfürsten mit, auch sie eigneten sich Gesetzeskenntnis an. Nehemia und Ulban, die Enkel Rabs, welche mit ihrem Vater Nathan in diesem Geschlechte als Resch-Galuta genannt werden,[3]) erhielten wegen ihrer Vertrautheit mit der Halacha auch den Ehrentitel Rabbana.[4]) Diese

---

[1]) Gittin 6 a. Baba Kama 80 a. Chullin 132 a ff. Jerus. Challa IV, p. 60 a.
[2]) Jerus. Maasser Scheni V, 56 b. Babl. Chullin, p. 133 a.
[3]) Seder olam Sutta.
[4]) Chullin 92 a.

freudige Regsamkeit, welche alle Schichten der jüdisch-babylonischen Bevölkerung durchdrang und davon Zeugnis ablegte, daß das Judentum nicht erstorben war, sondern Jugendkraft genug besaß, neue Blüten zu treiben, wurde von den Nachfolgern Rabs und Samuels auf das Kräftigste gefördert. Die hervorragendsten derselben waren R. Huna, welcher, als Vorsteher der suranischen Akademie, zugleich als religiöses Oberhaupt in und außerhalb Babyloniens anerkannt war; ferner R. Juda ben Jecheskeël, der ein neues Lehrhaus in Pumbabita gründete und auch in das Halachastudium eine neue Methoda einführte; R. Nachman ben Jakob, welcher nach der Zerstörung Nahardeas (259) sein Lehrhaus nach Schekan-Zib am Tigris verlegte, endlich R. Chasda, R. Scheschet und Rabba bar Abbahu. Fast alle diese Amoräer hatten eine eigene Richtung und brachten in den engen Lehrkreis der babylonischen Hochschulen Mannigfaltigkeit und Abwechslung.

R. Huna (geboren um 212, starb 297) aus Dio Kart,[1]) Nachfolger Rabs in Sura, war die Autorität dieses Zeitalters, dem sich, wie bereits erzählt, die judäischen Amoräer freiwillig unterordneten. Seine Lebensgeschichte gibt zugleich ein vollendetes Charakterbild der Zeit und beweist, wie der unermüdete Eifer für die Lehre Hand in Hand mit weltlicher Beschäftigung, mit Ackerbau und anderen Erwerbstätigkeiten ging. R. Huna war, obwohl mit dem Exilsfürsten verwandt,[2]) doch von Haus aus nicht reich. Er bestellte seinen kleinen Acker selbst und schämte sich der Arbeit nicht. Verlangten ihn Parteien zum Richter, so pflegte er ihnen zu bemerken: „Stellt mir einen Mann zur Feldarbeit, so will ich euer Richter sein".[3]) Oft kehrte er vom Felde mit dem Spaten auf der Schulter heim. So erblickte ihn einst der reichste Mann in Babylonien, Chana ben Anilaï, der zugleich auch der wohltätigste und freigebigste war. Dieser Chana hat in der Ausübung der jüdischen Tugend, Vater der Armen zu sein, das Ideal erreicht. In seinem Hause wurde Tag und Nacht für Arme gebacken, an jeder Seite desselben waren Türen angebracht, durch welche die Dürftigen eintreten konnten, und wer hungrig in sein Haus kam, verließ es satt. Ging Chana aus, so hielt er seine Hand stets im Geldbeutel, damit er einen verschämten Armen auch nicht so lange in der peinlichen Lage zu lassen brauche, bis er die Münze ausgesucht. Zur Zeit der Hungersnot ließ er bei Nacht Weizen und Gerste für diejenigen hinlegen, welche das Ehrgefühl verhinderte, sich unter die Bettler zu mischen.

---

[1]) Taanit 21 b, 23 b.
[2]) Scheriras Sendschreiben.
[3]) Ketubbot 105 a.

War eine außerordentliche Steuer nötig, so war man sicher, daß sich Chana daran mit einer hohen Summe beteiligen würde.[1]) Bei diesem ungewöhnlichen Reichtume war dieser Wohltäter so bescheiden, daß er aus Verehrung vor dem Schulhaupte R. Huna ihm den Spaten abnehmen wollte, so oft er ihn damit von der Feldarbeit heimkehren sah. Allein R. Huna gab es nie zu: „Du bist nicht gewöhnt, in deinem Orte so etwas zu tun, so leide ich es auch hier nicht".[2])

Später erlangte R. Huna Reichtümer, seine Felder ließ er durch Arbeiter bestellen, die einen Teil der Ernte bezogen; seine Herden weideten in den Steppen Südbabyloniens.[3]) Der Volksglaube konnte sich diesen so hoch gestiegenen Wohlstand nicht anders erklären, als durch den Umstand, daß Rab es ihm gewünscht hätte. Als er seinen Sohn Rabba verheiratete und auf einem Ruhebette lag, wurde R. Huna von den Seidengewändern seiner Töchter und Schwiegertöchter ganz verdeckt, weil er von Statur klein war. Man erinnerte sich bei dieser Gelegenheit, daß Rab ihm einst gewünscht: „Mögest du von Seide verdeckt werden".[4]) Von seinem Reichtum machte er den edelsten Gebrauch. An stürmischen Tagen, wenn die Winde, die aus der syrischen Wüste wehten, Verheerungen und Verschüttungen anzurichten pflegten, ließ er sich in einer Sänfte umhertragen, um die Häuser der Stadt Sura in Augenschein zu nehmen und jede wankende Mauer niederreißen zu lassen; war es der Eigentümer nicht imstande, so ließ er die eingerissenen Gebäude aus eigenen Mitteln wieder aufbauen. Zur Stunde der Mahlzeit ließ er alle Türen seines Hauses öffnen und laut verkünden: „Wer bedürftig ist, der komme, um sich zu sättigen".[5]) Noch andere Züge aufmerksamer, eifriger Wohltätigkeit werden von ihm erzählt. Die bedürftigen Schüler seines Lehrhauses, das in der Nähe Suras lag,[6]) deren Zahl nicht gering war, wurden in den Lehrmonaten auf seine Kosten verpflegt; 800 Zuhörer nahmen an seinen Vorträgen Anteil; dreizehn Erkläter brauchte er, die, an verschiedenen Punkten des Lehrhauses verteilt, allen das Vorgetragene hörbar und verständlich machten. Von einer aufwirbelnden Staubwolke sagte man in Judäa hyperbolisch: „Die Schüler R. Hunas stehen von ihren Sitzen auf und schütteln ihre Mäntel aus, daher der Staubwirbel".[7]) Die

---

[1]) Berachot 58 a. Megilla 27 a.
[2]) Megilla 28 a.
[3]) Berachot 5 b. Baba Kama 80 b.
[4]) Megilla 27 b.
[5]) Taanit 20 b.
[6]) Scheriras Sendschreiben.
[7]) Ketubbot 106 a.

hohe Verehrung, welche sein edler Charakter, seine Gelehrsamkeit und seine Bescheidenheit seinen Freunden einflößte, machte sie indes nicht blind gegen seine Vergehen, wenn sie auch noch so gering waren. Die Gesetzeslehrer stellten aneinander die strengsten Anforderungen und waren unnachsichtig gegen denjenigen, welcher hinter dem Ideale der Lehre zurückblieb. Als R. Huna einst von der Kalamität betroffen wurde, daß sein bedeutender Weinvorrat sauer geworden war, hießen ihn seine Verehrer in sich gehen und sich prüfen, ob es nicht eine gerechte Strafe für sein Vergehen sei, daß er seinen Feldarbeitern den Anteil an dem Rebenholz vorenthalten und sie dadurch zum Stehlen verleite.[1])

Unter R. Huna erhielt das öffentliche Leben in Babylonien, das im innigsten Zusammenhange mit dem Lehrhause stand, diejenige Einrichtung und Benennung, welche sich fast 800 Jahre erhalten haben. Allmählich und unwillkürlich gestaltete sich eine Rangstufe über- und untergeordneter Würden. Die Lehrversammlung, die, wie schon erwähnt, an bestimmten Monaten des Jahres zusammenkam, hieß Metibta (Lehrsitzung), der Leiter derselben Resch-Metibta (Rektor). Dem Vorsitzenden im Range zunächst standen die Resche-Kalla, deren Funktion war, in den drei ersten Wochen der Kallamonate das Thema zu erläutern, worüber der Resch-Metibta Vorträge halten sollte. Von den Lehrämtern waren die Richterämter verschieden; da der Gerichtsplatz noch immer nach altem Brauch vor den Stadttoren war, so führten die Richter davon den Namen Dajane di-Baba (Torrichter). Sie waren nach der theoretischen Seite von dem Resch-Metibta, nach der praktischen von dem Resch-Galuta abhängig und von ihm ernannt.

Vierzig Jahre stand R. Huna seiner Metibta vor und durch seine unbestrittene Autorität erlangte Babylonien die völlige Unabhängigkeit von Judäa. Er führte kühn den Grundsatz aus, den sein Lehrer Rab nicht durchsetzen konnte, Babylonien in gesetzlicher Beziehung Judäa ebenbürtig zu machen. R. Huna stellte zuerst den Grundsatz auf: „Wir betrachten uns in Babylonien ganz wie im heiligen Lande".[2]) Den letzten Faden, der die Exilsländer an das Mutterland geknüpft hatte, zerriß er, oder richtiger, er ließ nur den Tatsachen den Ausdruck; denn tatsächlich war Babylonien Judäa überlegen. Nur ehrenhalber, oder wenn man für eine Ansicht eine höhere Sanktion wünschte, ließ man sich in Babylonien ein gutachtliches Sendschreiben aus dem heiligen Lande kommen.[3]) In Baby-

---

[1]) Berachot 5 b.
[2]) Gittin 6 a. Baba Kama 80 a.
[3]) Sabbat 115 a. Baba Batra 41 b. Synhedrin 29 a. Schebuot 48 b.

lonien hatte während R. Hunas Wirksamkeit die suranische Metibta die Hegemonie.

R. Huna hinterließ seinen Ruhm und seine Tugenden seinem Sohne Rabba und starb, über achtzig Jahre alt, eines plötzlichen Todes (297).¹) Seinen Überresten erwiesen Freunde und Schüler die höchsten Ehren. Die Gedächtnisrede eröffnete man mit den Worten: „R. Huna war würdig, daß der heilige Geist auf ihm ruhe." Seine Leiche führte man, wahrscheinlich seinem letzten Willen gemäß, nach Judäa, wo die angesehensten Männer, wie R. Aßi und R. Ami, ihr entgegengingen, und sie in der Begräbnisgrotte R. Chijas beisetzen ließen, weil beide Babylonier waren. An R. Chijas Grab hatte die dankbare Nachwelt schon soviel Wunder geknüpft und die Scheu vor demselben war so groß, daß niemand sich in die Grabesgrotte mit R. Hunas Leiche hineinwagen mochte. R. Chaggaï, ein achtzigjähriger Greis, übernahm das Wagestück, ließ sich aber ein Seil an die Füße binden, um aus der Grotte herausgezogen zu werden.²) Was früher eine Seltenheit war, in der heiligen Erde Judäas begraben zu sein, das wurde allmählich eine fromme Sitte. Man legte dieser Erde sühnende Kraft bei und erwartete von da aus zuversichtlich die Auferstehung und das Messiasreich. Die im unheiligen Auslande Verstorbenen hingegen würden sich in leichter, lockerer Erde bis nach dem heiligen Lande wälzen und dort erst ihre Wiederbeseelung empfangen. Judäa, das täglich an Bevölkerung und lebendiger Kraft abnahm, wurde immer mehr von Leichen bevölkert. Das heilige Land, früher ein weiter Tempel, der zu großen Gedanken und Taten begeisterte, war ein heiliges Grab, welches nur noch den Tod zu weihen vermochte. Von der Fülle ehemaliger Heiligtümer, war nur noch der Staub Gegenstand der Verehrung. Der ganze mittlere Strich von Judäa, das Königsgebirge war so ausschließlich von Heiden bewohnt, daß man ihn frei von Priesterabgaben erklären wollte. Einige behaupteten, daß zu dieser Zeit in Judäa überhaupt mehr Heiden als Juden wohnten.³)

Das ergänzende Gegenstück zu R. Huna war sein jüngerer Genosse R. Juda ben Jecheskeël (geb. 220, gest. 299). Obwohl Zuhörer Rabs, hatte er sich doch mehr an Samuel gehalten, dessen Eigentümlichkeit er fortbildete. R. Juda war überhaupt ein scharf ausgeprägter Charakter von hoher Begabung, aber auch von so vielen Ecken und Kanten, daß er an Persönlichkeiten und Verhältnisse derb

---

¹) Moed Katan 28 a. Note 1.
²) Das. 25 a. Jerus. Kilaim IX, p. 32 b. Midrasch zu Kohelet V, 7.
³) Jerus Demaï II, 1, 22 c; V, p. 24 d.

anstieß. Sprößling einer uralten jüdischen Familie, die vielleicht ihren Stammbaum bis auf biblische Familien zurückzuführen vermochte, war er im Punkte des Geschlechtsadels und der unvermischten Abstammung außerordentlich peinlich und empfindlich. Ein Freund der Einfachheit in allen Dingen, war er heftig und verletzend gegen diejenigen, welche die künstliche Verfeinerung vorzogen. Ein Verehrer des heiligen Landes äußerte er sich dennoch tadelnd über diejenigen, welche Babylonien verließen, um sich in den judäischen Schulen auszubilden, und war unerbittlich gegen diejenigen seiner Freunde und Schüler, welche dem Auswanderungszuge dorthin folgten.[1] R. Juda gründete zuerst ein Lehrhaus in Pumbadita, das seit der Zerstörung Nahardeas der Mittelpunkt für Nordbabylonien wurde, wie Sura für den Süden. Die pumbaditanische Metibta, die unter R. Juda nur den zweiten Rang nach Sura einnahm, schwang sich später zur ersten Hochschule empor, behauptete ihren Vorrang mit einigen Unterbrechungen nahe an acht Jahrhunderte und war gleichsam das letzte Überbleibsel des jüdischen Altertums, welches mit noch frischen Augen das Anbrechen einer neuen Zeit erblickte.

Dem Volkscharakter seiner Vaterstadt treu, herrschte in R. Juda der Verstand über das Gemüt so sehr vor, daß er nur einen Tag im Monat dem Gebete weihte, die ganze übrige Zeit hingegen der Gesetzesforschung oblag.[2] Samuel schon zeichnete ihn als „den Scharfsinnigen" aus,[3] und er wurde der Schöpfer jener scharfsinnigen Dialektik, die in früheren Zeiten auf judäischem Boden eine vorübergehende Erscheinung, in Babylonien heimisch und gangbar geworden ist. Diese Dialektik unterschied sich wesentlich von der tannaitischen; sie ging auf den Kern des Themas ein, während jene an Formeln der Deutungsregeln haftete. R. Judas Vorträge bewegten sich meist auf dem Gebiete der Rechtslehre, weil hier scharfsinnige Vergleichungen und Unterscheidungen, Schlußfolgerungen und Anwendungen am Platze sind, und Theorie und Praxis sich die Hand bieten. Die übrigen Teile der Mischna sind in R. Judas Metibta vernachlässigt worden, ja er empfand eine Art Scheu, an solche Teile der Mischna zu gehen, welche Halachas der außer Brauch gekommenen levitischen Reinheitsgesetze behandeln.[4] Der reiche Gesetzesstoff schrumpfte unter R. Juda in den kleinen Kreis zusammen, der für die Wirklichkeit und das alltägliche Leben Anwendung finden konnte. Alle diejenigen Überlieferungen, die sich auf das ehemalige glanzvolle Tempelleben be-

---

[1] Kidduschin 71 a u. b. Ketubbot 110 b. Berachot 24 b. Sabbat 41 a.
[2] Rosch-ha-Schanah 35 a.
[3] Berachot 36 a und an vielen Stellen: שיננא.
[4] Synhedrin 106 b.

ziehen, oder die phantasiereiche Hoffnung auf die Wiedergeburt des Messiasreiches erwecken, hatten für den nüchternen Sinn R. Judas nicht Bedeutung genug, daß er sich mit ihnen in dem Lehrhause beschäftige. Es war dies allerdings eine Art Neuerung, gewissermaßen eine Auswahl aus dem gehäuften Material der Gesetze zu treffen. Indessen galt diese Auswahl nur für die Lehrvorträge der feierlichen Metibta; privatim beschäftigte sich R. Juda hingegen mit dem ganzen Umfange der empfangenen Mischna, welche er von dreißig zu dreißig Tagen zu wiederholen pflegte.¹) Er führte in die Traditionen sogar die Genauigkeit ein, nicht bloß den Inhalt der Überlieferung, sondern auch die Namen der Überlieferer und in zweifelhaften Fällen auch die Zweifel über die Namen gewissenhaft mitzuteilen.²) Dennoch verdächtigte merkwürdigerweise gerade sein Bruder Rami (R. Ami) die von ihm mitgeteilten Traditionen und strafte ihn geradezu Lügen. „Glaubt nicht", bemerkte er öfter, „den Aussprüchen, die mein Bruder Juda im Namen Rabs oder Samuels mitteilt; sondern so und so ist es überliefert worden".³) Auch in einer andern Beziehung war Rami ein Gegner seines Bruders; er verließ Babylonien und wanderte nach Judäa aus,⁴) obwohl sein Bruder solches als ein nicht geringes religiöses Vergehen betrachtete und streng rügte. Selbst die Rückkehr der babylonischen Exulanten unter Zerubabel und Esra galt in seinen Augen als eine Gesetzesverletzung, die besser ungeschehen geblieben wäre, da der Prophet Jeremias den Verbannten eingeschärft hätte, sie sollten auch in Babylonien sterben. Er entschuldigt den frommen Esra und dessen Auswanderung nur damit, daß er die Familien zweifelhafter Abstammung nach Judäa führte, damit die Zurückbleibenden von Vermischung mit denselben fern gehalten bleiben könnten.⁵)

Die Strenge in betreff der Geschlechtslauterkeit war, wie schon erwähnt, eine andere Eigentümlichkeit R. Judas. Er war in diesem Punkte so peinlich, daß er seinen Sohn Isaak lange über die Zeit der Mannbarkeit hinaus nicht verheiraten mochte, weil er nicht gewiß war, ob die Familie, aus welcher er ihm eine Gattin zuführen würde, über alle Anfechtung makellos wäre. Treffend bemerkte ihm hierauf sein Freund Ulla: „Wissen wir denn bestimmt, ob wir nicht von den Heiden abstammen, welche bei der Belagerung Jerusalems die Jung-

---

¹) Rosch ha-Schana 35 a. [Scheint eine Verwechslung zu sein].
²) Chullin 18 b
³) Das. 44 a. Ketubbot 21 a, 60 a, 76 b.
⁴) [Der Verf. gibt die Quelle nicht an und scheint ihn mit R. Ami im palästinensischen Talmud zu identifizieren].
⁵) Ketubbot 110 b. Kidduschin 71 b.

frauen in Zion geschändet?"[1]) Diese Peinlichkeit in bezug auf den
Geschlechtsadel verursachte R. Juda manche Verdrießlichkeiten. Einst
kam ein angesehener Mann aus Naharbea nach Pumbadita, der von
den Hasmonäern, vielleicht von dem unglücklichen König Hyrkan II.,
der einige Jahre in Babylonien gelebt hat, abstammen wollte. Den
Naharbeaner, welcher mit den angesehensten Familien seines Wohn-
ortes verschwägert war, verdroß es, daß man bei allen Gelegenheiten
R. Juda ben Jecheskeël den Vorzug einräumte und äußerte sich einst
spöttisch: „Wer ist denn dieser Juda ben Jecheskeël?" Als diese
Äußerung R. Juda zu Ohren kam, legte er ihn dafür in den Bann,
und als er gar hörte, daß dieser Naharbeaner alle Welt Sklaven
nannte, ließ er sich von der Heftigkeit hinreißen, ihn öffentlich als
einen Abkömmling von Sklaven zu brandmarken. Der Beschimpfte beklagte sich hierüber bei R. Nachman, dem Schwiegersohne des Exilsfürsten, und dieser, ebenso stolz, als R. Juda heftig war, sandte diesem
eine Vorladung zu, sich bei ihm zur Rechtfertigung einzustellen. Das
Oberhaupt von Pumbadita war nicht wenig erstaunt, dem jüngeren,
minder bedeutenden R. Nachman Rechenschaft über seine Handlungen
geben zu müssen. Aber R. Huna, den er zu Rate gezogen, stimmte
ihn zur Nachgiebigkeit aus Rücksicht auf den Exilarchen. Am anbe-
raumten Tage erschien er bei Nachman, Bitterkeit im Herzen; die
Heftigkeit des einen und der Stolz des andern stießen aneinander.
An jedem Worte, das R. Nachman an ihn richtete, nahm er Anstoß,
besonders weil jener eine gehobene Sprache in regelrechten Wendungen
führte, die R. Juda als Affektation und Hochmut tadelte. Endlich
fragt ihn R. Nachman ironisch, was er denn eigentlich bei ihm wolle,
da er an ihm soviel auszusetzen habe. Näher auf die Sache eingehend, fuhr er fort: „Ich habe mir deswegen erlaubt, dich vorzu-
laden, damit die Welt nicht sage, die Gesetzeslehrer seien parteiisch
füreinander." Als R. Juda seine Rechtfertigungsgründe geltend
machte, entgegnete der Kläger: „Mich stempelt man zum Abkömmling
von Sklaven, mich, der ich von den Hasmonäern abstamme!" Das
war Zündstoff für R. Juda: „Da haben wirs," erwiderte er heftig,
„Samuel hat uns überliefert, wer sich rühmt von Hasmonäern abzu-
stammen, der ist als Abkömmling von Herodes zu betrachten, der ein
Sklave des hasmonäischen Hauses war; denn die letzte reine Has-
monäerin war jene junge Frau (Marianne), die vor ihrem Tode laut
alle angeblichen Abkömmlinge der Hasmonäer fortan gebrandmarkt
hat". R. Judas Ausspruch, gestützt auf Samuels Autorität und
auch von anderer Seite bezeugt, schien so gewichtig, daß auch R. Nachman
sich genötigt sah, die unechte Abstammung dieses vorgeblichen Has-

---

[1]) Kidduschin das.

monäers öffentlich bekannt zu machen. Mehrere adelige Familien, die mit dessen Hause verschwägert waren, lösten infolgedessen die Ehen auf. Diese Bloßstellung betraf aber mehrere nahardeanische Familien; es entstand ein Volksaufstand gegen den strengen Familienzensor, man wollte ihn sogar steinigen. Allein R. Juda, von der Gefahr keineswegs zurückgeschreckt, fügte eine neue Drohung hinzu: „Wenn ihr euch nicht mäßigt, so werde ich noch andere unangenehme Geschlechtsgeheimnisse enthüllen". Aus Furcht warfen die Unzufriedenen ihre Steine in den Kanal, und soviel waren der Steine, die gegen ihn erhoben waren, daß davon eine Stockung in Naharmalka entstanden sein soll.[1]) Nach Pumbadita zurückgekehrt, offenbarte R. Juda die unlautere Abstammung mehrerer bis dahin geachteter Familien. Seine Strenge traf auch einen **Bati ben Tabi**, einen freigelassenen Sklaven. Bati gehörte zu jenem Schlage Niedriggeborener, die durch Gewandtheit und Geistesüberlegenheit von Lieblingen ihrer Herren deren Beherrscher werden und die es bis zu Räten von Königen bringen und Regenten und Staaten ihren Willen aufzwingen. Bati war ein Günstling des Königs Schabur[2]) und dadurch auch beim Volke angesehen und gesucht. Trotz des Adelsstolzes mochten einige Familien ihn an ihr Haus gefesselt haben. Gegen diesen ließ R. Juda öffentlich bekannt machen: „Bati ben Tabi ist noch als Sklave zu betrachten, weil er in seinem Hochmut noch nicht den Freibrief von seinem ehemaligen Herrn empfangen hat".[3]) Welche Folgen dieser Schritt, zu welchem nicht wenig Mut erforderlich war, für den Urheber hatte, wird nicht erzählt. — Wegen seiner tiefen Kenntnisse, seines Scharfblickes und seines Charakters genoß R. Juda in und außerhalb Babyloniens unbestrittenes Ansehen. Als R. Huna gestorben war, wählte ihn die suranische Metibta zu ihrem Oberhaupte (297); unter ihm und seinen Nachfolgern gab es nur ein einziges, von allen anerkanntes Lehrhaus.[4]) Auch in Judäa wurde R. Judas Autorität gewürdigt. Er hatte einst ein angesehenes Metibtamitglied in den Bann getan, weil dessen Ruf anrüchig war. Freimütig äußerte er sich gegen diesen, als er von ihm in seiner letzten Krankheit besucht wurde: „Ich bin stolz darauf, auch einen Mann deinesgleichen nicht aus Rücksicht geschont zu haben." Da R. Juda starb, ohne jenen Bann gelöst zu haben, so mußte dem in solchen Fällen herrschenden Herkommen gemäß an den Patriarchen appelliert werden. R. Juda III., an den diese Angelegenheit gewiesen wurde, übergab sie R. Ami,

---

[1]) Kidduschin 70 a, b.
[2]) Aboda Sara 76 b.
[3]) Kidduschin das.
[4]) Scheriras Sendschreiben.

welcher jedoch den Bann nicht aufheben mochte, den R. Juda verhängt hatte.¹) Nur zwei Jahre funktionierte er nach dem Tode Hunas als allgemeiner Resch-Metibta und starb in hohem Alter.²)

An R. Judas Stelle wählte das Kollegium den achtzigjährigen Greis R. **Chasda** aus Kafri (geb. 217, gest. 309). Als Jünger Rabs hatte er für seinen Lehrer eine so außerordentliche Verehrung, daß er alle seine Aussprüche seinem Gedächtnis einprägte, und demjenigen ein Doppelgeschenk zu geben versprach, der ihm etwas Unbekanntes von seinem „großen Lehrer", wie er ihn nannte, mitteilen würde.³) R. Chasda wird als der glücklichste Amora gepriesen. Er erreichte ein sehr hohes Alter, hatte mehrere Söhne und zwei Töchter, die er an zwei Brüder, namhafte Amoräer, an **Mari** und **Ukba**, Söhne Chamas, verheiratete, von denen er Enkel und Urenkel hatte.⁴) Von Haus aus arm, wurde er mit so außerordentlichen Glücksgütern gesegnet, daß sein Reichtum sprichwörtlich geworden war. Sechzig Hochzeiten feierte er in seinem Hause, und keines seiner Familienglieder soll während seines Lebens gestorben sein.⁵) Obwohl Zuhörer R. Hunas, hatte doch seine Lehrweise mehr Ähnlichkeit mit der R. Judas; er liebte das scharfsinnige Entwickeln.⁶) Die Überlegenheit R. Chasdas über R. Huna, die er einmal den letzteren fühlen ließ, trug dazu bei, eine Spannung zwischen beiden zu erzeugen, welche vierzig Jahre gedauert haben soll.⁷) Infolge dieser Spannung scheint sich R. Chasda von Sura nach **Kafri** zurückgezogen zu haben, fühlte sich aber dort vereinsamt und vernachlässigt. Als das Kollegium der suranischen Metibta in einem zweifelhaften Falle ihn um seine Meinung fragen ließ, äußerte er sich gekränkt: „Man hebt auch das feuchte Holz auf? Also sucht man wohl einen Schatz darunter"!⁸) Noch während R. Hunas Wirksamkeit baute er aus eigenen Mitteln ein Lehrhaus in Sura (293),⁹) aber er hielt sich zu dem Oberhaupte im Jüngerverhältnis, keine praktische Entscheidung zu treffen.¹⁰) Erst nach R. Judas Tod wurde er Resch-Metibta, fungierte daselbst zehn Jahre und starb 92 Jahre alt (309).¹¹)

---

¹) Moed Katan 17 a. S. Jerus. Moed Katan III, p. 81 d.
²) Gittin 19 b. Note 1.
³) Sabbat 10 b.
⁴) Berachot 44 a.
⁵) Moed Katan 28 a.
⁶) Sabbat 82 a. Erubin 67 a.
⁷) Baba Mezia 33 a.
⁸) Erubin 4 a, b.
⁹) Seder Tanaïm und Scheriras Sendschreiben; Note 1.
¹⁰) Erubin 62 b.
¹¹) Moed Katan 28 b. Note 1.

Sein halachischer Gegner war Mar Scheschet, gleich ihm Jünger Rabs und Zuhörer R. Hunas. Er war blind, aber sein Gedächtnis war so geschärft, daß ihm nicht nur die ganze Mischna, sondern auch sämtliche Boraitas gegenwärtig waren. Kamen R. Chasda und R. Scheschet zusammen, so zitterte der eine vor der Fülle von Boraitas, der andere vor der haarscharfen Auseinandersetzung des andern.[1]) Denn R. Scheschet war ein abgesagter Feind jener scharfsinnigen Lehrweise, welche, durch R. Juda in der pumbaditanischen Schule heimisch geworden, in Haarspalterei ausartete. Machte ihm jemand einen spitzfindigen Einwurf, so fragte er ihn spöttisch: „Bist du nicht aus Pumbadita, wo man einen Elefanten durch ein Nadelöhr zieht?"[2]) Das Verhältnis des R. Scheschet zu dem damaligen Resch-Galuta liefert einen schlagenden Beweis, wie weit entfernt das Exilarchenhaus von religiöser Skrupulosität war und wie da noch die ungeschlachte Roheit herrschte. So oft nämlich der Exilsfürst R. Scheschet zur Tafel geladen hatte, ebenso oft schlug dieser die Einladung aus, und auf wiederholtes Dringen gab er den Grund seiner Unhöflichkeit an, die Sklaven des Resch-Galuta hätten die Gewohnheit nicht abgelegt, von lebendigen Tieren Stücke Fleisch zum Braten auszuschneiden.[3]) Wenn diese Roheit seiner Leute auch dem Exilsfürsten geheim geblieben sein mag, so scheint es doch, daß er sich um das religiöse Verhalten seiner Dienerschaft nicht allzu gewissenhaft bekümmert hat. Oft erlaubten sich die Sklaven der Exilsfürsten plumpe Späße gegen die mit ihren Herren verkehrenden Gesetzeslehrer und sperrten sie in Verließe ein. Das letztere begegnete R. Gadda, dem Haushälter des R. Scheschet, der im Auftrage seines Brotherrn etwas Ungesetzliches an dem Gebäude des Resch-Galuta entfernen wollte.[4]) Von R. Scheschet ist sonst weiter nichts bekannt geworden, als daß er nach der Zerstörung Nahardeas in Silhi am Tigris ein Lehrhaus anlegte; nicht einmal ein Todesjahr ist angemerkt worden.

Der jüngste dieses Amorakreises war R. Nachman ben Jacob, ein Schüler Samuels (geb. um 235, gest. 324).[5]) R. Nachman repräsentierte das stolze, auf Wohlstand, Unabhängigkeit und Sicherheit der Lebensexistenz gegründete Selbstgefühl der babylonischen Juden. Schwiegersohn des Exilsfürsten, dessen Tochter Falta er als Witwe geheiratet, hatte er den ganzen Stolz, die Prunksucht und den Übermut des exilarchischen Hauses. Verschnittene bedienten ihn wie

---

[1]) Erubin 67 a. Sebachim 76 a.
[2]) Baba Mezia 38 b.
[3]) Gittin 67 b.
[4]) Erubin 11 b.
[5]) Note 1.

einen orientalischen Fürsten und standen schlagfertig da, denjenigen die hohe Stellung ihres Herrn fühlen zu lassen, der sich einfallen ließe, ihm die Achtung zu schmälern.¹) Er war von seinem Schwiegervater als Oberrichter angestellt und war auf diese Würde so stolz, daß er seine Kollegen nachdrücklich daran erinnerte, wenn sie sich etwa mit ihm gleichstellen wollten, daß nur er allein befugter Richter sei.²) Er erlaubte sich, auch ganz allein, Urteil zu fällen, obwohl man es für eine Frechheit hielt, ohne Kollegen zu Gericht zu sitzen.³) Milde und Leutseligkeit waren seinem Charakter fern. Als die Sklaven des Resch=Galuta einer alten Frau Baumaterialien gewaltsam geraubt und daraus eine Festhütte gemacht hatten, beklagte sich dieselbe bei R. Nachman über diesen Rechtseingriff: „Der Exilsfürst und seine Gelehrten sitzen in einer geraubten Festhütte." Aber R. Nachman hörte sie kaum an, und auf ihre spitzige Entgegnung: „Ich, die Tochter eines Mannes, der 318 Sklaven hatte (Abraham), finde mit meiner Klage nicht einmal Gehör!" fuhr er sie barsch an und dekretierte, daß sie höchstens auf den Ersatz des Wertes der entzogenen Materialien Anspruch habe.⁴) Noch rücksichtsloser behandelte er seine Sklaven, in denen er die Menschenwürde auf eine die Sittlichkeit verletzende Weise schändete. Seine Sklavinnen ließ er nicht in ein festes Eheverhältnis treten, sondern die Männer wechseln, je nach dem Nutzen, den er sich von einem solchen Wechsel versprach, ganz unähnlich seinem Lehrer Samuel, welcher jedem seiner Sklaven eine Sklavin lebenslänglich als Ehefrau zuführte,⁵) und unähnlich dem tiberiensischen Amora R. Jochanan, welcher seine Sklaven an seiner Tafel teilnehmen ließ. Die Schöpfer des Talmuds waren sonst in Betätigung der Sittlichkeit ebenso bis zur Peinlichkeit gewissenhaft wie in der Übung der Ritualien; Gemütsverhärtung, die sie in ihrer nächsten Nähe an Griechen und Römern wahrnahmen, war ihnen eine unbegreifliche Erscheinung. Als Charakterzug eines echten Juden betrachteten sie Barmherzigkeit. Selbst die Gesetzeslehrer behandelte R. Nachman hochfahrend und demütigend,⁶) wie das Verfahren beweist, daß er gegen R. Juda anwendete, indem er ihn, wie bereits erzählt, vor ein Tribunal zitierte, als wenn er Patronatsrecht über ihn besessen hätte. Seine Gemahlin Jalta, die Exilarchentochter, — welche gegen die Gewohnheit das hinterbliebene Kind von ihrem ersten Gatten einer Amme übergab,

---

¹) Kidduschin 33 a.
²) Ketubbot 94 b.
³) Synhedrin 5 a. [Die Begründung ist an Ort und Stelle gegeben].
⁴) Sukka 31 a.
⁵) Nidda 47 a.
⁶) Baba Mezia 66 a. Chulin 132 b.

um nicht gehindert zu sein, sich mit R. Nachman zu verheiraten,¹) — übertraf ihn noch an Stolz und besaß die ganze Launenhaftigkeit und den Übermut einer kleinen orientalischen Fürstin. Von den Gelehrten, die mit ihrem Gatten verkehrten, verlangte sie Huldigung, und als ihr einst Ulla dieselbe versagte, verhöhnte sie ihn förmlich. Weil jener oft auf Reisen von Palästina nach Babylonien hin und zurück und wahrscheinlich auch arm war, sagte sie von ihm: „Bei Reisenden findet man Geschwätz und bei Lumpen Ungeziefer".²)

Die jüdische Rechtslehre hat R. Nachman eine wichtige Bestimmung zu verdanken, deren Entstehung einen Einblick in die Sittengeschichte jener Zeit gestattet. Nach dem alten jüdischen Rechtsprinzipe wurde bei Mangel an Beweisen der wegen einer Forderung verklagten Partei nur dann der Reinigungseid zugeschoben, wenn diese die Forderung teilweise eingestand; leugnete sie dieselbe aber ganz und gar, so fand kein Eid statt. Dieses Prinzip beruhte auf der Voraussetzung einer allgemein verbreiteten patriarchalischen Biederkeit, welche die Frechheit, eine Forderung geradezu abzuleugnen, nicht kennt. Diese Grundehrlichkeit war aber nicht mehr vorauszusetzen, sie war im Gegenteil von einer gewissen kniffigen Schlauheit verdrängt worden, welche infolge der verbreiteten Rechtskenntnis den Buchstaben des Gesetzes für sich in Anspruch zu nehmen und das Recht zu überlisten wußte. Daher führte R. Nachman, von der Erfahrung geleitet, auch im Leugnungsfalle den Überzeugungseid (Schebu'at hesset) ein. Er motivierte diese von der Tradition abweichende Bestimmung durch den Erfahrungssatz, daß weit eher die Wahrscheinlichkeit vorauszusetzen ist, daß jemand eine Schuld aus Not oder anderen Umständen ableugne, als daß jemand die Frechheit haben sollte, eine Forderung zu stellen, die ganz und gar erlogen wäre. Diese Rechtsbestimmung erlangte volle Gesetzeskraft.³) R. Nachman, der, wie schon angegeben, von Nahardea nach dessen Zerstörung ausgewandert war, ließ sich in Schakan-Zib nieder.⁴) Die wegen ihrer Spottsucht berüchtigten Einwohner von Schakan-Zib⁵) mochten ihm zugesagt haben. Ob er später, als Nahardea wieder aufgebaut war, seinen Wohnsitz dort genommen, ist nicht ermittelt.

Ein Verbindungsglied zwischen dem absterbenden Judäa und dem aufstrebenden Babylonien war R. Seïra, der für das folgende

---

¹) Ketubbot 60 b. [Deckt sich nicht mit dem, was hier im Texte steht].
²) Berachot 51 b. Siehe Chullin 109 a. Kidduschin 70 b. [Vergl. zum ganzen die Anmerkung des Verf., S. 392, A. 51].
³) Schebuot 40 b.
⁴) Note 28.
⁵) Pesachim 112 b.

Geschlecht die höchste Autorität in Judäa war. An ihm tritt der Gegensatz zwischen dem Stammlande und der babylonischen Kolonie recht scharf hervor. Schüler R. Hunas und R. Judas, fühlte er sich von der babylonischen Lehrweise nicht befriedigt und sehnte sich nach der einfachen Amoramethode, wie sie in den galiläischen Lehrhäusern üblich war. Er scheute sich aber, aus Rücksicht auf R. Judas Abneigung gegen die Auswanderung, Babylonien zu verlassen. Als er sich endlich aus dem Heimatlande gewissermaßen hinweggeschlichen hatte, war seine Sehnsucht, das heilige Land zu sehen, so groß, daß er sich an einem Seile über den Jordan wagte, um keine Zeit zu versäumen, eine Brücke aufzusuchen. Ein Christ, der diese Eilfertigkeit des Wanderers sah, bemerkte rügend gegen R. Seïra: „Ihr Juden habt den alten Fehler der Voreiligkeit noch nicht abgelegt, den ihr am Berge Sinaï an den Tag gelegt habt," worauf ihm jener erwiderte: „Darf ich einen Augenblick zögern, in das heilige Land zu kommen, das zu sehen nicht einmal unseren Lehrern Mose und Ahron vergönnt war?"[1] In Tiberias angekommen, wo R. Eleasar nach R. Jochanans Tod lehrte, bemühte er sich, die babylonische Lehrweise haarspaltender Analyse zu vergessen. Die Sage fügt hinzu, er habe, um seinem Gebete Nachdruck zu geben, vierzig Tage gefastet, damit die ihm verhaßte babylonische Lehrmethode aus seinem Gedächtnis entschwinden möge. Judäa und seine eigentümliche Art erschienen ihm dagegen in blendendem Glorienscheine, und „die Atmosphäre des heiligen Landes schien ihm mit Weisheit geschwängert".[2] Indessen konnte sich R. Seïra auch in Judäa nicht von derjenigen Richtung losmachen, die ein Grundzug Babyloniens war und sich zu fest in seinem Geiste eingenistet hatte. So sehr er sich auch bestrebte, sich die Einfachheit der judäischen Lehrweise anzueignen, trug er unbewußt in dieselbe die babylonische verstandesmäßige Analyse hinein und gerade wegen dieses von ihm verkannten Vorzuges genoß er unter den judäischen Amoräern hohes Ansehen. Man beeilte sich, ihm die Lehrerwürde zu übertragen. Doch war seine Bescheidenheit so groß, daß er sich, gleich dem König Saul, den Blicken entzog und erst dann die Weihe annahm, als man ihm beibrachte, daß damit die Sündenvergebung verknüpft sei.[3] In dem bei Promotionen üblich gewordenen Enkomium gebrauchte man die auf R. Seïras kleine, unansehnliche Figur anspielende Wendung:

> Ohne Schimmer,
> Ohne Flimmer,
> Doch nicht ohne Reiz.[4]

---

[1] Ketubbot 110 b, 112 a.
[2] Kerem Chemed, Jahrg. 1833, S. 85.
[3] Jerus. Bikkurim III, 3, 65 c.   [4] Ketubbot 17 a.

Er wurde eine der Autoritäten Judäas neben R. Ami, R. Aßi und R. Abbahu und überlebte sie sämtlich. Bei seinem Grabe stimmte ein Dichter ein Trauerlied an, das einen bessern Geschmack verrät, als mehrere bei ähnlicher Gelegenheit gehaltene; es lautete ungefähr:

> Das heilige Land hat veredelt,
> Was Sinears Schoß ihm geboren;
> Gebeugt ist Tiberias, schmerzerfüllt,
> Sein bestes Kleinod ist verloren.[1]

[1] Moed Katan, p. 25 b.

Neunzehntes Kapitel.

Drittes Amorageschlecht. Patriarchat Hillels II. Schulhäupter in Judäa: R. Jona, R. José, R. Jeremias. Das Verhältnis des mächtig gewordenen Christentums zu den Juden. Konstantins und Konstantius' judenfeindliche Gesetze. Der Abgabendruck. Untergang der judäischen Lehrhäuser. Hillels fester Kalender.

(320—359.)

Das Zeitalter, welches durch die siegreiche Herrschaft des Christentums in der Völkergeschichte einen entscheidenden Wendepunkt bildet, war auch in der jüdischen Geschichte abschließend. Was die vorangegangenen Jahrhunderte allmählich unsichtbar zur Reife gebracht hatten, das brachte diese Zeit zur Ernte. Das Christentum, bisher gehässig, verfolgt und doch trotzig, entwaffnete seine Feinde, indem es sie in seinen Bannkreis hineinzog. Das Judentum hätte sich über den Sieg des Geistes, der aus ihm selbst hervorgegangen, über die wachsende Macht desselben freuen können, wenn das siegreiche Christentum die Milde seines Stifters zur Wahrheit gemacht hätte. Aber seine Herrschaft, welche in der Weltgeschichte einen entscheidenden Wendepunkt bildet, brachte über das Judentum nur neue, schwere, langanhaltende Prüfung. Das römische Reich, das instinktmäßig seine Auflösung durch die Christuslehre fürchtete, mußte sich der Taufe unterwerfen, um seine Lebensdauer noch um anderthalb Jahrhundert länger zu fristen. Das Heidentum, von Unvernunft, Lüge, Betrug und Unsittlichkeit genährt und sie nährend, mußte sein Scheinleben aufgeben und einer andern Religionsform Platz machen. Die neue, zum Sieg gelangte Religion hatte allerdings darin unendlich viel vor dem Heidentume voraus, daß sie zum Grundprinzipe ihres Wesens eine würdigere Vorstellung von Gott und eine reine Sittlichkeit zum Bekenntnis nahm. Gleichzeitig mit Rom und Italien, welche ihre Bedeutung verloren und nur noch ein Schatten ihrer ehemaligen Größe blieben, erstarben aber auch Judäa und das Jerusalem vertretende Tiberias. Die erschütternden Großtaten Judäas und Italiens sanken zu bloßen

Erinnerungen herab; aber diese Schatten und diese Erinnerungen waren in ihrer verblichenen Gestalt, in geisterhafter Erscheinung noch mächtig genug, es mit lebendigen Kräften aufzunehmen und sie unsichtbar zu beherrschen. Ebenso wie Italien, der Sitz des ausgebildeten Heidentums, verarmte und verkümmerte Judäa durch das Christentum. Durch die politische Gewalt, welche das letztere erlangte, dadurch daß ihm das Kaisertum das Liktorenbeil und das Legionenschwert lieh, büßte Judäa bald den letzten Schimmer von Geistestätigkeit ein; das Lehrhaus von Tiberias verlor seine lange ausgeübte Anziehungskraft und geriet gänzlich in Verfall.

Während Babylonien in diesem halben Jahrhundert durch die drei originellen Amoräer Rabbah, Abaji und Raba den Höhepunkt seiner Eigentümlichkeit erreichte, waren die judäischen Amoräer dieser Zeit ohne Bedeutung, ohne irgend einen Zug hervorragender Größe. Die wenigen Männer, welche aus dieser Zeit genannt werden, waren R. Chaggaï, eine Autorität durch Alter, R. Jona und R. José II.[1]), Jünger und Nachfolger von R. Ammi und R. Aßi. Die einzige vollgiltige Autorität in Judäa war R. Jeremia, aber er war aus Babylonien eingewandert und wurde in der Heimat so wenig gewürdigt, daß er aus den Lehrhäusern gewiesen wurde. Die Patriarchenwürde sank in dieser Zeit nicht minder zur völligen Unscheinbarkeit herab, nachdem der Träger derselben, Hillel II., in Selbstverleugnung seinem Urahn Hillel ähnlich, sich der letzten Funktion, der Festesanordnung, durch die Verallgemeinerung der kalendarischen Berechnung begeben hatte, einer Funktion, die, wie unbedeutend auch an sich, doch den Patriarchen in den Augen der jüdischen Gesamtheit als den einzigen Mittelpunkt erscheinen ließ. Merkwürdigerweise erlangte das Patriarchat gerade in der Zeit, als es im Innern ganz bedeutungslos geworden war, nach außen hin einen prunkenden Glanz, als sollte die Leiche geschmückt ins Grab gesenkt werden. Die Patriarchen erhielten in dem letzten Jahrhundert ihres Bestandes die pompösen Ehrentitel „Erlauchte" (illustres), „Hochansehnliche" (spectabiles), „Hochberühmte" (clarissimi), Ehrentitel, welche sie mit den höchsten Staatswürdenträgern, Oberfeldherren, Statthaltern, Prokonsuln teilten und durch welche sie ihnen scheinbar gleichgestellt waren. „Wer da wagt, die erlauchten Patriarchen öffentlich zu beschimpfen, der verfalle einer schweren Strafe,"[2]) bestimmte ein zwar später erlassenes kaiserliches Edikt, das sich aber an die frühere Gesetzgebung (wahrscheinlich von Diocletian) über die Patriarchen anlehnt.

---

[1]) Jerus. Synhedrin I, p. 18 c.
[2]) Codex Theodosianus L, XVI, T. 8, § 11.

Der Kaiser Konstantin, der die Kirche groß gemacht, ihr die Herrlichkeit der Erde zu Füßen gelegt, aber ihr auch den zweideutigen Segen mitgegeben hat: „Durch das Schwert sollst du leben," er hat anfangs auch dem Judentume als Religion Gleichstellung neben den andern Religionsformen im römischen Reiche verliehen. Ehe sich nämlich Konstantin zum Christentum bekannt hatte, erließ er, vor allem nur darauf bedacht, Religionsverfolgungen im römischen Reiche einzustellen, eine Art Toleranzedikt, jenes Edikt von Mailand, daß sich jedermann frei zu einer Religion bekennen dürfe, ohne dadurch in die Acht zu geraten (Winter 312—313).[1] In diese Religionsduldung waren die Juden ebenfalls eingeschlossen. Ihre Patriarchen, Ältesten, Vorsteher der Lehrhäuser und Synagogen genossen dieselben Rechte wie die christlichen Geistlichen und heidnischen Priester.[2] Diese Bestimmungen blieben auch später in Kraft und wurden durch neue Gesetze sanktioniert, obwohl an dem neuerrichteten byzantinischen Hofe ein anderer Geist zu herrschen anfing. Die Norm wurde festgestellt, daß diejenigen in der Synagoge, welche sich dem Gesetze und der Lehre widmen, die Patriarchen, Presbyter und andere Arten Religionsbeamte von den lästigen Ämtern der Magistratur frei bleiben sollten.[3] Nach dem Muster der römischen Priesterverfassung und des christlichen Bischofsystems wurde der Patriarch in Judäa als Oberhaupt sämtlicher Juden im römischen Reiche anerkannt, dem Gemeinden wie Religionsvorsteher Gehorsam schuldig seien. Diese unparteiliche Gerechtigkeit Konstantins dauerte jedoch nur eine kurze Zeit. Je mehr das Christentum Einfluß auf ihn gewann, desto mehr nahm er die Intoleranz desselben an, das, seinen Ursprung vergessend, das Judentum und seine Bekenner ebenso leidenschaftlich wie das Heidentum haßte. Kirchenobere vom Schlage des Hosius, Bischofs von Corduba, der mit andern Geistlichen auf einer Kirchenversammlung zu Elvira (320) den Christen gemütlichen Verkehr mit Juden bei Strafe des Bannes verbot, und wie Eusebius von Cäsarea, der erste Kirchengeschichtschreiber, die beide das Ohr des Kaisers hatten, haben es an Hetzereien gegen sie nicht fehlen lassen. Haßten und verfolgten doch die Bischöfe einander mit fanatischer Leidenschaftlichkeit wegen Glaubensansichten, wenn einer von diesen um ein

---

[1] Omnibus libera potestas sequendi religionem. Lactant. de morte Persecutorum, c. 48, auch Eusebius, Kirchengeschichte X, 5, 7.

[2] Id enim et divi principes, Constantinus et Constantius — divino arbitrio decreverant — ut privilegia his, qui illustrium patriarcharum ditioni subjecti sint — perseverent ea, quae venerandae Christianae legis primis clericis sanctimonia deferuntur. (C. Th. L. XVI, T. 8, § 13 et 15).

[3] C. Th. das. § 24.

Haar abwich; wie sollten sie gegen das Judentum duldsam sein? Die Verketzerungssucht, welche in der Unbestimmtheit der Glaubensartikel ihren Grund hatte, stachelte die Vertreter der Kirche zur Verfolgungssucht an. Alsbald hieß das Judentum eine schädliche, ruchlose, gottlose Sekte (feralis, nefaria secta), welche womöglich vom Erdboden vertilgt werden müßte. Alsbald wurde ein kaiserliches Edikt dekretiert, daß die Juden bei Strafe für die Zutretenden wie für die Aufnehmenden keine Proselyten aufnehmen dürfen (315). Alsbald wurde auch dem christlichen Bekehrungseifer die Unterstützung der Staatsmacht zuteil, die den Juden verbot, über ihre Mitglieder die Strafe für den Abfall zu verhängen, die doch das Christentum gegen seine Bekenner in einem so grausenerregenden Maße verschärft hatte: „Diejenigen, welche sich an die Abtrünnigen mit Steinen oder jeder andern Art zu vergreifen wagen, sollen mit allen ihren Teilnehmern den Flammen übergeben werden."[1] Denn es konnte nicht fehlen, daß gesinnungslose Juden durch die entschiedene Hinneigung des Kaisers Konstantin zum Christentum und durch Aussicht auf Vorteile ebenfalls übertraten.[2] Die Kirche legte es förmlich darauf an, durch Nachteile, welche aus dem Festhalten am Judentum entsprangen und Vorteile, welche die Abtrünnigen vom Staate zu erwarten hatten, die Schwachen unter allerlei Versprechungen zum Abfall vom Judentum zu verlocken: „Warum laßt ihr euch für euren Gott töten? Sehet nur, wie viele Strafen, wie viele Plünderungen er über euch verhängt! Kommet zu uns, wir machen euch zu Herzögen, Statthaltern (Eparchai) und Heerführern (Stratelatai)."[3] „Das sündhafte römische Reich, „der Sohn deiner Mutter", sucht die Treuen wankend zu machen,"[4] das waren die Texte, über die die Volksredner der Synagoge von jetzt an zu sprechen hatten. Privilegien der Juden hob Konstantin auf, so z. B. die der Stadt Cöln, und dekretierte, daß mit Ausnahme von je zwei oder drei sie sämtlich zu lästigen, städtischen Ämtern herangezogen werden sollten.[5] Alsbald sah die

---

[1] C. Th. § 1.
[2] Abulfarag Bar-Hebraeos, p. 135 gibt an, es seien 12000 Juden und Heiden damals übergetreten.
[3] Pesikta Rabbati, c. 21.
[4] Das. c. 15.
[5] Das Gesetz Codex Theod. das. § 3 vom Dez. 321 ist deswegen interessant, weil es besagt, daß die Juden noch früher in Cöln gewohnt haben. Decurionibus Agrippiensibus. Cunctis Ordinibus generali lege concedimus, Judaeos vocare ad Curiam. Verum, ut aliquid ipsis, ad solatium pristinae observationis, relinquatur, binos vel ternos privilegio perpeti patimur nullis nominationibus occupari.

Welt das nie geahnte Schauspiel der ersten allgemeinen Kirchenversammlung von einigen Hundert Bischöfen und Presbytern mit dem Kaiser an der Spitze (325), wo das Christentum Triumphe zu feiern glaubte, aber nur seine Schwäche und innere Zerfahrenheit verriet. Denn da, wo es zuerst offiziell in dem ganzen Glanze seiner geistlichen und weltlichen Machtvollkommenheit auftrat, war von seinem ursprünglichen Wesen keine Spur mehr vorhanden, weder von den essenischen Lehren der Demut, der Brüderlichkeit und der Gütergemeinschaft, noch von dem paulinischen Eifer für Sittlichkeit und Gesinnungstüchtigkeit, noch von dem Drange der alexandrinischen Schule nach wissenschaftlicher Gelehrsamkeit. Dogmenstreitigkeiten, ob Christus, der Sohn, mit dem Vater gleich, ähnlich oder unähnlich sei, die um so erbitterter geführt wurden, je weniger in ihnen ein Beweis geführt werden konnte, bildeten von jetzt an den Vordergrund der Kirchengeschichte, die sich zur Weltgeschichte emporgeschwungen hatte. Auf dem nicäischen Konzil zerriß die letzte Faser, welche das Christentum mit seinem Urstocke zusammenhielt. Das Osterfest, welches in zahlreichen christlichen Gemeinden mit dem Passahfeste zugleich, und zwar an dem vom Synhedrion in Judäa berechneten und festgesetzten Tage, begangen worden war, sollte fortan vom jüdischen Kalender losgelöst werden. So verlangte es die römische Kirche, die, unabhängig von jüdischer oder apostolischer Überlieferung, stets die Ostern am Sonntag nach Vollmond des Frühlingsmonats gefeiert wissen wollte. Dadurch war eine Spaltung in der Christenheit ausgebrochen, der sogenannte Passahstreit. Rom bedrohte mit dem Bannfluche die Gemeinden in Syrien, Kleinasien und Mesopotamien, welche mit den Juden zugleich am Abend des vierzehnten Nissan die Osterfeier begingen. Das sollte nicht sein. „Denn es sei vor allem unwürdig, daß wir bei diesem heiligsten Feste dem Gebrauche der Juden folgen sollten. — Fortan sei uns nichts mehr mit dem verhaßten Volke der Juden gemein, wir haben von unserem Heiland einen andern Weg erhalten. — Denn es wäre doch wahrhaft abgeschmackt, daß die Juden sich rühmen sollten, wir seien nicht imstande, die Passahfeier ohne ihre Lehre (ihre Berechnung) zu begehen."[1]) Diese Äußerung wird dem Kaiser Konstantin in den Mund gelegt, und wenn er sie auch nicht selbst getan, so war sie nicht minder der leitende Gedanke der Kirche, die jetzt über das Geschick der Juden zu bestimmen hatte.

---

[1]) Eusebius, de vita Constantini III, c. 11, ἔστι γὰρ ὡς ἀληθῶς ἀτοπώτατον, ἐκείνους (Ἰουδαίους) αὐχεῖν, ὡς ἄρα παρεκτὸς τῆς αὐτῶν διδασκαλίας ταῦτα φυλάττειν οὐκ εἴημεν ἱκανοί.

Das erste Wort, das das Christentum gleich am ersten Tage seines Sieges aussprach, zeugte von feindlicher Haltung gegen das Judentum, und daraus flossen jene feindseligen Dekrete Konstantins und seiner Nachfolger, die den Grund zu den blutigen Verfolgungen der künftigen Jahrhunderte legten. Konstantin erneuerte das Gesetz Hadrians, daß kein Jude in Jerusalem wohnen dürfe.[1]) Die heilige Stadt hatte wieder ihren ehemaligen Namen erhalten, nur wurde sie aus einer heidnischen Stadt in eine christliche umgewandelt, nachdem die Mutter des Kaisers, Helena — eine Frau anrüchigen Rufes — dorthin gepilgert war, und ihr Sohn dort die Grabeskirche erbaute, auf einem Platze, wo Jesu Grab nicht gewesen sein kann. Nur am Tage der Erinnerung an die Zerstörung Jerusalems erlaubte die kaiserliche Wache jüdischen Pilgern, dort zu weinen und Klagelieder anzustimmen. Dazu ließ Konstantin sich jedoch nicht bewegen, sein früheres Gesetz zu widerrufen und den Lehrern des Judentums die Befreiung von städtischen Ämtern zu entziehen; er bestätigte es vielmehr neuerdings (331).[2]) Dagegen hat er ein anderes Gesetz, den Sklavenbesitz der Juden betreffend, in dem vorletzten Regierungsjahre erlassen. Sie durften ihre Sklaven nicht beschneiden; durch einen solchen Akt erlangten die Sklaven ihre Freiheit.[3]) Das Motiv zu diesen Gesetzen war kein allgemein sittliches, sondern ein beschränkt christliches. Das Judentum sollte weder durch Proselyten, noch durch Sklaven einen Zuwachs erhalten, was das Christentum als ein Monopol für sich beanspruchte. — Eine andere Judenverfolgung durch Konstantin als Rückwirkung eines neuen Aufstandes gegen die Römer und des Versuches, Jerusalem wieder zu erlangen, infolgedessen der erste christliche Kaiser den Juden Palästinas zur Schmach die Ohren habe abhauen lassen, ist nicht durch vollgiltige geschichtliche Zeugnisse beurkundet[4]) und auch nicht wahrscheinlich. Er schützte sie vielmehr gegen den Übermut der zum Christentum übergetretenen Juden, die, größtenteils gesinnungslos, Rache an ihren ehemaligen Stamm- und Glaubensgenossen nahmen, durch ein bündiges Gesetz, wonach sie nach der Art des Vergehens wegen Beunruhigung und Beleidigung der Juden bestraft werden sollten (336).[5]) Ein solcher Täufling Joseph scheint damals den Juden Palästinas viel zugesetzt zu haben. Er gehörte zu den Beisitzern des Patriarchen im Synhedrion von Tiberias

---

[1]) S. Note 17.
[2]) Codex Theodosianus das. § 4.
[3]) Codex Theodosianus L, XVI, T. 9, § 4.
[4]) Chrysostomus oratio contra Judaeos I. Eutychius (Ibn Batrik), annales II, p. 469.
[5]) Codex Theod. das. § 5.

und wurde mit dem Ehrenamte eines Abgeordneten und Sendboten für die Gemeinden in Cilicien betraut. Dort verkehrte er heimlich viel mit einem Bischof und ließ sich die neutestamentlichen Schriften zum Lesen geben. Die cilicischen Juden schöpften Argwohn gegen seine Rechtgläubigkeit, und da er ohnehin nicht beliebt war, weil er die Lehrer und Vorsteher der Religion von oben herab behandelte und sogar abgesetzt hatte, so überfielen ihn einige von ihnen in seiner Wohnung und überraschten ihn beim Lesen der Evangelien. Wie kann man es den Juden Ciliciens verargen, wenn sie ihn ihren Unwillen über sein falsches Spiel empfinden ließen! Sie sollen ihn gar in den Fluß Cydnus geworfen haben, wobei er nur durch ein Wunder dem Tode entgangen sein soll. Es blieb nun Joseph nichts anderes übrig, als sich öffentlich zum Christentum zu bekennen. Er log den Christen und namentlich dem einfältigen Epiphanius (ebenfalls Täufling und später Bischof von Constantina, einem leichtgläubigen Erzeiferer und mit Hilarion Begründer der ersten Klöster in Palästina) eine Reihe von Wundergeschichten vor, durch die er zur Annahme der Taufe erweckt worden sei, und von denen eine alberner als die andere ist. Träumend und wachend sei ihm Christus erschienen. Wenn man ihm Glauben schenken wollte, so haben viele Juden damals, darunter die gelehrtesten und würdigsten, im Herzen Vorliebe für das Christentum gehegt. Sogar von dem damaligen greisen Patriarchen (wohl Juda III.) erzählte Joseph das durchweg unglaubliche Märchen, auch dieser sei heimlich der Jesuslehre zugetan gewesen. Er habe in einer geheimen Schatzkammer das Johannisevangelium und die Apostelgeschichte, aus dem Griechischen ins Hebräische übersetzt, und die Genealogie Jesu im Originalhebräisch aufbewahrt und in ihnen fleißig gelesen. Vor dem Tode habe er das Bedürfnis gefühlt, die Taufe zu empfangen, und sich zu diesem Zwecke, unter dem Vorwande, seinen ärztlichen Rat zu gebrauchen, einen Bischof aus der Nähe von Tiberias kommen lassen. Nachdem alle Anwesenden aus des Patriarchen Krankenzimmer entfernt worden waren, habe sich dieser von dem Bischof das Siegel Christi, die Taufe, erteilen und in die christlichen Mysterien einweihen lassen; auch habe er ihm, „weil das, was die Priester auf Erden binden und lösen, auch im Himmel als gebunden und gelöst gelte", viel Geld für die christliche Geistlichkeit als Opfer überreicht. Als ihn nach diesem Akte die wiedereingetretenen Personen gefragt, wie er sich befände, habe er mit Anspielung auf die erhaltene Taufe geantwortet, jetzt fühle er sich wohl. Zwei oder drei Tage darauf sei er verschieden, nachdem er die Erziehung seines Sohnes, des künftigen Patriarchen, dem schon genannten Joseph

und einem andern angesehenen Manne übergeben.¹) Die christliche
Geistlichkeit Palästinas und wohl der beim Kaiser angesehene Bischof
Eusebius trugen Sorge dafür, daß Joseph für seinen Übertritt
belohnt wurde. Konstantin verlieh ihm die Würde eines Comes,
womit ihm eine Art Straflosigkeit für Vergehen und Ungesetzlich-
keiten erteilt war. Joseph erhielt auch vom Kaiser die Erlaubnis,
die ersten Kirchen in Galiläa zu bauen, wo bis dahin wenig
Christen lebten. Auch darüber erzählte er manche Fabeln. Als er
den Bau einer Kirche in Tiberias begonnen, hätten die Juden
durch Zauberei das Feuer der Kalköfen so zu binden gewußt, daß
der Kalk nicht gebrannt werden konnte, bis Joseph im Namen Jesu
von Nazareth dem Wasser die Kraft verliehen habe, den Zauber
zu lösen und gar das Feuer brennen zu machen; die zahlreich anwesenden Juden hätten hierdurch die Macht des Gottes der Christen
anerkannt. Der ehemalige Patriarchenapostel baute noch Kirchen in
Sepphoris (Diocaesarea), Nazareth und Kapernaum und verdrängte
die Juden, die neuen Verfolgungen entgegengingen, auch von
diesem letzten Asyl, das ihnen in ihrer Heimat geblieben war. Im
Alter ließ sich Joseph in Betsan nieder, und ist, wie er erzählt,
allen Verlockungen der Arianer widerstehend, dem katholischen Bekenntnisse treu geblieben.²)

Den Sohn und Nachfolger, den jener Patriarch hinterließ und
der beim Tod des Vaters noch unmündig gewesen sein soll (wahrscheinlich Hillel II.) verunglimpfte Joseph in zwiefacher Absicht,
um einen hochgestellten Stammgenossen, der Grund hatte, ihn zu
hassen, einfach durch Verleumdungen zu brandmarken und um die
Wundertätigkeit des Kreuzeszeichens zu bezeugen. Er erzählt von
dem jungen Patriarchen, zu dessen Vormund und Wächter er bestellt
gewesen sein soll, er habe sich, von jungen Genossen verführt, einem
ausschweifenden Leben ergeben und sogar durch magische Künste
ehrbare, tugendsame Frauen zur Unzucht verleitet. Einst habe er
sich in ein schönes christliches Weib verliebt, habe sich ihm nähern
wollen, und von ihm abgewiesen, habe er mit seinen Genossen
abermals magische Mittel zu deren Verführung angewendet. Aber
die Bekreuzigungen, welche diese Frau häufig gemacht, haben die
dämonische Gewalt von ihr abgleiten lassen.³) Dieser Patriarch
Hillel II. (um 330—365)⁴) aber war — freilich kein Verehrer des
Christentums — einer der würdigsten Nachkommen des ältern Hillel

---

¹) Epiphanius adversus Haereses L. I. T. II, 4, 6. (S. Note 1).
²) Das. 9, 12.
³) Epiphanius adversus Haereses das. 7, 8.
⁴) Note 22.

und wurde von einem Kaiser, der ebenfalls Grund hatte, der anmaßenden Kirche gram zu sein, vielfach bevorzugt.

Mit dem Erzketzerverfolger und Brudermörder Konstantius (327—330) begann eigentlich das christliche Regiment im römischen Reiche und damit auch das üble Los der Juden. Wären die damaligen Vertreter der Kirche nicht von Rachsucht und Rechthaberei verblendet gewesen, so hätten sie einsehen müssen, daß sie sich durch ihr Anlehnen an die Staatsgewalt einem Herrn unterworfen und den Spieß gegen sich gekehrt hatten. Kaiser Konstantius durfte sich herausnehmen, zu sagen: „Mein Wille ist Kirchengesetz, ist Religion." In letzter Instanz entschieden nicht die Kirchenlehrer über Religionsfragen, sondern die Verschnittenen und Aufwärterinnen bei Hofe. Wenn ein fanatischer Geist die Kirchenglieder vom Kaiser bis zum niedrigsten Untertan beherrschte, so daß sie einander wegen Wortstreitigkeiten blutig verfolgten, wie konnten die Juden auf menschliche Behandlung rechnen? Gleich im Anfang der Regierung Konstantius' wurde über Gesetzeslehrer des Judentums Exil verhängt, infolgedessen mehrere nach Babylonien auswanderten. Unter den exilierten Gesetzeslehrern werden zwei namhaft gemacht, R. Dime und R. Isaak ben Joseph (mit dem Zunamen der Rote). Diese Verfolgung scheint aber später noch verschärft worden zu sein; die Gesetzeslehrer wurden mit dem Tode bedroht, wodurch die Auswanderung aus Judäa noch zahlreicher wurde. R. Abin und R. Samuel bar Juda werden unter die später Ausgewanderten gezählt (337—338).[1]) Die Folgen dieser Vorgänge waren der Untergang des tiberiensischen Lehrhauses und das Ermatten der Lehrtätigkeit überhaupt.[2]) Bis dahin hatte noch eine Art Synhedrion, als dessen Mitglieder R. Haggai, R. Jona und R. José genannt werden, mit dem üblichen Abstimmungsmodus bei Beratungen bestanden.[3]) Die feindselige Gesinnung, welche Konstantius gegen die Juden hegte, sprach sich auch in einigen, die Juden betreffenden Gesetzen aus. Was die Veranlassung zu dieser Verfolgung war, ob der Apostat Joseph, ein zweiter Acher, die Hand dabei im Spiele hatte, das alles ist dunkel. Eheverbindungen zwischen Juden und Christinnen, die nicht selten vorgekommen zu sein scheinen, belegte Kaiser Konstantius mit Todesstrafe (339).[4]) Noch folgenreicher war das von ihm erlassene Sklavengesetz. Während sein Vater nur die Aufnahme von Sklaven in die jüdische Gemein-

---

[1]) Note 29.
[2]) Scheriras Sendschreiben.
[3]) Jerus. Synhedrin I, p. 18 c.
[4]) Codex Theodosianus L XVI, T. 8, § 6.

schaft verbot und die Übertreter nur mit dem Verlust des Sklaven belegte, verhängte Konstantius (339) für die Beschneidung eines christlichen Sklaven Todesstrafe und Verlust des ganzen Vermögens. Er verbot sogar, heidnische Sklaven in den Bund des Judentums aufzunehmen.[1]) Der Grund dieses Sklavengesetzes war ein zweifacher: die Juden sollten durch Aufnahme von Sklaven keinen Zuwachs erhalten, und Christen sollten nicht jüdischen Herren, „den Gottesmördern", dienen. Diese verkehrte Ansicht beherrschte seitdem die Kirche und wirkt noch bis auf den heutigen Tag in anderer Form nach. Gesetzlich war diese Beschränkung und diese Härte keineswegs; denn die Juden galten noch immer als Vollbürger des römischen Reiches[2]), und infolge dieser Gleichstellung durften sie keinen Ausnahmegesetzen unterworfen werden. Aber was galt dem ebenso gewissenlosen wie schwachen, von Verschnittenen und Hofgeistlichen beherrschten Kaiser Recht und Gesetz? Seine Einfälle und Launen sollten Gesetz sein. Konstantius oder seine Hoftheologen waren die Erfinder des „christlichen Staates".

Die Leiden der Juden steigerten sich bis zur Unerträglichkeit, als Konstantius seinen Vetter und Mitkaiser Gallus nach dem Morgenlande schickte, um gegen die überhandnehmende Macht der Perser zu operieren (351). Gallus, Schwelgereien ergeben, überließ die Kriegsführung seinem Legaten Ursicinus; dieser, wie sein kaiserlicher Herr, waren für Judäa drei Jahre lang eine harte Plage. Da die römischen Legionen in den jüdischen Städten einquartiert waren, so machte Ursicinus ihre Verpflegung den jüdischen Einwohnern zur Pflicht, ließ aber seine Forderung so unerbittlich ausführen, daß die jüdischen Gemeinden dadurch in die Lage gerieten, die Religionsgesetze verletzen zu müssen. Die römischen Militärbeamten verlangten nämlich auch an den Sabbattagen und am Feste der ungesäuerten Brote frisches Brot für die Truppen. Der Not gehorchend, sollte man sich nach den Aussprüchen der Gesetzeslehrer dieser Forderung fügen. R. Mana gestattete den jüdischen Bäckern auf die Forderung des Römers Proclus, am

---

[1]) C. Th., T. 9, § 2, s. Godefroy zu diesem Gesetze, daß es nicht Konstantin, sondern seinem Sohne angehört, und daß es im dritten Jahre desselben, 339, erlassen ist. Die Motive zu diesem Gesetze vita Constantini IV, c. 27. Sozomenus hist. eccl. III 16 und Cedrenus.

[2]) S. Codex Theod. das. T. 8, § 9 von Arcabius: Judaeorum sectam nulla lege prohibitam satis constat. Das. L. II, T. 1, § 10 de Judaeorum foro; ebenfalls von demselben Kaiser: Judaei Romani et communi jure viventes de his causis, que non tam ad superstitionem eorum, quam ad forum et leges ac jura pertinent, adiant solemni jure judicia, omnesque Romanis legibus inferant et excipiant actiones. Postremo legibus nostris sint.

Sabbat Nahrungsmittel öffentlich feilzubieten; die beiden Autoritäten von Tiberias, R. **Jona** und R. **José** lehrten, man dürfe für Ursicinus' Heer am Sabbat Brot backen, und die Gesetzeslehrer von **Neve**, einer gaulanitischen Stadt, erlaubten, am Passahfeste Gesäuertes für die Legionen zu backen.[1]) Allein Ursicinus übte seine Härte und Rücksichtslosigkeit gegen die jüdische Religion nicht allein da, wo ein Interesse des Heeres mitsprechen konnte, er scheint vielmehr geradezu eine Religionsverfolgung beabsichtigt zu haben, denn in **Senbaris**, einem Städtchen eine Meile von Tiberias, ließ dieser Feldherr eine Gesetzesrolle, welche für den öffentlichen Gebrauch bestimmt war, verbrennen[2]), was gewiß nicht zum Dienste gehörte. Außerdem lastete ein unerträglicher Steuerdruck auf den größtenteils verarmten Juden Palästinas: Naturalienlieferung von Getreide und Vieh (annona, Arnona), Kopfgeld oder Judensteuer (Golgolet, Fiscus), Tribut und dazu noch Gewerbesteuer ($\chi\varrho\nu\sigma\alpha\varrho\gamma\acute{\nu}\varrho\iota\sigma\nu$) und Strafgelder aller Art ($\zeta\eta\mu\acute{\iota}\alpha$). Die Klagen über die Abgabenlast fanden auf den Kanzeln ein Echo. „Wie ein Gewand an einer Dornenhecke, so man es an der einen Seite losmacht, es von der andern Seite zerschlissen wird, so geht es unter dem Regimente Esaus (Roms). Ehe noch die Annona abgeliefert ist, kommt das Kopfgeld an die Reihe, und ehe dieses gezahlt ist, wird Tribut gefordert."[3]) „Mit verfänglicher List verfährt der böse Esau gegen Israel." „Du hast gestohlen oder getötet." „Du hast nicht gestohlen? Wer hat mit dir gestohlen? Du hast nicht getötet? Wer war dein Mitschuldiger? Erlege Strafgelder, bringe die Lieferung, zahle Kopfsteuer und andere Abgaben."[4])

Diese gehäuften Trangsale und Gewissensnöte gaben den Juden den Mut zu einem neuen Aufstande. Wie wenig auch von diesem Aufstande und seinen Folgen bekannt geworden ist, da die Nachrichten hierüber nur wie hingeworfen erscheinen, so lassen sich doch einzelne Umstände desselben zusammenstellen. Die Niederlagen der römischen Legionen gegen die Perser, der Aufstand der Sarazenen und Jsaurier und die Schwäche des von Konstantius für den Orient ernannten, aber beargwöhnten Cäsar Gallus, flößten den Unter-

---

[1]) Jerus. Schebiit IV, p. 35 a. Synhedrin III, p. 21 b.
[2]) Jerus. Megilla III, p. 74 a.
[3]) Pesikta, c. 10.
[4]) Ruth Rabba Anf. Vergl. über die Benennung der verschiedenen Abgaben Sachs, Beiträge I, S. 167. Dazu habe ich nur noch zu bemerken, daß שפ״ל verschieden ist von שפסיס oder Plur. פ״ים. Jenes ist allerdings gleich λείψανον „Steuerreste", dieses dagegen ist wohl eine Abkürzung von Fiscus (judaïcus) mit ausgefallenem f-Laut. Aus der zitierten Stelle Ruth Rabba ist דימוסא verschieden von גולגלת.

drückten die Hoffnung ein, sich vom Joche des christlichen Byzanz
befreien zu können. Sie fanden auch einen Anführer, der ihnen
Zuversicht einflößte; er wird von den Römern **Patricius**, von
den Juden **Natrona** genannt. Die letztern sahen in ihm den
messianischen Retter. Ein Prediger suchte die Menge in Sepphoris
oder Tiberias zur Beteiligung an dem Aufstande zu entflammen
und verhieß den göttlichen Beistand.

Diese aufrührerische Rede ist charakteristisch für den Geschmack
der Zeit. Sie ist in ein Wechselgespräch zwischen Gott und der
jüdischen Nation eingekleidet und weist auf die Weltreiche, das
babylonische, medische, persische, griechische hin, die Israel geknechtet
haben und dann gedemütigt wurden. So werde Gott auch Rom
züchtigen. Israel spricht zu Gott: „Willst Du uns befreien, um uns
von neuem knechten zu lassen?" „Nein," lautet die Antwort.
„Wer hat ein Strafgericht über Babel, Perser und die Griechen
verhängt? Wer wird Vergeltung üben an Edom? Natrona
wird es tun, dessen Name in der heiligen Schrift angedeutet ist.
Nicht halb soll Edom-Rom abgetan werden, sondern vollständig mit
seinen Herzögen, Statthaltern und Kriegsobersten."[1]) Die Erhebung
hatte ihren Anfang in Sepphoris, zu dieser Zeit **Diocäsarea**
genannt, wo die Juden in der Dunkelheit der Nacht die dort
stationierten römischen Truppen überfielen, sie niedermachten und
sich ihrer Waffen bemächtigten. Herren der Bergstadt, Sepphoris,
wagten sie weitere Streifzüge in die Umgegend, um ihre lang
ertragene Schmach an ihren Feinden zu rächen. Zu gleicher Zeit
müssen aber auch ähnliche Vorgänge in den zwei bedeutendsten
Städten Judäas, in Tiberias und Lydda, sowie in andern Plätzen
stattgefunden haben. Der Aufstand hatte also eine nicht ganz unbedeutende Ausdehnung genommen. Cäsar Gallus oder vielmehr
sein Unterfeldherr Ursicinus unterdrückte ihn aber vollständig und
wütete selbstverständlich gegen die Besiegten. Viele Tausend Juden
fielen als Opfer einer Erhebung, welche mehr der Verzweiflung als
der Klugheit ihre Entstehung verdankte. Sepphoris wurde dem
Erdboden gleich gemacht, Tiberias, Lydda und die anderen beteiligten
Städte teilweise zerstört (352). — Über die Zerstörung dieser
Städte scheint ein Agadist mit Anlehnung an einen Text seine
Elegien angestimmt zu haben: „Zu jener Zeit vernahm man ein
Wehklagen vom Fischtore, **darunter ist Akko gemeint**;
Jammergeschrei von der zweiten Stadt, **das ist Lydda, die
zweite nach Jerusalem;** ein großes Unglück auf den Hügeln,
darunter ist Sepphoris verstanden, das auf Hügeln

---

[1]) Pesikta r. Absch. Hachodesch Ende.

liegt; jammert, ihr Bewohner der Tiefe, das **tiefliegende Tiberias**. Der Heilige spricht: „Ich habe Gericht gehalten über diese vier Städte für das, was die Feinde ihnen zugefügt haben."[1]

Wie nach jedem ähnlichen Aufstande wurde auch auf die Beteiligten eine Hetzjagd angestellt, damit keiner von ihnen der Strafe entgehe; am meisten stellte Ursicinus den Sepphorenern als den Urhebern nach. Um der Verfolgung zu entgehen, machten sie sich unkenntlich, indem sie ein Pflaster auf ihre Nase legten, wodurch sie in der Tat eine Zeitlang unerkannt blieben. Es fanden sich aber endlich Verräter, welche diese List der Sepphorener dem Machthaber anzeigten. Die Verratenen wurden ergriffen und auf der Stelle hingerichtet.[2] Viele Flüchtlinge hatten sich indessen in den unterirdischen Gängen von Tiberias versteckt, wo sie vor den Römern sicher waren. R. Huna II. erzählt: „Als wir uns in die unterirdischen Gänge retteten, hatten wir Fackeln bei uns; wenn sie dunkel brannten, erkannten wir, daß es Tag sei, flimmerten sie hingegen heller, so erkannten wir daran die Nachtzeit."[3] Diese Flüchtlinge müssen demnach eine längere Zeit in den Höhlen zugebracht haben. — Konstantius scheint indessen die hadrianischen Edikte gegen die Juden erneuert zu haben; denn die Übung religiöser Funktionen wurde verboten, sogar die Kalenderberechnung und der Handel mit Gegenständen religiösen Gebrauchs untersagt. Als man Raba, dem damaligen Schulhaupte in Machuza von der beschlossenen Einschaltung eines Monats und der Verfolgung gegen die Religionsübung Nachricht geben wollte, mußte es auf eine geheimnisvolle, rätselhafte Weise durch zweideutige Anspielungen geschehen. Diese Nachricht lautete: „Männer kamen aus **Reket** (Tiberias), und es erhaschte sie der **Adler** (Römer); denn sie hatten in Händen, das was in **Luz** verfertigt wird (Blaupurpur zu Schaufäden). Durch Gottes Barmherzigkeit und ihr Verdienst sind sie jedoch glücklich davon gekommen. Die Nachkommen **Nachschons** (Patriarch) wollten einen **Monatsversorger** (Schaltmonat) einsetzen; allein der Aramäer (Römer) gab es nicht zu; dennoch versammelten sie sich und schalteten den Todesmonat Ahrons (Ab) ein."[4] Das geheime Sendschreiben an Raba verrät die ganze Not, in welcher sich Judäa damals befand. Das zersprengte und geschwächte Synhedrion muß verhindert gewesen sein,

---

[1] S. Note 30.
[2] Jerus. Jebamot XVI, p. 15 c. Sota IX, p. 23 c.
[3] Genesis Rabba, c. 31.
[4] S. Note 30. [Nach Auffassung des Talmuds ist diese Zeitangabe Datum der Versammlung.]

die regelmäßige Einschaltung im Frühjahr (Adar) einzuführen und war gezwungen sie in eine ungewöhnliche, vom Gesetze nicht gestattete Jahreszeit zu verlegen. Auch gegen die Feier des Versöhnungstages scheinen Verbote des Kaisers gerichtet gewesen zu sein, so daß man sich gezwungen sah, sie auf einen Sabbat zu verlegen.[1]) Dieser Notzustand Judäas änderte sich nicht, als der grausame Gallus auf Konstantius' Befehl hingericht und Ursicinus in Ungnade gefallen war (354). Am kaiserlichen Hofe zu Konstantinopel galten die Bekenner des Judentums geradezu als Gottesleugner, weil sie Jesus nicht anerkennen konnten. Aus dieser Anschauung floß das Gesetz (357), daß ein Christ, wenn er sich den „gotteslästerlichen" Gemeinden der Juden anschlösse, mit dem Verluste seines Vermögens bestraft werden sollte.[2]) Auf Konfiskation des Vermögens hatten es die Kreaturen des Konstantius besonders abgesehen und sie legten den Juden die härtesten Steuern ohne Maß wie ohne gerechten Titel auf, um sie durch Verarmung und Erschöpfung aufzureiben. Schon waren neue Schätzungstafeln ausgeschrieben, um den Steuerdruck noch mehr zu erhöhen, unter dem Vorwande, die Juden verdienten als Gottesleugner keinen Schutz.[3]) Von dieser neuen Bedrückung wurden sie erst auf eine unerwartete Weise durch den Kaiser Julian befreit, der seinem Bruder Gallus ebenso unähnlich war, wie seinem Mitkaiser und Vetter Konstantius.

Die traurigen Verhältnisse in Judäa haben den damaligen Patriarchen Hillel veranlaßt, einen Akt der Selbstverleugnung zu begehen, der noch nicht vollständig gewürdigt worden ist. Die bisherige Weise, die Berechnung der Neumonde und Schaltjahre geheim zu halten, und die Festzeiten durch ausgesandte Boten den Gemeinden in den Nachbarländern bekannt zu machen, hatte sich durch die Verfolgungen unter Konstantius als untunlich und unzweckmäßig erwiesen. Wenn das Synhedrion verhindert war, das Schaltjahr festzustellen, so mußten die jüdischen Gemeinden in Ost und West über die wichtigsten religiösen Bestimmungen in Zweifel bleiben. Daher hat R. Huna ben Abin das Kalendergeheimnis zeitweise verraten und nach Babylonien an Raba die Regel kund gegeben: „Wenn du merkst, daß der Winterabschnitt (Tekufat-Tebet) sich bis zum sechzehnten Nissan erstreckt, so trage kein Bedenken, auf eigene Hand das Jahr als ein Schaltjahr zu betrachten."[4]). Um aller Schwierigkeit und Ungewißheit ein Ende zu machen, führte Hillel II.

---

[1]) Chullin 101 b.
[2]) Codex Theodosianus XVI, 8, 7.
[3]) Julians Sendschreiben an die jüdischen Gemeinden, Note 34.
[4]) Rosch ha-Schanah 21 a.

ein für allemal einen festen Kalender ein, d. h. er gab jedermann die Regeln an die Hand, die Normen festzusetzen, nach welchen das Synhedrion bisher bei den Kalenderberechnungen und Festzeitbestimmungen verfahren war. Mit eigener Hand zerriß dieser Patriarch das letzte Band, das die im römischen und persischen Reiche zerstreuten Gemeinden an das Patriarchat knüpfte. Der sichere Fortbestand des Judentums lag ihm mehr am Herzen, als die Würde seines Hauses; darum gab er diejenigen Funktionen auf, auf die seine Vorfahren Gamaliel II. und dessen Sohn Simon so eifersüchtig waren. Die damaligen Synhedrialmitglieder waren mit dieser Neuerung einverstanden; nur wollten sie den zweiten Feiertag, den die außerpalästinensischen Gemeinden zweifelshalber von jeher zu begehen pflegten, nicht aufgehoben wissen. R. José erließ an die alexandrinische Gemeinde ein Sendschreiben mit den Worten: „Obwohl wir euch die Ordnung der Feiertage (Sidre Mo'adot) zugestellt haben, so ändert doch nichts an der Gewohnheit eurer Vorfahren,"[1] (auch den zweiten Festtag heilig zu achten). Auch den Babyloniern wurde dasselbe kund getan: „Haltet fest an dem Gebrauch eurer Väter."[2] Diese Warnung wurde gewissenhaft befolgt, sämtliche jüdische außerpalästinensische Gemeinden feiern bis auf den heutigen Tag den zweiten Feiertag.

Die Berechnung des von Hillel eingeführten Kalenders ist so einfach und sicher, daß sie bis auf den heutigen Tag keine Nachhilfe und Verbesserung nötig gemacht hat, und ist darum von jüdischen und nichtjüdischen Sachkundigen als etwas Vollendetes anerkannt worden. Die Differenz zwischen dem Sonnen- und Mondjahr, (das erstere zu 365 Tagen angenommen und das letztere zu 12 mal 29 Tagen, 12 Stunden und ein Bruchteil), von der der jüdische Festzyklus abhängt, ist in dieser Berechnung bis auf wenig störende Bruchteile ausgeglichen; die Dauer der Monate ist dem astronomischen Mondumlauf nahe gebracht, und außerdem sind die besonderen halachischen Verhältnisse der jüdischen Feste darin berücksichtigt. Diese Berechnung beruht auf dem von dem griechischen Astronomen Meton eingeführten neunzehnjährigen Zyklus (Machsor ha Lebanah), in welchem sieben Schaltjahre vorkommen. In jedem Jahre sind zehn Monate unveränderlich, je einer zu 29 und der andere zu 30 Tagen; nur zwei Herbstmonate, welche auf den wichtigsten Monat Tischri folgen, sind veränderlich gelassen, weil sie von gewissen astronomischen und jüdisch-gesetzlichen Verhältnissen abhängen, z. B. davon, daß der Monat Tischri nicht mit dem Tage beginnen sollte, der noch größten-

---

[1] Note 31.
[2] Jom Tob 4 b.

teils zum vorangegangenen Monate gehörte, daß ferner der Versöhnungstag weder vor, noch nach dem Sabbate treffen, und daß endlich der Hosiannatag nicht mit einem Sabbat zusammenfallen sollte. Diese und andere Berechnungen beruhen aber auf so einfachen Regeln, sind so bequem und leicht, daß es jedem Halbkundigen möglich ist, einen hundert- und tausendjährigen Kalender anzulegen. Es ist nicht bekannt, wie viel von diesem Kalendersystem Hillel eigen ist und wie viel er aus Traditionen hatte, da es sicher ist, daß im Patriarchenhause gewisse astronomische Regeln traditionell waren; Samuels Kalender scheint Hillel jedenfalls benutzt zu haben. Dieser Kalender und das Jahr, in welchem er ihn eingeführt, hat sich durch mündliche Überlieferung erhalten; als Jahr der Einführung gilt das 670ste Jahr der seleuzidischen Ära, 359 nach der üblichen Zeitrechnung.[1]

---

[1] Haï Gaon in Abraham ben Chijas Sefer ha-Ibbur, S. 97. An dieser Tradition: עד ימי הלל בר׳ יהודה בשנת תר״ע לשטרות ... שמאותה השנה ... אחזו הסדר היה אשר בידם ist nicht zu rütteln durch die angeblich astronomischen Berechnungen in der neuern Zeit.

Zwanzigstes Kapitel.

Exilarchat Mar-Ukban, Mar-Huna und Abba-Mari. Babylonische Amoräer: Rabba bar Nachmani, R. Joseph, Abaji in Pumbadita, Raba in Machuza Verfall der suranischen Metibta. Höchste Entwicklung der talmudischen Dialektik. Die persische Königin Ifra und ihr Sohn Schabur II. R. Papa, Gründer einer neuen Metibta in Nares.

(320—363).

Jener Druck, der die Palästinenser traf und die Veranlassung zu Hillels Kalenderordnung war, vermehrte die Bedeutsamkeit und den Einfluß Babyloniens, und wenn das Christentum sich rühmen konnte, in den Lehrstätten in Judäa gleichsam den Lehrtempel, den Vertreter des Opfertempels, aufgelöst zu haben, so war diese Auflösung nur eine örtliche. Denn in Babylonien nahm das Gesetzesstudium einen solchen Aufschwung, daß es die ältere Zeit fast verdunkelte; es feierte seine Zeit der Reife. Die zwei Richtungen, die sich überhaupt in der Lehrart der Traditionen entwickelt haben, die der zuverlässigen Aufnahme, treuen Weiterlieferung und die der fruchtbaren Anwendung und Weiterförderung, waren in Babylonien in den zwei Hochschulen vertreten. Sura war die rezipierende, Pumbadita die schöpferische Metibta. Sura kann überhaupt nur als die Fortsetzung der judäischen Lehrhäuser, gewissermaßen als das babylonische Tiberias, betrachtet werden, und wenn auch der Geist, der in Sura waltette, durch die babylonische Eigentümlichkeit verschieden war, so förderte doch die suranische Schule die Studien nicht merklich weiter. Zur höchsten Höhe brachte sie erst Pumbadita. Die Scharfsinnigen Pumbaditas (Charife de Pumbadita), aus R. Judas Schule hervorgegangen, führten in diesem Zeitalter die Hegemonie über Babylonien und die davon abhängigen Länder. Die Träger und Vertreter dieser Richtung bildeten das Triumvirat Rabba und seine Jüngergenossen Abaji und Raba. Diese drei vollendeten den völligen Ausbau des Talmuds, oder richtiger sie erhoben das Halachastudium zur geistreichen Dialektik, und wiewohl sie nicht Schöpfer derselben waren, so ist die konsequente Benutzung und Verwendung derselben nach allen Seiten hin ihre Eigenart.

Rabba bar Nachmani (geb. um 270, gest. 330)[1]) hatte, wie die Familie, der er angehörte, etwas Originelles. Er stammte aus Judäa und zwar aus einer galiläischen Stadt Mamal oder Mamala, deren Einwohner größtenteils Ahroniden aus dem Hause Eli waren und, wie sie behaupteten, noch an dem Fluche dieses Hauses litten, kein hohes Alter erreichen zu können. Wer nach Mamala kam, war über die vielen Schwarzköpfe verwundert, die er da antraf, während ein Graukopf zu den Seltenheiten gehörte.[2]) — Rabba hatte drei Brüder mit Namen Kajlil, Uschaja und Chananja, welche sämtlich in großer Dürftigkeit lebten, und auch dieses Mißgeschick schrieben sie dem auf dem Hause Eli ruhenden Fluche zu. Uschaja der Jüngere und Chananja, die nach Judäa zurückgekehrt waren, nährten sich kümmerlich von Schuhmacherarbeit, welche sie aus Mangel an Kundschaft an Buhldirnen zu liefern genötigt waren. Trotzdem blieb ihr Sinn so rein und keusch, daß man ihnen nicht einmal einen unerlaubten Blick nachsagen konnte, und sie wurden infolgedessen als „Heilige des Landes Israel" hochverehrt.[3]) Diese zwei Brüder verlegten sich auf die Agada, das Lieblingsstudium in Judäa, und auf die Pflege einer Art Mystik, ohne der Weihen teilhaftig zu werden,[4]) während ihr nüchterner Bruder Rabba, der von Jugend an viel Geistesschärfe gezeigt, mehr Vorliebe für die Halacha hatte, und auf diesem Gebiete epochemachend wurde. Weil derselbe in Babylonien zurückgeblieben war, konnten sich seine Brüder über sein Los nicht beruhigen und bemühten sich, ihn nach Judäa zu locken. „Es ist nicht gleichgiltig", ließen sie ihm sagen, „ob man in oder außer Judäa stirbt, wie ja auch der Erzvater Jakob Wert darauf legte, im heiligen Lande begraben zu sein. Wenn du auch weise bist, so ist es immer besser, einen Lehrer zu haben, als sich selbst auszubilden. Wenn du uns einwendest, du kennest keinen Lehrer von Bedeutung in den judäischen Lehrhäusern, so wisse, daß du wohl hier einen solchen finden wirst".[5]) Infolge dieser dringenden Aufforderung wanderte Rabba, dem Grundsatze seines Lehrers R. Juda zuwider, nach Judäa aus. Nach einiger Zeit kehrte er indes wieder nach Babylonien zurück[6]) — vermut-

---

[1]) S. Note 1.
[2]) Jebamot 76 a und Tosaphot das. Genesis Rabba, c. 59 über Mamal s. Erubin 51 b und Jerus. das. IV, p. 22 a.
[3]) Pesachim 113 b.
[4]) Synhedrin 14 a, 66 b.
[5]) Ketubbot 111 a.
[6]) Siehe Note 32.

sich weil sein Geist von der judäischen Lehrweise sich unbefriedigt fühlte — als R. Huna und R. Chasda noch lehrten (vor 293), und wurde ihr Zuhörer. — Rabbas zeitliche Verhältnisse werden als sehr traurig und als Gegenstück zu dem ungetrübten Glücke R. Chasdas geschildert. Aber höchst übertrieben ist die Schilderung von seiner Armut jedenfalls, die so erschreckend gewesen sein soll, daß seine Familie kaum Gerstenbrot zur Nahrung hatte, während in R. Chasdas Haus die Hunde mit Weizenmehl gefüttert wurden. Auch die Unglücksfälle, die ihn betroffen haben sollen, und sein kurze Lebensdauer (nur vierzig Jahre) scheinen übertrieben und des Gegensatzes wegen zu R. Chasdas hohem Glücke sagenhaft aufgestellt worden zu sein; denn unbestreitbar ist es, daß er keineswegs so sehr jung gestorben ist.[1])

Nach dem Tode seines Lehrers R. Juda (299) hielt das aus Liebhabern der Dialektik bestehende pumbaditanische Kollegium Rabba allein für würdig, die in der Metibta entstandene Leere auszufüllen, und übertrug ihm die Würde, Nachfolger R. Judas zu werden, die er jedoch aus Bescheidenheit ablehnte. Man besetzte die erledigte Stelle durch R. Huna ben Chija,[2]) dessen Reichtum so groß war, daß er für die Zuhörer in der Lehrversammlung vergoldete Sitze lieferte. Noch zählte die pumbaditanische Hochschule 400 Zuhörer, obwohl sich der größte Teil der Jünger nach Sura gewendet hatte. Auch Rabba und sein Freund R. Joseph beteiligten sich an der heimischen Hochschule mit Unterordnung unter ihr derzeitiges Oberhaupt, um ihr eben erlangtes Ansehen nicht schwinden zu lassen. Als man jedoch erfuhr, woher der Reichtum des R. Huna ben Chija stammte, daß er ihn von der Zollpacht gewonnen hatte, gab man ihm zu verstehen, die Lehrwürde nicht durch den gehässigen Erwerb zu schänden, sondern das eine oder das andere zu lassen. Nachdem derselbe die Zollpacht aufgegeben, erkannte ihn das Kollegium nach Rabbas Beispiel als würdigen Resch-Metibta an; nur der strengere R. Joseph zog sich von diesem Kreise zurück.[3]) Indessen drohte die pumbaditanische Metibta durch den nicht ganz makellosen Ruf ihres Oberhauptes in Verfall zu geraten; daher beeilte sie sich nach dem Tode dieses R. Huna, um sich Teilnehmer und Hörer zu verschaffen, eine bessere Wahl zu treffen. Zwei schienen dafür würdig: Rabba bar Nachmani und R. Joseph ben Chija, der eine Vertreter der talmudischen Dialektik, der andere Pfleger der halachischen Gelehrsamkeit. Die Wahl zwischen beiden war schwer, man wandte sich

---

[1]) Siehe Note 32.
[2]) Scheriras Sendschreiben.
[3]) Bechorot 31 a.

daher nach Judäa um Rat und stellte die Frage: „Wem gebührt der Vorzug, dem Sinaï (Mann des Wissens), oder dem Bergeversetzer (Mann des Scharfsinns)?" In Tiberias, wo die scharfsinnige Lehrweise, wenn nicht verhaßt, doch mindestens nicht beliebt war, entschied man sich für den ersteren.[1]) Allein R. Joseph hatte eigene Bedenklichkeiten gegen die Annahme der Resch-Metibtawürde. Ein Chaldäer hatte ihm die Nativität gestellt, er werde zwar zu hohem Ansehen gelangen, aber sich darin nur zwei Jahre und sechs Monate behaupten können und dann sterben.[2]) Trotz der gesetzlichen Verbote, auf die Chaldäerweisheit zu hören, konnten sich die angesehensten Gesetzeslehrer ihrem Einflusse nicht entziehen: das tägliche Beispiel war mächtiger als das Gesetz. Da R. Joseph die Würde ablehnte, so wurde sie auf Rabba übertragen (309), und in ihm fand die pumbaditanische Hochschule ihr Ideal.

Rabba erhob ihren erloschenen Glanz von neuem und zog eine Menge Zuhörer heran, die sich zuweilen auf 1200 belief. Er beschränkte seine Vorträge nicht bloß wie R. Juda auf den praktischen Teil des Talmuds, sondern erläuterte sämtliche Teile der Mischna, suchte alle Widersprüche zwischen der Mischna, den Boraitas und den Zusätzen der amoräischen Autoritäten (Memra) auszugleichen und überhaupt Klarheit in das Halachastudium zu bringen. Selbst dem ganz entlegenen Lehrstoff über die levitischen Reinheitsgesetze wandte er seine Aufmerksamkeit zu und machte ihn dem Verständnis zugänglich, stand aber mit diesen dem Leben entschwundenen Studien ganz allein, worüber er sich beklagte: „Ich stehe allein," sprach er, „in der Kenntnis der Lehre vom Aussatze, allein in der Lehre von Verunreinigung der Häuser".[3]) Eigentümlich war ihm, tiefer auf die Motive der Gesetze, sowohl der sopherischen und mischnaitischen, wie der pentateuchischen, einzugehen und daraus Konsequenzen zu ziehen. Seine Einleitungsformeln für solche Untersuchungen lauteten: „Warum hat das Gesetz dieses bestimmt?" oder „Warum haben die Gesetzeslehrer dieses oder jenes verboten?" Durch geistreiche Auffassung und Erläuterung der Themata wußte er sie lebendig, und durch die Abwechselung, die er dem trockenen Gegenstande durch Einflechtung agadischer Sentenzen verlieh, interessant und fesselnd zu machen. Zuweilen unterhielt er die Zuhörer vor dem Beginn des Vortrages mit interessanten Anekdoten und wenn er sie in heitere Stimmung versetzt glaubte, begann er das Ernste und Geistanstrengende zu behandeln. Sein leitender Grundsatz dabei war, die Seele müsse für

---

[1]) Berachot 64 a. Horajot 14 a.
[2]) Daselbst.
[3]) Baba Mezia 86 a. Berachot 20 a.

die Aufnahme ernster Gedanken empfänglich gemacht werden, und die
Empfänglichkeit werde durch Heiterkeit geweckt. Oft stellte Rabba
verfängliche Fragen oder teilte paradoxe Halachas mit, um das Urteil seiner Zuhörer zu prüfen und ihren Verstand zu schärfen.
Rabba hat unter den Amoräern dieselbe Bedeutung, wie R. Akiba
unter den Tannaiten; er brachte das Einzelne und Abgerissene unter
allgemeine Gesichtspunkte. Er genoß daher unter den Gesetzeslehrern
eine Verehrung, welche derjenigen gleichkam, die sie für den Schöpfer
des babylonisch-jüdischen Lebens hegten. Allein eben so sehr, wie er
in diesem Kreise beliebt war, eben so mißliebig war er beim pumbaditanischen Volke. Seine Landsleute verziehen dem strengen Sittenrichter nicht die scharfen, züchtigenden Worte, mit denen seine Gradheit und sein sittlicher Ernst gegen ihre Kniffe und Betrügereien
ankämpfte.[1]) Als Rabba einst zur Zeit der Dürre öffentliches
Fasten und Gebet veranstaltet hatte, ohne daß sich Regen einstellte,
sprach er rügend zur Menge: „Nicht weil wir Volksführer schlimmer
sind, als zur Zeit R. Judas, und nicht weil wir das Gesetzesstudium weniger pflegen, versagt uns der Himmel unsere Wünsche.
Aber was können die Vertreter dafür, wenn das Geschlecht ent-
artet ist?"[2])

Wegen seiner dürftigen Verhältnisse scheint Rabba und ein
anderer Amora R. Ada Hausgelehrter (Chacham) des derzeitigen Exilsfürsten Mar-Ukban gewesen und von demselben unterhalten worden
zu sein.[3]) Während die suranischen Schulhäupter begütert waren,
die Kosten des Lehrhauses selbst trugen und öfter auch eine große
Jüngerzahl auf eigene Kosten verpflegten, waren die pumbaditanischen
größtenteils wenig bemittelt. Dieser Umstand machte in Pumbadita eine Lehrhauskasse (Schipura) nötig, zu welcher wohl die Gemeinden und Exilarchen beisteuerten.[4]) Mar-Ukban oder Rab-
bana-Ukban, mit dem Zunamen Dezizuta, ist der erste Exilarch,
welcher im Namen Samuels halachische Traditionen, und zwar an
Rabba, mitgeteilt hat.[5]) Er war der Sohn des Exilsfürsten Nehemia und also ein Urenkel Rabs.

Mar-Ukban wird daher mehr als sein Vorgänger rühmend genannt.
Eine Jugendsünde scheint indessen auf ihm gelastet zu haben, denn
er wird unter die Reuigen gezählt, welche bei Gott wohlgefälliger
seien, als die ganzen Sündenfreien.[6]) Von welcher Art diese Sünde

---

[1]) Sabbat 153 a. Raschi das.
[2]) Taanit 24 a, b.
[3]) Seder Olam Sutta.
[4]) Scheriras Sendschreiben.
[5]) Baba Batra 55 a.
[6]) Sabbat 55 b.

gewesen, war den Späteren nicht mehr bekannt. Die einen erzählen, Mar-Ukban habe in der Jugend der Eitelkeit gefröhnt und sein Haar gekräuselt, wofür er im reifern Alter Buße getan. Andere, Mar-Ukban habe eine Ehefrau leidenschaftlich geliebt und sei dadurch in eine unheilbare Krankheit gefallen; als aber die Frau seiner Leidenschaft einst wegen einer Gefälligkeit zu ihm gekommen war und er gerade in der Lage war, seine Leidenschaft zu befriedigen, habe seine Sittlichkeit den Sieg errungen. Die Sage fügt hinzu, daß man seit der Zeit einen Glorienschein um sein Haupt habe glänzen sehen und er deswegen **Dezizuta** (der Strahlende) genannt worden sei. Indessen wird diese Verherrlichung so verschiedenen Personen beigelegt,[1]) daß es von selbst einleuchtet, es sei dies weiter nichts als ein dichterischer Mythus, um den Sieg der Keuschheit über die brennende Leidenschaft recht anschaulich zu machen (der Name Dezizuta, welcher der Sage den Stoff gegeben, scheint von einem Orte abgeleitet). Mar-Ukban ließ sich, wie ein Exilarch vor ihm, nach seinem Tode nach Judäa bringen, um in heiliger Erde begraben zu sein.[2])

Unter diesem Exilsfürsten erlitten die babylonischen Juden eine Anfechtung, die zwar im Vergleiche zu der im römischen Reiche vorgefallenen unbedeutend und vorübergehend, die aber doch geeignet war, die Betroffenen aus ihrer tiefen Sicherheit zu stören. Unter dem neuen Sassanidenkönig, dem lange regierenden **Schabur II.**, (303—380), der noch im Mutterleibe die Herrscherhuldigung empfangen, trübte sich das freundliche Verhältnis des persischen Hofes zu den Juden, und sie wären vielleicht ebenso hart wie die Christen verfolgt worden, wenn nicht seine Mutter **Ifra** für Juden und Judentum eingenommen gewesen wäre. Es wird kurzweg berichtet, eine Kriegsschar sei in Pumbabita eingerückt, worauf sich Rabba und R. Joseph durch die Flucht gerettet haben.[3]) Gegen Rabba wurde eine schwere Anklage erhoben, indem dem Könige oder seinen Räten hinterbracht wurde, daß durch dessen Vorträge an den Kallamonaten seine 1200 Zuhörer sich der Kopfsteuer (Charag) entziehen. Ein königlicher Häscher (Firiſteki) wurde darauf ausgeschickt, sich des Schulhauptes von Pumbabita zu bemächtigen. Vorher gewarnt, entfloh Rabba und irrte, um unentdeckt zu bleiben, in der Gegend von Pumbabita umher. In Agma setzte er sich auf einen Baumstamm, und die Beschäftigung mit dem Gesetze schützte ihn vor Verzweiflung und Gedanken des Selbstmordes; dieses will die poetische

---

[1]) Vergl. Kerem Chemed, Jahrgang 1830, S. 80.
[2]) Seder Olam Sutta.
[3]) Chullin 46 a.

Sage mit den Worten andeuten: „Solange er in das Gesetz vertieft war, wagte der Todesengel sich nicht an ihn heran." Da rauschte ein heftiger Wind in den Binsen, welches Geräusch der Flüchtling für das Anrücken einer bewaffneten Schar hielt, die ausgesendet sei auf ihn zu fahnden, und die Furcht vor den Häschern soll ihn ums Leben gebracht haben. In Pumbadita erfuhr man vom Tode Rabbas, wie die Sage will, durch ein Schreiben, das vom Himmel gefallen war, worauf sich seine vorzüglichsten Jünger Abaja, Raba und die übrigen Mitglieder der Hochschule Mühe gaben, seine Leiche zu suchen. Nach langem Suchen fanden sie sie von Vögeln beschattet und verhüllt; sie hielten eine siebentägige Trauer um den hochverehrten Amora (330).[1]) Die Anklage, durch deren Veranlassung Rabba sein Leben verlor, scheint aber keine weiteren Folgen gehabt zu haben. Die Königin-Mutter Ifra schickte sogar einen Beutel voll Denare an seinen Nachfolger und überließ es ihm, den besten und frömmsten Gebrauch davon zu machen; er löste damit jüdische Gefangene ein.[2])

Rabbas Nachfolger war sein Freund R. Joseph ben Chija (geb. um 270, gest. 333). Er war kränklich, empfindlich und dadurch von heftiger Gemütsart. Diese seine Fehler kannte er selbst und klagte, daß er deswegen seines Lebens nicht froh werden könnte.[3]) Er scheint sehr begütert gewesen zu sein, besaß Äcker, Palmbäume, Weingärten, die er besser als andere pflegte und aus denen er daher bessern Wein als andere zog.[4]) Als er sein Augenlicht verlor, grämte er sich weniger über die Blindheit, als darüber, daß er dadurch von mancher gesetzlichen Pflicht entbunden sei, weil sein Verdienst geschmälert sei, wenn er jetzt das freiwillig täte, wozu er vor seinem Erblinden durch die gesetzliche Vorschrift verpflichtet war.[5]) R. Joseph war eine Ausnahme unter den pumbaditanischen Schulhäuptern, insofern er mehr auf gedächtnismäßige Kenntnis der Mischna und Boraitas gab, als auf scharfsinnige Folgerungen. Man legte ihm daher den Ehrentitel „Sinai" und „Speicherbesitzer" bei.[6]) Außer dem Halachastudium beschäftigte er sich mit dem Targum oder der chaldäischen Übersetzung der heiligen Schrift. Die Thora und wahrscheinlich auch einzelne Stücke aus den Propheten, waren zwar längst zum Gebrauch für die öffentliche Vorlesung (Haftara) ins Aramäische übertragen, sowohl in der syrischen, wie in der chaldäischen

---

[1]) Baba Mezia 86 a.
[2]) Baba Batra 8 a.
[3]) Pesachim 113 b.
[4]) Menachot 87 a.
[5]) Baba Kama 87 a.
[6]) Horajot Ende. Synhedrin 42 a.

Mundart. Die chaldäische Übersetzung der Thora, wahrscheinlich nach der beliebten griechischen Übersetzung des Akylas angelegt, führt den Namen Targum Onkelos; die syrische zum Gebrauch für die syrisch redenden Juden in Mesopotamien und Syrien hieß Peschitho (die einfache). Aber der größte Teil der Propheten war nicht verdolmetscht, und R. Joseph war es, der die chaldäische Übersetzung derselben vervollständigte.[1]) Einige glauben, daß es ein Werk der Frömmigkeit gewesen, weil er wegen seiner Blindheit am Lesen verhindert war und wegen des Verbotes, das Geschriebene mündlich vorzutragen, nicht auswendig rezitieren wollte, habe er zunächst für sich die Propheten übersetzt, um die nötigen Stellen chaldäisch anzuführen. R. Josephs Übersetzung ist in die Targumsammlung aufgenommen worden und galt als entscheidende Autorität für zweifelhafte Worterklärungen. — Als Schulhaupt war er äußerst streng in Handhabung der Disziplin; einen seiner Zuhörer, Nathan bar Assa, ließ er geißeln, weil er am zweiten Feiertag eine Fußwanderung vom Lehrhause nach Pumbadita gemacht hatte. Die wenigen Jahre seines Amtes wurden ihm vielfach verkümmert. Er verfiel in eine schwere Krankheit, büßte dabei sein Gedächtnis ein und mußte daher von seinen Zuhörern oft daran erinnert werden, daß er selbst ihnen früher einmal dasjenige überliefert habe, was er gerade in Abrede stellte. Schonend machten sie ihn auf seine Ungereimtheiten aufmerksam, und er, empfindlich wie er war, betrachtete die Erinnerungen als Geringschätzung und beklagte sich darüber: „Habet Nachsicht," sprach er, „mit einem Greise, der sein Erlerntes durch Unglück vergessen hat, und vergesset nicht, daß die Bruchstücke der ersten Gesetzestafeln neben den ganzen Gesetzestafeln aufbewahrt wurden".[2]) R. Josephs mißliches Geschick kann als Typus für den Mangel der gedächtnismäßigen Lehrweise gelten. Sie speicherte Schätze von Wissen und Überlieferungen auf, überwachte peinlich wie der Geiz jedes Atom ihrer Schätze, jeden gedankenmäßigen Einfluß zurückweisend, als wenn er ihre spiegelnde Lauterkeit trüben könnte; aber an einem unglücklichen Tage verliert sie all ihr mühsam Gesammeltes, ihr Gedächtnis erlischt und sie besitzt kein Mittel, das Verlorene wieder zu erlangen. Auch die suranische Schule, die die gedächtnismäßige Lehrweise betrieb, verfiel, weil sie das Element zur Weiterbeförderung der Lehre nicht genug benützte. Nach R. Chasdas Tod stand ihr R. Hunas Sohn Rabba oder Rab Abba dreizehn Jahre (309—322) vor; aber die lernbegierige Jugend fühlte sich mehr von dem aufgehenden Gestirn

---

[1]) Note 13.
[2]) Vergl. die Stelle in Seder ha-Dorot, Artikel: Joseph ben Chija.

der pumbaditanischen Metibta angezogen. Es ist daher von Rabba
nichts weiter als seine Bescheidenheit im Andenken geblieben. Er
starb gleichzeitig mit R. Hamnuna, der in Charta di Argas ein
Lehrhaus geleitet hatte. Beider Leichen führte man nach Judäa.
— Nach Rabba bar Huna stand die suranische Schule verweist und
wurde erst ein halbes Jahrhundert später wieder besetzt, von welcher
Zeit an sie einen neuen Aufschwung nahm.

Nach R. Josephs Tod war das Kollegium wegen der Wahl
seines Nachfolgers in Verlegenheit. Vier schienen würdig dafür,
weil sie in gleichem Ansehen standen, Abaji, Raba, R. Seïra II.
und Rabba bar Matana. Sie entschieden unter sich, demjenigen ihre Stimme zu geben, der über eine aufgeworfene Frage
eine so treffende Bemerkung machen würde, daß gegen sie keine
Einwendung vorgebracht werden könnte. Abaji trug in diesem
Geistesturnier den Sieg davon und wurde zum Resch-Metibta gewählt. Abaji, mit dem Beinamen Nachmani[1]) (geb. um
280, gest. 338), war elternlos; sein Vater Kajlil starb vor seiner
Geburt, seine Mutter kurz darauf. Eine Erzieherin ersetzte ihm die
Mutter, und Rabba, der scharfsinnige Amora von Pumbadita, den
Vater. Mit Dankbarkeit und Rührung sprach er später von seiner
Pflegemutter und teilte in ihrem Namen verschiedene Heilmittel
mit, welche teils auf Erfahrung beruhten, teils in dem Aberglauben
des Landes wurzelten. Seinem Oheim Rabba verdankte Abaji die
Gesetzeskunde und die Gewandtheit in der talmudischen Dialektik.
Abaji sowohl, wie sein Zwillingsamora Raba erweckten schon in der
Jugend große Erwartungen; man sagte von ihnen: „Was eine
Melone werden soll, zeigt sich in der Knospe." Abaji scheint nur
ein mäßiges Vermögen besessen zu haben, so daß auf seine Tafel
kein Wein kam,[2]) obwohl dieses Getränk in Babylonien heimisch
war und für den Weinhandel ein Marktplatz in Sul-Schafat bestand.[3]) Doch hatte er einen eigenen Acker, wie die meisten babylonischen Gesetzeslehrer, welchen er durch einen Freigärtner bearbeiten
ließ. Sein Charakter war sanft, nachgiebig und er bewährte ihn
im Umgange mit den verschiedenen Klassen der Gesellschaft. Sein
Wahlspruch war: „Der Mensch sei klug in der Gottesfurcht, seine
Sprache sei milde, zornversöhnend, er halte Frieden mit Brüdern,
Verwandten, mit aller Welt, selbst mit den Heiden draußen, damit

---

[1]) [So nach Raschi Pesach. 112 b u. a. a. O. Nach Scherira in dem von
Aruch a. v. אבן zitierten Sendschreiben war Nachmani der wirkliche Name und
Abaji ein von Rabba ihm beigelegter Name. S. Weiß, Beth-Talmud, I, 121 ff.].

[2]) Ketubbot 56 a.

[3]) Baba Mezia 73 a. Baba Batra 98 a.

er überall geliebt, geachtet und einflußreich bei den Menschen sei."¹) In dieser Zeit war Gesinnung, Wort und Tat noch ein und dasselbe. Seine Rechtlichkeit war selbst bei den in Babylonien wohnenden Samaritanern anerkannt. Als ihm einst ein Esel abhanden gekommen war, den Samaritaner aufgefangen, brachten sie ihn dem Abaji zurück, obwohl er kein spezielles Kennzeichen anzugeben imstande war. „Wärst du nicht Nachmani," ließen sie ihm sagen, „so hätten wir auch auf ein Merkzeichen nichts gegeben."²) Unter Abajis Leitung der pumbaditanischen Metibta (333—338) verlor sich die Zuhörerzahl bis auf 200, und er nannte sich deswegen in Erinnerung an die Zuhörermenge zur Zeit Rabs und R. Hunas, seiner Vorgänger „eine Waise von Waisen."³) Es hatte nicht die Teilnahme und die Lust am Studium abgenommen, sondern Abaji hatte einen Nebenbuhler an Raba, der ein eigenes Lehrhaus in Machuza gegründet und viele Zuhörer angezogen hatte. Beide erreichten den Höhepunkt der pumbaditanischen Lehrweise. Auf Fragen, die durch Rabba und R. Joseph nicht erledigt waren, fanden sie, an Geist und Scharfsinn wetteifernd, die Lösung.

Aus Mangel an Diskussionsstoffen, weil der überkommene Traditionsstoff bereits erschöpft und nach allen Seiten hin erläutert war, warfen sie neue Themata auf, die sie mit Hilfe bereits anerkannter Formeln lösten. Unter anderem behandelten sie die Frage: Wenn ein Zeuge der falschen Aussage geziehen und dadurch zur ferneren Zeugenschaft untauglich geworden ist, beginnt dann diese Untauglichkeit bereits von dem Augenblick der falschen Aussage, oder erst vom Moment der Überführung? Praktische Folgen sollte diese Frage haben, falls dieselben Zeugen in der Zwischenzeit einen Akt beglaubigt haben. Eine ähnliche Frage war: Wenn einem Schuldner, der seine Schuld nicht getilgt, die dafür haftenden Güter von Rechtswegen entzogen und dem Gläubiger zugefallen sind, ob jenes Recht des Gläubigers an diese erworbenen Güter schon mit dem Augenblick der Anleihe, oder erst mit dem Augenblick der Zahlungsunfähigkeit eintritt? Die praktische Wendung dieser Frage war: Ob der Gläubiger das Recht hat, in der Zwischenzeit über die Güter des Schuldners zu verfügen. Eine andere, mehr dogmatische Frage war: Ob eine vom Gesetz verbotene und trotzdem vollzogene Handlung als Tat zu betrachten, oder als null und nichtig anzusehen sei, was auf die Frage hinausläuft, ob die von der Thora verfügten Strafen dem tatsächlichen Vergehen oder dem

---

¹) Berachot 17 a.
²) Gittin 45 a.
³) Ketubbot 106 a.

Ungehorsam gegen den Gesetzgeber gelten. Man unterschied bei Gesetzesübertretungen zwischen Frechheit, Leidenschaftlichkeit, Unachtsamkeit und Unwissenheit.[1]) Diese subtile talmudische Dialektik hat von Abaji und Raba, ihren Meistern, den Namen „Hawajot (tiefere Fragen) d'Abaji we Raba" erhalten.

Abaji fungierte nur etwa fünf (und nicht zwölf oder dreizehn) Jahre.[2]) Vor seinem Tode hörte er noch von den harten Verfolgungen, die seine Stammverwandten in Judäa unter Konstantius erduldeten. Die Flüchtlinge, die diese traurigen Nachrichten nach Babylonien brachten, führten auch neue Halachas aus R. Jochanans Kreise zu und frischten dadurch das wissenschaftliche Leben auf. Nachdem Abaji noch auf den Rat eines dieser Auswanderer, die wegen ihrer Schönheit zu ihrer Zeit berühmte, zweimal verwitwete Choma, eine Enkelin R. Judas, gegen das bestehende Omen geheiratet hatte,[3]) starb er im Mannesalter (338).

Nach seinem Tode wurde die Resch-Metibtawürde ohne weiteres, als wenn sich das von selbst verstände, auf Raba bar Joseph bar Chama aus Machuza übertragen (geb. 299, gest. 352). Raba war reich, geistvoll, scharfsinnig, hatte aber schwache Seiten, wodurch er seinen Mit-Amoräern nachstand, wie er sie durch Geistesschärfe überstrahlte. Er kannte sich selbst genau und schildert sich mit den Worten: „Von den drei Wünschen, die ich stets hegte, sind mir zwei in Erfüllung gegangen, der dritte aber blieb mir versagt; ich wünschte R. Hunas Wissen und R. Chasdas Reichtum und erlangte sie, aber die bescheidene Anspruchslosigkeit Rabba bar Hunas wurde mir nicht beschieden." Obwohl hoch über seinen Landsleuten stehend, hatte er doch einen Anflug von dem Charakter der Machuzaner, war luxuriös, stolz, übermütig, schmeichelte aber seinen Landsleuten, obwohl sie in Babylonien nicht den besten Ruf hatten, mehr als gebührlich. Es lag ihm sehr am Herzen, ihre Gunst zu erlangen und zu erhalten. „Als ich," erzählt er selbst, „Richter wurde, fürchtete ich, daß die Machuzaner mir ihre Anhänglichkeit entziehen würden, indessen da sie meine Unparteilichkeit im Rechtsprechen erkennen, müssen mich entweder alle hassen oder alle lieben."[4]) Dieses Haschen nach Volksgunst auf Kosten der sittlichen Würde scheint Abaji an ihm gerügt zu haben: „Wenn ein Gesetzeslehrer," sprach er, „bei seinen Mitbürgern allzusehr beliebt ist, so ist nicht sein höheres Verdienst die Ursache, sondern seine Nachsicht, weil er sie nicht auf ihre

---

[1]) Synhedrin 27 a. Pesachim 30. Temura 4 b ff. Chullin 4 b. Makkot 7 b.
[2]) Note 1.
[3]) Jebamot 64 b.
[4]) Ketubbot 105 b. [Die Stelle ist gekürzt und im Original verständlicher].

Untugenden aufmerksam macht und sie nicht ernstlich zurechtweist."¹)
— Die Machuzaner stammten, wie bereits angedeutet, zum großen Teile von Proselyten ab, darum scheuten sich die Adelsstolzen Babyloniens, Ehen mit ihnen einzugehen. Weil sie daher in Verlegenheit waren Frauen zu bekommen, gestattete ihnen R. Seïra II. in einem öffentlichen Vortrage, sich mit unehelich Geborenen zu verheiraten. Aber diese Erlaubnis, welche eine Herabsetzung für sie enthielt, verletzte den Stolz der Machuzaner so sehr, daß das Volk ihn beinahe mit den Festfrüchten — es war gerade am Hüttenfeste — gesteinigt hätte, wie es einst dem König Alexander Jannäi im Tempelvorhofe erging. Diesen Freimut R. Seïras konnte Raba nicht genug tadeln: „Wer wird auch eine so rücksichtslose Entscheidung in einer Gemeinde vorbringen, wo es so viele Proselytenabkömmlinge gibt!" Um die Volksgunst noch mehr zu gewinnen, bewies er im Gegensatze zu R. Seïra, daß Proselyten sogar Priestertöchter ehelichen dürfen, und diese Schmeichelei verfehlte nicht, die Machuzaner so sehr zu entzücken, daß sie ihn mit Seidenstoffen überhäuften. Später wollte Raba diese allzuausgedehnte Gleichstellung der Proselyten beschränken, weil sie in manchen Kreisen Mißfallen erregt haben mochte und fügte hinzu, daß sich Proselyten mit Bastardfamilien verschwägern dürften. Als aber dieser Zusatz Unzufriedenheit hervorrief, beschwichtigte er seine Landsleute mit den Worten: „Ich meine es ja nur gut mit euch, und lasse euch beide Seiten frei."²)

Ein anderer Fehler Rabas war, daß er, obwohl sehr bemittelt, vom Eigennutze nicht frei war und ihn bei manchen Gelegenheiten durchblicken ließ. Ein Proselyte, mit Namen Iẕor in Machuza hatte bei Raba eine Summe von 12000 Sus (Denar)³) hinterlegt, um sie seinem Sohne, den er zum Gesetzesjünger heranbilden ließ, zu hinterlassen. Als Iẕor erkrankte, spekulierte Raba darauf, dieses Geld als herrenloses Gut zu behalten, weil nach talmudischem Gesetz ein Proselyte sein Vermögen auf einen vor dem Übertritt zum Judentume erzeugten Sohn nicht vererben konnte. Der mit allen Falten des Gesetzes vertraute Resch-Metibta faßte alle möglichen Fälle ins Auge, um Iẕors Verfügung über sein Vermögen zugunsten seines Sohnes zu vereiteln, und hatte sich sogar vorgenommen, wenn er zum Kranken gerufen werden sollte, nicht zu erscheinen, um durch seine Anwesenheit nicht zur Herausgabe des hinterlegten Vermögens

¹) Ketubbot 105 b.
²) Kidduschin 73 a. [Nach unserer Meinung spricht diese Stelle nicht für den Charakter des einen oder andern, sondern nur für die bessere Lehrmethode Rabas].
³) Etwa 2000 Taler.

genötigt zu sein. Indessen hatte ein anderer Gesetzeskundiger dem besorgten Vater den Fingerzeig gegeben, wenn er verhindert wäre, seinem Sohne die hinterlegte Summe auf dem Wege des Testamentes zuzuwenden, so könne er es auf dem Wege des Eingeständnisses vor Zeugen tun. Über diesen heimlichen Rat war Raba sehr ungehalten und beklagte sich sogar über den Ratgeber, als wenn ihm dadurch ein rechtmäßig erworbenes Vermögen entzogen worden wäre. Rabas Handlungsweise verstieß noch dazu gegen eine anerkannte Halacha, welche denselben Fall bespricht und dahin lautet, daß man zwar rechtlich nicht verpflichtet sei, das von einem Heiden anvertraute Vermögen, über welches er nicht anderweitig verfügt hat, seinen Proselyten gewordenen Söhnen als Erbschaft zuzustellen, daß man aber gegen die höhere Sittlichkeit frevele, wenn man es ihnen vorenthalte.[1] — Ein anderes Beispiel eigennützigen Handelns gab Raba, indem er von seinen Feldpächtern eine höhere Pacht nahm, als der Brauch in Babylonien war, was sogar den Schein des Zinsnehmens an sich trug; aber Raba entschuldigte sein Verfahren damit, daß er ihnen ja erlaube, die Halme auf seinen Feldern einen Monat länger stehen zu lassen.[2] — Zuweilen zeigte er gegen Unbemittelte eine Härte, die mit den Lehren der Milde und des Erbarmens, welche die Halacha nicht minder als die Schrift einprägt, in grellstem Widerspruche stand. R. Papa, ein sehr angesehener Amoräer, hatte sich bei ihm über einige Mitglieder der Metibta darüber beklagt, daß sie sich allzu herzlos gegen Arme benähmen. Sie schössen ihnen nämlich Geld zum Charag (Kopfsteuer) vor, ließen sie aber dafür wie Sklaven schwer arbeiten, was R. Papa zugleich als Härte und Zinsnahme erschien. Aber Raba hatte an diesem ungerechten Verfahren nichts auszusetzen, da es ja die königlichen Dekrete sanktionierten, daß diejenigen, welche keinen Charag zahlen, den Zahlenden leibeigen sein müßten.[3] Sein Bruder S a u r i m verfuhr noch herzloser. Er warf sich zum Sittenrichter auf und machte Arme, die ihm nicht religiös genug schienen, zu seinen Sklaven und ließ sich von ihnen in seiner vergoldeten Sänfte tragen. Auch daran hatte Raba nichts auszusetzen, und sanktionierte diese Willkür noch durch eine entlegene dahin lautende Boraïta, daß man Juden, die nicht nach dem Gesetze leben, als

---

[1] Baba Batra 149 a, s. Tosafot dazu.
[2] Baba Mezia 73 a.
[3] Daselbst b. Der Fall, welcher für Rabas Uneigennützigkeit geltend gemacht werden kann, nämlich sein Verfahren gegen Jtzors Sohn M a r i b a r R a c h e l (das. oben) ist nicht sehr erheblich, und jedenfalls zeigte sich dieser uneigennütziger als Raba. [Vergl. die Darstellung von Bacher, Die Agada der babylonischen Amoräer 114 ff. und Weiß, Dor dor III, p. 201 ff.].

Sklaven behandeln dürfe.¹) In der Jugend hatte Raba seinen Vater von einer ähnlichen Härte zurückgebracht, aber nicht aus sittlichem Drange, sondern weil sie gegen eine Halacha verstieß. Er hatte nämlich an Arme Geld ausgeliehen, und zwar dem Gesetze gemäß ohne Zins; aber dafür fahndete er auf die Sklaven seiner Schuldner und ließ sich von ihnen bedienen. Diese Gewalttätigkeit rügte Raba, weil sie einen Schein von Zinsnahme habe, und brachte seinen Vater dahin, daß er eingestand, Unrecht getan zu haben.²)

Überhaupt war in dieser Zeit unter den babylonischen Juden die Sitteneinfalt und die Biederkeit der früheren Zeit gesunken und hatte dem Luxus, der Eitelkeit und der Herrschsucht Platz gemacht. Manche Gesetzeslehrer rauschten in prachtvollen Gewändern einher und ließen sich in vergoldeten Sänften tragen.³) Sie fühlten sich nicht mehr eins mit dem Volke, aus dem sie hervorgegangen, sondern bildeten eine eigene Kaste, eine Patrizierklasse, welche ihre eigenen Interessen gegenseitig schützte und mit Stolz und Verachtung auf den niederen Teil des Volkes herabblickte. Raba selbst gestand, daß er, wenn er für einen Standesgenossen einen Rechtsfall zu entscheiden habe, keinen Schlaf finden könne, bis er das Recht auf dessen Seite herausgeklügelt.⁴) Brachte ein Mitglied der Metibta seine Ware zu Markt, so bekam er das Privilegium, zuerst zu verkaufen, damit er einen höheren Preis erzielen könne.⁵) Vor Gericht wurde der Prozeß eines Mitgliedes zuerst verhandelt. Von Abgaben, welche die Gemeinden in Pauschsummen zahlten, waren die Gesetzeslehrer befreit. Raba erlaubte den Genossen in Orten, wo man sie nicht kannte, sich als solche zu nennen, um Vorteile zu genießen.⁶) Welch ein Kontrast zu der früheren Zeit, wo es die Tannaiten scheuten, selbst auf Kosten ihrer Existenz, Nutzen von der Gesetzeskunde zu ziehen! Raba ging in Bevorzugung der Gesetzeskundigen am weitesten. Er erlaubte den Genossen, sich als Feueranbeter auszugeben, um vom Charag befreit zu sein.⁷)

Aus diesem Verhalten der Gelehrtenklasse entstand allmählich im Volke gegen diese eine Abneigung. Die Volksklasse sprach in verächtlichem Tone von ihr, „diese Gelehrten da." In diesem Ausdruck muß so viel treffender Spott gelegen haben, daß die Gesetzeslehrer ihrerseits denjenigen für einen Ketzer (Epikuros) erklärten, der

---

¹) Baba Mezia 73 a.
²) Daselbst 64 a.
³) Daselbst 73 b. Gittin 31 b.
⁴) Sabbat 119 a.
⁵) Nedarim 62 b. Baba Batra 22 a.
⁶) Daselbst.
⁷) Daselbst. [Vgl. dagegen die Ausführungen des Übersetzers, S. 418, A. 2].

Antipathie des Volkes gegen die Gelehrten.

sich eines solchen Ausdrucks bediene.¹) Die Gelehrsamkeit fand daher keine Anerkennung mehr; man sagte sich: „Was nützen uns denn die Gelehrten, sie treiben die Gelehrsamkeit zu ihrem eigenen Nutzen." An der Spitze der Opposition gegen die Rabbanan stand die Familie des Arztes Binjamin (oder Minjome) in Machuza, die bedeutendes Gewicht gehabt zu haben scheint, da Raba viel Rücksicht auf sie genommen hat. Diese Familie spöttelte: „Welchen Nutzen haben wir denn eigentlich von den Gesetzeslehrern? Sie können uns weder Raben erlauben, noch Tauben verbieten," d. h. bei all ihrer Dialektik kommen sie nicht aus dem Kreis des Hergebrachten heraus.²) Obwohl Raba diese Äußerung des Binjamin Assia für ketzerisch erklärte, so findet man nicht, daß er ihn in den Bann getan hätte; im Gegenteil behandelte er ihn durchaus rücksichtsvoll, weil er wahrscheinlich zu dem Gefolge des Exilarchen gehörte.

Indessen hatte der Eifer für das Gesetzesstudium noch mehr zugenommen. Mehr noch als früher strömten die Jünger zu Rabas Lehrhaus in Machuza und vernachlässigten deswegen ihre weltlichen Angelegenheiten. Raba mußte sie vor dieser Übertreibung warnen: „Ich bitte euch, laßt euch nur nicht bei mir in den Frühlings- und Herbstmonaten sehen, damit ihr nicht, wenn ihr die Zeit der Ernte, der Wein- und Ölbereitung versäumt, das ganze Jahr von Nahrungssorgen gequält seid."³) Beliebt waren seine Vorträge mehr noch als die Abajis wegen der Klarheit der Erläuterungen, der Schärfe der Unterscheidungen und der Rücksichtslosigkeit in der Behandlung des Traditionsstoffes.⁴) Boraïtas, deren Inhalt mit einem Widerspruch behaftet schien, erklärte er für unecht und meinte, man müsse in solchen Fällen sich nicht von der Autorität, sondern von dem Verstand leiten lassen.⁵) Raba zog daher die Auseinandersetzung zu den Mischnas der trocknen Mischna vor. Denn jene bot der Dialektik weiten Spielraum, während diese, einfach gefaßt, eine Gedächtnissache wurde. Raba stellte aus diesem Grunde die Amoräer über die Tannaiten;⁶) was diesen zweifelhaft war, das lösten jene, oder lösten es besser. Darum pflegte er zu sagen: „Ein Körnchen Pfeffer (Scharfsinn) ist besser als ein Korb Melonen."⁷)

---

¹) Synhedrin 99 b. Jerus. das. X, 1.
²) Das. Sabbat 133 b.
³) Berachot 35 b.
⁴) Baba Batra 22 a.
⁵) Gittin 73 a.
⁶) [Nicht über die Tannaiten, sondern über diejenigen, die die Mischnajot gedächtnismäßig auswendig lernten, wie die sogenannten תנאים].
⁷) Chagiga 10 a.

Im Gegensatze zu R. Seïra I., der, ein Feind der scharfsinnigen Lehrweise, die Einfachheit der Mischnas höher schätzte, stellte Raba auf: „Wer Steine bricht, beschädigt sich daran (Kohelet 9. 10.); damit sind die bloßen Kenner der Mischna abgefertigt, wer aber Holz spaltet, wärmt sich daran, das ist der Talmudkundige."[1]) Der eigentliche Talmud, das anziehende Geistesspiel von scharfsinnigen Fragen, Antworten, Vergleichungen, Unterscheidungen, der hohe Gedankenflug, der von einem Punkte ausgehend, mit Blitzesschnelle die Stufenleiter der Schlußreihen durchmißt, diese dialektische Form des Talmuds ist das Produkt des dritten Amorageschlechtes. Die Vorgänger Rabbas, Abajis und Rabas waren mehr oder weniger Amoräer im ursprünglichen Sinne, d. h. Mischnaerklärer; dieses Triumvirat hingegen waren Talmudisten im eigentlichen Sinne des Wortes, d. h. Dialektiker. Der Talmud in diesem Sinne war das Erzeugnis der pumbaditanischen und machuzanischen Schule; in Judäa hatte man kaum einen Begriff davon.[2]) Wegen seiner umfangreichen Kenntnisse, seiner Verstandestiefe und vielleicht auch wegen seines Reichtums war Raba die einzige Autorität während seiner Wirksamkeit an der Metibta. An ihn wendete man sich sogar von Judäa aus, als die vielfachen Verfolgungen unter Konstantius und Gallus tiefes Elend über das heilige Land brachten.

Auch für die Juden unter persischem Zepter war diese Zeit nicht die glücklichste. In den hartnäckigen Kriegen zwischen Rom und Persien blieben sie keineswegs verschont. In Machuza hatte ein persisches Heer Standquartier und mußte von den Einwohnern verpflegt werden, was für die durchweg jüdische Bevölkerung manche Unannehmlichkeit hatte.[3]) Schabur II. war kein Freund der Juden. Aus Armenien, wohin viele Juden seit undenklichen Zeiten, wenn auch nicht unter Nebukadnezar, doch unter dem armenischen König Tigranes (70 der vorchristlichen Zeit) verpflanzt worden waren und wo sie eigene Städte bewohnten, führte Schabur eine ungeheure Menge derselben (angeblich 71 000) in Gefangenschaft und kolonisierte sie in Susiana und Ispahan. Diese Stadt, ehemals die Hauptstadt des persischen Reiches, hat von den vielen seit der Gefangenschaft dort angesiedelten Juden den Namen Jehudia erhalten.[4]) In Babylonien scheint Schabur nicht minder Bedrückungen über die Juden verhängt zu haben, da Raba genötigt war, sie durch be-

[1]) Synhedrin 100 b.
[2]) [Bei genauerem Eingehen läßt sich dieser Unterschied schwerlich aufrecht erhalten].
[3]) Taanit 20 b. Pesachim 5 b.
[4]) Ritter, Erdkunde X, 588 nach Faustus von Byzanz und Moses von Khorene.

deutende Summen abzuwenden. Als seine Freunde sein Glück so
sehr rühmten und meinten, daß er gewissermaßen als Ausnahme
von dem dem jüdischen Volke vorherbestimmten Mißgeschick verschont
geblieben sei, weil bei ihm noch keine Erpressungen vorgekommen
wären, entgegnete er ihnen: „Was wißt ihr, wieviel ich heimlich
für Schaburs Hof tun muß!"[1]) Kaum entging er einer persönlichen Gefahr, die über ihm als Schulhaupt schwebte. Er hatte
nämlich einen Juden geißeln lassen, weil er mit einer Perserin
fleischlichen Umgang gepflogen hatte, und die Züchtigung hatte dem
Sträfling den Tod zugezogen. Der Fall kam Schabur zu Ohren,
und Raba sollte wegen der Ausübung der peinlichen Gerichtsbarkeit
hart bestraft werden. Es scheint, daß er sich der Strafe durch die
Flucht entzog, aber sein Haus wurde geplündert. Die weiteren
Folgen wendete die Königin-Mutter Ifra ab, die zu ihrem Sohne
gesagt haben soll: „Laß dich nicht mit den Juden ein, denn was
sie von Gott erflehen, das gewährt er ihnen."[2]) Ifra hatte im
Gegensatze zu ihrem Sohne eine ganz besondere Zuneigung für die
Juden und namentlich für die Gesetzeslehrer, denen sie einen Blick
in die geheimsten Herzensfalten zutraute. Wie sie früher einen
Beutel mit Gold R. Joseph zugestellt hatte, so schickte sie auch Raba
400 Golddenare zu, die Rami, ein Zeitgenosse, zurückweisen wollte,
weil man von Heiden kein Almosen nehmen dürfe. Raba nahm
jedoch das Geld an, verteilte es aber unter heidnische Arme.[3]) Die
Königin-Mutter Ifra hatte auch den sonderbaren Einfall, dem Schulhaupte von Machuza ein Opfertier zuzuschicken, welches sie, um ihre
Verehrung des einzigen Gottes zu betätigen, nach jüdischem Gebrauch zu opfern befahl. Um die mächtige Gönnerin nicht zu
erzürnen, mochte es Raba nicht zurückweisen und ließ es daher auf
einer Sandbank im Meere von zwei unbefleckten Jünglingen auf
frisch gefälltem Holz mit unbenutztem Feuer verbrennen.[4]) Raba
erlebte weder die Einführung des Kalenders durch Hillel, noch den
kurzen Sonnenblick, welcher den Juden lächelte. Er starb nach
vierzehnjähriger Wirksamkeit (352).

Nach Rabas Tod hörte die Bedeutung Machuzas auf, und
Pumbadita trat wieder in seine frühere Stellung ein, da es nur
unfreiwillig sich die Palme von Raba hatte entreißen lassen. Merkwürdigerweise trat von jetzt an eine Mittelmäßigkeit und Erschöpfung
ein, als wenn sich die geistige Tätigkeit nach so vielen Anstrengungen

---

[1]) Chagiga 5 b.
[2]) Taanit 24 a. Beracchot 56 a.
[3]) Baba Batra 10 b.
[4]) Sebachim 116 b.

erholen wollte. Kein einziger unter Rabas Nachfolgern war imstande, ihn zu ersetzen. Die Vertreter der babylonischen Lehrhäuser, R. Nachman ben Isaak, R. Papa und R. Chama aus Nahardea, hatten keine hervorragende Bedeutung; der pumbaditanische Geist der scharfen Analyse und Dialektik fand wohl Pflege, aber keine Fortbildung.

R. **Nachman ben Isaak** (geb. um 280, gest. 356) wurde Leiter der pumbaditanischen Metibta, aber nur wegen seines vorgerückten Alters, wegen seiner besonderen Frömmigkeit und vielleicht auch wegen seiner Selbständigkeit.[1]) Er hinterließ durchaus keine Spuren seines vierjährigen Rektorats.[2]) Zu gleicher Zeit entstand ein neues Lehrhaus in der Nähe von Sura, in **Nares**, am Kanal gleichen Namens (Naarsares) gelegen.

R. **Papa bar Chanan** (geb. um 300, gest. 375), früh verwaist, reich und seinem Gewerbe nach Bierbrauer aus Datteln, war der Gründer dieses neuen Lehrhauses, dessen Resch-Metibta er wurde; sein Freund R. Huna ben Josua, ebenfalls begütert und sein Geschäftsteilnehmer, wurde Resch-Kalla an derselben.[3]) Aber beide waren nicht imstande, die durch Raba entstandene Leere auszufüllen. Wohl sammelten sich um sie die Mitglieder der machuzanischen Metibta, aber diese fanden bald Gelegenheit, Vergleiche anzustellen, die nicht zum Vorteil R. Papas ausfielen. Als charakteristisch für den naresischen Resch-Metibta mag folgender Zug dienen. R. **Huna ben Manoach**, **Samuel bar Juda** und R. **Thija** aus Vestania waren nach Nares gekommen, um R. Papas Vorträgen beizuwohnen. Dieser hatte aber das Thema so unklar gelassen, daß sie einander verstohlen zuwinkten und R. Papa, der es merkte, sich so sehr darüber kränkte, daß er zu ihnen sagte: „Mögen die Rabanan sich in Frieden von hier entfernen."[4]) Ein anderes Mitglied, R. **Simaï bar Aschi** (Vater des später berühmt gewordenen R. Aschi), pflegte R. Papa durch Fragen stark zuzusetzen, die dessen bescheidene Geistesfähigkeit überstiegen. R. Papa, in Verzweiflung und fürchtend, vor seinen Zuhörern beschämt zu werden, warf sich im Gebet nieder und flehte, der Barmherzige möge ihn vor dem vernichtenden Gefühl der Beschämung behüten. S. Simaï, unbemerkter Zeuge des inbrünstigen Gebetes, nahm sich von dieser Zeit an vor, lieber zu schweigen, als unwillkürlich R. Papas Gemüt zu kränken; er blieb seinem

---

[1]) Gittin 31 b.
[2]) [Vergl. Lewy, Der palästinensische Talmudtraktat Nesikia, S. 16].
[3]) Pesachim 113 a. Berachot 57 a. Scheriras Sendschreiben, S. 37 a.
[4]) Taanit 9 b.

Vorsatze treu.¹) R. Papa repräsentiert in der Halacha die Schwäche und Unselbständigkeit, die nicht einmal ein eigenes Urteil über die Meinung anderer hat. So oft zwei oder mehrere Ansichten eine Gesetzesbestimmung zweifelhaft ließen, pflegte R. Papa zu sagen: „Nun richten wir uns nach beiden Meinungen oder nach allen Ansichten."²) Neunzehn Jahre fungierte R. Papa als Resch-Metibta (356—375). Erst sein Nachfolger entriß die Geister der bereits tief eingewurzelten Erschlaffung.. — Pumbadita hatte an R. **Chama** aus **Nahardea** einen Resch-Metibta, der R. Papa ähnlich war und den eine einzige Anekdote charakterisiert. Der König Schabur fragte ihn, ob die Beerdigung der Toten in der Thora begründet oder bloß eine alte Sitte sei. Die Frage entstand aus der Gewohnheit der Perser, die Leichen weder zu begraben, noch zu verbrennen, und Schabur scheint aus diesem Grunde an der Beerdigung Anstoß genommen zu haben. Aber R. Chama wußte keinen Beleg aus der Schrift für die Beerdigung vorzubringen. R. **Acha ben Jakob**, ein Hausgenosse des Exilarchen, der sich etwas erlauben durfte, äußerte sich über dieses Schulhaupt: „Die Welt ist Toren in Händen gegeben, warum hat er nicht den Vers angeführt: „„Du sollst ihn am selben Tage begraben!""³) Während der einundzwanzig Jahre, in welchen R. Chama fungierte (356 bis 377), ging eine Veränderung im römischen Reiche vor, die nicht ohne Folgen für die judäischen und babylonischen Gemeinden ablief.

¹) Taanit 9 b.
²) Note 33.
³) Synhedrin 46 b.

Einundzwanzigstes Kapitel.

Kaiser Julian. Seine Begünstigung der Juden. Sein Sendschreiben an die jüdischen Gemeinden. Wiederherstellung des Tempels. Unterbrechung des Baues. Schadenfreude der Christen über diese Vereitelung und Fabeln derselben. Julians Kriegszug nach Persien. Zerstörung Machuzas. Julians Tod. Toleranzedikt des Kaisers Valentinian I.

(226—273.)

Kaiser Julian war einer jener überwältigenden Charaktere, welche ihren Namen mit unvergeßlichen Zügen in das Gedächtnis der Menschen einzeichnen. Nur sein frühzeitiger Tod und der Haß der herrschenden Kirche gegen ihn haben ihm den Titel „der Große" entzogen. Obwohl aus dem Hause Konstantins, schwebte über seinem Haupte das brudermörderische Schwert der Konstantiner, und die Todesfurcht legte ihm den Zwang auf, das Christentum, das er haßte, heuchlerisch zu bekennen. Fast durch ein Wunder wurde er zum Mitkaiser ernannt von eben demselben Konstantius, seinem Oheim, der schon eine Beratung über seinen Tod gehalten hatte. Durch einen Militäraufstand zu seinen Gunsten und den unerwarteten Tod seines Feindes Konstantius zur Alleinherrschaft gelangt, machte es sich Julian, den die Kirchengeschichte den Abgefallenen (Apostata, Parabata) nennt, zur Lebensaufgabe, die Ideale zu verwirklichen, die er aus dem Umgang mit seinen Lehrern Libanius und Maximus aufgenommen hatte und die sein reiches Gemüt noch mehr veredelte. Seine Lieblingsgedanken waren, die Unterdrückten jeder Nation und Religionsklasse zu schützen, das Wohlergehen aller seiner Untertanen namentlich durch Erleichterung der Steuerlast zu fördern, die philosophischen Wissenschaften, die durch die christlichen Kaiser verdammt waren, zu heben, das alte Heidentum wieder herzustellen, aber mit Entfernung aller auffälligen Anstößigkeiten, die es so verächtlich und lächerlich gemacht hatten; endlich das in kurzer Zeit so sehr erstarkte Christentum in gewisse Schranken zu weisen. Aber eingedenk der Verfolgung, die er selbst hatte erdulden müssen, wollte er dem verfolgungssüchtigen Christentum nicht Gleiches mit Gleichem vergelten; nur dessen Übergriffe wollte er hemmen, nahm den Christen daher nur den staatlichen und wissenschaftlichen Einfluß und suchte sie durch Waffen des Geistes und seinen Spott in den Augen der Gebildeten herabzusetzen. Julians Satire nannte Jesus einen Galiläer, den die Leichtgläubigkeit zum Gotte erhoben habe; den Christen legte er den Spottnamen Galiläer bei. — Desto günstiger war er den Juden, und er ist nach Alexander Severus der einzige Kaiser, der dem Judentum ein ernstes Interesse zugewendet hat. Aus mehr als einem Grunde bevorzugte er das Judentum. Im Christentum erzogen, da er sogar als öffentlicher Vorleser in der Kirche fungiert hatte, kannte er das Judentum aus der heiligen Schrift und zollte ihm um so mehr Verehrung, je mehr es vom Christentum gehaßt und verfolgt wurde. Der Kaiser gestand selbst, daß ihn die harten Bedrückungen tief empört haben, denen die Juden unter Konstantius' Regierung ausgesetzt waren, indem ihre Religion von dem herrschenden Christentum als gotteslästerlich gestempelt wurde. Der Gott des Judentums, wie er in den heiligen Schriften gelehrt wird, imponierte ihm, und er erkannte ihn als „großen Gott" an, nur leugnete er, daß es neben ihm nicht auch andere Götter geben soll.[1]) Die Mildtätigkeit der Juden bewunderte er besonders darum, weil sie für die Armen so eifrig sorgten, daß es unter ihnen keine Bettler gab.[2]) Er wollte auch mit der Bevorzugung der Juden die Christen tief kränken, welche die Überlegenheit ihrer Religion durch die Erniedrigung der ersteren zu betätigen bemüht waren. Auch sagte ihm, der eine besondere Vorliebe für Opferkultus hatte, das jüdische Opferwesen mit dem feierlichen Pomp des Tempels und der Priester ganz besonders zu. Der Kaiser warf den Christen vor, daß sie den Gott und den Kultus des Judentums, den Ursprung ihrer Religion, besonders aber den Opfergottesdienst verwerfen. Die Juden opferten zwar in der Gegenwart auch nicht, aber nur weil sie keinen Tempel haben. Aber auch so opferten sie noch, wenn auch nicht in augenfälliger Weise. Denn sie genießen noch immer alles opferähnlich (rein), beten statt der Opfer und geben den Priestern (Ahroniden) Gaben von den geschlachteten Tieren.[3]) Endlich mochte Julian der Gedanke vor-

---

[1]) Juliani opera, ed. Spannheim, Fragment, p. 295, auch Epistolae, Nr. 62.

[2]) Das. p. 430, Julian. apud Cyrillum, p. 238.

[3]) Julian bei Cyrill I, 9. Vergl. über diese mißverstandene Stelle Theol. Jahrbücher von Baur und Zeller, Jahrg. 1848, S. 260 ff. Das daselbst vorkommende schwierige Wort: θύουσι ἐν ἀδράκτοις Ἰουδαῖοι dürfte doch am besten von δέρκομαι abzuleiten sein und bedeuten: „auf unsichtbare, nicht augenfällige Weise".

geschwebt haben, für den Perserkrieg, der sein ganzes Wesen erfüllte, sich die Juden zu Freunden zu machen, besonders die babylonischen Juden günstig für sich zu bestimmen, damit sie, wenn sie ihm auch nicht tätige Unterstützung gewähren, doch einen allzu fanatischen Widerstand gegen die Römer fahren lassen.

Die kaum zweijährige Regierung Julians (Nov. 361 bis Juni 363) war für die Juden des römischen Reiches eine überglückliche. Nicht nur war ihnen der Kaiser besonders hold, erleichterte ihren Druck, nahm von ihrem Haupte den Schimpf der Gotteslästerung, sondern nannte auch den Patriarchen Hillel seinen ehrwürdigen Freund und beehrte ihn mit einem Handschreiben, worin er ihn seines Wohlwollens versicherte und die Beeinträchtigung der Juden abstellen zu lassen versprach. Auch an sämtliche jüdische Gemeinden des Reiches richtete er ein Handschreiben und traf Anstalten, den Tempel in dem seit Konstantin christlich gewordenen Jerusalem wieder aufzubauen. Das kaiserliche Sendschreiben, das einen grellen Kontrast gegen die Behandlungsweise der zwei ersten christlichen Kaiser bildet, ist zu merkwürdig, als daß es nicht aufbewahrt zu werden verdiente. Das Schreiben (erlassen von Antiochien im Herbst oder Winter 362)[1] lautet:

„An die jüdischen Gemeinden!

Noch viel drückender, als das Joch der Abhängigkeit in der vergangenen Zeit war für euch der Umstand, daß euch neue Steuern ohne vorangegangene Kundmachung aufgelegt waren und ihr eine unzählige Menge Goldes in den kaiserlichen Schatz habet liefern müssen. Vieles habe ich durch Augenschein selbst wahrgenommen, mehr noch erfuhr ich, als ich die Steuerrollen vorfand, die zu eurem Schaden aufbewahrt wurden. Ich selbst hob eine Abgabe auf, die euch schon für die Zukunft zugedacht war, und zwang damit den Frevel einzustellen, euch einen solchen Schimpf anzutun; ich selbst übergab die Steuerrollen gegen euch, die ich in meinen Archiven vorfand, dem Feuer, damit niemand mehr solch üblen Ruf der Gotteslästerung gegen euch ausstreuen könne. Daran hat mein Bruder Konstantius, der ruhmwürdige, nicht so sehr Schuld, als die Barbaren an Gesinnung, die Gottlosen an Gemüt, welche eine solche Schatzung erfunden haben. Ich selbst habe sie mit eigener Hand in tiefes Verderben geschleudert, damit bei uns nicht einmal das Andenken an ihren Untergang bleiben soll. — Im Begriffe euch noch mehr Gunst zu bezeigen, habe ich meinen Bruder, den ehrwürdigen Patriarchen J u l o s (Hillel) ermutigt . . . . die von euch

---

[1] S. Clinton, Fasti Romani I, p. 454.

sogenannte S e n d s t e u e r zu verhindern, so daß niemand mehr
die eurigen mit Eintreibung solcher Steuerauflagen ferner bedrücke,
damit ihr überall in meinem Reiche der Sorge enthoben sein sollet.
Und so der Ruhe genießend, vermögt ihr inbrünstigere Gebete für
mein Reich an den allmächtigen Weltschöpfer zu richten, der mich
mit seiner reinen Rechten gestützt hat. Es ist nun einmal so, daß
diejenigen, welche in Kümmernissen leben, träge sind an Geist und
nicht wagen, die Hände zum Gebet für das Heil zu erheben. Diejenigen aber, die von allen Seiten sorgenfrei sich mit ganzer Seele
freuen, können innigere Gebete für das Wohl des Reiches, wie ich
es mir vorgesetzt, zum Höchsten anstimmen, der meine Regierung
aufs beste fördern kann. — Dies sollt ihr tun, damit ich, wenn
der Perserkrieg glücklich beendet sein wird, die heilige Stadt Jerusalem
besuchen könne, die auf meine Kosten erneuert werden soll, wie ihr
sie seit vielen Jahren erbaut zu sehen wünscht; in ihr will ich mit
euch vereint dem Allmächtigen den Ruhm geben."[1]

Welchen Eindruck dieses huldvolle Schreiben hervorgebracht, das
noch herzgewinnender als das Sendschreiben des Cyrus an die
babylonischen Exulanten ist und wie ein erquickender Tautropfen
nach langer Dürre erscheint, wird nicht berichtet. Die jüdischen
Quellen wissen überhaupt gar nichts von Julian, sie nennen nicht
einmal seinen Namen. Nur eine aus jüdischer Tradition entlehnte
Nachricht erzählt, die Juden hätten auf Julian den Vers (Daniel 11,
34) angewendet: „Und wenn sie straucheln werden, wird ihnen ein
wenig geholfen werden." Daniel habe nämlich die Lage prophezeit,
daß Julian dem jüdischen Volke nach den Verfolgungen des Gallus
Hilfe leisten werde durch seine Anhänglichkeit und sein Versprechen,
den Tempel zu erbauen.[2]

Julian blieb indes nicht beim Versprechen stehen. Obwohl mit
den Zurüstungen zu dem Perserkriege vollauf beschäftigt, lag es ihm
doch am Herzen, den Tempel in Jerusalem aus den Trümmern er-
stehen zu lassen. Er bestellte dazu einen eigenen Oberaufseher in
der Person seines besten Freundes, des gelehrten und tugendhaften
A l y p i u s aus Antiochien, der früher Statthalter in Britannien
gewesen, und legte ihm ans Herz, beim Bau keine Kosten zu scheuen.
Die Statthalter in Syrien und Palästina hatten den Befehl, Alypius
mit allem nötigen zu unterstützen.[3] Schon waren die Baumaterialien
vorbereitet, Arbeiter in Menge versammelt, die mit dem Hinweg-
räumen der Trümmer beschäftigt waren, welche seit der beinahe um

---

[1]) Note 34.
[2]) Dieselbe Note.
[3]) Ammianus Marcellinus XXIII, 1.

dreihundert Jahre zurückliegenden Zerstörung auf der Tempelstätte zusammengehäuft lagen. — Die Juden scheinen sich für den Tempelbau nicht interessiert zu haben, denn die jüdischen Quellen schweigen über diese Tatsache ganz und gar, und was die spätern christlichen Berichte vom Eifer der Juden für den Bau zu erzählen wissen, ist rein erdichtet. Die entfernten Gemeinden sollen Gelder zum Bau geschickt, Frauen sogar ihren Schmuck dazu verkauft und eigenhändig Steine zugetragen haben. Allein dieses alles war sehr unnötig, denn Julian hatte für Baustoffe und Arbeiter reichlich gesorgt. Die Christen sprengten ferner das Gerücht aus, Julian zeigte sich nur aus dem Grunde wohlwollend gegen die Juden, um sie zum Heidentum hinüberzulocken.[1]) Als besonders boshaft und charakteristisch erscheint die Nachricht, daß die Juden mehrere Kirchen in Judäa und den Nachbarländern zerstört und den Christen gedroht hätten, ihnen so viel Böses zuzufügen, als sie von christlichen Kaisern erlitten hatten.[2]) Glaubwürdiger ist die Nachricht, daß die Christen in Edessa sämtliche Juden dieser Stadt damals niedergemetzelt haben.[3]) Es ist mit Gewißheit anzunehmen, daß die Hoffnung auf Wiederherstellung des jüdischen Staates, die zwei oder drei Revolutionen entzündet und so viele Opfer gekostet hatte, in den Gemütern der jüdischen Nation erloschen war. Man erwartete die Wiederherstellung der früheren Herrlichkeit nur von der Erscheinung des Messias; ein Tempel ohne denselben schien in der Anschauung der Zeit durchaus ungereimt, und noch viel weniger konnte ein römischer Kaiser als Messias betrachtet worden sein. Allgemein war die Ansicht verbreitet, „Gott habe das jüdische Volk in Eid genommen, daß sie nicht über die Mauer steigen (mit Gewalt den Staat herstellen), sich nicht gegen die herrschenden Völker auflehnen, sondern das Joch geduldig bis zur Messiaszeit tragen und diese Zeit nicht stürmisch herbeiführen sollen."[4])

Mit neidischem Blicke sahen indessen die Christen auf den Anfang der Arbeit (Frühjahr 363); denn der wiederhergestellte jüdische Tempel wäre eine handgreifliche Widerlegung der angeblichen Prophezeiung ihres Stifters, daß vom Tempel nicht ein Stein auf

---

[1]) Chrysostomus oratio III., contra Judaeos.
[2]) Ambrosius, epistolae Nr. 40. Sozomen, historia eccles. V, 22.
[3]) Bar-Hebraeus, Abulfaraǵ, Chronicon Syriacum, p. 68: יקר .. פראבטיס וליונס ליידאס וכד שמעו קריסטינא דבאורהי אתכנג וקטלו לכלהון יודיא דלותהון.
[4]) Die Originalstelle Canticum Rabba I, Ende. In b Ketubbot, p. 111 a ist die Fassung entstellt, anstatt ד' שבועות heißt es daf. שש Ohnehin ist לא ידהקו korrumpiert statt ידהקו. Die Träger dieser interessanten Agada sind nicht leicht zu ermitteln, vielleicht ר' חלבו בשם ר' לוי, vom Ende des III. und Anfang des IV. Jahrhunderts.

dem andern bleiben werde und daß der alte Bund durch den neuen aufgehoben sei. Christliche Nachrichten wollen sogar wissen, der damalige Bischof von Jerusalem, Chrill, habe dasselbe von dem beabsichtigten neuen Tempel vorher verkündet. Die Lauheit von seiten der Juden scheint aber am meisten dazu beigetragen zu haben, daß die angebliche Prophezeiung sich bewahrheitete und daß der Bau wegen eingetretener Hindernisse eingestellt wurde. Beim Aufreißen der Trümmer und beim Ausgraben des Grundbaues brachen nämlich Flammen aus, welche einigen Arbeitern das Leben raubten.[1]) Ohne Zweifel entstanden diese unterirdischen Flammen in den ehemaligen Erdgängen unter dem Tempel von der so lange zusammengepreßten Luft, die, plötzlich vom Drucke befreit, sich an der oberen Luft schnell entzündete. Die plötzlichen Entzündungen häuften sich und machten die Arbeiter verzagt; sie ließen die Hände sinken. Hätten sich die Juden des Baues eifriger angenommen, so würden sie sich wohl schwerlich von diesem nicht unüberwindlichen Hindernisse haben abschrecken lassen; der hingebende Eifer scheut keinerlei Opfer. Aber ohne die warme Beteiligung der Juden erkaltete auch Alypius und erwartete weitere Befehle von dem Kaiser. Julian aber soll die Christen beschuldigt haben, daß sie leicht hätten prophezeien können, da sie den unterirdischen Brand angelegt hätten, und soll ihnen gedroht haben, bei seiner Rückkehr aus dem Kriege aus den Trümmern des Tempels ein Gefängnis für die Christen erbauen zu lassen.[2]) Doch ist auch diese Nachricht, wie die meisten über diese Tatsache aus christlichen Quellen geschöpft, durchaus unzuverlässig.

Der verunglückte Ausgang des Tempelbaues war für die Christen zu sehr erwünscht, als daß sie die Geschichte nicht hätten ausbeuten sollen, um den durch Julians Abfall geschwächten Glauben wieder zu heben und zu kräftigen. Die christlichen Quellen der nachfolgenden Generation erzählen die wunderlichsten Dinge von den Wundern, die bei diesem gottlosen Bau vorgefallen seien und die alle dazu dienen sollten, die verstockten Juden zu warnen und Christus zu verherrlichen. Stufenweise lassen sie die Wunder aufeinander folgen. Beim Grundlegen habe sich ein Grundstein von seinem Platze verschoben und eine tiefe Höhle in dem darunter befindlichen Felsen erblicken lassen. In dieser viereckigen Höhle sei Wasser geflossen, das bis an die Schenkel gereicht habe, aber in der Mitte derselben habe eine Säule aus dem Wasser hervorgeragt. Auf dieser Säule habe sich ein Buch befunden, von einer feinen

---

[1]) Ammianus, das.
[2]) Orosius, VII, 32.

und zarten Hülle umgeben. Der Arbeiter, welcher zur Untersuchung an einem Seile in die Höhle gelassen wurde, habe dieses Buch mitgebracht, das frisch und unberührt gewesen sei, und die Schrift habe in großen Buchstaben die Worte aus dem Anfang des Johannesevangeliums enthalten: „Im Anfang war das Wort und das Wort war bei Gott und Gott war das Wort." Natürlich werden Juden und Heiden von diesem Wunder betroffen gewesen sein; da die ersteren aber sich aus Herzenshärtigkeit noch nicht bekehrten, waren neue Wunder nötig. Ein furchtbares Erdbeben habe den Grundbau des Tempels gehoben und zerstört, oder nach anderen, habe ein furchtbarer Sturmwind alles der Erde gleichgemacht. Aber auch dieses Wunder sei ohne Erfolg geblieben; die Juden hätten die Arbeit wieder aufgenommen, daher seien Feuerflammen **aus der Erde** gebrochen, nach anderen, sei das Feuer **vom Himmel** niedergefahren und habe Arbeiter und Werkzeuge verbrannt. Die Halsstarrigkeit der Juden machte aber noch ein neues Wunder nötig. Kleine Kreuzesbildchen, nach einigen strahlend, nach anderen von dunkler Farbe, hätten sich nachts an die Kleider der Juden geheftet, so fest, als wenn sie mit dem Stoff verwebt gewesen wären. Vergebens hätten sich die Juden angestrengt, dieses Zeichen der Gräuel abzustreifen und zu vertilgen; die Kreuzeszeichen wichen nicht. Da hätten die Juden nicht umhin können, denjenigen zu bekennen, der den Tempel zerstört hat, damit sein Wort in Erfüllung gehe, und hätten sich scharenweise zur Taufe gedrängt.[1]) Ein anderer Kirchenschriftsteller jedoch, welcher an der Verstocktheit der Juden mehr Freude hatte, als an ihrer Bekehrung, erzählt, die Juden hätten auch trotz des letzten Wunders in ihrer Verblendung verharrt.[2])

Der für Julian unglückliche Ausgang des Perserkrieges war auch geeignet, den Juden die kurze Freude zu rauben und den Christen einen neuen Triumph zu bereiten. Julian hatte die ganze römische Macht konzentriert, alle möglichen Hilfsmittel aufgeboten, um seinem Gegner Schabur II. nicht nachzustehen. Schabur seinerseits hatte es sich zur Aufgabe gestellt, die römische Herrschaft aus Asien zu verdrängen. Es war ihm gelungen, manche feste Plätze in Mesopotamien den Römern zu entreißen, und Konstantius' Schwäche und Schwanken waren sein bester Hilfsgenosse gewesen. Julian aber träumte den goldenen Traum, der von Crassus und Cäsar an viele römische Feldherren in die Euphratgegend gelockt, den römischen Adler jenseits des Tigris fliegen zu lassen. Wiederum standen Europa und Asien einander gegenüber, jenes vertreten von

---

[1]) Socrates, historia eccles. III, 20. Sozomen., h. e. V, 22.
[2]) Theodoret, h. e. III, 15.

Julian, der fast noch aus Jünglingsalter streifte, dieses von Schabur, der sich schon dem Greisenalter näherte. Der Kriegsschauplatz war zum großen Teil das Gebiet des jüdischen Babyloniens. Julian zog mit seinem wohlgerüsteten Heere längs des Euphrats hin. Auf welcher Seite die Juden standen, ist nicht zu ermitteln. Das von vielen Juden bewohnte Firuz-Schabur (Pyrisabora, Βηρσο-Βῶρα) wurde drei Tage lang hart belagert, zur Kapitulation gezwungen und zuletzt verbrannt.[1]) Die Einwohner hatten sich vermöge kleiner Nachen auf den Euphratkanälen gerettet; das Verhalten der jüdischen Einwohner von Firuz-Schabur gegen Julian bleibt demnach zweifelhaft. Nur die ganz von Juden bewohnte, von niedern Mauern umgebene Stadt Vitra (richtiger Birtha) zeigte einen feindlichen Sinn, sie war von ihren Bewohnern ganz verlassen, weswegen die Soldaten sie in kriegerischer Wut in Brand steckten.[2]) Allein aus dem Verhalten der Birthenser läßt sich kein Schluß auf das der babylonischen Juden überhaupt ziehen, da jene damals nicht mehr als Juden betrachtet wurden. Weil sie am Sabbat Fischfang getrieben hatten, hatte sie ein gewisser R. Achi in den Bann getan, darum waren sie vom Judentume ganz abgefallen. Man nannte ihre Stadt aus diesem Grunde das apostatische Birtha (di-bō Satia).[3]) — Die Stadt Machuza (Maoga-Malka), gewissermaßen die Vorstadt von Ktesiphon, in der eine persische Besatzung lag, erlitt eine harte Belagerung und setzte einen so hartnäckigen Widerstand entgegen, daß die ganze militärische Macht der Römer kaum hinreichte, sie zu Falle zu bringen. Machuza, der Sitz von Rabas Metibta, dessen stolze jüdische Bewohner an Pracht mit denen der Hauptstadt wetteiferten, fiel zehn Jahre nach Rabas Tod (363) unter den Stößen der römischen Belagerungsmaschinen und wurde in einen Trümmerhaufen verwandelt.[4]) Nach dem Kriege wurde es wieder neu gebaut. — Bei allen Fortschritten, die Julian im Feindesland machte, gelang es ihm nicht, Ktesiphon zu erreichen; ein eigenes Verhängnis waltete über den römischen Waffen, daß sie nie ihre Siege über die persische Hauptstadt hinaustragen konnten. Julian verlor durch Verwegenheit und Tollkühnheit nicht nur die Früchte seiner Siege, sondern büßte auch sein Leben ein. Als er in einem Treffen sich von der Hitze hinreißen ließ, sich ohne Helm in das heißeste Schlachtgewühl zu werfen, wurde er von einem Pfeil getroffen, den ein Christ aus seinem Heere auf ihn abgedrückt haben soll. Ruhig und

---

[1]) Ammianus, XXIII, 3, 4. Zosimus, III, 7.
[2]) Ammianus, das. 5. Zosimus, III, 20.
[3]) Kidduschin 72 a.
[4]) Ammianus das.

eines Philosophen würdig hauchte Julian sein Leben aus. Die christlichen Schriftsteller, denen Julian als der leibhafte Antichrist erschien, haben die Sage erfunden, daß ein Engel den tötenden Pfeil auf Julian abgeschossen, und daß der sterbende Kaiser, das Blut seiner Wunde zum Himmel spritzend, dabei die halb anerkennenden, halb lästerlichen Worte gesprochen: „Du hast gesiegt, Galiläer." Der Tod Julians in der Tigrisgegend (Juni 363), raubte den Juden die letzte Hoffnung auf eine ruhige, unangefochtene Existenz. Seine Huld hatte jedoch so viel bewirkt, daß die feindseligen Edikte Konstantins und Konstantius' gegen die Juden nicht sobald wieder erneuert wurden. Julians Verordnungen, insofern sie nicht eine Bevorzugung der Juden betrafen, blieben in Kraft. Jovian, Nachfolger Julians (Juni 363 bis Februar 364), welcher einen schmählichen Frieden mit dem siegreichen Schabur eingehen und unter anderen auch das wichtige Nisibis abtreten mußte, lebte zu kurze Zeit, um eine Änderung durchzusetzen. Er gestattete, daß sich jeder frei, ohne Nachteil zu erfahren, zu jeder Religion bekennen dürfe.[1]) Abermals hatte das römische Reich zwei Kaiser, Valentinian I. (364—375) und Valens (364—378). Der letztere, Kaiser des Morgenlandes, war Arianer und hatte selbst zu harte Kämpfe mit der mächtigen Partei der Katholiken, um unduldsam zu sein; darum schützte er die Juden und erwies ihnen Ehren und Auszeichnungen.[2]) Sein Bruder Valentinian I., der Kaiser des Abendlandes, hat in dem Streit zwischen Katholiken und Arianern ebenfalls den Weg der Toleranz gewählt und gestattete, daß jeder sich frei zu der einen oder anderen Religion ohne politische Nachteile bekennen dürfe (371).[3]) Diese Toleranz kam auch den Juden zugute. Die Synagogen und Religionsstätten befreite Valentinian von der lästigen Einquartierung der Soldaten.

[1]) Themesius, oratio ad Jovianum, ed. Petavii, p. 278
[2]) Cedrenus zum 7. Jahre Valens: ὁ αὐτὸς καὶ Ἰουδαίους ἐτίμα (Οὐάλης) Auf Cod. Theodosianus XVI, T. 8, § 13 darf man sich wohl schwerlich berufen, obwohl es daselbst heißt: nos in conservandis eorum (Judaeorum) privilegiis veteres imitemur . . . Id enim et divi Constantinus et Constantius et Valentinianus et Valens divino arbitrio decreverant. Diese Berufung scheint bloß eine Phrase oder eine Beschönigung zu sein, denn Konstantius hat schwerlich die Juden privilegiert.
[3]) Codex Theodosianus L, XI, G. 16, § 9. L. VI, T. 8, § 13.

Zweiundzwanzigstes Kapitel.

Viertes Amorageschlecht. Exilarchen Mar-Kahana und Mar-Sutra. Schulhaupt R. Aschi. Erster Ansatz zum Abschluß des Talmuds. Der judenfreundliche König Jezdigerd II. Der falsche Messias auf Kreta. Verhältnisse der Juden unter den Kaisern Theodosius I., Arkadius, Honorius und Theodosius II. Untergang des Patriarchats. Fanatismus der Geistlichkeit gegen die Juden. Vollständiges Erlöschen der talmudischen Tätigkeit in Judäa. Der Kirchenvater Hieronymus und seine jüdischen Lehrer.

(375—427.)

Die Zeit, in welcher das römische Reich einer vollständigen Auflösung entgegenging, bezeichnet in der Weltgeschichte Untergang und Wiedergeburt, Zerfall und Verjüngung, Zerstörung und Neubau. Der Sturm, der von Norden her, von den Mauern Chinas, losbrach, trieb schwarzes Ungewitter vor sich her, das den saftlosen, entblätterten, nur durch seine Schwerkraft noch fortdauernden Riesenbaum des römischen Reiches zerschmetterte und nur noch Trümmersplitter, ein Spiel launenhafter Winde, von demselben übrig ließ. Die ungeschlachten Hunnen, die Geißel Gottes, trieben vor sich her Horde auf Horde, Volk auf Volk, dem Gedächtnis schwer zu behalten, der Zunge, sie nachzusprechen. Die Zeiten der Völkerwanderung bewahrheiteten fast buchstäblich die Worte des Propheten: „Die Erde wankt, wie ein Betrunkener, es lastet schwer auf ihr die Sünde; sie fällt und kann nicht aufstehen, und der Herr Zebaoth ahndet an den Scharen der Höhe in der Höhe und an den Königen der Erde auf der Erde." Kein Wunder, daß die jüdische Anschauung in den Gothen, dieser ersten Völkerwelle, welche das römische Reich überschwemmte und verwüstete, den von einem Propheten verkündeten Gog aus dem Lande Magog erblickte, „der da wie ein Sturm einherzog, wie eine Wolke heranschwebte, die Erde zu bedecken mit seinem ganzen Anhang, mit den zahlreichen Völkern bei ihm."[1] In diesem merkwürdigen Wechsel von Vergehen und Ent-

---

[1] Scio quendam Gog et Magog tum de praesenti loco quum de Ezechielis ad Gothorum nuper in terra nostra vagantium historiam retulisse (Hieronymus, quaestiones hebraeae in Genesin). מגוג גותיא (Jerus. Megilla I, p. 17 b).

stehen der Völker drängte sich den jüdischen Denkern die volle Überzeugung von der Ewigkeit der jüdischen Nation auf: „Ein Volk steht auf, das andere verschwindet, aber Israel bleibt ewig."[1]) Auf den Trümmerstätten des römischen Reiches ließen sich die barbarischen Völker, die Rächer der so lange geknechteten Nationen nieder, wilde Pflanzen, die erst von der Meisterhand der Geschichte veredelt, ungeschlachte Halbmenschen, die durch ernste Lehren gesittet werden sollten. In dieser eisernen Zeit, die den nächsten Morgen unsicher machte, fühlten die Führer des Judentums den inneren Drang, den Schatz, der ihren Händen anvertraut war, in Sicherheit zu bringen, um ihn nicht in den Wechselfällen des Tages gefährdet zu sehen. Es trat die Zeit des Sammelns ein, es galt das, was die Vorfahren gesäet, gepflegt und geerntet, unter Dach und Fach zu bringen. Der Traditionsstoff, der durch die Reihe der Geschlechter, durch die Mannigfaltigkeit der Schulen so sehr angewachsen, bereichert und erklärt war, sollte von jetzt an geordnet werden. Diese Richtung des Sammelns und Ordnens repräsentiert R. Aschi.

Rabbana Aschi (geb. 352, gest. 427), Sohn R. Simaïs, aus einem alten Geschlechte stammend, zeigte früh eine so vollendete Geistesreife, daß er im Jünglingsalter die lange verödete suranische Metibta wieder zu Ehren brachte. Er war, wenn auch nicht vierzehn Jahre, doch sicher nicht älter als zwanzig, als er ihr Schulhaupt wurde. R. Aschi war von Haus aus reich und besaß viele Waldungen, von denen er Holz zum Unterhalte des heiligen Feuers des Magierkultus zu verkaufen kein Bedenken hatte.[2]) Seine Jugend- und Bildungsgeschichte ist merkwürdigerweise ganz unbekannt; auch der Grund ist nicht angegeben, der ihn bewogen hat, das fast eingegangene suranische Lehrhaus wieder zu erneuern; wahrscheinlich war Sura seine Vaterstadt. Er ließ das mehrere Jahrhunderte vorher von Rab erbaute Lehrhaus, das schon Risse und Baufälligkeit zeigte, ganz abtragen und neu bauen; damit der Bau nicht vernachlässigt werde, stellte er sein Bett auf den Bauplatz und brachte da Tag und Nacht so lange zu, bis die Wasserrinnen eingelegt waren.[3]) Das Lehrhaus ließ er hoch anlegen, damit es die ganze Stadt überragen sollte. Mit Recht konnte er sich rühmen, dazu beigetragen zu haben, daß Sura nicht mehr in Verfall geraten werde;[4]) denn durch ihn behauptete sich diese Stadt und ihr Lehrhaus mehrere Jahrhunderte. Seine ausgezeichneten Eigenschaften

---

[1]) Midrasch zu Psalm 36.
[2]) Nedarim 62 b.
[3]) Baba Batra 3 b.
[4]) Sabbat 11 a.

müssen seinen Zeitgenossen so sehr imponiert haben, daß er eine maßgebende Autorität erlangte, wie sie seit Rabas Tod keine Persönlichkeit erringen konnte. R. Aschi vereinigte in sich die suranische Gründlichkeit in Kenntnis des ganzen Lehrstoffes mit der pumbaditanischen Dialektik und genügte dadurch allen Ansprüchen. Die Mitwelt gab ihm den auszeichnenden Ehrentitel Rabbana (unser Lehrer). Während seiner zweiundfünfzigjährigen Wirksamkeit folgten in Pumbabita sieben Schulhäupter aufeinander.[1]) Auch Nahardea, das seit der Zerstörung durch den Nazar (Odenath) keine Rolle mehr spielte, erlangte wieder einigen Ruhm durch das von A m e m a r dort eröffnete Lehrhaus (390—420). Aber keiner dieser Lehrer machte R. Aschi den Vorrang streitig, und Sura nahm wieder die ruhmvolle Stelle ein, die ihm Rab verliehen hatte. Die ältesten Amoräer, H u n a b e n N a t h a n, A m e m a r und M a r - S u t r a ordneten sich freiwillig R. Aschis Autorität unter und überließen es ihm, die Einheit wieder herzustellen. In R. Aschi vereinigte sich wiederum Ansehen und Gelehrsamkeit, wie zur Zeit Moses und R. Judas, des Mischnasammlers.[2]) Selbst die zwei aufeinander folgenden Exilsfürsten seiner Zeit (Mar-Kahana und Mar-Sutra I.) fügten sich seinen Anordnungen. In Sura empfingen die Exilsfürsten die Huldigung von den Abgeordneten aller babylonischen Gemeinden, während es früher in Nahardea, später in der Blüte der pumbaditanischen Metibta daselbst geschehen war. Diese Huldigung fand alljährlich im Anfang des Monats Marcheschwan (im Herbste) an einem Sabbat statt, und dieser Huldigungssabbat hieß R i g l e der Exilarchen. Auch außerordentliche Volksversammlungen, die auf Befehl des Exilfürsten zusammen kamen, wurden fortan in Sura abgehalten;[3]) darum mußten sich die Patriarchen, wenn sie ihre Residenz auch in einer anderen Stadt aufgeschlagen hatten, dahin begeben. R. Aschi hatte also Sura zum Mittelpunkt des babylonisch-jüdischen Lebens gemacht und daran alles gefesselt, was in diesem Kreise Öffentliches und Allgemeines vorging. Der Glanz, den die zahlreichen Versammlungen verbreiteten, war so groß, daß sich R. Aschi wunderte, daß die heidnischen Perser, die das alles mit ansahen, sich nicht zur Annahme des Judentums bewogen fühlten. „Die Einwohner von Sura," bemerkte er, „sind

---

[1]) Auf R. Chama (gest. 377) folgte R. Zebid ben Uschaja (377—385), dann R. Dimi ben Chinena (385—388); Rafrem ben Papa, dessen Todesjahr unbekannt ist; R. Kahana (gest. 411); Mar Sutra (411—414); R. Acha ben Raba (414—419), endlich R. Gebiha aus Be-Katil (419—433).

[2]) Synhedrin 36 a.

[3]) Scheriras Sendschreiben. Vergl. b. Erubin 56 a; דאיסקרתא דרש גלותא, vielleicht identisch mit דיקרת (korrumpiert דרוקרת?).

von einer tückischen Herzenshärtigkeit; sie sehen zweimal des Jahres den Glanz der Lehre, und keiner von ihnen wird Proselyte."¹)

Infolge dieser Konzentration in seiner Person konnte R. Aschi ein Werk unternehmen, das für das Schicksal wie für die Entwicklung des jüdischen Volkes von unberechenbaren Folgen war. Er begann die riesige Arbeit, die Erläuterungen, Folgerungen, Erweiterungen zur Mischna, die unter dem Namen „Talmud" begriffen waren, zu sammeln und zu ordnen. Die nächste Veranlassung zu diesem Unternehmen war ohne Zweifel die Befürchtung, daß dieser riesenhaft angeschwollene Stoff, die Geistesarbeit dreier Geschlechter, durch die geringere Teilnahme dem Gedächtnis entschwinden könnte, wenn nicht Handhaben geboten würden, sich denselben mit Leichtigkeit einprägen zu können. R. Aschi selbst klagte schon über die Abnahme der Gedächtniskraft zu seiner Zeit im Verhältnis zur Vorzeit, ohne in Anschlag zu bringen, daß dem Gedächtnis durch die aufgeschichteten Materialien unendlich mehr zugemutet wurde, als früher. Die Bewältigung des überreichen Stoffes wurde ihm dadurch erleichtert, daß ihm vergönnt war, über ein halbes Jahrhundert daran zu arbeiten. In jedem Jahre, so oft sämtliche Mitglieder, Jüngergenossen und Schüler in den Kallamonaten zusammen kamen, wurden einige Abschnitte der Mischna mit den talmudischen Erläuterungen und Zusätzen gründlich durchgenommen, so daß die sechzig Abschnitte ungefähr in dreißig Jahren vollständig geordnet waren. Dann ging R. Aschi in der zweiten Hälfte seiner Wirksamkeit den ganzen, bereits geordneten Stoff zum zweiten Male durch. Das Gesichtete und Geprüfte aus der zweiten Rezension ist als Norm angenommen worden.²)

Diese Ordnung des massenhaften Materials des Talmuds wurde nicht niedergeschrieben. Man hielt noch immer das schriftliche Festhalten der mündlichen Überlieferungen, gleichsam die Verkörperung des Geistigen, für ein religiöses Vergehen, und zu dieser Zeit um so mehr, als sich das Christentum der heiligen Schrift als seines geistigen Eigentums bemächtigt hatte und sich als das auserwählte Israel betrachtete; so blieb dem Judentum nach der damaligen Anschauung als Unterscheidendes nur die mündliche Lehre. Dieser Gedanke, in ein poetisch-agadisches Gewand gekleidet, wurde öfter geltend gemacht: „Mose verlangte, daß auch die Mischna, die mündliche Lehre, niedergeschrieben werde; aber Gott sah voraus,

---

¹) Berachot 17 b.
²) Baba Batra 157 b. R. Chananel in Aruch, Artikel Hador III. [Vergl. Lewy, Interpret. des I. Abschnittes des palästinensischen Talmudtraktates Nesikin, S. 10, A. 1].

daß die Völker einst die Thora in griechischer Übersetzung besitzen und behaupten werden: „„Wir sind Israel, wir sind die Kinder Gottes,"" während das jüdische Volk das Gleiche von sich behauptet, und habe daher ein Kennzeichen dafür gegeben: „„Wer mein Geheimnis (Mysterion) besitzt, der ist mein Sohn."" Das Geheimnis aber ist die Mischna und die mündliche Gesetzesauslegung. Darum spricht der Prophet Hosea: „„Wenn ich die Fülle der Gesetze aufschriebe, so würde Israel als Fremder betrachtet werden.""[1]) Erstaunlich ist es keineswegs, wie diese Masse Einzelheiten geordnet im Gedächtnis bleiben konnten, da sie es doch vor R. Aschi im ungeordneten Zustande vermochte. R. Aschi ward durch die Talmudsammlung der Vollender des Werkes, das R. Juda zweihundert Jahre vorher begonnen hatte. Aber die Arbeit war unendlich schwieriger. Denn die Mischna umfaßte nur einen kompendiarischen Auszug des Halachastoffes, das übrige den Boraïtas überlassend, der Talmud hingegen nahm alles auf und ließ gar nichts zurück. Die Mischna lieferte nur die trockene Halacha, künstlich abgerundete Gesetzesparagraphen, der Talmud aber gab auch das Lebendige der Gesetzesentwicklung und ihren geistigen Gehalt, dazu noch mit dialektischer Schärfe. Der erste Anstoß zur Talmudsammlung bildet eine der wichtigsten Epochen der jüdischen Geschichte; der babylonische Talmud (Talmud babli) wurde von jetzt an ein mittätiges, wirksames, einflußreiches Element. Ganz vollendet hat indessen R. Aschi das Riesenwerk nicht. Denn wiewohl er seinen Eifer aufs Sammeln verwendete, so war weder bei ihm, noch bei seinen Zeitgenossen die Schöpferkraft so sehr versiegt, daß sie ihre ganze Tätigkeit nur auf das Sammeln beschränken mochten. Im Gegenteile löste R. Aschi viele der, von den früheren Amoräern zweifelhaft gelassenen, oder ungenügend gelösten Fragen, und seine Entscheidungen sind ebenso treffend und scharfsinnig wie einfach, so daß man sich oft wundern muß, wie die früheren sie übersehen konnten. Auch seine Memras (talmudische Sentenzen) sind später dem Talmud einverleibt worden.

R. Aschis Wirksamkeit fiel in die Regierungsjahre des judenfreundlichen sassanidischen Königs **Jesdigerd**, Sohn Baïrams IV.[2]) (400—420). Die Magier gaben diesem edlen Fürsten den Beinamen „Al Hatim" (der Sünder), weil er sich nicht willenlos von ihnen beherrschen ließ. Den Juden war er aber sehr gewogen, wie er

---

[1]) Note 35.
[2]) Nach Mordtmann, Münzen mit Pehlwilegenden. Zeitschrift der Deutsch-Morgenländischen Gesellschaft 1854, S. 63, regierte vor ihm ein wenig bekannter Jesdigerd I. 399—400 und Jesdigerd II. 400—420. [Nach Nöldeke regierte Jesdigerd I. 399—420, hierauf Baïrâm V. 420—438 und sodann Jesdigerd II. 438—457. S. Tab. 419 ff.]

auch den Christen hold war. An Huldigungstagen sah man an seinem Hofe die drei Vertreter der babylonischen Juden, R. Aschi für Sura, Mar-Sutra für Pumbadita und Amemar für Nahardea.[1] Huna bar Nathan, der, wenn er auch nicht Exilarch war, doch bedeutenden Einfluß gehabt haben muß, verkehrte oft an Jesdigerds Hofe. Einst war der König so freundlich gegen ihn, daß er ihm den Gürtel zurechtrückte mit der Äußerung: „Ihr seid ein Priestervolk und sollt daher den Gürtel den Priestern gleich tragen."[2] Eine solche Aufmerksamkeit von seiten eines persischen Königs, der sich einen Sohn der Sonne, Verehrer des Ormuzd und König der Könige von Iran nannte, kann als Beweis hoher Huld gelten.

R. Aschi, aller Schwärmerei fremd, scheint die Messiashoffnungen niedergehalten zu haben, die zur Zeit der Völkerwanderung und allgemeinen Umwälzung, als auch das sündenbelastete Rom die Strafe Gottes empfunden hatte, lebhafter als je die jüdischen Gemüter in Spannung hielten. Man trug sich mit einem alten sibyllinischen Spruche herum, der dem Propheten Elias beigelegt wurde, der Messias werde im fünfundachtzigsten Jubiläum erscheinen (4200 der Welt[3]) = 440 der übl. Zeitr.). Solche messianische Erwartungen pflegen immer irgendwo Schwärmer anzuregen, den stillen Glauben in Tat zu übertragen, und solche, ohne gerade auf Betrügerei auszugehen, suchen die gleichgestimmte Menge mit sich fortzureißen und bis zur Aufopferung zu enthusiasmieren. In der Tat trat in R. Aschis Zeit auf Kreta ein solcher Schwärmer auf, der sämtliche Judengemeinden dieser bedeutenden Insel, die er in einem Jahre bereist hatte, als Anhänger für sich gewann. Er versprach ihnen, wie einst Mose, sie eines Tages trockenen Fußes durch das Meer ins gelobte Land zu führen, und er soll auch den Namen des großen Gesetzgebers angenommen haben. Dieser kretensische Mose muß übrigens seine Anhänger so sehr von seiner Messianität zu überzeugen gewußt haben, daß sie ihre Angelegenheiten vernachlässigten, ihr Hab und Gut preisgaben und nur auf den Tag des Durchganges durch das Meer warteten. Am bestimmten Tage schritt der Messias Mose voran und ihm folgten sämtliche Juden aus Kreta mit Weibern und Kindern. Von einem Vorgebirge, das ins Meer hineinragt, befahl er ihnen, sich getrost ins Wasser zu werfen, denn die Meeresflut werde sich vor ihnen teilen. Mehrere dieser Schwärmer

---

[1] Ketubbot 61 a. Statt אינגר muß man daselbst lesen ידגרד, richtige Emendation Rappaports Erech Millin, p. 35.

[2] Sebachim 19 a.

[3] Synhedrin 87 a. Nach andern 400 Jahre nach der Tempelzerstörung = 468, oder 4231 mundi = 471; s. Aboda Sara, p. 9 b.

fanden im Meer den Tod; andere wurden durch Schiffer errettet. Der falsche Mose aber soll nicht wieder gefunden worden sein. Die christliche Quelle, welche diese Tatsache erzählt, bemerkt mit großer Befriedigung, daß die Juden von Kreta geglaubt hatten, von dem Blendwerke eines Dämons, der menschliche Gestalt angenommen habe, verführt worden zu sein; sie fügt noch hinzu, daß viele Juden dieser Insel, von dem Vorgange beschämt, sich dem Christentume zugewendet haben.[1]) — Vor solchen falschen Hoffnungen, deren Folgen unberechenbar waren, warnte R. Aschi und gab jener in Umlauf gesetzten Weissagung einen andern Sinn: „Der Messias kann v o r dieser Zeit, vor dem fünfundachtzigsten Jubiläum, gewiß nicht erscheinen, erst nach Ablauf dieser Zeit kann man sich der Hoffnung, aber nicht der Gewißheit seiner Ankunft hingeben."[2]) — Der von seinen Zeitgenossen und der jüdischen Nachwelt hochverehrte Amora R. Aschi starb im hohen Alter (427), zwei Jahre vor der Einnahme Karthagos durch G e i s e r i c h. Dieser Vandalenfürst, der Rom den aufgespeicherten Raub wieder entriß, führte auch die Tempelgefäße, welche Titus im Triumph zu der Beute so vieler Nationen gelegt hatte, nach Afrika hinüber. Die Tempelgefäße haben wie die Söhne Judäas viele Wanderungen machen müssen.[3])

Judäa, das durch das Patriarchat noch immer für die Gemeinden des römischen Reiches das Haupt war, bietet in diesem Zeitalter noch mehr als früher das düstere Bild des völligen Absterbens. Der Druck des feindseligen Christentums lastete allzusehr auf ihm und erstickte den Forschungstrieb. Das Talmudstudium, wenn auch nicht ganz erloschen, zeigte nur noch den letzten Schimmer der Abenddämmerung. R. T a n c h u m a b a r A b b a, der Hauptträger der jüngern Agada, ist die letzte agadische Autorität in Judäa. Auch dort, wie in Babylonien, haben die letzten Amoräer die Traditionen gesammelt und den jerusalemischen (richtiger den judäischen oder abendländischen) Talmud angelegt und geordnet (Talmud schel Erez-Israel, Gemara di Bene Ma'araba). Aber so dürftig sind die Nachrichten aus Judäa, daß nicht einmal die Namen der Sammler oder der Anreger bekannt geworden sind. Ohne Zweifel hat das Beispiel Babyloniens auch diese Sammlung veranlaßt. Einer Andeutung zufolge scheint man in Tiberias in der ersten Hälfte des vierten Jahrhunderts mit dem Sammeln begonnen zu haben.[4]) Das

---

[1]) Socrates, historia eccles. VII, 36.
[2]) Synhedrin das.
[3]) Evagrii scholastici fragmenta IV, 17.
[4]) Kidduschin 13 a. [Aus der Stelle läßt sich nicht dies alles herauslesen, auch kann man nicht von einem Einfluß Babyloniens sprechen].

Patriarchat, das letzte Überbleibsel aus der Vorzeit, fand in dieser Zeit seinen völligen Untergang.

Drei Patriarchen werden noch namhaft gemacht, R. Gamaliel V., Nachfolger Hillels II., dessen Sohn R. Juda IV. und R. Gamaliel der Letzte.[1]) Aber von ihrer Tätigkeit sind nur undeutliche Spuren vorhanden. Sie hatten zwar noch immer den mehr pomphaften als einflußreichen Titel „die Durchlauchten" mit den dazu gehörigen Privilegien und bezogen noch von den Gemeinden des römischen Reiches die freiwillige Beisteuer, die die Sendboten von den Gemeinden zu sammeln pflegten. Aber ihre Machtbefugnis war bedeutend verringert. Der einzige Einfluß der Patriarchen bestand darin, daß sie abtrünnige Mitglieder, die durch Überredung, List oder auch freiwillig zum Christentum übergegangen waren, aus der jüdischen Gemeinschaft ausschlossen. Aber nicht einmal dieses Recht mochte das stolze Christentum ihnen einräumen. Die Bischöfe ließen die Patriarchen und die Gemeindevorsteher, die den Namen Primaten führten, durch den weltlichen Arm zwingen, die etwaigen Rechte ausgeschlossener Mitglieder nicht zu verkümmern. Theodosius der Große aber (379 bis 395) schützte noch die Juden vor ihren fanatischen Übergriffen nachhaltig, wie sehr ihn auch die katholische Geistlichkeit, Ambrosius und andere, zur Verfolgung der Arianer und anderer Ketzer anstachelten. Er erließ ein Gesetz, daß den Patriarchen und Primaten das Recht unbenommen bleiben solle, über Gemeindeglieder das Bannurteil zu vollstrecken und daß sich die weltliche Autorität in die innere Angelegenheit der Juden nicht einzumischen habe.[2]) Seine Gerechtigkeit in betreff der Juden bewies er gegen den Patriarchen Gamaliel V., der sich bei ihm über den Konsular Hesychius wegen Erschleichung seiner wichtigen Papiere beklagt hatte; Theodosius verdammte den Konsular wegen dieses Vergehens zum Tode. Welche Bewandtnis es übrigens mit diesen Papieren hatte, ist nicht weiter bekannt.[3])

Theodosius hatte oft dem Übermaße des christlichen Religionseifers zu steuern, der Heldentaten darin suchte, die religiöse Andacht der Juden zu stören, Synagogen zu plündern, einzuäschern oder sich anzueignen und in Kirchen zu verwandeln. Die Hauptfanatiker dieser Zeit gegen die Juden, die mit Ungestüm gegen sie auftraten, waren Johannes Chrysostomus von Antiochien und Ambrosius von Mailand.

Der erstere, aus der klösterlichen Einsiedelei zum Predigtamt berufen, donnerte von der Kanzel herab mit seiner schwülstigen und

---

[1]) Note 22.
[2]) Codex Theodosianus L, XVI, T. 8, § 9.
[3]) Note 22.

zynischen Beredsamkeit gegen die Juden; er nahm sie geradezu zum Thema von sechs aufeinander folgenden Predigten. Die Juden Antiochiens trieben es aber auch zu arg; sie zogen, wenn auch ohne ihr Hinzutun, durch ihre Sitten, ihren Gottesdienst und ihre Gerichtshöfe Christen an. An Sabbaten und Feiertagen fanden sich regelmäßig viele Christen, besonders vom weiblichen Geschlechte, vornehme Damen und auch Frauen von verachtetem Gewerbe in den Synagogen ein. Mit Andacht hörten sie dem Posaunenblasen am jüdischen Neujahr zu, wohnten dem feierlichen Gottesdienste am Versöhnungstage bei und beteiligten sich an den Freuden des Hüttenfestes. Es hatte um so mehr Reiz für sie, da sie genötigt waren, es hinter dem Rücken der christlichen Priester zu tun und sie die Nachbarn angehen mußten, nichts davon zu verraten. Christen zogen es vor, ihre Prozesse vor jüdische Richter zu bringen, weil die jüdische Eidesformel ihnen imposanter und eindringlicher schien. Gegen solche freiwillige Verehrung jüdischer Institutionen von seiten der Christen ließ Chrysostomus seine gewaltigen Kapuzinerpredigten erschallen, hängte ihnen jeden Unglimpf an und nannte die Synagogen schändliche Theater, Räuberhöhlen und noch weit Schlimmeres.[1])

Ambrosius von Mailand, ein theologisch-unwissender, zufahrender Staatsbeamter, den ein tumultuarischer Ruf in der Kirche zum Bischof gemacht hatte, war noch viel giftiger gegen die Juden. Als die Christen in Rom eine Synagoge verbrannt hatten und der Usurpator Maximus dem römischen Senat befohlen hatte, sie auf Kosten der Stadt wieder herstellen zu lassen, nannte ihn Ambrosius einen Juden. Der Bischof von Kallinikus in Nordmesopotamien ließ durch Mönche in der dortigen Gegend eine Synagoge einäschern, wofür ihn Theodosius bedeutete, sie auf eigene Kosten wieder aufbauen zu lassen; die Teilnehmer ließ er bestrafen (388). Hierdurch aufs heftigste entflammt, gebrauchte Ambrosius in seinem Sendschreiben an den Kaiser so scharfe, aufreizende Worte, daß er ihn zum Widerrufe des Befehles zwang. Er beschuldigte die Juden, daß sie die römischen Gesetze verachteten und rief ihnen höhnisch zu, daß sie aus ihrer Mitte keinen Kaiser, keinen Statthalter aufstellen, daß sie nicht in das Heer oder in den Senat treten, nicht einmal an der Tafel der Großen speisen dürften; sie wären nur

---

[1]) Chrysostomi orationes sex contra Judaeos in T. I. seiner Homilien. Sie sind wohl um 366—87 gehalten worden. Zum Beleg für die Eingenommenheit der antiochensischen Christen gegen das Judentum will ich nur einen Passus aus oratio I anführen: οἶδα ὅτι πολλοὶ αἰδοῦνται Ἰουδαίους καὶ σεμνὴν νομίζουσιν εἶναι τῶν ἐκείνων πολιτείαν νῦν.

dazu da, um schwere Abgaben zu zahlen.¹) Diesem frommen Unfuge wollte Theodosius durch Gesetze steuern. Von der Voraussetzung ausgehend, daß das Judentum im römischen Reiche durch kein Gesetz verboten sei, wollte er ihm auch den Schutz der Gesetze gegen gewalttätige Eingriffe gewähren. Er befahl daher dem Comes des Orients, die christlichen Religionsstörer und Synagogenschänder streng zu bestrafen (393).²) Allein was vermochten kaiserliche Edikte und Befehle gegen die Richtung der Zeit, die eine feindselige, verketzernde, verfolgende war? Die Juden durften sich nicht beklagen, es ging ihnen nicht schlimmer als den Anhängern der verschiedenen christlichen Sekten, wenn deren Gegner gerade die Oberhand hatten. Die Wildheit, welche der Einbruch der Barbaren über den geschichtlichen Teil der Erde gebracht hatte, wirkte ansteckend auf das religiöse Gebiet; der Vandalismus herrschte überall, in der Kirche wie im Staat. — Die Ausnahmestellung der Juden im römischen Reiche hat Theodosius I. indes entweder neu begründet oder bestätigt. Das Gesetz von Konstantius, daß ein jüdischer Besitzer von Sklaven, der sie ins Judentum aufnähme, streng bestraft werden sollte, frischte er wieder auf.³) Das Privilegium, das sich die Juden unter seinen Vorgängern zu verschaffen gewußt hatten und das darin bestand, daß sie wegen religiöser Skrupulosität von den lästigen städtischen Ämtern befreit sein sollten, hob Theodosius auf.⁴)

Dieser Kaiser hat durch Vererbung des Reiches an seine zwei Söhne die römische Welt dauernd in zwei Teile zerlegt und in zwei Lager gespalten, welche die Spannung und die Gefühllosigkeit noch steigerten. Die Juden des römischen Reiches gehörten fortan verschiedenen Herren an, teils zum morgenländischen, teils zum abendländischen Reiche. Der morgenländische oder byzantinische Schattenkaiser Arkadius (395—408) oder vielmehr seine allmächtigen Kämmer-

---

¹) Ambrosii epistolae, Nr. 29.
²) Codex Theodosianus das. § 9.
³) Das. III, T. 1, § 5 vom Jahre 384.
⁴) Das. XIII, T. I, § 99. Es existiert noch ein Gesetz von Theodosius in betreff der jüdischen Schifferzunft in Alexandrien von 390, von dem man nicht weiß, ob es für sie günstig oder ungünstig sein sollte: Judaeorum corpus et Samaritanorum ad naviculariam functionem non jure vocari cognoscitur. Quidquid enim universo corpori videtur indici, nullam specialiter potest obligare personam. Unde, sicut inopes, vilibusque commerciis occupati naviculariae translationis munus obire non debent, ita idoneos facultatibus, qui ex his corporibus eligi poterunt, ad praedictam functionem haberi non oportet immunes. Die alexandrinischen Juden trieben damals ausgedehnte Schiffahrt, waren Matrosen und Steuermänner, wie Godefroy aus einem Zitat bei Synesius, epist. 4 anmerkt.

linge Rufinus und Eutropius waren den Juden außerordentlich günstig. Rufinus liebte das Geld, und die Juden hatten bereits das Zaubermittel des Geldes kennen gelernt, vermöge dessen man verstockte Herzen milder stimmen kann. Eine Reihe von Gesetzen sind daher zu ihren Gunsten erlassen worden. Ein Gesetz bestimmte (396), daß den Juden die Selbständigkeit, ihre eigenen Marktaufseher (Agoranomen) aufzustellen, gewahrt bleiben sollte und daß derjenige, welcher es wage, sich Eingriffe in dieses ihr Recht zu erlauben, schwerer Kerkerstrafe unterliegen sollte.[1]) Ein anderes (vom selben Jahr) schützte die „erlauchten Patriarchen" vor Beschimpfung.[2]) Als in Illyrien Angriffe auf Synagogen gemacht wurden (wahrscheinlich von der Geistlichkeit, welche die jüdischen Gotteshäuser gern ebenso vertilgt wissen wollte wie die heidnischen Tempel), befahl Arkadius oder Eutropius, daß die Statthalter energisch dagegen einschreiten sollten (397).[3]) Er erneuerte und bestätigte auch (in demselben Jahre) das Gesetz Konstantins, daß die Patriarchen, wie sämtliche Religionsdiener der Synagoge frei von der Magistratslast bleiben sollten, ganz gleich den christlichen Geistlichen.[4]) Auch eine andere Seite ihrer noch gebliebenen Selbständigkeit wahrte Arkadius' Regierung (Febr. 398), daß es den Juden unbenommen bleiben sollte, ihre Rechtsstreitigkeiten, wenn beide Parteien darin einig sind, vor die Patriarchen und andere jüdische Schiedsrichter zu bringen, und daß die römischen Behörden gehalten sein sollten, deren Urteile zu vollstrecken, unbeschadet dessen, daß die Juden sonst, wenn es nicht ihre Religion betreffe, den römischen Gesetzen unterworfen seien.[5]) Eine launenhafte Wandlung darf bei dem Willkürregiment des byzantinischen Hofes nicht befremden, und es kann daher nicht auffallen, wenn ein Gesetz erlassen wurde, daß sämtliche Juden, auch Religionsvorsteher, der Kuriallast unterworfen sein sollten (399)[6]), was vielleicht mit Eutropius' Sturz in diesem Jahre zusammenhing.

Über das Verhalten des abendländischen Kaisers, des Schwächlings Honorius, oder seines Beherrschers Stilicho gegen die Juden ist nicht viel bekannt geworden. Die Aufhebung der Kurialfreiheit für die Gemeinden von Apulien und Kalabrien[7]) beweist noch nicht eine systematische Judenfeindlichkeit. Ein anderes Gesetz

---

[1]) C. Th. XVI, T. 8, § 10.
[2]) Das. § 11.
[3]) Das. § 12.
[4]) Das. § 13.
[5]) Das. II, T. 1, § 10.
[6]) Das. XII, T. 1, § 165.
[7]) Note 22.

(von April 399) verbot im Namen des abendländischen Kaisers Honorius im ganzen Umfange der Präfektur bei strenger Strafe die Ausfuhr der Patriarchensteuer. Die Gelder, welche bereits gesammelt waren, sollten für den kaiserlichen Schatz eingezogen werden. Das Motiv zu diesem Verbote mag aber gewesen sein, daß der abendländische Kaiser die Ausfuhr so bedeutender Summen in die Präfektur seines Bruders mit mißgünstigen Blicken betrachtete. Als wollte die Launenhaftigkeit der damaligen Gesetzgebung sich selbst verspotten, wurde fünf Jahre nachher das Verbot wieder zurückgenommen und den Juden nach wie vor gestattet, die Patriarchensteuer zu sammeln und an Ort und Stelle abzusenden (404).[1]) Honorius untersagte einerseits Juden und Samaritanern Beteiligung am Militärdienste[2]), schützte die Juden aber anderseits gegen die Belästigungen von seiten der Behörden und bestimmte durch ein Edikt, die Juden am Sabbat und Feiertagen nicht vor Gericht zu laden (409).[3])

Mit dem gutmütigen, aber mönchisch beschränkten Kaiser Theodosius II. (408—450), dessen Schwäche dem fanatischen Eifer mancher Bischöfe Unsträflichkeit und Aufmunterung zu Grausamkeiten gewährte, fing für das Judentum das eigentliche Mittelalter an. Edikte dieses Kaisers verboten den Juden neue Synagogen zu bauen, das Richteramt zwischen jüdischen und christlichen Parteien auszuüben, ferner den Besitz christlicher Sklaven und noch andere Einzelheiten von untergeordnetem Interesse. Unter diesem Theodosius fand auch das Patriarchat den Untergang, obwohl der letzte Patriarch R. Gamaliel (Batraah) am kaiserlichen Hof eine hohe Auszeichnung genoß, wie keiner seiner Vorgänger. Neben dem seit langer Zeit den Patriarchen beigelegten Titel hatte man ihm die hohe Würde eines Präfekten (Praefectura) nebst einem Ehrendiplom (Codicillus honorarius) übertragen, — alles dieses zwar nur Scheinwürden, aber von hoher Bedeutung in einer Zeit, wo der Schein das Wesen ausmachte. Durch welches Verdienst R. Gamaliel sich diese Auszeichnung erworben hat, ist nicht bekannt, vielleicht durch seine medizinischen Kenntnisse. Denn man schrieb ihm die Erfindung eines sehr probaten Heilmittels gegen Milzkrankheiten zu.[4]) Auf dieser Höhe glaubte sich R. Gamaliel berechtigt, es mit den judenfeindlichen Ausnahmegesetzen des Kaisers nicht so genau zu nehmen. Er ließ neue Synagogen bauen, übte Gerichtsbarkeit in Streitigkeiten zwischen

---

[1]) C. Th. XVI, T. 8, § 17.
[2]) Das. § 16.
[3]) Das. II, T. 8, § 3. VIII, T. 8, § 8, auch XVI, T. 8, § 20 von 412.
[4]) Note 22.

Juden und Christen und setzte sich über andere ähnliche kaiserliche Bestimmungen hinweg. Infolgedessen entkleidete ihn Theodosius aller seiner höhern Würden, nahm ihm das Ehrendiplom und ließ ihm nur diejenigen Ehrenrechte, welche er als Patriarch genoß (415). Das Patriarchat aber hob Theodosius beim Leben Gamaliels keineswegs auf, sondern erst nach dessen Tode, als, wie es scheint, dessen männliche Erben in zartem Alter gestorben waren (um 425).[1]) So waren nach R. Gamaliel Batraah die letzten Splitter von dem edlen Stamme des Hillelschen Hauses zerstoben. Drei und ein halb Jahrhunderte hatte dieses Haus an der Spitze der geistigen Angelegenheiten des Judentums gestanden, viele seiner Glieder waren Beförderer der Lehre, der Freiheit und Nationalität gewesen, ihre Lebensgeschichte war ein wichtiger Bestandteil der jüdischen Gesamtgeschichte geworden. Fünfzehn Patriarchen waren während dieser Zeit aufeinander gefolgt: zwei Hillel, drei Simon, vier Juda und sechs Gamaliel.

Unter der Regierung des Theodosius im Morgenlande und des Honorius im Abendlande durfte es ein Bischof von Alexandrien wagen, die Juden unter Mißhandlungen aus dieser Stadt zu vertreiben. Es war der Bischof C y r i l l, dessen Streitlust, Ungestüm und Gewalttätigkeit berüchtigt, und der ein würdiges Ebenbild des Ambrosius von Mailand war. Die Veranlassung zu diesem harten Exil wird in einer zwar parteiischen, doch glaubwürdigen Quelle weitläufig erzählt. Alexandrien war von jeher der Schauplatz von Volkstumulten, welche durch die vielerlei Nationalitäten, die dort zahlreich vertreten waren und einander haßten, hervorgerufen wurden. Das Christentum brachte mit seinem Dogmengezänke ein neues Element zu Streitigkeiten hinzu. An einem Sabbat waren die meisten Einwohner im Theater versammelt, um einem Schauspiel beizuwohnen und zugleich die Befehle des Präfekten Orestes zu vernehmen, der sie dort der Menge bekannt zu machen pflegte. Unter den Zuschauern waren auch viele Juden, die wieder zahlreich in Alexandrien wohnten und, wie der Bericht hinzufügt, sich lieber in Schauspiel- als in Gotteshäusern einfanden. Als die Juden unter den Christen einen gewissen H i e r a x bemerkten, der, streitsüchtig wie sein Lehrer Cyrill, öfter Unruhen hervorgerufen hatte, sollen sie laut gerufen haben, derselbe sei nur erschienen, um das Volk zu einem neuen Tumulte zu hetzen. Diese Anklage muß wohl Grund gehabt haben, da der Präfekt darauf einging, Hierax festnehmen und ihn auf der Stelle foltern zu lassen. Die Juden sollen sich nun verabredet haben, in der Nacht die Christen zu über-

---

[1]) Note 22.

fallen und ihnen den Garaus zu machen; als Erkennungszeichen
sollen sie einen Ring aus Palmenrinde getragen haben. Infolge
dieser Verabredung erregten die Juden in der Nacht einen blinden
Feuerlärm, als wenn die sogenannte Alexandrinerkirche in Flammen
stände. Als die Christen zur Hilfe herbeieilten, soll man sie überfallen und niedergemetzelt haben. Verdächtig wird diese Nachricht
dadurch, daß Orestes diese Missetat keineswegs gerügt, im Gegenteil
beharrlich auf Seiten der Juden gestanden haben soll. Aber Cyrill
hatte dadurch Gelegenheit bekommen, seinem ungestümen Charakter
freien Lauf zu lassen. Er behauptete, die Vorsteher der Juden
tags vorher gewarnt zu haben, einen Aufstand gegen die Christen
anzuzetteln. Darauf versammelte er die christliche Menge, stachelte
sie mit seinem übersprudelnden Fanatismus gegen die Juden auf,
drang in ihre Synagoge, nahm sie für die Christen in Beschlag
und vertrieb die jüdischen Einwohner halb nackt aus der ihnen zur
Heimat gewordenen Stadt; denn ihr Vermögen überließ Cyrill, der
kein Mittel verschmähte, der beutelustigen Menge zur Plünderung
(415). Ob sich die Juden ohne Gegenwehr vertreiben ließen, wird
nicht erzählt, und doch ist's wahrscheinlich, daß die Vertreibung nicht
ohne Blutvergießen von beiden Seiten abgelaufen ist. So hatten
die Christen den alexandrinischen Juden ein ähnliches Schicksal bereitet, wie es ihnen die Heiden 370 Jahre vorher zugefügt hatten.
Der Präfekt, dem diese Grausamkeit gegen die Juden sehr zu
Herzen ging, war ohnmächtig, sie zu schützen; er konnte nur gegen
den Bischof Klage führen; aber am Hofe zu Konstantinopel behielt
letzterer Recht. Wie groß der Fanatismus dieses Bischofs war,
läßt sich aus dem ermessen, was bald nach Vertreibung der Juden
in Alexandrien vorgefallen ist. Durch die Mönche vom Berge
Nitra (unweit Alexandrien), die der Durst nach der Märtyrerkrone
zu wilden Tieren gemacht hatte, ließ Cyrill den Orestes überfallen
und ihn mit einem Steinwurfe dem Tode nahe bringen, weil er
die Judenvertreibung nicht gut heißen wollte. Der Fanatismus
der Schüler Cyrills trieb sie auch zur Wut gegen die zu ihrer Zeit
berühmte Philosophin Hypatia, die durch tiefe Kenntnis, Beredsamkeit und Sittsamkeit alle Welt bezauberte und Philosophenjünger
aus allen Gegenden herbeizog. Die fanatischen Unmenschen, welche
Hypatia für die Ursache der Spannung zwischen Orestes und Cyrill
hielten, lauerten ihr eines Tages auf, schleppten sie zur sogenannten
Kaiserkirche, entkleideten sie schamlos und schlugen sie mit Scherben
tot. Dann rissen sie dem Körper Glied für Glied aus und ver-
brannten sie. Die alexandrinischen Juden durften also noch dankbar
sein, mit dem nackten Leben davongekommen zu sein. Wohin sich
die exilierten Juden gewendet, und bei welcher Gelegenheit sie

wieder zurückgekehrt sind, verschweigt die Quelle. Nur ein einziges Mitglied der unglücklichen Judengemeinde, Abamantius mit Namen, ein Lehrer der Arzneikunde, ließ sich durch das Mißgeschick zur Taufe zwingen; er begab sich nach Konstantinopel und erhielt dort das Recht, sich in Alexandrien niederzulassen. Die übrigen hatten also Verbannung und Ungemach freudig um ihrer Überzeugung willen ertragen.[1])

Nicht so fest waren die Juden in der kleinen Stadt Magona (Mahon) auf der spanischen Insel des Mittelmeeres Minorca, die der dortige Bischof Severus durch Straßenkämpfe ermüdete und deren Synagoge er einäschern ließ, um sie zum Christentum zu zwingen. In Spanien und auf den dazu gehörigen Inseln hatten sich Juden frühzeitig, wahrscheinlich noch zur Zeit der römischen Republik niedergelassen und lebten dort in freundschaftlichem Verkehr mit den Urbewohnern. Selbst als die Iberer das Christentum angenommen hatten, ließen die Ackerbauer ihre Feldfrüchte von Juden einsegnen. Aber auch in Spanien regte zuerst die katholische Geistlichkeit den Fanatismus der christlichen Bevölkerung gegen die Juden auf. Jener Bischof Osius (Hosius) von Cordoba, der auch beim nizäischen Konzil anwesend war, veranstaltete eine Kirchenversammlung in Illiberis (Elvira bei Granada), auf der den Christen bei Strafe der Exkommunikation untersagt wurde, mit Juden zu verkehren, mit ihnen Eheverbindungen einzugehen und ihre Feldfrüchte von ihnen segnen zu lassen.[2]) Die Juden von Magona, die unter der Anführung ihres reichen gelehrten Vorstehers Theodor nicht ganz ohnmächtig waren, setzten ihren Feinden langen, hartnäckigen Widerstand entgegen, bis auch Theodor, zur Verzweiflung getrieben, sich taufen ließ und viele nach sich zog. Trotz des Beispiels ihrer Männer wollten die Frauen noch lange nicht von ihrer Anhänglichkeit an das Judentum lassen. Die Treugebliebenen flohen in die Wälder und Schluchten und zogen einen elenden Tod der Abtrünnigkeit vor. So viel läßt sich aus dem geflissentlich entstellten, wenn nicht gar erdichteten Sendschreiben entnehmen, welches der Bischof Severus an sämtliche Bischöfe und Geistliche gerichtet haben soll, um ihnen das Wunderwerk der Bekehrung der Juden auf Magona anzuzeigen und sie zu ermahnen, sich desselben Eifers für die Bekehrung der Juden zu befleißigen.[3])

Die Juden, zu schwach, um die ihnen in beiden christlichen Reichen zugefügte Unbill abzuwehren, machten sich über ihre

---

[1]) Socrates, historia eccles. VII, 15.

[2]) Concilium Illibertanum, canon 49, 50.

[3]) Epistola Severi ad omnem ecclesiam, de virtutibus ad Judaeorum conversionem factis, c. 2.

Feinde hinter deren Rücken lustig, wie ja der schwächere Teil sich überall und zu jeder Zeit auf solche Weise ein wenig Erleichterung zu verschaffen suchte, bedienten sich aber zuweilen dabei plumper Scherze, um ihre Gesinnung über das Christentum auszudrücken. Dergleichen Scherze kamen am meisten am Purimfeste vor, an dem die Heiterkeit des Festes zum Rausch, der Rausch zu unverantwortlichen Äußerungen und Demonstrationen führte. An diesem Tage pflegte die lustige Jugend das Bild des Erzjudenfeindes Haman an einen Galgen zu hängen, und dieser Galgen, den man zu verbrennen pflegte, hatte, man weiß nicht ob zufällig oder absichtlich, die Kreuzesgestalt. Die Christen beklagten sich natürlich über Religionsschändung, und der Kaiser Theodosius II. wies die Rektoren der Provinz an mit der Androhung schwerer Strafen[1]), solchem Unfug zu steuern, ohne jedoch die Unsitte unterdrücken zu können. Einmal soll ein solcher Faschingsscherz zu einer grausigen Tat geführt haben. Die Juden zu Imnestar, einem syrischen Städtchen zwischen Antiochien und Chalcis, sollen einen Hamansgalgen in Kreuzesgestalt errichtet, in der Trunkenheit einen christlichen Knaben daran gekreuzigt und mit Geißelhieben getötet haben. Dadurch entstand ein Kampf zwischen Juden und Christen, worauf der Kaiser befahl, die Schuldigen der gerechten Strafe zu unterwerfen (415).[2])

Die antiochensischen Christen, die den alexandrinischen an Fanatismus nicht nachstanden, und den Kaiser einmal gebeten hatten, ihnen die Gebeine und Reliquien ihres Märtyrers Ignatius nicht zu nehmen, weil er ihrer Stadt gleich festen Mauern Schutz gewähre, rächten auch ihrerseits die Tat der Juden von Imnestar, indem sie die Synagogen ihrer jüdischen Miteinwohner mit Gewalt nahmen. Es ist eine bemerkenswerte Erscheinung, daß die Präfekten und Rektoren der Provinzen sich meistens für die Juden gegen die Geistlichkeit aussprachen. Der syrische Präfekt hatte dem Kaiser den Synagogenraub angezeigt und muß diese Ungerechtigkeit so grell geschildert haben, daß er den in mönchische Andächtelei versunkenen Theodosius II. bewog, einen Befehl an die Antiochenser zu erlassen, die Synagogen ihren Eigentümern zurückzustellen. Aber gegen diesen Beschluß eiferte der Säulenheilige Simeon, der unweit Antiochien in einer Art von Stall (Mandra) ein Leben äußerster Entsagung führte. In dem falschen Begriffe jener Zeit von der Versündigung der Menschheit und der dadurch notwendig gewordenen Buße verfielen die Büßer auf Kasteiungen, die von ebenso viel Heroismus als hirnverbranntem Sinne zeugen. Was

---

[1]) Codex Theodosianus XVI, T. 8, §§ 18, 21.
[2]) Socrates das. VII, 16.

die Phantasie nur an Pein und Marter ersinnen kann, legten sie sich auf; einsames Leben, Fasten, Ehelosigkeit genügten nicht mehr, sie überboten sich an Entsagungen. Sich der brennenden Hitze, der erstarrenden Kälte mit bloßem Leibe auszusetzen, auf einer schmalen, in die Luft hochragenden Säule unbeweglich zu verharren, galt als ein hochheiliges, gottseliges Leben. Am weitesten brachte es in diesem Kasteiungssystem eben dieser Simeon, der Stylite, und wurde daher auch als ein besonderer Heiliger verehrt. Aber wiewohl er auf seiner Säule der Welt und ihrem Treiben entsagt hatte, so war der Judenhaß doch Grund genug für ihn, sich in weltliche Angelegenheiten zu mischen. Kaum erfuhr er den Befehl des Kaisers Theodosius von der Zurückgabe der geraubten Synagogen, so richtete er ein beleidigendes Schreiben an den Kaiser, ließ ihn wissen, daß er nur Gott allein und sonst niemand als Kaiser und Herrn anerkenne, und drang darauf, das Edikt zurückzunehmen. Bei Theodosius bedurfte es gar nicht so vieler Einschüchterungsmittel, er widerrief den Befehl und setzte sogar den syrischen Präfekten ab, der den Juden das Wort geredet hatte (423).[1]

Die Bigotterie des morgenländischen Kaisers Theodosius II. wirkte auch auf den abendländischen Honorius, und beide haben durch alberne Gesetze die Juden in diejenige Ausnahmestellung gebracht, in der die neuerstandenen germanischen Staaten sie vorgefunden haben. Die Juden wurden zu keinem Staatsamte, zu keiner militärischen Funktion, welche sie früher bekleidet hatten, zugelassen; nur die zweideutige Ehre städtischer Ämter wurde ihnen noch gelassen.[2] Aber nicht zufrieden damit, ihnen die Gleichberechtigung entzogen zu haben, verkümmerte ihnen Theodosius die freie Verwendung ihres Eigentums zu religiösen Zwecken, als wenn das Vermögen der Juden kaiserliches Eigentum wäre. Nach dem Erlöschen des Patriarchenhauses hatten die jüdischen Gemeinden nicht aufgehört, die Patriarchensteuer nach Gewohnheit zu leisten; die Primaten nahmen sie in Empfang, und verwendeten sie höchstwahrscheinlich zum Unterhalt der Lehrhäuser. Mit einem Male erschien ein kaiserliches Dekret, welches die Primaten bedeutete, die bereits gesammelte Summe der Patriarchensteuer für den kaiserlichen Schatz auszuliefern, in Zukunft aber sie von kaiserlichen Beamten nach genauer Ermittlung ihres Betrages erheben zu lassen; selbst

---

[1] Theodoret, historia eccles. III, 1. Evagrius, h. eccl. I, 13. Simeons Schreiben an Theodosius in syrischer Sprache bei Assemani Bibliotheca orientalis I, p. 254. Die Gesetze Theodosius gegen Synagogenzerstörung, C. Theod., a. a. O. § 21 vom Jahre 412; § 25, 26 vom Jahre 423.

[2] Codex Theod. das. § 24. Augustinus altercatio ecclesiae et synagogae.

die vom abendländischen Reiche einlaufenden Gelder sollten dem kaiserlichen Schatze überliefert werden (30. Mai 429).¹) Neu-Rom hatte die ganze Tücke und Geldgier von Alt-Rom mit herüber genommen. Wie der heidnische Kaiser Vespasian die Tempelsteuer, so eignete sich der christliche Kaiser die Patriarchensteuer an, so daß die Beraubten noch die Gewissenspein empfanden, das, was die Frömmigkeit freiwillig gespendet, als Zwangsabgabe für fremde Interessen abliefern zu müssen.

Trotz der Verkümmerung der Judenheit im oströmischen Reiche und noch mehr in Judäa, die das Talmudstudium zum Stillstand gebracht hat, war die Forschung in Judäa nicht ganz erloschen. Allein das Elend der Gegenwart ließ keinen Spielraum für die tiefere Halacha, förderte aber die auf das Gemüt wirkende Agada, die sich in die freudigen und düstern Zeitlagen der Vorzeit versenkte, in die wunden verzweifelten Gemüter den Balsam des Trostes goß und sie mit dem Zauber der Hoffnung aufrichtete. Die tiefer Blickenden hatten das klarste Bewußtsein von diesem Verfall der ernsten Studien und schilderten ihn in verschiedenen Wendungen. „In früherer Zeit, als die Thora alles galt, bemühte man sich, Mischna und Talmud zu hören, jetzt aber lauscht man nur auf das Wort der Agada." — „In früherer Zeit, als das Geld häufig war, wendete man sich der Halacha zu, jetzt aber, da das Geld selten geworden und man durch Leiden geschwächt ist, hört man nur auf die Segens- und Trostsprüche der Agada." — „Der Talmudkenner gleicht einem Manne mit Goldbarren, der zuweilen hungern muß, weil er nichts davon ausgeben kann, der Agadakundige hingegen gleicht einem Besitzer kleiner Münzen, der jeden Augenblick imstande ist, Lebensmittel dafür einzutauschen."²) — Der Charakter der Agada, welche wie die Halacha ihre eigenen Autoritäten (Rabbanan d'Agabta genannt)³) hatte, war indessen bedeutend verändert.

Die jüngere Agada oder Predigtweise unterscheidet sich wesentlich von der ältern durch eine mehr künstliche Form, sie bestrebt sich, aus unzusammenhängenden Versen ein Ganzes zu bilden, rednerischen Schmuck und rednerische Kunstgriffe zu gebrauchen. Sie hat schon eine Einleitung, einen Text, der sich zum Teil durch den ganzen Vortrag hindurchzieht, und einen effektvollen Schluß. Sie zeigt ferner mehr Sprachbewußtsein als die ältere, und sucht selten vorkommende hebräische Wörter auf verschiedene Weise zu erklären.⁴)

---

¹) C. Th. das. § 29.
²) Canticum Rabba zu 2, 5.
³) Jerus. Horajot, Ende.
⁴) Numeri Rabba, c. 19, 9.

Als Träger dieser ausgebildeten predigtartigen Form der Agada wird R. Tanchuma bar Abba genannt, dem ganze Partien der agadischen Literatur angehören.[1]

Die bessere Kunde der hebräischen Sprache ist unstreitig durch die Polemik mit Christen gefördert worden, und sie war in diesem Zeitalter noch so sehr vorhanden, daß das Christentum noch immer von Juden das Verständnis des biblischen Urtextes erlernte. Auch für diese Wissenschaft war Tiberias Bildungsstätte und Muster; neben ihm wird nur noch Lydda genannt. Hieronymus (331 bis 420), den die Kirche den Heiligen nennt, der ein Nonnenkloster in Bethlehem angelegt und von Wissensdurst getrieben, gleich Origenes, die Bibel aus dem Urtexte kennen zu lernen bemüht war, suchte jüdische Lehrer, wie Bar-Chanina und andere aus diesen Städten auf.[2] Aus den nicht geringen Kenntnissen, die Hieronymus sich durch ihre Anleitung so gründlich angeeignet hatte, daß er es zur Fertigkeit brachte, sich in dieser Sprache frei auszudrücken, ist der Schluß erlaubt, daß die Kenntnis der heiligen Sprache und der Bibel in Judäa größere Pflege gefunden, als man sonst angenommen hat. Bar-Chanina mußte aber, die Öffentlichkeit scheuend, heimlich in des Kirchenvaters Zelle kommen, um ihn zu unterrichten, weil durch den feindlichen Gebrauch, den die Christen von der Kenntnis der hebräischen Sprache machten, es in der letzten Zeit verboten war, Christen überhaupt zu unterrichten.[3] Hieronymus lernte aber nicht nur das Wortverständnis der Bibel und die Aussprache des Hebräischen, sondern gewann auch tiefere Einsicht in den Zusammenhang des Textes, den die Tradition bot. Die Form agadischer Auslegung wußte er sich so sehr anzueignen, daß er sie auf den christlichen Kreis zuweilen mit Geschmack und geistreichen Wendungen übertragen konnte, wie die Anwendung der zwei Frauen in Salomos Urteil auf das Verhältnis der Synagoge zur Kirche.

In Beurteilung und Unterscheidung der echten kanonischen Schriften von unechten, apokryphen Sammlungen waren die Juden ihren christlichen Zeitgenossen bei weitem überlegen und um viele Jahrhunderte voraus. Das nizäische Konzil, das die Parteien durch Machtsprüche einigen wollte, hatte auch den Streit über die Heiligkeit zweifelhafter Schriften entschieden und mehrere apokryphe Bücher in den Kanon aufgenommen. Die Juden, mit welchen Hieronymus exegetische Unterredung pflog, machten dagegen über den Unwert mancher Apokryphen solche gesunde Bemerkungen, daß

---

[1] Note 36.
[2] Vergl. Hieronymus ad Pamachium; Praefatio in Paralipomena, in Tobiam in Job.
[3] Chagiga 13 a.

sie auch heutigen Tages bei fortgeschrittener Kenntnis als richtig anerkannt werden müssen. Unter anderem verspottete ein jüdischer Gesetzeslehrer die Zusätze zum Habakuk, nach welchen ein Engel den Propheten beim Schopfe von Judäa nach Chaldäa geführt haben soll. Er fragte, wo man im alten Testamente ein Seitenstück fände, daß einer der heiligen Propheten mit seinem der Schwere unterworfenen Körper in einem Nu solche weite Räume durchflogen hätte. Als ein Christ in vorschneller Antwort den Einwurf vom Propheten Ezekiel machte, den ebenfalls eine Hand an den Haarlocken von Chaldäa nach Jerusalem geführt hat, erwiderte der kundige Jude: „Der heilige Text fügt aber dabei hinzu, Ezekiel **fühlte sich im Geiste dahin versetzt und im Geist** habe er alles geschaut."[1] — Die Juden hatten sich trotz der Ungunst der Zeit von dem Unverstand frei gehalten, in naivem Glauben alles ohne Wahl als heilig anzunehmen, was als solches geboten ward; sie hatten in dem Tempel des Glaubens nicht das Licht der Einsicht ausgelöscht und ihrem Urteil nicht Fesseln angelegt, um sich blindlings jeder Zumutung hinzugeben. Diese Einsicht war ein Erzeugnis des Halachastudiums, das gegen die urteilsunfähige Gläubigkeit ein Gegengewicht bot. Judäa war also im Greisenalter noch Pflegerin der hebräischen Sprache, die sie ihren Söhnen in der Fremde als ein unauflösliches Band mitgegeben hat. Die heilige Sprache, die bei Gebeten, Vorlesung und Studium in Gebrauch war, wurde die geistige Einheit des jüdischen Volkes.

Von der untergehenden Sonne Judäas hatte das Christentum einige Strahlen aufgefangen, die in der Kirche als ein Himmelslicht gepflegt wurden. Die Kenntnis des Hebräischen, die Hieronymus sich von jüdischen Lehrern angeeignet hatte, setzte ihn in den Stand, eine von der entstellten Septuaginta abweichende, dem hebräischen Texte sich mehr nähernde lateinische Übersetzung (Vulgata) anzulegen. Diese reichte über ein Jahrtausend aus und ist erst bei der Wiederherstellung der Wissenschaft im Beginn der Neuzeit erweitert und berichtigt worden. Aber mit jedem Schritte, den das Christentum vorwärts tat, entfernte es sich immer mehr und mehr vom Judentume, und es bedurfte dazu der Beredsamkeit vieler Jahrhunderte, um ihm wieder in Erinnerung zu bringen, daß das Judentum sein Ursprung gewesen ist. Der Glaubenseifer hatte die Blutsverwandtschaft so sehr vergessen gemacht, daß selbst Hieronymus, der zu den Füßen jüdischer Lehrer gesessen, der in dem alten Testamente ebenso heimisch war wie in dem neuen, den tief eingewurzelten Judenhaß nicht ablegen konnte. Seine Feinde, die ihm seine jüdischen Studien

---

[1] Hieronymus, praefatio in Danielem.

als Ketzerei zum Vorwurf machten, überzeugte er von seiner Rechtgläubigkeit durch seinen Judenhaß: „Wenn es erforderlich ist, die einzelnen und das Volk zu verachten, so verabscheue ich mit einem unnennbaren Hasse die Juden, denn sie verfluchen noch heute unsern Herrn in ihren Synagogen."[1]) Er stand darin nicht allein, sondern hatte einen Gesinnungsgenossen an dem jüngern zeitgenössischen Kirchenvater Augustinus. Dieses Glaubensbekenntnis des Judenhasses war nicht die Privatansicht eines Schriftstellers, sondern ein Orakel für die ganze Christenheit, die die Schriften der als Heilige verehrten Kirchenväter gleich Offenbarungen einsog. Dieses Glaubensbekenntnis hat später Könige und Pöbel, Kreuzfahrer und Hirten gegen die Juden bewaffnet und für sie Marterwerkzeuge erfinden und Scheiterhaufen zusammentragen lassen. Merkwürdig ist, daß trotz der Hintansetzung von seiten des Staates die Juden in Cäsarea, dem Sitze des Landpflegers, die Modetorheit der Rennbahn mitmachten. Es gab unter ihnen ebenfalls Wagenlenker, Wettfahrer und Farbenparteien von Grünen und Blauen wie in Rom, Ravenna, Konstantinopel und Antiochien. Aber wie in jener Zeit jede Lebensäußerung den Stempel des einseitig Religiösen an sich trug, so mischte sich auch in den Parteikampf der Farben die religiöse Gegnerschaft. Der Sieg oder die Niederlage der jüdischen, samaritanischen oder christlichen Wagenlenker war zugleich Veranlassung zum Angriff auf die Religionsgenossen der Gegner. Allerdings waren die zahlreichen Juden in Cäsarea mehr verweltlicht als in andern Städten. Sie verstanden das Hebräische nicht und sprachen das Gottesbekenntnis im Gebete (Schema) in griechischer Sprache.[2]) Geschmack an der hebräischen Sprache und Sinn für die Erhabenheit der heiligen Schrift stumpften sich auch an andern Orten ab. Die unschöne formlose chaldäische Mundart hat überall den Geschmack verdorben. Die Sprachverderbnis war damals allgemein; auch die Gedrungenheit der lateinischen und die Zierlichkeit der griechischen Sprache hatte sich verloren. Es war der Anfang der Barbarei. Hebräisch gefärbte Gebete aus dieser Zeit sind nicht geeignet, die Seele zur Andacht zu erheben, und als Form haben sie bloß alphabetische Versanfänge und nichts von Poesie.[3])

---

[1]) Hieronymus adversus Rufinum II.
[2]) Jer. Sota 21 b.
[3]) [S. Cant. 12, Anfang הדין פייטנא כד עביד אלפא ביתא. Vergl. auch Rapoport, Bikkure-haittim, 10. Jahrg., p. 115 ff.].

Dreiundzwanzigstes Kapitel.

Fünftes Amorageschlecht. Exilarch Mar-Sutra. Schulhäupter Mar bar Aschi und R. Achi aus Difta. Sinken der babylonischen Lehrhäuser. Verfolgung der Juden unter Jezdigerd III.

(427—468).

Sechstes und letztes Amorageschlecht. Exilarchen Huna Mari und R. Huna, Schulhäupter Rabina von Sura und R. José von Pumbadita. Verfolgung der Juden unter Firuz. Auswanderung jüdischer Kolonisten nach Indien. Jüdisches Vasallenreich in Cranganor. Abschluß des babylonischen Talmuds. Geist und Bedeutung desselben.

(468—500).

Im Verlaufe des fünften Jahrhunderts fand das römische Reich, insoweit es an Rom oder das dasselbe vertretende Ravenna oder Mailand geknüpft war, seinen völligen Untergang. Die Teilung desselben in zwei Präfekturen mit zwei aufeinander eifersüchtigen Höfen, die Stöße, welche ihm junge Völker mit frischen Kräften wiederholentlich und von allen Seiten versetzten, zerschlugen es in Trümmer, aus welchen sich neue Königreiche mit neuen Bestrebungen und Interessen bildeten. Wie die alte Welt durch diese Vorgänge ihr Ende fand, so schloß auch das Judentum in dieser Zeit sein Altertum ab und trat in eine neue Richtung. Auch in Babylonien, wo die Juden bisher eine nur selten gestörte Ruhe und Selbstständigkeit genossen, häuften sich Leiden und Verfolgungen, und diese Drangsale legten den Führern des Judentums die Notwendigkeit auf, das Erbe der Väter in Sicherheit zu bringen. Dieses Erbe war der Talmud, in welchen alles niedergelegt war, was die jüdische Nation seit dem Abschnitt der biblischen Literatur gefühlt, gedacht, erstrebt und geleistet hat. Ein merkwürdiges Zusammentreffen fand hierbei statt, welches zwar den Charakter des Zufalles an sich trägt, aber doch einen höhern Zusammenhang ahnen läßt. Der Talmud im weitern Sinne, der seinen Ausgangspunkt von Hillel I. hat, begann gerade mit der Umwandlung der römischen Republik in das Kaiserreich unter Augustus und erhielt seinen Abschluß zugleich mit dem Untergang des römischen Reiches unter Romulus Augustulus. Diese Zeit des Abschließens ist im Vergleich zur frühern arm an Persönlichkeiten und Begebenheiten. Die Schöpferkraft nahm ab und machte der Richtung Platz, das früher Geschaffene zu reproduzieren und festzustellen; die jüdische Geschichte bewegt sich in einem engen Kreis, Schulhäupter werden gewählt, lehren und sterben, und nur durch die eintretenden Verfolgungen erhält sie eine traurige Abwechslung.

Nach R. Aschis Tod wählte das suranische Kollegium einen Genossen R. Aschis, R. Jemar oder Mar Jemar (zusammengezogen Maremar), der ohne Zweifel bereits im Greisenalter stand. Er wandte dem Lehrhause vier oder fünf Jahre zu (427 bis 432). Sein Nachfolger war Jdi bar Abin, der noch weniger bekannt als sein Vorgänger ist; er führte die suranische Schule zwanzig Jahre, war also vermutlich einer von R. Aschis Jüngern. R. Jdi hatte zum Nachfolger R. Nachman bar Huna (452—455), dessen Mittelmäßigkeit daraus hervorgeht, daß sein Name nicht ein einziges Mal im Talmud genannt wird, während viel spätere Amoräer noch einen klangvollen Namen in ihm haben. Während der dreißig Jahre nach Aschis Tod hatte das noch bedeutungslosere pumbaditanische Lehrhaus zwei Schulhäupter gewechselt. Auf R. Gebiha, Zeitgenossen R. Aschis, folgte Rafrem II. (433—443) und auf diesen R. Nachumaï oder Nachumaï (443—456).[1]

Nach dem Tode R. Nachmans war das suranische Kollegium im Begriffe, die Vakanz mit R. Acha aus Difta zu besetzen. Warum R. Aschis Sohn Mar bei der Wahl übergangen werden sollte, bleibt ein Rätsel; denn allzu jung war er damals nicht mehr, da er bei seines Vaters Leben schon ein unterscheidungsfähiger Zuhörer war, und also zur Zeit der Wahl ein Vierziger gewesen sein mag. Vielleicht machte sich dabei der Einfluß des Resch-Galuta geltend, der einem Sohn R. Aschis, dem sein Vorgänger untergeordnet war, seine Zustimmung nicht gegeben haben mochte. R. Acha hingegen war Hausgenosse des Exilarchen Mar-Sutra, und wurde wahrscheinlich bei der Wahl von demselben unterstützt.[2] Mar, der auch den Namen Tabjome führte, war in Machuza, als er die Nachricht von der Erledigung der suranischen Metibta hörte. Eine Sage erzählt, er sei durch den Ausspruch eines Wahnsinnigen darauf aufmerksam gemacht worden; er habe die Worte vernommen: „Der Resch-Metibta von Mata Mechasia zeichnet sich Tabjome." Worte von Wahnsinnigen hingeworfen, galten als bedeutungsvoll und gewissermaßen prophetisch. Von diesem Omen

---

[1] Vergl. die talmudische Chronologie Note 1.
[2] Note 37.

geleitet, eilte er nach Sura und kam gerade zur rechten Zeit an, als die Mitglieder der Hochschule wegen der Neuwahl versammelt waren. Sie schickten Abgeordnete an ihn, sich mit ihm wegen der Wahl des R. Acha zu beraten, er aber hielt sie zurück und auch die andern, die nachgeschickt wurden, bis ihrer zehn waren; dann hielt er einen Vortrag und wurde von den Anwesenden als Resch-Metibta begrüßt (455). R. Acha war über diese Zurücksetzung außerordentlich gekränkt und wandte auf sich den Satz an: „Wer einmal Unglück hat, der kann nimmermehr zum Glücke gelangen."[1]) In demselben Jahre brach eine in den babylonischen Ländern bis dahin unerhörte Verfolgung der Juden aus, welche der Anfang einer langen Reihe blutiger Auftritte war, die sie von den letzten neupersischen Königen zu erdulden hatten; ihre Lage ward dadurch nicht besser als die ihrer Stammverwandten im römischen Reiche.

Jesdigerd III.[2]) (440—457), seinem gleichnamigen Vorgänger unähnlich, war es, der eine religiöse Verfolgung über die Juden verhängte, welche zunächst gegen die Sabbatfeier gerichtet war; es war nämlich verboten, den Sabbat zu feiern (456).[3]) Die Veranlassung zu einer solchen Sinnesänderung der persischen Herrscher gegen die ihnen stets mit Treue zugetanen Juden ist wahrscheinlich in dem Fanatismus der Magier zu suchen, die manche persische Könige nicht weniger beherrschten als die geistlichen Ratgeber die morgenländischen Kaiser. Die Magier scheinen in dieser Zeit von den Christen Bekehrungseifer und Religionsverfolgungen gelernt zu haben. Amemar, das letzte Schulhaupt von Nahardea, hatte eine Unterredung mit einem Magier, der ihm sein Religionsprinzip von der Doppelgottheit, dem Lichtgott Ormuzd und dem Nachtgott Ahriman, an dem menschlichen Organismus beweisen wollte. „Der obere Teil deines Körpers," sagte der Magier, „gehört dem Ormuzd, und der untere Teil dem Ahriman an," d. h. wie der Mensch zweiteilig und gegensätzlich ist, ebenso die Welt und die Gottheit; oben der Sitz des Verstandes und Gefühls, unten der Sitz der Sinnlichkeit. Schlagend entgegnete ihm Amemar, auf das Bild eingehend: „Wenn dem so wäre, so sollte Ahriman nicht Ormuzd gestatten, einen Kanal durch sein Gebiet zu ziehen." Er wollte hiermit die unzertrennliche Einheit des menschlichen Wesens dartun.[4]) Religionsgespräche pflegen selten zum Frieden zu führen, denn

---

[1]) Baba Batra 12 b.
[2]) [So nach Mordtmann, l. c. Nach Nöldeke, Tabari Anfang A und Justi, Geschichte d. alten Persiens, p. 196 ff. war dies Jesdigerd II und dieser regierte 438—457].
[3]) Note 1.
[4]) Synhedrin 39 a.

Die Verfolgungen in Babylonien.

siegend oder besiegt, will sich die Anhänglichkeit durch verdoppelten Eifer betätigen; religiöse Polemik war daher stets der Vorläufer von Verfolgungen und Religionskriegen. Ohnehin hatte das Christentum mit seinem Bekehrungseifer die Magier zur Gegenwehr herausgefordert. Die Manichäer, die jüdische, christliche und persische Religionsansichten zu einem eigenen Gemische verbunden hatten, machten in Persien Verketzerungen ebenso einheimisch wie im römischen Reiche. Jesdigerd verfolgte Manichäer und Christen. Früher oder später mußte der persische Lichtkultus am Judentum Anstoß nehmen und es auf die Liste seiner Feinde setzen. Über das Verhalten der Juden dem Verbote gegenüber, den Sabbat zu feiern, schweigen die Chroniken; es wird indessen den Gewissenhaften nicht an Gelegenheit gefehlt haben, es zu umgehen, daher werden keine Märtyrer aus dieser Verfolgung namhaft gemacht. Ohnehin dauerte der Zwang etwa ein Jahr, da Jesdigerd bald darauf getötet wurde, und seine Söhne Chodar-Warda und Firuz um den Besitz der Krone einen Bürgerkrieg führten.[1]) Eine Sage erzählt, er sei infolge der inbrünstigen Gebete von Mar und R. Sama auf seinem Bette von einem Drachen verschlungen worden. Dieser R. Sama ben Rabba, das vorletzte amoräische Schulhaupt von Pumbadita, war der Nachfolger Rachumaïs und fungierte fünfzehn Jahre (456—471), ohne eine Spur seiner Wirksamkeit zu hinterlassen.[2]) Aber auch Mar bar Aschi, obwohl die einzige Autorität dieser Zeit, dessen Entscheidungen bis auf zwei Fälle Gesetzeskraft erhielten, scheint in der suranischen Metibta keinen besondern Glanz entwickelt zu haben. Er setzte die Tätigkeit seines Vaters fort, indem er die Talmudsammlung vervollständigte, wobei er auch dessen Entscheidungen aufnahm, aber diejenigen verwarf, von denen er wußte, daß er im Alter von ihnen abgekommen war.[3]) Er und seine Zeitgenossen mochten sich um so eher zur Sammlung und zum Abschluß gedrängt fühlen, als die erlebte Verfolgung die Zukunft unsicher gemacht hatte. Von seinem Charakter ist weiter nichts bekannt als ein Zug von Gewissenhaftigkeit, welcher von Rabas Parteilichkeit für die Standesgenossen grell absticht. Er er-

---

[1]) Scherira berichtet nach einer alten Chronik, daß Jesdigerd (III.) getötet worden sei (Sendschreiben). Ähnliches referiert unter den morgenländischen Schriftstellern Eutychius (Annales I, 100): Yasdejerdo e medio sublato de regno contenderunt duo ipsius filii Phiruz et Ibernios (Hormuz III). Jesdigerd regierte nach Mordtmann 440—457 und sein Sohn Hormuz, oder wie er nach Mordtmanns Vermutung hieß הורוררא 457—458. Zeitschrift der deutsch-morgenländischen Gesellschaft, VIII, S. 71.

[2]) [Vergl. die Bemerkung des Übers. S. 450].

[3]) Gittin 29 b.

zählte von sich: „Wenn ein Genosse bei mir zu Gericht erscheint, so lehne ich die Funktion ab, weil ich einen solchen als Blutsverwandten betrachte und ich unwillkürlich zu seinen Gunsten parteiisch sein könnte."[1] Sein nicht seltener Zuname Tabjome (glückliche Zeit) gab der spätern Sage Veranlassung, nachdem das Andenken an Jezdigerds Gewissenszwang aus dem Gedächtnis entschwunden war, seine Zeit als eine besonders glückliche für die jüdische Nation zu preisen.

Nach Mar, welcher dreizehn Jahre fungierte (455—468), wurde Rabba Tusfah suranisches Schulhaupt, von dem aber, wie von den letzten Amoräern überhaupt, durchaus keine individuellen Züge aufbewahrt sind, aus denen sich ein Charakterbild entwerfen ließe. Die eingetretene Leidenszeit im jüdischen Babylonien hatte für Persönlichkeiten kein Gedächtnis. Die Verfolgung, welche die Juden des persischen Reiches unter Firuz (Pheroces 458—485) erduldeten, übertraf bei weitem diejenigen, die sein Vater Jezdigerd über sie verhängt hatte. Die Veranlassung zu ihr soll die Rache gewesen sein, die dieser von den Magiern beherrschte König an sämtlichen Juden ausüben wollte, weil einige von ihnen in Jspahan zwei Magier getötet und diesen die Haut abgeschunden haben sollen. Firuz ließ dafür die Hälfte der jüdischen Einwohner von Jspahan töten und die jüdischen Kinder im Tempel von Horvan gewaltsam für den Feuerkultus erziehen.[2] Die Verfolgung erstreckte sich aber auch über die babylonischen Gemeinden, wo sie mehrere Jahre bis zu des Thyrannen Tod dauerte. Der Exilarch Huni-Mari, Sohn Mar-Sutras, mit zwei Gesetzeslehrern, Amemar bar Mar-Janka und Mescherschaja bar Pacod, wurden in den Kerker geworfen und später hingerichtet (469—470). Es waren die ersten Märtyrer auf babylonischem Boden, und es ist bedeutsam, daß auch ein Exilsfürst für das Judentum blutete. Einige Jahre später nach Rabba Tusfahs Tod wurden die Feindseligkeiten noch mehr gesteigert, die Lehrstätten zerstört, die Lehrversammlungen verboten, die jüdische Gerichtsbarkeit aufgehoben und die Jugend zum Magierkultus angehalten (474).[3] Die Stadt Sura scheint in dieser Zeit zerstört worden zu sein.[4] Firuz, dessen Verfolgungssystem an Hadrian erinnert, erfand etwas Neues, woran jener Kaiser nicht gedacht hat, die Jugend dem Judentum zu entziehen und sie durch Gewaltmittel

---

[1] Sabbat 119 a.
[2] Hamza al-Isfahani, Annales, edit Gottwaldt, S. 56. [Vergl. Nöldeke, Tabari, p. 118, Anmerkung 4].
[3] Note 1.
[4] Sabbat 11 a.

Die jüdisch-indische Kolonie.

an den persischen Kultus zu gewöhnen; er wird daher gleich Hadrian von der jüdischen Nachwelt mit dem Namen „der Böse" (Piruz Reschia) gebrandmarkt.[1]

Die nächste Wirkung dieser Verfolgung waren Auswanderungen jüdischer Kolonisten und ihre Verbreitung südwärts bis Arabien und ostwärts bis Indien. Wiewohl auf der ganzen arabischen Halbinsel von jeher jüdische Stämme wohnten und, wie später erzählt werden wird, unabhängige kleine Republiken bildeten, so erhielten sie erst durch die neuen Ankömmlinge aus Babylonien das ausgeprägte religiöse Leben, talmudische Kenntnisse, und dadurch auch eine höhere Gesittung. Die Auswanderung der Juden nach Indien wird ausdrücklich um die Zeit der Firuzischen Verfolgung angegeben. Ein sonst Unbekannter, mit Namen Joseph Rabban (schon durch diesen Titel als Babylonier kenntlich), kam mit vielen jüdischen Familien an die frucht- und handelsreiche Küste Malabar im Jahre 4250 der jüdischen Zeitrechnung, muß demnach früher die Reise unternommen haben, und also unter Firuz ausgewandert sein. Der bramanische König Airbi (Erabi) von Cranganor nahm die jüdischen Ankömmlinge freundlich auf, schenkte ihnen in seinem Lande Wohnsitze und erlaubte ihnen, nach eigenen Gesetzen zu leben und von ihren eigenen Häuptlingen (Mardeliar) regiert zu werden. Ihr erster Häuptling war ihr Führer Joseph Rabban, dem der indische König besondere Rechte und fürstliche Ehren, erblich für seine Nachkommen, gewährte. Er durfte gleich den indischen Fürsten auf einem Elefanten reiten, unter Musikbegleitung von Trommeln und Zimbeln einen Herold vor sich hergehen lassen und auf Teppichen sitzen. Joseph Rabban soll eine Reihe von 72 Nachfolgern gehabt haben, welche die indisch-jüdischen Kolonisten regierten, bis Streitigkeiten unter ihnen entstanden, viele von ihnen umkamen, Cranganor zerstört wurde und der Rest sich in Mattachery (eine Stunde von Cochin) ansiedelte, das davon den Namen Judenstadt bekommen hat.[2] Die Privilegien, die Airvi den jüdischen Ankömmlingen erteilt hatte, wurden in eine Erztafel mit altindischen (tamulischen) Schriftzügen und einer schwerverständlichen hebräischen Übersetzung eingegraben, welche sich noch heutigen Tages vorfindet.[3]

Der Inhalt der kupfernen Tafel, Chempeada genannt, lautet: „Swastri Sri, der König der Könige hat es verordnet! Von

---

[1] Chullin 62 a.
[2] Vergl. Ritters Erdkunde, Teil 5, S. 595 ff. nach den an Ort und Stelle angestellten genauen Forschungen von Buchanan.
[3] Ein Faksimile der Inschrift dieser Erztafel befindet sich in der Universitätsbibliothek in Oxford.

Juſſuf Rabban und ſeinem Volke erhalten wir den Tribut der unſerer Hoheit gebührenden Treue und Ehrfurcht und des uns zukommenden üblichen Geſchenkes. Wir gewähren ihnen daher die Vorrechte, fünf verſchiedene Farben zu tragen, am Tage Lampen zu brauchen, lange Gewänder zu tragen, ſich der Sänften, Schirme, kupfernen Gefäße, Trommeln und Kränze an ihrem Körper zu bedienen, auch Kränze in ihren Straßen anzubringen. Alle Taxen und Gebühren haben wir für ſie ſowohl, wie für andere Wohnungen und Bethäuſer erlaſſen. Dieſe Vorrechte ſollen fünf Geſchlechter, nämlich Juſſuf Rabban und ſeine Nachfolger in gerader Linie, ſeine männlichen und weiblichen Kinder, ſeine Enkel von ſeinen Söhnen und Töchtern als erbliches Recht genießen, ſo lang die Erde und der Mond dauern. Unterzeichnet Swaſtri Sri und andere Fürſten." [1]

Die Auswanderer unter Joſeph Rabban fanden aber allem Anſcheine nach bereits früher angeſiedelte Familien in Indien vor, welche ebenfalls aus Perſien in einer Zeit (231) eingewandert ſein wollen, in der auch China ſeine jüdiſche Bevölkerung erhalten haben ſoll. Die Juden Oſtindiens beſtehen noch jetzt aus zwei Klaſſen, richtiger Kaſten, welche durch Hautfarbe, Geſichtszüge, Geſittung und andere Eigentümlichkeiten ſo ſehr voneinander verſchieden ſind, daß man ſie kaum für Söhne eines und desſelben Stammes erkennen kann. Es gibt an der Küſte Malabar, im benachbarten Binnenland und auf der Inſel Ceylon Juden mit weißer Hautfarbe, welche ſich von Jeruſalem nennen, und ſchwarze Juden, die ſich in nichts von den Urbewohnern Indiens unterſcheiden; dieſe betrachten ſich als die älteſten. Zwiſchen dieſen beiden Klaſſen beſteht keinerlei Gemeinſchaft, und die weißen jüdiſchen Familien ſehen mit jenem Stolze, den die weiße Hautfarbe in allen Erdteilen als die bevorzugte beſitzt, verächtlich auf ihre ſchwarzen Religionsgenoſſen herab. Die letztern ſind allerdings ſehr vernachläſſigt, ſelbſt in der Religion ihrer Väter unwiſſend, beſitzen nur wenige Exemplare von der heiligen Schrift, und von der Tradition, ſowie von ihrer eigenen Geſchichte wiſſen ſie gar nichts.[2] Die weißen Juden Indiens glauben, lange vor Joſeph Rabban, ſchon zur Zeit des aſſyriſchen Königs Salmanaſſar, aus Jeruſalem eingewandert zu ſein und zu den zehn Stämmen zu gehören; in dem Gangesfluſſe erblicken ſie das bibliſche Goſan, wohin die aſſyriſchen Eroberer einen Teil der zehn Stämme verſetzt hatten, und den Wunderfluß Sambation oder Sabbation, der ſechs Tage fließen und am Sabbat ruhen ſoll, wollen ſie in der Nähe der indiſchen Stadt Calicut entdeckt haben.

---

[1] Nach Jewish Intelligence, Jahrgang 1840, Februarheft.
[2] Ritter daſ. Benjamin von Tudela, ed. Aſher, hebräiſcher Text, S. 92.

Abschluß des Talmuds.

Sobald nach Firuz' Tod der Schrecken der Verfolgung aufgehört hatte (485)[1], kehrte im jüdischen Babylonien die alte Ordnung wieder zurück, die Lehrhäuser wurden geöffnet, die Schulhäupter ernannt, Sura und Pumbabita erhielten ihre letzten amoräischen Führer, jenes in Rabina, dieses in R. José. Diese zwei Resch-Metibta und ihre Beisitzer kannten kein anderes Ziel, als die von R. Aschi begonnene Sammlung des Talmuds zu vollenden und abzuschließen. Die sich häufenden Leiden, die wahrscheinlich dadurch verringerte Teilnahme an den Studien, die Ungewißheit der Zukunft drängten zu diesem Abschluß. Rabina (fungierte 488—499) und R. José (471 bis um 520) werden in den alten Chroniken ausdrücklich als „das Ende der Amorazeit" (Sof Horaah) bezeichnet.[2] Doch haben ohne Zweifel die Mitglieder der beiden Lehrhäuser, deren Namen noch erhalten sind, auch Hand an dieses Werk gelegt und werden daher als die letzten Amoräer betrachtet. Der bedeutendste unter ihnen war R. Achaï ben Huna aus Be-Chatim in der Nähe Nahardeas (starb 506), dessen Entscheidungen und Diskussionen sich durch eine eigene Wendung auszeichnen und von einer nüchternen Klarheit des Geistes und Scharfsinn zeugen. Wegen dieser Eigenschaften war R. Achaï auch außer Babylonien bekannt und geschätzt. Ein Sendschreiben, welches von Judäa an die babylonische Metibta gelangte und, so viel geschichtlich bekannt ist, wohl das letzte des verwaisten Mutterlandes an die Tochterkolonie war, spricht von ihm mit der größten Verehrung: „Vernachlässigt R. Achaï nicht, denn er erleuchtet die Augen der Golah."[3] — Nächst ihm war R. Samuel bar Abbahu (starb 507) aus Pumbabita geachtet, dessen Entscheidung in dem erwähnten Sendschreiben aus Judäa sanktioniert wurde. Die übrigen Amoräer dieser Zeit waren R. Nachumaï (starb 506), Rabina von Umza (starb 508), R. Acha ben Abuha (starb 511), die Brüder Techinah (oder Katina) und Mar-Sutra, Söhne R. Chaninas (starb 515). Diese bildeten den Schluß der Amoraperiode und den Anfang der saburäischen Zeit.[4] Selbst der Exilsfürst R. Huna-Mar muß talmudische Kenntnis besessen haben, weil die den Exilarchen gar nicht holde Chronik ihn unter diese Reihe der Gesetzeslehrer aufzählt und ihm den Titel Rabbi einräumt.[5] Seine Geschichte,

---

[1] Nach Mordtmann, a. a. O., S. 73.
[2] Baba Mezia 86 a. Seder Tannaïm, Note 1. [Unsere Talmudausgaben haben רבינא und ר׳ אשי. Der Verf. hat Lebrecht, Handschriften u. erste Ausgaben des babylonischen Talmuds, S. 2, A. 3 vor Augen. Vergl. jedoch Lewy, Interpretation des I. Absch. des palästinensischen Talmudtraktats Nesikin, S. 10, A. 1].
[3] Note 38. [4] Note 38.
[5] Seder Olam Sutta. Scherira.

an welche sich bedeutende Vorgänge knüpfen, gehört in die nächstfolgende saburäische Periode.

Mit diesen Männern vereint, vollendeten Rabina und R. José den Ausbau des Talmuds, d. h. sie sanktionierten die von ihnen veranstaltete Sammlung aller vorangegangenen Verhandlungen und Entscheidungen als ein Fertiges und Abgeschlossenes, zu dem keine Zusätze und Erweiterungen hinzukommen sollten. Wenn auch spätere Einschiebsel im Talmud angetroffen werden, so charakterisieren sie sich als höchst unwesentlich und sind meist agabischer Natur, durch Sprache und Wendung dem Geübten so sehr kenntlich, daß sie mit den echten Bestandteilen nicht leicht verwechselt werden können.[1]) Dergleichen Zusätze waren allem Anschein nach ursprüngliche Randglossen, welche durch die Hand unkundiger Abschreiber die Ehre des Textes erlangt haben. Der Endabschluß des babylonischen Talmuds (auch Gemara genannt) fällt in das Todesjahr Rabinas (13. Kislew 2. Dez. 499), gerade in das Ende des fünften Jahrhunderts, als auf der arabischen Halbinsel Juden die ersten Keime zu einer neuen Religion und einem neuen Weltreiche legten, in Europa aus den Trümmern des alten Rom gothische und fränkische Königreiche entstanden. Der Talmud bildet einen Wendepunkt in der jüdischen Geschichte und wird von jetzt an ein wesentlicher Faktor in ihr.

Der Talmud ist nicht als ein gewöhnliches Schriftwerk, aus zwölf Bänden bestehend, zu betrachten, hat überhaupt mit keinem einzigen Literaturerzeugnis irgend eine innere Ähnlichkeit, sondern bildet, ohne Redefigur, eine eigene Welt, welche nach ihren eigenen Gesetzen beurteilt sein will. Es ist darum so außerordentlich schwer, eine Charakteristik desselben zu entwerfen, weil dazu alle Maßstäbe und Analogien fehlen. Eine solche dürfte daher kaum dem Begabtesten gelingen, wenn er auch tief in sein Wesen eingedrungen und mit seinen Eigentümlichkeiten innigst vertraut wäre. Allenfalls könnte man ihn mit der Literatur der Kirchenväter vergleichen, die sich zur selben Zeit gebildet hat. Allein bei näherer Betrachtung fällt auch dieser Vergleich weg. Es kommt hier aber auch weniger darauf an, was der Talmud an sich ist, sondern was er in der Geschichte, d. h. für die nachfolgenden Generationen war, deren Erziehung er hauptsächlich geleitet hat. Man hat den Talmud vielfach und zu verschiedenen Zeiten aus den entgegengesetztesten Gründen verurteilt, den Stab über ihn gebrochen und Scheiterhaufen für ihn angezündet, weil man nur seine Schattenseite ins Auge gefaßt hat, ohne auf seinen Wert Rücksicht zu nehmen, der allerdings erst durch den Gesamtüberblick über die ganze jüdische Geschichte ans Licht

---

[1]) Kerem Chemed, Jahrgang 1841, S. 249 ff.

tritt. Es ist nicht zu leugnen, daß der Talmud, d. h. der in Babylonien entstandene, mit einigen Mängeln behaftet ist, wie jedes Geistesprodukt, das eine einzige Richtung mit unerbittlicher Konsequenz und ausschließlicher Einseitigkeit verfolgt. Diese Mängel lassen sich in vier Rubriken zusammenfassen. Der Talmud enthält manches Unwesentliche und Kleinliche, welches er mit vieler Wichtigkeit und ernster Miene behandelt; er hat ferner aus seiner persischen Umgebung abergläubische Praktiken und Anschauungen aufgenommen, welche die Wirksamkeit von dämonischen Mittelwesen, von Zauberei, Beschwörungsformeln, magische Kuren und Traumdeutungen voraussetzen und dadurch mit dem Geiste des Judentums im Widerspruch stehen; er enthält manche lieblose Aussprüche und Bestimmungen gegen Glieder anderer Völker und Religionsbekenner, endlich begünstigt er eine schlechte Schriftauslegung, geschmacklose, oft wahrheitswidrige Deuteleien. Kein noch so leiser Hauch von Poesie weht durch seine Blätter, und man muß beim Lesen des Talmuds die Poesie der Bibel vergessen, ihre schmucklose und doch fesselnde Formenschönheit, die lebensvolle Beredsamkeit der Propheten, den himmelan tragenden Schwung der Psalmen, das gedankentiefe Buch Hiob, das alles muß man vergessen, wenn man dem Talmud nicht grollen und im Groll ihm nicht Unrecht tun will. Für diese Mängel hat man den ganzen Talmud verantwortlich gemacht und ihn als Kleinigkeitskram, als einen Quell der Unsittlichkeit und Unwahrheit verdammt, ohne in Erwägung zu ziehen, daß er nicht das Werk eines einzigen Verfassers ist, der für jedes Wort einstehen müßte. Über sechs Jahrhunderte liegen im Talmud versteinert in anschaulichster Lebendigkeit, in ihren eigenen Trachten, Redeweisen und Gedankenzügen, gewissermaßen ein literarisches Herkulanum und Pompeji, nicht geschwächt durch künstlerische Nachbildung, welche ein Riesenbild in verjüngtem Maßstabe auf einen engen Raum überträgt. Es ist demnach kein Wunder, wenn in dieser Welt Erhabenes und Gemeines, Großes und Kleines, Ernstes und Lächerliches, der Altar und die Asche, Jüdisches und Heidnisches nebeneinander angetroffen werden. Oft waren solche gehässige Aussprüche, an welche sich der Judenhaß angeklammert, weiter nichts als Äußerungen eines augenblicklichen Unmutes, die einem einzelnen entfahren und von allzu eifrigen Jüngern, welche keines der Worte von den verehrten Alten verloren gehen lassen mochten, aufbewahrt und dem Talmud einverleibt wurden. Sie werden aber reichlich von Lehren des Wohlwollens und der Menschenliebe gegen jedermann, ohne Unterschied der Abstammung und Religion, die nicht minder im Talmud aufbewahrt sind, aufgewogen. Als Gegengewicht gegen den wüsten Aberglauben finden sich scharfe Verwarnungen gegen die abergläubischen, heidnischen Praktiken (Darke Amori), denen ein eigener Abschnitt unter dem Namen **Perek Amorai** gewidmet war.¹)

Was den babylonischen Talmud besonders charakterisiert und ihn von dem jüdischen oder jerusalemischen unterscheidet, ist der Gedankenflug, die Verstandesschärfe, die Geistesblitze, die aufzucken und wieder verschwinden. Eine unendliche Fülle von Gedanken und Gedankenanregendes ist in dem Schacht des Talmuds niedergelegt, aber nicht wie ein fertiges Thema, das man sich halbschlafend aneignen könnte, sondern mit dem frischen Kolorit ihrer Entstehung. Der Talmud führt in die Werkstätte des Denkens ein, und man kann in ihm die Gedanken verfolgen, von ihrer ersten Regung an bis dahin, wo sie sich zuweilen in schwindelnder Höhe bis zur Unbegreiflichkeit erheben. Aus diesem Grunde wurde er mehr als der jerusalemische das Grundbesitztum des jüdischen Volkes, sein Lebensodem, seine Seele. Er wurde den folgenden Generationen eine Familiengeschichte, in der sie sich heimisch fühlten, darin lebten und webten, der Denker in dem Gedankenstoffe, der Gemütsvolle in den verklärten Idealbildern. Die äußere Welt, die Natur und die Menschen, die Gewalten und Ereignisse, waren für die Generationen über ein Jahrtausend unwichtig, zufällig, ein bloßes Phantom, die wahre Wirklichkeit war der Talmud. Eine neue Wahrheit erhielt in ihren Augen erst dann den Stempel des Wahrhaften und Zweifellosen, wenn sie durch den Talmud belegt und sanktioniert schien. Selbst die Kenntnis der Bibel, die ältere Geschichte ihres Volkes, die Feuer- und Balsamworte ihrer Propheten, die Seelenergüsse ihrer Psalmisten waren für sie nur durch den Talmud und im Lichte des Talmud bekannt. Aber da das Judentum von seiner ersten Anlage an auf dem Boden des wirklichen Lebens beruht und der Talmud sich folglich mit konkreten Erscheinungen, mit den Dingen **dieser** Welt beschäftigen mußte, so konnte jenes Traumleben, jene Weltverachtung, jener Haß gegen die Wirklichkeit nicht aufkommen, die im Mittelalter das Einsiedlerleben der Mönche und Nonnen eingeführt und geheiligt haben. Freilich artete die im babylonischen Talmud vorherrschende Verstandesrichtung, durch klimatischen Einfluß und andere zufällige Umstände gefördert, nicht selten in Spitzfindigkeit und Scholastik aus, wie ja keine geschichtliche Erscheinung ohne Schattenseite besteht. Aber auch der Mißbrauch trug zur klaren Erfassung bei und ermöglichte den Aufschwung zur Wissenschaft. Die babylonischen Amoräer erzeugten jenen dialektischen, haarscharf denkenden jüdischen Geist, der die Zerstreuten in den schlimmsten Tagen vor Versumpfung und Ver-

---

¹) Sabbat 66 a. Tosifta, c. 7, 8.

dummung schützte. Es war der Äther, der sie vor Fäulnis bewahrte, die stets bewegende Kraft, welche die Trägheit und Lähmung überwand, ein ewig sprudelnder Quell, der den Geist immer frisch und regsam erhielt. Der Talmud war mit einem Worte der Erzieher des jüdischen Volkes, und diese Erziehung war keine schlechte, indem sie allen störenden Einflüssen der Ausnahmestellung, Erniedrigung und systematischer Entsittlichung zum Trotz im jüdischen Volke einen Grad von Sittlichkeit gepflegt, die selbst seine Feinde ihm nicht absprechen können. Er hat das religiöse und sittliche Leben des Judentums erhalten und gefördert, er hat den zonenweit zerstreuten Gemeinden eine Fahne gereicht und sie vor Zersplitterung und Sektiererei geschützt; er hat den Nachkommen die Geschichte ihres Volkes heimisch gemacht, endlich hat er ein tiefes Gedankenleben erzeugt, die Geknechteten und Gebrandmarkten vor Versumpfung bewahrt und für sie die Fackel der Wissenschaft angezündet. Wie sich der Talmud in das Bewußtsein der jüdischen Nation hineingelebt und den entfernten Gemeinden bekannt und zugänglich wurde, erzählt die Geschichte der folgenden Zeiten.

Ende des vierten Bandes.

Noten.

1.
Die Chronologie der tannaïtischen und amoräischen Zeitepoche.

Die talmudische Geschichtsepoche nahm sich bisher wie ein verwitterter und verstümmelter Torso aus, weil sogar die beiden Augen, die chronologische Bestimmtheit und das topographische Substrat, gefehlt haben. Daher erschien sie nicht bloß bei den Philosophen Abraham Ibn-Daud, Maimuni und Meïri, welche sie zu einem dogmatischen Argumente gebrauchten, sondern auch bei Fachchronographen wie ein wüstes Durcheinander, und auch in ihrer Bearbeitung im Anfang dieses Jahrhunderts ist dieser Wirrwar noch nicht geschwunden. Erst in neuester Zeit ist es möglich geworden, die Topograhie und Chronologie so ziemlich zu fixieren. Hier soll lediglich über den letzten Punkt Rechenschaft abgelegt werden.

Während wir indessen an den neu erschlossenen Quellen des Seder Tannaïm w'Amoraïm mit seinen verschiedenen Varianten und des korrekteren Textes des historischen Sendschreibens Scheriras reiches kritisches Material für die Chronologie der amoräischen Epoche besitzen, entbehrt die tannaïtische Zeit bestimmter Daten. Man kennt nur Anfang und Endpunkt: die Tempelzerstörung durch Titus und den Abschluß der Mischna. Innerhalb dieser Zeit dagegen über ein Jahrhundert, ist man noch immer auf Schlüsse und Vermutungen angewiesen. Jedenfalls kann man das Ende des zweiten Tannaitenkreises mit dem Tode R. Akibas bestimmt datieren, weil es mit dem Untergange Betars zusammenfällt. Mir ist es hier darum zu tun, sichere Daten zu fixieren; darum übergehe ich die Reise der vier Tannaiten nach Rom, die wahrscheinlich mit dem letzten Jahre Domitians und dem Regierungsantritt Nervas zusammenfällt (96), als bloße Hypothese, wie auch die Untersuchung, welche Tannaiten zur Zeit des Aufstandes im letzten Jahre Trajans (117), der Zeit des Polemos von Quietus, bereits heimgegangen waren, und welche sie überlebt haben. Das erste und letzte chronologische Datum aus der tannaïtischen Zeitepoche ist der Abschluß der Mischna; aber auch dieses entbehrt der Bestimmtheit, indem einige dafür 189 und andere 219 christl. Zeit setzen. (Vergl. Rapaports Untersuchung darüber Kerem Chemed IV, p. 210). Die Unbestimmtheit entstehl durch eine Zahlvariante. Einige Handschriften lasen nämlich für Rabs Wanderung nach Südbabylonien und seine Gründung des Lehrhauses 500 der seleucidischen Ära, andere wieder (Seder Tannaïm und Scheriru) 530; תק״י ירד רב לבבל oder ת״ק ירד רב לבבל. Alle setzen nun dieses Faktum gleichzeitig mit dem Abschluß der Mischnasammlung; daher die Variante. Diese Variante reflektiert auch der Afrikaner Nissim (Einl. zu מפתח התלמוד ed. Goldenthal, p. 3 a); es heißt das. (ירידה) והיתה ירידתו

רב לבבל] בשנת ת"ק שנה ובכבר הלך מישוב בית שני ש"פ ק"נ שנה אחר החרבן הכל תק"ל שנה ובאותה הזמן נכתבת המשנה. Also einmal 500 und das andremal 530. Die erste Lesart will Zacuto in alten Handschriften gesehen haben. Die Ausgleichung liegt auf der Hand; die eine Zahl gehört der Schlußredaktion der Mischna an und die andere der Übersiedelung Rabs nach Babel, d. h. Sura. Es muß also heißen תק"ל ירד רב לבבל und ת"ק נכחבה המשנה.[1]) Die Chronographen haben aber in der Voraussetzung, daß Rab, als Jünger Rabbis, zu dessen Zeit nach Babylonien wanderte, beide Zahlen zusammengeworfen und für beide Fakta entweder 500 oder 530 Sel. gesetzt. Nur auf diese Weise läßt sich die Schwierigkeit heben. Wenn aber Rapaport weiter daraus folgert, seiner Theorie von Antoninus zu Liebe (das.), Rabbi oder der Patriarch Juda I. habe die Redaktion der Mischna nicht lange überlebt, so ist die Annahme nicht als kritisch gesichert anzusehen. Man muß noch ein anderes Datum dazu heranziehen. Die älteste gaonäische Chronik, das Seder Tannaïm und Scherira, geben beide übereinstimmend an, R. Jochanan sei 590 Sel. gestorben = 279;[2]) Scherira fügt hinzu: er habe 80 Jahre fungiert: וביומי דרב הונא שכיב ר' יוחנן ... ואפרין דמתנן שנמלך (L.) דחמנן שנן מלך) ובשנת תק"צ איפטר ר' יוחנן. Diese Zahl kannten viele Chronographen, nur hatten sie statt פ' die unmögliche Zahl ת' und gaben demgemäß R. Jochanan eine Lebensdauer von 400 Jahren. Sie haben die Zahl jedenfalls richtig von der Lebensdauer verstanden. Ist nun R. Jochanan 80 Jahre alt geworden und 279 gestorben, so ist er 199 geboren. Nun war er noch ein jugendlicher Zuhörer R. Judas I. und hat dessen halachische Diskussionen mit Rab nicht kapieren können (Chullin, p. 137). Folglich lebte R. Juda noch mehrere Jahre nach R. Jochanans Geburt, nach 199.

Von da an, von der Amoräerepoche, gehen wir auf sicherem chronologischen Boden, aber nur für die babylonische Diadoche der Schulhäupter; in Palästina dagegen scheint man sich auch in dieser Zeit wenig um genau fixierte geschichtliche Erinnerungen gekümmert zu haben. Selbst R. Jochanans Todesjahr ist nur in babylonischen Quellen erhalten. Die chronologischen Daten der babylonisch-amoräischen Zeit, enthalten in den genannten Quellen, Seder Tannaïm und Scherira, leiden wie Zahlentexte überhaupt an Korruptionen. Von dem ersteren gibt es drei Rezensionen; zwei aus einem Kodex und aus dem Cyclus de Vitry[3]) (כמחור ויטרי) von Luzzatto abgedruckt, und eine, welche Asulaï in seiner talmudischen Bibliographie mitgeteilt hat; aber es gibt noch eine vierte, nämlich der Auszug, den Simson von Chinon in ס' כריתות davon gemacht hat (Pforte 4). Diese Rezensionen bezeichne ich hier durch Haupttext (H. T.), Vitry (V.), Asulaï (As.), S. Chinon (S. Ch.).

Auch von Scheriras historischem Sendschreiben gibt es jetzt drei Rezensionen; die älteste Ausgabe von Samuel Schulam, in Jochasin, die Goldbergische aus einem alten Kodex (ח' מטמונים) und die Wallersteinsche (aus einem Pariser

---

[1]) [Diese Ausgleichung ist nicht begründet, die Mischna ist nicht 30 Jahre vor der Reise Rabs verfaßt. Schebiit VI, 4 beruht auf einer Entscheidung, die Rabbi in Sepphoris getroffen, wo er bis erst 17 Jahre zugebracht hat. Bei der Verordnung, Gittin V, 6, wirkte Rab mit. Diese Gründe hörte ich von Herrn Seminarrabbiner Dr. Lewy, vergl. Jahresbericht des jüdisch-theologischen Seminars, 1905, S. 25].

[2]) [Gegen dieses Datum spricht, wie ich von Herrn Seminarrabbiner Dr. Lewy vor längerer Zeit hörte, Jer. Aboda Sara 39d רש"י יוחנן שלח שאל לר"ש בן יוצדק ובו', doch kann man daraufhin nicht die ganze Chronologie umstürzen].

[3]) [Dieses ist seit 1893 ganz ediert.]

Kodex in einer Inauguraldissertation 1860, dieser textkritische Apparat soll hier zur Sicherung der Chronologie dieser Epoche benutzt werden, der umso nötiger ist, als die Jahre durch Zahlbuchstaben gegeben sind, und die Lesearten oft zwischen ה und ח, ferner ו und י schwanken.

1. **Die Funktionsdauer Abba Arekas oder Rabs und dessen Todesjahr.** Anfang 530 Sel. 219 (oben). Die meisten Lesearten setzen das letzte 558 = 247 chr. Z. und das erstere demgemäß 28 Jahre, verschrieben in V und S. Ch. כ״ה statt כ״ח.

2. **Samuels Todesjahr und Funktionsdauer.** Das erste die meisten L.-A. 565 und das letztere 7 Jahre. Nur V. 10 Jahre. Diese L.-A. ist trotz ihrer Vereinzelung doch die richtigste, wonach das Todesjahr 568 fallen würde. Denn sämtliche L.-A. geben seinem Nachfolger Huna 40 Jahre Funktionsdauer und setzen seinen Tod 608. Folglich müssen zwischen Rabs und Hunas Tod 50 Jahre liegen und zwar 10 für Samuels und 40 für Hunas Funktionsdauer.

3. **R. Chasda baut ein Lehrhaus in Mata-Machafia 604**, deutlich bei Scherira, korrumpiert in Sed. Tannaim: בית רב (בנה ר' חסדא) ד' שנים statt תר״ד.

4. **R. Hunas Funktionsdauer 40 J.** von 568 an gerechnet und Tod 608 = 297 bereits angegeben. Dadurch läßt sich die Chronologie für einige judäische Amoräer fixieren. Als Huna starb, wurde seine Leiche nach Palästina gebracht. Ami und Assi, Jünger und Nachfolger R. Jochanans, gingen der Leiche entgegen, Ila und Chanina (II) nicht; Chaggai, damals bereits ein Greis, brachte sie in R. Chijas Grabmal. Sie lebten also sämtlich noch im Jahre 297. B. Moed Katan, p. 25 a: כי נח נפשיה דר' הונא . . . אסקוה (לארוניה) להתם אמרו ליה לר' אפי ולר' אסי ר' הונא אתי. אמרו כי הוינן התם לא הוה לן לדלויי רישין מניה, השתא אתינן הכא אחא בתרין. אסרו ליה: לא נפוק . . . אמר ר' חנא אנא מעיילנא ליה. Ähnlich jer. Kilaim IX, p. 32 b; nur falsch ריש גלותא, als wenn Huna Exilarch war, während er nur mit dem Exilarchenhause verwandt war (Scherira). . . כד דמך ר' הונא (ר״ג) אסקוניה להכא אמר ר' חגיי אנא עליל יהב ליה.

5. **Todesjahr des Jehuda von Pumbadita 610.** Nur bei Scherira; das Seder Tannaim hat dieses Datum gar nicht. Auch daraus läßt sich manches für die palästinensische Chronologie gewinnen. Jehuda hatte einen Talmudkundigen in den Bann getan, den er vor seinem Ableben nicht gelöst hatte. Der Gebannte wurde daher an den Patriarchen R. Jehuda (wie sich weiter unten zeigen wird, Jehuda III.) gewiesen. Dieser trug das Geschäft Ami auf; Samuel ben Nachmani, bereits ein Greis, war gegen die Auflösung des Bannes, und R. Seira unterstützte es. Bab Moed. Katan, p. 17 a: . . . אמרו . . . נח נפשיה דר' יהודה ליכא הכא דלישרא לך אלא זיל לגביה דרבי יהודה נשיאה דלישרי לך . . . א״ל לר' אמי פוק עיין בדיניה . . סבר למישרא ליה עמד ר' שמואל בר נחמני על רגלוי ואמר . . . אמר רבי זירא מאי דקמן דאתהא האידנא סבא בבי מדרשא דהא כמה שני לא אתא? Jehuda, der Patriarch, und Ami lebten also 299. Daraus und aus der Notiz Genesis Rabba, c. 9, von Samuel ben Nachman läßt sich dann weiter entnehmen, daß Simon ben Eleasar (Simon Ben Jochais Enkel) noch um 220 gelebt haben muß.

6. **Chasdas Tod**, 620 Sel. = 309 in beiden Quellen ohne Variante, nur bei S. Ch. verdruckt תרי״כ, woraus einige תרי״ב gemacht haben.

7. **Tod Nachmans oder Nachmans ben Jakob, 631.** So in allen Rezensionen des Seder Tannaim. Bei Scherira beginnt hier eine Konfusion, die in den verschiedenen Texten herrscht und daher die späteren Chronographen irre geführt hat. Nicht bloß aus diesem Punkte, sondern auch aus andern scheint hervor-

zugehen, daß Scherira für die suranische Diadoche das Seder Tannaïm benutzt hat. An diesem Datum und dem folgenden muß ihm ein fehlerhafter Text vorgelegen haben, welcher das Todesjahr 631 auf Rabba ben Nachmani bezogen hat. Darum fehlt bei ihm Nachman und auch die folgende Nummer.

8. **Rabba ben Huna** stirbt 633, wieder nur S. T.

9. **Rabba ben Nachmani.** Hier und in den folgenden Nummern herrscht eine verwirrende Divergenz der Lesarten in S. T., auch abgesehen von Scherira, der, wie gesagt, dafür das falsche Datum 631 hat. H. T. des S. T. hat für Rabba 645, aber diese Zahl scheint nicht korrumpiert zu sein; denn es ist aus dem Talmud bekannt, daß sein Nachfolger, Joseph der Blinde, ben Chija (falsch בר חמא) nach dessen Tod nur 2½ Jahre fungiert hat. Folglich müßte dieser gestorben sein 647, dagegen hat H. T. 644 = תרמ״ד, also Rabba תרמ״ב. Daraus floß die Lesart bei S. Ch. תרמ״ב, nur ist sie hier falsch auf R. Joseph bezogen, und Rabba fehlt ganz. V. dagegen hat konsequent für Joseph 647, also für Rabba 645. Folglich für Rabba die Variante 642 oder 645 und

10. für **Joseph** des Blinden Tod 644 oder 647.

11. Noch bedeutender ist die Divergenz für dessen Nachfolger **Abaji**: H. T. 647, V. 648. S. Ch. 660, Scherira 649, noch mit der Bemerkung, er habe 14 Jahre fungiert, was aber auf dem oben berührten Irrtum beruht, daß sein Vorgänger 634—635 starb. Jedenfalls eine Schwankung zwischen 647—649.

12. Dagegen stimmen beide, Quellen und Rezension, überein, **Rabbas** Tod 663 anzusetzen, nur H. T. des S. T. hat die Korruption תסל״ב.

13. **Nachman ben Jizchaks** Tod, H. T. 664, S. Ch. 666, V. 667, ebenso zwei Texte Scheriras, nur T. Goldberg 668. תרס״ו ist wohl die richtigste Lesart, die übrigen scheinen verschrieben.

14. **Papas** Tod 686, so die meisten Texte, bei Scherira noch den Zusatz: fungierte 19 Jahre nach Nachman b. J. Nur Ch. R. korrumpiert 669 und Scherira, alte Edition: 687 mit 12 Jahren Funktionsdauer.

15. **Chana von Nahardea** in Pumbabita, starb 688, nur bei Scherira.

16. **Sebid** starb 696, ohne erhebliche Variante.

17. **Dime aus Nahardea** 699, ebenso.

18. **Rafrem** 706, nur Scherira, alte Edition, Zahl fehlt in den übrigen Rezensionen, Name und Zahl fehlen in S. T.

19. **Kahana** starb 722, H. T. und S. Ch. (nur fälschlich auf Huna ben Josua bezogen); V. ב״ר ק״ת 702? Scherira 725.

20. **Mar-Sutra**, nur in S. T., starb 724; V. 726; S. Ch. 628.

21. **Acha b. Rabba** 730, ziemlich übereinstimmend.

22. **Rabina I.**, starb 733; deutlich V. und S. Ch. Zahl mit vermischten Namen in H. T., fehlt in Scherira.

23. **Aschis** Tod 738, die meisten Lesarten nur vereinzelte Varianten 734—735.

24. **Jemar**, Varianten 742, Scherira 743, S. Ch. 744.

25. **Gebiha von Be-Katil**, starb 764, nur Scherira.

26. Tod des Exilarchen **Huna** 753, nur S. T.

27. **Rafrem von Pumbabita**, starb 764, nur Scherira.

28. **Idi ben Abin**, starb 762, Scherira 763.

29. **Nachman b. Huna** starb 766; Variante H. T. 764.

30. **Rahumaï oder Nachumaï von Pumbabita** starb 766, nur bei Scherira.

31. **Religionszwang gegen die Juden in Babylonien unter Jesdigerd.** In beiden Quellen wird sie mit dem Todesjahr des Nachman ben

Huna als gleichzeitig tradiert. S. T.: נאסף ר' נחמן בר הונא וגזר אדגזר מלך פרסיים על אבותינו לבטל שבתות. Wahrscheinlich aus derselben Quelle entlehnt Scherira. Dann weiter bei der pumbabitanischen Diadochenreihe: נחמן בר הונא ... ושכיב תש"ו ונפל שמדא וגזר יזדגר לבטולא שבתא. Es ר' רחומאי שכיב תש"ו בעידן שמדא דגזר יזדיגר. ist also als historisch sicher anzunehmen, daß der Religionszwang unter Jesdigerd 766 = 455 verhängt wurde. In der Reihenfolge der Sassaniden war dieser Jesdigerd III., der 440—457 regierte (j. Mordtmann, Erklärungen der Münzen mit Pehlvilegenden, Zeitschr. d. deutsch. morgenl. Gesellsch., VIII. Jahrg., 1854, S. 70). Er hat demnach die Juden erst am Ende seiner Regierung verfolgt. Daher ist es auch erklärlich, daß keine Märtyrer aus dieser Zeit genannt werden. Daß er nicht lange nachher gestorben ist, deuteten auch Scheriras Worte an: בעו רחמי ובלעיה חנינא ליזדגר מלכא מבית משכבו ובטלה גזירה. Danach ist das zu berichtigen, was Rappaport in Erech Millin bemerkt hat (Artikel אידגר), dem nur die schlechte chronologische Reihenfolge der Sassaniden von Richter damals bekannt war. Rappaport zitierte in diesem Artikel eine Tradition (erhalten in Zidkijas Schibole Leket, bei Abudirham, Jakob Ascheris Tor orach chajim Nr. 623), daß Jesdigerd außer der Sabbatfeier auch das Lesen des Schemá verboten habe. Diese Tradition ist aber falsch. Eine ältere Quelle, Raschis פרדס (p. 56) führt ein Responsum der Gaonim Mose und Sar-Schalom (erste Hälfte des IX. saecul.) an, daß christliche Kaiser einst das Schemá-Lesen verpönt hätten, und daß infolgedessen der Brauch entstanden sei, es innerhalb der Kedusche (des Trishagion) einzuschalten: ר' משה ור' שר שלום ריש מתיבתא דמתא מחסיא שדר הכי שבשבתות ובי"ט . . בתפילת שחרית אין מנהג בישיבה בכל לומר באהבה שמע אומרים . . . כי אם בקדושה של תפלת המוסף. מה טעם לפי כשנגזרה שלא לקרא קריאת שמע כל בקר שליח צבור היה אומרה בהבלעה וכל הצבור היו אוזרה בלחש שלא יבינו הסינין הם תרביתי(תלמידי) הנוצרי שנתחברו עם היונים והיו מריעים לנו ונשביל הפחד לא היו יכולים לומר מלכות שמים בקול כי האורבים היו ממחיצים שם עד שלש שעות וארבע שעות . . ואחר ארבע היו האורבים = הולכים וישראל כתאספים יחד בסתר ופחד והיו אומרים קדושה . . ובחנו הקדושה היו אומרים פעמים באהבה . . . ולמה קבעוה (החכמים) במוסף כדי שיתפרסם הנס לדורות. Das klingt ganz anders als bei den europäisch-jüdischen Schriftstellern. Wenn diese Verbote und Verordnungen in Babylonien stattgefunden hätten, so müßten die babylonischen Gaonim des neunten Jahrhunderts eher Erinnerungen davon erhalten haben als die Schriftsteller des dreizehnten. Im Pardes wird auch eine andere Reminiszenz mitgeteilt, daß christliche Machthaber das tägliche Schemá-Lesen verboten hätten, und daß sich dadurch der Brauch eingeführt hat, es zum Schlusse einzufügen (das. p. 55 c): נראה לר' ששדר הקדושה שאנו אומרים בתוך ובא לציון בכונקר בשעת השמד = תקנגרו שגזרו המינים הם תרמיתים (תלמידי) הנצרי שלא לענית קדושה באגודה אחת בתוך ח"י ברכות. ולאחר שעה שהלכו משם האורבים היו אומרים מקראות הללו של קדושה ליחד את השם. Also auch hier ein christlicher Religionszwang. Da in den Talmuden nichts davon erwähnt wird, so mag dieser unter Kaiser Justinian verhängt worden sein, der auch die jüdische Osterfeier vor der christlichen und die Midraschpredigten verboten hat. Von einem der persischen Könige kann dieses Verbot schon deswegen nicht stammen, weil sonst unsere zwei Geschichtsquellen Seder Tannaïm und Scherira, nicht verfehlt hätten, es zu erwähnen.

32. Tod des Mar oder Tob-Jomé, Sohn R. Aschis במוצאי י"כ תש"ע"ט, ziemlich alle Texte übereinstimmend, d. h. Sept. 468 chr. Z.

33. Beginn der Verfolgung in Babylonien, V. 782: תשפ"ב נאסף ר' סמא ונהרג הונא בר מר זוטרא ראש גולה ונמסרו יהודים למלכות. Nach Scherira ein Jahr vorher: וביומי דהדין ר' סמא בשנת תשפ"א איתאסרו רבנא אסימר ומר ינקא והונא בר

ר"נ ומשרשיא בר פקוד ובי"ח ביה בטבת איתקטל הונא בר מר זוטרא נשיא ומשרשיא ובאדר דשתא הדא איתקטיל אמימר. Die Verfolgung begann also nach Scherira Herbst 781, d. h. 470, jedenfalls unter Firuz oder Piruz, Pheroces regierte 458—485 nach seinem Bruder Hormuz III. oder Bahram (Mordtmann das., S. 73). [Vergl. Brüll, Jahrb. II, S. 12, A. 1].

34. Steigerung der Verfolgung, Tod Rabba Tusfahs, meiste L.-A. 785, korrumpiert hier und da 778, 781, 788 S. T. תשע"ח (חשמ"ח) הרס בתי תשפ"ה רשכיב; Scherira: מדרשות וגזרו על היהודים להיות בדין פרסיים ונאסף רבה תוספאה רבה תוספאה איתאסרין כל כנישתא בבבל ואיתנקיטו ינקי בני יהודאי לאמגושי

35. Ende der Verfolgung durch Firuz' Tod. Nur bei S. T. תשצ"ח (Vor. I.) פירוז נדדה הארץ למלך פרסיים פרח עוד מרדה הארץ ונהרג פרח. Nach Mordtmanns chronologischer Berechnung starb Firuz 485 chr. Z., folglich ist die Zahl in S. T. korrumpiert und dafür zu lesen תשצ"ו.

36. Todesjahr des Sama bar Rabba 787, nur bei Scherira [bei V. 782].

37. Tod Rabbinas II. 13. Kislew 711 und Abschluß des Talmuds, beide Quellen übereinstimmend.

Um einen Leitfaden zur Orientierung für die Epochen der Tannaiten und Amoräer zu haben, der nicht nur einen chronologischen Nutzen gewähre, sondern auch einen pragmatischen Zusammenhang für manche disparat scheinende Fakten biete, habe ich die seit Abraham Jbn-Daud und Maimuni übliche und gewissermaßen national gewordene Einteilung nach Geschlechtern, im Sinne von Generation (דור), oder Gruppen (חבורה, כת) beibehalten, nur habe ich es für nötig erachtet, hier und da von meinen Vorgängern abzuweichen. Für die tannaitische Epoche nehmen sämtliche Bearbeiter der jüdischen Geschichte ohne Ausnahme vier Geschlechter an, nur schwanken sie in dem unverhältnismäßig ausgedehnten zweiten Geschlechte, welches sich vom Tode R. Jochanan ben Sakkais bis zum Tode R. Akibas, (d. h. bis zum Untergang Betars und dem Tode Hadrians zirka 80—139), erstreckt. Am meisten Konfusion hat in eben diesem Punkte Maimuni (Einleitung zur Mischna), der, ein scharfer Logiker und Systematiker, für historische Verhältnisse keinen rechten Sinn hatte. Minder leicht ist die Gruppierung der Amoräerepoche, die noch schwieriger wird, wenn man auf die judäischen Amoräer Rücksicht nimmt, was weder Abraham Jbn-Daud, noch Jechiel Heilperin getan haben. Daher nehmen sie sieben Amoräergeschlechter an, indem sie das dritte in drei verschiedene zerstückeln, und das letzte wiederum ungemein zerdehnen, von R. Aschi bis zum Abschluß des Talmuds, d. h. in einen Zeitraum von 125 Jahren. Mir ergaben sich nur sechs Amorageschlechter.

2.

Die mündliche Lehre und die Mischna.

Um den Entwicklungsgang des jüdischen Lehrbegriffes klar zu machen, wovon das Verständnis der jüdischen Geschichte abhängt, ist es unerläßlich, ihn ab incunabulis zu verfolgen und namentlich eine genaue Begriffsdefinition der talmudischen termini technici zu geben. Die Verwechselung der Begriffe hat zu manchen Irrtümern geführt, von denen selbst Zunz (Gottesdienstliche Vorträge, S. 43 a) nicht ganz frei ist. Der Unterschied zwischen schriftlicher und mündlicher Lehre, wiewohl mindestens schon unter dem Restaurator

Esra vorhanden, trat wahrscheinlich erst in dem Kampfe zwischen Sadduzäismus und Pharisäismus als Gegensatz auf. Jene hieß תורה שבכתב‎, häufiger aber תורה oder מצות זקנים‎, diese תורה שבעל פה‎, דברים שבעל פה‎, auch דברי קבלה‎ oder דברי סופרים‎ oder מקרא‎ (b. Sukkah 46 a, j. III, p. 53 d. Pesikta, c. 3). Bei Philo und Josephus heißt die mündliche Lehre παράδοσις ἄγραφος, τῶν πατέρων διαδοχή. Im neuen Testamente und bei Kirchenvätern παράδοσις τῶν πρεσβυτέρων. In der jüdischen Literatur nach der Tempelzerstörung bekam sie den Namen משנה‎. Da die Kirchenväter, der Ebionite Hegesippus, der vom Judentum übergetretene Epiphanius und der von jüdischen Lehrern gebildete Hieronymus משנה‎ durch δευτέρωσις wiedergeben, so scheint das Wort von שני „das Zweite" (zur schriftlichen Lehre), und nicht von שנה „das Wiederholte" abgeleitet. Die Benennungen מקרא‎ und משנה‎ scheinen aber sehr alt zu sein, da von ihnen die Verba קרא‎ und שנא‎ gebildet wurden, welche im abgeleiteten Sinne die Bedeutung haben, sich mit der schriftlichen oder mündlichen Lehre beschäftigen; לקרות בתורה‎ und לשנות במשנה‎ sind stehende Redensarten. Die Mischna scheint aber auch den Namen תוספתא‎ als Supplement zur תורה‎ geführt zu haben; denn es wird von תוספות של בית רבי ותוספות של ר' נתן‎ gesprochen (Midrasch Kohelet zu 5, 8), was offenbar mit משנה של בית רבי‎ identisch erscheint.[1]) Dafür spricht das Mnemonikon תנא תוספאה‎ (Abodah Sarah 9 a), das Raschi und Aruch genügend erklären. Die Halachasammlung, תוספתא‎, die R. Nehemia beigelegt wird, bedeutet demnach ebensoviel wie Mischna, und darf nicht etwa als Ergänzung, Nachtrag oder Zusatz zur Hauptmischna betrachtet werden. Die alte Tosifta (תוספתא עתיקתא‎), über deren Fund sich R. Abbahu so sehr gefreut hat, war wohl weiter nichts anderes als eine alte Mischna (j. Sabbat VIII, p. 11 a und an mehreren Stellen). Daß der Ausdruck Mischna bereits vor R. Akiba gebräuchlich war, beweist die Benennung משנה ראשונה‎ (vergl. weiter unten).

Die Mischna zerfiel vor ihrer Schlußredaktion in zweierlei Disziplinen, in הלכה‎ und מדרש‎. Hauptbeleg dafür ist die Stelle (Kidduschin 49 a): איזו היא משנה‎ ר' מאיר אומר הלכות ר' יהודה אומר מדרש‎. Die Mischnasammlung hat diese Einteilung als etwas längst Fixiertes aufgenommen: הנודר הנאה מחבירו מלמדו מדרש הלכות ואגדות‎ אבל לא ילמדנו מקרא‎ (Nedarim 35 b.[2]) Die Lehrweise der Halacha bestand darin, daß die überlieferten Sätze ganz trocken ohne Erläuterung tradiert wurden, und zu ihrer Aneignung reichte ein treues Gedächtnis aus, der Midrasch hingegen gab die Anleitung, wie mündliche Bestimmungen aus dem Schrifttexte hergeholt wurden. Sehr klar definiert schon Scheira diesen Begriff in seinem historischen Sendschreiben: ספרא וספרי דרשה דקרא אינון והיכא רמיזא הלכתא בקרא. ומעיקרא בבית שני ביומי דראשונים לפום האי אורחא הוי תני להון‎. Das Verhältnis der Halacha zum Midrasch, gewissermaßen als Stoffes zur Form, stellt der Sammler der Abot di R. Nathan (c. 29) richtig auf: כל מי שיש בידו מדרש ואין בידו הלכות זה גבור ואינו מזויין‎. כל שיש בידו הלכות ואין בידו מדרש חלש וזיין בידו. יש בידו זה וזה גבור ומזויין‎. Der Midrasch, das Produkt der Hillelschen Schule, erzeugte bald einen neuen Lehrtropus. Neue Fälle, welche weder durch das schriftliche Gesetz noch durch die Tradition bestimmt waren, wurden nach der Analogie des bereits vorhandenen Halachastoffes, nach den von Hillel eingeführten Deutungsregeln (מדות‎ ז') abgeleitet und gefolgert.

---

[1]) [Kann einfach Baraitot im Hause Rš. und R. Nš. bedeuten].
[2]) Aus dieser Stelle ergibt sich, daß der Unterricht in der Schrift bezahlt, in der Mischna hingegen unentgeltlich geleistet wurde. — Im engern Sinne wird die Halacha auch Mischna genannt, so steht j Berachot I, p. 3 c הלכות אין צריך לברך‎ und in der Parallelstelle (Babli 11 b) למשנה אין צריך לברך‎.

Bei dieser Operation war aber erforderlich, tiefer auf die Objekte der Gesetze und der zu vergleichenden Fälle einzugehen, ihre Teile und Seiten einer schärferen Analyse zu unterwerfen und Wesentliches von Zufälligem zu unterscheiden: דהוה מפרשין ביה (בתלמודא) דוקא דמתניתא, wie sich Scherira darüber ausdrückt. Dieses Verfahren, den Midrasch auf Folgerungen neuer Bestimmungen anzuwenden, hieß später תלמוד, in Babylonien גמרא, in Judäa auch אולפנה, und wird von משנה oder מתניתא unterschieden. (Vergl. j. Jebamot IV, 6 b): רבה דמתניתא או רבא דאולפנה. Mit Recht beweist Scherira aus den Stellen ר' יהודה אומר הוי זהיר בתלמוד העוסק בתלמוד אין לך מדה גדולה מזו und, daß diese Disziplin bereits vor R. Akiba in Gebrauch war, אפילו ראשוני ראשונים הוה אית להן תלמוד, wiewohl anderseits nicht zu leugnen ist, daß der Talmud erst durch R. Akibas Theorie seine Ausbildung erhalten, und später in den babylonischen Metibtas zur geistreichen Dialektik erhoben wurde. Diese drei Zweige, Halacha, Midrasch und Talmud wurden aber nicht in gleicher Weise gepflegt. Zu Zeiten wurde der eine mit Vernachlässigung der andern bevorzugt; die Träger der Lehre hatten teils für den einen, teils für den andern eine besondere Vorliebe, und es bildet einen durchgehenden Unterschied zwischen Judäa und Babylonien, daß in dem erstern der Talmud in seiner Schärfe kaum gewürdigt wurde, während in dem letztern das Lieblingsstudium geworden war. Vergleiche die interessante Nachricht: שבכי כולי עלמא למתניתא ואזלו בתר תלמודא הדר דרש להו ר' לעולם הוי רץ למשנה יותר מן התלמוד.[1] Interessant ist es, wie sich diese Höherschätzung des einen Lehrzweiges vor dem andern in der Kontroverse verrät. R. Simon ben Jochaï stellte die Beschäftigung mit der Mischna höher als die mit der Schrift (j. Berachot z. B.) ר' שמעון בן יוחי כדעתיה... דאסר העוסק במקרא מדה שאינה מדה (vergl. b. Baba Mezia, p. 33 a). Es handelte sich einst um die Eulogie für die Beschäftigung mit der Thora (ברכת התורה), wobei der eine unter תורה nur Mikra verstanden haben will, der andere zieht auch Midrasch hinzu, weil sich derselbe doch an das Schriftwort anlehnt, ein dritter will die Halacha nicht ausgeschlossen wissen, obwohl sie von der Schrift ganz losgelöst ist: אמר ר' הונא למקרא צריך לברך למדרש אין צריך לברך ור' אלעזר אומר למקרא צריך לברך ולמדרש צריך לברך למשנה אין צריך לברך (ירושלמי: להלכות אין צריך לברך) ור' יוחנן אמר אף למשנה (להלכות) צריך לברך. Daß aber auch der Talmud darunter zu subsumieren sei, davon hatte man in Judäa keine Ahnung, erst Raba, das non plus ultra talmudischer Dialektik, vindiziert demselben die Gleichberechtigung לתלמוד צריך לברך [2] (Berachot, 11 b) — Diese drei Kategorien, Midrasch, Halachot und Talmud, als Unterabteilungen der Mischna im weiteren Sinne, wurden aber von den Spätern nicht mehr in ihrer Grundbedeutung erkannt und daher neben der Mischna aufgezählt, so daß, wenn noch die Doppelbenennung von Tosifta für Mischna hinzukam, vier oder fünf Kategorien nebeneinander gestellt wurden. Diese Verwechselung kann als Kriterium für die Jugend eines Schriftwerkes gelten. So steht in j. Moed Katan III, p. 82 d: אילו דברים שבאל אסור בהן מלקרות בתורה ומלשנות מדרש הלכות וכו',

---

[1] Für die Lesart תלמוד, die Scherira hat, steht in unsern Ausgaben (Baba Mezia 33 b) גמרא, an anderen Stellen findet sich sogar die jüngere Ausdrucksweise ש״ס anstatt תלמוד (Moed Katan 3 b) לפטורא ליה הש״ס וכ״ב, ebenso daj. 21 ש״ס für תלמוד, wie die Lesart in Ebel Rabbati, c. 6 lautet und Chagiga 10 a הפורש מש״ס לש״ס = מתלמוד לתלמוד.

[2] Alfassi hat eine andere Lesart, welche das Verhältnis dieser Disziplinen durchweg verschiebt und Talmud höher anschlägt als Midrasch, obwohl dieser der Schrift um vieles näher steht. Diese Lesart erweist sich aber eben dadurch als korrupt.

aber in Babli und Ebel Rabbati in der Parallelſtelle: ולשנית כמשנה במדרש בהלכות (ובהש״ס) ובתלמוד. Am auffallendſten iſt die Verwechſelung in Midraſch Cant. 1, 3, wo ſogar Thora neben Mikra als ſelbſtändig aufgezählt wird: אבל בפנים יש בהם (בתלמידי חכמים) תורה מקרא משנה מדרשות הלכות תלמוד תוספות ואגדות. Daß hier nicht von beſtimmten Werken die Rede iſt, wie Zunz (G. Vorträge, S 43, N. a) behauptet, ſondern von Lehrformen, leuchtet bei Betrachtung der Stelle zu ſehr ein, als daß es noch bewieſen zu werden brauchte. Von dergleichen ungenau gehäuften Aufzählungen der Synonyma, die dazu dienen ſollen, einen impoſanten Eindruck hervorzubringen, finden ſich in den Midraſchwerken eine Menge Beiſpiele, die man ſogleich erkennt, ſo oft ſich Gelegenheit bietet, Parallelſtellen miteinander zu vergleichen. So z. B. Berachot 5 a: זו תורה זו מקרא והמצוה זו משנה להורות מה גמרא שלמד שכולם נתנו למשה מסיני. Anſtatt deſſen in Midraſch Kohelet (1, 9): ללמדך שמקרא ומשנה הלכות תוספות ואגדות ומה שתלמוד ותיק עתיד להורות כבר היה נתן הלכה למשה מסיני, und ebenſo j. Chagiga I, Ende, nur daß hier תוספאה fehlt. Die Nachricht von R. Jochanan ben Sakkai שלא הניח מקרא משנה גמרא הלכות ואגדות, daß er ſogar die ſpäter erſt ausgebildeten הויות דאביי ורבא gepflegt (Sukkah 28 a) erweiſt ſich eben durch dieſe Emphaſe als ſagenhaft und würde gar keinen Beweis abgeben, wenn nicht anderweitig bekannt wäre, daß der halachiſche Midraſch durch Hillel eingeführt, und die Form des Talmuds in oben bezeichnetem Sinne bereits im zweiten Tannaitengeſchlechte eine ſtehende Rubrik geworden war. Die Angabe im Texte, daß zu R. Jochanans Zeit dieſe Lehrformen bekannt waren, dürfte daher nach dieſer Unterſuchung als feſt begründet anzunehmen ſein. — Indeſſen wenn auch die Authentizität jener Notiz durch ihren ſagenhaften Charakter erſchüttert iſt, ſo leidet der Hauptbericht über R. Jochanan keineswegs dadurch, indem derſelbe durch eine viel nüchterner gehaltene Parallelſtelle (j. Nedarim IV, 7) beſtätigt wird: והקטן — לגבור של הלל הזקן פ' זוג של תלמידים היו לו להלל הזקן שבהם ר' יוחנן בן זכאי פעם אחת חלה (הלל) ונכנסו כולן לבקרו עמד לו רי"ז בחצר — א"ל דיכן הוא קטן שבכם שהוא אב לחכמה ואב לדורות — כיון שנכנס אמר לו לדורות יש ואורחותיהם אמלא. Intereſſant iſt dieſe Vergleichung noch dadurch, daß Talmud Babli den Schluß dieſer Nachricht, die ihm vorgelegen haben muß, mißverſtanden zu haben ſcheint; denn während hier Hillel den Vers להנחיל als Segen auf ſeine ſämtlichen Jünger anwendet, erſcheint er dort auf R. Jochanans reiche Kenntniſſe angewendet: לקיים מה שנאמר להנחיל וכו'. — Schließlich ſei noch bemerkt, daß die nachapoſtoliſchen Kirchenſchriften, namentlich die Briefe an Timotheus und Titus die Halacha und Agada kennen, jene nennen ſie μάχαι νομικαί (Titus 5) oder λογομαχία (2. Timoth., 6, 4), dieſe ἰουδαϊκοὶ μῦθοι auch γενεαλογίαι (1. Timoth., 1, 4). Dieſe Genealogien ſind allem Anſcheine nach nichts anderes als die אגדת יוחסין oder ספר יוחסין, welche ſich an die Geſchlechtstafeln der Chronik angelehnt haben. — Zum Schluſſe ſei hier noch die oft zitierte, aber noch nicht genügend erklärte Stelle in Epiphanius von den vielerlei Miſchna erwähnt (Haereses I, 2, 9 oder p. 224): Αἱ γὰρ παραδόσεις τῶν Πρεσβυτέρων δευτερώσεις παρὰ τοῖς Ἰουδαίοις λέγονται. Εἰσὶ δὲ αὗται τέσσαρες, μία μὲν ἡ εἰς ὄνομα Μωϋσέως φερομένη. Δευτέρα δὲ ἡ τοῦ καλουμένου Ραββ ιακίβα, τρίτη Ἄδδα ἤ, τοῦ Ἰούδα, τετάρτη τῶν υἱῶν Ἀσαμωναίου. Die erſten drei Nummern ſind verſtändlich, nämlich משנה תורה, ferner משנת דר' עקיבא (Note 8) und משנת ר' יהודה oder die Hauptmiſchna. Was ſoll aber die Miſchna der Söhne Aſamonäus' oder der Hasmonäer bedeuten? Es iſt jedenfalls eine Korruptel. Ich möchte darunter die Miſchna des R. Chija und R. Uſchaja verſtehen, oder die große Voraitaſammlung und dafür emendieren: δευτερώσεις τοῦ Ὑία (καὶ) Οὐσαία oder Ἀσαϊά, woraus τῶν υἱῶν Ἀσαμωναίου geworden iſt.

3.
Das Sikaricongesetz.

Das Sikaricongesetz (דין סיקריקון, auch schlechtweg סיקריקון), dessen Ursprung einer älteren Mischna beigelegt wird und einen Einblick in den Zustand Judäas nach der Zerstörung gewährt, ist meines Wissens noch nicht als historisches Material behandelt worden, verdient aber umso größere Aufmerksamkeit, als die Stellen (Gittin 55 b, j. V 6, Tosifta, c. 3) einer gegenseitigen Berichtigung bedürfen. Das Gesetz lautet: Der Kauf eines von einem Sicarius einem Juden gewaltsam entrissenen Feldes hat keine Giltigkeit, selbst für den Fall, daß der Ureigentümer den Kauf durch irgend einen Akt gut heißt: לקח מסקריקון) .חזר ולקח מבעל הבית מקחו בטל). Jeruschalmi gibt als Motiv zu diesem Gesetze an, weil die Römer sich gewalttätig in den Besitz jüdischer Äcker gesetzt haben: בראשונה גזרו שמד על יהודה — והיו הולכין ומשעבדין בהן ונוטלין שדותיהן ומוכרין אותן לאחרים. Über die Anwendbarkeit dieses Gesetzes werden drei Zeiträume unterschieden, vor, während und nach dem (vespasianischen) Kriege, wobei jedoch Babli und Jeruschalmi im Widerspruch miteinander zu sein scheinen. Nach ersterem habe dieses Gesetz vor und während des Krieges deswegen keine Anwendung gefunden, weil die Römer über das Leben der Juden schalten durften; daher sei vorauszusetzen, daß jeder Beraubte sein Eigentum ohne Vorbehalt preisgegeben habe, und der Besitz sowie der Kauf solcher Güter sei demnach, juridisch betrachtet, ein vollgiltiger. Nach dem Kriege hingegen sei auf den Todschlag eines Juden schwere Strafe verhängt worden, das Überlassen der entrissenen Güter von Seiten der Beraubten sei demzufolge mit Vorbehalt des Rekurses bei den höhern Behörden geschehen und begründe deswegen keinen Rechtstitel: — ג' גיזרות גזרו קמייתא ומציעתא כיון דקטלי אנב אונסיא גמר ומקנה בתרייתא אמר האידנא לישקול למחר תבענה ליה בדינא. Nach Jeruschalmi und Tosifta hingegen sei der Unterschied dieser drei Zeiten lediglich in bezug auf Judäa gemacht worden. Vor und während des Krieges habe man das Sikaricongesetz deswegen für Judäa außer Kraft gesetzt, damit das jüdische Land nicht in den Händen der Römer verbleiben sollte, wenn einem jüdischen Käufer der Kauf von dem Sikaricon verkümmert worden wäre: והיו בעלי בתין באין וטורפין היתה הארץ חלוטה ביד סיקריקון נמנעו מליקח התקינו שלא יהא סיקריקין ביהודה במה דברים אמורים (חוס') בהרוגין שנהרגו לפני המלחמה ובשעת מלחמה. Nach dem Kriege aber sei dieses Gesetz von der Ungiltigkeit des Kaufs auch auf Judäa anwendbar: אבל הרוגין שנהרגו מן המלחמה ואילך יש בו משום סיקריקין) (in Jerusch. ist hier ein Kopistenfehler אין בו). Für diese Auffassung sprechen aber die Momente, daß die Mischna die Einleitung zu diesem Gesetze mit den Worten beginnt: לא היה סיקריקין ביהודה בהרוגי מלחמה וכו'; ferner, daß für Galiläa kein Unterschied gemacht wird: גליל לעולם יש בו משום סיקריקין. Übrigens waren nicht bloß Felder, sondern auch Sklaven und Immobilien der römischen Räuberei ausgesetzt. Dafür sprechen die Bestimmungen: או שלקחו סיקריקון (את עבדו) לא יצא לחרות (Gittin 44 a) und מטלטלים אין בהן משום סיקריקין. Daß סיקריקין von den Sicarii abzuleiten sei, welche in den letzten unruhigen Zeiten vor dem Tempeluntergang gehaust haben, unterliegt keinem Zweifel; die Benennung scheint aber von den jüdischen Banditen auf die römischen Räuber übertragen worden zu sein. Es ist möglich, daß dieses Gesetz im Zusammenhang mit dem Gewaltstreich steht, welchen Vespasian nach dem Sieg ausführen ließ, indem er dem Prokurator Bassus den Auftrag erteilte, alle Ländereien der Juden zu verkaufen: πᾶσαν τὴν γῆν ἀποδόσθαι τῶν Ἰουδαίων (Josephus de bello judaico VII, 6) Josephus bleibt die Ausführung schuldig, welche Bewandtnis es mit dieser Güterkonfiskation hatte, über welche Landesteile sie sich erstreckte und an wen die Ländereien verkauft wurden. [Vergl. Derenbourg, Essai etc, p. 475, welcher das Sikaricongesetz mit dem hadrianischen Krieg in Verbindung bringt, und dagegen Graetz in seiner posthumen und nicht ganz vollendeten Abhandlung beim Jahresbericht des jüd. theol. Seminars 1892. Vergl. auch Rosenthal in der Monatsschrift von Brann und Kaufmann 1892, p. 1 ff.].

4.

Rabban Gamaliel.

R. Gamaliels Tätigkeit ist deswegen so vielfach verkannt worden, weil man die Zeitlage und die Anarchie, die durch die Meinungsdifferenz der Schammaitischen und Hillelschen Schulen eingetreten war, zu wenig berücksichtigt hat, und doch werden diese Umstände in den Quellen deutlich angegeben. Als Einleitung zur Sammlung der Halachas, welche im Abschnitt „Edujot" niedergelegt sind, wird mit unzweideutigen Worten ausgesprochen, daß der Mangel an Einheit, welcher in den verschiedenen Schulen herrschte, die Notwendigkeit fühlbar gemacht habe, eine Norm für die Praxis festzustellen. In Jabne, wo dieses Bedürfnis rege wurde — dieser Umstand ist nicht zu übersehen — verhehlte man sich nicht die traurigen Folgen einer solchen Anarchie: כשנכנסו חכמים לכרם ביבנה אמרו עתידה שעה שיהא אדם מבקש דבר מדברי תורה ואינו מוצא מדברי סופרים ואיני מוצא — שלא יהא דבר מדברי תורה דומה לחבירו אמרו נחתיל מהלל ושמאי (Tosifta Edujot I, 1). Ein anderer fügt mildernd hinzu: ר' שמעון בן יוחי אומר חס ושלום שתשתכח תורה מישראל אלא — שלא ימצאו הלכה ברורה (¹ומשנה ברורה במקום אחד. Der Schluß: נחתיל מהלל ושמאי erläutert die Situation vortrefflich. Durch die Differenz beider Schulen entstand der Riß, hier sollte auch die Heilung erfolgen. Noch andere Stellen weisen darauf hin, daß in Jabne, d. h unter den Auspizien R. Gamaliels, diese Einheit der Lehre wieder hergestellt wurde. Drei Jahre dauerte der Streit zwischen diesen zwei in wesentlichen Punkten differierenden Schulen, bis das Bat-Kol mit Anerkennung der schamaitischen Lehre dem Hillelismus das Übergewicht verlieh: אמר ר' אבא אמר שמואל שלש שנים נחלקו ב"ש וב"ה הללו אמרו הלכה כמותנו. יצתה בת קול ואמרה אלו ואלו דברי אלה' חיים הם והלכה כבית הלל (Erubin 13 b), Jeruschalmi Berachot I, 3 b und Parallelst. geben die Ergänzung zu dieser interessanten Notiz, daß nämlich jene Entscheidung zugunsten der Hillelschen Schule in Jabne stattgefunden hat: תני יצאת בת קול ואמרה אילו ואילו דברי אלה' חיים אבל הלכה כדברי ב"ה. איכן יצאת בת קול? ר' ביבי אמר בשם ר' יוחנן ביבנה יצאה בת קול. Für Jabne spricht aber auch R. Josuas nüchterner Ausspruch, daß das Bat-Kol bei Meinungsdifferenzen keine entscheidende Stimme habe: אין משגיחין בבת קול, die zwar auf den Streit über den Achnaiofen bezogen wird, aber (Erubin 6 b) richtiger auf die Entscheidung zugunsten Hillels bezogen werden

---

¹) Diesen Zusatz, welcher in unserer Ausgabe der Tosifta fehlt, hat der Talmud erhalten (Sabbat 138 b), sowie auch eine andere Lesart am Eingange: עתידה שעה שתשתכח תורה מישראל anstatt עתידה שעה. Sonderbar ist es, daß an dieser Stelle dasjenige als eine Art Prophezeiung genommen wird, daß die Thora einst vergessen werden würde, was doch eigentlich nur Befürchtung war. — Später, als durch die Bemühungen der Tannaiten die Gesetzeskenntnis allgemein wurde, konnte man diese Befürchtung gar nicht mehr begreifen, und man fragte, wie wäre eine solche Vergeßlichkeit möglich: בהדיא הא נמי מחניתין היא. כתיב ביה!!! (das.).

muß. In dem Widerspruch in dieser Bestimmung, einmal, daß Hillels Ausspruch Norm sei, und das andere mal, daß man sich auch nach Schammai richten dürfe: לעולם הלכה כב"ה והרוצה לעשות כדברי ב"ש עושה (Tosifta Edujot, c. 2) konnten sich die Spätern nicht mehr zurecht finden (vergleiche Erubin I c und j. Berachot I c). Es scheint aber ein Kompromiß und nachsichtige Schonung gewesen zu sein, welche die Hilleliten gegen die Schammaiten übten, um deren Heftigkeit und Starrheit zu besänftigen. Es geht also aus dieser Untersuchung mit Gewißheit hervor, daß im Lehrhaus oder im Weinberge zu Jabne die Ausgleichung der Differenzen versucht wurde, und daß es R. Gamaliels Verdienst war, die Streitigkeiten der beiden Schulen und die Unsicherheit der Praxis beseitigt zu haben. Über die Differenzpunkte beider Schulen, welche eine so tiefe Bewegung hervorgerufen, daß es zu blutigen Streitigkeiten gekommen war, und sogar auf das politische Leben vor der Tempelzerstörung einen nicht unbedeutenden Einfluß ausgeübt haben, ist im vorhergehenden Bande im Zusammenhang mit der politischen Geschichte jener Zeit abgehandelt.

5.

Rabbi Elieser ben Hyrkanos.

Von der Starrheit des schammaitischen Lehrsystems, auch nicht ein Haarbreit weiter zu gehen als der vorhandene Traditionsstoff bestimmt, und dem selbstständigen Forschen kein Jota einzuräumen, gibt R. Elieser ben Hyrkanos einen sprechenden Beweis. Er hat stets nur Vernommenes, und wie er es vernommen, gelehrt, und nie etwas mitgeteilt, was er nicht vernommen: מעשה בר' אליעזר ששבת בגליל העליון ושאלוהו שלשים הלכות בהלכות סוכה. — י"ב אמר להם שמעתי ח"י א"ל לא שמעתי אמרו לו כל דבריך אינן אלא מפני דשמועה? א"ל הקפחתוני לומר דבר שלא שמעתי מפי רבותי (Succa 28 a). Auf Anfragen, für welche er keine traditionelle Entscheidung hatte, gab er ausweichende Querfragen (das. Tosifta Jebamot c. 3, 3. Joma c. 3, 14. Babli Joma 66 b, zum Teil j. Joma VI, p. 43 c), מעשה בר"א ששבת בגליל העליון בסוכתו של ר' יוחנן בר' אלעי בקיסרין (Caesarea Philippi). הגיע חמה לסוכה א"ל מהו שאפרש עליה סדין? א"ל אין לך כל שבט ושבט מישראל שלא יצאו ממנו שופטי א"ל מהו שאפרש עליה סדין א"ל אין לך כל שבט ושבט שלא העמיד ממנו שופט. הגיע חמה לחצי הסוכה א"ל מהו שהפרש עליה סדין א"ל אין לך כל שבט ושבט מישראל שלא יצאו ממנו נביאים — לא מפני שהפלינן בדברים אלא מפני שלא אמר דבר שלא שמע מפי — רבו: שאלו את ר' אליעזר ממזר מהו שיירש א"ל מהו לחלוץ? מהו לחלוץ? מה הוא ליבם? אמרו לו מה הוא לבוא את ביתו א"ל מה הוא לסוד את קברו — מהו לגדל חזירים אמר להם מהו לגדל תרנגולין. שאלו את ר"א הרי שחלה שעיר המשתלח מהו להרכיבו א"ל יכול הוא להרכיב אחרים חלה משלחו מהו שישלחו ביד אחר א"ל אהא. (חיה) בשלום אני ואתם. דחפו ולא מת מהו שירד אחריו וימיתנו. א"ל כך יהיו אויבי המקום. Ähnliche Querfragen, die von R. Elieser an diesen Stellen erzählt werden, scheinen eine dunkle Anspielung auf die politische Lage und auf das Christentum zu enthalten. שאלו את ר"א מהו להציל את הככשה מיד הארי (הזאב) א"ל דומה שלא שאלתני אלא על הככשה ואת הרועה מהו להציל? פלוני מה הוא לעולם הבא? א"ל דומה שלא שאלתני אלא על פלוני. ולא שהיה מפלינן בדברים אלא שלא אמר דברים שלא שמע מפי רבו[1]) Höchst merkwürdig ist es, daß R. Elieser nicht einmal die Schlußfolgerung קל וחומר gelten lassen mochte und ihrer Beweis-

---

[1]) Der kundige Leser wird erkennen, daß ich die richtige Lesart dieser Stellen aus den verschiedenen Quellen wieder herzustellen versucht habe, da sie bald in der einen, bald in der andern bis zur Sinnlosigkeit entstellt ist.

kraft sein „ich habe es nicht also vernommen" entgegensetzte: אבר ר' אליעזר שמעתי שאבר
מן החי מטמא א"ל ר' יהושע מן החי ולא מן המת? וכל וחומר ומה חי שהוא טהור — מת
שהוא טמא לא כל שכן וכתיב במגילת פתחא זעירא דלא למספד הא רבא למספד! אלא
כל דכן הכא נמי כל דכן. אמר לו ר' אליעזר כך שמעתי (לא אמרו אלא על אבר מן החי). —
שהיה ר"א אומר וכן בגדול א"ל ר"י אם לקטן אמרת ק"ו לגדול (Chullin 129 b. Edujot 9 b.
Megillat Ta'anit, c. 2). Vergl. b. Pesachim, p. 38 b: אמר ר' אילעאי שאלתי את
ר' אליעזר מרו שיצא אדם בחלת הודה ורקיקי נזיר? לא שמעתי. באחי ושאלתי לפני ר' יהושע
אמר לי . . כשבאתי והרצתי דברים לפני ר"א אמר לי ברית הן הן הדברים שנאמרו לו למשה בסיני
Der letzte Satz ist offenbar eine Ironie, wie es zum Teil der Talmud auffaßt:
„Beim Bündnis! Das sind wohl Worte, die Mose auf dem Sinai offenbart
worden!" In Tosifta Challa I ist der ganze Sachverhalt gräulich entstellt.[1]) Wenn
wir dagegen anderweitig finden, daß R. Elieser diese Schlußformel mit Gewandtheit handhabte (s. Frankel, Hodegetik z. Mischna, p. 78), so scheint er sie nur
in solchen Fällen angewendet zu haben, wo eine tradierte Halacha dadurch eine
Stütze erhielt, aber nicht um eine daraus zu folgern. Vgl. Negaim 9, 3; 11, 6.
שאלו את ר' אליעזר — אמר להן לא שמעתי. אמר לו ר' יהודה בן בתירה אלמד כו. א"ל
(ר"א) אם לקיים דברי חכמים הן — אמר לו (לר' ריב"ב) הם גדול אתה שקיימת דברי חכמים.
Ich glaube daher in der merkwürdigen Sentenz R. Eliesers מנין בניכם מן הדיון
והושיבום בין ברכי תלמידי חכמים (Berachot II, Ende), die weder von Raschi noch in
Aruch eine befriedigende Erklärung gefunden hat, seine Abneigung gegen das
Deuten und Folgern und seine Vorliebe für das gedächtnismäßige Empfangen
ausgesprochen zu finden. Man wird in diesen Momenten nicht verkennen, daß
Elieser ein treuer Anhänger der schammaitischen Richtung, d. h. des schammaitischen
Geistes war, für die Halacha der logischen Folgerung keinen Spielraum einzuräumen; damit ist nicht gesagt, daß er solidarisch sämtliche Halachas dieser Schule,
der דברי ב"ש, akzeptiert haben müßte. Wenn übrigens Jeruschalmi auch nicht ausdrücklich die Benennung שמותי, welche R. Elieser beigelegt wurde, als Anhänger
Schammai's erklärte, so würde sich dasselbe durch das Lob ergeben, das R. Elieser
den sogenannten achtzehn Bestimmungen (ח' דבר) erteilte. Diese erschwerenden, von den Schammaiten durchgesetzten Bestimmungen, gegen welche die
Hilleliten eine energische Opposition gemacht und gewissermaßen nur durch
Gewalt gezwungen, nachgegeben haben (s. B. III, Note 26), lobt R. Elieser mit
den Worten, daß deren Urheber damals das Maß der Lehre erst recht gefüllt
hätten: בו ביום גדשו סאה (Tosifta Sabbat I; J. Sabbat I, 3 c, das. Bab. 153 b).

6.

Rabbi Josua ben Chananja.

Kaum braucht R. Josuas Milde im Leben wie in der Lehre dokumentiert
zu werden. Seine Einsprache gegen die Entscheidung durch das Bat-Kol: אין
משגיחין בבת קול, seine kühne Äußerung לא בשמים היא, daß nicht die Himmelsstimme
sondern nur die Majorität den Ausschlag geben könne (Baba Mezia 59a), sein
Grundsatz, daß nicht unerträgliche Erschwerungen auferlegt werden dürfen: אין
גוזרין גזירה על הצבור אלא אם כן רוב הצבור יכולין לעמוד בה (Baba Batra 60 b); sein
scharf rügendes Urteil gegen die schammaitischen Erschwerungen: בו ביום מחקו סאה

---

[1]) [Näher liegend ist es, die Worte R. E's. einfach aufzufassen, die Tosifta
Challa bietet keine Schwierigkeit].

(Sabbat 153 b),[1] לחבית שהיא מלאה שמן כל מה שאתה נותן לתוכה מים מפזרת את השמן sind bekannt. Minder bekannt ist seine gegen die damalige Anschauung höchst nüchterne und prosaisch klingende Sentenz, daß man sich nicht den ganzen Tag mit dem Gesetzesstudium zu beschäftigen brauche, daß vielmehr derjenige die ganze Thora erfülle, der morgens und abends einige Halachas sich einprägt, im übrigen aber seiner Nahrungsbeschäftigung nachgeht: ר׳ יהושע אומר שונה אדם שתי הלכות (Mechilta בשחרית ושתים בערבית ועוסק במלאכתו כל היום מעלין עליו כאילו קיים כל התורה כולה P. Beschalach, p. 32. Ed. Amst.). Vergegenwärtigt man sich diese Eigentümlichkeit R. Josuas, so dürfte man es nicht bedenklich finden, den rügenden Ausspruch gegen die unzähligen Halachas ohne biblische Basis auf diesen Tannaiten zurückzuführen: הלכות שבת חגיגות ומעילות כהררין תלויין בשערה מקרא מועט והלכות מרובות. Als Beweis dafür kann der in der Tosifta erhaltene Schluß gelten: מכאן היה ר׳ (T. Chagiga, c. 1). יהושע אומר צבחא בצבחא מתעכדא צבחא קדמייתא מאי הות? Dieser Passus gibt keinen Sinn, wenn man ihn nicht als Rüge auffaßt: Man kann wohl mit **einer Zange** viele andere verfertigen, d. h. aus einer Halacha viele folgern, aber die Frage ist, ob die erste in der Schrift begründet sei.[1] — Als Ergänzung zur Charakteristik R. Josuas gehört seine Ansicht über die Teilhaftigkeit frommer Heiden an der Seligkeit, die er im Gegensatze zu R. Elieser geltend gemacht hat. Die Stelle findet sich ausführlich in (Tosifta Synhedrin, c. 13) ר״א אומר כל גוים (כ״צל) אין להם חלק לעולם הבא שנאמר ישובו רשעים לשאולה כל גוים. א״ל רבי יהושע אילו אמר הכתוב ישובו וכל שתוק היית אומר כדבריך — עכשיו שאמר הכתוב שכחי אלה׳ הא יש צדיקים באומות העולם שיש להן חלק לעולם הבא. Diese Stelle war ursprünglich auch im Talmud aufgenommen (Synhedrin 105 u); merkwürdigerweise ist der Schluß geradezu weggelassen worden.

7.

Die Theorie R. Akibas und R. Ismaels.

R. Akibas und R. Ismaels Theorie müssen gegeneinander gehalten werden, weil sie Korrelata sind, und eine auf die andere Licht wirft. Ihre Grunddifferenz, welche als Prinzip ihrer beiderseitigen Theorie angesehen werden kann, betrifft die Pleonasmen im biblischen Text. Nach R. Ismael sind sie nichts weiter als **rhetorischer Sprachgebrauch**, als syntaktischer Redeschmuck zu betrachten, wie jede Sprache deren hat; nach R. Akiba hingegen sind sie wesentliche Bestandteile der Gesetzesbestimmungen, welche Traditionen und Handhaben für neue Folgerungen sinnvoll andeuten, weil in der göttlichen Gesetzgebung gar nichts Überflüssiges stehe. Es ist dieselbe Ansicht, welche auch Philo betont: σαφῶς εἰδώς, ὅτι περιττὸν ὄνομα οὐδὲν τίθησιν, ὑπὸ τῆς τοῦ πραγματολογεῖν ἀμυθήτου φορᾶς (de profugis M. 458). Nur was Philo auf ethische und philosophische Verhältnisse deutete, wendet R. Akiba

---

[1] Siehe Raschi das. R. Jizchak, der Ältere (ר״י), will die scharfe Rüge R. Josuas durch eine Erklärung verwischen, aber ein späterer Tosaphist widerlegt schon diese Erklärung.

[2] Die Schlußworte הא לא בריה הות gehören gar nicht hierher, sondern sind eine Reminiszenz aus einer anderen Stelle (Pesachim 54 a) ר׳ יהודה אומר אף הצבת בנברא בע״ש בין השמשות הוא היה אומר צבתא בצבתא — וצבתא קמייתא מאן עבד הא לא בריה בידי שמים היא.

auf halachische Bestimmungen an. Jeruschalmi hat viele Belegstellen für diese
Differenz zwischen R. Akiba und R. Jsmael נדר להזיר מכאן שכנויי נזירות כנזירות עד
כדון כד' עקיבה דאמר לשונות רבויין הן (ברם) כד' ישמעאל (אין דורשין) דאמר לשונות
כפולין הן ׳והתורה דברה כדרכה (כלשון בני אדם) הלך הלכת נכפת נכספת וכו' (j. Nedarim I, 1 und an mehreren Stellen). So oft also, dem hebräischen Sprachgebrauch gemäß, die Konstruktion des definitum cum infinitivo vorkommt, ist
nach R. Akibas Theorie der Infinitiv eine Andeutung. Da R. Akibas System
im Talmud herrschend wurde, so werden solche Konstruktionen ohne weiteres
gedeutet לרבות: השיב חשיב, דעכב העביטנו, nur noch ein dunkles Bewußtsein ist
davon geblieben, daß diese Ansicht ihre Gegner hatte: ול"ש דאמר העביטנו למה לי?
דברה תורה כלשון בני אדם (vergl. Baba Mezia 31, a, b). [Vergl. die vielen
Parallelstellen.] — Die nächste Konsequenz aus dieser Prämisse war, daß
R. Akiba ebenso jede Partikel, wie jede dem Hebräischen eigentümliche Wort-
und Silbenform (welche Hieronymus recht glücklich durch ἄρθρα und πρόαρθρα
wiedergibt) für bedeutungsvoll hielt, während R. Jsmael auch solche als reine
Formsache erklärte. Ob die Partikeln את, גם, אך und רק zu deuten seien, war
eine alte Differenz zwischen Nachum aus Gimso und Nechunja ben Hakanah; der erstere bejahte, der letztere verneinte es. R. Akiba hielt sich an die
erstere, R. Jsmael an die letztere Theorie (vergl. Genesis Rabba, c. 1; Tosif.
Schebuot, c. 1; Talmud Schebuot 26 a) ר' ישמעאל שאל את ר' עקיבה — בשביל
ששמשת את נחום איש גמזו כ"ב שנים אכין ורקין מעוטי, אתין וגמין רבויין דרש הדין את דכתיב הכא
מה הוא? — שר' עקיבה לא היה דורש כלל ופרט והיה דורש רבויין ומעוטין שכך למד מנחום
איש גמזו — שר' שמעון (צ"ל ר' ישמעאל) לא היה דורש רבויין ומעוטין. Der Unterschied
zwischen כלל ופרט und רבוי ומעוט ist, vom Resultate abgesehen, kein bloß for-
meller, sondern ein wesentlicher, indem nach jenem die Deutung auf wenige
Fälle beschränkt wird, nach diesem hingegen erhält sie eine weite Ausdehnung,
namentlich in betreff der Partikel את, welche so unzähligemal vorkommt. Allein
R. Akiba ging noch weiter als sein Vorbild Nachum aus Gimso, indem er
diese Partikel niemals als Kasuszeichen, sondern stets als Andeutung angesehen
haben wollte: היה דורש כל אתין שבתורה.[1]) Diese Konsequenz machte seinen
Schüler[2]) Nehemia aus Emmaus in betreff der Anwendung auf den Vers:
את ה' אלהיך תירא so stutzig, daß er sich von dieser Theorie losgesagt hat.
R. Akiba hatte aber dafür eine Auskunft: אותו ואת תורתו (in Babli לרבות
תלמידי חכמים). Im schärfsten Gegensatze zu R. Akiba ließ R. Jsmael diesem Form-

---

[1]) [Der Verf. verquickt hier zwei Unterschiede miteinander. Der Unterschied zwischen רבוי ומעוט und כלל ופרט wird von Raschi an verschiedenen Stellen
erklärt. Die andere Differenz betrifft die Frage, ob die Partikeln zu deuten
sind oder nicht. Inwiefern R. Akiba weiter gegangen sein soll, ist nicht ein-
zusehen].

[2]) Jeruschalmi (Berachot IX, Sota V, 7) folgend habe ich diesen Nehemia
als Jünger R. Akibas angegeben: נחמיה עמסוני שמש את ר' עקיבא עשרים ושתים שנה.
ולמדו אתין וגמין — א"ל מה הוא ההן דכתיב את ה' — א"ל אותו ואת תורתו. Babli
(Kiddushin 57 a und Parallelstellen) stellt das Verhältnis so dar, als wenn
Nehemia der Vorgänger R. Akibas gewesen wäre. Die Nachrichten des
Jeruschalmi verdienen jedoch in betreff der Fakta, welche in Judäa vorgingen,
stets den Vorzug. Nach demselben muß auch die Nachricht in Genesis Rabba
(l. c.) berichtigt werden, als wenn R. Akiba 22 Jahre Zuhörer von Nachum
gewesen wäre, wofür in dessen Leben gar kein Raum bleibt. Diese 22 Jahre
beziehen sich vielmehr auf Nehemia, der allerdings lange R. Akibas Zuhörer
gewesen sein kann; die Zahl 22 ist wie die Zahl 13 eine runde: s. weiter unten.

worte seine grammatische Bedeutung und nur in drei Fällen faßte er es in geringer Umdeutung als Reflexivum: זה אחת משלשה אתים שהיה ר׳ ישמעאל דורש בתורה, והשיאו אותם עון אשמה – הם משיאים את עצמם – ויקבור אותו בגיא – הוא קבר את עצמו אף כאן אתה אומר אותו הוא יביא את עצמו (Sifri zu Numeri 6, 13). — Außer den vier genannten Partikeln deutete R. Akiba auch das so häufig vorkommende Einleitungswort לאמר und öffnete dadurch der Deutung ein weites Feld: ר׳ עקיבה אומר כל מקום שנאמר בה לאמר צריך לידרש (Sifri zu N. 5, 6). Er deutete endlich die Laute אמר ר"ע ישמעאל אחי בת ובת und ו, so oft sie im Kontexte pleonastisch scheinen: א"ל ר' ישמעאל וכי מפני שאתה דורש בת ובת נוציא את זו לשריפה? (Synhedrin 51 b) כר׳ עקיבא דדריש וין (Jebamot 58 b ff.). Eine weitere Differenz zwischen ihrer entgegengesetzten Theorie war, daß R. Ismael die nicht in der Schrift ausdrücklich angegebenen, sondern lediglich aus Schlußfolgerungen und Deutungen gewonnenen Halachas nicht wiederum als Prämissen zu neuen Folgerungen gebrauchen mochte, während R. Akiba auch aus Derivaten weiter folgerte: עד כדון כר׳ עקיבא דאית ליה למד מן הלמד (ברם) כר׳ ישמעאל דלית ליה למד מן הלמד (j Kidduschin I, 2). Vergl. Nasir 57 a, wo R. Akiba aus einer Schlußfolgerung formuliert: דנין ק"ו מהלכה. Es scheint, daß R. Akiba seine Theorie so weit auf die Spitze getrieben hat, gefolgerten Halachas auch soviel Gewißheit einzuräumen, daß sogar Leibesstrafe dadurch verhängt werden dürfe. Denn jener Grundsatz: אין עונשין מן הדין, hat nur R. Ismael zum Urheber (j. Abodah Sara Ende): דר׳ ישמעאל אמר למדין מק"ו ואין עונשין מק"ו, woraus eben hervorgeht, daß R. Akiba ein Gegner desselben war. Wir dürfen demnach ohne Bedenken annehmen, daß auch jene Herleitungsformeln, welche unter dem Namen: סמוכין, von dem einen מקרא נדרש לפניו ולאחריו, גורען ומוסיפין ודורשין, אם אינו ענין לכאן וכו׳, oder dem anderen der Jünger R. Akiba geltend gemacht werden, ebenfalls Konsequenzen aus dem von R. Akiba aufgestellten Prinzipe sind, daß im Schrifttexte gar nichts Überflüssiges sei, und jeder Wink beachtet werden müsse. Gegen diese exorbitante Interpretation R. Akibas scheint R. Ismael, dessen nüchterne Ansichten wir bereits kennen gelernt, seine Theorie aufgestellt zu haben, daß es nur **dreizehn Interpretationsregeln gebe.** Diese dreizehn Midot sind bis auf גזירה שוה so ziemlich logischer Natur, und man könnte daher R. Ismaels System das **logische**, R. Akibas gewissermaßen das **allegorische**[1] nennen. R. Ismael scheint übrigens seine Theorie mit vieler Vorsicht begründet zu haben, indem er selbst für die am meisten einleuchtende Formel des ק"ו einen biblischen Anhaltepunkt sucht: הן כסף אמר ר' ישמעאל זה אחד מעשרה קלים וחמורים הכתובים בתורה (Genesis Rabba, c. 92). Jalkut hat dafür die gewiß unrichtige Lesart (ר׳ שמעון). — Daß R. Ismaels dreizehn Regeln eine Entwicklung aus den Hillelschen 7 Midot sind, wird gegenwärtig nur von Stockorthodoxen geleugnet, die einen Sturm gegen diese scheinbar heterodoxe Ansicht erhoben haben; vergl. Frankel, Hodegetik zur Mischna, p. 19. Diese dreizehn Midot sind: 1. ק"ו, 2. ג"ש, 3. בנין אב מכתוב אחד, 4. ב"א מב׳ כתובים, 5. כלל ופרט, 6. כיוצא בו ממקום אחר, 7. דבר הלמד מענין (Eingang zu Torat Kohanim Tosifta Synhedrin, c. 7. Abot di R. Nathan, c. 37). Sie hat R. Ismael teils zusammengezogen, teils erweitert, teils neue zu denselben hinzugefügt, 3., 4. und 6. machen in R. Ismaels System eine einzige Regel aus, indem א' = כה מצינו = בנין אב כתוב כיוצא בו gesetzt wird. Hingegen hat derselbe die Midah 5 in acht Unterabteilungen gebracht, d. h. sie spezifiziert a) פרט שאחריו כלל, b) כלל שאחריו פרט, c) כלל ופרט

---

[1] [Vielleicht philologische. Es wäre noch zu erwähnen gewesen, daß R. J. für ג"ש — כופנה verlangt, während R. A. ג"ש anwendet, wo nicht מופנה vorliegt].

פרט שיצא לטעון (f) דבר שיצא מן הכלל (e), כלל הצריך לפרט ופרט הצריך לכלל (d) וכלל, טוען אחר בעניגו (g) פרט שיצא שלא בעניגו (h) . . . ופרט שיצא לידון בדבר החדש. Zu 7. hat er hinzugefügt דבר הלמד מסופו, und die dreizehnte Miḍah R. Ismaels ב' בתוכי' המכחישים kommt in Hillels Schema gar nicht vor. So sind aus Hillels Midot, als dem Keime, durch die Midot der Schulen Nachums aus Gimso und Nechunjas ben Hakanah, R. Akibas und R. Ismaels zwei Interpretationssysteme hervorgewachsen, welche, obwohl differierend, nebeneinander herliefen, ohne einander zu verdrängen. Vergl. darüber noch Frankel, a. a. O., p. 108.

8.

R. Akibas Mischna.

R. Akiba wird ausdrücklich als Ordner des Halachastoffes aufgestellt: ואת עצומים יחלק שלל זו ר' עקיבא שהתקין מדרש הלכות אגדות בשהי' ר' עקיבא כסדר הלכות לתלמידים אמר כל מי ששמע טעם על חבירו יבא ויאמר (Tosifta Sabim, c. 1), oder wie Simson von Sans die Lesart hat: כל מי ששמע טעם מחבירו. Dazu die allerdings nicht so ganz authentische Notiz in j. Schekalim V, Anf. ואת עצומים יחלק שלל זו ר' עקיבא שהתקן מדרש הלכות ואגדות (?). Was dieses bedeutet, ist bereits in Note 2 nachgewiesen worden, daß Midrasch und Halachot nur als Auseinanderlegung des Inhaltes der Mischna zu betrachten seien. Auch der Zusatz zu dieser Stelle ist wohl zu beachten, daß R. Akiba die Generalia und Specialia eingeführt, d. h. den Stoff unter Rubriken gebracht habe. וי"א אלו אנשי כנסת הגדולה (תקנום) ומה שהתקין (ל. דתקין)? זה? כללו ופרטין. Zum Schlusse wird noch die Art der Mischnaordnung deutlich gemacht, daß die Halachas an Zahlen geknüpft wurden: שעשו את התורה ספורות ספורות. ה' לא יהרומו. ה' דברים חייבים בחלה, ט"ו נשים פוטרות צרותיהן, ל"ו כריתות בתורה, י"ג דבר בנבלה עוף רטהור, ד' אבות נזיקין, אבות מלאכות מ' חסר אחת. Es kann keinem Zweifel unterliegen, daß diese in die Mischnasammlung durch das Medium R. Meirs übergegangene Ordnung von R. Akiba herrührt, indem ausdrücklich משנה ר' עקיבא namhaft gemacht wird, deren Existenz sogar den Ohren des geschmacklosen Kompilators Epiphanius gedrungen ist, der sie δευτέρωσις ἡ καλυμένη τοῦ ῾Ραββιακιβᾶ nennt (o. S. 391). Daß man später diese übersichtliche Zusammenstellung auf die ecclesia magna oder gar auf die משפחות סופרים יושבי יעבץ zurückgeführt hat, ist eine jener Antedatierungen, welche in der Agada häufig vorkommen. Kaum bedarf es der Erwähnung, daß diese משנה דר' עקיבא gleichbedeutend mit jenen מדות (Maße) ist, von denen R. Simon ben Jochai spricht: שני מדות שמדותי תרומות מדותי של ר' עקיבא (Gittin, p 67 a). Folglich bedeuteten ursprünglich מדות oder was dasselbe ist מכילתין מכילתא, מכילה, nicht motivierte Halachas, wie Zunz G. V. S. 47. d. aufstellt sondern eine nach Zahlen oder sonst wie mnemonisch geordnete Halachaordnung. Später noch werden מכילתא und מתניתא als identisch gebraucht: ר' אפיק ר' יאשיה מכילתא (j. Aboda Sara IV, 8) gleich ואייתי מתניתא בירה (Chullin 68 und andere Stellen).[1] — Daß R. Akibas Ansicht ältere Halachas geradezu verdrängt hat, wird an mehreren Stellen unter verschiedenen Formeln aufgestellt: זו משנת ר' עקיבא אבל משנה ראשונה אמרה (Synhedrin 27 a. Tosifta Erachin, c. 5) oder

---

[1] [Daß in der Mischna R. Akibas die Zahl eine besondere Rolle spielte, ist durch nichts begründet. Über מדות, מכילתא, vergl. Friedmann, in der Einleitung zu seiner Mechilta-Edition, S. XXXI., die zitierte Stelle aus j. Ab. Sara IV, 8 ist ein Fehler, vergl. Schorr, Hechaluz VI, S. 35.

עקיבא ואמר (Sabbat 14). Man gestand sich ein, daß man so lange im Irrtum war, bis R. Akiba das Richtigere lehrte: בראשונה היו אומרים — עד שבא ר' עקיבא (Nedarim 24, 64. Rosch ha-Schanah 17. Tosifta Pesachim I, 1. Moed Katan, c. 2. Sifra Behar, c. 5). Man könnte daraus schließen, daß überall, wo die ältere Mischna einer jüngeren Entscheidung entgegengesetzt wird, dieselbe R. Akiba zum Autor habe. — ו משנה ראשונה ב"ד של אחרירהם אמרו (Ketubbot 57, Gittin 55) ו משנה ראשונה רבותינו התקינו (Tosifta Ketubbot, c. 5). [Es kann dies allerdings als Regel angenommen werden, die aber auch ihre zahlreichen Ausnahmen hat. S. Frankel, Hodeg., p. 210].

9.
Der Ehrentitel Rabbi.

Vor der Tempelzerstörung kommt der Titel Rabbi nicht vor, wie überhaupt keine Ehrenbenennung üblich war. Mit richtigem historischen Takt stellt daher Scherira auf, daß dieser Titel erst seit R. Jochanan ben Sakkai in Jabne in Gebrauch kam: ובדורות הראשנים שהיו גדולין מאד לא היו צריכין לדבר בם לא כרבן ולא כרבי (ולא כרב — ופשט הדבר מתלמידיו ר' יוחנן בן זכאי ואילך) (Aruch, Artikel אבי). Selbst die Benennung Rabban für die Patriarchen, die mit Gamaliel dem Alten beginnen soll, ist zweifelhaft und scheint vielmehr erst später, als Ehrentitel überhaupt in Mode gekommen waren, übertragen worden zu sein. Jedenfalls irrt Hill., de Hebraeorum Rabbinis s. magistris, daß die Zeit sich nicht bestimmen lasse, wann der Titel Rabbi aufgekommen ist. Man wird daher die Benennung Rabbi, welche in den Evangelien (mit Ausnahme des Lukasevangeliums) Johannes dem Täufer und Jesus beigelegt werden, als einen Anachronismus anzusehen haben. Anachronismus ist auch jene Jesu in den Mund gelegte Rüge gegen den Ehrgeiz der jüdischen Gesetzlehrer, sich gern mit diesem Titel nennen zu lassen, und die Warnung, daß sich seine Jünger nicht Rabbi nennen lassen sollten: καὶ φιλοῦσι (οἱ γραμματεῖς) — καλεῖσθαι ὑπὸ τῶν ἀνθρώπων ῥαββί ῥαββί. Ὑμεῖς δὲ μὴ κληθῆτε ῥαββί (Matthäus 23, 7—8). Dieses Moment gibt ebenfalls einen Fingerzeig, wann die Evangelien niedergeschrieben wurden, nämlich zu der Zeit, als der Titel Rabbi in so hohem Ansehen stand, daß die Kirchenlehrer nicht umhin konnten, ihn auch auf Jesus zu übertragen.

10.
Die Einsetzung des Abendmahles.

Kein Zug verrät so sehr die Unechtheit der von Jesu in den Evangelien tradierten Reden und Institutionen, als die Einsetzung des Abendmahls. Am Rüsttag des Festes der ungesäuerten Brote (τῇ πρώτῃ τῶν ἀζύμων, näher im Lukasevangelium ᾗ ἡμέρα τῶν ἀζύμων ἐν ᾗ ἔδει θύεσθαι τὸ πάσχα), d. h. am vierzehnten Nisan gab Jesus seinen Jüngern den Auftrag das Passahlamm vorzubereiten; an demselben aß er das Mahl, indem er das Brot für seine Jünger brach und den Kelch herumgehen ließ, und setzte an demselben Abend das Abendmahl ein. Diese Relation bringt die Interpreten in Verzweiflung. Drei unauflösliche Schwierigkeiten bieten sich hierbei dar: 1. Wie konnte Jesus am Abend des vierzehnten Nissan das Passahmahl feiern, da er doch an demselben Tage gekreuzigt wurde? 2. Warum kennen nur die drei synoptischen Evangelien die Einsetzung des Abendmahls, während das Johannisevangelium seiner auch nicht mit einer Silbe erwähnt? 3. Warum kommt bei diesem Passahmahl Jesu nur Brot und Wein, und nicht das Hauptrequisit, nämlich das Fleisch vom Passahlamm vor, um dessentwillen er doch seinen Jüngern den Auftrag gegeben hat? Um die erste Frage zu beantworten, haben die Interpreten und Harmonisten zu allerlei Hypothesen gegriffen, die aber nur von der großen Not zeugen, etwas als geschichtlich festhalten zu wollen, was sich doch so augenscheinlich als Sage verrät. Man erklärte, Jesus habe schon am dreizehnten Nisanabend das Passah genossen, weil er vorher gewußt, daß er durch seinen Tod an dem folgenden Abend daran verhindert sein werde; oder, Jesus habe es wohl am rechten Tage genossen, das Synhedrion hätte aber das Passah um einen Tag verschoben, weil es den Zusammenlauf des Volkes gefürchtet; weiter, Jesus habe kein wirkliches Passah genossen, sondern nur ein πάσχα μνημονευτικόν, das auch am dreizehnten stattfinden durfte; ferner, wegen der Differenz zwischen Sadduzäern und Pharisäern seien damals zwei verschiedene Rüsttage vorgekommen; ferner, man habe überhaupt das Passahlamm schon am dreizehnten Abend genossen, welches der Vorabend des Passahtages sei; endlich, man habe wegen des Sabbats den Passahtag verschoben, weil am Sabbat die Opfervorbereitungen nicht vorgenommen werden durften. Alle diese und noch andere wunderliche Erklärungen finden sich in Wieners biblischen Realwörterbuche, Artikel Passah, zusammengestellt und sehr gründlich widerlegt. Den Schlüssel zu diesen Rätseln gibt aber das Verhältnis der synoptischen Evangelien zu dem johanneischen. Die ersteren enthalten bekanntlich viele judenchristliche Traditionen, während das letztere, im heidenchristlichen Kreise entstanden, wenig davon hat. Die Judenchristen kannten aber nach der Zerstörung des Tempels, als das Opferwesen unmöglich geworden war, nur das πάσχα μνημονευτικόν, aus dem ungesäuerten Brote (מצה אכל) und dem Weine (כוסים ארבע) bestehend. Daher wissen die evangelischen Erzählungen nichts vom Opferlamm, sie heben nur hervor das bestimmte pflichtmäßige Brot (ὁ ἄρτος); so richtig in Matthäus 26, 26, λαβὼν τὸν ἄρτον, in den übrigen, so im ersten Korintherbrief, falsch ohne Artikel) und den bestimmten Kelch (τὸ ποτήριον). Die Judenchristen nahmen diesen jüdischen Brauch (מצה) aus dem Judentum herüber, bildeten ihn aber zu einem Symbol der Eucharista um und brachten ihn mit Jesu Leidensgeschichte in Zusammenhang. Das Andenken an den Auszug aus Ägypten, welches jenes Surrogat des Passah vergegenwärtigen sollte, wurde in das Andenken an Jesus umgedeutet (εἰς τὴν ἀνάμνησιν ἐμήν), und darum mußte Christus selbst das Abendmahl eingesetzt, d. h. das Passah gefeiert haben. Der Anachronismus, in welchen sich die Evangeliendichter verwickelten, Jesus das Passahmahl am Passahabend vor seinem Tode genießen zu lassen, entging ihnen, oder kümmerte sie nicht; ihnen war es nur darum zu tun, Jesus selbst als Stifter dieses Sakraments zu haben. Das heidenchristliche Johannisevangelium ist aber frei von diesem Widerspruch, weil in dem Kreise seiner Entstehung die Erinnerungsfeier des jüdischen Passah durchaus unbekannt war. Merkwürdig ist, daß die späteren Ebioniten in ihrem sogenannten Hebräerevangelium eine eigene Wendung im Passahkapitel hatten. Auf die Frage der Jünger: „Wo willst du, daß wir für dich vorbereiten, das Passah zu essen?" gibt Jesus eine ausweichende Gegenfrage: „Habe ich denn gewünscht, dieses Passah als Fleisch zu genießen: μὴ ἐπιθυμίᾳ ἐπεθύμησα κρέας τοῦτο τὸ πάσχα φαγεῖν; Epiphanius c. Haereses I, 2, 22, p. 146.

11.

Ebioniten, Nazaräer, Minäer.

Die Kirchenväter bezeugen übereinstimmend, daß die Ebioniten auch noch bis ins vierte Jahrhundert das ganze jüdische Gesetz beobachtet haben. Sie fügen hinzu, daß es zwei Parteien unter ihnen gegeben, die eine, welche Christus nur als Menschen verehrte, der aus dem ehelichen Umgange eines Mannes mit Maria erzeugt worden, und die andere, welche ihn von einer Jungfrau und dem heiligen Geist geboren werden läßt (Müller, φιλοσοφούμενα; Justinus Martyr, Dialog. cum Tryphone, ed. Otto, p. 150. Origenes c. Celsum und Parallelstellen. Eusebius, H. E. III, 29. Epiphanius adv. Nazareos et Ebionitas. Schwegler, Nachapostolisches Zeitalter I, 180). Diese mehr spiritualistische Sekte nannte man nach Hieronymus' Vorgang Nazaräer. In neuerer Zeit hat man mit Recht bezweifelt, ob die Nazaräer der nachapostolischen Zeit, d. h. des zweiten Jahrhunderts, sich Christus göttlich gedacht haben. Indessen kommt es auf die Benennung weniger an, genug, daß es eine judenchristliche Sekte gegeben hat, welche neben der strengen Beobachtung der jüdischen Gesetze und im Widerspruche mit ihrer Anschauung, Jesus eine göttliche Abstammung und Verehrung zuteilte. In der talmudischen Literatur werden sie Minäer, מינים, genannt; über deren Identität belehrt uns Hieronymus (epistola ad Augustum): usque hodie per totas orientis Synagogas inter Judaeos haeresis est, quae dicitur Minaeorum et a Pharisaeis usque nunc damnatur, quos vulgo Nazaraeos nuncupant ... sed dum volunt esse et Christiani et Judaei, nec Judaei sunt nec Christiani, vergl. Chullin 13 b: אין מיני באומות. Die Etymologie und Bedeutung des Wortes מין, das in der talmudischen Literatur nur in diesem engen Sinne genommen wird, ist noch immer nicht befriedigend ermittelt. In Sifra oder Thorat Kohanim wird es im Plural konsequent מאינים geschrieben. Daß die Sekte, nenne man sie Nazaräer oder Minäer, chronologisch jünger ist, als die der Ebioniten, lehrt das Gesetz der genetischen Entwickelung. Eine Sekte kann wohl den Gegenstand ihrer Verehrung idealisieren von einem hochgepriesenen Menschen zum Gotte, aber ihn nicht degradieren vom Gotte zum bloßen Propheten. — Ich rechne noch zu den Mischlingssekten, welche, ohne das Judentum aufzugeben, sich mehr und mehr zum Heidenchristentum neigten, die Masbothäer, Genisten und Meristen. Die ersteren kennt schon Hegesipp und zählt sie einmal zu den jüdischen, das anderemal zu den christlichen Häresien. Nachdem der fingierte Tabutis oder Phabulis aus gekränktem Ehrgeize, weil er nicht Bischof werden konnte, die Kirche verdorben habe, sollen judenchristliche Sekten entstanden sein, darunter καὶ Μασβοθαῖος ὅθεν Μασβωθαιανοί. An einer anderen Stelle zählt er die Μασβωθαιανοί unter die sieben jüdischen Sekten, nämlich Essäer, Galiläer, Morgentäufer (ἡμεροβαπτισταί), Samariter, Sadduzäer und Pharisäer (Euseb, h. e. IV, 22). Das Indiculum Haereseon, das man Hieronymus zuschreibt, gibt dazu die richtige Etymologie von Sabbat feiern: Masbonei (falsche Lesart Marbonei) dicunt ipsum esse Christum, qui docuit illos in omni re sabbatizare. Auch die Mischna kennt eine Sekte Sabbatfeierer שובתי שבת, die nicht identisch mit den Juden waren (Nedarim III, 12). Dasselbe Indiculum nennt ferner als christliche Sekten die Genisten, quoniam de genere Abrahae sunt, und Meristen, aber die Erläuterung, welche dasselbe zu dieser Benennung gibt, erscheint lächerlich; meristae quoniam separant scripturas, non credentes omnibus prophetis, dicentes alios et aliis spiritibus prophetasse. Dieses Moment ist aber nicht spezifisch christlich. Ich glaube diesen Namen vielmehr von dem Umstande abzuleiten, daß die Meristen nur teilweise das Judentum beobachtet haben, wie z. B. den Sabbat und den Sonntag.

Die Judenchristen traten zuerst in einen polemischen Gegensatz zu den Lehrern der Mischna, den Deuteroten oder den Pharisäern. Die lange Expektoration im Matthäusevangelium, c. 23, welche Jesus in den Mund gelegt wird, ist weiter nichts als die Polemik eines Judenchristen gegen die Mischnalehrer oder Rabbanan. Interessant ist dafür eine Notiz bei Hieronymus:

Duas domus, Nazarei (cum ita Christum recipiunt ut observationes legis veteris non amittant) duas familias interpretantur Sammai et Hillel; ex quibus orti sunt scribae et Pharisei, quorum suscepit scholam Akibas (quem magistrum Aquilae proselyti autumant) et post eum Meïr; cui successit Johanan filius Zachaï et post eum Eliëzer et post ordinem Delphon (andere Lesart Telphon)[1]) et rursum Joseph Galilaeus et usque ad captivitatem Jerusalem Josue. Sammai igitur et Hillel non multo prius quam dominus nasceretur, orti sunt in Judaea, quorum prior dissipator interpretatur, sequens epiphanus, eo quod per traditiones et δευτερώσεις suas, legis praecepta dissipaverint atque maculaverint. Et has esse duas domus quae salvatorem non receperint, quum factus sit eis in ruinam et in scandalum (Hieronymus in Esaiam III, 14). Wiewohl in dieser Stelle die Diadoche der Tannaiten vielfach verschoben und anachronistisch erscheint, so zeigt sie doch zur Genüge, daß die Judenchristen mit den Verhältnissen ihrer jüdischen Gegner nicht ganz unbekannt waren. Eine andere Stelle: Quae nos super Diabolo et angelis ejus intelleximus, Nazarei contra scribas et Pharisaeos arbitrantur quod defecerint δευτερωταί, qui prius illudebant populo traditionibus pessimis (ibidem XXIX, 21). Über die Deuteroten vergleiche noch deuſ. zu 65, X, 1. Nobis autem videtur contra judices tribus Judae et Israel scribas videlicet δευτερωτάς sermo propheticus conclamare. Daß die ברכת המינים oder die Verwünschungsformel gegen die Minäer, welche Gamaliel II. in Jabne durch Samuel den Jüngeren formulieren ließ (b. Berachot 28, 29; j. Berachot IV, p. 8 a), ursprünglich nur gegen Judenchristen und nicht gegen das Christentum überhaupt gerichtet war, bezeugt Epiphanius, welcher sogar die Verwünschungsformel mitteilt: Οὐ μόνον γὰρ οἱ τῶν Ἰουδαίων παῖδες πρὸς τούτους (Ναζωραίους) κέκτηνται μῖσος, ἀλλὰ καὶ ἀνιστάμενοι ἕωθεν. καὶ μέσης ἡμέρας καὶ περὶ τὴν ἑσπέραν, τρὶς τῆς ἡμέρας, ὅτε εὐχὰς ἐπιτελοῦσιν ἐν ταῖς αὐτῶν συναγωγαῖς ἐπαρῶνται αὐτοῖς, καὶ ἀναθεματίζουσι φάσκοντες· ὅτι ἐπικαταράσαι ὁ Θεὸς τοὺς Ναζωραίους (Ep. adversus haereses I, 29, p. 124). Die Formel hat zuerst gelautet: ולמינים ולמלשינים אל תהי תקוה: „Den Minäern und Angebern (Delatoren für die römischen Behörden) möge keine Hoffnung sein". Epiphanius, der ein geborener Jude war, ist ein kompetenterer Zeuge dafür, daß die Verwünschungsformel nur den Nazaräern, d. h. den Judenchristen gegolten hat, als Justinus Martyr, ein geborener Heide, welcher angibt, die Juden verwünschten in ihren Gebeten sämtliche Christgläubigen (Dialog. cum Try-

---

[1]) Soll heißen Tarphon oder richtiger Tryphon.

phone, c. 6, p. 68): Καταρώμενοι ἐν ταῖς συναγωγαῖς ὑμῶν τοὺς πιστεύοντας ἐπὶ τὸν χριστόν. Auch Hieronymus war schlecht unterrichtet, wenn er behauptet: Et sub nomine . . . Nazarenorum ter in die in Christianos congerunt maledicta (in Jes. 52, 5).

12.

Der Konsul-Proselyte Flavius Clemens.

Die eingehende Untersuchung Volkmars über Clemens von Rom (Baur und Zeller, Theol. Jahrb. 1856, S. 287 ff.), die zum Teil gegen meine Annahme gerichtet ist, daß Clemens, Domitians Neffe, eine Vorliebe für das Judentum gehabt und deswegen hingerichtet worden, diese Untersuchung hat mich nicht vom Gegenteil überzeugen können. Dio Cassius, zu dessen Zeit Judentum und Christentum nicht mehr promiscue zusammengewürfelt wurden, erzählt nach dem Auszuge des Xiphilinus mit deutlichen Worten, Domitian habe Flavius Clemens, seinen Neffen, hinrichten und dessen Frau Domitilla, auch eine Verwandte Domitians, verbannen lassen, indem er beide wegen „Gottlosigkeit" anklagte. Diese ἀθεότης, deren sie beschuldigt wurden, wird sofort von Dio erklärt, daß sie in die Verirrung jüdischer Gebräuche gerieten: ἐπηνέχθη δὲ ἀμφοῖν (Κλήμεντι καὶ γυναικὶ αὐτοῦ) ἔγκλημα ἀθεότητος, ὑφ' ἧς καὶ ἄλλοι ἐς τὰ τῶν 'Ιουδαίων ἤθη ἐξοκέλλοντες πολλοὶ κατεδικάσθησαν (57, 14). Eusebius oder sein Vordermann Bruttius (um 250), erzählen nur, Flavia Domitilla sei christliche Proselytin gewesen, woraus eben stillschweigend hervorgeht, daß die kirchliche Tradition nichts davon gewußt hat, Clemens habe nur um des Christentums willen das Märtyrertum erlitten: ἐν ἔτει ιε' Δομιτιανοῦ μετὰ πλείστων ἑτέρων καὶ Φλαβίαν Δομιτίλλαν ἱστορήσαντες ἐξ ἀδελφῆς γεγονυῖαν Φλαβίου Κλήμεντος ἑνὸς τῶν τηνικάδε ἐπὶ 'Ρώμης ὑπάτων, τῆς εἰς Χριστὸν μαρτυρίας ἕνεκεν εἰς νῆσον Ποντίαν κατὰ τιμωρίαν δεδόσθαι (h. e. III, 18). Dasselbe erzählt Eusebius in seinem Chronicon zur 218. Olympiade. War aber Clemens nicht Christ, so wird es zweifelhaft ob Domitilla Christin gewesen sei. Ohnehin ist die dem Bruttius entlehnte Nachricht verdächtig; denn Domitilla wird hier zur Nichte des Clemens gemacht (ἐξ ἀδελφῆς, ex sorore neptis), während sie Dio als dessen Frau angibt. Auch eine, allerdings sehr verwitterte, talmudische Sage unterstützt dieses Faktum, daß ein Schwestersohn des Titus, also auch des Kaisers Domitian, oder ein hochgestellter Senator (συγκλητικός) jüdischer Proselyte geworden. Sogar der Name Clemens schimmert noch durch (Gittin 56 b) אונקלוס בר קלונוקיס בר אחתיה דטיטוס הוה בעי לאתגיורי. Statt קלונוקוס heißt es in einer anderen Sage (Aboda Sara 11 a): אונקלוס בר קלונומוס אתגייר. Nun, Onkelos ist eine Verwechselung mit dem proselytischen Bibelübersetzer Akylas (s. Note 13). Klonimos dagegen ist eine Entstellung von Clemens, wie in einer kirchlichen Sage aus Clemens Anakletos geworden ist. Ohne Namen, aber mit Angabe der Zeit unter Domitian erzählt eine nüchterne und historisch gehaltene Notiz. Zur Zeit, als R. Elieser, Josua und Gamaliel in Rom waren, hätte der Senat (סנקליטין) dekretiert: Nach 36 Tagen soll kein Jude im Reiche mehr existieren. Ein Senator, der gottesfürchtig gewesen, hätte den Beschluß R. Gamaliel verraten und ihn durch seinen Tod — durch Gift — bereitelt והיה סנקליטון של מלך ירא שמים והגיד לרבן גמליאל את הדבר. Nach seinem Tode hätte es sich gezeigt, daß derselbe sich gar vorher beschnitten hatte (Deuteron. Rabba, c. 2, p. 230 a, b). Dieselbe Geschichte ist sagenhaft entstellt in Aboda Sara, p. 10 b, und hier heißt der Proselyte, welcher sich den Juden geopfert שלום בר קטיע. Aus dem Verlaufe ergibt sich, daß deselbe identisch; ist mit אונקלוס בר קלונימוס oder mit Clemens. קטיע erscheint überhaupt daselbst als allegorischer Name, so bleibt nur שלום übrig, welcher die hebräische Übersetzung von Clemens sein kann. Mit einem Worte, die talmudisch-agadische Literatur hat den Kern erhalten, daß ein Schwestersohn des Titus und Domitian ein Senator, jüdischer Proselyte geworden, und daß zu seiner Zeit jüdische Weisen in Rom gewesen wären.

Dagegen macht nun Volkmar geltend, daß auch die kirchliche Sage einen christlichen Proselyten Clemens nennt und gewissermaßen glorifiziert. 1. Einem Clemens von Rom wird ein Brief (oder zwei) an die Korinther beigelegt über den Streit in der korinthischen Kirche mit der Ermahnung, sich dem Presbyterium oder der Hierarchie zu unterwerfen. 2. Allenfalls auch zwei (syrisch vorhandene) Briefe eines Clemens Romanus über Askese und Klosterleben. 3. Wird ein Clemens bald als zweiter Bischof von Rom, erster Nachfolger Petrus' und bald als vierter genannt. 4. Werden eine Reihe von Schriften, Homilien, Rekognitionen, Constitutiones apostolicae im römischen Clemens vindiziert — Clementinen. 5. Endlich wird der Bischof Clemens von Rom auch als Märtyrer unter die „Heiligen" gezählt. Aber in allen diesen kirchlichen Sagen über Clemens ist nicht angegeben, daß er ein Verwandter des Kaisers Domitian gewesen; nur die clementinischen Homilien stempeln ihn in romanhafter Ausschmückung zum Abkömmling des Kaisers Tiberius. Volkmar behauptet nun, daß allen diesen Sagen der Kern von Flavius Clemens zugrunde läge, daß dieser halb und halb ein Judenchrist gewesen, und daß ihn die Kirche wie die Synagoge beswegen zu dem Ihren machen konnte. Dagegen ist nun einzuwenden, daß den christlichen Sagen gerade die Hauptmomente abgehen: Clemens Verhältnis zum flavianischen Kaiserhause und sein Tod durch Domitian wegen seines etwaigen christlichen Bekenntnisses. Diese Sagen scheinen vielmehr an den Clemens anzuknüpfen, welcher im Philipperbrief als Begleiter des Apostels Paulus erwähnt wird. Und das ist ein ganz anderer Clemens; er hatte gar keine Ähnlichkeit mit jenem Neffen des Kaisers Titus und Domitian. Die älteren Kirchenschriftsteller denken daher gar nicht bei Clemens Romanus an Flavius Clemens. Erst jüngere Historiker indentifizieren sie künstlich und machen den jüdischen Proselyten zum Christen. Es liegt in der Sucht, jede in den jüdischen Kreisen irgendwie hervorragende Persönlichkeit als Christen auszugeben. Orosius macht die adiabenische Königin Helena zur Christin (hist. 76). Eine christliche Sage, die Eusebius aufbewahrt hat, läßt den jüdischen Philosophen Philo mit Petrus Umgang pflegen und ihn Zuneigung für das Christentum fassen (h. eccl. II, 17). In einer Kirche zu Pisa zeigte man das Grab des älteren Gamaliel, des Enkels Hillels I., der sich zum Christentum bekehrt und von der Kirche in den Rang der Heiligen erhoben worden. Das Grab, welches die Gebeine mehrerer solcher Bekehrten umschließen soll, hat die Inschrift:

Hoc in Sarcophago requiescunt corpora sacra
Sanctorum — . . Sanctus Gamaliel . . . .
Gamaliel divi Pauli didascalus olim,
Doctor et excellens Israelita fuit,
Concilii magni fideique per omnia cultor.

Den Patriarchen Hillel II. läßt Epiphanius vor seinem Tode die Taufe empfangen. Ganz dieselbe Glaubwürdigkeit hat aber auch die Bekehrung von Domitilla und Clemens. Sie hat nicht einmal das Alter für sich.

13.

Akylas, Aquila, Onkelos.

Über Akylas' sklavisch treue Übersetzung, wodurch er der griechischen Sprache Gewalt angetan hat, ist vielfach Klage geführt worden. Hieronymus gibt am deutlichsten die Art der akyläischen Übertragung an, daß er jede eigentümliche hebräische Partikel, jede Silbe, jeden Buchstaben im Griechischen wiederzugeben sich bemühte: Aquila proselytus et contentiosus interpres, qui non solum verba, sed et etymologias verborum transferre conatus est, jure projicitur a nobis ... Quod Hebraei non solum habent ἄρθρα sed et πρόαρθρα ille κακοζήλως et syllabas interpretetur et literas, dicatque σὺν τὸν οὐρανὸν καὶ σὺν τὴν γῆν quod graeca et latina lingua non recipit (de optimo genere interpretandi). Indessen ist der Widersinn einer solchen Übersetzungsweise zu groß, als daß gar nichts dahinter stecken sollte. Mir scheint der Schlüssel zu diesem Rätsel in dem Umstande zu liegen, daß Akylas Schüler R. Akibas war. Dieses bezeugt Hieronymus in der oben (S. 401) zitierten Stelle (Akibas quem magistrum Aquilae proselytae autumant) und Talmud (j. Kidduschin I, p. 59 a): אמר ר' אסי משום דר' יוחנן תרגם עקילס הגר לפני ר' עקיבא. Wie R. Akiba namentlich die Objektivpartikel את als angedeutete Erweiterung — לרבות — interpretierte — דרש כל אתין שבתורה, (S. 396), so gab Akylas jedes את durch σύν wieder, nicht um das hebräische Wort widerspiegeln zu lassen, sondern um den halachischen Sinn anzudeuten. Wie R. Akiba ferner in jedem Buchstaben einen Fingerzeig erblickte, so übersetzte Akylas jede Silbe und jeden Buchstaben, jedes ἄρθρον und πρόαρθρον. Eine solche nicht sowohl dem Sinn entsprechende, als vielmehr die Pleonasmen des hebräischen Textes wiedergebende Übersetzung war ein Zeitbedürfnis, und aus diesem Grunde war die Septuaginta verketzert, weil sie die Pleonasmen, die περιττά, zu Gunsten der griechischen Syntax verwischt hat, wie Epiphanius (de mensuris II.) erzählt. Origines sah sich daher genötigt, um die der Kirche dienende LXX bei Juden in Aufnahme zu bringen, alle weggelassenen Pleonasmen durch Asterisken zu bezeichnen: Ὠριγένης δὲ ... ἀποκατέστησε τῷ ἑκάστῳ τύπῳ τὸν ἐλλείποντα λόγον παρέθετο γὰρ αὐτῷ τὸν ἀστερίσκον. Οὐχ ὡς χρείας οὔσης ... περιττὸς γάρ ἐστιν, ἀλλ᾽ ἵνα μὴ παραλείψῃ Ἰουδαίοις — ἐπιλαμβάνεσθαι τῶν ἐν ταῖς ἁγίαις ἐκκλησίαις θείων γραφῶν (ib d.). Darum war eben Akylas' Übersetzung im jüdischen Kreise so sehr beliebt, weil sie dem Pathos jener Zeit, die Halacha in dem Schriftwort wiederzufinden, auf eine so vollständige Weise genügte. Origenes erzählt von dieser Beliebtheit bei den Juden: οὕτω γὰρ Ἀκύλας δουλεύων τῇ Ἑβραϊκῇ λέξει ἐκδίδωκεν εἰπών. φιλοτιμότερον πεπιστευμένος παρὰ Ἰουδαίοις ἑρμηνευκέναι τὴν γραφήν (Origenes ad Africanum 2). Akylas war demnach keineswegs Sklave des Buchstabens, sondern Herold des akibaischen Interpretationssystems. Daher werden aus seiner Übersetzung, wie aus keiner sonst, an vierzehn Stellen in der talmudischen und agadischen Literatur ganz geläufig zitiert, weil sie sich in die jüdische Sphäre hineingelebt hat. Diese Stellen sind in de Rossis Meor Enajim VI. c. 45. zusammengetragen. Die Septuaginta dagegen hat nicht dieselbe Autorität genossen, weil außer dreizehn Varianten gar nichts aus ihr in derselben Literatur zitiert wird. — Die Identität des Proselyten und griechischen Übersetzers Akylas oder Aquila mit dem Proselyten אנקלוס, dem die chaldäische Übersetzung zum Pentateuch zugeschrieben wird, braucht kaum bewiesen zu werden. Onkelos ist die orientalische Aussprache für Akylas. Zur Zeit des Talmuds hat das sogenannte Targum

Onkelos noch nicht existiert; sonst würde es mindestens dasselbe Ansehen wie wie Akylas' griechische Übersetzung erlangt haben, während im Gegenteil manche Übersetzungen, welche sich in unserem Targum Onkelos finden, vom Talmud und Midrasch geradezu verworfen werden, und nicht einmal als Zitate eines bestehenden Targum, sondern als Einfälle Unberufener: ‏ואיל׳ץ דמתרגמין‎ angeführt werden. (Vergl. Zunz, Gottesdienstliche Vorträge S. 75.) Alle Gegenbeweise, welche de Rossi (Meor Enajim c. 45) für die Verschiedenheit heranbringt, lösen sich in nichts auf, wenn für Gamaliel (‏ר״ג הזקן‎) R. Gamaliel II. emendiert wird. Man nannte nach Akylas die einfache wortgemäße, die Halacha berücksichtigende chaldäische Übersetzung ‏תרגום אונקלוס‎, ohne daß es einen Übersetzer dieses Namens gegeben hat. Frankel hat sich Mühe gegeben nachzuweisen (in der klassischen Schrift über den Einfluß der palästinensischen Exegese auf die alexandrinische Hermeneutik), daß Akylas und Targum Onkelos an manchen Stellen nicht nur differieren, sondern einander entgegengesetzt übersetzten (S. 15. i. 92. d. 101. r). Allein abgesehen davon, daß wir keine Gewißheit haben, ob die von Montfaucon gesammelten akyläischen Partieen wirklich als die seinigen zu betrachten seien, indem durch Origenes' Zusammenstellungen manches, was dem einen Übersetzer angehörte, dem anderen beigelegt wurde, kommt es gar nicht darauf an, daß beide Übersetzungen harmonieren müssen. Onkelos bedeutet weiter nichts, als eine einfache Hermeneutik. Das Targum Onkelos gehört der nachtalmudischen Zeit an. — Der Übersetzer Akylas scheint, je mehr man sich die einzelnen Umstände vergegenwärtigt, ganz unzweifelhaft identisch zu sein mit jenem Akylas, der mit Paulus in Verbindung gebracht wird (Apostelgeschichte 18. 2., Römerbrief 16. 3., 2. Timotheus 4. 19.). An der ersten Stelle wird Akylas als von Pontus gebürtig angegeben, Ποντικὸς τῷ γένει, der Übersetzer war ebenfalls aus Sinope in Pontus, wie Epiphanius (de ponderibus XIV) und Sifra (Sect. Behar. 1, 9, ‏ולא מה שהביא עקילס לעבדיו במשום‎) bezeugen. Diese Identität des jüdischen Proselyten und des Apostelgefährten Akylas stellt auch Epiphanius (und nach ihm Capellus) auf, (ibid. XV.), nur muß er ihm, auf der Erzählung von dem Umgang desselben mit Paulus fußend, eine lange Lebensdauer geben, von der Zeit vor der Tempelzerstörung bis Hadrian. Die gesunde Kritik sieht sich aber genötigt, da Akylas' Zeitgenossenschaft mit R. Akiba unerschütterlich feststeht, die neutestamentliche Erzählung von demselben für pseudepigraphisch und anachronistisch zu halten, daß nämlich jener Umgang desselben mit Paulus erdichtet sei. Die Sage in der Apostelgeschichte und den zitierten Episteln stammt noch aus der Zeit, als Akylas noch dem Christentum angehörte, d. h. der trajanischen Zeit. Daraus würden sich aber einige biographische Momente für Akylas ergeben, daß seine Frau Priscilla geheißen, daß er Teppichweber gewesen, und daß die Christen auf seine Bekehrung einen so hohen Wert gelegt haben, daß sie ihn als Apostelgenossen aufführten. Weiteres über ihn in der folgenden Note.

14.

Die Aufstände in Palästina unter Trajan und Hadrian und das Apokryphon Judith.

Sehr viel ist in jüngster Zeit über das apokryphische Buch Judith geschrieben worden. Prof Volkmar hat in verschiedenen Zeitschriften und in einer eigenen Schrift (Handbuch der Einleitung in die Apokryphen, T. I,

Tübingen 1860) die von Hitzig hingeworfene Ansicht zu immer größerer Klarheit und historischer Tatsächlichkeit entwickelt, daß dieses Apokryphon im Ausgange der Trajanischen und im Beginne der Hadrianischen Regierungszeit gedichtet worden ist. Trotz der wuchtigen Einwürfe von Seiten Hilgenfelds und Lipsius' (in Hilgenfelds Zeitschr. f. wissensch. Theol. Jahrg. 1858—59—61) schließe ich mich doch Volkmars Annahme vollständig an, bis auf das, wo — mein geehrter Freund gestatte mir den Ausdruck — er des Guten zu viel getan hat. Da die Basis für diese Ansicht meine Kombination vom Krieg des Quitos oder Quietus (Polemos schel Quitos) bildet, so muß ich gewissermaßen solidarisch dafür aufkommen, meine Kombination gegen alle Anfechtung wahren und die Haupteinwürfe widerlegen, welche von gegnerischer Seite dagegen geltend gemacht wurden. Mit Recht bemerkt nämlich Lipsius, der recht gründlich auf dieses Thema eingegangen ist, daß, wenn der Polemos schel Kitos in nichts oder in einen Scheinbeweis aufgelöst wird, die übrigen von Volkmar und von mir aufgestellten Argumente ihre Beweiskraft verlieren. Der Beweis von Dio Cassius (68, 32), das Lusius Quietus wegen seines Vernichtungskrieges in Mesopotamien und auch gegen die dortigen Juden zum Hegemon, gewissermaßen zum Legaten von Palästina, von Trajan ernannt worden (ὥστε ἐς τοὺς ἐστρατηγηκότας ἐγγραφῆναι καὶ ὑπατεῦσαι τῆς τε Παλαιστίνης ἄρξαι Κύητον) ist allein nicht entscheidend; denn es folgt noch nicht daraus, daß in Trajans Zeit in Palästina ein Aufstand ausgebrochen wäre, den Quietus zu dämpfen gehabt hätte. Auch das Zeugnis Spartians, daß im Anfang der hadrianischen Regierung Palästina und Lycien einen aufständischen Sinn gezeigt haben: Lycia et Palaestina rebelles animos efferebant (in Hadrianum c. 1.) spricht nicht deutlich genug von einem faktischen Aufstande. Das Märtyrertum des Bischofs oder Presbyters Simeon Clopa, dessen Datum Volkmar ins Jahr 116 versetzen zu können glaubte, hat Lipsius so ziemlich aller Beweiskraft entkleidet. Dieses ist entweder überhaupt sagenhaft oder fällt, wenn geschichtlich, ins Jahr 102—103 (Lipsius, das. Jahrg. 1859, S. 90 ff.).

So bleibt denn nur noch meine Kombination des Polemos schel Quitos als alleiniges Argument für einen Aufstand der palästinensischen Juden unter Trajan übrig. Da nur dieses allein das ganze Gewicht der Beweiskraft tragen muß, so bin ich verpflichtet, es besser zu begründen und auch Lipsius' Einwürfe zu widerlegen und zu beweisen, daß derselbe sich nicht auf den Aufstand der Juden in Mesopotamien, sondern gerade auf Palästina bezieht. Um den Leser in den Stand zu setzen, selbst darüber zu urteilen, setze ich die betreffende Stelle aus der quasi-Chronik des Seder Olam (Ende) hierher. Dieses tradiert (nach der richtigen Lesart, welche Asarja be' Rossi aus einer Handschrift vom Jahre 1370 erhalten hat (Meor Enajim, c. 19): מפולמוס של אסוירוס עד פולמוס רומיים של אספסינוס שמונים שנה. מפולמוס של אספסינוס עד פולמוס של קיטוס נ״ב שנה. מפולמוס של קיתוס עד מלכות בן כוזיבא י״ו שנה. ומלכות בן כוזיבא ג' שנים ומחצה Also vier Polemoi oder Kriegsfährlichkeiten werden hintereinander aufgezählt, wohlverstanden solche, die sämtlich in Palästina gespielt haben. Von diesen vier zählt die Mischna, also eine mit dem Seder Olam ziemlich zeitgenössische Quelle, nur die drei letzten auf, aber nicht zu chronologischen Zwecken, sondern als Data für eingeführte Trauerbräuche (Sota Ende) בפולמוס של אספסינוס גזרו על עטרות חתנים ועל האירוס. בפולמוס של טיטוס (קיטוס) גזרו על עטרות כלות ושלא ילמד אדם את בנו יונית בפולמוס האחרון גזרו שלא תצא כלה באפיריון בתוך העיר. Meine Kombination, daß man auch קיטוס statt טיטוס lesen müsse, hat sich durch eine alte Handschrift der Mischna (im Besitz des Buchhändlers Herrn Adolph in Berlin) bestätigt;

(Maskir, hebr. Bibliographie B. VII., Jahrg. 1864, S. 22). So ist denn die Lesart und damit der Polemos schel Quitos gesichert und unanfechtbar. Gehen wir diese vier Polemoi der Reihe nach durch, um die chronologischen Punkte zu fixieren. 1. פולמוס של אכזריוס 80 Jahre bis zum Kriege Vespasians. Ich habe B. III, 4. Aufl., Note 18, S. 714 aufgestellt, daß man für das jedenfalls korrumpierte אסזריוס lesen müsse וירוס oder ואדום, und das Faktum bezieht sich demnach auf die kriegerische Verwirrung nach Herodes' Tod und auf Varus, die sie mit Blut gedämpft hat. Die Zahl der Jahre stimmt allerdings nicht ganz; denn von Herodes' Tod bis zu Vespasian, d. h. bis zur Tempelzerstörung verliefen nur 3 + 68 = 71 Jahre. Neulich erfuhr ich, daß in einer Handschrift des Seder Olam im Besitze des Herrn Mandelstamm die Lesart vorkommen soll פולמוס של הורדוס. Aber auch dieses gibt keine genaue Zahl an. Denn Herodes hat nur zu Anfang und am Ende seiner Regierung ein imposantes Gemetzel unter den Patrioten angerichtet; für das erste ist die Zahl zu wenig und für das letzte auch, um 8 oder 9 Jahre zu viel. Die Zahl 80 muß also als eine runde angesehen werden. 2) פולמוס של אספסינוס. „Der Krieg der Römer des Vespasian" braucht weiter nicht beleuchtet zu werden. Nur muß ich gegen Volkmar und Lipsius hervorheben, daß er durchaus identisch ist mit der Tempelzerstörung (חרבן הבית, Ende des Krieges, und nicht etwa mit dem Beginne desselben, wie diese beiden Autoren annahmen, um die Zahl der Jahre zu rechtfertigen. Abgesehen davon, daß man wohl schwerlich Trauerzeichen während der Dauer oder gar im Anfang eines Kampfes einführt, wenn man noch auf Sieg hofft, so erscheint in der Mischna jene Nachricht von Polemos schel Aspasianos in Verbindung mit der Tempelzerstörung: משחרב הבית unter Vespasian. Den Kalkül von Volkmar und Lipsius daß. muß ich für verfehlt halten. Die sichere Basis dafür ist, daß die jüdischen Chronographen — ebenso die syrischen — die Tempelzerstörung um zwei Jahre früher als üblich ansetzen, nämlich 3828 aera mundi oder 379 aera Seleucidarum, also nicht 70 nach der christlichen Zeitrechnung, sondern 68 (vgl. Babli Aboda Sara 8. b: Seder Tannaim we Amoraim, p. 7, שנת קע״ב לחרבן הבית בשנייה שלמו ארבעה אלפים). Auf diesen chronologischen Punkt glaube ich christliche Forscher aufmerksam machen zu müssen. Ein zweiter, ebensowenig beachteter Punkt ist, daß das damalige jüdische Jahr, meistens ein Mondjahr, viel kürzer war, als das römische, nur aus 354—355 Tagen bestehend. Schaltjahre zur Ausgleichung des Sonnenjahres mit dem Mondjahre waren nicht regelmäßig eingefügt worden. Wenn demnach der Terminus a quo des Polemos schel Aspasianos 68 war, so bleibt allerdings der Terminus ad quem bis zum Polemos schel Quitos 52 Jahre zweifelhaft, maximum bis 120, aber ebensogut 118 der christl. Zeit. Man ist sogar genötigt, das Jahr 118 anzunehmen; denn bis Bar-Kochba und den Untergang Betars werden noch 16 + 3½ = 19½ Jahre angesetzt, was sich gar nicht ausgleichen läßt, wenn man den Polemos Q. 120 setzt. Allein hier kommen uns die römischen Quellen zu Hilfe. Dio Cassius referiert (69. 2), daß Hadrian Lusius Quietus mit noch drei Konsularen im Anfang seiner Regierung (ἐν ἀρχῇ τῆς ἡγεμονίας) habe hinrichten lassen. Spartian erzählt (in Hadrianum c. 5., 6.), Hadrian sei im Anfang seiner Regierung, um den üblen Eindruck von der Hinrichtung der vier Konsularen zu verwischen, nach Rom geeilt: unde statim Hadrianus ad refellendam tristissimam de se opinionem, quoad occidi passus esset uno tempore quatuor consulares (Lusium Quietum in itinere) Romam venit. Nun war Hadrian, wie die Münzen dokumentieren (bei Eckhel und Clinton, Fasti Romani ad. 118), im Jahre 118 in Rom.

Folglich ist Quietus spätestens 118 getötet worden. Daran ist nicht zu rütteln. Was Lipsius dagegen geltend gemacht hat, ist nicht stichhaltig (Zeitschrift a. a. O. S. 111 folg.). Der Polemos schel Quitos ist also spätestens 118 anzusetzen. Wir kommen jetzt zu 3. פולמוס של קיטום.

Dieser Polemos hat ebensogut wie die zwei vorangegangenen in Palästina stattgefunden. Denn es sind Verordnungen von einer palästinensischen Behörde deswegen erlassen worden, daß die Bräute nicht mehr Kronen tragen und Juden nicht mehr das Griechische lernen sollen. Dieses galt den palästinensischen Juden. Zum Überflusse kann die Tosifta Sota als Beweis dienen, daß, heißt es: בפולמוס של טיטום (קיטום) גזרו . . . שלא ילמד את בניו יונית, התירו להם לבית רבן גמליאל ללמד את בנותיהן יונית מפני שהן קרובין למלכות. Man hat also in Palästina zugunsten des Patriarchenhauses eine Ausnahme gemacht.

Dasselbe Resultat, daß in Trajans Zeit in Palästina ein Aufstand der Juden ausbrach, wird auch von einer andern Seite aus bestätigt. Der armenische Text von Eusebius' Chronik hat zum ersten Jahre Hadrians: Hadrianus Judaeos subegit tertio contra Romanos rebellantes. Hieronymus gibt diesen Passus wieder: H. Judaeos qui ter contra Romanos rebellaverant, ad oboedientiam revocavit. Nach dieser Parallele hat man keinen Grund, im armenischen Texte tertio in secundo zu emendieren. Denn Eusebius schwankte zwischen zwei Nachrichten, von denen die eine den Aufstand der Juden unter Hadrian in sein erstes Regierungsjahr setzte, und die andere ihn gegen das Ende der hadrianischen Zeit verlegte. Jedenfalls hat auch die Eusebianische Quelle die Tradition erhalten, daß die Juden dreimal Aufstände gemacht haben, nämlich den ersten unter Nero-Vespasian = פולמוס של אספסינוס, den dritten unter Hadrian, der dem פולמוס האחרון der Mischna entspricht. So bleibt noch der mittlere Aufstand übrig, der also unter Trajan oder Quietus zu setzen ist, und dem פולמוס של קיטום entsprechen muß. Auch diese dritte στάσις muß nach Palästina verlegt werden. Durch diese feste Grundlage, daß Quietus einen Aufstand in Judäa niedergeschlagen hat, erhalten sowohl Dio Cassius' wie Spartians Züge mehr Deutlichkeit und Prägung. Mit Recht hebt Volkmar hervor, wenn Quietus eine so hohe Stellung unter Trajan eingenommen habe, daß er ἐστρατηγητικός, d. h. legatus pro praetore, ferner Konsul (suffectus) war und gar zum Nachfolger designiert wurde, so muß es für ihn, den rauhen, rücksichtslosen Krieger, in Palästina eine schwere Arbeit gegeben haben. Warum hat ihn Trajan zum Statthalter dieses kleinen Ländchens gemacht (Ἰουδαίας ἡγεμών bei Eusebius hist. eccl. IV, 2), das sonst nur ein Anhängsel von Syrien war und nur einen Landpfleger (ἐπάρχων) zu haben pflegte? Spartians Darstellung: Palaestina animum rebellem efferebat erhält auch einen guten Sinn. Bei Hadrians Regierungsantritt war der Aufstand bereits gedämpft, d. h. die Krieger niedergeschlagen, aber es gärte noch in den Gemütern. Diese Aufregung scheute Hadrian und machte auch den Juden Konzessionen. Das will doch offenbar Spartian mit den Worten aussagen: tenendae per orbem terrarum paci operam intendit Nam . . . Lycia denique ac Palaestina rebelles animos efferebant. Hier schließt sich die Nachricht in Genesis Rabba (c. 64) vortrefflich an, daß das sündhafte Reich zur Zeit R. Josuas angeordnet habe, den Tempel wieder aufzubauen, daß Pappus und Julianus Wechseltische für die Beisteuer zum Bau von Akko bis Antiochien aufgestellt haben (הושיבו פפום ולוליאנוס טרפיין מעכו עד אנטוכיא (היה מספקין) לעולי גולה כסף וזהב וכל צרכם, daß der Befehl infolge der Denunziation von Samaritanern zurückgenommen wurde, daß sich das Volk in der Rimmonebene zum Aufstande zusammengerottet habe (והון קהליא מצוותין) (בהדא בקעת בית רמון . . בעון לממרד על מלכו), und daß R. Josua sie durch eine Fabel beschwichtigt hat, deren Nutzanwendung war: „Es ist genug, daß wir von diesen (den Römern) mit heiler Haut davon gekommen sind דיינו שנכנסנו לאומה וו כשלים ויצאנו בשלום). Die Konzession, welche Hadrian den Juden bei der Übernahme des Imperium machte, war also die Erlaubnis gewesen, den Tempel wieder aufbauen zu dürfen.

Der Tempelbau oder auch nur die Intention dazu, sowie die Restauration Jerusalems zugunsten der Juden in der hadrianischen Zeit ist auch ein wichtiges Moment für diese Untersuchung. Denn diese Konzession des Kaisers würde auf eine vorangegangene Schilderhebung schließen lassen. Wir müssen daher diesen Punkt näher ins Auge fassen. Auf die Notiz bei dem konfusen Kirchenvater Epiphanius, auf welchen man sich zum Beleg dafür beruft (de ponderibus et mensuris No. 14) kann ich bei näherer Betrachtung nicht viel geben. Sie spricht offenbar von der Restauration Jerusalems nach dem Bar-Kochba-Kriege, als die heilige Stadt Alia genannt wurde. Epiphanius setzt dieses Faktum nach Hadrians großen Reisen, als er Ägypten und Judäa besucht hatte (στέλλεται τὴν πορείαν ἐπὶ τὴν τῶν Αἰγυπτίων γῆν . . . . καὶ ἔρχεται εἰς τὴν Παλαιστίνην), wenn er auch in konfuser Weise die Zeit näher bestimmt: 47 Jahre nach der Tempelzerstörung μετὰ ἔτη μζ' τῆς τῶν Ἱεροσολύμων ἐρημώσεως. Er ist nämlich befangen von der Nachricht, daß der Bar-Kochba-Krieg, die Vertilgung der Juden und die Verwandlung Jerusalems in Älia Kapitolina, das alles im ersten Jahre Hadrians, also ungefähr 47 Jahre nach der Tempelzerstörung stattgefunden habe. Es stimmt allerdings damit sehr schlecht, daß Hadrian zum Aufseher über den Bau der heidnisch metamorphosierten Stadt den jüdischen Proselyten und Übersetzer Akylas gesetzt habe, der Hadrians Schwiegervater gewesen sei: καὶ λαβὼν τὸν Ἀκύλαν . . . τὸν ἑρμηνευτὴν καὶ αὐτοῦ πενθερίδην¹) ἀπὸ Σινώπης δὲ τῆς Πόντου ὁρμώμενον, καθίστησιν αὐτὸν ἐκεῖσε ἐπιστάτην τοῖς ἔργοις τῆς πόλεως κτισμάτων.

---

¹) Die Verwandtschaft Akylas' mit Hadrian, deren Epiphanius, Chronicon paschale erwähnen, verdient einige Worte. Vor allem ist es falsch, was Münter (jüdischen Krieg Seite 93) und nach ihm Jost behaupten, Epiphanius habe diesen Zug von Akylas' Verwandtschaft von irgend einem Rabbinen, d. h. von talmudischen Zeitgenossen. Nun, wenn die Nachricht aus einer solchen, kritisch geläuterten Quelle geflossen wäre, dann dürfte sie auf Historizität Anspruch machen. Aber dem ist nicht so; die talmudische und agadische Literatur weiß nichts von dieser Verwandtschaft, obwohl sie Akylas mit Hadrian in nahe Verbindung bringt (Genesis Rabba c. 70., Exod. Rabba c. 30 und M. Kohelet). Nur Midrasch Tanchuma (Sect. Mischpatim) macht Akylas zu Hadrians Brudersohn — הגר אקילוס בן אחותו של אדריינוס היה, allein man ist imstande nachzuspüren, woher der Midrasch diesen Zug hat. Er stammt augenscheinlich aus einer Verwechselung mit Kleonymos (oder, wie ich nachzuweisen versucht habe, mit Flavius Clemens S. 404), welcher als Schwestersohn des Titus gilt; nur erscheinen hier, was überhaupt den jüngern Midraschen charakteristisch ist, mehrere Agadas verquickt und überarbeitet. Nach Gittin berät sich אונקלוס בר קלונימוס (richtiger בר קלינימוס), welcher Titus' Schwestersohn ist בר אחתיה דטיטוס, mit seinem Oheim über den Entschluß, zum Judentume überzugehen, weil die Juden eine glänzende Zukunft haben. Nach Deuteron. Rabba. c. 2 und Aboda Sara. 10 b hat sich ein römischer Senator (συγκλητικός סנקליטוס, in welchem jener בר קלונימוס durchschimmert), selbst beschnitten und sich aufgeopfert. Tanchuma zerreißt diesen Senator אונקלוס בר קלונימוס in zwei und

Von mehr Beweiskraft ist, abgesehen vom Hymnos der jüdischen Sibylle im ersten Buche der Sibyllinen, aus Hadrians Zeit, worüber sich aber streiten läßt, ich sage von mehr Beweiskraft ist die Notiz im Barnabasbrief (Nr. 12 der alten Edition), auf die Volkmar aufmerksam gemacht hat. Der angebliche Mitapostel Paulus polemisiert gegen die Heiligkeit des jüdischen Tempels. Dann heißt es: Diejenigen, welche diesen Tempel zerstört haben, werden ihn erbauen. Weil sie (die Juden) Krieg führten, wurde er von den Feinden zerstört. Jetzt werden ihn nun die Diener der Feinde wieder aufbauen, aber offenbar nur," damit die Stadt, der Tempel und das Volk Israel wieder preisgegeben werde." Die ganze Stelle lautet im Original: νῦτε, ὅτι μάταια ἡ ἐλπὶς αὐτῶν. Πέρας γοῦν λέγε (λέγουσι?). ἰδοὺ οἱ καθελόντες τὸν ναὸν τοῦτον, αὐτοὶ αὐτὸν οἰκοδομήσουσι γίνεται διὰ γὰρ τὸ πολεμεῖν αὐτοὺς καθηρέθη ὑπὸ τῶν ἐχθρῶν. νῦν καὶ αὐτοὶ οἱ τῶν ἐχθρῶν ὑπηρέται αὖθις οἰκοδομήσουσιν αὐτόν κ. τ. λ. (Über die Abfassungszeit des Barnabas-Briefes, s. die vortreffliche Dissertation von Volkmar im Programm der Züricher Universität von 1865).

Volkmar zieht auch als Beweis für die Vorbereitung, den Opferkultus in der hadrianischen Zeit zu restaurieren, jene halachische Differenz zwischen R. Elieser ben Hyrkanos und R. Josua, ob man ohne Surrogate für Tempelmauern opfern dürfe (Edujot VIII, 6 und Parallelst.): א"ר יהושע שמעתי שמקריבין ואפילו שאין בית. Es kann wohl sein, daß diese Frage damals von praktischer Bedeutung war; aber zwingend ist der Beweis keineswegs. Man müßte denn die damit zusammenhängende Tradition zu Hilfe nehmen, die in Tosifta Edujot (III. Ende) erzählt wird. Einst fand man auf dem Platze einer ehemaligen Tempelhalle Menschengebeine; aus diesem Grunde wollten die damaligen Weisen Jerusalem für durchweg unrein erklären (wie ehemals Tiberias). Darauf fuhr R. Josua sie an: „Schämt ihr euch nicht, daß wir unseren Tempelplatz für unrein halten sollen? Wo bleiben die in der Sintflut Umgekommenen, wo die von Nebuchadnezar Erschlagenen, wo die, welche seit dem letzten Kriege gefallen?" מעשה שנמצאו עצמות בירושלם בדירת עצים ובקשו חכמים לטמא את ירושלם כלה אמר להם ר' יהושע (לא) בושה וכלימה היא לנו שנטמא את ביתנו! איה מתי מבול איה ההרוגי נבוכדנצר איה ההרוגים שנהרגו מן המלחמה ועד עכשיו. Diese Erzählung wird auch in Babli Sebachim (113. a.), mit einigen Varianten mitgeteilt. Der letzte Passus von den Erschlagenen im (letzten) Kriege fehlt, scheint jedoch nur ausgefallen. Es ergibt sich daraus, daß das Faktum nach dem römischen Kriege und nach der Tempelzerstörung spielte. Wichtiger ist die Variante statt שנטמא את ביתנו die Lesart: שנגזור טומאה על עיר אבותינו. Nach dieser handelt es sich um die Verunreinigung der Stadt, nach der ersten dagegen gar um die der Tempelstätte. Man könnte daraus folgern, daß damals die Frage auftauchte, ob man diese Stadt zum Kultus einrichten dürfe, da man unter der Erde Menschengebeine gefunden. R. Josua wollte es gemacht aus dem einen עקילס (Variante אונקלוס), der mit Hadrian dieselbe Beratung hält, und aus dem andern einen Senator (συνκάθεδρος, סנקתדרון, Lesart des Aruch), der sich das Leben nimmt, nachdem er vor Hadrian ein Wort zugunsten der Juden gesprochen. Offenbar ist hier Akylas mit jenem בר קלונימוס und Hadrian mit Titus verwechselt. Da nun also weder das Chronicon paschale noch Epiphanius ihren Zug πενθερός oder πενθερίδης Ἀδριανοῦ aus dem Tanchuma geschöpft haben können, aber sie auch nicht aus dem Finger gesogen haben, so muß die Verwandtschaft des Hadrian mit Akylas auf irgend einem Mißverständnis beruhen.

statten, und diesem schließt sich in der Tosifta unmittelbar die Tradition an, daß R. Josua auch für unbedenklich erklärt habe, zu opfern, wenn auch keine Mauern und keine Umhänge (als Surrogat) um die Tempelstätte gezogen sind. Ja schon der Umstand, daß man in der ehemaligen Holzhalle (לשכת דיר העצים), im Frauenvorhofe Gebeine gefunden, also gegraben hat, spricht dafür, daß man damals etwas mit dem Tempelplatze vorhatte, also wahrscheinlich ihn zum Kultus einrichten wollte.

Dieses Faktum, daß zur Zeit Hadrians oder, was dasselbe ist, zur Zeit R. Josuas der Tempel wieder hergestellt werden sollte, daß sich aus Midrasch zu Genesis, aus des Barnabas' Brief und aus einer alten talmudischen, richtiger mischnaitischen Tradition ergeben hat, wird noch von einer andern Seite bestätigt.

Ich komme noch einmal darauf zurück: Die Vorbereitungen zum Tempelbau in der ersten Regierungszeit Hadrians können nur als ein Zugeständnis dieses Kaisers an die Wünsche der palästinensischen Juden angesehen werden, und dieses läßt auf einen vorangegangenen Aufstand der Juden schließen. Bei jenen Vorbereitungen haben Julianus und Pappus eine Rolle gespielt (s. S. 408). Aus einer alten Tradition ergibt sich, daß dieselben der „Stolz Israels" genannt wurden (Sifra oder Thorat Kohanim sec. Bechukotaj): ושברתי גאון עוזכם אלו הגאים שהם גאונם של ישראל כגון פפוס (¹בן יהודה) ולוליינוס אלכסנדרי וחבריו. Einer von diesen beiden oder vielleicht beide, waren Alexandriner, wenn sie nämlich Brüder waren, und konnten recht gut mit dem Leiter des Aufstandes in Ägypten, Andreas, in Verbindung stehen.

Wir kommen jetzt auf den Punkt des יום טוריינוס, der mit diesem Thema zusammenhängt und von Lipsius anders aufgefaßt wurde (Hilgenfelds theol. Zeitschr. II. S. 105 f.). In der Rolle der Halbfeiertage oder der sogenannten Fastenrolle (Megillat Taanit) wird nämlich der 12. Adar ebenfalls als ein Gedenktag aufgeführt unter diesem Namen, schreiben wir vor der Hand Turjanus-Tag. An fünf verschiedenen Stellen, die in einigen Punkten variieren, wird ein Ereignis, das Julianus und Pappus betraf, als Grund dieser Halbfeier angegeben, aber gerade diese Varianten sind für unser Thema von Erheblichkeit. Sie sind sämtlich eine und dieselbe Tradition in der Fassung einer alten Boraita. Diese Stellen sind (um Wiederholen zu vermeiden, bezeichne ich sie durch römische Zahlzeichen): I. im Scholion zu Megillat Taanit zur Stelle; II. Sifra (oder Thorat Kohanim) sect. Emor. Perek 9 gegen Ende; III. Babli Taanit p. 18. b; IV. in dem apokryphischen Traktat Semachot (oder Ebel Rabbati) c. 8; V. Midrasch Rabba zu Kohelet p. 93. c. Der Hauptinhalt ist in allen diesen Stellen derselbe; Turjanus hat Julianus und seinen Bruder Pappus in Laodicea gefangen, ihnen den Prozeß auf den Tod gemacht, und höhnisch ihnen zugerufen: „Wenn ihr vom Volke des Ananja, Michael und Asaria seid, so möge Gott euch aus meiner Hand retten, wie er jene aus der Hand Nebuchadnezars gerettet hat." Darauf hätten sie erwidert, der chaldäische König sei würdig gewesen, daß vor ihm ein Wunder geschehe, Turjanus dagegen sei nicht würdig dazu. Ohnehin hätten sie den Tod ver-

---

¹) Ich halte den Passus בן יהודה für ein schlechtes Glossem, entstanden aus der Verwechslung dieses Pappus mit jenem Pappus ben Jehuda, der während oder nach dem hadrianischen Kriege mit R. Akiba zusammen eingekerkert worden ist. Dieser letztere hat aber keine politische und überhaupt gar keine Rolle gespielt, und ist nur wegen nichtiger Dinge eingekerkert worden: על דברים בטלים.

dient, und falls er sie in Freiheit setzen sollte, so würde sie Gott durch andere Schickungen umkommen lassen. Gleich darauf sei eine Staatsschrift eingelaufen, (דיפלי פרומי)[¹]), und man hätte diesem Turjanus das Gehirn mit Keulen eingeschlagen. Die Varianten sind nun folgende: Den Namen schreibt I, III טרכינוס; V טרכינוס, IV טרגיאנוס und II gar מריגוס. — I, II, III geben nur an, Turjanus habe Julianus und Pappus lediglich gefangen, כשתפס טורייגוס את לולינוס ואת פפוס אחיו בלידקיא; I hat: כשבקש ט' להרוג, IV und V haben dagegen: כשהרג טוריינוס, als wenn er sie faktisch hätte hinrichten lassen. — Eine fernere Variante ist: Vier Stellen haben den Zug gar nicht im Kontexte, daß er sie hätte erschlagen lassen; nur III hat den Zusatz: אף על פי כן הרגן מיד; V hat die Variante: אמרו לא מהו עד שראו מחטטין בעיניו, abweichend von den übrigen. Das hieße also, Julianus und Pappus hätten noch das Strafgericht über Turjanus mit angesehen und erlebt. Endlich vier Stellen: Turjanus König: מלך רשע; III. dagegen spitzt den Gegensatz derart zu, daß Turjanus ein **Privatmann** gewesen, im Gegensatz zum König Nebuchadnezar und also nicht verdiente, daß durch ihn ein Wunder geschehe: ואותו נבוכדנצר מלך הגון היה .... הרשע הדיוט הוא. Es ist also nach den Quellen zweifelhaft, ob Julianus und Pappus bei dieser Verfolgung umgebracht worden oder nicht.

Es stellt sich aber heraus, daß zwei Versionen darüber existieren. Der babylonische Talmud unterscheidet nämlich ganz entschieden **Schemaja und Achija, seinen Bruder** (שמעיה ואחיה אחיו), welche später, an demselben Tage, am 12. Adar umgekommen sind, von Julianus und Pappus. Babli das. wird erzählt, R. Nachmann habe am 12. Adar einen Fasttag ausgeschrieben. Interpelliert, wie das geschehen durfte, da man doch an demselben wegen des Gedenktages יום טורייגוס nicht fasten dürfe, erwiderte R. Nachmann, diesen Tag habe man (später) aufgehoben, weil Schemaja und Achija an demselben hingerichtet worden seien. Raschi erzählt z. St. und Pesachim p. 50 b., sowie Nathan Romi im Aruch (s. v. הרג) eine Tradition. Eine Kaisertochter wurde erschlagen und die Juden seien dieses Mordes beschuldigt worden; darauf hätten sich Schemaja und sein Bruder selbst als Mörder angegeben, um Israel zu retten. Das seien die in Lydda Hingerichteten הרוגי לוד. Man muß also im babylonischen Talmud unterscheiden: יום טורייגוס נופיה בטול בטליה הואיל ונהרג בו שמעיה ואחיה אחיו, die also wirklich **hingerichtet worden sind**, von: כשבקש טוריינוס להרוג את לולינוס ופפוס אחיו (?) בלודקיא, **welche hingerichtet werden sollten.** Das erstere spielte in Lydda, das letztere in **Laodikea.** Nach der Darstellung im babylonischen Talmud und den damit gleichlautenden Quellen war der Sachverhalt also: **Turjanus, ein Privatmann** (הדיוט ἰδιώτης) wollte Julianus und Pappus in **Laodikea** hinrichten lassen und rief ihnen höhnend zu, Gott möge doch ein Wunder für sie tun sie aus seiner Hand zu retten. Ehe sie aber hingerichtet werden sollten, traf aus Rom ein Schreiben ein, welches befahl, Turjanus zu erschlagen. Der jerusalemische Talmud dagegen, oder richtiger ein Amora des 5. Jahrhunderts **Jakob ben Acha** gibt an, Julianus und Pappus seien an diesem Tage erschlagen worden (j. Taanit II. p. 66 b.): א"ר יעקב בר אחא בטל יום חיריון יום שנהרג לולינוס פפוס. Dieser Jakob ben Acha hat also entweder Julianus-Pappus mit Schemaja-Achija identifiziert oder verwechselt, oder gar das Faktum so gedeutet als wenn der Turjanustag deswegen aufgehoben wurde, weil die Freude an der Rettung keine ungemischte war, indem doch die Angeklagten Julianus und Pappus an

---

[¹]) דיפלי, besser דיפלי διπλῆ = δίπλωμα, ein Diplom, eine Staatsschrift.

demselben hingerichtet worden wären. Seine Angabe hat also keineswegs den Wert einer Tradition, sondern den einer harmonistischen Ausgleichung, einer Privatansicht. Noch wird zwar im jerusalemischen Talmud von den beiden erzählt, sie hätten sich dem Märtyrertume unterziehen wollen, indem sie nicht einmal Wasser in gefärbtem Glase, das eine Weinfarbe hatte, auf Verlangen eines Machthabers, hätten trinken wollen: כגון לוליינוס ופפוס אחיו שנתנו להם מים בכלי זכוכית צבועה ולא קבלו מהן (j. Schebiit IV. p. 35 a. Synhedrin III. p 21. p.) Allein daraus geht noch nicht hervor, daß sie faktisch als Märtyrer gefallen sind, sondern nur, daß sie sich dem Tod hätten unterziehen wollen, um auch den Schein zu vermeiden, als hätten sie Heidenwein getrunken.

Es scheint aber, daß diejenige Version, welche annimmt, daß Julianus und Pappus beim Verhöre, noch vor dem gewaltsamen Tode des Turjanus hingerichtet worden wären, von einem Mißverständnis beherrscht ist. Es zirkulierte eine Tradition von den הרוגי לוד, welche am 12. Adar in Lydda erschlagen worden sind. Darunter sind nun, wie R. Nachman im babylonischen Talmud angibt, Schemaja und Achija zu verstehen. Da aber Julianus und Pappus in dem ähnlich klingenden Laodikea hochnotpeinlich verhört worden sind, so verwechselte man הרוגי לוד mit תפוס לודקייא. Eine Notiz in Midrasch Kohelet p. 104 c. stellt sie zusammen: ר' אחא הוה מתחמד למחמי אפוי (ד') רבי אלכסנדרא . איתחמי ליה בחולמיה הראה ב' הרוגי לוד אין לפנים המיצתהן. כרוך שהבכיר חרפתן של לוליאנוס ופפוס. ואשרי מי שבא לכאן ותלמודו בידו. Der Satz von Julianus und Pappus ist hier offenbar bloß eingeschoben, um die „Märtyrer von Lydda" näher zu bezeichnen, denn der Träumer sollte doch bloß zwei Sentenzen gehört haben, während hier drei aufgezählt sind. Dieselbe Erzählung kommt auch im babylonischen Talmud vor (Pesachim p. 50. a. Baba Batra 10. b.) mit andern Namen der Tradenten, aber da heißt es ganz einfach: הרוגי לוד אין אדם יכול לעמוד במחיצתן oder הרוגי מלכות; nur die Kommentatoren, wie Raschi (jedoch schwankend) identifizieren Julianus und Pappus mit den „Märtyrern von Lydda", d. h. mit Schemaja und Achija.

Sehen wir das Faktum kritisch an, so kann der Sachverhalt gar nicht zweifelhaft sein. Vorausgesetzt, daß die Motivierung des Turjanustages als Halbfeiergedenktages richtig ist, daß die Rettung erfolgte, weil Turjanus, der Bluttrichter von Julianus und Pappus, plötzlich, kurz nach dem angeführten Dialoge durch einen Befehl von Rom getötet worden ist, so müssen die beiden Angeklagten am Leben geblieben sein. Denn waren sie so wichtig, daß sich die Nation mit ihnen gewissermaßen indentifizierte, so kann sich die Feier des Tages nur auf ihre Rettung durch die plötzliche Hinrichtung des Blutrichters beziehen. Wären sie an dem Tage doch getötet worden, so gab es keinen Grund für eine freudige Stimmung. Wenn es ferner heißt, daß man den Turjanustag aufgehoben hat, בטולי בטלה, weil an demselben Märtyrer, seien es zwei oder mehrere, gefallen sind, so können diese nicht Julianus und Pappus gewesen sein, sondern die הרוגי לוד, oder wie R. Nachman tradiert, Schemaja und Achija. Für die Identität dieser zwei Paare, nehmen wir gar an, spricht gar nichts, als bloß die unkritische Verwechselung von לוד und לודקייא und allenfalls die Identität des Tages. Schon aus dieser Erwägung ergibt sich, daß Lipsius' Vermutung unrichtig ist, Julian und Pappus seien während der hadrianischen Verfolgung hingerichtet worden, und zwar durch Tinius Rufus. Alles spricht dafür, daß diese beiden gar nicht hingerichtet wurden, im Gegenteil durch eine Art Wunder gerettet worden sind. Noch mißlicher steht es mit den Namen. Der Prokurator oder ἔπαρχος unter Hadrian, welcher so viele jüdische Märtyrer gemacht hat, dessen Vorname durch die Varianten bei Eusebius schwankend ist: Tinius Rufus, oder Thyonius, Ticinius, oder nach Hieronymus Titus Anius Rufus, wird im babyl. Talmud und in der agadischen Literatur genannt טורנוס רופוס, im jerusalemischen Talmud (Berachot IX. p. 4. b. Sota V. p. 20. c.) טונוס רופוס (was, beiläufig gesagt, für Tinius spricht) immer ist Rufus der Hauptname. Während er in der Boraïta von Julianus und Pappus: טורײנוס, תירין, טרכינוס oder טרגיאנוס lautet, (טרינוס verschrieben für טורינוס), gerade so wie Trajanus in den Talmuden geschrieben wird (Jerus. Sukka V. 55. b.) טרונינוס הרשע. In Midrasch Threni p. 75. b. heißt es טוו דוב אורב זה אספסינוס ארי בסטתרים זה טרכינס für Trajanus steht; Babli Aboda Sara p. 52. b.: בקשו לנטות דינרא הדרייאנוס טורײנא, wo offenbar טירינא für Trajan orthographiert ist. Lipsius' Annahme, daß das Märtyrertum von Julianus und Pappus zur Zeit des Rufus stattgefunden habe, hat daher gar keine Basis, man muß es vielmehr in Trajans Zeit setzen, und da Trajan nie in Palästina war, so gehört es ohne Zweifel, wie ich früher kombiniert habe, in die Verfolgungszeit des Lusius Quietus, des alter ego Trajans.[1])

Der Widerspruch, den Lipsius darin hat finden wollen, daß einerseits wegen der Verfolgung des Quietus neue Trauerzeichen eingeführt, und anderseits in derselben Zeit ein Halbfeiertag, der Turjanus- oder Trajanstag eingesetzt worden ist (a. a. O. S. 101 f.), ist keiner. Trotz der Zerstörung Jerusalems und des Tempels, mit einem Worte des Polemos schel Aspasianos, blieben doch jene Gedenktage bestehen, welche Rettung und Siegesfeier verewigen sollten. Es liegt eben in der Eigenart des jüdischen Wesens, daß es Trauerzeichen wegen Katastrophen und doch zugleich Halbfeier zur Erinnerung an Gottes waltende Hand über sein Volk oder seine Frommen anordnet. — Von allen Seiten hat es sich also bestätigt, daß ungefähr gleichzeitig mit dem Ausbruche der Aufstände der Juden in der Euphratgegend, in Alexandrien, Kyrene und andern Orten auch in Judäa eine Schilderhebung stattgefunden hat, welche zuerst Quietus durch Blutvergießen gestillt, später aber Hadrian, um neue Ausbrüche zu verhüten, durch die Konzession zum Tempelbau beschwichtigt hat. Der Polemos schel Quietus spielte in Palästina, dagegen läßt sich nichts Erhebliches einwenden. Selbst der Irrtum, der sich in Eusebius' Chronik und noch flagranter im Chronicon Paschale findet, daß die palästinensischen Juden im ersten Jahre Hadrians (oder in den ersten Jahren) einen Aufstand gemacht, infolgedessen Jerusalem in eine heidnische Stadt mit dem Namen Älia Capitolina verwandelt wurde, beruht eben darauf, daß sie eine kriegerische Bewegung im letzten Jahre Trajans, das zugleich das erste Hadrians, unternommen haben. Sie verwechselten nämlich den Polemos schel Quietos mit dem letzten Polemos unter Bar-Kochba.

Übrigens war der Aufstand der Juden in der Euphrat- und Tigrisgegend nicht so unbedeutend, als Lipsius annehmen zu müssen glaubt. Freilich ist Dio Cassius oder sein Epitomator sehr karg darüber, aber wir erfahren am besten die Ausdehnung des mesopotamischen Aufstandes der Juden aus der ursprüng-

---

[1]) [Nach einer Ansicht, die ich von Herrn Dr. Lewy hörte, sind Julianus und Pappus tatsächlich hingerichtet worden. Diesen Eindruck empfängt man aus den Quellen. Der Trajanstag wurde eingesetzt wegen der Beseitigung des Quietus trotz des Todes von Julianus und Pappus, worin die Späteren sich nicht finden konnten. Die Erzählung Gen. r. 69 müßte demnach auf einer Verwechselung beruhen.]

lichen Fassung der Nachricht in der eusebianischen Chronik, welche der syrische Chronist Dionysius von Telmahor (Chronicon Syriacum ed. Tullberg 1850 p. 153) am vollständigsten erhalten hat, viel vollständiger als der armenische Text: שנת ב' אלפין ומאה וחרתן וחדא זה זי עבדין אסטסין יהודיא דבית נהרון פקד עליהון טרינוס: לווסיא קואטס דנדכא אנהון מן הופרכיא. ואדין קואטס ורבוחא סגיאחא מנהון קטל איכנא דשוקא ובחא ואורחחא ושבילא וכל דוך מן שלדיהון מליא הות. ולית דקבר. Wenn demnach „alle Marktplätze, Straßen, Wege und jeder Ort von jüdischen Leichen voll war, ohne daß sie jemand begrub," so muß die Bewegung große Dimensionen angenommen haben. Die Parther waren nicht dabei beteiligt, wie aus Dio (das. c. 30) hervorgeht. Stellt man die beiden Sätze Dios zusammen (c. 32): *ἀλλ' Ἰουδαίους μὲν ἄλλοι τε, καὶ Λούσιος (Κυήτος) ὑπὸ Τραϊανοῦ πεμφθεὶς, κατεστρέψαντο* (und c. 30): *τότε Λούσιον καὶ τὸν Μάξιμον ἐπὶ τοὺς ἀφεστηκότας ἔπεμψε καὶ οὗτος μὲν ἀπέθανεν, ἡττηθεὶς μάχῃ. Λούσιος δὲ ἄλλα τε πολλὰ κατώρθωσε, καὶ τὴν Νίσιβιν ἀνέλαβε κ. τ. λ.* so ist man gezwungen anzunehmen, daß die jüdische Bevölkerung allein hinter Trajans Rücken operiert hat. Die Sätze sagen aus: Lusius Quietus, von Trajan beordert, mit noch andern Feldherren unterwarf die Juden, und er hat beordert auch Nisibis und Edessa zu unterwerfen. Also hätten die Juden dieser Gegend Mesopotamiens den Aufstand gemacht. Die „andern" waren Maximus, welcher in der Schlacht blieb, ferner Erocius Clarus und Julius Alexander, welche Seleucia eingenommen und verbrannt haben. In allen diesen Städten wohnten Juden und diese wurden von Trajans Feldherren vertilgt.

4) פולמוס האחרון. Ehe ich auf den Ausgangspunkt, das Buch Judith, zurückkomme, will ich noch den letzten wichtigen Polemos beleuchten, weil das Vorangegangene chronologisch darin befestigt wird. Offenbar ist die Begebenheit, welche die Mischna mit dem „letzten Kriege" bezeichnet, dieselbe, welche das Seder Olam als כלכות בן כוזיבא bezeichnet, und es ist vielleicht dabei zu ergänzen: פילמוס מלכות בן כוזיבא. Es ist also hier von dem blutigen Hadrian-Bar-Kochbaschen Kriege die Rede. Nach Seder Olam sollen von Quietus bis Bar-Kochba 16 Jahre verlaufen sein. Schon daraus ergibt sich die Unrichtigkeit von Rapoports Annahme, daß der Bar-Kochba-Krieg in den ersten Regierungsjahren Hadrians stattgefunden habe, was sich allenfalls durch Eusebius' Chronik zum Teil und durch das Chronicon Paschale und andere abhängige christliche Chronisten belegen läßt. Dagegen hat Eusebius richtig ein anderes Zeugnis erhalten, daß dieser Krieg im 16. Jahre Hadrians ausgebrochen ist und sich bis zum 19. Jahre desselben erstreckt hat. Dieses Zeugnis stimmt also vollständig mit der Angabe des Seder Olam überein. Maßgebend ist dafür der Hauptbericht des Dio Cassius (69. 12. f.). Der Eingang ist sehr wichtig: „Als er (Hadrian) die Stadt Jerusalem anstatt der zerstörten wieder aufbaute, die er Aelia Capitolina nannte, und als er auf der Stätte des Gottestempels einen andern für Zeus errichtete, erstand ein nicht kleiner, doch kurzdauernder Krieg. Denn die Juden, empfindlich darüber, daß sich Menschen von andern Nationen darin ansiedeln, und daß ein anderer Kultus darin gehegt werden sollte, hielten zwar, so lange Hadrian in Ägypten und dann zum zweiten Male in Syrien war, an sich, aber sie verfertigten die ihnen zugewiesenen Waffen schlecht usw." Im vorhergehenden Kapitel berichtet derselbe, Hadrian habe von Griechenland die Reise durch Judäa nach Ägypten gemacht. Es ist dabei zu bemerken, daß Dio Cassius ein vollgiltiger Zeuge für die hadrianische Zeit ist. Sein Vater Apronian war unter diesem Kaiser Statthalter von Sizilien, erinnerte sich aller Umstände aus der hadrianischen Regierungszeit genau und

tradierte sie seinem Sohne (das. c. 1.). Durch Münzen ist es beurkundet, daß Hadrian im Laufe von 130 in Gaza und im Herbste desselben Jahres in Ägypten war (Eckhel, doctrina nummorum III. p. 453, 490; Clinton, fasti Romani I. ad. an. 130). Die Münzen mit der Inschrift: Adventui Aug(usti) Iudaeae mit dem Emblem drei Palmen haltende Knaben und ein vom Kaiser von der Erde aufgehobenes Weib, oder der Genius Judäas mit dem Kaiser opfernd (bei Eckhel, IV. p. 495), diese Münzen stammen wohl auch aus dieser Zeit. Wann Hadrian auf der Rückreise von Ägypten in Syrien war, läßt sich nicht bestimmen; doch wohl nicht vor Frühjahr 131. Es wird sich weiter zeigen, daß der Bar-Kochbasche Krieg im Frühjahr ausgebrochen ist, aber nach Cassius' Angabe nicht während des Kaisers Aufenthalts in Syrien, also erst 132, d. h. im 16. Jahre Hadrians von 117 an gerechnet. Also verliefen gerade vom Polemos schel Quietus bis zum Beginne des letzten Krieges 16 Jahre, wie das Seder Olam tradiert.

Während seines Aufenthaltes in Judäa oder in Ägypten hatte Hadrian wohl Unterredungen mit R. Josua ben Chananja. Die beiden Talmude und die Midraschliteratur tradieren mehrere Gespräche dieses eitlen, wißbegierigen Kaisers mit dem milden Tannaiten, und wenn auch manche von ihnen höchst zweifelhaft erscheinen, weil die beabsichtigten Pointen in den Antworten hin und wieder andern talmudischen Autoritäten in den Mund gelegt werden, so liegt den Sagen doch zugrunde, daß R. Josua mit Hadrian, R. Akiba mit Tinius Rufus und R. Gamaliel mit vornehmen Römern in Rom einmal religiöse Dialoge geführt haben. Für echt halte ich das Gespräch in Berachot 56. a., worin erzählt wird, R. Josua habe dem Kaiser (Hadrian) verkündet, was dieser träumen würde, nämlich daß die Perser ihn in Gefangenschaft führen würden, was Hadrians feiger Gemütsart gut entspricht. Auch was Chagiga 5. b. erzählt wird, scheint echt zu sein. R. Josua und ein Judenchrist (מינא) stehen vor dem Kaiser. Der letztere macht ein pantomimisches Zeichen, Gott habe von seinem Volke das Angesicht abgewendet, und R. Josua gibt ebenfalls durch ein Zeichen zu verstehen, Gott halte noch seine Hand waltend über sein Volk. Dieses Zeichen läßt sich der Kaiser erklären. Auch das ist situationsgemäß, daß ein Christ vor Hadrian verächtlich von der jüdischen Nation spricht. Daß Hadrian selbst in seinem Brief an seinen Schwager Servianus (Vopiscus in Saturninum c. 8) von einem jüdischen Patriarchen spricht, der nach Ägypten gekommen war, ist bekannt: Nemo illic (Aegypti) archisynagogus Judaeorum, nemo Samaritus .. ipse ille patriarcha cum Aegyptum venerit, ab aliis Serapidem adorare, ab aliis cogitur Christum. Dieser Patriarch vom Jahre 130 ist wohl kein anderer, als R. Josua ben Chananja gewesen. Zum Überfluß folgt aus einer talmudischen Relation, daß R. Josua in Alexandrien war (Nidda p. 69 b.): (חנניה .I בר הינוא ר' ירושע את אלכסנדריא אנשי שאלו דברים כ"י.

Die Hauptfrage ist nur diese: War die Verwandlung Jerusalems in Alia Capitolina und der Tempelstätte in einen Zeustempel die Ursache des Krieges gegen Hadrian, wie Dio Cassius erzählt, oder die Folge desselben, wie Eusebius (Kirchengeschichte IV. 6.) aus unbekannter Quelle referiert? Auch aus der Mischna scheint hervorzugehen, daß Jerusalem erst nach dem Fall Betars, d. h. nach Beendigung des Bar-Kochba-Krieges gepflügt worden ist (Taanit Ende): בחשעה העיר ונחרשה ביתר נלכדה . . . באב, eine Tradition, die auch Hieronymus (zu Zacharia c. 8.) erhalten hat, daß die Tempelarea gepflügt worden wäre: In hoc mense (quinto) ... capta est urbs Bethel (l. Bethar) .... aratum templum in ignominiam gentis oppressae a Tito Annio Rufo. Auch in einer Boraita

Note 14. 417

wird das Pflügen des Tempels auf Rufus zurückgeführt (daſ. 29. a.) כבחרש ההיכל, טורנוס רופוס את ההיכל, ebenſo Jeruſ. daſ. IV. p. 86. b.: חרש רופוס שחיק עצמות את ההיכל. Ich ſage, es ſcheint nur aus dem Talmud hervorzugehen, daß der Bau von Älia Capitolina und die Entweihung des Tempels erſt nach dem Falle Betars erfolgten, weil die Aufzählung der Kataſtrophen in der Miſchna nicht gerade chronologiſch zu ſein braucht, es kann ſein, daß jene dem Fall Betars vorangegangen ſind. Wenn nun das klaſſiſche Zeugnis Dio Caſſius' erzählt, daß die Verwandlung der Stadt und des Tempels dem Kriege vorangegangen und Veranlaſſung dazu war, ſo muß das berückſichtigt werden. Es wiegt viel ſchwerer als der vage Bericht Spartianus' (in Hadrianum c. 14): Moverunt ea tempestate et Judaei bellum, quod vetebantur mutilare genitalia. Dieſe Religionsverfolgung war unzweifelhaft eine Wirkung der Niederlage und des Zorns Hadrians wegen des Aufſtandes der Juden.

Mir ſcheint der Widerſpruch der beiden Relationen nicht unlöslich zu ſein.

Zunächſt liegt wohl eine Differenz in der Variante, ob die Stadt Jeruſalem oder der Tempelplatz auf Veranlaſſung von Rufus gepflügt worden iſt. Traf es den letzteren, ſo konnte es nur ein Racheakt geweſen ſein und zwar wegen des ſtattgehabten Aufſtandes und erbitterten Krieges, und alſo ſpäter als dieſer. Iſt dagegen nur die Stadt gepflügt oder richtiger umgepflügt worden, dann hatte dieſer Aktus einen ganz andern Sinn und konnte auch dem Krieg vorangegangen ſein. Das Chronicon Paschale tradiert aus einer, wie es ſcheint, ſehr guten Quelle, daß Hadrian eine neue Stadt aus Jeruſalem machen ließ, aus ſieben Quartieren beſtehend; es war auch eine neue Mauer zur Anlage dieſer neuen, Älia zu nennenden Stadt gezogen worden, verſchieden vom Umkreiſe des alten Jeruſalem. Mit einem Worte, Hadrian machte daraus eine römiſche Kolonialſtadt. Dazu pflegten die Römer bekanntlich den Umkreis, wo die Mauern aufgerichtet werden ſollten, mit dem Pfluge unter Beobachtung eigener Zeremonien zu umfahren. Das iſt auch wohl nur der Sinn in der Miſchna נחרשה העיר: die Stadt Jeruſalem wurde umgepflügt, zum Zwecke eine neue zu bauen. Und das iſt auch die richtige Faſſung; denn נחרש ההיכל, der Tempel ſei gepflügt worden, hat keinen rechten Sinn; wäre nämlich dieſes geſchehen, ſo durfte nach römiſcher Superſtition nichts darauf gebaut werden, und doch berichten einſtimmig die Quellen, Hadrian habe einen Zeustempel auf demſelben Platze erbauen laſſen. „Der Tempel iſt gepflügt worden" iſt wohl eine Übertreibung der urſprünglichen Lesart „העיר", und auch Hieronymus' Angabe in ignominiam gentis oppressae ſcheint mir ein individueller Zuſatz zu ſein. Legt man nun Dio Caſſius' Pragmatismus zugrunde, daß der Neubau Jeruſalems die Urſache des Krieges war, ſo mag Hadrian bei ſeiner Anweſenheit in Judäa 130 das Umpflügen der Stadt befohlen haben, aber dieſer Befehl braucht nicht ſofort ausgeführt worden zu ſein. Er hat ſicherlich die Juden bei ſeiner Anweſenheit nicht ſo loyal und unterwürfig gefunden, als er es gewünſcht hat. Gerade weil er früher die Reſtauration des Tempels zugeſagt und ſein Wort gebrochen hat, muß er darauf bedacht geweſen ſein, den Juden alle Hoffnung auf eine „Reſtauration zu benehmen. Heiden, Chriſten und Samaritaner werden es auch nicht an Ohrenbläſerei gegen den rebelliſchen Sinn der Juden haben fehlen laſſen. Mögen die Embleme auf der Denkmünze adventui Aug. (o. S. 416) ein freundliches Verhältnis zwiſchen Hadrian und den Juden andeuten — was noch nicht ſo ausgemacht iſt — ſo braucht das nicht der Wirklichkeit entſprochen zu haben, ſondern kann nur eine zu häufig vorgekommene Adulation gegen den Kaiſer geweſen ſein. Genug, es iſt wohl anzunehmen, daß Hadrian bei seiner Anwesenheit in Judäa den Plan faßte, Jerusalem eine andere, heidnische Gestalt zu geben, sei es, daß es sofort oder erst während seines Aufenthaltes in Ägypten in Angriff genommen wurde. Möglich, daß der damals beinah achtzigjährige R. Josua, als patriarcha Judaeorum, zu diesem Zwecke nach Alexandrien gereist ist, um den Kaiser zu bewegen, seinen Plan aufzugeben, weil dadurch kriegerische Aufstände zu befürchten waren. Dieser Plan, Jerusalem neu zu erbauen und einen Tempel für Zeus zu errichten, war durch den Krieg unausgeführt geblieben, und erst nach Beendigung desselben in Vollzug gesetzt worden. Daher die schwankenden Angaben in den Quellen, daß der Neubau Ursache oder Folge des Aufstandes gewesen ist.

Die Dauer des Bar-Kochba-Krieges betrug nach Angabe des Seder Olam $3\frac{1}{2}$ Jahre, Lesart bei de Rossi ג' כוויא ומחצה ומלכות בן (in der Edition $2\frac{1}{2}$ Jahre). Von diesen $3\frac{1}{2}$ Jahren spricht auch der Bericht vom Betarschen Kriege: Jerus. Talmud und Midr. Threni (s. unten); nur werden sie auf die Belagerung Betars bezogen: ג' שנים ומחצה עשה אדריאנוס מקיף על ביתר. Die größere Zahl wird durch Hieronymus bestätigt, der sie aus einer jüdischen Tradition hatte (zu Daniel 9): Tres anni et sex menses sub Hadriano supputantur, quando Hierusalem omnino subversa et Judaeorum gens acervatim caesa. Das stimmt auch mit Eusebius' Chronik, daß der Krieg im 16. Jahre Hadrians begann, im 18. hochging und im 19. beendet war. Mit dem Fall Betars war er zu Ende, und dieses geschah nach der mischnaitischen Tradition am 9. Ab, d. h. 135, begann also 132 etwa im Adar, d. h. im Beginn des Frühjahrs, die geeignetste Zeit für Aufstände, ungefähr zwei Jahre nach Hadrians Besuch in Judäa, als er Ägypten und Syrien verlassen hatte, also übereinstimmend mit Dio Cassius' Angabe. Von der Tempelzerstörung Ab 70 bis zum Falle Betars Ab 135 verliefen also 65 Sonnenjahre. Das Seder Olam rechnet aber, wie wir gesehen, vom Polemos Vespasians bis zu Quietus' 52, von diesem bis zum Beginne des Aufstandes unter Bar-Kochba 16 und dieser selbst dauerte $3\frac{1}{2}$, also im ganzen $71\frac{1}{2}$ Jahre. Diese müssen als kürzere Mondjahre angesehen werden, außerdem 2 Jahre, um welche die talmudische Chronologie die Tempelzerstörung und den Polemos Vespasians früher ansetzt (o. S. 407) und endlich liegt ihnen noch eine ungenaue Doppelzählung eines und desselben Jahres zugrunde. Die Relation R. Josés (ben Chalafta) von 52 Jahren Betars nach der Tempelzerstörung, auf die sich Rapoport, als auf eine Hauptstütze für seine Annahme, der Betarsche Krieg in der ersten Zeit Hadrians, beruft, steht mit diesem Kalkul durchaus nicht in Widerspruch. Es heißt nämlich: תני ר' יוסי חמשים ושתים שנה עשת ביתר לאחר חרבן הבית (so Jerus. Taanit IV. p. 69 a.; Midrasch Threni Rabba p. 71 b. und 8a, a.). עשת ביתר oder עשה ביתר ist aber nicht dasselbe wie גלתה ביתר oder נחרבה ביתר, wie es Rapoport nach dem unzuverlässigen Seder Olam Sutta auffaßt. Es scheint weit eher Anfang der Blüte als Zerstörung zu bedeuten.

So hat sich denn, ich möchte sagen, unwiderleglich gezeigt, daß das Seder Olam von José ben Chalafta und die Tradition der Mischna den chronologischen Rahmen zu den drei Revolutionen oder Kriegen der Juden auf palästinensischem Boden gegen Vespasian, Quietus-Trajanus und Hadrian enthalten, der durch anderweitige Nachrichten ausgefüllt wird. — Wir kommen jetzt zum Apokryphon Judith, nachdem alle Hindernisse beseitigt sind, welche das richtige Verständnis desselben erschweren. Ich wiederhole noch einmal, daß Hitzig-Volkmars Ansicht von der Abfassungszeit desselben unter dem Eindrucke des Quietus-Hadrianischen Aufstandes sich als das Plausibelste empfiehlt. Daß das Buch keine wahre Historie enthält, gibt wohl heutigen Tages jeder Theologe zu, der nicht ganz und gar mit der Wissenschaft gebrochen hat und sich geflissentlich gegen kritische Überzeugungen verstocken will. Die makkabäische oder richtiger vorhasmonäische Zeit während des Druckes und des Hellenisierungszwanges unter Antiochos Epiphanes reflektiert der Inhalt nur sehr dürftig; gerade das Hauptmoment und das Pathos jener Zeit sind gar nicht darin angedeutet. Wie gut sind dagegen die Gestalten aus der Trajanischen Zeit gezeichnet. Arphaxad = Arsaces, König der Parther, Nebukadnezar, König von Assyrien in Ninive = Trajan und Holophernes I., sein gewissenloser Feldherr = Quietus! Wie deutlich hebt die Jahresangabe diese Parallele hervor. Im 17. Jahre Nebukadnezars wird Arphaxad von ihm besiegt (1,13); im 18. sendet er Holophernes, den zweiten nach ihm, alle Völker zu unterwerfen (2,1), und so muß auch gleich im Anfang das sechzehnte Jahr Nebukadnezar, als er sich zum gewaltigen Kriege rüstet, stehen, mag nun eine Handschrift diese Zahl statt 12. oder 13. haben oder nicht; man lese die durchgreifende Parallele zwischen den angeblichen Zügen und Siegen Nebukadnezars und denen Trajans bei Volkmar nach; sie ist schlagend. Warum hat der Verf. aber gegen die geschichtliche Wahrheit Nebukadnezar gerade nach Assyrien und Ninive verlegt, warum hat er ihn nicht in Babylonien gelassen? So fragt Lipsius (das. S. 44 fg.). Diese Frage kann nur aus der damaligen jüdischen Anschauung und Stimmung beantwortet werden, deren Niederschlag die agadische oder Midrasch-Literatur ist. Man kann christliche Forscher auf diesem Gebiete nicht genug ermahnen, sich mit der Agada vertraut zu machen, ohne welche jeder Schritt zur Erklärung der Evangelien und Apokryphen unsicher bleibt. Das Beispiel, das ich hier anführe, wird die Mahnung bestätigen. Agadische Sentenzen in Genesis Rabba c. 16. lauten, nachdem vorangegangen ist: Griechenland hat drei Vorzüge vor dem boshaften (römischen) Reiche; in Gesetzen, Büchern (Literatur) und Sprache (בנמוסין בפנקוטין ובלשון), darauf R. Huna im Namen R. Achas: alle Reiche werden nach Assyrien genannt, R. José ben Chanina: alle Reiche werden nach Ninive genannt: כל המלכיות נקראו על שם אשור . . . כל המלכיות נקראו על שם נינוה. Es darf also nicht auffallen, wenn im Buche Judith das römische Reich durch Assyrien und Rom durch Ninive bezeichnet wird.

Zwei Bemerkungen habe ich noch zu machen, welche vielleicht zum nähern Verständnis des Judithbuches beitragen werden. Die Stadt, welche gewissermaßen den Mittelpunkt der ganzen Fiktion bildet, Baitylua oder Bethyla (Βαιτυλουα, so die richtige Lesart, vergl. Volkmar, Judith, S. 227, statt Bethulia) ist noch immer ein Rätsel. Wenn die übrigen dort genannten Lokalitäten real sind, kann dieses ebensowenig wie das dabei genannte Betomastaim allegorischer Natur sein; die Erklärung בית אלה ist ebenso abgeschmackt wie בתולה. Es muß eine Stadt dieses Klanges in der Ebene Jesreël auf einer Anhöhe gegeben haben, welche den Paß nach dem Binnenlande beherrschte. Und da scheint mir ein Ortsname zu entsprechen, der noch gar wenig bekannt ist. In der Mischna (Menachot IX. Ende oder VIII. 6) wird als der beste Wein angegeben, der als Gußopfer auf den Altar kommen sollte, und dessen Trauben der Sonne am meisten ausgesetzt waren, der von zwei Ortschaften: קדוחים? מאין היו מביאין את היין ועטולין אלפא ליין. Die richtige Lesart für קדוחים ist קלוחין oder קורחין = קורחי, (vergl. den Mischnatext ohne Talmud, wo korrumpiert קרוחים steht und Maimuni אסורי כזבח VII. 2). Das Wort ist eine Dual- oder Pluralform; es ist vielleicht identisch mit Koreai, welches Josephus erwähnt beim Zuge Pompejus' nach

Jerusalem, von Damaskus über Pella jenseits des Jordans, Skythopolis diesseits εἰς Κορέας ἥτις ἐστὶν ἀρχὴ τῆς Ἰουδαίας διεξιόντι τὴν μεσόγειον (Antiqq. XIV. 3, 4). Wenn Κορέαι gleich קורחי ist, so lag es in der Gegend der Ebene Jesreel, und ebenso das wohl benachbarte עטולין oder עטולים. Dieser Ortsname wird verschieden orthographiert: in dem bloßen Mischnatexte הטולים, Maimuni הטולים. Es ist ohne Zweifel derselbe Ort, welcher in der Tosifta und in beiden Talmuden einigemal vorkommt: b. Jebamot 59 b: מעשה בריבה אחת בהיתלו רבעה כלב כופרי מאחריה: Nidda 9 b: מעשה בריבה אהת בהיתלו שהפסיקה ג׳, dafür in Tosifta Nidda I. היתלות, und im Jerus. Nidda I, 4: עותא, מעשה: In der Kalirischen Kinah בריבה אחד בעיחלו שהפסיקה, deren איכה ישבה חבצלת השרון, Inhalt einer für uns verloren gegangenen Agada entnommen ist, die den palästinensische Ephemeridenvororte aufgezählt hat, wird neben bekannten und unbekannten, neben נצרת (Nazareth) auch כהן עיהתלו genannt, richtiger עיהתלי; denn das Wort wird daselbst gereimt mit פתיו — חלי — שחתו. Diese Stadt vielleicht היהתלו oder היטולי, wenn man sich ein בי (abgekürzt für בית) hinzudenkt, entspricht vollständig dem Βαιτυλούα etwa בי טולה. Es muß eine gebirgige Stadt gewesen sein, da der beste Wein daselbst neben קורח = Κορέαι gezogen wurde. Mag es nun dieses Bai-Haitylu gewesen sein oder nicht, eine faktisch existierende Ortschaft bildet den Schwerpunkt der ganzen Dichtung. An die Bewohner dieser Stadt schrieben die Hohenpriester und die Gerusia, die Gebirgspässe zu bewachen, um den Feind nicht in die Mitte von Juda eindringen zu lassen (4, 6 f.). Und weil der erste dieser Stadt, Ozias, beschließt, die Festung Betylua in 5 Tagen Holophernes zu übergeben, ist alles voller Trauer und ganz Judäa scheint verloren. Judiths zweideutige Tat wird darum als Großtat gepriesen, weil sie diese Festung und damit ganz Judäa vor Invasion gerettet. Jerusalem-Zion sind in diesem Buche untergeordnet, und schon aus diesem Grunde kann es nicht in der Hasmonäerzeit spielen, in welcher Jerusalem und der Tempel den Vordergrund bildeten.

Die zweite Bemerkung betrifft den Namen von Nebukadnezars Feldherrn Holophernes. Man hat viele unglückliche Versuche gemacht, diesen Namen zu deuten; ich erinnere nur an die Deutung von Hugo Grotius חלפר נחש, lictor serpentis!!! Man hat die Klänge aus dem Persischen oder Indischen herbeigezogen, als wenn der Verf. ein sprachvergleichender Indogermanist wäre. Der Name eines historischen Feldherrn ist Holophernes allerdings nicht, sonst läge dem Verf. Nebusaradan viel näher. Er hat also wohl damit etwas andeuten wollen wie mit dem Namen Achior, dem Heiden, der den Juden das Wort redet. Ich möchte auch eine Deutung zum besten geben. Wenn dabei an eine Fremdsprache gedacht werden soll, so lag den palästinensischen Juden das Griechische viel näher als das Arische. — Die Rettung durch Judith ist auch agadisch oder halbagadisch bearbeitet worden, und es bleibt noch zu untersuchen, wie sich diese Bearbeitung zum Original verhält. Diese agadische Judith spielt allerdings in der Hasmonäerzeit (vergl. Jellinek Bet ha-Midrasch I, S. 130 f. und Einl. S. XII f.). In der Erzählung, welche das Sammelwerk חמדת הימים davon erhalten hat (zu Chanuka) heißt der Feldherr oder König אליפורני. Kann man nicht dabei an ein griechisches Kompositum Ὁλοπόρνης „ganz geil" denken? Als geil wird Holophernes im Judithbuche geschildert (12, 16), auf Schändung von Jungfrauen spielt auch das Gebet 9, 2 an.

Es kommt aber dabei auf die Tendenz der Dichtung an. Ich kann mich nicht mit Volkmars Ansicht befreunden, daß das Judithbuch einen Hymnus bildet, gedichtet zur Erinnerung an die Erlösung von Quietus' Grausamkeiten.

Denn welcher Schriftsteller wird maskierte Personen auftreten lassen, wenn er mit der Erzählung faktischer Begebenheiten einen größeren Eindruck hervorbringen kann? Man muß sich fragen, wozu die ganze Maskerade von fingierten Personen? Mir scheint das Buch Judith eine ähnliche Tendenz zu haben, wie das Buch Esther und das sogenannte dritte Makkabäerbuch (vergl. B. III. Note 3. S. 615 f.). Es will das Gottesvolk vor Verzweiflung warnen und es darauf hinweisen, daß Gott durch Schwache eine unerwartete Errettung herbeiführen könne, wo die Kraft nicht ausreicht. Es wollte vielleicht auch einen Wink geben, wie dem Bedränger (dem geilen Holophernes-Quietus?) beizukommen wäre, wie sich ein jüdisches Mädchen opfern sollte, um ihn durch ihre Reize zu berücken und unter Umarmungen ihm den Garaus zu machen. Der Dränger bedrohte nicht Jerusalem, sondern hatte seine Heere in der Ebene Jezreël oder Esdrelom versammelt, wollte aber von da aus ins Herz des Landes über das Mittelgebirge, das Königsgebirge (הר מלכה) nach dem Süden dringen. Der Verf. wollte durch Fiktion angeben, wie der Feind daran gehindert werden könnte, wenn sich eine kleine Festung, die einen Engpaß beherrscht, anstrengte, ihm den Durchzug zu wehren. Ich meine, daß durch diese Auffassung alle Teile des Buches zu ihrem Rechte kommen; sie erscheinen dadurch wohl gegliedert und es ist nichts überflüssiges Beiwerk daran. Die allerdings nicht gewichtlose Frage, welche Lipsius aufgeworfen hat, warum denn die Synhedrialstadt Jabne im Judithbuche als eine heidnische gilt, wenn es zur Zeit des Quietus gedichtet ist, diese Frage verliert ihr Gewicht, wenn man annimmt, daß der Verf. nicht die damalige Gegenwart treu abkonterfeien, sondern sie in einem Nebelbild aus der Vergangenheit zeigen wollte.

15.

Die angeblichen Reden Jesu von der Parusie und Bar-Kochbas Verhalten zu den Judenchristen.

Die Resultate der höheren neutestamentlichen Kritik, daß nämlich der urchristliche Literaturkreis nicht historische Fakta aus dem Leben tradiert, sondern lediglich das Pathos und die Situation der Abfassungszeit abspiegelt, bestätigt sich immer mehr, je tiefer man in das Detail mit unbefangenem Blicke eindringt. So enthalten die synoptischen Evangelien eine lebendige Schilderung der Bar-Kochba-Zeit und der darauffolgenden Leiden durch die hadrianische Verfolgung, und die Anspielungen auf diese Fakta sind so deutlich, so in die Augen fallend, daß dabei nur eins zu verwundern ist, wie diese Züge den Kritikern und Rekonstruktoren entgehen können. Wer wird auch nur einen Augenblick verkennen, daß die Worte in den zwei ersten Evangelien: „Wenn ihr nun sehen werdet den Gräuel der Verwüstung ($βδέλυγμα$ $τῆς$ $ἐρημώσεως$ השקוץ משומם כדניאל), davon gesagt ist durch den Propheten Daniel, stehend an der heiligen Stätte (wer das liest, der merke darauf), alsbann fliehe auf die Berge, wer im jüdischen Lande ist" (Matthäus 24. 15 Markus 13. 14.), wer kann verkennen, daß sie von jenem Gräuel zu verstehen sei, daß Hadrian ein Jupiterbild und seine eigene Statue (Hadriani statua et Jovis idolum) in das Allerheiligste stellen ließ? Diese Anspielung liegt so sehr auf der Hand, daß selbst Hieronymus (in seinem Kommentar zu Matthäus) sie nicht übersehen hat. Zu der lächerlichen Erklärung vom Antichrist und vom Cäsar=

bilde, das Pilatus in den Tempel hatte stellen lassen wollen, fügt dieser Kirchenvater die richtige hinzu: Man könnte die Worte des Evangelisten auch von Hadrians Reiterstatue im Allerheiligsten verstehen, die noch bis auf seine Zeit daselbst gestanden: Potest autem simpliciter aut de Antichristo accipi, aut de imagine Caesaris, quam Pilatus posuit in templo, aut de Hadriani equestri statua quae in ipso sancto sanctorum loco usque in praesentem diem stetit. Vergl. auch Suidas sub voce βδέλυγμα ἐρημώσεως. Es ist höchst unbegreiflich, wie man das Kapitel der Parusie noch immer auf den Untergang Jerusalems[1]) unter Titus beziehen kann, da in diesem Drama der Zug von der Aufstellung des „Gräuels der Verwüstung", offenbar der Vordergrund in dem Nachtstücke des Kapitels, ganz und gar fehlt! Das heißt doch wahrlich in der Exegese hinter Hieronymus zurückbleiben: Es ist bezeichnend für Strauß' romantisch flimmernden Standpunkt, daß er das Kapitel von der Parusie und damit die Abfassungszeit des ältesten Evangeliums in Titus' Zeit verlegt (Leben Jesu für das deutsche Volk S. 238 f.) ganz so wie die reuigen Tübinger. Weist nun die Erwähnung des „Gräuels der Verwüstung" auf die hadrianische Zeit hin, so werden die übrigen Züge dieses merkwürdigen Kapitels nicht minder darauf Bezug haben, wenn man nur diejenigen davon abzieht, welche teils dem alttestamentlichen Prophetenstil, teils der Volksvorstellung von der messianischen Leidenszeit (חבלי משיח) entlehnt sind. Sogleich der Eingang. Auf die Frage der Jünger, welche Zeichen seiner Wiederkunft vorangehen würden, antwortet Jesus angeblich, eigentlich hors d'œuvre, warnend: „Sehet zu, daß euch nicht jemand verführe, denn es werden viele kommen und sagen, ich bin Christus (der Messias) usw. Wenn ihr werdet hören Kriege und Kriegsgeschrei, so fürchtet euch nicht usw." Dieser τίς, welcher sich als Messias aufwerfen wird, vor dessen Verführung die Gläubigen besonders auf ihrer Hut sein sollen, kann kein anderer sein, als der Messiaskönig Bar-Kochba, dessen Patriotismus nicht ohne begeisternden Einfluß auch auf die Judenchristen gewesen sein mag. Die Kriege und das Kriegsgeschrei und die Worte: „es wird aufstehen ein Volk wider das andere", sind nicht minder Züge aus der Bewegung des Bar-Kochbaschen Aufstandes gegriffen, und erinnern an die gewaltige Bewegung seiner Zeit, welche Dio Cassius mit den Worten schildert: καὶ πάσης, ὡς εἰπεῖν, κινουμένης ἐπὶ τούτῳ τῆς οἰκουμένης, daß das ganze römische Reich in Aufruhr war. Aus der Bar-Kochbaschen Zeit scheint ferner der Zug entnommen: „und sie werden euch überantworten vor die Rathäuser (συνέδρια) und Schulen (Synagogen) und ihr werdet gestäupt werden", es erinnert an die Nachricht von Justin und Eusebius, daß Bar-Kochba die Christen (Judenchristen) bestrafte, weil sie Christus nicht verleugnen und nicht gegen die Römer kämpfen wollten. (J., Apologia I. 31.)

---

[1]) Interessant ist die Bemerkung, daß das dritte Evangelium, welches alle übrigen Züge dieses Kapitels mit den beiden ersten gemein hat, gerade diesen Zug von dem Gräuel der Verwüstung nicht hat, oder vielmehr diesem eine solche Wendung gibt, daß die Prophezeiung auf den Untergang Jerusalems bezogen werden kann:. „Wenn ihr sehen werdet Jerusalem belagert von einem Heer, dann wisset, daß herbeigekommen ist ihre Verwüstung, alsdann, wer in Juda ist fliehe usw." (20. 21.) Hier ist offenbar das τότε γνῶτε, ὅτι ἤγγικεν ἡ ἐρήμωσις aus βδέλυγμα τῆς ἐρημώσεως gebildet. Man wird daher kaum daran zweifeln, daß die Fassung in den ersten zwei Evangelien ursprünglich ist, die des dritten aber das Bestreben zeigt, die Anspielung auf die hadrianische Zeit zu verwischen.

Καὶ γὰρ ἐν τῷ νῦν γεγενημένῳ Ἰουδαϊκῷ πολέμῳ Βαρχοχέβας ... Χριστιανοὺς μόνους εἰς τιμωρίας δεινάς, εἰ μὴ ἀρνοῖντο Ἰησοῦν τὸν χριστὸν καὶ βλασφημοῖεν ἐκέλευεν ἀπάγεσθαι. Besser motiviert es Eusebius, Chronik zum 17. J. Hadrians: ... Cochebas plurimos Christianos diversis suppliciis affecit, eo quod noluissent proficisci cum illo pugnatum contra Romanos. Bemerkenswert ist, daß die Evangelien nur vom Stäupen (δαρέσεσθε) d. h. Geißelhieben, und nicht von Todesstrafen sprechen, daß demnach die *δειναὶ τιμωρίαι* (omnimodis cruciatibus necare), mit welchen Justin und die Spätern Bar-Kochba die Christen verfolgen lassen, höchst übertrieben scheinen. Denn die Worte des Matthäusevangeliums „sie werden euch töten und ihr werdet gehaßt sein", beziehen sich nicht auf jüdische Richter, sondern wollen nur in der Kürze das aussagen, was das Markusevangelium in größerer Ausführlichkeit hat: „ihr werdet vor Statthalter (*ἡγεμόνων*) und Könige geführt werden, um meinetwillen zum Zeugnis für sie", und die Worte haben offenbar jene Verfolgung zum Hintergrunde, welche die Christen unter den Kaisern Domitian, Trajan und Hadrian (in seinen ersten Regierungsjahren) von den Statthaltern der Provinzen zu erdulden hatten. Für unsern Zweck sind noch die Züge wichtig, „daß ein Bruder den andern verraten wird und die Kinder sich wider die Eltern empören", welche verstohlen andeuten, daß innerhalb der judenchristlichen Gemeinden ein Zwiespalt ausgebrochen war; ferner die grausige Schilderung von der Verfolgung nach dem Aufstellen des Gräuels der Verwüstung, von welcher auch die Christen betroffen werden, die unzweideutig die Leidenszeit unter Hadrian und seinem Statthalter Rufus vergegenwärtigten. Daß dieses ganze Kapitel der Parusie ein judenchristliches ist, erkennt man, von allem andern abgesehen, an den Worten: „Bittet, daß eure Flucht (vor dem hadrianischen Zorne) nicht geschehe im Winter oder am Sabbat". Merkwürdigerweise findet sich das Wort „und am Sabbat" nur im ersten Evangelium, scheint aber im zweiten nur ausgefallen, nicht weggelassen. Die Flucht der Judenchristen nach Pella und der transjordanischen Dekapolis geschah gewiß erst wegen der hadrianischen Verfolgung, obwohl die christlichen Annalisten auch diese Tatsache in die Zeit der Tempelzerstörung setzen. Weil diese Gegend nach Epiphanius (Haer. 29.) der Aufenthalt der Judenchristen war, darum läßt das erste Evangelium der Dekapolis die Ehre widerfahren, von Jesu besucht worden zu sein (Matth. IV, 25.) — Im dritten Evangelium ist diese Bezüglichkeit auf Bar-Kochba durchweg verwischt, und das vierte, in seinem Charakter heidenchristliche Evangelium, weiß überhaupt gar wenig von der Parusie. — Von dem gegensätzlichen Verhalten der Juden gegen die Judenchristen in der Bar-Kochbaschen Zeit spricht auch eine talmudische Notiz, welche bisher wenig verstanden wurde. Es heißt nämlich (Mischna Berachot, Ende): Als die Minäer (Judenchristen) entarteten und sagten: es gibt nur eine Welt, hat man verordnet, daß man (zur Schlußbenediktion) sagen soll: „von Welt zu Welt" und hat (ferner) verordnet, daß man einander begrüßen soll mit dem Gottesnamen (Jhwh, Tetragrammaton): משקלקלו רבינן ואמרו אין עולם אלא אחד התקינו שיהו אומרים מן העולם ועד העולם, והתקינו שיהא אדם שואל את שלום חבירו בשם. Die Tragweite der ersten Verordnung, welche dogmatischer Natur zu sein scheint, ist mir noch nicht klar. Die zweite Verordnung, welche offenbar das Aussprechen des Tetragrammaton gestattet und das ältere Verbot aufhebt, wird ausdrücklich in die Zeit des שמד, d. h. der Hadrian-Bar-Kochbaschen Epoche gesetzt, Midrasch Psalm 36 בשם אמר ר' אבא בר כהנא שני דורות נשתמשו בשם הכפורש אנשי כנסת הגדולה ודורו של שמד. Hier ist es deutlich, daß das Geschlecht der Zeit des hadrianischen Krieges sich des ursprünglichen Gottesnamens bedient hat. Aus jener Mischna erfahren wir, daß es eine ausdrückliche Verordnung (תקנה) gestattet hat und zwar im Gegensatze zu den Minäern, d. h. Judenchristen. Wahrscheinlich liegt der Grund darin, daß diese auch Jesus „Herr" (אדוני, Κύριος) genannt haben; darum wollte man mit dieser Verordnung ein Unterscheidungszeichen einführen, zu erkennen, wer zum Gotte des Judentums oder zu Jesus halte. [Der Ausdruck an der letzterwähnten Stelle bedeutet, wie aus dem Schluß des Kapitels hervorgeht, sich des Gottesnamens bedienen, um Wunder zu tun. Es ist gar nicht anzunehmen, daß man gestattet hätte, den vierbuchstabigen Namen auszusprechen.]

16.

Schauplätze des Bar-Kochba-Krieges.

Die Nachrichten über die Lokalität und den Gang des Bar-Kochbaschen Krieges sind äußerst dürftig, und nur diejenigen, welche in Jerus. Taanit IV. p. 68 d f. zu Midrasch Threni zu Vers 2, I. p. 71. S. f. und Bruchstückweise in Babli Gittin 56. ff. enthalten sind, (die hier der Kürze wegen mit A. B. C. bezeichnet werden sollen) kritisch geprüft und verglichen, können zu einigen nicht unerheblichen Ergebnissen führen. Als Gewährsmann dieser Nachrichten wird Rabbi oder R. Juda I. genannt, der sie aus dem Munde von Zeitgenossen, von Simon ben Jochaï, R. José und R. Juda ben Ilaï vernommen hat. Er hat den Begebenheiten so nahe gelebt, daß er noch Greise kannte, welche in lebhafter Rückerinnerung des Erlebten, bei seinen Vorträgen über dieses Thema in Tränen ausbrachen! רבי הוה דרש עשרין וארבעה עובדין בבלע ה' על ירי דרבי הוה. in A. מקרשא בית (statt והוה המן סבין נהירין והוה דריש ואינן בכין ומשתהקין וקיימין ל und B. Rapoports Emendation) סמיך לחרבן ביתר. Ergänzt wurden diese Nachrichten von R. Jochanan. Dieser Punkt ist aus dem Grunde ganz besonders wichtig, weil die zitierte Einleitung bezeugt, daß das ganze Kapitel daselbst von dem Bar-Kochbaschen Kriege handelt. Als charakteristischer Zug dieses Aufstandes wird besonders das Selbstvertrauen hervorgehoben, das Bar-Kochba und die übrigen Leiter des Krieges beseelte. Sie äußerten sich in dieser Wendung: „Wenn Gott nur den Feinden nicht hilft, so braucht er uns nicht zu helfen (לא תסעוד ולא תסכוף Lesart des Aruch st. תכסוף) mit Anwendung des Verses הלא אתה אלהים זנחתנו. Dieser Zug kehrt wieder bei den zwei Brüdern in Kephar-Charub (Jalkut zu Pentateuch N. 946. כפר חנניה), welche den Krieg nach dem Fall Betars fortgesetzt haben müssen, da man sie zu krönen beabsichtigte: ניהי כלילא דאדרינוס וניתיב על ראשי של אלו. Er findet sich aber auch bei Bar-Droma, dem jüdischen Feldherrn in Tur-Malla, dem ebenfalls der Vers הלא אתא in den Mund gelegt wird (C), und wenn dieser Umstand auch ohne Zweifel von Bar-Kochba auf die andern Führer übertragen ist, so werden diese Vorgänge eben dadurch als dieser Zeit angehörig bezeichnet. Wir gewinnen dadurch das Faktum, daß Kephar-Charub und Tur-Malla Szenen dieses Krieges waren. Tur-Malla (טור מלכא) aber, welches auch הר המלך genannt wird, ist entschieden identisch mit Tur-Simon, und dieses hat ohne Zweifel seinen Namen von dem Hasmonäer Simon, wie das Königsgebirge von König Jannai (Alexander). Daher schließt sich in allen drei Quellen der übertriebene Bericht von dem Städtereichtum dieses Gebirges an Tur-Simon an. Drei Städte werden namhaft gemacht: כפר דיכריא, כפר ביש (nach Reland identisch mit $B\eta\zeta a\chi a\varrho i a$) und כפר שחלי״ם (vielleicht identisch mit כפר שלם $Kα\varphi α\varrho σ άλαμα$), die vielleicht deswegen hervorgehoben werden, weil sie ebenfalls Schauplätze des Krieges waren. (Der Satz in A. und B., welcher mit den Worten ג׳ כפרים beginnt, muß aber als Ergänzung hinaufgerückt werden zu dem Satz וכנגדן אלף בית, wie es sich in C. findet). An den Bericht über diese drei Kephars, von denen sagenhafte Etymologien gegeben werden, schließt sich eine skizzenhafte Nachricht von drei Städten an: כבול שיחין und מגדל צבעייא, deren Einwohnerzahl hyperbolisch so groß angegeben wird, daß die von ihnen erhobene Kopfsteuer auf Wagen nach Jerusalem habe geführt werden müssen: שהיה טימי מעלה עולה ליורשלם בעגלות. Die Lage dieser drei Städte ist im Texte nachgewiesen worden. Daß sie sämtlich zerstört worden sind, gibt A. ושלשהן חרבו (diese Worte fehlen in B.), daß es aber infolge dieses Krieges geschehen ist, bezeugt eben der Umstand, daß die Relation infolge dieses Kapitels von der Zerstörung Betars aufgenommen wurde. Die Veranlassung zum Untergang derselben geben A. und B. an: כבול מפני המחלוקת שיחין מפני כשפים, מגדל צבעייא מפני הזונה. Hierauf folgt sachgemäß die Beschäftigung der Einwohner von Magdala Zebaja: (פלגוס?) A.) ג' מאות חניות של אורגי פרוכת היו במגדל צביעייא (so die Stellung richtig in A.; in B. verschoben, wie denn hier überhaupt viele Verwechslungen und Versetzungen vorkommen), dann die Beschäftigung derer von Sichin: שמונים סידרות של כתכות היו בשיחין (fehlt in B.). Der Gleichartigkeit der Zahl wegen wird auch eine Nachricht von Kephar-Nimra (ה' מאות כוכרי טהרות) und Gophna (פ' אחים כהנים auch Berachot 44 a) beigefügt, ohne Bezug auf diesen Krieg zu haben. Auf diese Weise kann dieses interessante Kapitel als Quelle für den Betarschen Krieg ausgebeutet werden. Ein näheres Eingehen auf die Sachen gehört nicht hierher. — Der von mir bei Betar angesetzte Küstenfluß Joredet ha-Zalmon wird erwähnt (Tosifta Parah c. 8.): ר' יהודה אומר יורדת הצלמון פסולה (למי חטאת) מפני שכובה מימיה בשעת פילטוס אמרו לו כל ימיו בראשיה כובו בשעת פילטוס. Daß der πόλεμος κατ' ἐξοχήν von dem Betarschen Krieg gilt, bedarf keines Nachweises. Das Versiegen der Flüsse und namentlich des Joredet ha-Zalmon muß also zur Beschleunigung der Katastrophe beigetragen haben. Da nun Zalmon, von dem dieser Fluß offenbar den Namen hat, (nach Richter 9, 48) eine Bergspitze unweit Sichem, zum Gebirge Ephraim gehörig war, und auf diesem Gebirge in der Tat ein kleiner Fluß entspringt, der Betar berührt, von Robinjon und Smith Nahar-Arsuf genannt, so nehme ich keinen Anstand den Joredet ha-Zalmon mit Arsuf zu identifizieren, und ihn mit Betar in Verbindung zu bringen.

Auch Bet-Rimmon war ein Schauplatz dieses Krieges, wie schon früher in dem Aufstand unter Trajan. Auf diesen Punkt muß ich näher eingehen, weil er verkannt worden ist. Bet Rimmon wird nämlich in einer andern Quelle (Elia Rabba c. 30) בבקעת ידים genannt. Zwei Kritiker von Gewicht, Rapoport (in Erech Millin, Artikel Tiberius Alexander) und Krochmal (Moreh Neboche ha-Seman) hielten es für die Straße Delta in Alexandrien, welche meistens von Juden bewohnt war, und das dabei erwähnte Gemetzel für dasjenige, welches der zum Heidentum übergetretene Tiberius Alexander unter seinen Stammverwandten angerichtet hatte. Die Stelle lautet: בא אדרינוס קיסר ותפס אלכסנדריא של מצרים שהיה בה כ' וק' רבוא והיה מפהה אותם בדברים ואמר להם צאו וראו ועמדו בבקעת ידים שלא תהא אומה זו שולטת בכם וכשיצאו ועמדו בבקעת ידים העפיד ידים עליהם — והרגום וכו'. Die Angabe dieses allerjüngsten Agadawerkes hält Rapoport für so entscheidend, daß er Joseph. darnach berichtigen zu müssen glaubt. Allein auch abgesehen von dem sagenhaften Charakter dieses Midrasch überhaupt, ist die angeführte Stelle so entschieden unhistorisch, daß es erstaunlich ist, wie jene geistvollen Kritiker es übersehen konnten. Diese Stelle ist nämlich augenscheinlich aus **drei verschiedenen Agadaberichten zusammengeflossen**, welche der Sammler, dem kombinatorischen Charakter der jüngern Agada treu, zu verschmelzen und zu verquicken strebte. Die palästinensischen Agadas berichten, Trajanus habe ein Blutbad unter den alexandrinischen Juden angestellt und ihre Basilika-Synagoge zerstört (בימי טרגינוס¹ הרשע — נגדעה קרן ישראל). Von diesem trajanischen Blutbade handelt auch die Stelle Gittin 57 b., muß aber emendiert werden, weil daselbst, wie öfter, Trajan und Hadrian miteinander und mit Vespasian verwechselt werden (vergl. Pesikta c. 30: וכשהרגו (את בן כוזבא אספסינוס אמר להם הביאו לי את גופו: מצאו נחש כרוך על לבו), in der Hauptstelle steht richtig אדרינוס. In Gittin heißt es (טריינוס richtig) שהרג הקול זו אדרינוס, וכו׳ באלכסנדריא של מצרים וכו׳. קול יעקב זה אספסינוס קיסר שהרג בכרך ביתר קיסר soll heißen אדרינוס wie in Parallelstellen. — Dann wird (in M. Thr. 1, 11.) erzählt, Hadrian habe die in die Höhlen geflüchteten Juden überredet, sich im Rimmontale (בקעת בית רמון) einzufinden, und ihnen zugesichert, ihnen kein Leid zuzufügen, wenn sie sich auf Gnade und Ungnade ergäben, zuletzt habe er sie in dem Tale niedergehauen, deren Blut bis ins Meer strömte: והיו כרוזי משמיעין יתהון — ההוא דכתיב ויהי אפרים כיונה פותה — נכנסו כלהון לבקעת בית רמון — מיד הקיפם לגיונותיו והרגום והיה הדם בוקע והולך עד שהגיע לקיפרוס נהר. Aus diesen zwei Nachrichten und aus einer dritten: שני נחלים יש בבקעת ידים אחד מושך אילך ואחד מושך אילך ושערו חכמים ב׳ חלקים מים ואחד דם (Gittin das.) hat der Sammler des Tana de be Eliahu ein mixtum compositum zusammengegossen, so daß er das Gemetzel in Alexandrien und in Betar in konfuser Unklarheit miteinander verwechselte. Den Umstand: בא אדרינוס קיסר וחפס אלכסנדריא של מצרים hat er aus b. Gittin nach der Korruption **Hadrian für Trajan**; den Zug: צא עמדו בבקעת ידים זו שלא תהא אומה זו שולטת בכם hat er aus M. Thr. und will damit die verräterische Vorspiegelung andeuten, daß Hadrian den Flüchtlingen zugesichert, die Römer (אומה זו) würden ihnen nichts anhaben. Die Szene in בקעת ידים endlich hat er damit auf verworrene Weise in Zusammenhang gebracht. Diese ganz geistlose Kompilation verdient demnach keineswegs den Namen eines urkundlichen Berichtes, den ihm Rapoport beilegt, sie beweist nur so viel, daß jenes im Talmud erwähnte Händetal, und das im Midrasch genannte Rimmontal als **identisch zu betrachten** seien. Von dem alexandrinischen Delta und Tiberius Alexander ist hier gar nicht die Rede, die Stelle handelt lediglich vom hadrianischen Krieg. Nach dieser Auseinandersetzung kann man nicht in Zweifel sein, was unter בקעת ידים zu verstehen sei, wenn man sich noch dazu die Lage des בקעת בית רמן vergegenwärtigt. Diese in

---

¹) Babli Sukka 51. b. hat ganz denselben Bericht wie j. Sukka und M. Threni, und berührt alle Momente. Der Ausdruck וכולהון קטלינהו אלכסנדרוס מוקדון, welcher den Erklärern so ungeheure Schwierigkeiten gemacht und dem Talmud so viele Verunglimpfungen eingetragen, läßt sich sehr leicht lösen, ohne daß man mit Elia Wilna daraus טרכינוס zu emendieren, noch mit Abarbanel und Rapoport מוקדון zu streichen braucht. In Jerus. wird die Frage aufgeworfen: ומי החריבה (nämlich die Basilika); dieses schwebte Babli vor und er fügt noch den Namen des Erbauers hinzu, nämlich des mazedonischen Alexander. Die Stelle hat ohne Zweifel gelautet: וכולהון קטלינון (טרבינוס. ומי בנאה?) אלכסנדרוס מוקדון; die eingeklammerten drei Wörter scheinen ausgefallen.

der Geschichte dieser Periode so wichtige Talebene, wo die Juden den ersten Aufstand gegen Hadrian anzettelten, ודהון קהלא כצתין (.l מצותין) בהדה בקעתא דבית רמון (G. Rabba c. 64.), wohin Hadrian verräterisch die Flüchtlinge locken ließ, und wo sich die Schüler R. Akibas nach dem Ende der hadrianischen Verfolgung zusammengefunden hatten (J. Chagiga III. p. 68 d.): מעשה שננסו ר' יקנים לעבר את הישנה בבקעת בית רמון, ist nichts anderes als das הדרדרנום בבקעת מגידון (Zacharia 12, 16.). Diese Talebene hatte zu verschiedenen Zeiten verschiedene Namen: Jesreël, Esdrelom, Legio, Legun, vergl. Hieronymus zur Stelle: Addad Remnon urbs est juxta Jesraaelem et hodie vocatur Maxianopolis. In dieser Ebene fließen zwei kleine Flüsse gleich zwei Armen, der Kischon ins Mittelmeer, ein namenloser bei Betsan in den Jordan und von diesem Umstande hat das Tal auch seinen Namen „das Händetal" erhalten. Da nun hier jenes Gemetzel der Flüchtigen stattgefunden hat, so will jene R. Elieser beigelegte Stelle, daß die zwei Flüsse einen Teil Blut geführt haben, nur denselben Umstand erzählen. Es ist demnach durch verschiedene Nachrichten verbürgt, daß in der genannten Talebene der Schauplatz eines fürchterlichen Gemetzels gewesen.

Auch die unterirdischen Gänge, welche in den Kalkgebirgen des zisjordanischen Judäa so häufig waren, spielten im Betarschen Kriege eine Hauptrolle. Durch diese Kanäle versorgten sich die belagerten Juden mit Lebensmitteln, wie das samaritanische Buch Josua (c. 47) erzählt: ובאנו אליהוד אלרי חרגוא בן אלשראריב (nach Juynbols Emendation), und als die Belagerer diese Gänge auf den Rat der zwei Samaritaner Efraim und Manasse verrammelten, entstand Hungersnot in Betar. (Diese Stadt muß unter dem von der samaritanischen Chronik angegebenen Jerusalem verstanden werden, weil hier offenbar der Krieg gegen Hadrian mit dem gegen Titus verwechselt wird.) Ganz übereinstimmend berichten die Fragmente (A. und B.), daß ein Samaritaner sich durch einen Kanal in Betar eingeschlichen habe: מן ביבא דבתינא עאל ליה (B. korrumpiert בבוביא דבתנתא), welches die Kommentatoren mißverstanden haben, indem sie es mit בבא „Tor" erklärten. Aber wie wird man einen Fremden in eine belagerte Stadt durch das Tor einlassen! Durch die Lesart ביבא, welches „Kanalkloake" bedeutet, tritt diese Nachricht aus dem Nebel der Sagenhaftigkeit heraus, und erhält den Stempel historischer Glaubwürdigkeit.

17.

Die Nachwehen des Bar-Kochba-Krieges.

I. Die Nachrichten Justinus' Martyr und des Ariston von Pella, daß Hadrian den Juden verboten hat, Jerusalem zu besuchen: μηδεὶς ἐξ ὑμῶν [Ἰουδαίων] ἐπιβαίνῃ εἰς τὴν Ἱερουσαλήμ (Dial. c. Tryph. c. 16. und Apologia I. c. 47.), ja auch nur in dessen Nähe zu kommen: ὡς ἂν μηδ' ἐξ ἀπόπτου θεωροῖεν [οἱ Ἰουδαῖοι] τὸ πατρῷον ἔδαφος, ἐγκελευσαμένου [Ἀδριανοῦ] (Euseb. h. e. VI. 6.), auch Chronicum zum 19. Jahre Hadrians: Ex eo tempore etiam ascendere in Hierosolyman omnino prohibiti (Judaei) Romanorum interdictione, diese Nachrichten werden von Midr. Thr. (zu 22.) bestätigt. Dort wird erzählt, Hadrian habe in Mobin Wachen aufgestellt, welche die nach Jerusalem wallenden jüdischen Pilger fragten, zu welcher Partei sie gehörten, und sie erhielten nur dann die Erlaubnis, Jerusalem zu betreten, wenn sie sich als Trajaner

ober Hadrianer ausgaben, sonst konnten sie nur verstohlen die heilige Stadt
betreten: ¹) אספסינוס קיסר הושיב שוטרים ופוטמים (I.) במודיעים י"ח מיל (ט"ו מיל) והיו . . . אלה
שואלין לעולי רגלים ואומר להם לכי אתם? והיו אומרים להם אספסיאני טרכיני אדריינוס
אזכרה: לשעבר היתי עולה המוניות המוניות של חגיגה ועכשיו טפשא סלקין וטטמשא
נחתין. Wenn aber von R. José aus der nachhadrianischen Zeit erzählt wird,
er habe die Trümmer Jerusalems besucht (Berachot 3. a. נכנסתי לחורבה אחת
מחורבות ירושלים) und von R. Ismael ben José, er sei nach Jerusalem gewallfahrt,
um auf dessen Trümmern zu beten (Genesis Rabba 81): סליק לצלאה בירושלים,
so muß dieses heimlicherweise geschehen sein. Daher mag dieses letztern Jünger
so sehr ängstlich gewesen sein, als er ihn einst auf einen Marktplatz von Zion
begleitet hatte: ההוא תלמידא דהוה קא אזיל בתריה דר' ישמעאל בר' יוסי בשוקא דציון חויה
קא מפחד (Berachot 60. a). Wie lange dieses hadrianische Verbot in Wirksamkeit war, läßt sich nicht mit Bestimmtheit ermitteln. In Justinus' Martyr
Zeit um 170—180 hat es noch bestanden, da er es in der Apologie an die
Römer (nicht an die Kaiser) als bekannt voraussetzt, daß den Juden der
Eintritt in Jerusalem bei Todesstrafe verboten ist. Aber eine andere Stelle
(Jerus. Maasser Scheni III. p. 54. b) bezeugt, daß in dem Zeitalter nach
Marc Aurel, ungefähr unter der Regierung Alexander Severs, Jerusalem von
Juden besucht wurde, um den zweiten Zehnten daselbst vorschriftsmäßig zu
verzehren: ר' חנינא ור' יונתן ור' יהושע בן לוי עלו לירושלם נחמנה להן פירות ובקשו
לפרות בגבולין אמר לון חד סבא אבוכין לא הוון עבדין כן אלא מפקירין חוץ לחומה ופודין אותו
שם. Durch die Beteiligung R. Chaninas und R. Josuas ben Levi, Zeitgenossen von R. Jochanan, ist die Zeit chronologisch um die Mitte des dritten
Jahrhunderts bestimmt, und es würde daraus hervorgehen, daß zu den Begünstigungen des Kaisers Alexander Sever für die Juden auch die Aufhebung
des hadrianischen Ediktes gehört haben mochte. Aus Tertullian ist kein Beweis zu holen, daß zu seiner Zeit (Sec. III.) jenes Verbot bestanden habe, wie
Münter (jüd. Krieg S. 96.) behauptet, indem dieser Kirchenvater (contra
Judaeos c. 15.) nur die oben angeführten Worte des Ariston von Pella wiederholt. Eusebius und Hieronymus sprechen zwar, daß noch zu ihrer Zeit den
Juden der Anblick Jerusalems verboten gewesen wäre: ὡς ἐξ ἐκείνου [χρόνου
Ἀδριανοῦ] καὶ εἰς δεῦρο πάμπαν ἄβατον αὐτοῖς [Ἰουδαίοις] γενέσθαι τὸν
τόπον [Ἱερουσαλήμ] Demonstr. evangelica VIII, 18., Hieronymus in Zepha-
niam c. 2). Allein ihr Zeugnis kann nur so viel Beweiskraft beanspruchen,
daß die christlichen Kaiser von Konstantin an jenes Verbot erneuert haben,
aber keineswegs, daß es nicht in der Zwischenzeit außer Kraft gesetzt worden
war. In der Tat berichtet Eutychius oder Ibn-Batrik (Annales I. p. 466),
Konstantin habe den Juden verboten, in Jerusalem zu wohnen und sich in der
Nachbarschaft aufzuhalten: ואמר אלקסטנטין אלמלך אן לא יסכן יהודי פי בית אלמקדס
ולא יגור בהא.

II. Ein zweites grausiges Dekret verbot den Juden jede jüdisch-religiöse
Handlung. Darüber scheint von den Gesetzlehrern förmlich beraten und be-
schlossen worden zu sein. Es wird von einem Lyddensischen Beschluß
in dem Dachzimmer eines Nitsa tradiert, der darum so merkwürdig und
bezeichnend für die Lage jener Zeit ist, weil in demselben nicht so sehr ein-

---

¹) אספסינוס steht hier augenscheinlich für אדריינוס, wie o. S. 426, folglich kann
das nachfolgende אספסיתני auch nur Interpolation eines unverständigen Ab-
schreibers sein, welcher die Korruption Vespasianus vor Augen, es auch vor
טרכיני אדריינוס einfließen zu müssen glaubte.

geschärft wurde, das Leben für die Kardinalbestimmungen, Götzendienst, Mord und Unkeuschheit, einzusehen, als vielmehr eine Art Indulgenz erteilt wurde, in Zeiten religiöser Verfolgung sich nicht wegen aller übrigen Bestimmungen des Judentums dem Märtyrertum auszusetzen: נמנו בעליית בית נתזה בלוד על כל (j. התורה אם יאמר גוי לישראל לעבור חוץ מן ע״ז גלוי עריות ושפיכות דמים יעבור ולא יהרג Schebiit IV, 35. a. Synhedr. III, p. 21. b.; b. Synhedr. 74. a.). Die Klauseln welche diesen allerdings allzu toleranten Beschluß illusorisch machen, nämlich der Unterschied zwischen Öffentlichkeit und Heimlichkeit, zwischen Zwang von seiten des Staates (גזירה מלכות) und von einem einzelnen, sind erst später hinzugekommene Bestimmungen wie Babli daselbst unzweideutig auseinandersetzt[1]). Daß aber dieser Synodalbeschluß in einer kritischen, verfolgungsreichen Zeit gefaßt wurde, beleuchtet eine korrumpierte, aber nichtsdestoweniger prägnante Stelle der Pesikta (c. 13.) מהו נאספו עלי נכים? בעליית בית נתזה בלוד. אמרו כשאני מצלעה הם (אומות העולם) שמחים ונאספים להתגדרות וכו׳. Hält man die Beratung in dem Dachzimmer des Nitsa in Lydda als Kriterium für diese Zeit fest, so kann man eine Nachricht von einer eben daselbst gehaltenen Beratung mit hineinziehen, welche, indem sie dadurch Licht empfängt, zugleich die Situation heller beleuchtet. In der genannten Lokalität wurde nämlich von R. Tarphon und den Ältesten, näher von R. Akiba und R. José Galili, das Thema beraten, ob die theoretische Beschäftigung mit den Religionsgesetzen wichtiger sei, als die praktische Religionsübung: Kiduschin 40 b. Sifra zu Deut. 11. 13. Midrasch Cantic. zu V. 2. 14. וכבר היו ר׳ טרפון וזקנים (ר׳ יוסי הגלילי ור׳ עקיבא) מסובין בעליית בית נתזה[2] בלוד נשאלו. מי גדול תלמוד גדול או מעשה? — וענו כלם ואמרו תלמוד גדול שהתלמוד מביא לידי מעשה. Es war nicht eine dogmatische Frage, etwa ob die γνῶσις oder die πρᾶξις τῶν ἔργων verdienstlicher sei, sondern es scheint eine in der Not aufgeworfene Gewissensfrage gewesen zu sein, ob man das Gesetzesstudium ebenso wie die religiöse Praxis einstellen dürfe, weil harte Strafen darauf gesetzt waren. Der Beschluß fiel einstimmig dahin aus, daß die Theorie mehr Wichtigkeit habe, weil sie die Praxis wieder zu beleben imstande sei, wenn jene für den Augenblick verhindert ist. Zwei Fragen wären demnach in Lydda verhandelt worden, ob man für die Gesetzesübung das Leben lassen sollte, und nachdem diese (mit Ausnahme von drei Bestimmungen) verneinend ausgefallen war, ob das Gesetzesstudium unter diese Kategorie gehöre, oder ob es eine höhere Wichtigkeit habe. Übrigens scheint

---

[1]) [Vergl. Tosifta Sabbat 16, 17.]

[2]) In Sifri findet sich dafür בית ערוד, das aber eben so gewiß eine Korruptel ist, wie (j. Pesachim III. 30. b. Chagiga I 76. c.) נמנו בעליית בית אריס למעשה קודם התלמוד ,.M. Cant., בית עריס oder (j. Scheb. l. c.) בית לבזה, und muß an diesen Stellen in נתזה emendiert werden, diese Lesart נתזה wird auch bestätigt durch Tosifta Sabbat II. 5 b., Sabbat 29. b. Aus dem Ausdruck נמנו ergibt sich noch hier, daß es eine praktische Frage war, welche einen förmlichen Beschluß mit Abstimmung nach Majorität herbeigeführt hat. — Es genügt eigentlich, darauf hinzuweisen, daß R. Akiba an der Beratung in Lydda teilgenommen, daß er in der „Zeit der Gefahr" verhindert war, das Schemá laut zu lesen wegen eines Quästors, der ihn und seine Jünger umlauerte (Tosifta Berachot II.) und auch andere Momente, um zum Resultate zu gelangen, daß er den Fall Betars noch erlebt und von der „Zeit der Vertilgung" gelitten hat. Was Frankel dagegen geltend macht (Hodegetik p. 121) ist widerleglich, würde aber zu weit führen.

auch R. Jsmael an dieser Beratung teilgenommen zu haben, ging aber in der Jndulgenz noch weiter, indem er gestattete, sich auch der Zumutung zum Götzendienste zu fügen, wenn es ohne Aufsehen geschehen könne (b. Synh. l. c. und Parallelstellen und ausführlich Sifra Achre c. 13): ר' ישמעאל אומר מנין אתה אומר שאם אמרו לו לאדם בינו לבין עצמו עבוד ע"ז ואל תהרג יעבוד ואל יהרג — וחי בהם ולא שימות בהם. או אפילו ברבים ת"ל ונקדשתי אם מקדישים אתם את שמי אף אני אקדש את שמי על ידיכם כשם שעשו חנניה מישאל ועזריה. Die Klausel ברבים oder בזרהתיא gehört nicht R. Jsmael an. Vergl. seine tolerante Äußerung Baba Batra p. 60 b. S. auch Tosifta Sabbat XVI, Ende. Diese Ansicht scheint aber in der Minorität geblieben zu sein.

III. Von den Entsetzen erregenden Folterqualen, denen die jüdischen Märtyrer fürs Gesetz unterworfen wurden, berichten zwei Stellen einstimmig (M. Cant. zu 2. 7. und Ps. 16.): אמר ר' חייא בר אבא אם יאמר לך אדם תן נפשך על קדושת השם אני נותן ובלבד שיהרגוני מיד. אבל בדורו של שמד איני יכול לסבל. ומה היו עושין בדורו של שמד? היו מביאין כדוריות של ברזל ומלבנין אותן באש ונותנין אותן תחת שיחתן — ומביאין ר' קרוטיות (קרוטיות) של קנים ונותנין אותן תחת צפרנן ומשיאין נפשותיהן מהן. א"ר בשם ר' אידי ג' חלקים נחלקו היסורין. אחד נטלו האבות וכל הדורות ואחד דורו של שמד ואחד דורו של מלך המשיח. מה היו עושין בדורו של שמד היו מביאין ברוריות (כדוריות) וכו'. Daß übrigens „die Zeit der Verfolgung" דורו של שמד κατ' έξοχήν von der Bar-Kochbaschen Zeit gilt, bedarf keines Beweises; so werden auch in der oben zitierten Stelle deutlich identifiziert: ד' שבועות השבוען כנגד ד' דורות שחתקנו על רקק ונכשלו ואלו הן אחד ; בימי עמרם ואחד בימי (בן) דיני ואחד בימי בן כוזיבא (בדורו של שמד) וכו' vergl. Tosifta Sota VI., Aboda Sara V. 45 a., Genesis Rabba 6. 82: שני תלמידים משל ר' יהושע שנו עטיפתן בשעת השמד. Dieselbe Zeit wird auch שעת הסכנה, „Zeit der Gefahr" genannt und wird öfter in den Talmuden und in der Tosifta erwähnt.

Es ist kaum daran zu zweifeln, daß jene argusäugige römische Aufpasserei auf die hadrianische Verfolgung zu beziehen ist. Vergl. Tosifta Berachot II. 14, Erubin VIII. 6. Megilla II. 4, Ketubot IX. 6, Sukka I. 7, Baba Mezia II. 17. Darauf ist auch zu beziehen הפושה תפילתו עגולה סכנה ואין בה מצוה b. Megilla p. 24. b. wie Rabenu Tam es richtig erklärt mit Hinweisung auf eine Verfolgung (b. Sabbat p. 49 a.). Ebenso ist aufzufassen: התולה מזוזה בתוך פתחו סכנה ואין בה מצוה (Tosifta Megilla III. b. Menachot 32. b.)[1]) Auch das Heiraten am Mittwoch war verboten und darauf bezieht sich Tosifta Ketubbot I. babli das. 3. b. ובזמן הסכנה ואילך נהגו הכל הלא ליכנס בשלישי. Die talmudische Erklärung das. kann auch historisch sein, daß ein römisches Dekret gedroht habe, wenn am Mittwoch gemacht würde, so solle dem römischen Befehlshaber bei der Braut das jus primae noctis zustehen: בתולה הנשאת ברביעי תבעל לתפסר חחלה. Auf diese Zeit bezieht sich auch jene Tradition. Ketubbot J. 25 c., Synhed. 32 b., Megillat Taanit c. 6: מאי סימן היה להם? כשהיו שומטים קול רחים (קול מגרוס) בבורני היו אומרים שבוע בן שבוע בן. וכשהיו רואים אור נר בברור חיל (בלי חול) היו אוסרים משתה שם משתה שם. Diese Worte: „als sie hörten, als sie sahen, riefen sie", beziehen sich augenscheinlich auf die feindlichen Spione; irrtümlich nehmen es aber Raschi und Tosaphot als Zeichen, die unter den Juden verabredet waren, um sich von einer statthabenden Beschneidung oder Hochzeit hinter den Rücken der Feinde gegenseitig zu unterrichten. An einer Stelle ist das Schlagwort סכנה durch Korruption so verwischt worden, daß es erst in späterer Zeit emendiert werden

---

[1]) [Da die Mischna allgemein lautet, so ist die Auffassung R. Tams nicht gerade einleuchtend.]

Note 17.

mußte und noch heutigen Tages nicht genügend erkannt ist. Zu der Bestimmung, daß die Dörfler die Megilla am Purimfeste vor dem 14. am Montag oder Donnerstag lesen dürfen heißt es in Jerus. Megilla I. 70 d.: הני במקום שמסתכנין קורין אותה בי״ד. ר' יוסי בע״י אם במקום שמסתכנין אל יקראו אותה כל עקר d. h. wenn Gefahr für das Lesen der Megilla vorhanden ist, soll man sie zur Zeit oder gar nicht lesen. Das Wort שמסתכנין ist korrumpiert worden in שנכנסין, was gar keinen Sinn gibt. Dieselbe Lesart stand auch früher in der Tosifta, ist aber in unserem Texte verwischt. Ebenso hat R. Hai in Babli Megilla I. a. gelesen: אמר ר' יהודה . . בזמן הזה הואיל ומסתכנין בה אין קורין אלא בזמנה. S. Nachmani Taanit IV. p. 69. a. zur Stelle. Aus מסתכנין haben Kopisten gemacht מסתכלין, und diese widersinnige Lesart hat den Späteren viel Kopfzerbrechens gemacht.

IV. Im zusammenhängenden Berichte über den Fall Betars, der wohl von R. Juda, dem Patriarchen herrührt (o. S. 165) heißt es auch, Hadrian habe ein Areal von 1800 Quadratmil mit den Leichen der in Betar Gefallenen in aufrechter Stellung umzäunen lassen und einen Befehl erlassen, sie nicht zu beerdigen, und sie seien erst unter seinem Nachfolger zur Bestattung gekommen (Jerus. Taanit IV. p. 69. a. und Threni Rabba zu 2. 2.): כרם גדול היה לאדריינוס הרשע שמונה עשר מיל על י״ח מיל מן טבריה לציפורי והקיפו גדר מהרוגי ביתר מלא קומה ופישוט ידים ולא גזר עליהם שיקברו עד שעמד מלך אחר וגזר עליהם שיקברו. Ein Amora aus späterer Zeit tradiert, daß die religiöse Behörde zum Andenken an die erlangte Erlaubnis, die Gefallenen Betars zu beerdigen, eine Benediktion im Tischgebet hinzuzufügen verordnet habe (das. und Babli Berachot 48. b., Taanit 31. a., Baba Batra 122. a., auch Threni Rabba zu 1. 13.): אמר ר' הונא (בבלי: ר' מתנא) משמנונו הרוגי ביתר לקבורה נקבעה הטוב והמטיב. הטוב שלא נסרחו והמטיב שנתנו לקבורה. Derselbe Amora meint auch, daß der 15. Ab zum Andenken an die Erlaubnis zum Freudentage erhoben worden (Babli an den letzten zwei Stellen und Threni Rabba das.). Wenn auch das letztere kritisch bezweifelt werden kann, so bleibt doch die Hauptsache unangefochten, daß Hadrian oder sein Legat, entweder Julius Severus oder Tinius Rufus einen Befehl ergehen ließ, die Gefallenen Betars unbeerdigt zu lassen. Das Land sollte von dem Leichengeruch verpestet werden, das lag so recht in Hadrians Charakter.

Auf diesem Faktum scheint mir das Buch Tobit zu beruhen und in dieser Zeit verfaßt worden zu sein. Es ist offenbar eine Ermahnungsschrift, Pflicht der Leichenbestattung auch mit Gefahr seines Lebens zu üben. Tobit wird daher als Muster eines solchen Gewissenhaften aufgestellt. Das ist der Schwerpunkt dieses Apokryphons (c. 1, 17): In den Zeiten Enemassors, Königs von Assyrien, übte er viele Mildtätigkeit, gab den Hungrigen Brot, den Nackten Kleider und begrub die Erschlagenen seines Stammes, welche hinter die Mauern Ninives geworfen worden waren. Er tat dieses heimlich (118): ἔθαπσε αὐτοὺς κλέπτων. Er wurde deswegen angezeigt und mußte die Flucht ergreifen, und seine ganze Habe wurde konfisziert (1, 19—20). Nichtsdestoweniger setzte er diese Tugend der Leichenbestattung mit Gefahr seines Lebens fort, wie sehr er auch von seinen Nachbarn deswegen getadelt und gewarnt worden war (2, 7, 8). Bei der Ausübung derselben verlor er sein Augenlicht (das. 29. f.) Der Engel Raphael, welcher seinen Sohn Tobias nach Rhagae geleitet, ihm dort eine würdige Braut verschafft, deren sieben Verlobte früher in der Brautnacht vom Würgengel erstickt worden waren, Tobit selbst das Augenlicht wiedergibt und ihn im Alter glücklich macht, der Engel erklärte, das alles habe er bei Gott verdient, weil er die Toten mit

Aufopferung begraben habe und sei ihm diese Wiederkehr des Glückes zugekommen (12, 11.): καὶ ὅτι ἔθαπτες τοὺς νεκρούς, ὡσαύτως συμπαρήμην σοι.

Daß dieses Buch die Zerstörung Jerusalems und sozusagen talmudisch-religiöse Zustände voraussetzt, ist nicht genug von den Exegeten hervorgehoben worden. Über Jerusalem vergl. 13, 10, 16 und besonders 14, 4. Alle seine Stammgenossen aßen Heidenbrot, nur Tobit hütete seine Seele, nicht davon zu genießen. Heidenbrot, ἄρτος τῶν ἐθνῶν (פת נכרים) ist erst kurz vor der Tempelzerstörung unter Titus verboten worden (s. Band III. Note 18). Das Buch reflektiert auch überall ein hebräisches Original, allerdings nicht in klassisch-biblischem Stile, aber in der Schreibweise des Neuhebräischen. צדקה wird hier stets als Mildtätigkeit gefaßt und der Vers צדקה תציל ממות durch ἐλεημοσύνη ἐκ θανάτου ῥύεται (4, 10, 12, 9), was eben agadische Auslegungsweise ist. Die Ehepakten zwischen Tobit und Sara werden in eine Schrift niedergelegt, nach dem Gesetze Mosis d. h. כדת משה (7, 13, auch) 612) 6. 4. v. 17: ἔκχεον τοὺς ἄρτους σου ἐπὶ τὸν τάφον τῶν δικαίων hat im Griechischen keinen Sinn; im Original hat es vielleicht gelautet לחמך בקרב הצדיקים, dafür las der Übersetzer בקבר und für שלח vielleicht שפך, wofür auch der letzte Halbvers spricht: „und gib es nicht den Sündern." Genug, das Buch Tobit ist ebenso ursprünglich hebräisch gewesen, wie das Buch Judith.

Aber inwiefern ist das Begraben der Toten eine so hohe Tugend, daß es ein so großes Opfer verlangt und eine so bedeutende Belohnung hienieden gewährt? Wir müssen die Frage talmudisch beantworten, weil sich das Buch in diesem Kreise bewegt. Nur aus der hadrianischen Zeit läßt sie sich beantworten. Der Machthaber hatte verboten, die Leichen zu beerdigen, sie sollten über der Erde bleiben. Nach talmudischer oder auch schon nach mischnaitischer Anschauung galten solche Leichen als מת מצוה, die zu bestatten dem religiöse Pflicht obliegt, selbst einem Priester, wiewohl er sich dabei levitisch verunreinigt (Berachot 19 b. 20 a. und Parallelstellen). Da es aber mit Lebensgefahr verbunden war, so wollte das Buch Tobit die Frommen ermahnen, das Leben gering zu achten und diese Pflicht nicht zu verabsäumen; der Lohn werde nicht ausbleiben. Darum befiehlt der Engel, daß alle Vorgänge in ein Buch geschrieben werden (12, 20). Καὶ γράψατε πάντα τὰ συντελεσθέντα εἰς βιβλίον. — Aus der talmudischen Literatur ergibt sich, daß zur Tannaitenzeit noch einige apokryphische Schriften verfaßt wurden, wie herrschen über den Wert und die Behandlung derselben Varianten. Tosifta Jadaim II. heißt es: הגליונים וספרי מינין אינן מטמאין את הידים. ספר בן סירא וכל הספרים שנכתבו מכאן ואילך אינן מטמאין את הידים, d. h. die dem Sirachbuche ähnlichen Schriften haben keinen heiligen Charakter; aber darum sind sie noch nicht verwerflich. In Jerus. Synhedrin X. 28. a. mehr spezifiziert: ר' עקיבא: הקורא בספרים החצונים (אין לו חלק לעולם הבא) כגון ספרי בן סירא וספרי בן לענה, אבל ספרי המירם וכל ספרים שנכתבו מכאן ואילך הקורא בהן כקורא באגרת. Die Lesart scheint aber korrumpiert zu sein; denn demnach müßte bereits R. Akiba das Buch Sirach verdammt haben, während es in Babl. Synh. p. 100. b. erst von einem Amora verworfen wird: הנא בספרים החצונים. . . ר' יוסף אמר בספר בן סירא נמי אסור למיקרי. Ich möchte in Jerus. lesen: בספרי המינים, אבל ספר בן סירא. . כגון ספרי מינים ובן לענה. . המירם וכל הספרים Daß solche Schriften nicht verpönt waren, folgt aus Midrasch Kohelet zu Ende: כל המכניס בתוך ביתו יותר מכ״ד ספרים מהומה הוא מכניס כגון ספר בן סירא וספר בן תגלה.

18.

R. Simon ben Gamaliel nach dem Betarschen Kriege.

Kaum brauchte es nachgewiesen zu werden, daß R. Gamaliel II. der Jamnense, nicht von Rufus, dem Legaten Hadrians verfolgt worden sein kann, wenn dieser Irrtum, aus einer korrupten Lesart entstanden, nicht so oft wiederholt worden wäre. Die Erklärung zur Mischna (Taanit 29. a.) "über die Stadt ist der Pflug gezogen worden" wird mit den Worten eingeleitet: כשחרש טורנוס רופוס את ההיכל נגזרה על רבן גמליאל להריגה בא אדון אחד וכו׳. Es steht also fest, daß dieses Faktum in die hadrianische Zeit gehört und mit Tinius Rufus in Verbindung steht. Aber in diesem Falle kann der Verfolgte mit nichten R. Gamaliel gewesen sein, welcher noch vor R. Elieser ben Hyrkanos gestorben, der seinerseits den **Ausbruch des Aufstandes nicht erlebt hat.** Es bleibt also nur die Alternative, entweder diese Nachricht für sagenhaft zu erklären, (wodurch aber wenig gewonnen ist) oder die Lesart רבן גמליאל zu emendieren. Zu allernächst bietet sich die Emendation. ר' (שמעון בן) גמליאל, sodaß die eingeklammerten Worte als ausgefallen zu betrachten wären. Dasselbe kommt im Kataloge der zehn Märtyrer vor (M. Thr. 2. 2.) ר"ג anstatt רשב"ג, und ebenso weiter אמר ר"ג ה' מאות בתי סופרים היו בביתר, statt (wie an den Parallelstellen) רשב"ג. Daß R. Simon ben Gamaliel dem Blutbade in Betar entgangen ist, erzählt er selbst. Von den vielen Kindern, welche sich in Betar befanden, sei nur er selbst (und der Sohn seines Oheims) am Leben geblieben: ילדים היו בביתר... וכמולם (¹ לא נשתייר אלא אני כאן (ובן אחי אבא בעסיא) (daſ. j. Taanit IV. 69, a.; Gittin 58, a.; Sota 49, b.; Baba Kama 82, b.). An den beiden letzten Stellen muß das Wort בית אבא in ביתתר emendiert werden, wie die Parallelstellen haben, sonst gäbe das Wort keinen rechten Sinn.

19.

R. Meir.

R. Meirs eigentlicher Name war מאישה oder מיאשה nach einer Nachricht des Talmuds (Erubin 13, b.), die merkwürdigerweise in unsern Ausgaben verstümmelt erscheint und nur von R. Chananel und Zacuto erhalten ist; sie lautete: מעישה (Juchassin edit. Amst. 27. b.). לא ר' מאיר שמו אלא ר' מעישה שמו. מעישה halte ich für das griechische Μωϋσης = משה. — Die Agada, daß R. Meir von dem,

---

¹) Über die Zahl der in Betar umgekommenen Schüler differieren die Lesarten, welche eine aufsteigende Klimax von Übertreibungen darbieten. In den zwei zuletzt zitierten Stellen wird ihre Zahl ohne Übertreibung auf tausend angegeben: אלף ילדים היו — ה' מאות תורה ה' מאות למדו חכמת יונית. Die übrigen Stellen überbieten sich in der Zahlangabe: Es hätten sich in Betar, drei, vier, fünfhundert Schulen befunden, jede derselben hätte drei, vier bis fünfhundert Schüler enthalten! Die schwankenden Lesarten entstanden daher, weil das Thema vom Untergang Betars, mehr noch als von der Zerstörung Jerusalems, als Text für öffentliche Vorträge behandelt wurde, und jeder Redner suchte den Effekt dieses an sich schon ergreifenden Schauerdramas durch vergrößernde Zahlenangaben zu steigern. Daher sind überhaupt in den Berichten über den Bar-Kochbaschen Krieg die Zahlen so unsicher.

Proselyte gewordenen Kaiser Nero abstammte, scheint einen polemischen Hintergrund zu haben. In der christlichen Welt spielte Nero eine sehr bedeutsame typische Rolle. In den ersten zwei Jahrhunderten war der Glaube verbreitet, Nero sei nicht umgekommen, sondern lebe irgendwo verborgen und werde eines Tages als Antichrist erscheinen. (Vergleiche Gieseler, Kirchengeschichte I. S. 98. Note.) Dieses von der christlichen Agada gebrandmarkten Nero scheint sich die jüdische Agada angenommen zu haben und ihm einen jüdischen Sohn oder Enkel gegeben zu haben.

Vom Witz zeigt R. Meïrs sentenziöser, das orientalische Leben und Temperament charakterisierender Spruch (Midrasch Kohelet zu 4. 3). Sah R. Meïr jemand ganz allein auf Reisen gehen, so pflegte er ihm zuzurufen: „Ich grüße dich, du dem Tod Verfallener!" שלם עלך מרי מיתא; sah er zwei zusammen eine Reise unternehmen, so sagte er: „Ich grüße euch dem Streit Verfallene!" שלם לכון מרי קטטא; sah er hingegen drei zusammen reisen, so begrüßte er sie mit den Worten: „Gruß euch, ihr Friedensstifter!" שלם לכון מרי שלמא. — Witzig ist ferner die von R. Meïr erzählte Anekdote (Genesis Rabba c. 29.), die an das homerische οὔτις in der Odyssee lebhaft erinnert, wie dieser Weise einen mit Räubern im Einverständnisse stehenden Gastwirt täuschte, der seine Gäste, unter dem Vorwande, sie in der Dunkelheit auf den rechten Weg zu geleiten, gerade in die Räuberhöhle zu führen pflegte. Als dieser Gastwirt einst R. Meïr sein Geleite in der Nacht aufdrängen wollte, ersann der letztere eine Ausflucht, er müsse noch seinen Bruder Ki-tob erwarten, um dadurch Zeit zu gewinnen, die ganze Nacht in der Karawanserei zu bleiben. Mit Tagesanbruch, als er zur Abreise gerüstet war, bemerkte er gegen den Wirt, welcher nach dem erwarteten Bruder fragte: „Der Bruder, den ich ersehnt, war das Licht, von dem es heißt, daß es gut sei (כי טוב)." — Witzig sind endlich R. Meïrs agadische Anwendungen von Bibelversen auf dogmatische und Zeitverhältnisse, die er durch eine geringe Buchstabenveränderung zustande brachte und in seinem Bibelkodex anmerkte. Der Tod sei ein Gut, weil er zur Unsterblichkeit führe, das deutete er mit den Worten טוב מאד (ausgesprochen tob-mot) טוב מות an (Genesis Rabba c. 9.). Der erste Mensch sei von Licht umflossen gewesen, Gott habe ihn mit einem Lichtgewand umhüllt: כתנות אור anstatt כתנות עור (l. c. 21.); Jesaias habe die Nacht der Leiden unter den Römern prophezeit: משא רומה anstatt משא דומה (j. Taanit I. 1.). Von derselben Art ist auch R. Meïrs Umdeutung von εὐαγγέλιον in עון גליון (Sabbat 116 a. in den unzensierten Ausgaben).

Ich habe früher angenommen, daß der in der jüdischen Literatur ehrenvoll genannte Philosoph אבינימוס הגרדי oder נימוס הגרדי mit dem Pythagoräer oder Neuplatoniker Numenios identifiziert werden könne, weil er ein Zeitgenosse R. Meïrs und der erste heidnische Philosoph war, der nicht nur die Bibel und die jüdische Agada kannte und sie zitierte, sondern dem Judentum soviel Autorität einräumte, daß er glaubte, Pythagoras und Plato hätten aus dieser Quelle ihre Weisheit geschöpft (Zellers Philosophie der Griechen III., S. 545); er nennt Plato den attischen Mose: Νουμηνιὸς δὲ ὁ Πυθαγόρειος φιλόσοφος ἄντικρυς γράφε· τὶ γάρ ἐστι Πλάτων ἢ Μωϋσῆς ἀττικίζων; (Clemens Alexandrin, Stromata I. 22.). Allein der Beiname הגרדי blieb mir rätselhaft. Ich glaube daher, daß der Kyniker Oenomaos von Gabara (הגדרי) besser dafür paßt (Suidas s. o.). Οἰνόμαος Γαδαρεὺς φιλόσοφος κυνικὸς γεγονὼς οὐ πολλῷ πρεσβύτερος Πορφυρίου. Mag Suidas Quelle oder Eusebius (bei Syncellus Chronographie p. 659) Recht haben, wenn er ihn mit Sextus und Agathobulus unter

Hadrian setzt, so war Oenomaos jedenfalls Zeitgenosse R. Meïrs. Freilich war dieser keineswegs ein so hervorragender Philosoph, wozu ihn die Agada stempelt (G. Rabba c. 65.) לא עמדו פילוסופין בעולם כבלעם בן בעור וכאבנימוס הגרדי נתכנסו כל אומות העולם אצלו. אמרו תאמר שאנו יכולין להזדווג לאומה זו? אמר להן לכו וחזרו על בתי כנסיות ובתי מדרשות שלהן. Er wird deswegen mit Bileam gleichgestellt, weil er wie jener dem Judentum Anerkennung gezollt und es unter die Völker verbreiten half. (Vergl. Origines, Homilia in numeros 14. 15.): Agebatur enim Balaam mira et magna dispensatione, ut quoniam Prophetarum verba, quae intra aulam continebantur Israeliticam ad gentes pervenire non poterant, per Balaam ferrentur, cui fides ab universis gentibus habebatur. Von Oenomaos' philosophischen Schriften sind zwar nur Bruchstücke bekannt (bei Eusebius praeparatio evangel. V. c. 19. f. VI. 7. f.) und aus diesen nur so viel, daß er die Orakel der Götter und das Fatum ad absurdum geführt hat. Aber es ist doch viel, daß ein heidnischer Philosoph die Seele der griechischen Mythologie so angegriffen hat. Möglich, daß er in seinen untergegangenen Schriften dem Judentum das Wort geredet hat. אבנימוס führte mit jüdischen Weisen, namentlich mit R. Meïr, philosophische Unterredungen (b. Chagiga etc.) אבנימוס (Exod. Rabba c. 13.): שאל אבנימוס הגרדי את חכמינו. הארץ האיך נבראת תחילה? אמרו לו אין אדם יודע; mit R. Meïr in Bezug auf Achar (b. Chagiga 15 b.) כדברים הללו אלא לך אצל אבא יוסף הבנאי. שאל נימוס הגרדי את ר"מ. כל עמד דנחות ליורה סליק? א"ל כל דהיה. ונכי אבג אימיה סליק R. Meïr stand im intimen Verhältnis zu demselben (Rut Rabba I. 8.): אבנימוס הגרדי מתה אמו ועלה ר' מאיר להראות לו פנים — מת אביו ועלה ר' מאיר להראות לו פנים.

Die Dialektik R. Meïrs, deren er sich bei Ernierung der Halacha oder nach Frankels richtiger Auffassung bei dem Resumieren der Ansichten nach der Diskussion, um das pro und contra ins Licht zu setzen (Monatsschr. I. S. 348), zu bedienen pflegte, wird an seinem Jünger Symmachos scharf getadelt. Die Beweisstellen dafür leiden aber an vielfachen Korruptionen und müssen eine aus der andern ergänzt werden. Von einem Jünger R. Meïrs wird mitgeteilt, daß er sophistisch die Berührung eines toten Reptils, obwohl in der Schrift für verunreinigend erklärt, aus 49 Gründen als rein zu beweisen imstande gewesen. Daß dieser Jünger Symmachos war, bezeugen b. Erubin 12. b. und Midrasch zu Psalm 12.: תלמיד היה לר' מאיר וסומכוס שמ' פנים שהיה מטהר את השרץ בם"ט פנים. — Diese Nachricht wird von zweien tradiert: von R. Jochanan und R. Chija (תני ר' חייא), nur findet sich im Midrasch Psalm beim ersten die Korruption ר' עקיבא statt ר' מאיר, und im Talmud beim ersteren טעמי טהרה anstatt על כל דבר ודבר של טומאה מ"ח טעמי טומאה und beim letzteren ק"נ anstatt מ"ט. In j. Synh. IV, Anf. und Pesikta c. 21. wird dasselbe berichtet, wenn man einige Korruptelen hinwegschafft; im erstern תלמיד ותיק היה לר' עקיבא, muß ergänzt werden מאיר; im letzteren תלמיד ותיק היה לר' וכו' soll heißen לר' מאיר וכו'. Diese beiden Stellen haben aber den wichtigen Schluß von der Mißliebigkeit dieser Sophistik, daß jener Jünger (Symmachos) nicht von solchen abstammen könne, deren Eltern am Sinai gestanden: אמרין האי תלמידא קטוע מטורא דסיני, und daß er dadurch außerstande gewesen, eine praktische Entscheidung zu treffen: האי תלמידא לא הוה ידע הוריה.

R. Meïr lehrte auch in Arbiskos ערדיסקוס (Nasir 56. b. Tosifta N. c. 5. Oholot c. 4.): אמר ר' אלעזר כשהלכתי לערדיסק"א מצאתי את ר' יהושע בן פתירוש und j. Erubin II. 1.: מעשה ששבת ר' מאיר (ר' יהודה בן פתר) ואת ר' מאיר דנין בהלכה בארדיסקוס. Arbiskos ist aber mit Damaskus identisch; denn wird קני קניי וקדמוני

(b. Baba Batra 57. a.) mit ערדיסקוס אסיא ואפמיא erklärt und in der Parallelstelle (j. Kidduschin 61. d., Genesis Rabba c. 44.) דרמסקוס אסיא ואפמיא [Vergl. dagegen Neubauer, la Géogr. du T. p. 196.] Während der hadrianischen Verfolgung war R. Meïr in Babylonien, wie aus b. Aboda Sara p. 18 hervorgeht, ערק אתא לבבל (ר' מאיר) und ebenso muß man lesen Midr. Kohelet 102. d.: וערק לבבל wie Heilperin die Lesart hat (s. V. מאיר). Überhaupt scheinen die Jünger R. Akibas nach der Euphratgegend geflohen zu sein.

20.

Der Aufstand der Juden unter Antoninus Pius und R. Simon ben Jochaï.

Capitolinus erzählt und zwar unzweideutig, unter dem ersten Antoninus haben die Juden eben so wie die Germanen und Dacier abermals einen Aufstand gemacht, sind aber durch Statthalter und Legaten niedergeworfen worden (in Antoninum Pium, c. 5.) . . . Germanos, Dacos atque Judaeos rebellantes contudit per praesides ac legatos. Es klingt sehr unwahrscheinlich, denn daß hier von den Juden in ihrem Stammlande, in Judäa, die Rede ist, versteht sich von selbst. Nun war dieses Land durch den Betarschen Krieg und das Hadrianische Verfolgungssystem fast entvölkert worden und sollte doch wieder einen noch so schwachen Aufstand auch nur versucht haben? Allzu unbedeutend muß er doch nicht gewesen sein, da die Kaiserannalen ihn des Aufzeichnens würdig befunden haben, woraus Capitolinus die Nachricht geschöpft hat. Schwiegen die talmudischen Quellen ganz und gar darüber, so müßte man diese Nachricht bezweifeln. Allein sie teilen aus dieser Zeit einige Notizen mit, die zwar nicht geradezu von einem Aufstande sprechen, aber die Wirkungen eines solchen ahnen lassen, oder richtiger nur als Wirkungen eines neuen erbitterten Verhältnisses zwischen Juden und Römern verständlich sind. Zur Zeit R. Simons ben Jochaï, d. h. zwischen dem Betarschen Kriege und R. Judas I. Patriarchat (138—165) wurde den Juden die Zivilgerichtsbarkeit entzogen, worauf dieser Tannaï bemerkte, er müßte Gott dafür danken, da er sich nicht zum Richter berufen fühle (Jerus. Synhedrin I. 18. a. und VII. 24 b.): בימי ר' שמעון בן יוחאי ניטלו דיני מםונות מישראל. א"ר שמעון בן יוחאי בריך רחמנא דלינא חכים מידין (so die richtige Lesart; die erste Stelle hat falsch בימי שמעון בן שטח). Man wird wohl einräumen, daß das Entziehen der Gerichtsbarkeit nur die Folge eines vorangegangenen Zerwürfnisses sein kann. Mit Recht stellt es der Talmud das. in eine Reihe mit dem Entziehen der peinlichen Gerichtsbarkeit vor der Tempelzerstörung unter der Herrschaft der Landpfleger.

Die zweite Notiz erzählt, infolge einer Delation über die Gesinnung der Tannaiten gegen die Römer sei R. Simon ben Jochaï zum Tode verurteilt worden, weil er sich mißliebig über die Römer ausgesprochen habe. Selbst R. José wurde aus seinem Wohnort verbannt, weil er sich schweigend verhalten, nur R. Juda, der sich lobend geäußert, wurde gerühmt oder erhöht (b. Sabbat 33. b.): הלך יהודה בן גרים וסֿפר דבריהם ונשמעו למלכות אמרו יהודה יעלה. יוסי ששתק יגלה לצפורי שמעון שגנה יהרג. Das Hauptfaktum ist historisch. An die Verurteilung Simons ben Jochaï knüpft sich seine Flucht, sein Aufenthalt in einer Höhle und sein Verbleiben darin bis zum Tode eines Kaisers. Alles faktisch, (wovon weiter unten). R. Josés Verbannung und zwar von Sepphoris

(מצפורי statt לצפורי, wie schon Heilperin סדר הדורות richtig emendiert) nach Laodicea ist auch anderweitig bestätigt. Zu seinem Sohne, der sich später von den Römern als Häscher gebrauchen ließ, sagte man (b. Baba Mezia 84. a.): אבוך ערך ללורקיא את ערך לאסייא אף ערך ללורקיא (dafür ist zu lesen: אבוך ערך לאסיא את ערך ללורקיא). Dieselbe Äußerung gegen R. Josés Sohn liegt auch Jerus. Maassarot III. 50. d. zugrunde; על דערקת ואולת לך ללורקייא, nur ist die Stelle sehr korrumpiert und auf Simon ben Jochais Sohn bezogen. Die Härte gegen Männer friedlicher Beschäftigung, namentlich gegen Bar-Jochai, der sich erst nach dem Tode eines Kaisers aus seinem Schlupfwinkel herauswagen durfte, zeugt eben so sehr wie der Verlust der Gerichtsbarkeit von einem abnormen, sozusagen kriegerischen Zustand.

Auf der andern Seite kann man denn doch über die Unwahrscheinlichkeit eines neuen Aufstandes unter Pius nicht hinwegkommen. Soll dieser Aufstandsversuch nicht gar als Tollkühnheit und Torheit erscheinen, so kann er nur in Hinblick auf eine kräftige Bundesgenossenschaft unternommen worden sein. Nun wissen wir aus Capitolinus und andern Relationen, daß sich der Partherkönig Vologeses noch im letzten Jahre des Antoninus Pius zum Kriege gerüstet und ihn unmittelbar nach dessen Ableben ausgeführt hat. Die Legionen wurden geschlagen, der römische Legat getötet, einige Provinzen verwüstet, der Statthalter von Syrien Cornelianus in die Flucht geschlagen, und Syrien stand auf dem Punkt sich gegen die Römer zu erheben. (Capitol. in Marcum c. 8.): Fuit eo tempore Parthicum bellum, quod Vologeses, paratum sub Pio, Marci et Veri tempore indixit, fugato Atidio Corneliano, qui Syriam tunc administrabat (in Verum c. 6). Nam cum interfecto legato, caesis legionibus, Syris defectionem cogitantibus, Oriens vastaretur, ille (Verus) in Apulia venabatur. Dieser parthische Krieg, welcher große Dimensionen annahm und von 161 bis 165 dauerte, sollte also noch beim Leben des Antoninus Pius ausbrechen. Aus einigen agadischen Winken läßt sich folgern, daß die Juden Palästinas, wenigstens R. Simon ben Jochai auf die Intervention der Perser, d. h. Parther gerechnet haben. Dieser Tannaï predigte, wenn du ein persisches Roß in Palästina angebunden siehst, so hoffe auf das Eintreffen des Messias (Midrasch Threni Rabba p. 66. c.): תני ר' שמעון בן יוחי אם ראית סום פרסי קשור בארץ ישראל צפה לרגלו של משיח (ebenso Canticum Rabba 38. d., mit einem Zusatz: סום פרסי קשור בקברי ארץ ישראל). Auch der vorsichtige R. Jehuda erwartete, daß die Römer, die Tempelzerstörer, durch die Perser, Parther, vertilgt werden würden (b. Joma 10. a.): אמר ר' יוחנן משום ר' יהודה ברבי אילעאי עתידים מחריבין ליפול ביד פרסים. Durch diese Beleuchtung erhält der Aufstand der Juden mehr Wahrscheinlichkeit. Sie haben ihn mit Hinblick auf eine Invasion von Seiten der Parther unternommen, scheinen aber zu früh damit vorgegangen zu sein, noch beim Leben des Antoninus Pius (März 161), und wurden vom Statthalter Syriens, vielleicht von eben jenem Cornelianus, rasch niedergeworfen. Entweder eben dieser Präside, oder der bald nach Beginn eingetroffene Mitkaiser Verus hat dann Strafen über die Juden ergehen lassen, sie der bürgerlichen Gerichtsbarkeit für verlustig erklärt und die Gesetzeslehrer, namentlich R. Simon ben Jochai, bekannt als Römerfeind, verfolgt. Sein Höhlenleben wäre dann während Verus' grausigen Regiments in Syrien, in Antiochien, und Laodicea zu setzen, bis nach dessen Tode (Winter 169). Wir haben dadurch chronologischen Raum für seinen Höhlenaufenthalt — um 161—169. Man darf sich nicht daran stoßen, daß die talmudischen Nachrichten übereinstimmend diesen auf dreizehn Jahre ausdehnen. Die Zahl 13 ist im Talmud durchaus als runde Zahl anzusehen und kehrt bei verschiedenen Nachrichten wieder, die daher nicht streng genommen werden darf. 13 Jahre verkehrte R. Akiba bei R. Elieser (Jerus. Pesachim IV. 33. b.); 13 Jahre litt R. Juda I. an einer Zahnkrankheit (J. Kilaim IX. 32. b., Genesis Rabba c. 43.: babl. Baba Mezia 85. a.); 13 Jahre war R. Seïra's Vater Steuereinnehmer (b. Synhedrin 25. b.), und noch viele andere Beispiele. Wenn wir also Simon ben Jochaïs Höhlenleben während Verus' Regiments setzen und ihn wieder nach dessen Tod zum Vorschein kommen lassen, so haben wir für seine anderweitige Tätigkeit Spielraum, für seine Lehrtätigkeit in Thekoa und für seine Reise nach Rom, um die feindlichen Dekrete aufheben zu lassen, alles nach Verus' Ableben, während der Alleinregierung Mark Aurels nach 169. Die Nachricht über R. Simons Reise nach Rom (Meïla p. 17), die Mitreise des Eleasar ben José und die Voraussetzung, eine verhängte Religionsverfolgung, ist historisch. Diese Verfolgung darf man nicht mit der Hadrianischen zusammenwürfeln (Rapoport, Erech Millin p. 20); sie betraf nur Ritualien, während die Hadrianische meistens die Lehrtätigkeit mit Strafe belegte; שלא יעסקו בתורה gilt nur von der hadrianischen. Ob sich die Nachricht, daß „nach dem Tode des Patriarchen Simon ben Gamaliel die Leiden sich mehrten" auf diese Verfolgung unter Verus bezieht, kann weder bejaht, noch verneint werden; wenigstens kann man diese Notiz nicht als chronologische Basis nehmen. Überhaupt ist die Stelle: כשמת ר' שמעין בן גמליאל עלה גובאי ורבו הצרות (בא V.) (Tosifta Sota Ende und daraus in Babli und Jerus. das.) ziemlich dunkel. Das Wort גובא bedeutet im Talmud Heuschrecken und Perser d. h. Gueber, aber keineswegs Parther, wie Krochmal allzusicher annimmt (Chaluz II. p. 72. 92. No. 8). Es kann sich also nicht auf die Invasion der Parther unter Vologeses 161 beziehen; denn bis Palästina sind sie keineswegs gedrungen. [Vergl. Brann und Kaufmann, Monatsschrift I. p. 110].

Das Höhlenleben R. Simon ben Jochaïs, das die kabbalistische Mystik, um ihrem Ursprunge das für die Exstase günstige Halbdunkel einer geheimnisvollen Szenerie zu vindizieren, so sehr ausgebeutet hat, bietet ein interessantes Beispiel, wie die wundersüchtige Sage einen ganz einfachen, naturgemäßen Vorgang durch allmähliche Ansätze und Überarbeitungen in ein staunenerregendes Mirakel verwandelt. An fünf Stellen wird dieses Höhlenleben mit seinen Folgen erzählt (j. Schebiit IX. 38. d. Genesis Rabba c. 79. Midr. Kohelet zu 10. 8. M. Esther zu 1. 9.; b. Sabbat 33. b., welche hier, der Kürze wegen, der Reihenfolge nach mit A. B. C. D. E. bezeichnet werden sollen); aber jede derselben (mit Ausnahme von A.) hat hineingetragene Züge, deren Entstehung man mit Anwendung der Kritik leicht verfolgen kann. A. scheint mir die ursprüngliche Fassung zu haben, und sie soll bei der kritischen Operation zugrunde gelegt werden; am meisten Entstellungen enthält aber E. Die Nachricht in A. weiß nur von R. Simon allein, daß er sich dreizehn Jahre wegen einer politischen Verfolgung in einer Höhle verborgen gehalten: ר' שמעין בן יוחאי עבד טמיר במערתא י"ג שנין, die übrigen lassen ihm von seinem Sohne Gesellschaft leisten. Die Örtlichkeit der Höhle bezeichnet B. näher, die Charuba=Höhle von Gadara: חרובין דגדורה (בסערת); (A. hat dafür eine Korruptel (במערת חרובין) C., (דפקא). Gadara war neben Zalmon wegen seiner Johannisbrotbäume bekannt: חרובי צלמונה וחרובי גדורה (j. Maassarot I. 1. Orlah I. 1.). Daß sich R. Simon von diesen daselbst in Fülle vorhandenen Früchten genährt, hält A. nicht der Mühe wert zu erwähnen; B. aber gibt es ausdrücklich an: היו אוכלין חרובי; C. D. mit dem Zusatze, daß er sich auch von den Datteln genährt: חרובין ותמרין: E. aber läßt schon durch ein Wunder Johannisbrotbäume entstehen und noch dazu eine Wasserquelle fließen: אתרחיש ניסא איברי להו חרובא ועינא דמיא. Daß R. Simon (und sein Sohn), um die Kleider für die Zeit des Gebetes zu schonen, nackt im Sande gesessen und sich den ganzen Tag mit dem Gesetzesstudium beschäftigt, weiß nur E. — Nach A. war die Veranlassung, daß der Flüchtling nach dreizehn Jahren Mut faßte, die Höhle zu verlassen, ein bedeutsamer Wink von einem Vogel, welcher der Schlinge entgangen war, wobei R. Simon von einer ungefähr vernommenen Stimme (בת קול) das Wort „gerettet" (דימוס = dimissus) gehört, ohne daß das Bat-Kol als ein besonderes Wunder geltend gemacht wird: לסוף י"ג שנין אמר לינא נפק חמי מה קלע עלמא נפק ויתיב ליה על פומא דמערתא חמא חד צייד צר צפרים. פרס מצודתיה שמע ברת קול אמרה דימוס ואישתזיב. Dieser Vorfall vergegenwärtigte ihm den Gedanken, daß der Mensch noch viel weniger ohne die göttliche Waltung untergehen könne: אמר צפור מבלעדי שמיא לא יבדא כל שכן בר נשא. (C. B. D.) lassen, um mehr Absichtlichkeit hineinzubringen, das Bat-Kol zweimal auftreten. Als er das Wort דימוס gesprochen, sei der Vogel gerettet und als es ספיקולא (specula im Sinne von Gefangenschaft) habe vernehmen lassen, sei es gefangen worden (in C. und D. ist die Ordnung von unwissenden Kopisten umgekehrt worden). E. aber macht wiederum ein vollständiges Wunder daraus. Nach Ablauf von zwölf Jahren sei der Prophet Elias den beiden Flüchtlingen erschienen, um ihnen den Tod des Kaisers anzuzeigen, worauf sie die Höhle verließen; da sie aber erzürnt über das weltliche Treiben der Menschen, die sich mit Pflügen und Säen beschäftigten, anstatt dem ewigen Leben nachzuhängen, ihren strafenden Blick umherschweifen ließen und dadurch Verwüstungen anrichteten, habe ihnen das Bat-Kol bedeutet, sich wieder in die Höhle zu begeben, die sie erst nach Ablauf von zwölf Monaten, vom Bat-Kol dazu ermahnt, verlassen hätten. Ferner hat E. eine Wunderepisode von einem Dialoge, von welchem die übrigen nichts wissen, wie der Sohn mit seinem Blicke gestraft, und der Vater die Gestraften geheilt, wie R. Simons Schwiegersohn, der strenge R. Pinchas ben Jaïr, ihnen entgegengekommen, und über den Anblick ihrer rissig gewordenen Leiber betrübt gewesen. Die übrigen Stellen erzählen einfach, nachdem R. Simon vernommen, daß die Verfolgung aufgehört, habe er in den warmen Quellen von Tiberias gebadet, um sein von den Höhlenleben zerrüttete Gesundheit wieder herzustellen: כד חמא דשדכן מליא אמר ניחות ונסחי בהדיה דיכוסין דטבריה (בהדא סוי דמוקד דטבריא). Aus Dankbarkeit für die in den tiberiensischen Bädern wieder erlangte Gesundheit habe er sich vorgesetzt, die auf Tiberias (seit dessen Erbauung durch Herodes Antipas) lastende Unreinheit zu beseitigen: אמר צריכין אנן לעשות הקנה — אמר נדכי טבריה. E. hat den Umstand vom Baden in den warmen Quellen nicht, um aber ein Motiv für R. Simons Vorsatz zu haben, Tiberias rein zu erklären, hilft sie sich mit dem Wunder heraus: „Weil uns doch Wunder geschehen sind, will ich eine Veranstaltung treffen!" כיון דאתרחיש ניסא איעול אתקין מילתא. In Midrasch zu Pf. 17. ist die Sage gar getrübt, als wenn Simon ben J. ganz Palästina für rein erklärt hätte: מיד יצא וטהר את ארץ ישראל. Die Operation der Reinerklärung wird in A. wie in den Parallelstellen ohne Wunder dargestellt (gegen Raschi). R. Simon habe Feigenbohnen (תורמסא = θέρμος) zerschnitten und sie in die Erde gesteckt; wo ein Leichnam unter der Erde gewesen, haben die Bohnen keine Wurzel geschlagen, und von da habe man die Leichname aufgesucht und hinweggeschafft (deutlicher nach B.): יהוה נסב תורמסין ומקצץ ומקלק כל הן דהוה מיתא רוח טייף סליק ליה מן לעיל; כל אתרא דהוה קטילא סליק [תורמסא] מפקין ונפקין [מיתיא]. Wo sich aber keine

Leiche befunden, seien die Bohnen in der Erde geblieben. B.: וכל מקום שלא היתה שם טומאה חורסמא עוקדת. E. war das Faktum entschwunden, daß Tiberias einst wegen Gräbern ein verunreinigter Ort gewesen; darum denkt er sich innerhalb Tiberias irgend einen zweifelhaft unreinen Platz, der den Ahroniden Verlegenheit gebracht; dadurch verliert aber die ganze Reinerklärung, wenn sie nicht die ganze Stadt betraf, an Wichtigkeit: איכא דוכתא דאית ביה ספק טומאה. ואית להו צערא לכהנים לאקופי. Das Zerschneiden von Feigenbohnen, sowie das Experiment bildet E. aus Mißverständnis in etwas ganz anderes um: א"ל האי סבא כאן קוץ בן זכאי חורסמי תרומה! עבד איהו נמי הכי. כל היכי דהוה קשי טהריה, וכל היכי דהוה רפי ציינה. Das einzige Wunderhafte, daß A. gleich den übrigen von R. Simon erzählt, ist der ihm beigelegte Fernblick durch den heiligen Geist, vermöge dessen er gewußt, daß ein Samaritaner, um ihn stutzig zu machen, einen Leichnam unter die Erde gelegt; ferner, daß auf sein Wort, der Leichnam möge über und der Samaritaner unter die Erde kommen, dieses Wunder eingetroffen sei. Diese Züge wollen aber keineswegs R. Simon eine besondere Wundertätigkeit zuschreiben; es wird auch von vielen Gesetzeslehrern erzählt, daß ihre Anwünschungen eingetroffen seien. Diesen Zug scheint (sich) die Sage aus dem Dogma hergeholt zu haben, daß, „was der Gerechte wünscht, lasse der Himmel in Erfüllung gehen". (Vergl. Berachot 39. a. und j. daf. 10. c. von Bar Kappara, 58. a. von R. Scheschet. Baba Batra 75. a. von R. Jochanan und noch an anderen Stellen.) Von derselben Art ist auch das Moment von dem spöttelnden Kinderlehrer Dinkaï aus Magdala. Derselbe hatte sich über R. Simon aufgehalten, weil er das an anderthalb Jahrhunderte als Gräberstadt gemiedene Tiberias rehabilitiert hat, worauf R. Simon versicherte, er sei im Besitze einer uralten Tradition, daß Tiberias einst die vermißte Reinheit erlangen werde: יבא עלי אם לא שמעתי שטיבריה עתידה ליטהר. Weil aber jener Dinkaï ihm keinen Glauben geschenkt, sei aus ihm bald ein Gebeinhaufen geworden. (Auch in diesem Punkte hat E. einen sagenhaften Zusatz.) Diese Sage von Dinkaï aus Magdala scheint anzudeuten, daß die Rehabilitation von Tiberias Widerspruch gefunden hat.

R. Simon ben Jochaï hat den Gründen der pentateuchischen Gesetzgebung nachgespürt und aus ihnen Konsequenzen für die Praxis gefolgert: ר' שמעון דרש טעמא דקרא (Kidduschin 68 b. und Parallelstellen) Da er die Theorie R. Akibas, daß die pentateuchischen Pleonasmen sinnvolle Andeutungen seien, nicht anerkannt, vielmehr sich R. Ismaels Ansicht zugeneigt hat, daß dieselben Sprachgebrauch seien (Baba Mezia 31. b.): ר' שמעון (סבר) דברה תורה בלשון בני אדם, so könnte daraus zu schließen sein, daß derselbe an die Stelle von R. Akibas äußerlichen Deutungen aus Pleonasmen (רבויין), die innerlichen durch Zurückführung auf die Gründe (טעמים) setzte. Die Anschauungsweise R. Simons war aber weit entfernt, mystisch zu sein, vielmehr so rationell, daß man später diese Art nicht zu billigen schien. J. Tosifta Peah (c. 1.) gibt nämlich R. Simon vier Gründe an, warum das Gesetz bestimme, פיאה vom Ende des Feldes zu geben: אמר ר' שמעון מפני ד' דברים לא יתן אדם פיאה אלא בסוף שדה מפני גזל עניים, ומפני בטול עניים ומפני מראית העין, ומפני הרמאים. Merkwürdigerweise ist an den Parallelstellen (Sifra P. Kedoschim I. 10, Sabbat 23. a.) anstatt des dritten Grundes מפני הרמאים ein anderer eingeschoben: משום (בל תחלל) משום שאמרה תורה לא תכלה פאת שדך. Konsequent zählt j. Peah (IV. p. 18. b.) dieses Einschiebsel mit auf und läßt R. Simon fünf Gründe angeben: מפני הנו בשם ר"ש חמשה דברים לא יתן אדם וכו' — ומפני הרמאין ומפני שאמרה תורה לא תכלה. Diese Differenz scheint nicht aus einer Textesvariante, sondern nur aus einer dogmatischen Tendenz entsprungen.¹) Sobald das, wahrscheinlich aus Opposition gegen das gesetzesverleugnende Christentum entstandene, Dogma Platz gegriffen, daß die biblische Gesetzgebung keinen ethischen Zweck beabsichtige, sondern daß die Gesetze Selbstzweck seien: כפני שעושה מידותיו של הקב"ה רחמים ואינן אלא גזירות (b. Berachot 33. b.; j. V. p. 9. c.), so mußte diese Ansicht an R. Simons kausaler Interpretation Anstoß nehmen und darum fügte man hinzu, neben den rationellen Ursachen sei das ein zureichender Grund, daß die Thora es einmal also bestimmt hat.

Das Thekoa, wo R. Simon ben Jochai sein Lehrhaus hatte, (Sabbat 147. b.), kann unmöglich das judäische Thekoa sein, welches in einer wüsten Gegend lag, deren Unfruchtbarkeit und Öde, wie sie Hieronymus als Augenzeuge (Prolog zu Amos) schildert, sehr wenig einladend waren und für die Frequenz eines Lehrhauses wenig bieten konnten. Zudem war der Aufenthalt R. Simons (wie der meisten Tannaiten in der nach-akibaïschen Zeit) nicht Judäa, sondern Galiläa, wo er auch starb. Endlich wird Thekoa wegen des allerbesten Öls gerühmt: תקוע אלפא לשמן, was doch sicherlich nicht von der Wüstenstadt Thekoa in Judäa gelten kann, wohl aber von einer in dem ölreichen Galiläa gelegenen Stadt. (Vergl. Josephus bellum judaic. II. 25. Tosafot zu Chagigah 25. a.). Ein Thekoa in Galiläa kennen Pseudo-Epiphanius (de vitis prophetarum) und Kimchi (Comment. in Amos Anf.); dorthin verlegen beide den Geburtsort des Propheten Amos, der erstere in den Stamm Zebulon: *Ἀμὼς ὁ προφήτης οὗτος ἐγένετο ἐν Θεκουὲ ἐν γῇ Ζεβουλών*, der letztere in den Stamm Ascher: ותקוע עיר גדולה בנחלת בני אשר. Aus welcher Quelle sie diese Angabe geschöpft haben, konnte ich nicht ermitteln. Aus der talmudischen Erklärung (Menachot 85. b.) scheint hervorzugehen, daß die weise Thekoerin nach dem Eilande Galiläa versetzt wurde.

21.

Die Sendboten und die Patriarchensteuer.

Die Kirchenväter Eusebius und Epiphanius referieren noch aus ihrer Zeit, daß die judäischen Patriarchen aus ihrem Kreise Sendboten (Apostel) mit einer Art enzyklischer Schreiben in die auswärtigen Gemeinden zu schicken pflegten. Eusebius in Catena zu Jesaias: *Ἀποστόλους δὲ καὶ εἰσέτι καὶ νῦν ἔθος ἐστὶν Ἰουδαίοις τοὺς ἐγκύκλια γράμματα παρὰ τῶν ἀρχόντων αὐτῶν ἐπικομιζομένους*. Noch ausführlicher Epiphanius adversus Haereses I. 2. 4. p. 128, bei der Erzählung von jenem Josephus, welcher zuerst Synhedrist war und dann Apostat wurde. Epiphanius referiert: Die Sendboten haben dem Range nach den Patriarchen am nächsten gestanden, ihren Sitz (im Synhedrion) neben diesen eingenommen und wären zugleich Gesetzeslehrer gewesen: *Οὗτος γὰρ ὁ Ἰώσηπος τῶν παρ' αὐτοῖς ἀξιωματικῶν ἀνδρῶν ἐνάριθμος ἦν· εἰσὶ δὲ οὗτοι μετὰ τὸν Πατριάρχην Ἀπόστολοι καλούμενοι προσεδρεύουσι δὲ τῷ Πατριάρχῃ καὶ σὺν αὐτῷ πολλάκις καὶ ἐν νυκτὶ καὶ ἡμέρᾳ συνεχῶς διάγουσι, διὰ τοῦ συμβουλεύειν καὶ ἀναφέρειν αὐτῷ τὰ κατὰ τὸν νόμον*. Da diese beiden Kirchenväter meistens in Palästina lebten, und der letztere früher gar Jude war, so muß man ihrem

---

¹) [Der Schluß würde ja dann aufheben das, was vorangeht. Da der Anfang lautet: לא יתן אדם, bietet die Stelle keine Schwierigkeit und ist einfach zu erklären.]

Berichte vollen Glauben schenken. Aus Julianus Sendschreiben an die jüdischen Gemeinden erfahren wir, daß eine gewisse Beisteuer in der Mitte des vierten Jahrhunderts ἀποστολή „Sendbotensteuer" genannt wurde (S. Note 34): καὶ τὴν λεγομένην παρ᾽ ὑμῖν ἀποστολήν. Näheres über diese Steuer erfahren wir aus einem Gesetze des Kaisers Honorius, (Codex Theodosianus XVI. T. 8, § 14.) vom Jahre 399, daß sie durch die Sendboten von den Gemeinden eingetrieben und den Patriarchen abgeliefert wurde: Superstitionis indigae est, quod Archisynagogi sive presbyteri, vel quos ipsi Apostolos vocant qui ad exigendum aurum atque argentum a Patriarcha certo tempore diriguntur, a singulis Synagogis exactam summam atque susceptam ad eundem reportent .... quod si qui ab illo depopulatore Judaeorum (Patriarcha) ad hoc officium exactionis fuerint directi, judicibus offerantur, ita ut tamquam in legum nostrarum violatores sententia proferatur. Es ist wohl dieselbe Steuer, welche in demselben Kodex § 29 laut einem Gesetze von Theodosius II. 429 unter dem Namen „Krongeld" vorkommt und jährlich für den Patriarchen erhoben wurde. Diese Steuer sollte nach dem Aussterben der Patriarchen noch weiter erhoben, aber an den Fiskus abgeliefert werden: Judaeorum Primates, qui in utriusque Palaestinae synedriis nominantur vel in aliis provinciis degunt, quacunque post excessum Patriarcharum pensionis nomine suscepere, cogantur exsolvere. In futurum vero ... anniversarius canon de synagogis omnibus, Palatinis compellentibus exigatur ad eam formam, quam Patriarchae quondam Coronarii auri nomine postulabant.

Es ist sehr auffallend, daß in der talmudischen Literatur gar nichts davon, weder von den Aposteln, noch von der Apostelsteuer, vorkommt. Ich habe früher vermutet, daß diese Sendboten im Talmud unter dem Namen שליח ציון erwähnt worden (b. Jom-Tob 25. b.): אל ר' נחמן לחמא בר אדא שליח ציון כי אקיף וויל אכולמא דצור וויל לגבי ר' יעקב בר אידי ובעי מניה הלכת התם. Indessen ist diese Stelle ohne Parallele und außerdem scheint dieser mit dem Titel שליח ציון bezeichnete חמא eher ein Babylonier gewesen zu sein. — Aber auf eine andere Betrachtung führt die von den Kirchenvätern mit solcher Bestimmtheit referierte Tatsache. Wir haben im Talmud zweifellose Nachrichten, daß der Patriarch die Einschaltung eines Monats den entferntesten Gemeinden in Babylonien, Medien und wohl auch in Kleinasien durch Sendschreiben bekannt zu machen pflegte (Tosifta Synhedrin II., Babli das. 11. b. und auch Jeruschalmi zur Stelle). Auf welche Weise sind diese Sendschreiben übermittelt worden? Doch wohl nicht durch die ersten besten Boten. Denn dann wäre Mystifikation und Täuschung unvermeidlich gewesen. Wie leicht konnte ein Spaßvogel oder ein Böswilliger die Gemeinden irreführen, daß sie die Festtage einen Monat später feiern sollten! Es scheint, daß die Kunde von einem Schaltmonat durch Synhedristen oder bekannte, angesehene Personen als Sendboten des Patriarchen notifiziert wurde. Darauf führt auch eine mischnaitische Notiz, die mißverstanden wurde und Veranlassung zu falschen Folgerungen gegeben hat, Ende Mischna Jebamot heißt es: אמר ר' עקיבא כשירדתי לנהרדעא לעבור השנה. Das ist die richtige Lesart im Jeruschalmitexte z. St.: R. Akiba ging nach Nahardea, um das Schaltjahr anzuzeigen. Unmöglich kann diese Notiz, etwa mit der Lesart: כשירדתי .... לעבר השנה, bedeuten, er habe in Nahardea einen Schaltmonat eingesetzt, weil eine ganz bestimmte Halacha vorschreibt, die Einschaltung dürfe nur in der Landschaft Judäa vorgenommen werden, in Galiläa habe dieser Akt allenfalls als fait accompli Giltigkeit, außerhalb Palästinas dagegen sei er null und nichtig: אין מעברין (את השנה) בחוצה לארץ, ואם עיברוה אינה מעוברת (Jeruschal. Synhedrin I. 19. a. Parallelst. Nedarim VII. 40 a.: diese Boraita ist unvollständig wiedergegeben in Tosifta Synh. II. und Babli das. p. 11.). Der jerusalemische Talmud weiß daher auch gar nichts davon, daß Akiba je die Einschaltung in Nahardea, d. h. im Auslande, vorgenommen hätte. Er bemerkt nämlich daselbst, zur Zeit der Not dürfe man allenfalls diese Funktion auch im Auslande ausüben; so hätten der Prophet Ezechiel und Jeremias Prophetenjünger Baruch die Interkalation im Auslande vollzogen, und ebenso Chananja, Neffe R. Josuas, — allerdings widergesetzlich. R. Akiba wird aber keineswegs als Beispiel angeführt. — Nur der babylonische Talmud deutete die Nachricht: לעבר השנה . . . כשירדתי in der Art, daß R. Akiba selbst in Babylonien interkaliert hätte, legt es jenem Chananja in den Mund und entschuldigt dieses ungesetzliche Tun damit, weil kein Ebenbürtiger damals in Judäa geblieben wäre, diese Funktion auszuüben (Berachot 63. a.): אמר להם (ר' חנניא) והלא עקיבא בן יוסף היה מעבר השנה וקובע חדשים בחוצה לארץ? אמרו לו דנח ר' עקיבא שלא הניח כמוהו בארץ ישראל. Dieser Passus im Dialoge zwischen Chananja und dem Abgeordneten Palästinas, welche gekommen waren, dessen widerrechtliche Festkalenderordnung in Babylonien zu vereiteln, fehlt natürlich im Jeruschalmi.

Weil die Tossafisten nach dem Vorgange des babylonischen Talmuds die Bezeichnung עבר שנה, als wirkliches Interkalieren und nicht als Bezeugung von der Interkalation aufgefaßt haben, stießen sie auf einige Widersprüche im Talmud, die sie entweder gar nicht oder nur schlecht zu lösen vermochten. Denn es wird tradiert, daß auch R. Meïr dasselbe in Asien, was R. Akiba in Nahardea getan hat: מעשה בר' מאיר שהלך לעבר שנה בעסיא (באסיא) (Tosifta Megilla II. b. Megilla 18. b.) Dasselbe wird von Chija bar Sarnuki und Simon ben Jehozadack (III. Jahrh.) erzählt (Synhedrin p. 26. a.): ר' הייא בר זרנוקי ור' שמעון בן ירוצדק דוו קאולי לעבר שנה בעסיא. Dieses „Asia" galt auch im Talmud als Ausland (vergl. Tossafot das. 11. b.). Allein die Schwierigkeit fällt von selbst, wenn man annimmt, daß weder R. Meïr, noch Chija und Simon in Asien, noch Akiba in Nahardea selbst interkaliert haben, sondern daß sie Sendboten, Apostel waren, um den Gemeinden dieser Länder die in jenen Jahren für notwendig erachtete Einschaltung eines Monats anzuzeigen. Wir hätten auf diese Weise im Talmud die Bestätigung der Tradition der beiden Kirchenväter gefunden, daß Synhedristen, angesehene, gelehrte Männer aus dem Kreise der Patriarchen von diesen als Sendboten delegiert worden sind, wenigstens den Festkalender zu notifizieren. Es läßt sich denken, daß viele Sendboten die Gemeinden auch mit den halachischen Beschlüssen des Synhedrions bekannt gemacht und ihnen die Modalitäten für die Praxis auseinandergesetzt haben. Nur dadurch läßt sich auch die Erscheinung erklären, wie die Synedrialbeschlüsse — תקנות, גזרות, — so schnell Gemeingut der außerpalästinensischen Gemeinden werden konnten; sie wurden ihnen durch Sendboten zugebracht. Auch bei dem schismatischen Versuch Chananjas, von Babylonien aus die Festordnung zu bestimmen, finden sich in j. Nedarim VII., 40 a., Synh. I. p. 19 a., Berachot 63. a. b. Sendboten. Die letztere Fassung ist augenscheinlich eine Überarbeitung in Dialogform; doch enthält sie auch sämtliche Hauptumstände. Nur die Namen der Sendboten scheinen fingiert, dagegen die in Jerus. genannten: ר' יצחק ור' נתן die richtigen; in Jerus. muß aber in dem Satze שלח ליה רבי ג' אגרן, das ר' in (בן גמליאל) ר' שמעון emendiert werden, welcher Zeitgenosse Chananjas war.

Gelegentlich sei auch eine mit dem obigen zusammenhängende dunkle Stelle in Jerus. Ketubbot II. 26 c. unten, erläutert, welche beweist, wie sehr die Anordnung des Kalenderwesens im Auslande perhorresziert wurde. Es wird erzählt, zwei Töchter des berühmten Amoräers Samuel seien in Nahardea in Gefangenschaft geraten (von Papa ben Nazar = Odenath) und nach Palästina geführt worden. Dort hätten sie ihre Gefangennehmung so dargestellt, daß ihre jungfräuliche Unschuld nicht verdächtigt werden konnte; infolgedessen hätte der skrupulöse Simon ben Aba zuerst die eine, und nach deren Tod die andere geheiratet, die aber auch starb. Darauf wird daselbst die Frage erörtert, woran sich wohl Samuels Töchter versündigt hätten, und die Antwort lautet, weil Chananja, Neffe R. Josuas, die Interkalation widergesetzlich im Auslande vollzogen hätte: בנין דשקרין. ח"ו לא שקרין אלא מן למה? . חטאת חנניא בן אחי ר"י שעיבר את השנה בחוצה לארץ Die gezwungene Erklärung dieser rätselhaften Stelle, welche Elia Wilna davon gegeben, mag ich hier gar nicht anführen. — Samuel hat einen fixierten Kalender auf astronomischer Berechnung einführen wollen (b. Rosch ha-Schana 20. b.): אמר שמואל יכילנא לתקוני לכולה גולה. Er sandte an R. Jochanan eine Kalenderberechnung auf 60 Jahre (Chullin 95. b.): כתב שדר ליה (שמואל = לר' יוחנן) עבורא דשתין שנין. Dieser Versuch, einen immerwährenden Kalender einzuführen und damit dem Patriarchenhause sowie dem judäischen Synhedrin eine wichtige Prärogative zu entreißen, wurde Samuel sehr übel genommen. Und auch in unserer Stelle liegt ein herber Tadel: Samuels Töchter sind hintereinander gestorben, weil ihr Vater dasselbe Vergehen intendiert hat wie Chananja: einen Festkalender außerhalb Judäas einführen zu wollen כן חטאת דחניא würde bedeuten: „wegen derselben Sünde".

22.

Die Reihenfolge der Patriarchen aus dem Hillelschen Hause.

Diesem Thema muß ich eine eingehendere Untersuchung widmen, als früher, weil die hebräische Zeitschrift Chaluz es teilweise zum Gegenstande monographischer Darstellung gemacht und manche Seite darin gut beleuchtet, im ganzen aber zur alten Konfusion der talmudischen Chronologie ohne Kritik eine neue hinzugefügt hat. Die Hauptträger dieser Zeitschrift haben eine erstaunliche Eingelesenheit in den talmudischen Literaturkreis und besitzen auch ein feines, kritisches Witterungsorgan, auch im Schutte historische Erzklümpchen zu finden. Allein diese vortrefflichen Eigenschaften an ihnen werden von zwei anderen neutralisiert. Sie haben in ihren hyperboräischen Wohnplätzen keine Kunde von externen historischen Quellen, müssen sich die Notizen dazu aus der hundertsten Hand verschaffen und gehen daher bei ihrer Anwendung auf die talmudische Epoche meistens fehl, weil ihnen eben die Disposition darüber und deren kritische Sichtung abgeht, die sie für das talmudische Gebiet in so hohem Grade besitzen. Die chronologischen Resultate im Chaluz in betreff einiger Patriarchen sind daher fast durchweg unbrauchbar. Das zweite Moment, welches den sonst gründlichen Untersuchungen in Chaluz den Wert benimmt, ist die leidenschaftliche Antipathie gegen die meisten historischen Persönlichkeiten in den Talmuden; alle ihre Handlungen und Äußerungen werden gar zu sehr bekrittelt, mißdeutet und durch untergeschobene suggestierte Tendenzen ohne Berechtigung gewissermaßen kriminalistisch behandelt; der kleinliche Maßstab polnischer Winkelrabbiner mit engem Gesichtskreise wird auf die Träger des Talmuds ohne weiteres angewendet, sie, die doch auf einer weiten Weltbühne standen, und die nicht bloß religiöse, oder sagen wir, rituale, sondern auch politische Fragen ins Auge fassen mußten. Diese antipathische Mißhandlung im Chaluz haben besonders die Patriarchen aus dem Hause Rabbis, d. h. des R. Juda Ha-Naßi in einer mit der historischen Unparteilichkeit unverträglichen Weise erfahren. Ich halte es daher für meine Aufgabe, sowohl die ihnen widerfahrenen Verdächtigungen zu widerlegen, als auch die von der falschen Beurteilung beherrschte Chronologie ins rechte Gleis zu bringen.

Die ersten fünf Glieder des Hillelschen Hauses bedürfen oder vertragen keine Erläuterung; das chronologische Material dafür ist nur sehr dürftig. 1. Hillel, der ältere oder der Babylonier, 30 vor bis 10 nach der christl. Zeitr., d. h. von der Schlacht bei Aktium an gerechnet; 2. Simon I., zirka 10—30; 3. Gamaliel I., der ältere (הזקן), ca. 30—50; 4. Simon II., oder Simon ben Gamaliel I., zur Zeit der Tempelzerstörung gewissermaßen Präsident der jüdischen Republik, ca. 50—70; 5. Gamaliel II. di Jabne ca. 80—117, d. h. nach R. Jochanan ben Sakkaï und vor dem Ausbruch des Polemos schel Quitos. Es hat zwar den Anschein, als wenn R. Elieser ben Hyrkanos noch die hadrianische Verfolgung erlebt hat (Sabbat 138. a.): ר׳ יהודה אומר משום ר׳ אליעזר נוהגין היו בשעת הסכנה שהיו טבאין (הכלי) מכוסה. (Über שעת הסכנה oben Note 17). Dann könnte R. Gamaliel noch Hadrians Zeit erlebt haben; allein die sonstigen Nachrichten sprechen dagegen, und משום ר' אליעזר ist wohl nur ein Einschiebsel[1]); 6. Simon III. oder Simon ben Gamaliel II. Seine Lebenszeit läßt sich annähernd fixieren. Beim Falle Betars war er noch jung (o. S. 433), und ist wohl erst mehrere Jahre nach dem Tode Hadrians oder nach der Rückkehr der Gesetzeslehrer aus dem Exil in seine Würde eingesetzt worden, also etwa 140. Denn für sein Todesjahr und also für den Beginn des Patriarchats seines Sohnes ist nur eine vage Notiz erhalten (o. S. 438); indessen dürfte doch sein Tod zwischen 161—170 anzusetzen sein, da er über Leiden klagte. — 7. R. Juda I., mit dem Beinamen הנשיא κατ' ἐξοχήν, auch הקדוש, genauer רבי oder רבנו. Sein Geburtsjahr hat man nach einer Notiz (Genesis Rabba c. 58 und Parallelst.), gleichzeitig mit dem Todesjahr R. Akibas, also etwa mit dem Falle Betars 135, gesetzt. Mit Recht hat aber A. Krochmal dieses chronologische Moment erschüttert (Chaluz II. p. 91. No. 5), da anderweitige talmudische Notizen angeben, sein Vater Simon ben Gamaliel sei beim Falle Betars noch jung gewesen. Wir müssen demnach zum Rückschlusse von seinem Todesjahre Zuflucht nehmen, welches nach 210 stattgefunden (o. S. 209). Er mag also um 150 geboren sein und das Patriarchat um 170 angetreten haben. Wenn meine Annahme richtig ist, daß der Patriarch R. Juda II. mit Alexander Severus verkehrt hat und daß dieser der in den Talmuden genannte אסירוס בן אנטונינוס oder אנטונינוס בן אסרירוס ist (Nr. 23), so könnte der Patriarch mit dem Kaiser nur während des parthischen Krieges 231—233 zusammengekommen sein, während der letztere sich in Syrien aufhielt. Dadurch würde das Todesjahr Judas I. näher limitiert werden können, da zwischen demselben und Juda II. das Patriarchat von Gamaliel III. liegt, dem wir doch Raum

---

[1]) [Dies ist nicht wahrscheinlich, da R. Jehuda häufig im Namen R. Eliesers zitiert, ob aber die hadrianische Zeit gemeint ist, ist eine andere Frage, vergl. Weiß, Gesch. d. Trad. II., S. 131, Anm. 1.]

geben müßten. Indessen muß dieser Punkt vorerst kritisch gesichert werden; denn hier herrscht eben eine arge Konfusion, welche im Chaluz noch vermehrt wurde. Sie beruht auf einem weitgreifenden Irrtum, zu welchem sich der Biograph „des Hauses Rabbi" durch den ihm so sehr verhaßten babylonischen Talmud verleiten ließ. Er hat nämlich in Chaluz III. eine Reihe von ordinierten Jüngern zu einer Reihe von aufeinanderfolgenden Schulhäuptern gemacht und ihnen viele Jahre Amtsdauer gegeben, wodurch ihm die derzeitige Chronologie zu knapp wurde. In Jerus. Talmud (Taanit IV p. 68. a. Parallelst. Kohelet Rabba p. 101. b.) wird erzählt, Rabbi, d. h. Juda I, habe stets nur zwei Jünger jedes Jahr ordiniert, seinem Sohne habe er aber auf dem Totenbette empfohlen, davon abzugehen und alle (würdige) zugleich zu ordinieren, zuerst aber Chanina (ben Chama), was dieser auch tat. Chanina mochte aber nicht den ersten Platz einnehmen, sondern trat ihn R. Ephes ab. Nun gab es dort einen alten Mann, der zu einem zweiten Platz würdig war; darum zog es Chanina vor, als dritter ordiniert zu werden. Ich gebe die Stelle in extenso (T. bedeutet Text des Jerus. Talmud, M. K. Text im Midrasch Kohelet): (M. K.) רבי הוה ממני הדין סיניין אין הון כדיי הון מתקיימין בכל שנה
ואין לא הון מסתלקין (M. K. דמכון) מדמכך פקיד לבריה אמר לא תעביד כן אלא מני כלהון
חדא ומני לרבי חמי בר חנינא ברשה. (M. K. ומני לך ר' חנניה קדמאי.) ......
מן דדמך בעא בריה ממניתיה ולא קבל עליה כתמניא. אסר לית אנא מתקבל עלן מתמניא עד זמן דתמני ר' פס דרומא קמיי (M. K. אלא קדם [קדמי] ר' אפס דרוכא). והוה הדן חד סב אמר אין חנינא קדמיי אנא תיניין ואין ר' פס דרום' קדמיי אנא תיניין. וכל עלוי ר' ב חנינה מתמניא תליתאי
Hier ist also nur vom Ordinieren der Jünger und von dem Sitzen in den Reihen vor dem Kollegium die Rede. Chanina mochte zuerst nicht den ersten Platz gegen Ephes einnehmen und trat dann auch den zweiten einem alten Jünger ab. Der babylonische Talmud hat schon das Sachverhältnis mißverstanden und den Ausspruch: חנינא בר חמא ישב בראש auf den Vorsitz im Lehrhause gedeutet (Ketubbot p. 103. b.). Für den alten Mann (חד סב) setzte er Lewi (ben Sisi), was möglich ist, mußte ihn aber wegen erfahrener Zurücksetzung bei dieser Gelegenheit nach Babylonien auswandern lassen und verwickelte sich in lauter Sophismen, um der Frage zu begegnen, warum denn nicht der bedeutende R. Chija zum Oberhaupt und Leiter des Lehrhauses ernannt worden ist. Die Chronographen, welche von dieser Relation im Jeruschalmi keine Ahnung hatten, verfielen natürlich in denselben Irrtum, lassen auf R. Juda I. R. Ephes folgen und dann R. Chanina ben Chama, was sich wunderlich genug ausnimmt, da doch eigentlich der Patriarch selbst Leiter und Vorsitzender war. Daß aber auch A. Krochmal sich von diesem Irrtum verstricken ließ, ist erstaunlich. Alles, was er das. (Chaluz III. p. 120 f.) aufstellt, von der Nachfolge R. Ephes' und R. Chaninas, von der blinden Untertänigkeit des letztern gegen das Patriarchenhaus, und von andern Intrigen und Tendenzen desselben, das ist alles lauter Tendenzmacherei. Wir können und müssen bei der Diadoche bleiben: Gamaliel folgte auf seinen Vater Juda I., wahrscheinlich war er der ältere, und brauchen nicht mit dem babylonischen Talmud das. die Worte: שמען בני חכם גמליאל בני נשיא zu urgieren; Simon ernannte er zum Chacham, d. h. zum Sprecher und Referenten im Lehrhause. [Vergl. S. 62, Anm. 3, demnach חכם einfach Leiter des Lehrhauses.]

Nach dieser notwendigen die Chronologie berichtigenden Digression kehren wir zum Hauptthema zurück. Es hat drei Patriarchen R. Juda gegeben, der erste und zweite sind bekannt, auf den dritten dagegen haben die Tossafot aufmerksam gemacht (zu Babli Rosch ha-Schana 20. a. Aboda Sara 33. b.)

Note 22.

und demgemäß auch Heilperin in סדר הדורות (Artikel יהודה נשיאה). Der dritte R. Juda verkehrte mit den Amoräern in der Zeit nach R. Jochanan, also nach 279, mit R. Ami und R. Aßi und lebte noch 299 (o. S. 383). Er verkehrte auch mit R. Seïra, dem Jünger des babylonischen Amora R. Juda (Jerus. Jom Tob. I. p. 60 d.): ר' זעירא שאל לקלא דרומא עכריה דר' יודן נשייא, ferner mit R. Mana (Kilaim VII. p. 33. c.), und noch mit anderen Amoräern zu Ende des dritten und im Anfang des vierten Jahrh., wovon weiter unten. Nicht nur R. Juda I. wird schlechtweg רבי genannt, sondern auch der II. Jerus. Aboda Sara II. p. 41. d. (שמן של נכרים) רבי ובית דינו התירו, d. h. Juda II. Vergl. Jerus. Sabbat XVII. p. 16. b.; Erubin X. p. 26. c.: אמר ר' יוחנן משבני חלפיי (אילפא) והראני גגר של בית רבי קשור. Es ist hier von R. Juda II., dem Zeitgenossen von R. Jochanan und Jlfa die Rede. Nidda II. p. 50. a.: מעשה באשה אחת משל בית רבי . . אתא עובדא קוטי ר' יעקב בר זבדי. Es ist hier vom zweiten die Rede, da Rab dabei bereits als Autorität zitiert wird. Babli Sabbat 122 a.: התיר להם ר' חנינא לבית רבי. Vergl. noch Taanit 24. a.; b. Ketubbot 100. a.; mit Jerus. daſ. XI. p. 34. c. – R. Juda II. wird auch רבנו genannt, wie der erſte. Genesis Rabba c. 78.: ריש לקיש סליק למשאל בשלמיה דרבנו אמר ליה צלי עלי דהאי מלכותא בישא סגין und mehreremal, daſ. R. Iſaak ben Eudime war eine Art Faktotum bei Juda II. und er tradiert öfter von ihm (Sabbat 4. a.): אמר ר' יצחק בן אבדימי פעם אחת נכנסתי אחר רבי לבית המרחץ (und Jebamot 45. a. 70. a.) כי אתא ר' דימי אמר ר' יצחק בן אבדימי משום רבינו כותי ועבד הבא על בת ישראל, vergl. dazu Jer. Kidduschin III. p. 64. c.[1]) Öfter ist im babyl. Talmud bei Traditionen von Iſaak ben Eudime רב mit רבי verwechſelt, (ſ. den Artikel in סדר הדורות). Zuweilen wird es schwer zu unterſcheiden, ob von Juda I. ob. II. die Rede ist (Megilla 5. b.) אמר ר' אלעזר אמר ר' חנינא רבי נטע נטיעה בפורים ורחץ בקרוני של באב צפורי בי"ז בתמוז ובקש לעקר ט' באב. Nur aus dem Nachſatze: אמר לפניו ר' אבא בר זבדא לא כך היה מעשה אלא . . . ודחינוהו לאחר השבת, läßt ſich entnehmen, daß vom zweiten die Rede ist. Daher ist die Frage des Talmuds daſ. gerechtfertigt; Rabbi lebte doch in Tiberias, d. h. der II. (mißverstanden in Chaluz II. p. 93. No. 17). Parallel dieser Nachricht ist auch jene (Jerus. Synhedrin I. p. 18. c.), vom Verlegen der Interkalation von Judäa nach Galiläa: ר' אלעזר בשם ר' חנינא מעשה בעשרים וארבע קריות (l. קרעות) של בית רבי שנכנסו לעבר שנה ללוד . . . מאותה שעה עקרוה מיהודה וקבעוה בגליל, also auch hier zur Zeit R. Judas II. Daher kann recht gut Antoninus oder Severus mit Rabbi II. verkehrt haben. Man ist wohl auch dazu genötigt, da Juda I., wie jetzt allgemein gegen Rapoport angenommen wird, durchaus nicht mit Antoninus Philoſophus verkehrt hat, aber noch weniger kann er es mit Caracalla getan haben, da dieser erst 215 nach Syrien kam (Clinton, Fasti Romani ad an. 215), und R. Juda wahrscheinlich damals schon tot oder wenigstens so betagt und schwach war, daß er kaum eine einzige Unterredung mit ihm haben konnte. Dasselbe gilt noch in höherem Grade von Heliogabal. Fungierte Juda II. schon 230, d. h. zur Zeit Alexander Severus, so bleibt für

8. Gamaliel III., Sohn Judas I. nur etwa zwanzig Jahre Funktionsbauer um 210—230. Dieser hatte zwei Söhne Juda und Hillel (Tosifta Moed. Katan II.; b. Pesachim 51. a.; jer. IV. p. 30. d.): מעשה ביהודה והלל בניו של רבן גמליאל בכבול . . . בכירי. Da die Tosifta ihrer erwähnt, so gehören sie Gamaliel III. an, und ebenso Ebel Rabbati c. 8.: מעשה ביהודה והלל בני ר"ג

---

[1]) [Hier ist gewiß nur R. Juda I. gemeint, Jer. Maaser scheni, 55. d. Vergl. Lewy, Jahresbericht des jüdisch-theologischen Seminars 1905, S. 25.]

שנכנסו לבן זכאי ככבול. So emendiert richtig A. Krochmal (Chaluz II. p. 139.); aber es ist nicht richtig, sie zu Söhnen Gamaliels IV. zu machen. Es ist schon von Frankel und andern aufmerksam gemacht worden, daß der 'Ιούλλος πατριάρχης oder Huillus patriarcha, mit dem der Kirchenvater Origenes in Palästina verkehrt hat, eben dieser Patriarchensohn Hillel war.

9. Juda II., von dem eben die Rede war. Ich habe den Anfang seines Patriarchats um 230 angesetzt, ungefähr in die Zeit, als Alexander Severus in Syrien weilte. Schwerlich hat er R. Jochanan überlebt, wie A. Krochmal behauptet (das. III. p. 126). Alle seine Beweise sind auf Sand gebaut. Wir können ihn um 230—270 setzen. Wir sind dazu aus dem nachfolgenden genötigt.

10. Gamaliel IV., Sohn Judas II. Von diesem kommt nur wenig im Talmud vor. Jerus. Aboda Sara I. p. 39. b. א״ר אבהו ואני לא שאלני ר' גמליאל כרבי מהו ליל ליריד? ואסרתו לו . . ר״ג אדם קטן היה ובקש ר' אבהו לנדרו. Man kann ihm nur von 270—290 Funktionsdauer geben.

11. Juda III., wahrscheinlich Sohn des vorhergehenden. Bei diesem haben wir sicheren chronologischen Boden. Es hat sich gezeigt (o. S. 383), daß er 299 bereits fungierte, aber auch zwei Jahre vorher. Es ist unzweifelhaft derselbe, den Diokletian zu sich nach Paneas vorgeladen hat (Jerus. Terumot VIII. p. 46. b; Genesis Rabba c. 83). Diokletian war zuerst 297 im Orient wegen des Parthischen Krieges (Clinton, das. ad an. 297.). A. Krochmal bezieht dieses Faktum auf Juda II. (das. 126); aber dann müßte er ihn bis 297 leben lassen, was er nicht übers Gewissen bringen kann, sondern er läßt ihn c. 283 sterben. Aber wie sollte er da von Diokletian vorgeladen worden sein? In der zitierten Stelle Genesis Rabba wird dieser Juda III. auch רבי genannt. Das führt uns zu einer anderen Bemerkung. Chullin 51. a., tradiert ein Amora aus Abbajis Zeit von einem Patriarchen Rabbi: א״ל ר' ספרא לאביי חזי מר האי צורבא מרבנן דאתה ממערבא ואמר ר' עוירא שמעי ואמר משה לפני רבי מחט . . . וטרפה . . . א״ל אימא לי גופא דעובדא היכי הוה?. א״ל (ר' עוירא) מפטיר כנסיות אנא לעילא מרבי רבה ורהו ר' הונא צפוראה ור' יוסי מדאה יושבין לפניו ובאת לפני רבי מחט . . . והפכה רבי ומצא עליה קורט דם וטרפה. Abaji starb um 336 (o. S. 327). Dieses Faktum kann demnach im ersten Viertel des 4. Jahrh. spielen, und dieser Rabbi muß R. Juda III. sein. Von diesem Patriarchen erzählt ohne Zweifel Epiphanius (adv. Haereses p. 128. f.), oder vielmehr sein Gewährsmann, der zum Christentum übergetretene Joseph von Tiberias, er habe eine Vorliebe für das Christentum gehabt und sich vor dem Tode taufen lassen. Wenn er ihn Hillel und seinen Sohn Juda nennt, so hat er, wie er selbst, an seinem Gedächtnis zweifelnd, angibt, die Namen vom Vater und Sohn miteinander verwechselt: ὁ δὲ Πατριάρχης κατ' ἐκεῖνον καιρὸν Ἑλλὴλ τοὔνομα ἦν: νομίζω γὰρ ὅτι οὕτως τὸ ὄνομα αὐτῷ Ἰώσηπος ἔλεγεν, εἰ μὴ ἀπὸ τοῦ χρόνου σφάλλομαι. Vom Sohn, dem er die schlimmsten Jugendstreiche anhängt, sagt er: τάχα δὲ οἶμαι Ἰούδας οὗτος (ὁ τοῦ Ἑλλὴλ παῖς) ἐκαλεῖτο, οὐ πολύν δὲ σαφῶς ἐπίσταμαι διὰ τὸν χρόνον. Die Zeit dieses Patriarchen Juda läßt sich demnach bestimmen. Joseph von Tiberias wurde von Konstantin mit der Würde eines Comes (ἀξίωμα Κομίτων) bekleidet, also zwischen 312—337 war er bereits getauft. Näher läßt sich das noch durch den Umstand fixieren, daß Epiphanius ihn als einen ungefähren Siebziger kennen gelernt hat zur Zeit, als der Bischof Eusebius von Vercelli von Konstantius nach Skythopolis (Betsan) verbannt, in Josephs Haus Gastfreundschaft genoß, um 356. Joseph ist also um 286 geboren; beim Tode des Patriarchen wurde er noch als Jude zum Erzieher des jungen Patriarchensohnes ernannt, doch wohl schon als mindestens

Dreißiger, also zwischen 316—326. In dieser Zeit starb also Juda III. Wir können demnach seine Funktionen setzen ca. 290—320. Was das Faktum der heimlichen Bekehrung dieses Patriarchen zum Christentum betrifft, so ist, selbst wenn wir Epiphanius' Bericht Glauben schenken wollen, der Täufling Joseph von Tiberias nicht klassischer Zeuge genug, um die Aufrichtigkeit eines Patriarchen, der im Judentum lebte und wirkte, zu verdächtigen. Es werden zwar im Talmud von ihm zwei Tatsachen tradiert, die wie ein Abgehen von der religiösen Satzung aussehen (Moed. Katan 12. b.); allein es wird das. zugleich erklärt, daß es weniger ein rituelles Vergehen, als eine Unziemlichkeit für einen Patriarchen war.

12. Hillel II., Sohn des vorigen. Nach Epiphanius war er beim Tode seines Vaters noch jung; daher die Erscheinung, daß er lange fungiert hat. 359 führte er den festen Kalender ein, um 362 schrieb der Kaiser Julian an ihn: τὸν ἀδελφὸν Ἰουλὸν τὸν αἰδεσιμώτατον (weiter unten Note 34). Er hat also um 320—365 oder 370 fungiert. — Nach Hillel fungierten noch drei andere Patriarchen, deren Namen Zacuto (in Jochasin) erhalten hat. ור׳ גמליאל בנו של הלל וירודה בנו ור׳ גמליאל בתראה. Der Passus ist aus Seder Tannaim we-Amoraim entnommen, in unserer Ausgabe desselben aber korrumpiert in umgekehrter Ordnung: ואחר כך ר׳ גמליאל ורבי יהודה ור׳ גמליאל ור׳ הלל והנוקות שמחו. Hillel muß vorangestellt werden.

13. Gamaliel V., Sohn Hillels II. Von diesem hat Hieronymus eine Notiz erhalten (de optimo genere interpretandi ad Pamachium), daß Theodosius der Große ihm gegen den Konsular Hesychius, mit dem der Patriarch in Feindschaft gelebt, Gerechtigkeit widerfahren ließ: Dudum Esychium virum consularem (contra quem Patriarcha Gamaliel gravissimas inimicitias exercuit) Theodosius princeps capite damnavit, quod sollicitato notario chartas illius invasisset. Dieser Brief Hieronymus' ist, wie der Herausgeber Martianay bemerkt, ca. 393 geschrieben, und in diesem wird von der Verurteilung des Hesychius gesprochen, als von etwas längst Geschehenem (dudum). Mithin kann dieser Gamaliel nicht mit dem letzten identisch sein, welchen Theodosius II. erst im Jahre 415 degradiert hat. Er fungierte also um 365—385. Es folgt also.

14. Juda IV. (ca. 385—400), von dem weiter nichts bekannt ist und endlich

15. Gamaliel, der Letzte, רבן גמליאל בתראה (ca. 400—425), von welchem das Dekret der Kaiser Honorius und Theodosius II. vom 17. Oktober 415 an den Präfectus Prätorio Aurelianus handelt, beginnend mit den Worten: Quoniam Gamaliel existimavit, se posse impune delinquere etc. (Cod. Theodos. XIV. T. VIII. § 22.). Es ist ohne Zweifel dieser Gamaliel, der letzte, VI. und nicht der V., von dem Marcellus ein Heilmittel gegen die Milzkrankheit mitteilt, der also Arzt war. Denn Marcellus, der im 5. Jahrh. lebte, spricht von ihm, als von einem Zeitgenossen (de medicamentis liber 21): Ad splenem remedium singulare, quod de experimentis probatis Gamalielus Patriarcha proxime ostendit. — Es haben also von Hillel an fünfzehn Patriarchen fungiert, worunter sechs Gamaliel. — Nach R. Gamaliel, dem Letzten, scheint das Patriarchenhaus ausgestorben zu sein. Diesen Umstand bezeugen sowohl die Worte in Seder Tannaim: ותינוקות שמחו, als das Dekret der Kaiser vom Jahre 426 (C. T. ibid. § 29), die Patriarchengelder für den kaiserlichen Staatsschatz einzuziehen. Hier wird von dem Aussterben der Patriarchen (post excessum patriarcharum) gesprochen; (o. S. 442.). [Siehe Monatsschrift 1897, S. 592 ff.]

23.

Patriarch Juda II. und Antoninus.

Über die nicht geringe Machtstellung, welche der jüdische Patriarch mit Bewilligung des Kaisers Alexander Severus einnahm, die sich nur wenig von der königlichen Macht unterschied, gibt Origenes (Epistola ad Africanum c. 14.) einen vollständigen Aufschluß, wie er es selbst bei seiner mehrjährigen Anwesenheit in Judäa erfahren hat: Καὶ τῶν γοῦν Ῥωμαίων βασιλευόντων καὶ Ἰουδαίων τὸν δίδραχμον αὐτοῖς τελούντων. ὅσα συγχωροῦντος Καίσαρος, ὁ ἐθνάρχης παρ' αὐτοῖς δύναται ὡς μηδὲν διαφέρειν βασιλεύοντων τοῦ ἔθνους. ἴσμεν οἱ πεπειραμένοι. Γίνεται δὲ καὶ κριτήρια λεληθότως κατὰ τὸν νόμον καὶ δικάζονταί τινας τὴν ἐπὶ τῷ θανάτῳ, οὔτε μετὰ τὰ πάντη εἰς τοῦτο παῤῥησίας οὔτε μετὰ τοῦ λανθάνειν τὸν βασιλεύοντα. Καὶ τοῦτο ἐν τῇ χώρᾳ τοῦ ἔθνους πολὺν διατρίψαντες χρόνον μεμαθήκαμεν. Dieser Brief ist, nach den eingehenden kritischen Untersuchungen Redepennings (Origenes 2. B. 1841—46), kurz nach dem Ableben des Kaisers Alexander Sever geschrieben um 240; dieser Kaiser starb Febr. 235. Der Patriarch und Ethnarch dieser Zeit kann aber unmöglich R. Juda I., der Mischnasammler gewesen sein, wie jeder Sachkundige wohl zugeben wird; folglich war es Juda II., welcher eine so hohe Gunst und eine so ansehnliche Stellung von diesem Kaiser erlangt hatte. Man übersehe den Umstand nicht, daß dieser Brief sich des Tempus der Gegenwart bedient und also den Eindruck unmittelbarer Wahrnehmung wiedergibt. Hiermit dürfte die Frage über den Kaiser oder Antoninus, welcher nach talmudischen Nachrichten einem Patriarchen Gunst erwiesen, eigentlich erledigt sein, daß es weder Marc Aurel, noch Caracalla, noch endlich Heliogabal gewesen sein kann, wenn dieser Punkt, der früher so leidenschaftlich verfochten wurde, überhaupt noch für so wichtig angesehen würde. Man denkt jetzt nüchterner darüber; es gilt nicht mehr als eine Ehre für die Juden, wenn einer ihrer Patriarchen ein freundliches Lächeln von einem Imperator erhalten hat. Von mehr historischer Wichtigkeit ist, ob diese kaiserliche Gunst auf die Stellung der Juden Einfluß hatte. Nun, während wir keine Spur von Bezeugung haben, daß einer der drei genannten Kaiser ein günstiges Dekret für sie erlassen — eher noch das Gegenteil — so haben wir nächst Origenes' Zeugnis, auch das von Lampridius (in A. Sever. 22): Judaeis privilegia reservavit. Seine Geneigtheit für die Juden und seine Bekanntschaft mit jüdischen Gesetzen beurkundet Lampridius durch einige Anekdoten. Hatte der Patriarch in dieser Zeit eine beinahe königliche Stellung, worauf es hier mehr ankommt, als auf den wahren Antoninus ben Severus, so ist auch die Nachricht gerechtfertigt, daß Juda II. es war, der von einer Schar Bewaffneter umgeben gewesen (Berachot 16. b. 44. a.): מסדר ר' יהודה נשיאה באלושי ודקיימי קצוצי עליה דרבי, und daß er bei Audienzen eine Ehrenespforte bekommen (Genesis Rabba c. 78. רבינו (Lesart — כד הוה סליק למלכותא — לא הוה נסיב רומאי — חד זמין נסיב עמיה רומאי bei Nachmani Komm. zu Gen. 33. 15.). — Noch muß hier die interessante Notiz bei Hieronymus (Comm. in Danielem IX. 34.) erledigt werden, daß die Juden den Vers: „und wenn sie straucheln, wird ihnen ein wenig geholfen werden", auf die kurze Gunst bezogen, deren sie unter Kaisern genossen: Hebraeorum quidam haec de Severo et Antonino principibus intelligunt qui Judaeos plurimum dilexerunt. Man könnte leicht nach dieser

Angabe den talmudischen Antoninus in Caracalla wiederfinden, von dem hier die Rede zu sein scheint. Allein wenn man es auch von Caracalla zugeben wollte (obwohl dem entgegensteht, was Spartian berichtet Sept. Severus 16: filio sane concessit, ut triumpharet, cui senatus Judaicum triumphum decreverat), so kann man doch von seinem Vater Sever nicht gerade behaupten, weder daß er die Juden so sehr geliebt habe, noch daß sie unter ihm Erleichterung gefunden hätten, (über das ihm zugeschriebene judenfreundliche Gesetz weiter unten). Geht man aber auf die Quelle zurück, woher der Kirchenvater diese Nachricht geschöpft hat, so erhält sie einen ganz anderen Sinn. Denn Hieronymus konnte von den Juden den Namen des Kaisers nicht anders gehört haben, als ihn die Boraīta nennt, entweder אסטנינוס בן אסוירוס oder אסוירוס בן אנטנינוס, was sich der Kirchenvater in Severus Antoninus zurecht gelegt zu haben scheint. Es ist also immer nur von einem Antoninus die Rede. Im Morgenlande galt Alexander Severus entweder selbst als Antoninus oder als Sohn des Antoninus, wie Herodian (VI. 3.) diesen Kaiser sprechen läßt — καὶ Ἀντωνίνου τοῦ ἐμοῦ πατρός. Vergl. Frankel, Monatsschrift, Jahrg. 1852, Juli-, August- und September-Heft.

Dr. Frankel, indem er meine Hypothese von der Identität des אנטנינוס = Alexander Sever und des רבי = R. Juda II. teilweise zugibt, schlägt ein Ausgleichungsmittel vor, daß nämlich der ältere R. Juda ebenfalls mit einem Kaiser befreundet gewesen, wenn auch nicht mit Marc Aurel, so doch mit dessen Mitkaiser Verus Antoninus, der im Morgenlande residierte und den Juden günstig gewesen sein soll. Abgesehen, daß R. Juda I. während Verus' Regiment 162 bis 168 noch jung und noch nicht Patriarch war, auch während der Zeit Feindseligkeit gegen Juden herrschte, (Note 20), beruht der Hauptbeweis, auf welchen sich diese Annahme stützt, nämlich das Gesetz: Eis, qui judaicam superstitionem sequantur, Divus Verus et Antoninus honores adipisci permiserunt (digesta de Decurion. L. 50. T. 2. III. § 3.) auf einer falschen Lesart. Die meisten Ausgaben lesen nämlich anstatt Verus: Severus et Antoninus, so daß dieses Gesetz von Sever und seinem Sohne Antoninus Caracalla herrührte. Aus einer griechischen Inschrift in einer Synagoge, die man jüngsthin entdeckt hat in einem wenig bekannten Orte Kaysoun ließe sich zwar oberflächlich folgern, die Juden hätten damals große Zärtlichkeit für den Kaiser Septimius Severus und sein ganzes Haus, seine Gattin Juliana Domna und seine Söhne Marc Aurel Antoninus (d. h. Caracalla) und Geta empfunden; allein genau besehen, ist es weiter nichts als kommandierter Loyalitätsstil. Die Inschrift lautet im Journal Asiatique Dez. 1864 nach Renan und Seniors Entzifferung, auch in Frankel Monatsschrift 1865, S. 154 u. Beil.:

    Ὑπὲρ σωτηρίας τῶν κ[υρί-
καὶ   ων ἡμῶν Αὐτοκρατέρω [ν
Ἰουλίας Καισάρων, Α. Σεπτ. Σεουή[ρου
Δόμνης Εὐσεβ. Περτ. Σεβ., καὶ Μ. Αὐρ Ἀ[ντων
Σεβ   ίνου [καὶ Α. Σεπτ. Γ] έτα, υἱῶν αὐ[τοῦ
    Εὐχῆς Ἰουδαίων.

24.

Ausnahme zugunsten des Patriarchenhauses.

Nach Jeruſ. (Sabbat VI. 7. d.), hat man dem Patriarchenhauſe dieſer Zeit wegen der Stellung zum Kaiſer Indulgenzen gewährt: ג' דברים התירו לבית רבי שיהו רואין במראה ושיהו מספרין קומי ושיהו מלמדין את בניהן יונית מפני שזקוקין למלכות. Nach der Lesart Tosifta und Babli (Sota, Ende): התירו להן לבית ר', הָתָתֶת man gleich beim Verbot des Griechiſchen während des Polemos ſchel Quietos zugunſten des Hauſes R. Gamaliels, d. h. des damaligen Patriarchen eine Ausnahme gemacht. Was die Lesart (B. Sota I. c.): אבטולמוס בן ראובן התירו לו לספר קומי betrifft, ſo trägt ſie die Unechtheit an der Stirn, indem ſie augenſcheinlich nur zugunſten der Erzählung (Meïlah 17. a.) ſo formuliert wurde, weil ſich jener Ptolemos ben Reuben, um ſich unkenntlich zu machen, das Haupthaar nach Heidenart geſchnitten.

25.

Die Ordination.

Über die Modifikationen, welche mit der Ordination vorgenommen wurden, gibt eine Notiz (j. Syn. I. 19. a.) Aufſchluß. Urſprünglich ordinierte jeder Geſetzeslehrer ſeine eigenen Jünger: חמן קריין למנוח סמיכותא. אמר רבי בא: בראשונה כל אחד ואחד מכנה את תלמידיו כגון רבי"ז מינה את ר"א ואת ר"י. ור"י את ר"ע. ור"ע את ר"מי ור"ש. Dann erteilte man dem Patriarchenhauſe dieſe Ehrenfunktion: חזרו וחלקו כבוד לבית הזה. אמרו בית דין שמינה שלא לדעת הנשיא אין מינויו מינוי ונשיא שמינה שלא לדעת בית דין מינויו-מינוי. Die Übertragung der Ehrenfunktion an den Patriarchen fand demnach in dem Zeitalter nach R. Meïr ſtatt, d. h. zur Zeit R. Judas I., dem ſich alſo ſämtliche Kollegialmitglieder untergeordnet hatten. Später entzog man einem Patriarchen dieſe Prärogative: חזרו והתקינו שלא יהא ב"ד ממנין אלא מדעת הנשיא ושלא יהא הנשיא ממנה אלא מדעת בית דין. Ich vermute, daß dieſes zur Zeit R. Judas II. geſchehen iſt, und zwar infolge des Mißbrauches, welchen er damit getrieben, die Presbyterwürde an Unwürdige zu erteilen: לאילין דמיתמני בכסף (j. Bikkurim, Ende. b. Syn. 7. b.).

26.

R. Jochanan.

Zwiſchen Ilfa und R. Jochanan ſcheint eine gegenſätzliche Theorie beſtanden zu haben. Der erſtere hielt die Boraïtas für überflüſſig, indem ihr Inhalt in der Hauptmiſchna enthalten ſei, welche für ihn kanoniſches Anſehen hatte; er machte ſich daher durch eine gefahrvolle Wette anheiſchig, auch die in den Boraïtas enthaltenen Halachas aus der Miſchna zu deduzieren (j. Kidduſchin I. 58. d.): חילפי אמר איתבוני על גוף נהרא דלא אפיק מתניתא דר' חייא רבה סמתניתין זרוקני לנהר (in einer veränderten Faſſung b. Taanit 21. a.). R. Jochanan hingegen räumte den Boraïtas, namentlich denen von R. Chija und ſeinem Lehrer

R. Uschaja I. gesammelten, gleiche Autorität ein. Die Mischna hatte für ihn also nicht die Bedeutung einer kanonischen Sammlung, und er scheute sich nicht, deren Fassung zu modifizieren. (Vergl. Sabbat 75. a. Chullin 32. b. 116. b.). Es sind grundlose Behauptungen von den Hauptmitarbeitern der Zeitschrift Chaluz, daß R. Jochanan Rabbis Mischna kanonisiert habe, und daß er dessen erfundenen Lehrsatz, ein Gerichtshof dürfe die Bestimmung eines andern so gut wie gar nicht aufheben, sanktioniert habe (Chaluz II. p. 50.). Eine korrumpierte Lesart ר׳ יונתן für ר׳ יוחנן hat sie zu vagen Anschuldigungen verleitet (s. Jerus. Sabbat I. 3. d.). Es ist hier nicht der Ort näher darauf einzugehen; sonst könnte der Beweis geführt werden, daß R. Jochanan im Gegenteil, wenn auch kein Reformer, doch auch kein Rigorist war.

27.

Mar-Ukba.

Scherira macht Mar-Ukba, den Zeitgenossen Rabs und Samuels, zum Exilarchen (Sendschreiben): אחמני ב״ר רב הונא בבבל מר עוקבא, d. h. לריש גלותא. Da diese Angabe aber nicht aus Tradition, sondern aus Kombination einer Talmudstelle stammt, so darf sich die historische Kritik nicht dabei beruhigen. (Gründe: 1. Das Chronikon des Exilarchen Seder Olam Sutta, das gerade von dieser Zeit an seinen sagenhaften Charakter aufgibt und einen historischen annimmt, kennt in dieser Zeit keinen Resch=Galuta Mar=Ukba, sondern nennt nach Huna einen Anan und als seinen Nachfolger Nathan. 2. Wollte man die Glaubwürdigkeit des Seder Olam bestreiten, so bemerken beide Talmude ausdrücklich, daß Mar-Ukba nicht Resch=Galuta gewesen, vielmehr dem Resch=Galuta seiner Zeit Vorwürfe machte wegen dessen musikalischer Unterhaltungen morgens und abends, mit Anwendung eines Prophetenverses in veränderter Satzstellung (j. Megilla III. 74. a. b. Gittin 7. a.): מר עוקבא משלח כתב לריש גלותא דהוה דמיך וקאים בזמרא אל תשמח בעמים אל גיל. (In Babli ist die Fassung ungenau.) 3. Aus der Stelle, woraus Scherira seine Angabe zu erörtern sucht (Sabbat 55. a.), geht nur soviel hervor, daß Mar-Ukba Oberrichter gewesen: הא יתיב מר עוקבא אב בית דין (daher Raschi immer Mar-Ukba mit diesem Titel nennt); und wenn man den auf ihn angewendeten Vers vom Hause Davids urgieren wollte, was Scherira zu tun scheint, so würde höchstens daraus bewiesen sein, daß Mar-Ukba aus dem exilarchischen Hause stammte. Mit einem Worte, Scheriras Angabe von Mar-Ukba, sowie weiter von Huna ben Nathan, daß sie Exilarchen gewesen, ist ganz ungerechtfertigt, es scheint, daß er sich hierbei von der Namenähnlichkeit habe verleiten lassen. [Vergl. dagegen Hoffmann, Mar Samuel p. 74 und Brüll, Jahrb. II, p. 90.]

28.

Papa Bar-Nazor, Odenath; Zerstörung Nahardeas.

Ich habe früher die Vermutung ausgesprochen, daß der in den talmudischen und in jüdisch=chronologischen Schriften vorkommende פפא בר נצר oder בר נצר mit dem palmyrenisch=arabischen Eintagskaiser Odenath identisch sei.

v. Gutschmid findet diese Tatsache durch eine griechische Inschrift bestätigt (Hilgenfelds Zeitschr. für wissensch. Theol. 1860, S. 11). Es ist daher notwendig, die Beweise dafür zusammenzustellen. In Jerus. Taanit VIII, 46 b. wird er mit Zenobia in Verbindung gebracht: זעיר בר חיננא איתצייד בסםםיפא,‎ סליק ר׳ אימי ור׳ שמואל מפיםה עלוי אםרה להון זנביה מלכותא (I. מלכתא) יליף הוא בריכון עבד לכון ניםן מעשיקין ביה. עלל חד םרקיי טעין חד םםםר, אמר לון בהדא בםםירא קטל בר חיננא.‎ Babli Ketubbot p. 51. b. wird er bald König ניצור לאחיו ואישתיב זעיר בר חיננא bald Räuberhauptmann genannt. ובו נצר לחח קרי ליה מלך והכא קרי ליה ליםטים?‎. Dieses Gemisch von Anführer אין גבי אחשורוש לםטים הוא, גבי לםטים דעלמא מלך הוא einer sarazenischen Raubschar und König (Kaiser) paßt sehr gut auf Odenath. Noch entschiedener spricht für die Identität die Inschrift, welche angibt, daß Odenaths Urahn Nasoros, richtiger Nasor oder nach semitischer Orthographie נצור geheißen, ähnlich wie der jerusalemische Talmud den Namen wiedergibt: בר ניצור. Die Inschrift lautet (corpus inscripp. graecc. No. 4507): τὸ μνημεῖον . . . . ἔκτισε ἐξ ἰδίων Σεπτίμιος Ὀδαίναθος, ὁ λαμπρότατος συγκλητικὸς Αἰράνου (τοῦ) Οὐβαλλάθου, τοῦ Νασώρου. Auch die Notiz in Genesis Rabba c. 76. spricht von Bar Nazar wie von einem König, indem auf ihn das Bild des „kleinen Hornes" in Daniel angewendet wird: ואלו קרן אחרי זעירא׳ םלקא׳ מביניהון: זה בן נצר. Auch die „drei Hörner", die vor ihm entwurzelt worden, werden daselbst wohl auf drei Eintagskaiser jener Zeit, der sogenannten dreißig Thyrannen, bezogen: ותלת מן קרניא . . זו שתנו להם מלכותם מקרין קרום וקרדיםוםי. Der erste ist wohl Macrianus, der 261 den Purpur nahm und von Ägypten aus sich Kaiser des Orients nannte. Was die andern beiden Namen bedeuten, ob dessen Söhne Macrianus der Jüngere und Quietus, ist mir dunkel. Noch berichten drei jüdische Chroniken, das Seder Olam Sutta (von 808), das Seder Tannaim we-Amoraim (von 885) und Scheriras historisches Sendschreiben (von der letztgenannten Quelle abhängig), daß Papa Bar-Nazor die Stadt Nahardea zerstört hat, das erste ohne Datum, die letzteren mit einem Datum 570 Seleucidarum (A): ובליק פפא ובא פפא בר נצר פולםנםא והחריב (I.) פפא (?) בר נצר דא; dann (B.): ואחרבה לנהרדעא ובשנת תק״ץ אתא פפא בר נצר ואהרביה לנהרדעא ואזל; endlich (C.): אותה (נהרדעא) תק״ע רבה בר אבוה ורב נחמן לםמחוזא ולשלהי ולשכנציב. Indessen scheint das Jahr entweder nicht richtig angegeben oder korrumpiert zu sein. Denn Odenaths Zug gegen Schabur (Sapor) fand erst nach Valerians Gefangennahme statt, also nach 260, als dessen Rächer er zum Scheine auftrat. Also wohl erst 261 hat Odenath Nisibis und Carrhä verbrannt und ist bis Ktesiphon vorgedrungen (Clinton, fasti Romani ad 260, 264). Auf diesem Kriegszuge hat er wohl auch Nahardea am Euphrat zerstört; einen früheren Zug nach der Euphratgegend anzunehmen, ist nicht tunlich. Man müßte also lesen תקע״ב $572 = 261$.

Aus Kiduschin 70. a. könnte es den Anschein haben, als wenn R. Nachman, nachdem er infolge der Zerstörung Nahardeas sich nach Schenkan-Zib begeben, wie Scheria berichtet, später wieder in Nahardea gewohnt, daß diese Stadt sich demnach bald wieder erholt hätte; denn die Szene zwischen R. Nachman und R. Juda scheint in Nahardea zu spielen. Allein R. Achai aus Schabacha (in Scheeltot c. 51.) hat die sich als richtig empfehlende Lesart: םכריו ר׳ מכריו ר׳ נחמן בשכנציב. Was aber die daselbst vorkommende Lesart: יהודה בנהרדעא betrifft, so ist sie nicht sehr verschieden von der in unsern Ausgaben erhaltenen: מכריו ר׳ יהודה בפומבדיתא, da Pumbadita zu Nahardea gehörte.

29.
Auswanderung der Gesetzeslehrer von Palästina nach Babylonien.

Die Auswanderung der Gesetzeslehrer von Judäa nach Babylonien wegen einer Verfolgung bildet einen Angelpunkt in der jüdischen Geschichte dieser Zeit und muß deswegen genau fixiert werden. Vier Auswanderer werden der Reihe nach, wie sie ausgewandert sind, namhaft gemacht (Abodah Sara 73. a.): בי
אתא ר' דימי אמר ר' יוחנן — כי אתא ר' יצחק בר יוסף אר"י — כי אתא רבין אר"י —
כי אתא ר' שמואל בר יהודה אמר ר' יוחנן. Der Ausdruck וכל נהותא, der häufig vorkommt, beweist, daß außer diesen noch andere ausgewandert waren. R. Dimé (und wahrscheinlich auch R. Jizchak) waren vor Rabin (und R. Samuel ben Jehuda) emigriert, jener infolge eines Exils, dieser infolge blutiger Verfolgung (Chullin 106. a.): וסימנך אתא ר' דימי אפקה אתא רבין קטלה,
d. h. R. Dimé kam wegen Ausweisung, Rabin wegen Gemetzels nach Babylonien. Solche Mnemonika enthalten unschätzbare historische Data. Da aber Abaji nicht nur R. Dimé und R. Jizchak ben Joseph, sondern auch noch R. Abin gekannt hat (unter andern Jebamot 46. a. אמר אביי כאי חוית דסמכת
אדרב דימי סמוך אדרבין (דכי אתא רבין אמר, Abaji aber um 336 starb (v. S. 384), so kann sowohl die erste als die zweite Auswanderung nicht später als in den ersten zwei Regierungsjahren Konstantins vorgegangen sein. Dieser Kaiser muß also gleich in den ersten Jahren eine harte Verfolgung über die Juden verhängt haben, vergl. Chullin 101 b.: אמר רבא שמדא הוה ושלחו כתם דיומא
דכיפורי דהאי שתא שבתא. וכן כי אתא רבין וכל נחותי אמרוה כרבא.

30.
Verfolgung unter Konstantius und Gallus.

Sokrates und Sozomenus wissen nur von der Zerstörung von Sepphoris unter Gallus (Socr. h. e. II. 33.): καὶ τὴν πόλιν αὐτῶν Διοκαισαρίαν εἰς ἔδαφος κατενεχθῆναι ἐκέλευσεν ὁ Γαλλός. Hieronymus aber (Chronicon zu 283, Olymp.) berichtet auch von der Zerstörung anderer Städte, Sepphoris, Tiberias, Lydda und anderer: — et civitates eorum Dio Caesaream, Tiberiadem, Diospolin plurimaque oppida igni tradidit (Gallus Caesar). Die Pesikta (c. 8.) scheint Hieronymus' Angabe zu bestätigen, indem sie ebenfalls von der Zerstörung von Sepphoris, Tiberias, Lydda und Akko spricht: — קול
צעקה משער הדגים זו עכו ויללה מן המשנה זו לוד שהיא משנה לירושלם. ושבר גדול מהגבעות
זו צפורי שנתונה בגבעות. הללו יושבי המכתש זו טבריה שעמוקה כמכתשת. אמר הקב"ה עשיתי
את הדין בד' מקומות הללו מה שעשו בהם כהן נברים. Diese Agaba scheint um so gewisser von Gallus' Zeit zu sprechen, als sie über Jerusalem durchaus schweigt.

Das rätselhafte Sendschreiben an Raba gibt einen Begriff von dem Umfang der Verfolgung unter Gallus (Syn. 12. a.): שלחו ליה לרבא זוג בא מרקם
ותפשו נשר ובידו דברים הנעשים בלוז. בזכות הרחמים וזכותם יצא: בשלום ועמוסי ירכי נחשון
בקשו לקבוע נציב אחד ולא הניחו ארמי הלו אבל בעלי אסופות נאספו וקבעו לו נציב אחד בירח
שמת בו אהרן הכהן. Diese Geheimschrift hat eine Parallele an dem Bericht, welchen der römische Gesandte Procopius zur Zeit Konstantius' den römischen Feldherren von der Rüstung Schaburs und dem Verrat des römischen Parteigängers Antoninus zuschickte (Ammianus Marcell. XXIII. 9.); er lautete:

Amandatis procul Grajorum legatis, forsitan et necandis, rex longaevus non contentus Hellesponto, junctis Granici et Rindaci pontibus, Asiam cum numerosis populis pervasurus adveniat — autore et incendore Hadriani quondam Romani principis successore. — Diese Worte bedeuten: Persarum regem transitis fluminibus Anzaba et Tigride Antonino hortante dominium Orientis affectare totius. — Es war also zu dieser Zeit Brauch, geheime Berichte durch Anspielung auf frühere geschichtliche Verhältnisse abzufassen.

31.
Hillels fester Kalender.

Ideler (Handbuch der mathemat. und technischen Chronologie), Slonimsky und andere zweifeln an dem hohen Alter der jüdischen Kalenderordnung und namentlich daran, daß sie von Hillel II. eingeführt sei. Die Zweifel entstanden ihnen daher, weil sie glaubten, daß die Kalenderordnung in der talmudischen Literatur nicht erwähnt wird. Auch Krochmal behauptet (Chaluz III. 140.), es käme in jerusalemischen Talmud nichts davon vor. Dem ist aber nicht so. Der jerusalemische Talmud (Erubin III. Ende) kennt sie, und nennt sie mit deutlichen Worten, nur ist die Stelle mißverstanden worden; ר' יוסי משלח כתב להון (לאנשי אלכסנדריא) אף על פי שכתבנו לכם סדרי סועדות אל תשנו מנהג אבותיכם נוחי נפש. Unter den Worten: סדרי מועדות hat man fälschlich eine Gebetordnung verstanden, während Buchstabe und Zusammenhang auf eine firierte kalendarische Festordnung hinweisen. Die ganze Stelle, zu der diese Notiz gehört, handelt von dem zweiten Feiertag der außerpalästinensischen Gemeinden, und daran schließt sich die Ermahnung R. Josés an die Alexandriner, sich nicht durch den neu eingeführten festen Kalender irre machen zu lassen, den zweiten Feiertag etwa aufzugeben. Die Worte אע"פ שכתבנו לכם würden eine Unzufriedenheit R. Josés mit der Neuerung durchblicken lassen, allein die editio princeps von Venedig hat die Lesart שכתבנו לכם. Zu welcher Zeit dieser R. José gelebt, ist nicht zweifelhaft; er mit seinem Zwillingsamora R. Jona waren Nachfolger R. Amis und R. Assis, jüngere Zeitgenossen R. Chaggais (j. Rosch ha-Schana II. 58. b., Synh. I. 18, c): כגון — ר' חגי פתח ר' יונה ור' יוסי חותמין. R. Jona war ein Jünger R. Seiras I.; folglich lebte er und R. José im vierten Jahrhunderte und war Zeitgenosse des Kalenderordners Hillel. Die Tradition des zuverlässigen Gaon R. Hai genügt, das Faktum von der Einführung des festen Kalenders durch Hillel II. zu beglaubigen (bei Abr. ben Chija Abur p. 97.): עד ימי הלל בר' יהודה בשנת תר"ע לשטרות.

32.
Rabba ben Nachmani.

Die jüdischen Chronographen, namentlich Heilperin, sind im Zweifel, ob Rabba ben Nachmani der Einladung seiner Brüder gefolgt war, nach Judäa auszuwandern. Eine Notiz (Baba Mezia 6. b.) gibt Gewißheit darüber, daß er allerdings in Judäa gewesen, aber noch vor R. Chasdas Übersiedlung nach Sura, (also vor 293 תר"ד v. S. 297), wieder nach Babylonien zurückgekehrt

אמר ליה ר' אושעיא לרבה כי אולת קמיה דר' חסדא לכפרי בעי מניה. כי אתא לסורא א"ל : ist
רב המנונא. Es geht daraus noch weiter hervor, daß Rabba über 40 Jahre alt geworden sein muß, da er erst 330 (תרמ"א ס. S. 326) das Zeitliche gesegnet, und bei seiner Anwesenheit in Judäa doch mindestens 20 Jahre alt war. Mithin ist jene Nachricht: רבה חיי מ' שנים (Moed. Katan 28. a) sagenhaft. Keineswegs kann aber Rabba Zuhörer R. Jochanans gewesen sein, der schon 279 starb. Die Worte in dem Schreiben der Brüder Rabbas an ihn (ימנו ר' יוחנן) יש לך רב, halte ich für eine jüngere Glosse, wie mehrere Zusätze mit ähnlicher Formel (Berachot 28. a.): ומנו ר'; (Gittin 58. a.): ואותו תלמיד ר' שמעון בן יוחאי דוה; (Sabbat 156. a.): ומאן חברך ר' יוחנן בן זכאי) (Rosch ha-Schana 31. b.): ישמעאל בן אלישע; אמרית קדם רבי ומנו רבינו הקדוש, dann wieder דמרית קדם רבי ובנו ר' חייא (Jebamot 45. a.): מאן רבי ר' יהודה נשיאה (Sabbat 56. b): והיינו נתן דצוצתא. S. noch b. ש" 22. b. Jebamot 121. b. [Vergl. dagegen Bacher, die der Agada bab. Amor p. 98.]

33.

R. Papa.

Von R. Papas Unselbständigkeit in der Halacha zeugen folgende Stellen אמר ר' פפא הלכך נמרינהו לתרוויידי (Berachot 11. b. 59. b. 66. J. b.); Taanit 7. b.; Megilla 21. b.): א"ר פפא הלכך בעינן בזית במקום מרה יבעינן במקום שדוא חיה וב: (Chulin 46. a.); אר"פ הלכך בעינן דוב עונבי ורוב הקיפו (das. 76. b. Sabbat 20 a.); אר"פ בעינן יאכשרא ואטופי"א ואחלה רוחתא (Chullin 17. b.).

34.

Julian Apostata und die Juden.

In den ersten Ausgaben von Julians Misopogen und Briefen (edit. Martinin, Paris 1566) findet sich als Überschrift zum Briefe an die jüdische Gemeinde die maliziöse Bemerkung: *εἰ γνήσιος*! Es spricht sich in diesem Zweifel an der Echtheit des Briefes der kleinliche Neid aus, daß ein Kaiser den verhaßten Juden so viel Gunst zugewendet haben sollte! Allein der ganze Inhalt desselben entspricht so sehr dem Charakter Julians und seinem Verhältnisse zu den Juden, daß kein Kritiker diesen Zweifel geteilt hat.

Ich gebe den Brief als ein historisches Aktenstück im Original; er bildet die Nr. 25 in der Briefsammlung Julians, und hat die Überschrift:

Ἰουδαίων τῷ κοινῷ.

Πάνυ ὑμῖν φορτικώτερον γεγένηται ἐπὶ τῶν παρῳχηκότων καιρῶν τῶν ζυγῶν τῆς δουλείας τὸ διαγραφαῖς ἀκηρύκταις ὑποτάττεσθαι ὑμᾶς, καὶ χρυσίου πλῆθος ἄφατον εἰσκομίζειν τοῖς τοῦ ταμείου λόγοις. Ὧν πολλὰ μὲν αὐτοψεὶ ἐθεώρουν, πλείονα δὲ τούτων ἔμαθον εὑρὼν τὰ βρέβια[1]) τὰ καθ' ὑμῶν φυλαττόμενα. Ἔτι δὲ καὶ μέλλουσαν πάλιν εἰσφορὰν καθ' ὑμῶν προτάττεσθαι εἶρξα, καὶ τὸ τοσαύτης δυσφημίας ἀσέβημα ἐνταῦθα

---

[1]) *Βρέβια* ist der gräzisierte lateinische Plural brevia von breve in der Bedeutung von „Rolle, Register".

ἐβιασάμην στῆναι, καὶ πυρὶ παρέδωκα τὰ βρέβια τὰ καθ' ὑμῶν ἐν ταῖς σκρηνίαις ἀποκείμενα, ὡς μηκέτι δύνασθαι καθ' ὑμῶν τινὰ τοιαύτην ἀκουτίζειν ἀσεβείας φήμην. Καὶ τούτων μὲν ὑμῖν οὐ τοσοῦτον αἴτιος κατέστη ὁ τῆς μνήμης ἄξιος Κωνστάντιος ὁ ἀδελφός, ὅσον οἱ τὴν γνώμην βάρβαροι, καὶ τὴν ψυχὴν ἄθεοι οἱ τὴν τούτου τράπεζαν ἑστιώμενοι, οὓς[1]) μὲν ἐγὼ ἐν χερσὶν ἐμαῖς λαβόμενος, εἰς βύθρον ὤσας ὤλεσα, ὡς μήτε μνήμην ἔτι φέρεσθαι ἢ εἶναι παρ' ἡμῖν τῆς αὐτῶν ἀπωλείας ἐπὶ πλέον δὲ ὑμᾶς εὔχεσθαι βουλόμενος, τὸν ἀδελφὸν Ἰουλὸν τὸν αἰδεσιμώτατον πατριάρχην παρῄνεσα, καὶ τὴν λεγομένην παρ' ὑμῖν ἀποστολὴν κολυθῆναι, καὶ μηκέτι δύνασθαι τὰ πλήθη ὑμῶν τινὰ ἀδικεῖν τοιαύταις φόρων εἰςπράξεσιν, ὡς πανταχόθεν ὑμῖν ἀμέριμνον ὑπάρχειν [τῆς ἐμῆς βασιλείας, ἵνα ἀπολαύοντες ἔτι μείζονας εὐχὰς ποιῆτε τῆς ἐμῆς βασιλείας τῷ πάντων κρείττονι καὶ δημιουργῷ θεῷ τῷ καταξιώσαντι στέξαι με τῇ ἀχράντῳ αὐτοῦ δεξιᾷ. Πέφυκε γὰρ τοὺς ἔν τινι μερίμνῃ ἐξεταζομένους περιδεῖσθαι τὴν διάνοιαν, καὶ μὴ τοσοῦτον εἰς τὴν προςευχὴν τὰς χεῖρας ἀνατείνειν τολμᾶν, τοὺς δὲ πανταχόθεν ἔχοντας τὸ ἀμέριμνον ὁλοκλήρῳ ψυχῇ χαίροντας, ὑπὲρ τοῦ βασιλείου ἱκετηρίους λατρείας ποιεῖσθαι τῷ μείζονι, τῷ δυναμένῳ καταθεῖναι τὴν βασιλείαν ἐπὶ τὰ κάλλιστα, καθόπερ προαιρούμενα, ὅπερ χρὴ ποιεῖν ὑμᾶς, ἵνα τῶν Περσῶν πόλεμον διορθωσάμενος, τὴν ἐκ πολλῶν ἐτῶν ἐπιθυμουμένην παρ' ὑμῖν ἰδεῖν οἰκουμένην πόλιν ἁγίαν Ἱερουσαλὴμ ἐμοῖς καμάτοις ἀνοικοδομήσας οἰκήσω, καὶ ἐν αὐτῇ δόξαν δώσω μεθ' ὑμῶν τῷ κρείττονι.

Dieser Brief ist geschrieben während Julians Aufenthalt in Antiochien zwischen August 362 und März 363, wohl nicht lange nach seiner Ankunft in der syrischen Hauptstadt. Vorangegangen ist ihm ein Schreiben an den Patriarchen Julos, d. h. Hillel II.

In einem Fragment aus einer Rede Julians (editio Spannheim p. 395) kommt er auf den Tempelbau zurück und erklärt, er wolle ihn zu Ehren dessen bauen, „dessen Namen auf ihm genannt wird", ein biblischer Sprachgebrauch: אתא נקרא שמו עליו. Οἱ γὰρ ὀνειδίζοντες ἡμῖν τοιαῦτα τῶν Ἰουδαίων οἱ προφῆται τί περὶ τοῦ νεῶ φήσουσι, τοῦ παρ' αὐτοῖς τρίτον ἀνατραπέντος, ἐγειρομένου δὲ οὐδὲ νῦν; ἐγὼ δὲ εἶπον οὐκ ὀνειδίζων ἐκείνοις, ὅς γε τοσούτοις ὕστερον χρόνοις ἀναστήσασθαι διενοήθην αὐτὸν εἰς τιμὴν τοῦ κληθέντος ἐπ' αὐτῷ Θεοῦ. — Die Meinung, welche die Juden von Julian hatten, gibt eine Agada zu erkennen, die merkwürdigerweise nur Hieronymus (Comm. in Danielem zu 9. 34.) erhalten hat, Alii (Hebraei) vero de Juliano imperatore (intelligunt haec verba: sublevabuntur auxilio parvulo), quod quando oppressi fuerint a Gallo Caesare et in captivitatis angustiis multa perpessi, ille consurgat, Judaeos amare se simulans et in templo eorum immolaturum se esse promittens. In quo parvam spem auxili habebunt (Judaei) et applicabuntur illis gentilium plurimi. In der uns zugänglichen talmudischen und agadischen Literatur wird nicht einmal Julians

---

[1]) Bezieht sich auf die Hinrichtung der drei schändlichen Kämmerlinge des Konstantius: Paulus Catena, Epidemius und Eusebius.

Name erwähnt; denn die Notiz (j. Nedarim III. p. 37. d.) והא לולינוס פלבא וכו',
in welcher Zunz (G. V. S. 53.) diesen Kaiser finden wollte, ist augenscheinlich
eine Korruptel für והא דיוקלוטינוס מלכא, wie es in der Parallelstelle (j. Schebuot
II. p. 34. d) heißt. Das Benehmen der Christen gegen die Juden in Julians
Zeit deutet eine Notiz (in Abulfarag Barhebraeus' Chronicon Syriacum
p. 68) an, daß die Christen von Edessa die Juden ihrer Stadt erschlagen
haben: יולינוס פראביץ.. יקר לן ידיעא וכד שמעו כרסטינא דבאורהי אתטננו וקטלו לכלהון
יודייא דלותהון.

35.

Die Mischna, ob niedergeschrieben oder mündlich.

Luzzatto gebührt das Verdienst, den alten, verbreiteten Irrtum, als seien
Mischna und Talmud, gleich nachdem sie gesammelt und redigiert waren, niedergeschrieben worden, berichtigt zu haben. Mit voller Schärfe führte er den
Beweis, daß im Gegenteil Mischna und Talmud nach wie vor nur mündlich
aufbewahrt wurden, bis sie in der Saburäerepoche, zur Zeit des R. Gisa
und Simona (550), ein halbes Jahrhundert vor dem Auftreten Mohammeds,
niedergeschrieben wurden (vergl. Kerem Chemed Jahrgang. 1838, S. 62. f.).
Dasselbe bestätigt auch Scheriras Sendschreiben: המשנה והתלמוד לא אכתבו אלא
הרוצו איתרצו והידרין רבנן למגרסי על פה. Am entschiedensten spricht dafür der im
Texte zitierte Midrasch (Pesikta c. 5.; M. Tanchuma P. Ki-Tissa; Exod.
Rabba c. 47; verstümmelt in j. Peah II. p. 17. a.): אמר ר' יהודה בר שלום בקש
משה שתהא המשנה בכתב (ולפי) שצפה הקב"ה שהאומות עתידין לתרגם את התורה ולהיות
קורין בהן יונית והם אומרים אנו ישראל אנו הם בניו של מקום — אמר להם הקב"ה אתם
אומרים שאתם בני איני יודע, אלא מי שמסטרין שלי בידו הוא בני — ומה הם המסטירין זו
המשנה — אמר הקב"ה למשה מה אתה מבקש שתהא המשנה בכתב ומה בין ישראל לאומות
העולם. כך הוא אומר אכתוב לו רובי תורתי אם כן כמו זר נחשבו. Also zur Zeit, als die
Septuaginta in den Kirchen gelesen wurde, und das christlich gewordene Rom
sich für das wahre Israel ausgab, war die Mischna noch nicht niedergeschrieben.
Da es noch immer Ungläubige gibt, so mögen die schlagenden Beweise aus
dem Talmud hier angeführt werden. B. Erubin 62. b. wird vorausgesetzt,
daß nur Megillat Taanit niedergeschrieben war, sonst aber keine Halacha: א"ל
ר' יעקב בר אבא לאביי כגון מגילת תענית דכתיבא ומנחא מהו לאורויי באתרא דרביה.
S. Raschi zu St., der mit richtigem Takte dazu bemerkt: להכי נקט מגילת תענית שלא
היתה דבר הלכה כתובה בימיהן, אפילו אות אחת. In Baba Mezia 26. b. wird verhandelt, wie man gefundene heilige Schriften behandeln soll und ob man
geborgte weiter leihen darf; aber es wird kein Wort von Halacharollen
erwähnt, wie es damit zu halten sei. Wohl kommt vor, daß Raba ein
Agadabuch hat pfänden lassen: כי דא דרבא אפיק יונא דרבבלי וספרא דאגדתא מיתמי
(Schebuot 46. b.) und Josua ben Levi versichert, er habe nur ein einziges Mal
in eine Agadasammlung geblickt, weil er das Niederschreiben auch der
Agada für verboten hielt (Jerus. Sabbat XVI. 15. c; Soferim XV.
10): אמר ר' יהושע בן לוי הדא אגדתא הכותבה אין לו חלק . . . אנא מן יומי לא אסתכלית
בספרא דאגדתא אלא חד זמן אסתכלית. Vergl. Jerus. das. den Fluch des Chija ben
Abba über das Niederschreiben von Agadas. Aber von niedergeschriebenen
Halachas, oder ganzen Mischnasammlungen kommt auch keine Spur in den
Talmuden vor. Übrigens waren einige Partien, namentlich seltene Halachas
schriftlich vorhanden. Wie R. Chija eine Megillat Setarim halachischen

Inhaltes hatte, so hatte auch Ilfa seine Halachatafel (j. Maasarot II. p. 49): אשכחן כתב בפנקסיה דחלפיי אוכל מהן עראי ומתקנן ודאי. Vergl. Kilaim I. p. 20. a. ר' יוסי בשם ר' חייא בר ווא אשכחון כתיב על פנקסיה דר' הלל בי רבי אלס. ר' יונה בשם ר' חייא . . . אשכחון כתיב על כותלא דר' הלל דר' וכו'.

36.

Die Pesikta.

Auf R. Tanchuma ben Abba werden nicht nur einzelne agadische Sentenzen, sondern auch ganze agadische Stücke zurückgeführt unter der Formel: כך פתח ר' תנחומא בר אבא (an vielen Stellen der Pesikta, des M. Tanchuma und Exod. Rabba), oder כך דרש ר' תנחומא בר אבא (Pesikta 41. 33. Ende). Die Zeit dieses R. Tanchuma läßt sich annähernd ermitteln. Er war ein Schüler des R. Huna ben Abin (Num. Rabba c. S. 25. a.): א"ר תנחומא בר אבא אני שאלתי ולמדתי אותה לפני ר' הונא בר אבין. Dieser, dem Anschein nach identisch mit R. Huna, Jünger R. Jeremias', war ein fruchtbarer Agadist und ein jüngerer Zeitgenosse Rabas (רבא), dem er zur Zeit, als man in Judäa durch Gallus' Verfolgung verhindert war, ein Schaltjahr einzusetzen, eine kalendarische Regel zuschickte (ר"ה 21. a.): שלח ליה רב הונא בר אבין לרבא כד חזית דמשכה תקופה טבת עד י"ז בניסן עברה להאי שתה ולא תחוש ליה. Folglich lebte sein Jünger R. Tanchuma in der zweiten Hälfte des vierten Jahrhunderts und war Zeitgenosse R. Papas, und Hillels II. Dieser R. Tanchuma tradiert Halachas im Namen R. Hunas II. [ben Abin] (Stellen in ס"ה) und ist demnach als einer der letzten jubäischen Amoräer zu betrachten, welche im Talmud jeruschalmi vorkommen. — Zunz hält diesen R. Tanchuma für eine fingierte Person, weil derselbe mit dem Epitheton ברבי genannt wird, welches nach der Ansicht dieses Kritikers ein Symptom der Fiktion sein soll (G. V. S. 320). — Allein ברבי ist, wo es bei ihm vorkommt, eine Korruptel für ברבי אבא, wie R. Tanchuma an 11 Stellen der Pesikta und anderen Midraschim genannt wird, ebenso wie ר' יהודה הלוי ב' korrumpiert ist für: ר' יהודה בר שלום בשם ר' לוי (Pesikta 5. 10. vergl. c. 52. 2.). Überhaupt beruht alles, was Zunz (das.) als Kriteria der Jugend angibt, auf schwachen Gründen. Man muß vielmehr Rapoport vollkommen beistimmen, daß die Pesikta eine der ältesten, wo nicht die älteste Agadasammlung ist (Erech Millin S. 178 f.). Die Spuren der Jugend, welche Zunz darin gefunden haben will, gehören der glossierenden Hand der zwei Sammler an, namentlich die mystischen Stellen vom Messias c. 20 und 34—37. Als Hauptbeweis für das vorgaonäische Alter der Pesikta kann der Umstand gelten, daß, während sie den jeruš. Talmud überall reflektiert, sie den Talmud babli nicht nur nicht kennt, sondern oft im Widerspruche mit demselben steht, vergl. c. 2. das Motiv der achttägigen Chanukafeier. Den Charakter der zusammenhängenden, predigtartigen Agada, die von R. Tanchuma repräsentiert wird, vergegenwärtigt ebenfalls die Pesikta; vergl. Kapitel 4. R. Tanchumas durchgeführte Parallele von Mose und Elias; c. 33. die Parallele von Sünde, Strafe und Trost Israels. Den Namen פסיקתא hat diese Sammlung von den Homilien für die außergewöhnlichen Sabbate und Feiertage, deren Perikopen die gewöhnliche Reihe der Vorlesungen unterbrechen, von פסק unterbrechen. Vergl. Mischna Megilla IV. כיצא פין . . . וחמיון לכסדרן und Talmud dazu p. 30. b.: לסדר הפטרות הוא חוזר . . לסדר פרשיות הוא חוזר. Vollständig hieß diese Sammlung מדרש לשבתא דפסיקתא „Midrasch für solche die Reihenfolge unterbrechenden Sabbate". Es läßt sich denken, daß zuerst nur an solchen Sabbaten und Feiertagen gepredigt wurde, aber nicht an jedem Sabbat. Die allsabbatlichen Homilien sind daher der Natur der Sache nach jünger als die Pesilta. [Vergl. dagegen Müller, Haschachar II. 389 ff. und Weiß, Dor dor III. 277 ff., nach denen die Pesilta viel später, und zwar nach Genesis Rabba erfolgte. Als die älteste Midraschsammlung, welche ihren Hauptteilen nach noch aus der Zeit des Abschlusses des Talmuds stammt, dürften wir vielleicht mit Buber den von diesem 1885 edierten alten Tanchuma ansehen.]

37.

Reihenfolge der Exilsfürsten.

Die Reihenfolge und Genealogie der Exilsfürsten sind viel schwerer zu ermitteln, als die der Patriarchen. Der Talmud, der von allem und jedem spricht, beobachtet merkwürdigerweise ein, wie es scheint, geflissentliches Stillschweigen über die Resch-Galuta, und nennt nur hin und wieder drei bis vier derselben mit Namen. Das Seder Olam Sutta, welches sich die Aufgabe gestellt hat, ihre Aufeinanderfolge und ihre Abstammung von den letzten Königen aus dem davidischen Hause chronologisch zu ordnen, wimmelt in unsern Ausgaben von Korruptionen, Interpolationen und namentlich Verschiebungen. Außerdem besitzen wir variierende Texte von demselben. Zunz hat (G. V. S. 136) das Richtige getroffen, daß die sechzehn bis siebzehn Namen der Exilarchen während der biblischen Zeit fingiert, d. h. den Nachkommen des Königs Jechoniah (I. Chronik 3.) willkürlich ausgewählt sind. Die historischen Exilarchen beginnen erst mit Huna und Anan; zwischen beiden muß man aber noch einen hineinschieben. Ich gebe hier die Reihenfolge der zwölf Exilarchen von Anan bis R. Huna II. während der Amoräerepoche. 1. Anan, Zeitgenosse Samuels und Rabs, erlebte die Zerstörung Nahardeas (259 oder 261). 2. Nathan, Zeitgenosse von R. Juda ben Jecheskeel und R. Schescheth. 3. Nehemia, Zeitgenosse von R. Schescheth und R. Chasda, scheint Rabs Schwiegersohn gewesen zu sein. 4. Ukban, Ukba, Mar-Ukba (identisch mit dem im Seder Olam Sutta aufgeführten עקביה: Zunz macht irrtümlich aus Akabiah und Ukban zwei), mit dem Titel Rabbana, ein Enkel Rabs, Zeitgenosse Rabbas (רבה) und R. Josephs, wird im Talmud ehrenvoll genannt (Chullin 92. a.): שני שרי גאים היוצאין מישראל בכל דור ודור פעמים ששנים כאן ואחד בא"י. — Es ist derselbe, an welchen ein Sendschreiben aus Judäa gelangte, mit einem schmeichelhaften Eingange (Synh. 31. b.): שלחו ליה לסר עוקבא לדויו ליה כבר בתיה שלם; derselbe endlich, dessen Reumütigkeit R. Joseph rühmt (Sabbat 56. b.) אמר ר׳ יוסף ועד אהר (מבעלי תשובה) יש בדורנו ומנו עוקבן בר נחמיה ריש גלותא (die Worte des Zusatzes: והיינו נתן דצוצתא ist Glossem, wie o. S. 457 bemerkt wurde). Rabbah tradiert manches von diesem Mar-Ukban (ב״ב 55. a.) אמר רבה דני הלת מלי. 5. Huna Mar I., Bruder Ukbans, Zeitgenosse Abajis und Rabas (muß emendiert werden: רבא בר יוסף für ר׳ יוסף בר חמא), lebte zur Zeit der Kaiser Julian und Jovian, als das wichtige Nisibis dem persischen Reiche einverleibt wurde, nachdem es Jovian dem Sieger Schabur II. überlassen mußte (363): ובימיו (בימי הונא מר) סליק

ושכיב הונא מר ועמד עוקבא אחיו —. :.Den folgenden Satz in S. O שבור לנציבין וכבשה
halte ich für verschoben; er gehört nämlich unter die biblisch= רב חננאל חכם שלו
fingierten Resch=Galuta; die Fiktion ist durch ר' חננאל kenntlich genug, ein Name,
den diese Chronik dreimal nennt. Es muß mithin heißen ושכיב הונא מר ועמד
אחריו אבא (מרי) בן אחיו בן מר עוקבן. 6. Abba Mari, Sohn Ulbans, Zeitgenosse
von R. Nachman ben Jizchak, Rabina I. und R. Papa. Im Talmud (Nidda
67 b.) wird er genannt: הוה עיבדא בדביתהו דאבא מרי ריש גלותא דאיקוט אול ר' נחמן
לפיושה בר יצחק. — Über die Nachfolger des Abba Mari differieren die Texte
bedeutend: Kahana, Safra, Mar=Sutra, Kahana; oder Mar=Sutra,
Mar=Jemar, Kahana. Sieht man sich den Text indes näher an, so ver=
schwindet die Differenz. Safra muß zuerst hinweggeschafft werden, es ist
augenscheinlich eine Korruptel, entstanden aus dem in der oberen Zeile an=
geführten Satz ר' ספרא חכם שלו. Dann findet sich in S. unstreitig eine Lücke:
ושכיב מר זוטרא . . . . ושכיב מר כהנא ועמד אחריו. Hier fehlt augenscheinlich
Mar=Jemar, den Scherira aus Tradition als Vorgänger Mar=Sutras kennt:
ומר ימר ומר זוטרא דהוו בתריה (רישי גלותא). Auf diese Weise stimmen beide Texte
untereinander und mit Scherira überein. Es muß demnach gelesen werden:
ושכיב מר כהנא ועמד אהריו (מריכר ועמד אחריו מר זוטרא). ר' אחא סרפתי חכם שלו ושכיב
מר זוטרא וכו'. Es folgen also 7. Mar=Kahana I. 8. Mar=Jemar 9. Mar=
Sutra, alle drei ältere obere jüngere Zeitgenossen R. Aschis. Mar=Sutra
überlebte ihn aber bis zur Zeit von R. Acha aus Difta und Mar bar Aschi.
Dann 10. Mar=Kahana II. Sohn Mar=Sutras. 11. Huna=Mar II. (oder
Mari), ebenfalls Sohn Mar=Sutras, welcher im Jahre 470 oder 471
durch Firuz hingerichtet wurde (o. S. 372). Auf Huna=Mar läßt S. unmittelbar
12. Rab Huna II. (mit dem Titel Rab nennt ihn sogar Scherira) Sohn
Mar=Kahanas II. folgen, der in der nachtalmudischen Zeit 511 (תתכ"ב) starb.
In dem Zeitraum der Amoräerepoche von 219—511 folgen demnach zwölf
Exilarchen aufeinander. [Vergl. Brüll. Jahrb., Bd. X., Funk, die Juden in
Babylonien, S. X.]

38.
Die letzten Amoräer und Halbamoräer.

Wie es nach der Schlußsammlung der Mischna Halbtannaiten gegeben
hat, welche den Übergang von den schöpferischen Tannaiten zu den abhängigen
Amoräern bildeten, so gab es auch nach dem Abschluß des Talmuds Halb=
amoräer, die man als die letzten Amoräer und als die ersten Saburäer
betrachten kann. Sie und ihre unmittelbaren Nachfolger haben dem Talmud
diejenige Gestalt gegeben, welche er heutigen Tags besitzt. Die Namen dieser
Halbamoräer variieren in den zwei uns vorliegenden Texten, dem Seder Tannaïm
w' Amoraïm (abbrev. S. T.) und dem Sendschreiben Scheriras (abbrev. Sr.)
so sehr, daß ein kritisches Eingehen unerläßlich wird. Ein kritisches Hilfsmittel
bietet der Auszug aus der ersten Schrift bei Simson von Chinon (S.
Keritot IV. 2.). 1. Als der erste dieser amoräischen Epigonen wird R. Achaï
bar R. Huna genannt; Sr. gibt ihm das Epithethon מבי חתים, und ebenso
S. T. (Lesart des Machsor Vitry): חתים (I. מבי) ר' אחאי מבר. Nach Sr. wird dieser
R. Achaï neben anderen im Talmud (Gittin 7. b.) erwähnt: וכל מה דהוה תלי
וקאים פרשוה כגון רב נחומי ור' יוסף ור' אחא מבי חתים דאמרינן בהמביא צקל וכו
Dafür steht aber in unserer Ausgabe: ר' אחא מבי חוזאה und גביהה מארגיזא. Daher
stammen die Korrupteln in S. T.: דארגיזת oder מארגונחא; רב גביא; nur bei

Simson von Ch. deutlich). 2. ר' סמא בריה דרבנא יהודאי. 3. Der schon genannte שלחו סתם, im Talmud erwähnt: ר' שמואל בר אבהו מפומבדיתא. 4. רחומאי oder נחומי ר' הונא. 6. בר אומציא oder רבינא מן אומצא. 5. הלכתא כוותיה דשמיאל בריה דר' אברן (v. S. 462) in S. T. nicht genannt. 7. ר' אחא דאבוה ר' in S. T. kontrahiert in: ר' אחרבוי בר קטינא, bei Sr. korrumpiert חמיה als selbständiger Name. 8. כד זוטרא בר חנינא (Variante חיננא. חנא. חמא). 9. ר' יוסף oder ר' יוסי der sie sämtlich überlebt hat. Mit diesem beginnt die Epoche der eigentlichen Saburäer. Bei Seder Tannaïm folgt nach der Aufzählung der Halbamoräer die Datumangabe: ובימיהם יצא מחמיט oder מחומט, als wenn die letzten derselben zu Mohammeds Zeit gelebt hätten. Daß glaubte Luzzatto sei ein Irrtum. Allein es beweist, daß in unserm Texte eine Lücke ist. Die Schulhäupter von Sura in der nachtalmudischen Zeitepoche sind ausgefallen bis etwa **Mar Chanina** von בי ניהרא, welchen Scherira eingefügt hat, zu diesem paßt ובימיט יצא מחמט.

An gewissen eigentümlichen Wendungen, die von einem R. Achaï in den Diskussionen vorkommen: פשיט ר' אחאי (Ketubbot 2. b.) oder פריך ר' אחאי (das. 47. a.; Jebam. 84. a.; Chullin 65. b.; Sebachim 102, b.; Bechorot 6. a.; Kidduschim 13. a.; Schebuot 41. b.) oder הוי בה ר' אחאי (Bechorot 5. a.) hat der Talmudkommentator Samuel ben Meïr (רשב"ם) mit richtigem Takte erkannt, daß dieselben nicht einem Amora alten Schlages angehören können. Aber dieser im Talmud genannte R. Achaï kann nicht, wie derselbe ausgleichen wollte, mit dem Verfasser der שאלתות, mit Achaï aus Schabacha aus dem 8. Jahrh. identisch sein. Es ist vielmehr jener Halbamora R. Achaï aus Be-Chatim, von dem Scherira tradiert, er habe nebst Nachumai und R. José das im Talmud zweifelhaft Gebliebene erörtert und der Lösung zugeführt. R. Tams Einwendung, daß R. Aschi mit diesem R. Achaï kontroversiert (Ketubbot 2. b.; Sebach. I. b.) ist nicht erheblich, da es auch später einen R. Aschi gegeben haben kann, wenn nicht die Lesart Aschi überhaupt falsch ist, da Nidda 33. a. der Kontroversant des R. Achaï אסי ר' genannt wird. Man scheint also ganz geflissentlich diejenigen Zusätze im Talmud, welche nicht von den echten Amoräern herrühren, durch eine eigene Wendung kenntlich gemacht zu haben. Die Sentenzen dieses R. Achaï zeichnen sich durch eine gesunde, treffende Dialektik aus; daher mag man ihn in Judäa so sehr gepriesen haben: ודודרו ברבנא אחאי שמאיר עיני הגולה (Chullin 39. b.). Durch den dabei genannten Samuel bar Abbahu ist er kenntlich genug als Halbamora.

39.

Rabs und Samuels Beiträge zur Gebetsordnung.

[Für die Erhaltung und Entwicklung des Judentums war die gleichzeitige und vielfach vereinte Wirksamkeit von Rab und Samuel in den Euphratländern von einer noch nicht genügend gewürdigten Bedeutung. Sie waren die ersten, welche Lehrhäuser in großem Stile errichteten, wie sie in gleicher Weise in Palästina nie waren, und damit den so zahlreich in den Euphratländern wohnenden Juden neue geistige Zentren bildeten. Daß Rab und Samuel die beiden hervorragenden Leiter der Schulen von Sura und Naharbea in einem innigen geistigen und freundschaftlichen Verkehr miteinander waren, erhöhte die Bedeutung ihres Wirkens mit vereinter Kraft. Die vor ihnen in Babylonien vereinzelt wirkenden Lehrer waren jedenfalls ohne einen tiefen und allgemeinen Einfluß auf das Volk. Von den palästinensischen Meistern zurückgedrängt und in den Schatten gestellt, führten sie auch ein mehr schattenhaftes Dasein ohne Ansehen und ohne nachhaltige Bedeutung. Das war aber ein Mißverhältnis, daß die bei weitem größere jüdische Bevölkerung in den Euphratländern in ihrem geistigen und religiösen Leben von dem entfernten und mit Juden zurzeit weniger bevölkerten Palästina ganz abhängen sollte. Das mußte auf die seit alter Zeit in den Euphratländern eingesessene und weit verbreitete Judenschaft lähmend wirken. Mit dem Eintritt von Rab und Samuel wurde es aber wie mit einem Schlage anders. Zu diesen aus seiner Mitte hervorgegangenen Meistern fühlte sich das Volk hingezogen, indem es sich ihren Lehren und Bestimmungen willig unterordnete. Es war, als hätte der Wissensdrang im Volke nur auf den Ruf dieser Meister gewartet, so strömten die Jünglinge zu Tausenden von allen Seiten herbei, um die Lehrhäuser von Sura und Nahardea zu füllen.

Allerdings kam diesen Männern die politische Verfassung der Juden in diesen Ländern zugute. Die Stellung des Exilarchen, dem das Recht zukam, Schulen zu gründen, Richter einzusetzen und das Gemeindeleben zu organisieren, gewährte den Männern, auf deren Rat der Exilarch hörte, einen erhöhten Einfluß. Dadurch kamen diese auch mit dem Volksleben und seinen Bedürfnissen mehr in Berührung, viel mehr als die palästinensischen Lehrer, weshalb auch die Kluft zwischen dem Talmud-chacham und dem Am-haarez, wie sie in Palästina war, hier nie bestand.

Aber die Arbeit dieser Männer war auch sehr groß. Es galt einen noch wenig bebauten Acker zu bestellen. Schon die Errichtung der Schulen war eine große und bedeutende Leistung, da die hier ausgebildeten Jünglinge in die Heimat zurückkehrend als Führer, Lehrer und Richter den Geist dieser Schulen in das Volk hinaustrugen und in die Praxis umsetzten. Aber es galt auch das ganze Gemeindeleben zu organisieren. Wie die Grundzüge der später so berühmten periodischen Lehrversammlungen sowie die Organisation des Schulwesens überhaupt unzweifelhaft auf diese Zeit zurückzuführen ist, so hat auch der synagogale Gottesdienst durch Rab und Samuel eine neue und feste Form erhalten. Der vereinten Tätigkeit derselben sowie jedem von ihnen besonders verdankt das jüdische Gebetbuch auch eine wesentliche Bereicherung.

Durch die in alter Zeit getroffenen Einrichtungen stand das Lesen des Schema und die Tephilla fest: Das Schema des Morgens und des Abends und die Tephilla zum mindesten zweimal des Tages am Morgen und vor dem Abend.[1]) Ebenso war bereits zur Zeit des Tempels mit dem Morgen-Schema eine Benediktion vorher und nachher verbunden.[2]) Die Benediktion nach dem Schema war das übliche Gebet אמת ויציב, das im Laufe der Zeit allerdings manche Zusätze und Veränderungen erfahren hat: über die dem Schema zur Zeit des Tempels vorangehende Benediktion waren die ersten Amoräer im Zweifel.[3]) Jedenfalls waren zur Zeit der Mischna zwei Benediktionen vor dem Morgen-Schema sowie die vier Benediktionen, welche das Abend-Schema umschließen, bereits

---

[1]) Über die Tephilla am Abend waren noch Abaji und Raba nicht einig, ob dieselbe als obligatorisch anzusehen wäre. Berachot 27. b.
[2]) Tamid V. 1.
[3]) Berachot 11. b.

eingeführt.¹) Die erste Benediktion vor dem Schema wird uns für Abend und Morgen verschieden angegeben, für Morgen יוצר אור und Abend גולל אור mit einem ebenfalls verschiedenen Schlußsatz.²) Ebenso war wenigstens zu Rabs Zeit die erste Benediktion nach dem Schema für Morgen und Abend verschieden, für Morgen אמת ויציב und Abend אמת ואמונה. Dagegen findet sich nirgends eine Andeutung, daß auch die zweite Benediktion vor dem Schema am Morgen und Abend verschieden gewesen wäre. Im Jeruschalmi wird dieselbe einfach ברכת התורה genannt, während sie in Babli nach zwei verschiedenen Versionen אהבת עולם oder אהבה רבה genannt wird. Die zweite Benediktion vor dem Schema scheint demnach sowohl des Morgens als des Abends dieselbe, und zwar das bei uns am Abend übliche Gebet אהבת עולם, welches man mit Recht auch ברכת התורה. nannte,³) auch die ältere Form gewesen zu sein. Das bei uns jetzt übliche Morgengebet אהבה רבה dürfte erst von Samuel herrühren. Auf die Entstehung desselben außerhalb Palästinas weist die darin befindliche Formel ותוליכנו קוממיות לארצנו hin. Für das höhere Alter von אהבת עולם spricht noch erstens, daß die Rabanan (Berachot 11. b.) ausdrücklich dieses auch für das Schema des Morgens bestimmen und zweitens der Wortlaut der Borajta daselbst: אומרין אהבת עולם ואין אומרין אהבה רבה. Diese Worte machen den Eindruck, als wenn es sich darum handeln würde, eine bereits eingebürgerte alte Sitte durch eine neue Bestimmung zu verdrängen. אהבת עולם ist also jedenfalls das ältere und palästinensische Gebet und אהבה רבה eine jüngere und jedenfalls babylonische Schöpfung. In der palästinensischen Gemara wird letztere nicht erwähnt und auf palästinensischem Boden kann sie auch schon wegen des Satzes ותוליכנו קוממיות לארצנו nicht entstanden sein. Demnach kann wohl Samuel als der Verfasser dieses Gebetes angesehen werden. Damit stimmt auch Alphasi zur Stelle überein, der das Gebet אהבה רבה als nicht halachisch bezeichnet, weil es nur von Samuel vereinzelt und ohne Zustimmung der anderen Amoräer hervorgegangen wäre.

¹) Berachot 11. a.
²) Das. 12. a.
³) Jerusch. Berachot I. 5. Diese Lesart des Jerusch. ist der des Babli, welche אהבה רבה hat, schon aus dem Grunde vorzuziehen, weil die in letzterem Falle hervortretende Meinung Samuels, daß diese Beracha schon zur Zeit des Tempels bestand, nicht ohne den Widerspruch derer geblieben wäre, welche אהבה רבה überhaupt ablehnten. Tatsächlich verdient die Version unserer zweiten Beracha am Abend ihrem einheitlichen Inhalte nach noch eher die Bezeichnung ברכת התורה als die des Morgens. Der Verfasser der Turim Orachchaj c. 60 meint allerdings, daß es sich in dieser Kontroverse nicht um das Ganze, sondern nur um den Anfang handelt. Dann hätte es aber anstatt אומרין פותחין באהבה רבה ואין פותחין richtiger ואין אומרין lauten müssen. Gegen eine Verschiedenheit der zweiten Beracha vor dem Schema des Morgens und des Abends spricht, daß sich dafür in Babli und Jerusch. keine Andeutung findet. Ferner ist dafür auch kein Grund ersichtlich, da ja beide nur ברכת התורה sein sollen. Sieht sich doch Rab (Berachot 12. a.) genötigt, die Abweichung durch אמת ואמונה für den Abend mit einem Schriftvers zu begründen. Die Lösung findet man in der Annahme, daß es in alter Zeit für die ברכת התורה vor Schema zwei verschiedene Versionen gab, von denen die eine mit אהבה רבה und die andere mit אהבת עולם begann. Erstere ist die Version Samuels. Die Ausgleichung hätte alsdann durch die Einführung beider für den Morgen und den Abend stattgefunden. S. Tossafot das. 11. b. Schlw. ורבנן.

Umgekehrt dürfte das für die Benediktion nach dem Morgen-Schema übliche und schon bereits während der Tempelzeit feststehende Gebet אמת ויציב ursprünglich auch für die Beracha nach dem Abend-Schema in Übung gewesen sein. Das Gebet אמת ואמונה am Abend wird wenigstens vor Rab nirgends genannt. Es ist daher wohl anzunehmen, daß auch אמת ואמונה das Produkt der gebetsschöpferischen Tätigkeit dieser Zeit gewesen, obgleich diese Annahme in dem uns in der babylonischen Gemara tradierten Wortlaut Rabs keinesfalls eine Stütze findet.

Das Achtzehngebet, die Tephilla, deren Einführung auf die große Synode zurückgeführt wird, sowie die Zahl der Benediktionen und deren Grundlinien jedenfalls schon zur Zeit des Tempels feststanden, hatte aber trotzdem noch lange nachher nicht die von uns angenommene und von dem sephardischen Ritus noch immer in einigem differierende Form. Was den historischen Ausbau der Tephilla betrifft, so ist der Ausführung von Zunz (Gottesdienstliche Vorträge p. 367. ff.) nichts hinzuzufügen. Jedenfalls waren für die tägliche Tephilla schon zur Zeit des Tempels achtzehn Benediktionen eingeführt. Eine feste Ordnung und Formulierung derselben fand aber jedenfalls erst durch R. Gamaliel zu Jabne statt, und zwar mit Hilfe Samuels, des Kleinen.[1]) Auffallend erscheint aber bei dieser Voraussetzung, daß zwischen RR. Gamaliel, Josua, Akiba und Elieser über die Pflicht der täglichen Verrichtung des Achtzehngebets ein Streit sein konnte, und daß R. Elieser das tägliche Gebet mehr der beliebigen Fassung eines jeden einzelnen überlassen wollte.[2]) Die Lösung dieses Rätsels liegt jedoch darin, daß das Achtzehngebet ursprünglich überhaupt nur als Gemeindegebet und nicht als Einzelgebet verordnet wurde. Dasselbe war ursprünglich nur zum Vortrag für den Vorbeter in der Gemeinde (שליח צבור) bestimmt. So ist in der Mischna Taanit II., 2. ff., welche die alte Ordnung des Gebets für die außerordentlichen Fasttage, wie sie offenbar schon zur Zeit des Tempels bestand,[3]) referiert, nur von dem Gebete des geübten Vorbeters, nicht aber von einem stillen Einzelgebet die Rede.[4]) Daß das Achtzehngebet bei seiner ursprünglichen Abfassung nur als Gemeindegebet und nicht als Einzelgebet gedacht wurde, beweist schon die Pluralform in sämtlichen Benediktionen, selbst in solchen, in denen für den Einzelbeter die Singularform geeigneter erscheint wie חננו in der vierten und חלקנו שים in der dreizehnten Benediktion. Anderseits schließt auch das Verbot des Niederschreibens der Gebete, welches zur Zeit des R. Ismael noch bestand[5]) und die Notwendigkeit des Auswendigbetens ohne eine schriftliche Vorlage, was eine große Übung (רגיל) voraussetzen mußte, die Bestimmung für den allgemeinen Gebrauch aus. So war denn auch R. Gamaliel der erste, der das vorgeschriebene tägliche Achtzehngebet als eine Pflicht für jeden einzelnen proklamierte,[6]) wodurch er aber den Widerspruch seiner Genossen hervorrief, des R. Josua, welcher nur einen Anschluß an den Inhalt des Achtzehngebetes

---

[1]) Berachot 28. b.
[2]) Daselbst.
[3]) Vergl. Taanit II. 5., wo von einer Verschiedenheit des Gebrauchs zwischen Jerusalem und dem Tempelberg und anderen Orten gehandelt wird.
[4]) Dort heißt es nur von dem Vorbeter, der ein ואומר: זקן ורגיל sein soll: לפניהם עשרים וארבעה ברכות שמונה עשרה שבכל יום . . . . .
[5]) Sabbat 115. b. und jerusch. das. XVI. 1.
[6]) Berachot 28. b.: רבן גמליאל אומר בכל יום ויום מתפלל אדם שמונה עשרה ר' יהושע אומר מעין י"ח ר"ע אומר אם שגורה תפלתו בפיו מתפלל י"ח ואם לאו מעין י"ח ר"א

(מעין י״ח) forderte, und des R. Elieser, welcher das Einzelgebet bei der alten Weise und dem Belieben des einzelnen überlassen wollte. So hat sich allmählich die leise Tephilla für den einzelnen sogar für das Gebet in der Gemeinde eingeführt, obgleich der Vorbeter nachher die Tephilla nach Vorschrift laut vortrug. Noch im vierten Geschlecht der Tannaim war man aber darüber nicht einig, ob das leise Einzelgebet neben dem lauten Gebet des Vorbeters als obligatorisch zu erachten sei.[1]) Wie weit die Forderung des R. Gamaliel, daß jeder einzelne täglich die Tephilla nach ihrem Wortlaut bete, in die allgemeinen Volkskreise gedrungen, wird uns nicht berichtet; aber bei der großen Masse von Unkundigen (אין בקיאין), von denen die Quellen so oft sprechen, war die Zahl derjenigen, welche dieser Forderung nachkommen konnte, selbst in Palästina nicht sehr groß. Bei dem Mangel an Schulen und dem niedrigen Kulturstand, welchen Samuel und Rab bei ihrer Rückkehr in den Euphratländern angetroffen haben, bildeten die Unkundigen sicherlich die Allgemeinheit. Es war daher nur eine heilsame Rücksichtnahme auf die gegebenen Verhältnisse, daß Samuel im Anschluß an die Meinung des R. Josua ein kurzes Gebet an Stelle der 12 mittleren Benediktionen und nach Anleitung derselben (מעין י״ח) verfaßte. Es ist dies das sogenannte הבינינו, von welchem wir in Babli und Jeruschalmi zwei verschiedene Rezensionen besitzen, von denen die im Babli mehr der Stimmung des Landes entspricht, in welchem sie verfaßt wurde, und daher auch die ursprüngliche und dem Samuel eigentümliche ist, während der jerusalemische Text eine mehr den palästinensischen Einwohnern entsprechende Umarbeitung ist.[2]) Samuels Habinenu-Gebet verdrängte mit nur wenigen Ausnahmen das alte Achtzehngebet aus dem täglichen Einzelgebete[3]) (תפילת יחיד) und wurde erst später von Abaji aus seiner herrschenden Stellung in die Ausnahme gedrängt.

Eine wesentliche Abweichung in der täglichen Tephilla, welche mehrere Jahrhunderte zwischen dem babylonischen und dem palästinensischen Ritus bestand, ist auf diese Zeit der durch Rab und Samuel bewirkten Verjüngung und Erneuerung des religiösen Lebens in den Euphratländern zurückzuführen. Diese betrifft die 14. und 15. Beracha in unserer jetzigen Tephilla, ולירושלם und את צמח. Die letztere fehlte in dem palästinensischen Ritus dieser Zeit und ist

---

אומר העושה תפלתו קבע אין תפלתו תחנונים. In der Auffassung der Worte des R. Elieser waren die Amoräer nicht einig. S. Berachot 29. b. Die richtige Auffassung erhält man aber durch die Relation des jerusch. Berachot IV., ר׳ אליעזר היה מתפלל תפילה חדשה בכל יום. Dem entsprechend sollte das Einzelgebet dem Belieben des einzelnen überlassen sein.

[1]) Rosch ha-Schana 33. b. ff. Anstatt רבן גמליאל ist an allen diesen Stellen ר׳ש׳ב׳ג zu lesen, was die Verbindung mit R. Meïr beweist. S. Rabbinowitz Dikduke Soph. zu den betreffenden Stellen.

[2]) Berachot 29. a. und jer. IV. 3. Es spricht sich im babylonischen Texte mehr und korrekter das Sehnen der im Exil Lebenden nach Erlösung, Befreiung von ihren Leiden und nach der Rückkehr ins heilige Land. So in den Worten: להיות גאולים ורתקנו ממכאובינו ודשננו בנאות ארצך ונפוצותינו מארבע תקבץ. Vergl. dagegen den jerus. Text: גאולנו רפא חליינו ברך שנותינו כי מפוזרים אתה מקבץ. Ebenso entspricht bei dem babylonischen Texte die größere Betonung in dem Gebete für das Haus David mehr den Beziehungen zu den Exilarchen, darüber s. weiter.

[3]) Das. R. Nachman im Namen Samuels sagte: כל השנה כולה מתפלל אדם הבינינו וכו. S. auch Abajis Gegnerschaft das.

ihrer gegenwärtigen Form nach sicherlich eine Schöpfung Babyloniens. An ihrer Stelle war in alter Zeit vor Gamaliel II. ein Gebet wegen Wiederaufrichtung des davidischen Thrones, und die Benediktion schloß mit אלקי דוד. Nach Einführung des Gebetes gegen die מינים durch Gamaliel wurden im Interesse der Aufrechterhaltung der traditionellen Zahl 18 für die Benediktionen der täglichen Tephilla diese beiden Benediktionen miteinander vereinigt. Die 14. Benediktion hat daher die Schlußformel אלקי דוד ובונה ירושלים in Palästina erhalten.[1]) Wahrscheinlich wurden damals auch die Worte וכסא דוד מהרה לתוכה תכין, welche früher offenbar zu dem Gebete für das Haus David gehörten, dieser vereinigten Benediktion eingefügt.[2]) Die Wiedereinführung einer besonderen Beracha für David ist das Werk der ersten babylonischen Gebetordner gewesen. Es ist nicht die alte Form, welche für diese Benediktion vor Gamaliels Neuerung üblich war — diese war gewiß dem Gedächtnis entschwunden — sondern eine neue. Diese hat auch nicht den alten Schluß אלקי דוד. Und diese Wiedereinführung einer besonderen Benediktion für David hatte für Babylonien den besonderen Grund in der Rücksicht auf das Haus des Exilarchen, welches sich der Abstammung vom Hause Davids rühmte. So entstand für Babylonien die auch jetzt noch vorhandene Eigentümlichkeit, daß man weiter von einer תפלה שמנה עשרה sprach, obgleich die tägliche Tephilla 19 Benediktionen hatte, worüber sich die späteren babylonischen Amoräer verwunderten (Berachot babli 28. b.), während für Palästina und andere Länder noch lange mit der Kombination der 14. und 15. Beracha trotz des hinzugekommenen Minim-Gebetes die alte Zahl 18 verblieb, weshalb sich die späteren palästinensischen Amoräer umgekehrt darüber wunderten, daß man auch zu alter Zeit von einem Achtzehngebet sprach, da mit Abrechnung des Minim-Gebets doch nur siebzehn Benediktionen seien.[3]) In den Worten Rabs (Synhedrin 107. a.): כפני מה א׳מרים אלקי אברהם אלקי יצחק ואלקי יעקב ואין אומרים אלקי דוד וכו׳ glaube ich eine Begründung für die von ihm selbst eingeführte neue 15. Benediktion (את צמח) und für die Eliminierung der in Palästina üblich gewordenen Formel אלקי דוד aus der 14. Beracha[4]) zu finden.

[1]) Das hat schon Jesaja de Trani in seinem פכריע zu Taanit 13. b. erkannt, vergl. auch Baer in סדר עבודת ישראל p. 97.
[2]) Dieser Satz fehlt auch in Maimonides' Gebetordnung. Derselbe muß als ein Überrest des alten palästinensischen Ritus angesehen werden, wo die Schlußformel אלקי דוד auch eine vorherige Erwähnung Davids forderte.
[3]) In Babli Berachot 28 b. lautet die Frage der Gemara: הני תמני סרי תשסרי הויין; im Jerusch. Berach. IV, 3. dagegen אם יאמר לך אדם שבע עשרה אינון S. ferner Jer. das. und auch Tosifta das. In der Zeit und der Heimat des Pajtan Kalir war das Gebet את צמח noch nicht eingeführt, da er in seinen Stücken für Purim, 9. Ab. und 10 Tebet kein dieser Benediktion entsprechendes Stück hat. S. Rapoport, Bikure-haitim 10. Jahrg. p. 121. und das. 11. Jahrg. p. 101. Zu vergleichen ist noch Landshut סידור הגיון לב und Baer zu dem Gebetstück.
[4]) So sind auch die Worte in Bamidbar rabba c. 18. zu erklären: וקם טוב טוב בגמטריא י״ח; ״ט ברכות? הוצא משם ברכת המינים ביכנה ואת צמח דוד שתקנו תנחומא אחריו על שם בחניי ה׳ ותבני. Derselbe Midrasch findet sich auch in unserem תנחומא aber nicht in der ed. Buber. Die Lösung der von Landshuth und Baer angemerkten Schwierigkeit dieser Stelle liegt einfach darin, daß das Gebet את צמח nicht eine einfache Wiederherstellung der alten Benediktion an diesem Platze war, sondern eine neue Abfassung (תקנה). Denn entsprechend dem alten Schluß dieser Beracha, welcher אלהי דוד lautete, war sicherlich auch der Anfang nicht

Note 39.

Wie das tägliche Achtzehngebet, so stand auch das aus sieben Benediktionen bestehende Gebet für die Sabbate und Feiertage schon zur Zeit des Sammai und Hillel fest, da deren Schulen nur darüber im Streite waren, wie man sich bei einem Zusammentreffen eines Feiertags mit einem Sabbat zu verhalten habe.[1]) Die ersten und letzten drei Berachot waren dieselben, wie im täglichen Gebete; dagegen waren die mittleren Benediktionen an Sabbat und Feiertagen nichts weiter als das Gebet אלהינו ואלהי אבותינו. Nach Traktat Soferim 19,7 haben sämtliche mittleren Feiertagsgebete mit א"י'א begonnen, was man קילוס nannte. In der Mischna wird diese Benediktion קדושת היום genannt.[2]) אתה בחרתנו ist erst in der Zeit Rabas entstanden;[3]) ebenso war ותתן לנו in der Zeit Samuels unbekannt.[4]) Dagegen wird uns eine doppelte Neuordnung aus der Zeit Rabs und Samuels für den Eingang des Sabbats bekannt. Die eine betrifft die Einschaltung des ויכולו in das Abendgebet,[5]) die andere, daß der Vorbeter laut eine vielleicht eigens zu diesem Zwecke verfaßte Tephilla vortrug (ברכה אחת מעין שבע). Da diese ihrer ganzen Art nach dem הבינינו Samuels entspricht, so dürfte dieselbe auch von ihm stammen. Sie unterscheidet sich von derselben nur dadurch, daß sie auch für die ersten und letzten drei Benediktionen der Tephilla Abkürzungen hat.

Die Lesart רב gegen רבא wird von Alfassi, Ascheri und durch die Handschrift bei Rabbinowitz bezeugt. Diese Stelle ist bedeutsam nicht nur für die Bestimmung des Alters der Einschaltung des ויכולו in die Abend-Tephilla des Sabbats, sondern auch für die Erkenntnis, daß man bereits um diese Zeit neben dem Einzelgebet (תפילת יחיד) auch eine laute Tephilla des Vorbeters für den Freitagabend kannte. Sonst hätten die Worte אפילו יחיד keinen Sinn. Die Tephilla des Vorbeters war aber nichts anderes, als die ברכה אחת מעין שבע; das ist unser מגן אבות, welches ursprünglich nicht mit א"י'א, sondern vorher mit ב"א/ מקדש השבת schloß. Für das Alter von מגן אבות spricht auch der darin enthaltene Satz ונידה לשמו בכל יום תמיד מעין הברכות. Das entspricht jedenfalls nur der Zeit vor Abaji, welcher das Gebet הבינינו nur als eine Ausnahme und nicht als Regel zuließ. Es entspricht dies der oben zitierten Forderung Samuels, daß הבינינו für das tägliche Einzelgebet zu gebrauchen. Ich bemerke nur noch, daß auch Rab inbetreff der Abkürzung des täglichen Gebets mit Samuel eines Sinnes war, wenn er auch in der Form von מעין הברכית mit ihm nicht übereinstimmte. Für das höhere Alter dieser Einführung einer besonderen Tephilla für den Vorbeter beim Eingang des Sabbats spricht auch, daß Raba (Sabbat 24. b) von einem (בשבת) שליח ציבור היורד לפני התיבה ערבית gelegentlich wie von einer alt bestehenden Einrichtung handelt. Diese Eigentümlichkeit bestand aber nur in den babylonischen Ländern und nicht in Palästina. Dieser babylonische Brauch wird in Jerusch. erwähnt und besonders begründet. Es heißt dort Pesachim X., 2: תמן במקום שאין יין שליח צבור יורד לפני התיבה ואומר ברכה אחת מעין שבע וחותם מקדש ישראל ויום השבת. Darnach war diese Einrichtung nicht את צמח, sondern anders. Zur Begründung dieser neuen Beracha wird auf den Psalmvers hingewiesen, an welchen Rab seinen bekannten Spruch anknüpft.

[1]) S. Tosifta Berachot c. 3. und Rosch ha-Schana Ende, Beza 117. a.
[2]) Rosch ha-Schana 32. a. u. a. M.
[3]) Joma 87. b. cf. Rabbinowitz, Dikduke Soferim.
[4]) Die Anführung Berachot 33. b. findet sich nicht in den Handschriften, lag auch Raschi nicht vor. cf. Rabbinowitz. Darnach ist Baer zu berichtigen.
[5]) Sabbat 119. b.: אמר רב ואיתימא רבי יהושע בן לוי אפילו יחיד המתפלל ערב שבת צריך לומר ויכולו.

generell für jeden Sabbateingang, sondern nur zum Ersatz des Kidduschs in Gegenden und zur Zeit, wo es an Wein mangelte. So mag es auch ursprünglich gewesen sein; doch wurde diese Einrichtung später für alle Synagogen Babyloniens und für alle Sabbate feststehend. Als Grund dafür wird angegeben מפני הסכנה. S. Sabbat das.

Eine wesentliche Umgestaltung hat die Mussaftephilla durch Rab erfahren. Das Mussafgebet für Sabbate, Festtage und Neumondstage gehört jedenfalls zu den jüngsten Anordnungen der Weisen. Ob dasselbe schon zur Zeit des Tempels eingeführt war, läßt sich nicht mit Bestimmtheit nachweisen.¹) Eleasar ben Asareja will dasselbe nur auf עיר חבר beschränkt wissen,²) ein Beweis, daß man dasselbe zu seiner Zeit noch nicht als ein Pflichtgebet von gleichem Range mit dem Morgen- und Minchagebet betrachtete. Das Mussafgebet scheint auch in der Zeit der Mischna keine von den anderen Tagesgebeten abweichende Form gehabt zu haben. Auszunehmen wären nur die in Rosch ha-Schana p. 32. a. erwähnten Zusätze für Rosch ha-Schana, wenn diese schon zur Zeit der Mischna zum Mussafgebete und nicht zur Schacharittephilla gehörten. Ich neige mich der Ansicht zu, daß diese Zusätze am Rosch ha-Schana ursprünglich für das Schacharitgebet bestimmt waren. Aus diesem Grunde hat man sich auch später bei Zuweisung derselben an das Mussafgebet veranlaßt gesehen, durch die Einschaltung von ובכן תן פחדך in die קדושת השם einen Ersatz dafür zu finden. Darin hat schon Landshuth mit seinem Sinne eine inhaltliche Wiedergabe von Malchijot, Sichronot und Schofarot erkannt und die Abfassung dieser Einschaltung mit viel Grund Rab zugeschrieben. Man konnte also die Übertragung des Malchijot, Sichronot und Schofarot auf das Mussafgebet auch auf Rechnung Rabs setzen, der beim Mussafgebete im allgemeinen erst seine eigene Form gegeben hat. Die Einfügung von ובכן תן פחדך auch in das Mussafgebet wäre alsdann als das Produkt einer späteren Gleichmacherei anzusehen. Somit war das Mussafgebet zuerst im allgemeinen nichts anderes, als eine einfache Wiederholung der sonst für diesen Tag bestimmten Tephilla. Sie bestand also an Sabbaten und Feiertagen aus der קדושת היום genannten mittleren Beracha neben den drei ersten und letzten Benediktionen. An Neumondstagen dürfte diese mittlere Beracha nur aus dem Gebete יעלה ויבא mit einem entsprechenden Schluß bestanden haben. Diese wird auch קדושת יום genannt.³) Das Lesen der Opfervorschriften als Ersatz für das Tempelopfer ist wohl als eine ältere Einrichtung anzusehen;⁴) aber die Erwähnung des Mussafopfers in den Mussafgebeten fand während der Zeit der Mischna ebensowenig statt, wie die des täglichen Opfers in dem Morgen- und Minchagebete,

---

¹) Aus dem Streit von בית שמאי und בית הלל über יום טוב של ראש השנה שחל להיות בשבת Tosifta Berachot c. III. und Rosch ha-Schana c. IV. ist kein sicherer Schluß zu ziehen, weil die Analogie der Bestimmungen für die Festtage die Annahme gestattet, daß auch hier wie dort die Gebete Malchijot, Sichronot und Schofarot ursprünglich im Anschlusse an das Morgengebet verrichtet wurden. S. Taanit p. 15. a.

²) Berachot 30. a.

³) S. Tosifta Berachot c. III. ואומר קדושת היום בעבודה. Aber mehr als קדושת היום wird auch für das Mussafgebet nicht gefordert. Das. ובמוספין מתפלל שבע ואומר קדושת היום באמצע. Die gleiche Bezeichnung läßt auf einen gleichen Inhalt schließen.

⁴) Megilla 31. b. und Taanit 27. b., wo der Ausdruck כבר תיקנתי להם סדר קרבנות jedenfalls auf eine alte Bestimmung hinweist.

obgleich auch diese als Vertretung derselben angesehen wurde. Aus diesem Grunde wird auch in Mischna und Tosifta nie die Erwähnung des Tagesopfers, sondern nur קדושת היום als ein charakteristischer Teil des Mussafgebetes bezeichnet.¹)

Die Einführung der Opferlegende in das Mussafgebet und damit auch eine neue und von dem entsprechenden Morgengebete abweichende Form desselben ist erst durch Rab geschehen, ursprünglich zwar nur für besondere Fälle; doch wurde die Einrichtung bald allgemein.²) Die Opfereinschaltung in das Mussafgebet forderte auch eine entsprechend einleitende Gebetformel, die sicherlich von demselben Meister ausging.³) Rab verdanken wir die einleitenden Stücke zu Malchijot, Sichronot und Schofarot im Mussafgebete des Neujahrsfestes.⁴) Von ihm stammt auch die Einleitung zum Sündenbekenntnis (וידוי) am Versöhnungstage (אהה יודע רזי עולם.⁵) Die Einführung von המלך הקדוש und המלך המשפט für die zehn Bußtage geschah auf Rabs Anordnung.⁶) Rab ist auch der Verfasser des יהי רצון bei unserer Einsegnung des neuen Monats, das aber ursprünglich Rabs tägliches Gebet gewesen ist.⁷)

Zur Zeit Rabs scheint der dreijährige Zyklus für die öffentliche Thoralesung auch in Babylonien noch bestanden zu haben. Dafür spricht seine Kontroverse mit Samuel über die Legende am Sekelsabbat;⁸) ferner seine Deutung, wonach die Ordnung der Thora die Zahl 155 hätte.⁹) Vielleicht ist

¹) Tosifta das. und Rosch ha-Schana 32. a.
²) Jer. Berachot IV., 6.: רב אמר צריך לחדש בה דבר שמואל אמר א"צ לחדש בה דבר ר' זעירא בעי קומי ר' יוסי מהו לחדש בה דבר א"ל אפילו אמר ונעשה לפניך את חנובתינו חמידי יום וקרבן מוסף יצא. Nach פני משה bezieht sich diese Kontroverse auf das vorhergehende, also auf den Fall des unmittelbaren Anschlusses des Mussafs an das Morgengebet, wozu der Text meines Erachtens nicht zwingt. Jedenfalls war Rab der erste, der sogar noch im Widerspruche mit Samuel die Forderung aufgestellt hat, im Mussafgebet der קדושת היום, welche auch im Schacharit enthalten ist, noch eine Erwähnung des Opfers hinzuzufügen, und zwar für den Fall des unmittelbaren Anschlusses an das Morgengebet oder vielleicht für alle Fälle. Es ist dies auch ein sicherer Beleg dafür, daß das Mussafgebet bis dahin mit dem Morgengebet konform war. Vielleicht ist das Gebet מפני חטאינו, welches nach R. Amram mit א"א begann oder doch die Form in Tr. Sopherim ed. Müller c. 19. schon aus der Schule Rabs hervorgegangen. Jedenfalls ist Rab der Begründer einer neuen eigentümlichen Form für das Mussafgebet.

³) Diese dürfte mit dem יהי רצון begonnen haben, das in allen Mussafgebeten sich findet und nur unwesentliche Verschiedenheiten für die besonderen Tage hat. Ursprünglich war die Form für Sabbate und Feiertage identisch. Die Variation ist späteren Ursprungs.

⁴) Jerusch Rosch ha-Schana I., 3. Aboda Sara I., 2. Rapoport, Kalir Bikure haïttim 10. Jahrg., p. 117.

⁵) S. Landshuth z. St.

⁶) Berachot 12 und 22. Vergl. Jerusch. Rosch ha-Schana IV., 6. und Landshuth p. 458. Landshuth das. meint, daß auch וככן חן וככן von Rab für das Schacharitgebet des Rosch ha-Schana verfaßt worden sein dürfte, und zwar entsprechend dem Malchijot, Sichronot und Schofrot des Mussafgebets.

⁷) Berachot 16. b.

⁸) Megilla 29. b.

⁹) Nach Rapoports treffender Erklärung (Polaks הליכות קדם p. 11.) der Worte Rabs in מדרש אחר Anf. ה'. ספרי תורה כנין קנה. S. auch Epstein: מקדמוניות p. 57. ff. und Theodor: Die Midraschim zum Pent. usw. in Graetz und Frankels Monatsschr. 1885 p. 357 ff.

die Einführung des einjährigen Zyklus das Werk Samuels gewesen.¹) Dagegen liegt in einem Spruche Rabs eine Andeutung und jedenfalls eine starke Stütze für den Beginn des Zyklus im Monat Tischri. Danach wird nämlich die Ordnung und Abteilung für die öffentliche Lesung des Pentateuchs von Rab auf Nehem. 8,8 zurückgeführt, d. i. auf die am 1. Tischri von Esra vorgenommene Lesung der Schrift.²) Es entspricht aber auch die Lesung der Schöpfungsgeschichte das heißt des Anfangs der Schrift der sonst Rab nachgewiesenen Meinung בתש״י נברא העולם.³) Das beweist allerdings noch nichts für den babylonischen einjährigen Zyklus zur Zeit Rabs. Dagegen ist die Neuerung einer besonderen Benediktion für jeden zur Thora Aufgerufenen mit Bestimmtheit auf Rab zurückzuführen.⁴) Allerdings ist da nur von der Beracha vor jeder Lesung der einzelnen die Rede und nicht auch von der Beracha nach der Lesung; diese dürfte aber folgerichtig bald nachher gefolgt sein. Diese besondere Beracha entsprach der sonst von Rab tradierten Übung bei Beginn eines jeden Vortrags aus dem Sifra eine Beracha vorherzusagen.⁵) Es entspricht dies übrigens auch dem oft erwähnten und von Rab nicht widersprochenen Grundsatze Samuels: כל המצות מברך עליהן עובר לעשית.⁶)

Wie Rab so hat aber auch Samuel reichlich Beiträge zum Gebete geliefert. Von seinem Gebet הבינונ ist schon oben die Rede gewesen. Wie Rab hat auch er zum Sündenbekenntnis am Versöhnungstage eine besondere einleitende Gebetsform gehabt.⁷) Ebenso wurde das wahrscheinlich von ihm stammende אהבה רבה genannt. Von ihm stammt aber auch die Einschaltung ותודיענו in das Feiertagsgebet bei einem Sabbatausgang, welche eine Perle genannt wird. Bei dieser Beracha wird auch Rab neben Samuel als Verfasser genannt. Von diesen beiden Schulhäuptern stammt auch das Gebet אשר יצר beim Morgengebet,⁸) in welchem der menschliche Organismus als das Werk der einen göttlichen Weisheit gepriesen wird, als ein energischer Protest gegen den persischen Dualismus, der sich auch in der Betrachtung des menschlichen Leibes geltend macht, indem er den Oberkörper als das Gebiet des Ormuzd und den Unterkörper als das des Ahriman ansieht.⁹)

---

¹) Megilla daselbst.

²) Megilla 3. a. tradiert von R. Chananel.

³) Jerusch. Rosch ha-Schana I., 3 nach dem von ihm aus Sichronot dort zitierten Satze: זה היום תחלת מעשיך. Vergl. Büchler in Jewish quarterly review V. V. p. 334.

⁴) Megilla 22. a. Vergl. Jerusch. Megilla III., 7. für die in Palästina noch in später Zeit feststehende Halacha, daß nur der erste zur Thora Aufgerufene die Vorberacha und nur der letzte die Schlußberacha gesprochen habe, die aufgeführten Fälle ausgenommen. Damit steht eine Tradition Jerusch. Berachot V 3. im Namen R. Jochanans bei נשתיה im direkten Widerspruch. Vergl. Maim. h. Tephilla 12. 6., der wohl diese Version des Jerusch. nicht hatte.

⁵) Berachot 11. b.

⁶) Pesachim 57. b. und Parallelst.

⁷) Joma 87. b. Das eigentliche Sündenbekenntnis war אבל אנחנו חטאנו. Die dort von Rab, Samuel u. a. als וידוי bezeichneten Gebete sind als Einleitungen zur וידוי anzusehen.

⁸) Berachot 60. b.

⁹) Synhedrin 39. a. א״ל ההוא אמגושא לאמימר מפלגך לעילא דהורמיז מפלגך לתתאי דאהורמין S. Tossafot daselbst. Vergl. Sabbat 57. a. und Hoffmann, Mar Samuel p. 78.

Sicherlich sind aber viele von den an verschiedenen Stellen angeführten Gebeten und Berachot ein Produkt von Rab und Samuel und ihren Zeitgenossen in Babel und Palästina.¹) Namentlich stammen die Berachot vor Ausübung eines religiösen Aktes gemäß dem bereits oben angeführten Grundsatze Samuels zumeist von demselben. Zahlreich sind auch die Lehren und Äußerungen dieser beiden Schulhäupter über die Andacht, den Anstand und die feste Ordnung in den Gebeten und Berachot.²) In gleicher Richtung entfaltete aber auch R. Jochanan in Palästina eine fruchtbare Tätigkeit. Diese Zeit kann daher für das feste Gefüge der jüdischen Gebetordnung als grundlegend betrachtet werden.

¹) Von Rab werden noch besonders erwähnt ein Gebet wegen Regens Taanit 6. b. und von Rab und Samuel Stücke des מוסף für die Gemeinde. Sota 40. a. Vergl. Jerusch. Berachot I. V.
²) Berachot 13. b. Erubin 65. a. Berachot 49. a. Pesachim 102. b., 104. a. u. a. O.

Berichtigungen.

Seite 14, Anm. 2 Zeile 1 lies: aber statt und.
„ 47, „ 2 „ 77 Anm. 1 statt 77a, 1.
„ 110, „ 1 „ 3 v. u. lies: הבעור statt בעיר. Vgl. Edujot VII, 7, und die Reise fand wahrscheinlich im Frühjahr statt.
„ 170, „ 4 „ Übersetzers statt Verf.
„ 175, gehört ein Teil von Anm. 3 zu Anm. 2, die im Anfang folgendermaßen lauten muß. Sifra Abschnitt Kedoschim [Achare Per. 13, 13. Hier R. Jirmijah].
„ 182, Anm. 4 nach Jer. Kilajim 32d ergänze: und Bikkurim 63d, nach Weiß usw. ergänze: S. 155, hinter den Worten „Mech. Mischpatim 8, wo es nach" ergänze: Ms. München 117. Statt ין — ממש lies: ממן — ממש.
„ 212, „ 5, statt R. J. lies: R. S.
„ 235, „ 6, „ Janna lies: Jannaï.
„ 236, „ 1, „ R. Joch. lies: Abba Saul.
„ 245, „ 1, ergänze: Essai sur l'histoire usw. S. 468.
„ 248, „ 1, statt Ned. lies: Nesikin.
„ 276, „ 2, „ B. Kama lies: Nesikin und ergänze: S. 8, Anm. 5.
„ 300, „ 2, „ Verf. lies: Übersetzer.
„ 336, „ 2, „ Nesikia lies: Nesekin.

Register.

A.

Abaji 318, 327 f.
Abba aus Alko 284.
Abba Areka s. Rab.
Abba ben Abba 261.
Abba Saul ben Botnit 20.
Abbahu 270, 275, 278, 281, 286.
Ab-bet-din 37, 62, 185.
Abendmahl 81.
Abimaï 286.
Abin 311.
Ablat 264.
Acha ben Abbuha 375.
Acha aus Difta 369 f.
Acha ben Jakob 337.
Acha ben Rabba 349 (Fußnote).
Achaï ben Huna 375.
Acher (Elisa ben Abuja) 61, 93, 98, 157, 174, 194.
Achnaï-Ofen 53, 44.
Ada 323.
Adam, Buch 204.
Adamantius 361.
Adiabene 112.
Agaba 17 f., 177, 353, 364.
Ägypten, Juden in 22, 25, 27, 61, 66, 113.
Agrippa II. 11, 24 f., 56.
Agrippa, Neffe Agrippas II. 25.
Aibu, Vater Rabs 256.
Aibu, Sohn Rabs 261.
Ain-Tab 199.
Airvi 373.
Akabia ben Mehallel 37.
Akbara 208, 212.
Akiba 28, 33, 38 f., 45, 46, 50 ff., 58, 69, 98, 104, 40, 132, 136, 155, 160, 161, 170.
Akylas 103 f., 126, 130.
Albinus 205.

Alexandrien, Juden in 61, 115, 117, 360 f.
Alia Capitolina 134, 153.
Alypius 341 f.
Ambrosius 354.
Amemar ben Mar-Janka 372.
Amemar von Nahardea 349.
Ami 273, 275 f., 278, 281, 296, 302.
Amora, Amoräer 101, 113, 231, 236, 251, 262, 275, 294, 335, 375.
Anan, Exilarch 256.
Andreias 114.
Antiochien, Juden in, 81, 362.
Antitakten 83, 90.
Antoninus Pius, Kaiser 168, 188, 204.
Antoninus Philosophus, Kaiser 189, 191, 193, 204.
Aonen 88.
Apamia 249.
Apokalypse 79.
Apokryphen 212, 365.
Apollos 78.
Ἀποστολή 279.
Aquilas s. Akylas.
Ardschir 257, 266.
Aristides 166.
Arioch s. Samuel Jarchinaï.
Arkadius, Kaiser 356.
Armenien, Juden in 334.
Artaban III. 257.
Artemion 104, 116.
Aschi 348 f., 353, 369.
Asketen 91.
Assi 273, 275, 281, 302.
Aufstand der Juden unter Antoninus Pius 188.
Aufstand der Juden unter Hadrian 120, 137 ff.
Aufstand der Juden unter Konstantin 208.

Aufstand der Juden unter Konstantius 313.
Aufstand der Juden unter Trajan 113 ff.
Augustinus 367.
Auslegung der heiligen Schrift 16, 21 f., 44, 49, 229, 365 f.
Avidius Cassius 204.

B.

Babylon (Rom) 79.
Babylonien, Juden in 27, 61, 112, 113, 168, 185 ff., 205, 223 f., 247, 249, 255, 261, 275, 288, 291, 319, 368, 375.
Balamiten 87.
Bann 32 f., 45, 46, 132, 188, 295.
Bardesanes 87, 91.
Bar-Droma 144.
Bar-Eleasa 196.
Bar-Kappara 196, 209, 212.
Bar-Kascha 261.
Bar-Kochba 56, 136 ff., 148.
Bar-Kusia 163.
Bar-Nazor s. Odenath.
Bartholomaion (Name eines Dämonen) 191.
Basilides 87.
Bat-Kol 31, 36.
Bati ben Tabi 296.
Bechirta s. Edujot.
Bekiin 28.
Belurit (s. Veturia).
Ben Asai s. Simon ben Asai.
Ben-Batiach 12 f.
Ben-Lakisch s. Simon ben Lakisch.
Ben-Soma s. Simon b. Soma.
Bene-Berak 55.
Be-Rabbi-Ismael s. Ismael b. Elisa.
Berenice 11, 24, 106.
Beruria, Tochter Chaninas ben Teradion 172.
Bet-Din 15.
Betel 150.
Betguberin 200.
Bethar 143, 147.
Betsan 200, 218.
Bet-Schearim 194.
Bethlua s. Buch Judith.
Bibelauslegung s. Auslegung der heiligen Schrift.
Bibelübersetzung 103, 229, 325.

Bikaat Jadaim s. Tiefebene der Hände.
Bildsäule auf der Tempelstätte 153, 191.
Binjamin, Arzt 333.
Biria 208.
Birtha (Bitra) 345.
Boraita 212, 319.
Bote der Gemeinde s. Vorbeter.

C.

Campus, Synagoge in 102.
Cäsarea 200, 286.
Cäsarea Philippi 43, 46.
Cäsarea (Mazaca) 61, 135 f., 263.
Caracalla, Kaiser, 207, 210.
Chaburah 69.
Chacham 62, 187.
Chaggai 225, 292, 304.
Chalafta 60.
Chama von Nahardea 336, 337.
Chamat 150.
Chana ben Anilai 289.
Chananiah, Neffe R. Josuas 82, 184, 185.
Chananja 320.
Chananja ben Teradion 60, 158, 161.
Chanina 197.
Chanina ben Abbahu 286.
Chanina ben Chachinai 183.
Chanina ben Chama 209, 232, 235.
Chanina (Segan-ha-Kohanim) 19.
Charag 252, 324.
Chasda 289, 297, 321, 326.
Chebrin 266.
Chempeada 373.
Chija 196, 212, 255.
Chija, Sohn Rabs 260.
Chija ben Abba 228, 275, 280, 284.
Chija aus Vestania 336.
Chiskija ben Chija 198, 255.
Choma 329.
Chuzpit 60, 162.
Christen und Christentum 45, 70 f., 82, 95, 99, 141 f., 166, 213, 217, 221, 221, 244, 269, 275, 297, 283, 303, 307, 338 ff., 355, 365 ff.
Christus 45.
Chrysostomus 354.
Clemens, Flavius 103, 109.
Clemens, Kirchenlehrer 229.
Claudius, Freischarenführer 206.
Cöln, Juden in 306.

Commodus, Kaiser 205.
Cypern, Juden in 113, 116, 118.
Cyrill von Alexandrien 359.
Cornelianus, Atidius 189.

D.

Dajane di Baba 291.
Daniel, Buch 245.
Darom 183, 234.
Dekapolis 75.
Demiurg 89, 157.
Deuterosis 17, 54.
Deuteroten 84.
Deutung der Schrift s. Auslegung der Schrift.
Dialektik, talmudische 176, 293, 327.
Dibre Soferim 213.
Didius Julianus 205.
Dime 311.
Dimi ben Chinena **349** (Fußnote).
Diokletian, Kaiser 276, 282.
Domitian, Kaiser 22, 25, 39, 101, 106.
Domitilla 103, 109.
Domna, Julia 210.
Dosa ben Harchinaß 20, 34.
Drusilla 25.

E.

Ebioniten 75, 77 f., 81 f., 105.
Edessa, Juden in 118, 342.
Edom 17.
Edujot, Traktat 36, 201.
Eleasar ben Arach 15 f., 27.
Eleasar ben Asariah 35, 39 f., 110, 131.
Eleasar ben Chanoch 33.
Eleasar Charsanah 162.
Eleasar Chasma 60.
Eleasar ben Jose Galili 183, 191.
Eleasar aus Modiim 59, 72, 147.
Eleasar ben Padat 280 f.
Eleasar ben Parta 159.
Eleasar ben Schamuah 198, 207.
Eleasar ben Simon 198, 207.
Elieser ben Hyrkanos 12, 15, 28, 33, 41 f., 47, 51.
Elieser ben Jakob 183.
Elisa 156.
Elisa ben Abuja s. Acher.
Emmaus 136.
Enkratiten 87.

Epaphroditos 109.
Ephês 232.
Ephraim, Samaritaner 149.
Epiphanes 91.
Epiphanius 309.
Epiplasmos 72.
Erlaßjahr 199, 211.
Esdrelom s. Rimmonebene.
Ethnarch s. Patriach.
Euonymos aus Gadara 175.
Eutropius 357.
Eusebius von Cäsarea 305, 310.
Evangelien 78, 91 ff., 166, 243.
Exegese s. Auslegung.
Exilarchat 112, 252, 255, 288, 298.
Exilsfürst s. Exilarchat.
Exorzismus 81.

F.

Feiertag, zweiter 66.
Festtage 66.
Firuz, König von Persien 372, 373, 375.
Firuz-Schabur 250, 345.
Fiscus judaicus 23.
Flavia Domitilla s. Domitilla, Flavia.
Freischaren, jüdische 207.

G.

Gadda 298.
Gallienus, Kaiser 269.
Gallus, Kaiser 312.
Garizim 153, 199.
Gamaliel II. 14, 15, 28 f., 32, 33, 35, 37 f., 40 f., 46, 48, 55, 58, 65, 96, 102, 108, 130, 219, 220.
Gamaliel III. 208, 210, 221, 232, 256.
Gamaliel IV. 354.
Gamaliel V.
Gamaliel VI. und letzte 354 f.
Gamaliel von Jabne s. Gamaliel II.
Gebet gegen Judenchristen 66.
Gebetformeln 66.
Gebiha 369.
Gebiha aus Be-Katil 349 (Fußnote).
Gedenktage 65.
Gegensynhedrion in Babylonien 185.
Geheimrolle 202.
Gemara 376.
Genisten 83.
Genossen, Orden der 69, 103.

Geometria 29.
Gerichtsbarkeit, jüdische aufgehoben 190.
Geschäftsordnung des Synhedrions 62 f.
Geschlechtsreinheit 249 f., 294 f.
Gesetz, mündliches und schriftliches 16.
Gesetzescharakter des Judentums 213 ff.
Gesetzesfolgerungen 16, 31.
Gesetze, Religions=, verbotene 154.
Gesetze, beschränkende, gegen Juden 267, 306, 311.
Gleichstellung der Juden im römischen Reiche 305.
Gnosis 86 f., 89, 90, 243.
Gnostiker 86 ff., 89, 91, 98, 157.
Golah 66, 250.
Gottesdienst 66 f.
Gottesname 142.
Griechenland, Juden in 25, 66.
Grupina 65.

H.

Hadrian, Kaiser 49, 119, 125, 128, 132, 135 f., 148, 151, 152, 153, 158, 166, 168.
Haggaï 311.
Halacha 17 f., 30, 36 f., 43, 48, 49, 53 f., 57, 100, 103, 171, 182, 201, 217, 268.
Halbtannaiten 212.
Hamansbild 362.
Hamuna 197, 327.
Hebräerbrief 83.
Heiden 22, 75, 86, 95, 96, 97, 130, 141, 217, 223.
Heidenchristen 74 f., 78 f., 81 f., 84, 97, 103.
Heidenöl 223, 242.
Heiliger Geist 244.
Hellenen s. Heidenchristen.
Heliogabal, Kaiser 204, 211.
Herodes, Sohn Odenaths 271.
Herodianer, letzte 25.
Hexapla 230.
Hillel II. 304, 311, 316.
Hillel ben Gamaliel 220, 228.
Hilleliten 27, 31, 36, 49.
Hesychius 354.
Hieronymus 365.
Hohes Lied 38.
Honorius, Kaiser 357.

Huna ben Abin 316.
Huna ben Chija 289 f., 321.
Huna, Exilarch 196, 253.
Huna ben Josua 336.
Huna ben Manoach 336.
Huna ben Nathan 349, 352.
Huni Mari, Exilarch 372.
Hypatia 360.

J.

Jabne 13, 15, 28, 56, 72, 121.
Jakob aus Kephar=Sama, Judenchrist 45.
Jakob ben Kurschai 193.
Jalta 298.
Jamnia s. Jabne.
Jannaï 212, 264.
Jarchinaï s. Samuel Jarchinaï.
Jdi ben Abin 369.
Jehudia 334.
Jemar s. Maremar.
Jeremia 304.
Jerusalem 126, 134, 136, 139, 153, 169, 208.
Jesreël, Ebene, s. Rimmonebene.
Jesdigerd II. 351.
Jesdigerd III. 370 f.
Jsra 324, 335.
Jlaï 60.
Jlpha 235 f.
Jmma Schalom 42.
Jnnestar, Juden in 362.
Jndien, Juden in 373 f.
Jnterpretation s. Auslegung der heiligen Schrift.
Joakim, Hoherpriester s. Buch Judith.
Jochanan aus Alexandrien 160, 170.
Jochanan ben Gudgada 60.
Jochanan ben Napacha 220, 225, 234 f., 274.
Jochanan ben Nuri 60, 131.
Jochanan ben Sakkai 11 f., 15 f., 18, 22, 25 f., 32, 41, 48.
Jochanan ha=Sandalar 170.
Jochanan ben Tarta 137.
Jona 311 f.
Jona II. 304.
Jonathan ben Harchinaß 20.
Jonathan aus Darom 183.
Jonathan ben Amram 193, 242.
Joredet ha=Zalmon 143, 147.
José 304, 311.
José 375.

José ben Chalafta 170, 182.
José, Galiläer 59, 155.
José ben Kisma 60, 159 f., 161, 162.
José aus Maon 226.
José ben Tabbai 33.
Joseph der Blinde 321, 325.
Joseph ben Chama 270.
Joseph ben Chija s. Joseph der Blinde.
Joseph Rabban 373 f.
Joseph der Täufling 308 ff., 311.
Joseph von Tiberias s. Joseph der Täufling.
Josephus, Flavius 13, 23, 109.
Josua aus Darom 183.
Josua ben Chananja 12, 15, 28, 31, 34, 38 f., 46, 47, 49, 110, 130 f., 133, 135 f.
Josua aus Geraja 161.
Josua ben Karcha 207.
Josua ben Levi 233, 240, 241, 273.
Jovian, Kaiser 346.
Isaak 186.
Isaak ben Joseph 311.
Isebab 60, 132, 162.
Ismael ben Elisa 56, 131, 155, 159.
Ismael ben José 199, 207 f.
Ispahan, Juden in 372.
Ithor 330.
Juda I., Patriarch 192, 193 f., 195, 197, 198, 199, 201, 205, 208, 232.
Juda II. 220, 224, 226 f., 242, 279.
Juda III. 275 f., 279, 296, 309.
Juda IV. 354.
Juda, Ammoniter 101.
Juda ben Baba 60, 162, 173.
Juda ben Bathyra 61, 184, 186.
Juda ben Chija 198, 212, 255.
Juda ben Jecheskel 289, 293 f.
Juda ben Ilai 170, 182, 189.
Juda ben Nachmani 227.
Juda ha-Nachtom 163.
Juda, Proselyt 190.
Juda ben Schamua 169.
Judäa 10, 27, 67, 87, 105, 113, 118, 132, 135, 138 f., 154, 168, 189, 195, 204, 206, 233, 249, 275, 284, 301, 304, 312, 364.
Judenchristen 46, 59 f., 66, 74 f., 79 f., 82 f., 95, 99, 105, 128, 141, 166, 217.
Judenhaß der Kirchenväter 305, 354, 367.
Judensteuer 23, 72, 107, 111, 139, 313 f., 363.

Judentum der Mischna-Epoche 212 ff.
Judith, Buch 121.
Julian (Apostata), Kaiser 338 f.
Julianus 114, 118, 125.
Jüngergenossen 60.

K.

Kabul 143, 221.
Kaslil 320.
Kainiten 87.
Kahana, Exilarch 349.
Kalba Sabua 50, 55.
Kalenderwesen 15, 64 f., 161, 264, 271, 276, 304, 315, 316.
Kalla 258, 291.
Kanah 22.
Kapernaum 82, 310.
Karna 256.
Karpokrates 87, 91.
Kasuistik 217.
Katholisch 85, 243.
Kaphar-Zemach 200.
Kephar-Aziz 57.
Kephar-Charub 150, 179.
Kephar-Lekitaja 150.
Kerdon 87, 90.
Kerinth 87.
Kitia bar Schalom 111.
Kleinasien, Juden in 66.
Kleonymos s. Clemens.
Königsgebirge 144, 146.
Kohelet 38.
Konstantin, Kaiser 305 f.
Konstantius, Kaiser 311 f.
Kronengelder 205.
Kyrene, Juden in 22, 113, 114, 116.
Ktia ben Schalum s. Flavius Clemens.

L.

Lade, heilige 67.
Landvolk 69.
Lehre, mündliche, s. Traditionslehre.
Lehrhaus in Akbara 212.
Lehrhaus in Jabne 13 f., 30 f., 95, 131, 217.
Lehrhaus in Lydda 28, 42, 365.
Lehrhaus in Machuza 328 f., 333, 335.
Lehrhaus in Nares 336.
Lehrhaus in Pumbadita 275, 289, 293, 319, 321, 335, 369, 375.
Lehrhaus in Sepphoris 194, 232, 260.

Lehrhaus in Sura 257, 275, 293, 297, 319, 321, 348, 369, 375.
Lehrhaus in Tekoa 181.
Lehrhaus in Tiberias 177, 236, 281, 311.
Lehrhaus in Uscha 131, 170, 183, 185, 190, 217.
Leibzoll 151.
Leichen, Gesetz gegen Bestattung von 163.
Levi ben Sissi 195, 212, 232, 240.
Longinus 272.
Lucilla, Tochter Marc Aurels 191.
Lucuas s. Andreias.
Lupus 115.
Lybien, Juden in 113.
Lydda, Beratung in 155, 159.

M.

Maa'sse Bereschit 97.
Maa'sse Merkaba 97.
μάχαι νομικαί 59.
Machuza 249, 251, 271, 315, 334, 335, 345.
Magdala 144, 180.
Magier 263, 267, 370.
Magona, Juden in 361.
Mana 312.
Manasse, Samaritaner 149.
Mäonius 271.
Mar ben Aschi 369, 371.
Mar Samuel s. Jarchinai.
Mar Sutra I., Exilarch 349, 369.
Mar Sutra ben Chanina 375.
Mar Ufba 256.
Marc Aurel s. Antoninus Philosophus.
Marcellus, Publius 119.
Marcion 87, 90, 91.
Marcus, Bischof 167.
Mardelaïr 373.
Maremar (Mar Jemar) 369.
Mari 297.
Markos, Gnostiker 87.
Märtyrer, zehn 159.
Masbotäer 83.
Masechta 54.
Mata Mechasia s. Sura.
Mathia ben Charasch 47, 184.
Matnita s. Mischna.
Maximus, Feldherr 116.
Mazaca s. Cäsarea Mazaca.
Mebarsapes 112.

Mechilta 54.
Megillat Schuschan s. Susa-Rolle.
Megillat Setarim s. Geheimrolle.
Meïr 169, 171, 174, 177, 187, 188, 217.
Menjamin, Ägypter 101.
Merion 208.
Meristen 83.
Mescherschaja ben Pacod 372.
Messias, falscher in Kreta 352 f.
Metibta 291.
Meturgeman 60, 63.
Miasa s. Meïr.
Midot 54, 181, 202.
Midrasch 18.
Mitra 17.
Minäer (s. auch Judenchristen) 85, 95, 96.
Mischna 17, 201, 203, 212, 231, 288.
Mischna Akibas 54.
Mischna José ben Chalaftas 182.
Mischna Judas 181, 201, 351.
Mischna Meïrs 177.
Mischna Nathans 183.
Münzen Hadrians 135, 149.
Münzen, jüdische 139.

N.

Naasiten s. Ophiten.
Nachman ben Huna 369.
Nachman ben Jakob 289, 295, 298 f.
Nachman ben Isaak 336.
Nachmani s. Abaji.
Nachum aus Gimso 21, 51 f.
Nachum der Meder 20.
Nachumaï s. Nachumaï.
Nahardea 61, 118, 168, 249, 255, 300, 349.
Nahar-Pacod 185, 250.
Nahar-Wani 249.
Napolis 199, 206.
Nares 250, 336.
Nassi s. Patriarchat.
Nathan, Tannaite 171, 183, 186, 187, 204.
Nathan, Exilarch 288.
Nathan ben Asia 326.
Natrona (Patricius) 314.
Nazaräer 83 f., 142.
Nazareth 310.
Nebuchadnezar s. Buch Judith.
Nechunjan 185, 253.
Nechunja ben Hakana 21 f.

Nehemia, Exilarch 288, 323.
Nehemia aus Bet-Deli 61.
Nehemias 170.
Neve 313.
Nerva, Kaiser 106, 111.
Nicolaiten (s. auch Balamiten) 87.
Nidiv s. Bann.
Niger, Pescennius 205.
Nikodemos ben Gorion 24.
Nisibis 61, 112, 118, 168.
Nomikon 182, 202.
Nomologie 16.

O.

Odenath 269 f., 271, 349.
Olam-ha-Ba s. zukünftige Welt.
Olophernes s. Buch Judith.
Onkelos s. Targum Onkelos.
Opferkultus 67, 339.
Ophiten 88.
Ordination 59, 63, 158, 162, 228.
Origenes 222, 229, 245.
Osius, Bischof von Cordoba 361.

P.

Palästina s. Judäa.
Palmyra 269, 271.
Pantäus 229.
Papa ben Chanan 336.
Papa ben Nazor s. Odenath.
Pappos 114, 118, 125.
Pappos ben Juda 160.
Patriarchat 30, 39, 51, 62, 67, 130, 186, 187, 194, 203, 223, 224, 279, 296, 304, 317, 354, 358.
Patriarchensteuer 279, 341, 358.
Paulus, Apostel 71, 73, 75.
Paulus von Samosata 272.
Pedo 113.
Pentekata 285.
Pertinax 205.
Peschitho 326.
Petrus (Simon Kephas) 77.
Philippus Arabs 269.
Pinchas ben Jaïr 200.
Plotina 114, 119.
Polemik gegen Christentum 243, 245, 283.
Polemos acharón 151.
Polemos schel Kitos 120.
Porphyrius 246.
Possen gegen Juden 285 f.

Presbyter 80.
Primaten 354.
Proselyten 37, 99 ff., 108, 251.
Pseudepigraphie 92.
Pumbadita 250 f., 289, 293, 296.

Q.

Quadratus 166.
Quietus, Lucius 116, 118, 120, 121, 125.

R.

Rab 195, 212, 220, 224, 242, 255 f., 259, 261, 268, 288.
Raba 319, 325, 327 f., 329 f.
Raba ben Joseph s. Raba.
Rabba ben Abbahu 289.
Rabba ben Chana 195.
Rabba ben Chasda 326.
Rabba ben Huna 290, 292.
Rabba ben Matana 327.
Rabba ben Nachmani 319 ff.
Rabba Tussfah 372.
Rabbanan b'Agabta 364.
Rabbi s. Juda, Patriarch.
Rabina II. 375.
Rabina von Umza 375.
Rachel, Tochter Kalba-Sabuas 50, 55.
Rachumaï 369.
Rafrem I. b. Papa 349 (Fußnote).
Rafrem II. 369.
Rami 335.
Rechtfertigungslehre 70, 215.
Reinheitsgesetze 11.
Religionszwang Hadrians 154.
Religionszwang Firuz' 372 f.
Religiöses Leben 62.
Resch Golah s. Exilarchat.
Resch-Kalla 291.
Resch-Metibta 291.
Resch Lakisch s. Bar-Lakisch.
Röuben ben Strobilos 190.
Rigle 259, 349.
Rimmonebene 114, 121, 143, 146, 151, 170.
Robin 212.
Romulus Augustulus 368.
Rosch Bet-din 15.
Rom, Juden in 25, 101 f., 129, 367.
Romans 222.
Rufinus 357.
Rufus, Tinnius 138, 152, 160, 162, 163.

S.

Sambation 374.
Sama ben Rabba 371.
Samaria 206.
Samaritaner 96, 128 f., 138, 147, 149, 153, 177, 198, 206, 277.
Samega s. Kaphar Zemach.
Samuel 197, 220.
Samuel der Jüngere 60, 96.
Samuel Jarchinai 261, 288.
Samuel ben Juda 311, 336.
Sartaba 65.
Saturnin 87, 91.
Saul ben Botnit, Abba 20.
Saurim 330.
Schabur I. 268.
Schabur II. 324, 334, 344.
Schekan-Zib 270, 289, 300.
Schamta s. Bann.
Schammaiten 28, 30 f., 38, 42 f., 47, 49.
Scheliach Zibbur s. Vorbeter.
Scheſaram 131, 194.
Scheſchet 270, 289, 299.
Schila 255, 262.
Schriftauslegung s. Auslegung.
Sebaste s. Samaria.
Seder Olam 183.
Seïra I. 300 f.
Seïra II. 327, 330.
Seïra ben Chinena 273, 275.
Sektenweſen 85 f., 92, 96.
Senbaris 313.
Sendboten 279.
Sendſteuer s. Patriarchenſteuer.
Sepphoris 44, 143, 194, 209, 221, 233, 310, 314.
Septuaginta 103, 229.
Severianer s. Asketen und Enkratiten.
Severus, Biſchof von Minorca 361.
Severus, Alexander 221, 266, 269.
Severus, Julius 143 f., 147, 152.
Severus, Septimius, Kaiſer 205 f.
Sibylle, jüdiſche 126 f.
Sichem s. Napolis.
Sichin 143.
Sidra 255, 258.
Sikariergeſetz 23.
Silhi 270.
Silvani, Familie 280.
Simai ben Aſchi 336.
Simeon Stylites 362 f.
Simlai 223, 229, 241.

Simon ben Abba 270, 280 f.
Simon ben Aſai 61, 98, 163, 216.
Simon ben Gamaliel 131, 171, 178.
Simon ben Jochai 170, 171, 178, 181, 189.
Simon ben Juda, Patriarch 184, 208.
Simon ben Kappara s. Bar-Kappara.
Simon ben Lakiſch 220, 225 f., 232, 238, 273.
Simon Magus (Petrus) 77.
Simon ben Nanos 61.
Simon ben Soma 61, 98.
Simonias, Gemeinde in 195.
Sklavengeſetz 312.
Sodomiten 87.
Spanien, Juden in 361.
Sprache, hebräiſche 196, 203, 365.
Steuern der Juden s. Judenſteuer.
Stil, hebräiſcher 282 f.
Sura 249, 250, 257, 290, 297, 372.
Suſa-Rolle 125.
Swaſtri Sri 374.
Symmachianer 178.
Symmachos ben José 176, 178.
Synagoge in Alexandrien 117.
Synagoge in Campus 102.
Synagoge in Cäſarea 286.
Synagoge in Volumnus 102.
Synhedrion 14, 23, 25, 38, 47, 58, 61, 62, 67, 95, 120, 131, 142, 154, 170, 185, 186, 209, 215, 279, 311.
Synode von Uſcha 170.

T.

Tabjome s. Mar ben Aſchi.
Tacitus 101.
Tadmor s. Palmyra.
Talmud, Charakteriſtik desſelben 376 f.
Talmud, babyloniſcher 18, 19, 335, 350, 368 f.
Talmud, jeruſalemiſcher 181.
Talmudiſche Lehrweiſe 16, 18.
Talmud Thora 215.
Tannaiten 17, 19, 20, 22, 41, 59, 81, 84, 94, 98, 112, 121, 131, 159, 163, 170, 192, 193, 203, 220, 255.
Tanchuma ben Abba 353, 365.
Targum Onkelos 103, 105, 326.
Tarphon 52, 59, 94, 155, 162.
Taska 252.
Tatian 87, 91.
Techina ben Chanina 375.

Tekanot Uscha s. Verordnung von Uscha.
Tekoa 181.
Tekufah 30.
Tempelbau 126, 128 f., 139, 340 f.
Tempelsteuer 23.
Thamar 283.
Theater, Verspottung der Juden 285 f.
Theodosius I. 354.
Theodosius II. 358, 362 f.
Tiberias 144, 179, 205, 221, 314, 365.
Tiefebene der Hände 146.
Timotheus 73, 75.
Titus 10 f., 22, 103, 106.
Titus, der Jünger Paulus' 73, 75.
Titus Aurelius Pius s. Antoninus Pius.
Tobel 89.
Tobit, Buch 163 ff.
Traditionslehre 16, 19, 31, 53 f., 171, 203.
Trajan, Kaiser 45, 49, 106, 112 f., 118 f.
Trajanstag 126.
Trauerzeichen 68, 121, 151.
Tryphon s. Tarphon.
Tur-Malka s. Königsgebirge.
Tur-Simon 144, 146.
Turbo 116 f.
Turgamine 212.

U.

Ukban, Exilarch 256, 288.
Ukbar Deziznta 323 f.
Ulla 294, 300.
Ulla ben Koscheb 273.
Urbanus, Lolius 139.
Ursicinus 312.
Uscha, Synhedrin und Lehrhaus in 131, 170, 178, 183, 185, 186 f., 190, 194.
Uschaja der Ältere 212, 235, 286.
Uschaja der Jüngere 320.

V.

Valens, Kaiser 346.
Valentinian I., Kaiser 346.
Valentinus, Gnostiker 87.
Valeria s. Vetruria.
Valerianus, Kaiser 269.
Verfolgung der Juden in Babylonien 334, 370, 372.
Verfolgung der Juden unter Domitian 108.
Verfolgung der Juden unter Hadrian 152 ff., 166.
Verfolgung der Juden unter Konstantin 208.
Verfolgung der Juden unter Konstantius 311 ff.
Verfolgung der Juden unter Verus 189 ff.
Verordnungen von Lydda 155, 159.
Verordnungen von Uscha 131.
Verus, Kaiser 189 f.
Verus, Lucius 189.
Vespasian, Kaiser 9, 22 f., 136.
Veturia (Veruzia) 102.
Vologäses 189.
Volumnus, Synagoge von 102.
Vorbeter 67.
Vorhaut, künstliche, s. Epiplasmos.
Vulgata 366.

W.

Weibliches Geschlecht in der Thora unterrichtet 216.
Welt, zukünftige, s. zukünftige Welt.

Z.

Zadok 20, 32.
Zebid ben Uschaja 349 (Fußnote).
Zechut s. Rechtfertigungslehre.
Zenobia 271, 273 f.
Zorba-me-Rabban 290.
Zukünftige Welt 72, 214.